REISE KNOW-HOW®

Maritime Provinzen

mit Neufundland und Labrador

Canada oder Kanada?

Die kanadische Schreibweise ist »Canada«, die deutsche »Kanada«. In diesem Buch wird durchgehend »Canada« als Eigenname des Landes verwendet, im Text als Adjektiv gemäß deutscher Rechtschreibung jedoch »kanadisch«.

Der Titel dieses Buches entspricht der deutschen Schreibweise, weil in den deutschsprachigen Verzeichnissen, Katalogen und Internet-Bibliotheken »Kanada« üblich ist und ein unter »C« eingeordneter Titel daher oft nicht gefunden wird.

1 1 5 ANHANG 2 1 3 2 3 4

Kanada

Maritime Provinzen

mit Neufundland und Labrador

Mechtild Opel

Mechtild Opel

Kanada - Maritime Provinzen
mit Neufundland & Labrador

1. Auflage 2/2008

ist erschienen im

Reise Know-How Verlag

ISBN 978-3-89662-207-5

Gestaltung
Umschlag+Innentitel: Carsten Blind, Asperg
Satz und Layout: Hans-R. Grundmann
Karten: map solutions, Karlsruhe

Fotos ➢ Fotonachweis auf Seite 8

Druck
W. Zertani, Druckerei und Verlag, Bremen

Dieses Buch ist in jeder Buchhandlung
in Deutschland, Österreich und der Schweiz erhältlich.
Die Bezugsadressen für den Buchhandel sind

- Prolit Gmbh, 35463 Fernwald
- Buch 2000, CH-8910 Affoltern
- Mohr & Morawa GmbH, A-1230 Wien
- Barsortimenter

Wer im lokalen Buchhandel Reise Know-How-Bücher nicht findet,
kann diesen und andere Titel der Reihe auch im Buchshop des
Verlages im Internet bestellen: **www.reisebuch.de**

Zu diesem Reiseführer

Kanadas atlantische Provinzen sind schon lange ein Geheimtipp, aber erst seit relativ kurzer Zeit als eigenständige Reiseregion bekannt. Sie sind, was die Besiedelung durch Europäer betrifft, der geschichtlich älteste Teil Kanadas und sogar ganz Nordamerikas, wenn man die zeitweilige Anwesenheit der Wikinger auf Neufundland um das Jahr 1000 herum mit einbezieht. Ebenso wie bei Reisen in den populären Westen des Landes oder nach Ontario und Québec, stehen aber auch im äußersten Osten Kanadas Landschafts- und Naturerlebnis im Vordergrund der Motive für den Besuch. Viele typische Merkmale Kanadas gelten auch für die Maritimes und die raue Insel Neufundland und für Labrador. Außer kaum von der Zivilsation berührten Wäldern, glasklaren Gewässern und einer in Europa so nicht mehr vorhandenen ungestörten Tierwelt gibt es viele spezifische Attraktionen wie das ganz besondere maritime Flair entlang der unendlichen Küsten mit seinen zahlreichen Fischerdörfern zwischen Grün, Felsen und Strand und den oft eindrucksvollen kleinen und großen rot-weißen Leuchttürmen. Die schönsten und längsten Strände des Landes finden sich in Atlantic Canada. Manche könnten es mit der Karibik aufnehmen, wäre nur der Hochsommer etwas länger. Hinzu kommen Besonderheiten wie Walbeobachtung im Golf von St. Lorenz und im Atlantik, auch in der Bay of Fundy, wo man überdies bis zu 16 m Tidenhub erleben kann mit allen Auswirkungen.

Auch bei Reise Know-How waren die östlichsten Provinzen als Reiseführer-Thema bislang ausschließlich der Großregion »Kanada Osten« untergeordnet. Dieser neue Titel nun geht intensiver auf die Maritimes ein, stellt sie nicht nur als möglichen Teil einer Rundfahrt durch Ontario, Québec und ggf. die Neuenglandstaaten der USA dar. Tatsächlich füllt ein schöne Reise allein durch die drei klassischen atlantischen Provinzen Nova Scotia, New Brunswick und Prince Edward Island locker einen drei- bis vierwöchigen Urlaub, ganz zu schweigen von einer möglichen Einbeziehung von Neufundland. Nordlandfans könnten allein dort eine längere Reise abwechslungsreich gestalten. Das gilt ebenso für Labrador.

Apropos Neufundland und Labrador: Die Autorin hat beide Gebiete wochenlang bereist und ihre Erfahrungen kenntnsireich aufbereitet. Ihr ist es zu danken, dass sie nach Wissen des Verlages in einem deutschsprachigen Reiseführer erstmals derart ausführlich und kompetent behandelt werden.

Das Buch wendet sich in erster Linie an Leser, die Kanadas atlantische Provinzen und – vielleicht als Abstecher – auch noch die Gaspé Halbinsel und das Nordufer des St. Lorenz-Stroms, das maritime Québec – in eigener Regie entdecken und erleben möchten. Speziell dafür liefert es alle aktuellen und wichtigen Informationen. Die folgende Inhaltsübersicht lässt bereits dessen Detailfülle erkennen, die sich auch in der Kartographie fortsetzt (➪ Seite 432). Die Karten sind auf den dazugehörigen Text abgestimmt und geographisch so exakt, wie dies im Rahmen der hier relativ kleinen Darstellung möglich ist.

Verlag und Autorin wünschen eine gute Reise

TEIL 1 Planung, Vorbereitung und Durchführung einer Reise durch Atlantic Canada

Fotonachweis

Burghard Bock: Seiten 292, 293, 294, 295, 297, 300

Hans Brix: Seite 172

Center of Newfoundland Studies, St. John's: Seite 386, 388

Andrea & Dirk Franke: Coverfoto und Seiten 14/15, 17, 21, 26, 27, 50, 65, 67, 99, 106, 107, 110, 119, 120/12, 128, 133, 137, 139, 140, 191, 192, 193, 194, 195, 197, 203, 205, 207, 208, 209, 219, 220, 222, 226, 228, 258, 259, 260/261, 264, 266, 270, 271, 275, 279, 283, 285

Reinhard & Caroline Griebner: Seiten 35, 73, 108

Hans-R. Grundmann: Seiten 42, 53, 54, 59, 62, 64, 70, 83, 87, 105, 412

Alli Johnston: Seite 30

Labrador School Board: Seite 315

Thede Loder: Seite 385

Jäcki Reznicek: Seite 115

Ursel Schulze-Favero: Seiten 135, 182, 186, 235, 276

Mechtild & Wolfgang Opel alle anderen Fotos

TEIL 2 Reiseziele und Routen in den Maritimes

Planung, Vorbereitung und Durchführung

einer Reise durch Atlantic Canada

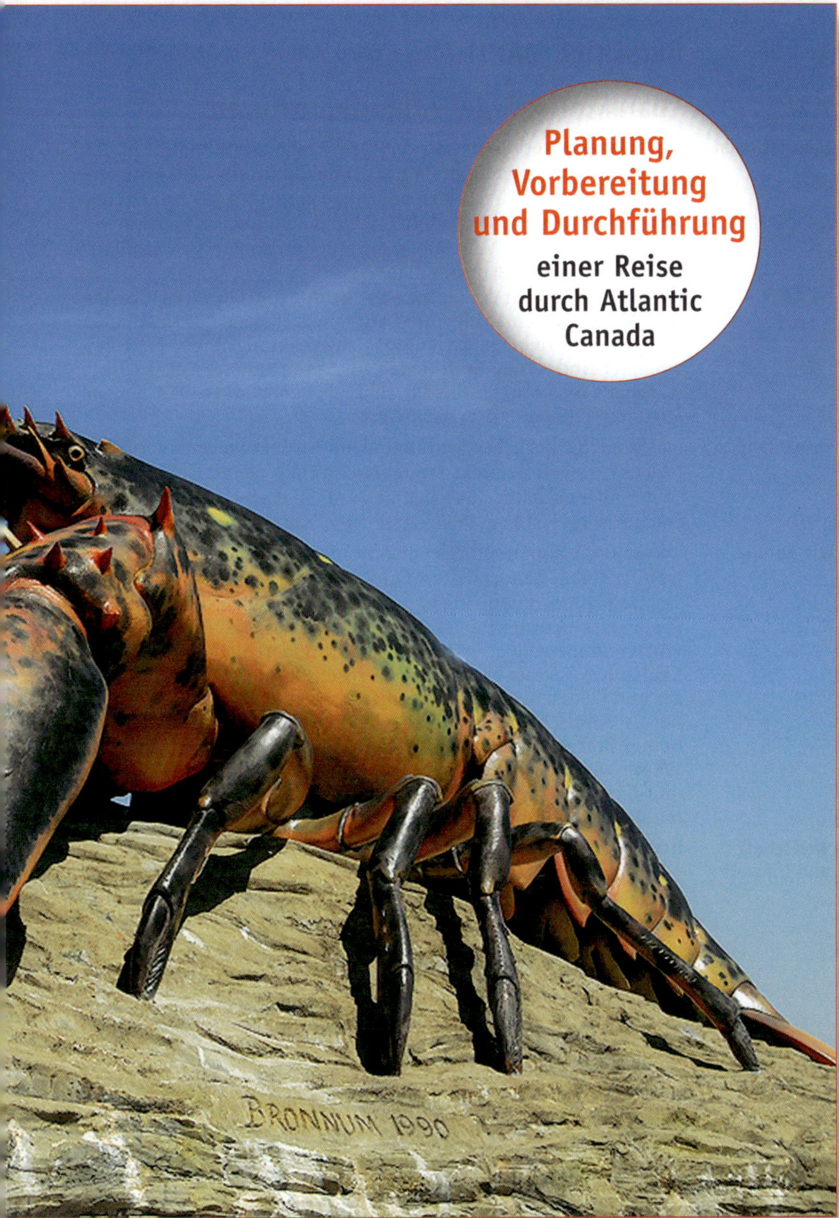

1. REISEZIEL MARITIMES

1.1 Charakteristik der Atlantikprovinzen

Assoziationen Mit Canada verbunden sind Begriffe wie »Wildnis«, »Rocky Mountains«, »unendliche Weite«, »Blockhütten«, »Abenteuer« und »Einsamkeit«. Außer Hochgebirge gibt es all das auch in den Atlantikprovinzen. Typisch für sie sind außerdem Leuchttürme, Hummer, Robben, Wale und sogar – sieht man von Neufundland und Labrador ab – Badestrände.

Küsten Die von der Gewalt der Elemente – Stürme und Gezeiten, Erosion und Ablagerungen – geformte Landschaft entlang der Küsten der maritimen Provinzen ist äußerst abwechslungsreich. Nah beieinander findet man Steilküsten und Sandstrände, tief ins Land reichende Buchten, Felsinseln, schmale Landzungen, Meerengen, Lagunen, Dünen und Marschwiesen.

Binnenland Das hügelige bis gebirgige Binnenland ist überwiegend von Wald bedeckt, soweit es nicht landwirtschaftlich genutzt oder wegen seiner Bodenschätze ausgebeutet wird. Dort gibt es riesige kaum erschlossene Flächen; viele davon sind Naturschutzgebiete.

Wie Europa Tatsächlich ähnelt die Geographie des kanadischen Ostens in weiten Teilen Landschaften Europas. Sogar erdgeschichtlich besteht ein Zusammenhang (➪ unter »Appalachen«, Seite 18).

Kultur Auch starke kulturelle Parallelen mit Europa sind in den Ostprovinzen unübersehbar. Ab dem 16. Jahrhundert siedelten sich dort Engländer, Spanier (Basken), Franzosen, Iren, Schotten, Schweizer und Deutsche an. Ihre Lebensweisen und Traditionen hinterließen deutliche Spuren. Der Charakter der zwischenmenschlichen Beziehungen in den Atlantikprovinzen und die Art und Weise, wie man dort lebt, arbeitet, baut, kommuniziert, Politik und Geschäfte betreibt oder sich künstlerisch äußert, verweist oft auf europäische Wurzeln.

Wirtschaft und Umwelt Innerhalb Canadas gelten die Atlantikprovinzen als »strukturschwach«. Der wirtschaftliche Rückstand gegenüber zentralen Ballungsgebieten macht die Region aber reicher in anderer Hinsicht. Die schon erwähnten unberührten Landschaften bieten Schutz- und Rückzugsgebiete für eine vielfältige Tier- und Pflanzenwelt. Natur, geringe Besiedelungsdichte und eine vergleichsweise intakte Umwelt sorgen für eine höhere Lebensqualität. Mehr Einzelheiten zu Umwelt und Wirtschaft finden sich im Kapitel »Maritimes - Wissen« ab Seite 399 bzw. Seite 401.

Menschen Die Uhren gehen etwas langsamer, und häufiger als bei uns trifft man auf gelassene, ausgeglichene Menschen. Ihr Leben, ihre Geschichte, ihre Traditionen, ihre Lebensweise und Kultur sind nicht zuletzt durch die Nähe zum Meer geprägt. Mehr noch als weiter westlich in Canada sind Gespräche durch Freundlichkeit, Aufgeschlossenheit und Toleranz geprägt.

1.2 Geographie und Klima

1.2.1 Allgemeine Daten

Lage

Die drei »Maritimes« liegen ungefähr zwischen dem 43. und 46. Breitengrad – d.h. auf derselben geographischen Breite wie Südfrankreich und Norditalien. Neufundland reicht weiter nördlich bis zum 52. Breitengrad. Das entspricht in etwa Mitteldeutschland – und Labrador überschreitet im Norden sogar den 60. Breitengrad und liegt damit auf der Höhe von Südskandinavien.

Fläche

Die Gesamtfläche aller vier Provinzen beträgt ca. 540.000 km². Sie sind damit etwas größer als Deutschland, Österreich, Schweiz und Dänemark zusammengenommen.

Küstenlinie

Die dazugehörige Küstenlinie ist ca. 28.000 km lang.

Die folgende Übersicht mit gerundeten Zahlen zeigt – zur Relativierung – auch Fläche und Bevölkerung für ganz Canada.

Provinz	Fläche (km²)	Bevölkerung
New Brunswick	73.400	750.000
Newfoundland	406.000	517.000
(davon Labrador	295.000	30.000)
Nova Scotia	55.300	936.000
Prince Edward Island	5.700	138.000
Zusammen:	**540.400**	**2.341.000**
Canada gesamt:	**9.984.670**	**31.600.000**

Bevölkerung

Mit nicht einmal als 2,4 Mio. Einwohnern (zum Vergleich: in den vier oben genannten Staaten leben ca. 105 Mio. Menschen) ist die Bevölkerungsdichte in den Atlantikprovinzen rechnerisch mit 4,3 Einwohnern/km² extrem niedrig (Deutschland: rund 230 E/km²). Aber selbst ohne Neufundland und das menschenleere Labrador ergeben sich für die drei Maritimes nicht einmal 14 E/km². Mehr Details zur Bevölkerung und ihrer Zusammensetzung finden sich im Kapitel »Maritimes - Wissen«, ➪ hinten auf Seiten 400.

Fischerhafen Peggy's Cove/ Nova Scotia

1.2.2 Geologie und Landschaft

Charakteristisch für die Atlantischen Provinzen sind bewaldete Hügel- bis Gebirgslandschaften, Hochebenen und Flusstäler. Flachland findet man vor allem in Küstennähe und auf Prince Edward Island. Bestimmende geologische Formationen sind in den südlichen Provinzen die Ausläufer der Appalachen und in Labrador der sog. *Canadian Shield*.

Kanadischer Schild

Der ***Canadian Shield*** ist eine rund vier Milliarden Jahre alte zusammenhängende Felsfläche, ein »Schild«, der fast die Hälfte der Fläche Canadas bedeckt. Während der Eiszeiten war er von Gletschern bedeckt. Die verschiedenen Eisvorstöße und -rückzüge bewirkten, dass die Felsrücken abgeschliffen und dazwischen liegende Täler mit Verwitterungsschutt aufgefüllt wurden. So entstand eine relativ ausgeglichene Oberfläche mit durchschnittlichen Höhen zwischen 200 und 600 m mit zahllosen felsigen Erhebungen, Seen und einem weitverzweigten Flussnetz voller Wasserfälle und Stromschnellen. Die östlichen Ränder des Schildes in Labrador sind bis auf fast 2.000 m Höhe aufgewölbt und fallen steil zu den Fjorden des Atlantischen Ozeans ab.

Da sich für eine landwirtschaftliche Nutzung kaum geeignete Böden gebildet hatten, blieb der *Canadian Shield* zunächst Naturlandschaft. Aber als ab Mitte des 19. Jahrhunderts **Erzlager** – u.a. Eisen, Nickel, Kupfer und Zink – entdeckt wurden, begann seine Ausbeutung. Das Flussnetz ermöglichte die Anlage von Stauseen und den Bau zahlreicher **Wasserkraftwerke**.

Appalachen

Südöstlich des *Canadian Shield* ragt das nördliche Teilstück des **Appalachengebirges** in den atlantischen Raum. Vor Jahrmillionen zur Zeit des Superkontinents Pangäa führte eine zusammenhängende Gebirgskette über Ostcanada nach Nordspanien, in die Bretagne, nach Süd-Irland, Großbritannien und schließlich nach Mitteldeutschland und Böhmen. Nach der Trennung der Kontinente und Öffnung des Atlantiks bildeten die abgerissenen Reste dieser Kette die Gebirgszüge im Bereich der heutigen Atlantikprovinzen. Durch Erosion erhielten sie ihre jetzige Oberflächengestalt. Sie ähneln den europäischen Mittelgebirgen und sind wie diese meist dicht bewaldet. In breiteren Flusstälern und Ebenen, in denen sich auf den eiszeitlichen Sedimenten fruchtbare Böden bildeten, wurde das Land zum großen Teil kultiviert und seither landwirtschaftlich genutzt.

Der nördlichste Ausläufer der Appalachen sind die **Long Range Mountains** im Westteil Neufundlands. Die meisten Gipfel liegen unterhalb von 1.000 m, die höchsten erreichen über 1.200 m (➪ auch Essay *Appalachian Trail*, Teil II, Kapitel 2.3.2, Seite 251).

Gesteine und geologische Formationen

Labrador besteht aus Felsen, deren Alter auf bis zu 3,8 Mrd. Jahre geschätzt wird. Ein graues, fleckiges Feldspatgestein, das bei Lichteinfall Mineralflächen mit einem stahl- bis kobaltblauen Schimmer zeigt, heißt nach seinem typischen Fundort ***Labradorit***. Etwa auf der Breite von Davis Inlet füllt nahe der Grenze zu Québec der Mistastin Lake einen Krater, der durch Meteoriteneinschlag vor ca. 38 Mio. Jahren entstand.

Auf **Newfoundland** findet man Granite, Gneise und andere harte **magmatische** und **metamorphe Felsen** sowie **Kalksteine**. Im Westen der Insel liegt in den »*Tablelands*« offenes Gestein aus dem Erdmantel, das vor etwa 500 Mio. Jahren an die Oberfläche kam, eine sehr seltene Erscheinung (➪ Seite 330).

Prince Edward Island ist geologisch gesehen recht jung. Der rote, stark eisenoxidhaltige Sandstein der Insel entstand vor 250 bis 300 Mio. Jahren durch Sedimentation.

In den **Atlantikprovinzen** haben Eiszeiten viele Spuren hinterlassen. Besonders im ***Gros Morne National Park*** in Nova Scotia erkennt man deutlich die Spuren der Gletscher. Erst vor etwa 15.000 Jahren zog sich dort das Eis zurück. Durch den Anstieg des Meeresspiegels wurde PEI vom Festland getrennt.

Eine **geologische Besonderheit** der Region ist die **Bay of Fundy**. In der engen trichterförmigen Bucht zwischen der Halbinsel Nova Scotia und dem Festland entfalten die Gezeiten einen gewaltigen Tidenhub, der zu bestimmten Zeiten über 16 m betragen kann und eine besonders starke **Erosion** bewirkt. Dadurch wurden an den Küsten der Bay of Fundy fossilienreiche Aufschlüsse freigelegt.

Zeolithe, Amethyste und Achate findet man z.B. an der Küste der North Mountains in alten vulkanischen Gesteinen.

In **Nova Scotia** und **New Brunswick** gibt es eine besonders große Vielfalt an unterschiedlich alten Gesteinen (bis zu mehrere 100 Mio. Jahre) verschiedener Entstehung: von diversen Sedimenten (Sand-, Ton- und Kalkstein, Kohle) über metamorphe Ablagerungen wie Schiefer oder Gneis bis hin zu magmatischen wie Granit. Im 19. Jahrhundert entdeckte man in Nova Scotia sogar **Gold**. Die Vorkommen wurden bis in die 1930er-Jahre ausgebeutet.

Die **Atlantikküste** trägt mit vielen felsigen Inseln, steinigen Landzungen, engen fjordartigen oder flachen Buchten, Nehrungen und Lagunen die Spuren der jahrtausendelangen Bearbeitung durch Gletscher, Wind und Wellen.

Erodierte Felsnase am Cape Egmont (PEI)

1.2.3 Klima

Generell

Die Lage von Nova Scotia, PEI und New Brunswick zwischen dem 43. und dem 46. Breitengrad bedeutet nicht, dass auch das Klima mit dem im Süden Frankreichs oder im Norden Italiens gleichzusetzen wäre. Verschiedene Faktoren, wie z.B. die Ablenkung des Golfstroms und der gegenläufige Labradorstrom sowie dominante Winde sorgen für ein ausgeglichenes, mildes Seeklima mit gemäßigten Temperaturen und relativ starken und häufigen Niederschlägen. Typisch sind Nebel vor der Küste, die durch das Zusammentreffen der kalten Labradorströmung aus dem Norden mit wärmerem Wasser ausgelöst werden.

Jahreszeiten

Der **Hochsommer** bringt nichtsdestoweniger zahlreiche warme Tage und intensive Sonneneinstrahlung mit sich. Die Temperaturen liegen dann zwischen 20° und 30°C. Die Strände laden im Juli und August bei Wassertemperaturen wie in Nord- und Ostsee durchaus zum Baden ein. Auch der **Herbst** zeigt sich im allgemeinen recht lange freundlich und sonnenreich. Der **Winter** bringt zahlreiche Niederschläge, auch ziemlich viel Schnee, doch ist er gemäßigter als im zentralen Canada und mit Mitteleuropa

	Durchschnittstemperatur min/max in °C				Nieder-schlag in mm	Schnee in cm	Nebel-/ Regen-tage
	Januar	April	Juli	Okt.			
St. John	-7/0	-1/5	11/21	4/11	1.482	322	217
Charlottetown	-11/-3	-1/6	14/23	5/12	1.201	338	177
Halifax	-7/1	1/9	14/24	7/14	1.474	261	170
Fredericton	-16/-4	-1/9	13/26	2/12	1.131	294	156
Paris	2/6	6/14	14/24	7/15	620	0	164
Rom	3/11	8/17	18/29	12/21	749	0	76
Montréal	-15/-6	1/11	16/26	4/13	940	214	162
Berlin	-7/2	4/12	13/23	4/13	578	k.A.	182

zu vergleichen. Am Meer bleibt der Winter mild. Der **Frühling** kommt mit etwas Verspätung, geht aber spätestens im Juni ziemlich schnell in den freundlichen Sommer über.

Neufundlands Klima ist kühler und feuchter, der Winter dauert dort länger. In **Labrador** gelten bereits subarktische Verhältnisse, ähnlich wie in Nordskandinavien.

In den drei »Maritimes« ermöglichen die Klimaverhältnisse eine intensive **landwirtschaftliche Bodennutzung** ebenso wie in Teilen Neufundlands; dort verkürzen aber späte Frühjahrs- und frühe Herbstfröste die Vegetationsperiode.

Im Norden Labradors behindert **Permafrost** die Bodenkultivierung, auch Siedlungen und Transportwege werden damit vor Probleme gestellt.

Küste des Cape Breton Highlands National Park/ Nova Scotia

1.3 Ziele und Attraktionen

1.3.1 National & Provincial Parks und Schutzgebiete

In den atlantischen Provinzen gibt es zahlreiche unter Naturschutz stehende Gebiete.

Nationalparks

Schon vor über 100 Jahren wurden in Canada die ersten ***National Parks*** geschaffen, um außergewöhnliche Landschaften, Naturwunder und Stätten des kulturellen Erbes der Öffentlichkeit zugänglich zu machen, zu schützen und für zukünftige Generationen zu erhalten. Der erste entstand in den Rocky Mountains. In den Atlantikprovinzen gibt es zur Zeit acht Nationalparks:

in **Nova Scotia** ***Cape Breton Highlands*** und ***Kejimkujik***. Kein *National Park*, sondern ein *National Historic Site* ist die berühmte *Fortress de Louisbourg*, ➪ Seite 203.

auf **Prince Edward Island** (PEI) den ***PEI National Park***,

in **New Brunswick** die Parks ***Fundy*** und ***Kouchibouguac***

und auf **Newfoundland** ***Gros Morne*** und ***Terra Nova***,

Nationalparks in den Maritimes und im Osten von Québec

in **Labrador *Torngat Mountains***; bereits »angedacht« ist dort die Einrichtung eines Nationalparks in den ***Mealy Mountains***.

In diesem Buch sind außerdem zwei Nationalparks in Québec berücksichtigt: ***Forillon*** (Gaspé) und ***Mingan Archipelago***.

In Nationalparks ist generell alles verboten, was natürliche Ressourcen verbraucht, also z.B. Bergbau, Forst- und Landwirtschaft und Jagd. Dabei gibt es begrenzte Ausnahmen, z.B. Angeln (unter Auflagen). Weitgehend naturunschädliche Aktivitäten wie Wandern, Kanu fahren und Skilanglauf sind gestattet.

Ausstattung

Die Nationalparks verfügen durchweg über informative ***Visitor Centres***, gekennzeichnete Wanderwege und Kanurouten und einfache Campingplätze. Oft gibt es auch Kanu- und/oder Fahrradverleih. Einkaufsmöglichkeiten und Unterkünfte sind nicht immer vorhanden, befinden sich dann aber meist in der nahen Umgebung außerhalb der Parks.

Eintritt

Während der Saison kosten die Parks Eintritt. Die Tarife liegen zwischen **5,50$ und 9$ pro erwachsener Person**. Ermäßigte Preise gelten für Kinder bzw. Jugendliche, Senioren und Familien. Die kostenpflichtige Saison ist je nach Park unterschiedlich lang, in den Wintermonaten entfällt oft der Eintritt. Für einige Parks und andere Einrichtungen des *National Park Service* (z.B. *National Historic Sites*) gibt es kombinierte Tickets; außerdem sind **Jahrespässe für $63/Person** verfügbar.

Aktuelle Informationen zu Gebühren (*fees*) und Öffnungszeiten findet man unter www.parcs canada.ca oder www.pc.gc.ca.

Visitor Centres In den ***Visitor Information Centres*** der Parks erfährt man in Ausstellungen und Videovorführungen Wissenswertes zu deren natürlichen und kulturellen Besonderheiten. Mitarbeiter (*Park Ranger*) stehen für Auskünfte zur Verfügung. Oft bieten sie parkspezifische Programme an wie geführte Wanderungen, Vorträge, Diashows u.a. am abendlichen Feuer (*Campfire Programmes*). An Lehrpfaden, sog. ***Interpretive*** oder ***Nature Trails***, erläutern Tafeln Details der Flora, Fauna, Geologie oder Geschichte des Parks.

Provinzparks Sehenswerte oder einfach nur schöne Landschaften, in denen die Aspekte Erholung und Freizeit stärker im Vordergrund stehen, findet man auch in den von den jeweiligen Provinzen eingerichteten ***Provincial Parks***. Ihre Ausrichtung kann sehr unterschiedlich sein: das Spektrum reicht vom kleinflächigen Picknickpark bis zum riesigen Naturschutzgebiet (z.B. *Mount Carleton Provincial Park* in New Brunswick). Die größeren Provinzparks verfügen durchweg über Wanderwege, oft auch Badestrände und mehrheitlich über schön angelegte **Campingplätze**. Die bewirtschafteten Provinzparks kosten in der Saison **Eintritt** (3,20-9,00$ plus ggf. Campinggebühren), kleinere Provinzparks sind eintrittsfrei.

Parks in Québec In der Provinz Québec heißen die Provinzparks etwas verwirrend »*Parc National*« und die von der Bundesregierung verwalteten Nationalparks »*Parc National du Canada*«.

Naturschutzgebiete Gebiete, in denen öffentliches Land (*Crown Land*) aus ökologischen Gründen geschützt wird, tragen die Bezeichnung ***Ecological Reserve***. Dazu gehören Habitate bedrohter Tiere, Standorte seltener Pflanzen oder geologische Formationen, beispielhafte Ökosysteme oder für wissenschaftliche Forschung oder Bildungszwecke geeignete Naturflächen. Weitere Schutzgebiete, in denen Eingriffe in die Natur geregelt oder untersagt oder in denen Pflanzen und Tiere vor der Jagd und anderen Störungen geschützt sind, tragen Bezeichnungen wie ***Reserve***, ***Wilderness*** und ***Sanctuary***. Diese Regionen sind in etwa mit den Naturschutzgebieten oder Biosphärenreservaten in Europa vergleichbar.

Geschützte Küsten Mit ***National Marine Conservation Areas*** werden Meeresareale und Küsten bezeichnet, deren Ressourcen nur eingeschränkt genutzt werden dürfen.

Formationen im Mingan Archipelago Nat'l Park am Nordufer des St. Lorenz

1.3.2 Aktivitäten in der Natur

Picknick

Ein Picknickplatz, d.h. eine gepflegte Außenanlage mit Tischen, Müllbehältern und Toiletten (meist nur einfache sog. *pit toilets* »Plumpsklos«), gehört im Normalfall zur Mindestausstattung der *Provincial Parks.* Picknickplätze gibt es oft auch in kommunaler Verantwortung, entweder an zentraler Stelle im Ort, oft am lokalen *Visitor Information Centre* oder an Plätzen mit schöner Aussicht (*Viewpoints*). Manchmal findet man sie auch abgelegen in der Natur, z.B. als sog. ***Pocket Wilderness***. Selten hingegen sind die in Europa üblichen Rastplätze an Landstraßen.

Wandern

Die Atlantikprovinzen haben Wanderern einiges zu bieten:

Viele Küstenabschnitte eignen sich wunderbar für **Strandspaziergänge**. Man muss jedoch die Gezeiten beachten, um nasse Füße zu vermeiden. Das gilt insbesondere an der gesamten Bay of Fundy, wo einem die Flut im Nu den Rückweg abschneiden kann.

Trails

In allen *National* und *Provincial Parks* gibt es, wie oben erwähnt, gekennzeichnete Wanderwege (*Hiking Trails*) für kurze Spaziergänge bis zu ausgedehnten Trips. Zunehmend sind die Pfade komfortabel angelegt – mit Splittbelag, ausgebauten *Boardwalks* und Treppen – und bisweilen als Lehrpfad beschildert. Zahlreiche naturbelassenere Wege führen aber auch über Stock und Stein und stellen durchaus Anforderungen an Kondition und Ausdauer.

An ausgeschilderten Wanderwegen findet man häufig Kilometer- und Zeitangaben, die einander zu widersprechen scheinen. Die Kilometerangaben stimmen in der Regel, aber der Zeitbedarf ist oft zu hoch angesetzt bzw. berücksichtigt längere Pausen.

Zweisprachige Wanderwegerläuterung im Kejimkujik Nat'l Park (Seaside Adjunct) an der Atlantikküste von Nova Scotia

Karten

Bei fast jeder Parkeinfahrt, sonst aber im *Visitor Centre* erhält man kostenlose Karten mit den Wanderwegen und ggf. Fahrrad- wie Kanurouten. Am jeweiligen Startpunkt, dem *Trailhead*, steht oft eine Tafel mit dem Wegverlauf oder ein Kasten mit Faltblättern, die zur (groben) Orientierung meist gute Dienste leisten. Topographische Wanderkarten sind selten erhältlich.

Mehrtägiges Wandern

In den Nationalparks und in manchen großen Provinzparks gibt es auch für mehrtägige Wanderungen geeignete Trails. Für ihre Über-Nacht-Nutzung muss man sich regelmäßig ein »*Backcountry-Permit*« besorgen (im *Visitor Centre*), oft kostenlos, gelegentlich gegen Gebühr. Entlang solcher Wanderrouten sind durchweg *Backcountry* oder *Wilderness Campgrounds* ausgewiesen, die meist für nur wenige Zelte Platz bieten.

Langstreckenwandern

Auch außerhalb von National- oder Provinzparks kann man Wanderungen unternehmen. Einige Kommunen haben für ihre Umgebung ein Netz von Spazier- und Wanderwegen entwickelt. Manche davon sind an überregionale Langstreckentrails angebunden, die von Wandervereinen oder -organisationen betreut werden. Beispiele für letztere sind der ***East Coast Trail*** (➪ Reiseteil Kapitel 5.5.2, Seite 362) auf Neufundland oder der ***International Appalachian Trail*** (➪ Reiseteil Kapitel 2.3.2, Seite 251).

Vielerorts sind unter dem Schlagwort »***Rails to Trails***« nicht mehr benutzte Eisenbahntrassen zu Wanderwegen umfunktioniert worden, manchmal nur regional auf kurzen Abschnitten – sogenannte ***Trailways*** –, manchmal auch als Langstrecke (z.B. der ***Confederation Trail*** auf PEI, ➪ Teil II, Kapitel 3.1.4, Seite 266).

Radtouren

Für das Kennenlernen vieler Städte bietet sich auch das Fahrrad an, und in vielen findet man Fahrradverleiher (*Bike Rental*). Indessen sind **Radwege** ziemlich **selten** (Ausnahme: Québec).

Für die Erkundung von *National* und *Provincial Parks* ist ein Fahrrad ebenfalls gut geeignet. Dort gibt es meist auch Radwanderwege. Häufig kann man in den Parks selbst Fahrräder mieten. In New Brunswick, Nova Scotia und auf PEI müssen Radfahrer einen Helm tragen. Für Newfoundland/Labrador gelten unterschiedliche kommunale Regelungen; in den Kommunen von St. John's und Mount Pearl besteht ebenfalls **Helmpflicht**.

Informationen zu Radtouren gibt es unter

www.atlanticcanadacycling.com.

Vermieter findet man unter

www.atlanticcanadacycling.com/directory/bicyclerentals.

Mehr über *Mountain Biking* und *Radwandern* in Canada steht im USA/CANADA Bikebuch von Reise Know-How.

Kanu & Kajak

Bereits die Indianer benutzten Canadas Flüsse und Seen als Verkehrsadern durch das ansonsten unwegsame Land. Vom lautlos zu bewegenden Kanu aus lassen sich Tiere in der **Wildnis** beobachten, die man sonst nur selten zu sehen bekommt.

Vielerorts kann man Kanus und/oder Kajaks mit kompletter Ausrüstung bei sog. ***Canoe Outfitters*** leihen. Bei Bedarf erhält man eine Einweisung in die Handhabung des Bootes und Tipps zu den bestgeeigneten Routen und Zielen. Nicht jede Strecke und jedes Wetter sind für Anfänger geeignet. Für erste Versuche empfiehlt sich ein Binnensee an einem möglichst windstillen Tag. Auf allen Gewässern sind angelegte **Schwimmwesten** Vorschrift.

Das Kanu – ein kanadisches Symbol

Die Ureinwohner der Waldgebiete im Norden waren berühmt für ihre eleganten, höchst praktischen und schnellen Wasserfahrzeuge. Ein aus Birkenrinde hergestelltes Kanu ist extrem leicht, aber dennoch in der Lage, vergleichsweise schwere Lasten zu transportieren. Zudem ist es einfach zu reparieren.

Für die Indianer waren Kanus, die in Größen bis zu 8 m Länge und über 2 m Breite gebaut wurden, das wichtigste Transportmittel. Per Kanu waren Reisen und Handel über große Entfernungen möglich. Auch den ersten europäischen Forschungsreisenden und Pelzhändlern ebneten Kanus den Weg in die sonst unzugängliche kanadische Wildnis.

Der Werkstoff Birkenrinde ist inzwischen weitgehend durch Kunststoff und Aluminium ersetzt, aber für Puristen und viel Geld gibt es durchaus noch die Kanus aus reiner Natur.

Mehrtägige Touren

Für ausgiebige, auch **mehrtägige Kanutouren** eignet sich besonders der ***Kejimkujik National Park*** in Nova Scotia einschließlich angrenzender Wasserwege außerhalb des Parks zwischen Annapolis Royal und Liverpool wie auch das Seen- und Flussgebiet in Richtung Shelburne/Yarmouth, die ***Bay du Nord Wilderness Reserve*** in Newfoundland und der **Unterlauf des St. John River** mit seinen breiten Mündungen und seeartigen Erweiterungen in New Brunswick. Der ***Kouchibouguac Nat'l Park*** an der Ostküste von Neu Braunschweig (*Gulf of St. Lawrence*) ist mit seinen Lagunen ein ideales Revier für **Kanu- und Kajak-Kurztrips**.

Längere Kanurouten sind oft mit ***Portages*** verbunden, d.h. Kanu und Gepäck müssen zwischen zwei Gewässern eine Strecke über Land getragen werden. Manche Kanuten haben für Portagen eine abnehmbare Radachse dabei.

Kajak

Sowohl auf Binnengewässern als auch an den Meeresküsten tritt immer mehr das **Kajak** in Erscheinung. Es gibt zahlreiche Verleiher, die geführte Touren in kleinen Gruppen anbieten. Beliebte Reviere für das ***Seakayaking*** sind geschützte Meeresbuchten mit kleinen Inseln, die man in jeder der Atlantikprovinzen findet.

Kajaks zwischen den Flowerpot Rocks/New Brunswick

Segeln

Die Küstengewässer der Atlantikprovinzen blicken auf eine lange Segeltradition zurück. Speziell die Atlantikküste mit ihren zahllosen Inseln und Buchten bietet abwechslungsreiche, wenn auch nicht ganz einfach zu befahrene Reviere. Der in einigen Bereichen häufige Nebel oder die gewaltigen Gezeitenunterschiede etwa in der Bay of Fundy sind auch Herausforderungen, die nicht jeder »Schönwettersegler« so einfach bewältigt. Man kann aber auch auf großen Binnengewässern segeln.

Segeltouren

Freizeitsegler können Boote – mit oder ohne Skipper – chartern oder auch an mehrstündigen bis mehrtägigen Touren teilnehmen, etwa auf den Bras D'Or Lakes auf Cape Breton Island oder in der Mahone Bay in Nova Scotia. In vielen Yachthäfen findet man entsprechende Angebote. In der **Passamaquoddy-Bay** (Südwesten von New Brunswick) gibt es Walbeobachtungstrips per Segelboot.

Segler mit Touristen vor St. George Island bei Halifax

Whale Watching

Die Gewässer vor den Atlantikprovinzen und den Neuenglandstaaten der USA waren vom 16. Jahrhundert bis etwa 1930 Schauplatz eines schonungslosen massenhaften Walfangs. Seit der Einstellung der kommerziellen Jagd beobachteten Wissenschaftler die Riesensäuger in ihrer natürlichen Umgebung, registrieren die Bestände und erforschen ihr Verhalten.

Seit den 1970er-Jahren gibt es **Walbeobachtungstrips** für Touristen. Ihre Frequenz hat aber derart zugenommen, dass Naturschützer auf die Einhaltung bestimmter Regeln drängten. Die Tourveranstalter der Atlantikprovinzen haben sich auf einen ***Code of Ethics*** verpflichtet, der sicherstellt, dass die Tiere nicht belästigt werden und die Beobachtungsboote untereinander fair operieren.

An exponierten Küstenabschnitten auf Cape Breton Island und Newfoundland kann man mit etwas Glück Wale von Land aus beobachten. Näher kommt man den Tieren indessen per Boot.

Reviere

Zu den besten Revieren für die Walbeobachtung gehört die **Bay of Fundy** (⇨ Teil II, Kapitel 1.4.2, Seite 167). In Nova Scotia kann man Wale von Digby Neck, von Long Island und Brier Island aus sehen, in New Brunswick an der Passamaquoddy-Bay (⇨ Kapitel

2.2.4, Seite 234ff.), in den Gewässern um **Cape Breton Island** (⇨ Kapitel 1.7.2, Seite 193) sowie in den Buchten nördlich und westlich des zentralen **Newfoundland** (⇨ Notre Dame Bay Kapitel 5.3.2, Seite und Trinity Bay, Kapitel 5.4.1, Seite 362). Auch der St. Lorenz Strom ist bei Tadoussac (Nordufer) und der Mündung des Saguenay River bekannt für seine Wale.

Besonders »Zodiacs«, Schlauchboote mit starken Außenbordmotoren, sind wegen ihrer Schnellig- und Wendigkeit für Whale Watching Trips beliebt

Bird Watching

In den Atlantikprovinzen gibt es mehrere hundert verschiedene Vogelarten – dauerhafte Bewohner wie Zugvögel. Wegen ausgedehnter Feuchtgebiete und raubtiersicheren Felseninseln findet man viele große Ansammlungen und Brutkolonien. In speziellen Schutzgebieten werden Forschungen betrieben; dort können auch Hobby-Ornithologen ihren gefiederten Freunden nah sein. Viele der **Beobachtungsplätze**, z.B. für Papageientaucher (*Puffins*), Basstölpel (*Gannets*), befinden sich an Land. Zu einigen Vogelinseln gibt es auch **Bootsausflüge**, so zur ***Witless Bay Ecological Reserve*** vor der Avalon-Halbinsel (Newfoundland, ⇨ Kapitel 5.5.2, Seite 361), zur **Île Bonaventure** vor Percé auf der Gaspé-Halbinsel (⇨ Kapitel 4.2.2, Seite 293) oder zu den Vogelinseln um **Grand Manan** (NB, ⇨ Seite 232f.)

Angeln

Die Atlantikprovinzen sind bekannt für ihre Gewässer voller Forellen und ihre Lachsflüsse. Auch im Meer kann man fischen, in vielen Küstenhäfen werden Touren zum Hochseeangeln angeboten. Ohne Angelschein (***Fishing License***) geht jedoch gar nichts. Die Gebühren für eine Lizenz und Detailregelungen sind von Provinz zu Provinz unterschiedlich Aber außer der Gebührenzahlung gibt es keine besonderen Bedingungen. Wer eine Angel halten kann, darf sie – mit *Fishing License* – überall ins Wasser werfen. Informationen darüber und über die jeweils geltenden Regelungen erhält man in jeder *Visitor Information* oder den Fremdenverkehrsämtern der Provinzen. Eine gute Adresse für weitere Informationen ist www.sportfishingcanada.ca.

Jagen

Ausländer dürfen in Canada nur in Begleitung sogenannter ***Outfitter*** jagen. Die Kosten dafür sind beträchtlich, nicht zuletzt deshalb, weil dafür überwiegend Komplettpakete mit Unterkunft und Vollverpflegung, ggf. auch Hubschraubertransport und sogar Trophäenversand angeboten werden. Ein Verzeichnis solcher Anbieter findet man im Internet unter www.huntingoutfitters.ca, speziell für Newfoundland unter der Adresse: www.advertisen-orth.com/outfitters/sports_hunting_newfoundland.htm

Strände/Baden

So variantenreiche und **reizvolle Strände** wie an den langen Küsten der Atlantikprovinzen findet man selten in einer Region: mondsichelförmige, weiße Abschnitte, abgelöst von felsigen Landzungen; Dünengebiete aus rosa Sand, dazu alle Formen von Kieselstrand, Felsblöcke und flache Felsplatten, die wie eine Rutschbahn ins Wasser ragen – für Abwechslung ist also gesorgt. Viele Strände eignen sich bestens für **Spaziergänge** und zum **Sonnenbaden**, aber die im allgemeinen niedrigen Wassertemperaturen schocken doch manchen Schwimmer. **Das wärmste Wasser** findet man rund um Prince Edward Island, an der Ostküste von New Brunswick (Northumberland Strait) und an der Baie de Chaleur zwischen New Brunswick und der Gaspé-Halbinsel.

Der Atlantik an den Küsten Nova Scotias ist nur etwas für abgehärtete Naturen, von Newfoundland nicht zu reden.

Viele **Binnengewässer** weisen dagegen im Sommer (Ende Juni bis Anfang September) angenehme Temperaturen von über 20°C auf.

Nur an ausgesprochen wenigen Stränden gibt es Bademeister oder Rettungsschwimmer (*supervised beaches*), etwa in belebten *Provincial Parks* oder an Stränden in/bei Ortschaften.

Strand im Prince Edward Island Nat'l Park, Bereich Greenwich

Reiten

Reiten ist in den Atlantikprovinzen Canadas nicht so verbreitet wie weiter westlich. Doch gibt es hier und dort die Möglichkeit, stundenweise ein Pferd zu mieten. Vereinzelt stößt man auch auf Komplettangebote mit Unterkunft und Besichtigungsprogramm. Adressen finden sich – außer in den Gelben Seiten (unter *horse stables*) – in den regionalen *Visitor Information Centres* oder

im Internet unter

- www.horse-riding.net/stables/Canada
- www. atlanticrider.com

Golf

In den Maritimes ist Golf kein exklusiver Sport wie in Europa. Plätze in schöner Landschaft gibt es reichlich, meist im Umfeld der Städte, manchmal aber auch in abgelegenen Regionen. Viele Plätze sind öffentlich, die Gebühren relativ gering. Die Ausrüstung lässt sich meist vor Ort leihen. Ausführliche Informationen im Internet unter

- www.golfnewfoundland.ca
- www.golfnovascotia.com
- www.golfpei.ca,
- www.golfnb.com,
- www.tourisme-gaspesie.com/en/golf.asp

Wintersport

Auch im Winter haben die Atlantikprovinzen einiges zu bieten. **Abfahrtskigebiete** sind zwar rar, doch es gibt sie tatsächlich (in Newfoundland: *Marble Mountain*, in Nova Scotia: *Windsor Forks*). Für **Skilanglauf** findet man Loipen vor allem in Nationalparks. Einige abgelegene Gegenden erreicht man im Winter am besten per **Schneemobil**. In völlig unwegsamen und unzugänglichen Regionen, z.B. in Labrador, werden dann *Wintertrails* gespurt, die sogar auf speziellen Landkarten verzeichnet sind.

Schneemobile sind nicht nur Transportmittel für Fahrten in sonst unzugängliche Gebiete, sondern auch beliebte Spaßvehikel, mit denen Rennen gefahren werden, hier auf Newfoundland

Sommer in Halifax

1.3.3 Städte und Dörfer, Lebensweise, Kultur, Kunst

Die »Großstädte«

In den Atlantikprovinzen gibt es **nur eine »echte« Großstadt**: **Halifax** in Nova Scotia mit rund 360.000 Einwohnern. Auf Newfoundland in **St. John's** leben zwar immerhin auch gut 100.000 Menschen, aber dort stellt sich nicht unbedingt urbanes Gefühl ein, ebensowenig wie in der größten Stadt von New Brunswick, **Saint John**, mit ca. 75.000 Bewohnern.

Halifax ist Dreh- und Angelpunkt des Kulturlebens in den maritimen Provinzen. Dank historisch gewachsener Eigenheiten und ihrer maritimem Prägung besitzt die Stadt einen unverwechselbaren Charakter. Halifax ist Sitz vieler Außenstellen der Bundesregierung sowie überregionaler Wirtschaftsunternehmen.

Nicht mehr als regionale Knotenpunkte sind die Provinzhauptstädte **Charlottetown** auf Prince Edward Island und **Fredericton** in New Brunswick. Das gilt auch für das bereits erwähnte **Saint John** sowie **Moncton** in New Brunswick.

Uniformität

Die Mittel- und Kleinstädte sind durch uniforme Zweckbauten der Tankstellen, Supermärkte, Fast Food Restaurants und Hotels/Motels der in ganz Nordamerika bekannten Ketten an den Ausfallstraßen ziemlich gleichförmig.

Downtown

Unterscheidbar werden die Städte im mit ***Downtown*** bezeichneten Zentrum, das nicht unbedingt in der Stadtmitte liegen muss. Es ist meist bestimmt durch mehr oder weniger historische Architektur und etwas individuellere Geschäfts- und Restaurantzonen. Nur dort trifft man auf engem Raum auch Fußgänger beim Einkaufsbummel und – im Sommer – auf Restaurantterrassen. Mit einem **Nachtleben** darf man nirgendwo rechnen, bestenfalls noch in bescheidenen Grenzen in Halifax. Das muss nicht heißen, dass gar nichts los ist. *Open-Air Events* und kulturelle **Veranstaltungen** im weitesten Sinne bieten zumindest im Sommer auch vergleichsweise kleine Orte. Speziell in den Provinzhauptstädten Fredericton, Charlottetown und St. John's, aber auch in Städten wie Moncton, Saint John oder Sydney gibt es sogar einen recht dichten sommerlichen Veranstaltungskalender. Jedes *Visitor Information Centre* hat die Details, man findet sie auch auf den Websites der Orte und Regionen.

Stadtrundfahrten

Nur in wenigen Städten – u.a. Halifax und Charlottetown – gibt es Stadtrundfahrten. Die anderen Städte sind klein genug, um zumindest das Zentrum zu Fuß erschließen zu können.

Waterfront

In manchen der am Wasser gelegenen Orte wurden nicht mehr benötigte, meist heruntergekommene Hafenbereiche saniert. Ehemalige Lagerhäuser avancierten zu Veranstaltungs- und Ausstellungshallen; viele beherbergen Shops und Restaurants und sind von Grünanlagen umgeben. Ein derart renovierte *Waterfront* ist Anziehungspunkt für Touristen wie für Bewohner.

Community Centres

In dünner besiedelten Gegenden fungieren größere Dörfer als Administrations-, Versorgungs- und Kulturzentrum des Umlands. In sogenannten ***Community Centres*** finden sich dann Einrichtungen, die man im ländlichen Raum sonst vergeblich sucht – Supermärkte, Banken, Bibliotheken, Kinos, Fachgeschäfte, Dienstleistungseinrichtungen und Behörden.

Dörfer

Wegen der geringen Besiedelungsdichte liegen in manchen Ortschaften die Gebäude weit auseinander. Einen identifizierbaren Ortskern gibt es daher häufig nicht. Auch ein Ortseingangsschild fehlt hin und wieder.

Festivals

Besonders in der Sommersaison werden vielerorts Feste gefeiert. Ihre historischen Wurzeln haben sie oft im harten Alltagsleben, dem zu entfliehen, man Anlässe suchte und fand. Die gemeinsamen Feiern stärkten das Zusammengehörigkeitsgefühl, eine Voraussetzung zum Überleben und zu gegenseitiger Hilfeleistung in Notzeiten.

Die traditionellen Feste – ob zur Apfelblüte, zur Erdbeerernte, zum Auftakt der Lachssaison, also aus unmittelbaren Lebenszusammenhängen, oder in Rückbesinnung auf historische, ethnische oder religiöse Traditionen – werden zumeist mit großem Engagement aller Beteiligten durchgeführt und erhalten nicht selten auch staatliche Förderung.

Besonders im ländlichen Raum unternimmt man erhebliche Anstrengungen zur Erhöhung der Lebensqualität und der Attraktivität der *Community*. Damit wird letztlich auch das Touristenaufkommen erhöht. Allein in Nova Scotia gibt es mittlerweile 800 Festivals im Jahr. Dazu gehören auch Musik- und Theaterveranstaltungen, die noch keine langjährige Tradition besitzen, aber auf ein gestiegenes kulturelles Interesse hinweisen.

»Schrottplatz Symphoniker« auf dem Busker Festival an Halifax' Waterfront (Ende Juli, → Seite 133)

Umzug am Canada Day (1. Juli) mit Kriegsveteranen in Annapolis Royal

Musik

In den größeren Orten gibt es auch Konzerte von Klassik über Jazz und Folk & Country bis zu Rock & Pop, im Sommer open air. In ländlichen Regionen sieht es damit schlechter aus

Pow Wows

Viele traditionsbewusste *Bands* der *First Nations* veranstalten auf ihren Territorien alljährlich mehrtägige sog. ***Pow Wows***, zu denen traditionelle Zeremonien, Tänze und Musikdarbietungen gehören; Gäste sind willkommen. Im Internet findet man die Termine auf den Websites der jeweiligen Stämme. Einige sind unter www.mns-firstnet.ca/Powwow/Trail.php aufgelistet.

Arts & Crafts

In Canada steht das Wort *Art Gallery* nicht in jedem Fall für das, was wir unter einer Kunstgalerie verstehen. ***Gallery*** wird dort viel weiter gefasst und kann Verkaufseinrichtung für Kunsthandwerk, Gebasteltes, Gesägtes, Genähtes oder Gestricktes sein. Ähnlich variantenreich sind die ***Craft Shops***, in denen Handgemachtes (*Crafts*) zum Verkauf steht, von beachtlichen Kunstwerken über lokale kunsthandwerkliche Artikel bis zu Kitsch. Die Bezeichnung ***Artist Studio*** weist noch am ehesten auf Kunst hin. Der Besuch im Künstlerstudio erfüllt nicht immer die Erwartungen, bietet aber manche Überraschung.

Kunst

Die Kunstsammlungen größerer Museen, wie z.B. der ***Beaverbrook Art Gallery*** (Fredericton) oder der ***Art Gallery of Nova Scotia*** (Halifax) präsentieren bildende Kunst aus Europa, den USA und natürlich Canada. Oft gibt es Schwerpunktausstellungen mit Künstlern der jeweiligen Region. An der *Mount Allison University* in Sackville mit ihrer renommierten kunstwissenschaftlichen Fakultät zeigt die ***Owens Art Gallery*** neben Werken aus dem 18. bis 20. Jahrhundert insbesondere auch Bilder und Objekte junger, zeitgenössischer Künstler.

Privatgalerien für moderne Kunst findet man in den großen Städten, aber auch hier und dort auf dem Land, oft am Wohnort eines Malers oder Bildhauers. In den *Tourist Information Centres* gibt es bisweilen Listen derartiger Ausstellungen und Werkstätten.

Native Art

Die ***Art Gallery of Nova Scotia*** in Halifax hat eine eigene Abteilung für Kunst der Inuit und seit 2001 die ***First Nations Art Gallery***. Ansonsten ist die Kunst der Ureinwohner Canadas in den großen Museen eher unterrepräsentiert.

Am ehesten findet man kunsthandwerkliche Arbeiten von Indianern in ***Craft Stores***, die manchmal auf indianischen Territorien betrieben werden. Galerien, die indianische Kunst vertreten, sind rar. Eine befindet sich in **Bear River**, Nova Scotia (*Flight of Fancy*), eine weitere am gleichen Ort im Reservat im ***Bear River First Nation Heritage&Cultural Centre***.

Die **Kunst der Inuit** – Druckgrafik, Zeichnungen und Skulpturen – ist etwas besser vertreten. In drei Privatgalerien (in Lunenburg und in Kingsburg (beide Nova Scotia) sowie in St. Andrews (New Brunswick) werden die bedeutendsten zeitgenössischen Inuit-Künstler vorgestellt. Daneben findet man hier und dort auch in weiteren Galerien vorwiegend folkloristische Inuit-Skulpturen; direkt von den Künstlern kann man sie in **Nain** (Labrador) erwerben (➪ auch Kasten »Kunst der Inuit« auf Seite 148).

Typische Inuit Kunstobjekte

1.3.4 Heritage und Historic Sites, Museen

UNESCO Heritage Sites

Die UNESCO hat besonders schützenswerte Gebiete – entweder wegen ihrer natürlichen oder ihrer historisch-kulturellen Bedeutung – auf die Liste des Welterbes gesetzt. In den Atlantikregionen liegen vier Stätten: der ***Gros Morne National Park*** mit seinen geographisch-geologischen Besonderheiten, die historische **Wikinger-Siedlung** in L'Anse aux Meadows auf Newfoundland, die Altstadt von **Lunenburg** in Nova Scotia und die Fossilienfundstätte ***Miguasha*** auf der Halbinsel Gaspé.

National Historic Sites

Unter dieser Bezeichnung findet man national bedeutende historische Stätten, die sich auf wichtige Bauwerke, Personen oder Ereignisse beziehen. Hier ist in erster Linie die ***Fortress of Louisbourg*** zu nennen, die wegen ihrer Größe und Bedeutung bereits unter den Nationalparks erwähnt wurde, ➪ Seite 203.

Fischerei-museum in Lunenburg, Nova Scotia

Museen

Die Atlantikprovinzen verfügen über zahlreiche Museen sowohl in den Städten als auch in kleinen Ortschaften. Hinzu kommen Ausstellungen in den *Visitor Centres* der Nationalparks zur jeweiligen Historie oder zu naturkundlichen Phänomenen.

Um die Menschen ins Museum zu locken, wurden interessante Arten der Präsentation und moderne museumspädagogische Ansätze entwickelt, die beim Publikum gut ankommen. Speziell in kleinen Orten gibt es indessen Museen, deren Sammlung eher an ein Kuriositätenkabinett erinnert. Nicht selten besitzen derartig unmoderne Museen aber sogar besonderen Charme.

Ein großer Teil der Museen ist historischen Themen gewidmet. In den Provinzhauptstädten stellen sie die Geschichte von der Besiedelung des Kontinents über die europäische Kolonisation bis zur jüngsten Zeit ausführlich dar. Lokale Museen beschränken sich meist – bisweilen sorgfältig und detailliert – auf interessante Facetten der Zeitläufte, sind aber dennoch oft Fundgruben.

Umfassend informiert das ***Maritime Museum of the Atlantic*** in Halifax über alles, was mit Meer und Schiffen zusammenhängt. Eine gute Ergänzung dazu bietet in Lunenburg das ***Fisheries Museum of the Atlantic***. Über den Walfang und seine Geschichte erfährt man alles in der *National Historic Site* in **Red Bay** (Labrador), über die aktuelle Situation der Wale informiert die ***Grand Manan Whale and Seabird Research Station*** in New Brunswick.

Aquarium

Einige Küstenorte verfügen über Aquarien, so **St. Andrew's** und **Shippagan** in New Brunswick, **Cap des-Rosiers** und **Sainte-Annedes-Monts** auf der Gaspé-Halbinsel. Auch zum **North Cape Interpretive Center** auf Prince Edward Island gehört ein Aquarium.

Wildlife Parks

In den ***Wildlife Parks*** der Atlantikprovinzen gibt es vor allem einheimische Wildtiere, nach Möglichkeit in naturnahen Gehegen. Gute Parks dieser Art sind ***Shubenacadie Provincial*** und ***Upper Clements*** (beide in Nova Scotia). Dort sieht man Schwarzbären, Stinktiere, Kojoten und mehr. Die Tiere in diesen Parks wurden in der Regel schon in Gefangenschaft geboren oder verletzt aus der Wildnis geborgen.

Spezialmuseen Manche kleinere Museen haben sehr spezielle, über Lokales hinausreichende Themen. So etwa mehrere **Minenmuseen**, z.B. in Baie Verte (Newfoundland) und an weiteren Orten, wo einst Bergbau betrieben wurde. Das ***North Atlantic Aviation Museum*** in Gander bezieht sich auf die Geschichte der Luftfahrt und die einstige Bedeutung Ganders für Transatlantikflüge.

Sehenswert ist auch das ***Sherman Hines Museum of Photography*** in Liverpool (Nova Scotia). Das ***Fundy Geological Museum*** in Parrsborro informiert ausgezeichnet über Gezeiten und Geologie. Das ***Johnson GEO Centre*** in St. John's (Newfoundland) erläutert die Geschichte unseres Planeten, und das ***Museum of Industry*** in Stellarton/New Glasgow (Nova Scotia) hat eindrucksvolle Objekte zur Technikgeschichte.

Living History Immer häufiger weichen trockene Präsentationen historischer Dokumente und Artefakte einer lebendigen Darstellung. In der Hochsaison findet man in vielen aufwändig nachgestalteten oder restaurierten historischen Stätten zeitgenössische »Bewohner«. Sei es ein Leuchtturmwärter in Kleidung des 19. Jahrhunderts, uniformiertes Wachpersonal, kostümierte Piraten oder gleich eine ganze Dorfgemeinschaft: Diese Art der Geschichtsvermittlung in ***Living History Museums*** ist immer ein Erlebnis. Die Mitwirkenden schauspielern oft nicht nur, sondern beherrschen alte Handwerkstechniken, die sie anschaulich vorführen, beantworten auch gerne Fragen der Besucher nach ihrem Leben. »Lebendige Geschichte« beeindruckt besonders in **Norstead** (L'Anse aux Meadows/Newfoundland), im ***Fortress of Louisbourg*** (Nova Scotia), in ***Kings Landing*** und im ***Acadian Village*** (New Brunswick).

Indianer/Inuit Größere historische Museen führen Abteilungen zur indianischen Geschichte, Kultur und Tradition, oft illustriert durch Funde bei Ausgrabungen vor Ort.

Zunehmend gibt es Ausstellungen auf indianischen Territorien in *Heritage Centres*, die von den *Natives* in Zusammenarbeit mit Wissenschaftlern betrieben werden. Sehr interessant sind das Bear River First Nation Heritage & Cultural Centre (Nova Scotia), das ***Museé Amerindian et Inuit*** in Godbout (Québec), die Ausstellungen im ***Beothuk Interpretation Centre Boyd's Cove*** oder im ***Burnside Interpretation Centre*** (Newfoundland), im ***Mi'kmaq Cultural Centre*** auf Lennox Island (Prince Edward Island), im ***Labrador Interpretation Centre*** in Northwest River (Lake Melville, Labrador), die ***Metepenagiag Heritage Exhibit*** in Red Banks (New Brunswick) und die ***Site d'Interprétation Micmac de Gespeg*** (Gaspé Peninsula).

Kanonier in zeitgenössischer Uniform in der Fortress de Louisbourg

2 VOR DER REISE

2.1 Reiseplanung

2.1.1 Organisiertes oder individuelles Reisen?

Zuerst ist grundsätzlich zu klären: Will man individuell reisen oder mit einer Reisegruppe? Zieht man einen vorgegeben standardisierten oder einen selbstbestimmten Reiseverlauf vor?

Das Spektrum organisierter Reisen reicht von Busrundfahrten von Stadt zu Stadt bzw. Hotel zu Hotel mit Stops in Nationalparks und anderen typischen Touristenzielen bis zu Aktivferien für Wanderer und Kanuten. Der Vorteil solchen Reisen ist, dass sie kaum eigenen Organisationsaufwand erfordern und die Teilnehmer sich unterwegs um nichts zu kümmern brauchen. Nachteilig ist der vorgegebene Ablauf, der kaum, meist gar keine Reaktionen auf örtliche Gegebenheiten oder Wetterbedingungen zulässt. Sich unterwegs ergebende individuelle Wünsche können fast nie berücksichtigt werden.

2

Busreisen

Typisch für die von vielen Veranstaltern angebotenen **Bus-Rundreisen mit Hotelübernachtung** sind zahlreiche Anlaufpunkte und durchweg sehr weite Wege, so dass selten Zeit für mehr als oberflächlichere Besichtigungen und ein paar Fotos bleibt. Die Routen entsprechen außerdem durchweg gängigen touristischen Pfaden, auf denen gleichzeitig Mengen anderer Touristen unterwegs sind. Speziell Naturschönheit kommt dabei oft zu kurz, und die Stunden im Bus machen das Gros der Reisezeit aus.

Pkw-Rundreise

Etwas flexibler ist man bei einer vom Reiseveranstalter organisierten **Mietwagen-Rundreise** mit reservierten Unterkünften, wobei immerhin der Tagesablauf noch individuell gestaltet wird. Trotzdem ist der Spielraum solchen Touren eingeschränkt und die mit dem Mietwagen mögliche Flexibilität bei vorgegebenen Tagesetappen dahin. Unterwegs aufkommende Wünsche zu Änderungen im Zeit- und Routenplan sind nur schwer realisierbar.

Organisierte Individualreisen

Einige Reiseveranstalter bieten Programmbausteine mit spezifischen Inhalten, beispielsweise Kanu- oder Angeltouren mit Übernachtung in Blockhütten oder Camping, ein Ferienhaus am Meer, oder kleinere Rundtouren mit Spezialitäten wie Übernachtungen im Leuchtturm oder Teilnahme an einem *Pow Wow.*

Neben den großen Canadaveranstaltern wie CANUSA oder dem Canada Reisedienst CRD gibt es kleinere Spezialisten wie

- **SK Touristik** (www.sktouristik.de)
- **Trans Canada** (www.trans-canada-touristik.de)
- **Fasten your Seatbelt** (www.canadareisen.de)
- **Adventure Travel** (www.weltweitereisen.de)

Eine **Gesamtübersicht** über Veranstalter in Deutschland, Österreich und der Schweiz findet man unter:
www.travelcanada-germany.de/satellite/csp_query.php3

Individuell reisen

Aber nur auf einer individuell organisierten Reise kann man die Route nach Lust, Laune oder Inspiration abändern, unabhängig von Programmvorgaben dort länger bleiben, wo es einem wirklich gefällt, bei schlechtem Wetter in andere Regionen ausweichen, an Veranstaltungen und Festen teilnehmen, von denen man vor der Reise noch nichts wusste und Dinge entdecken, die kein Reiseleiter kennt.

In den Atlantikprovinzen ist es relativ unkompliziert, individuell unterwegs zu sein. Die Versorgung bereitet ohnehin keine Probleme, und ein Quartier oder ein Campingplatz findet sich auch in der Hochsaison immer noch irgendwo. Außerdem gibt es selbst in kleinen Orten eine Touristeninformation mit jeder Menge Infomaterial, Karten und Unterlagen.

In den folgenden Abschnitten finden sich alle Informationen, die für eine Reise in eigener Regie nötig und/oder hilfreich sind.

2.1.2 Anreise

Über 99% aller Canadareisenden fliegen zum Ziel. Für die allgemeine Urlaubsplanung ergibt sich daher keine Notwendigkeit, verschiedene Alternativen abzuwägen. Hinweise zur konkreten Flugbuchung finden sich ab Seite 53. Es stellt sich außerdem ggf. die Frage, ob es vielleicht Sinn macht, statt direkt nach Canada zu fliegen, erst in den USA zu landen – Flug bis Boston oder New York – und auf dem Landweg oder ggf. per Fähre von Maine nach Nova Scotia anzureisen.

über die USA

Von **Bar Harbour** in Maine/USA nach **Yarmouth** in Nova Scotia verkehrt ab Mai bis Mitte Oktober eine Schnellfähre für Passagiere und Fahrzeuge. Die Überfahrt dauert unter 3 Stunden. Sie erspart bis zu 1.000 km Fahrt auf der Straße; ➪ Seite 160.

Dasselbe Fährschiff bedient auch **Portland**/Maine, die Überfahrt dauert 5-6 Stunden und erspart 1.250 Straßenkilometer. Weitere Informationen dazu auf Seite 160.

per Schiff

Es ist zwar fast exotisch, aber nicht unmöglich, mit dem Schiff von Übersee in die Atlantikprovinzen zu reisen. Das Schiff könnte für Menschen mit Flugangst eine Alternative sein, wenngleich Kosten und Zeitbedarf hoch sind. Neben der extrem teuren Queen Mary II und der AIDA kommen nur noch Frachtschiffüberfahrten in Frage (z.B. nach Halifax oder Montréal von mehreren europäischen Häfen aus).

Informationen dazu im Internet z.B. unter:

- www.frachtschiffreisen-pfeiffer.de
- www.frachtschiffreisen.ch
- www.journey.de/frachtschiffreisen/kanada.htm
- http://members.aol.com/CruiseAZ/transat.htm
- www.freighter-cruises.com
- www.freighterworld.com

2.1.3 Öffentliche Verkehrsmittel, Mietwagen oder -camper?

Öffentliche Verkehrsmittel

Eisenbahn

Das ohnehin nicht eben dichte Schienennetz im weiten Canada befördert Personen nur noch auf wenigen Strecken. Durch die Atlantikprovinzen unterhält die kanadische Eisenbahn-Dachorganisation *VIA Rail* ganze drei Schienenstränge, ➪ Seite 72.
Die Eisenbahn kommt damit als alleiniges Verkehrsmittel für eine Tour durch die Atlantikprovinzen nicht in Frage. Bestenfalls kann man mit der Bahn eine »Lücke« innerhalb einer größeren Tour schließen.

Informationen zu den Fahrplänen finden sich auf der Website www.viarail.ca und auf Deutsch unter www.crd.de/viarail.

Busrouten

- ***SMT/Acadian Lines*** bedient täglich viele Städte in New Brunswick, Nova Scotia und auf Prince Edward Island. Die Busse dieser Gesellschaft laufen auch die Provinz Québec sowie Bangor in Maine/USA an; Infos unter www.acadianbus.com.
- ***DRL Coachlines*** bedient täglich die Strecke Port aux Basques – St. John's auf Newfoundland. Infos unter www.drlgroup.com/ScheduleSearch.asp

Nur in den größeren Städten gibt es Busnahverkehr und weitere regionale Linien mit begrenzten Routen in umgebende Orte.

Greyhound und andere

Die Buspässe der Firma ***Greyhound***, ➪ Seite 70, sind für Nicht-Autofahrer in anderen Regionen Nordamerikas ggf. eine erwägenswerte Lösung (www.discoverypass.com). **In den Atlantikprovinzen** lohnt der Buspass jedoch **kaum**. Er gilt dort nur für Routen der mit *Greyhound* kooperierenden Linien *SMT* & *Acadian* zwischen einigen größeren Städten. **Newfoundland** ist mit diesem Pass gar nicht zu bereisen.

Fazit

Mit Linienbussen erreicht man zwar alle größeren Städte und manche Kleinstädte und Dörfer, doch sie steuern weder *National-* noch *Provincial Parks* an. **Viele der attraktivsten Ziele liegen damit außerhalb der Busrouten**. Auch die preiswerteren Quartiere – Campingplätze, *Hostels* – befinden sich oft weit entfernt

Felslandschaft beim berühmten Leuchtturm von Peggy's Cove, *➪ Seite 140*

von Bushaltestellen. Ab zwei Personen ist darüber hinaus die Miete eines PKW selbst mit »Jugendaufschlag« (⇨ Seite 57) kostengünstiger als der Bustransport.

Mietfahrzeuge

Am flexibelsten und mobilsten bewegt man sich mit dem Auto. Auch das Suchen und Finden einer passenden Unterkunft vom Campingplatz über ein geeignetes Motel bis zum nostalgischen *Bed & Breakfast*-Quartier, von Restaurants und Einkaufsstätten bereitet per Auto am wenigsten Probleme. Grundsätzlich ist die **Vorausreservierung** über heimische Veranstalter oder auch bei internationalen Vermietern via Internet einer Buchung erst vor Ort vorzuziehen, ⇨ dazu im Detail mehr ab Seite 57.

Letzteres gilt auch für **Campmobile**, für die man in den größeren Städten zwar durchaus kleinere Vermieter findet, diese aber als Vertragspartner hiesiger Reiseveranstalter vergebens sucht. Per Vorausbuchung über Veranstalter kann man Campmobile für Fahrten durch die Maritimes direkt in diesen Provinzen nur ab Halifax und St. John's auf Neufundland buchen.

Campmobil oder Pkw/Minivan & Zelt?

Camping

Für alle, die das Campen und damit die Nähe zur Natur gerade bei diesem Reiseziel vorziehen, stellt sich die Frage, ob man per **Pkw und Zelt** oder lieber mit dem **Campmobil** reist. Letztlich ist das eine Kostenfrage, wenn auch nicht ausschließlich. Vor allem in der Sommersaison sind die Campmobilkosten sehr hoch, während der saisonale Aufschlag beim Pkw kaum ins Gewicht fällt, ⇨ Seite 66.

Grundsätzlich sind die atlantischen Provinzen mit einer sehr guten Infrastruktur an schön gelegenen und angelegten, dazu nicht zu teuren Campingplätzen samt Serviceeinrichtungen bestens für Reisen im Camper geeignet, mehr dazu ⇨ Seite 98.

Typisches Campareal für Zelte in einem Provincial Park Campground. Tisch und Feuerstelle mit Grillrost sind immer vorhanden

Campmobil

Das Campmobil ist die **komfortablere Lösung**, wobei der Wohnkomfort mit der Größe wächst, die Handlichkeit auf der Straße aber abnimmt. Am besten eignen sich in dieser Region Canadas kompakte Modelle.

Vorteile

In welchem Camper auch immer, man sitzt und schläft in ihm trocken, warm und sicher. Neben der eingebauten Bequemlichkeit ist ein entscheidender Vorteil des Campers gegenüber anderen Reisealternativen, dass das tägliche Kofferpacken entfällt und man seine Siebensachen nicht immer wieder neu verstauen muss. Gegenüber dem Zelt zählt auch noch der Vorteil, dass das Auf- und Abbauen entfällt, insbesondere bei Nässe ein Vorteil.

Die Campgebühren liegen in der Hochsaison je nach Platz und Komfort bei 20-40$ pro Nacht und sind damit erheblich billiger als Hotel oder Motel. Wer an Bord selbst kocht, spart gegenüber einer Versorgung mit Fast Food, mehr noch im »richtigen« Restaurant eine Menge Geld und kann sich obendrein besser und individueller ernähren. Außerdem steht ein »Wohnzimmer« zur Verfügung, in dem sich auch die Abendstunden gemütlich verbringen lassen, sofern man nicht ohnehin lieber am – auf vielen Plätzen möglichen – Lagerfeuer sitzt.

Nachteile

Direkt in den Atlantikprovinzen sind – wie gesagt – die großen international anbietenden **Verleihfirmen nur in Halifax** (*Cruise Canada*, *Fraserway*, *Canadream*) und **St. John's** auf Neufundland (*Canadream*) vertreten. Wer nicht in Halifax oder St. John's starten möchte, findet die nächsten Übernahmestationen für Angebote europäischer Veranstalter erst wieder in Montréal, Toronto und ggf. Boston/USA.

Class C Motorhomes und größer

Speziell in den Atlantikprovinzen mit vielen kleineren Straßen und auch mal engen Ortsdurchfahrten wird mancher mit einem ***Full-size*** **Wohnmobil** (**Class C**: ab 22 Fuß = 6,60 m) nicht immer glücklich sein. Bei dichtem Verkehr und in der Stadt erfordern diese Fahrzeuge bei der überwiegend üblichen **Breite von 2,60 m** einige Konzentration, von Park- und Rangierproblemen vorm Supermarkt oder auf dem *Campground* nicht zu reden.

Flexibilität

Wer den mitbezahlten Komfort des Campmobils genießen will, hat Auf- und Abbauarbeit zu leisten: Schläuche und Kabel müssen entrollt und wieder eingerollt, Abwassertanks entleert werden. Einmal auf dem Campingplatz angeschlossen, heißt: alles wieder verstauen und den Innenraum sichern, falls doch noch eine Fahrt – etwa zum Einkauf – unternommen werden muss. Wer im Zelt übernachtet, kann dagegen schnell wieder losfahren.

Begrenzte Freikilometer

Die happigen **Miettarife** im Sommer wurden bereits angedeutet. Besonders teuer wird eine hohe Kilometerleistung, da Campmobile nur mit begrenzten oder null Kilometern vermietet werden. ***Unlimited Mileage***, wie beim Pkw selbstverständlich, kann z.T. zwar dazugekauft werden, kostet aber einen kräftigen Aufpreis.

Spritkosten

Egal, ob Vor- oder Nachsaison, die **Spritkosten** bei den durchweg durstigen Campmobilen (20-30 l/100 km) sind immer hoch.

Pkw und Zelt

Die Kombination **Mietauto und Zelt** bietet ab zwei Personen mit Abstand die **billigste Form des Reisens**. Bei ungünstiger Witterung und in Städten kann man in ein Motel/Hotel ausweichen und dennoch im Schnitt die Übernachtungskosten gering halten. Wer keine Lust hat, eine ganze Campingausrüstung mit über den Atlantik zu schleppen (bei 2 Personen und jeweils 46 kg Freigepäck auf Linienflügen an sich kein Problem), kann die nötigen Utensilien ggf. auch noch relativ preiswert in Canada erstehen, z.B. bei *Canadian Tire, Home & Hardware, Zellers* u.a. Selbst wer lieber ein festes Dach über dem Kopf hat, ist mit Zelt und Schlafsack im Kofferraum auf der sicheren Seite, falls einmal alle Unterkünfte ausgebucht sein sollten.

Hier liegt (fast) alles, was man fürs Zelten braucht: Kuppelzelt aus der Heimat $0, Schlafsack für $29; Einflammenkocher für Wegwerf-Gaskartuschen$20, Luftmatraze $20 und ggf. Luftpumpe 12 V für Autobatteriebetrieb $15. Alles zusammen ca. $85

Pkw und feste Quartiere

Es ist meist auch in der Hochsaison nicht schwierig, ohne Vorbuchungen ein Zimmer im Hotel oder Motel zu finden. Sollte wirklich einmal alles ausgebucht sein, fährt man eben noch ein paar Kilometer weiter. Trotz der in der Hochsaison höheren Übernachtungstarife sind die Gesamtkosten einer Pkw-Rundreise mit Motel-/Hotelübernachtung in der Regel niedriger als die Gesamtkosten der gleichen Reise im Campmobil, so man nicht durchweg in Hotels der oberen Kategorie absteigt.

Pkw und Inlandflüge

Wer weit auseinanderliegende Zielregionen miteinander verbinden möchte, könnte ggf. mehrere Städte nacheinander anfliegen und von dort jeweils eine kleine Rundreise zu starten. Das vermeidet teure Einwegmieten und spart Zeit.

Sonstige

Per Anhalter Reisen per Anhalter ist in den Atlantikprovinzen nicht unüblich, aber auch nicht besonders verbreitet. Risiken sind nicht ausgeschlossen, aber speziell im dünn besiedelten *Atlantic Canada* geringer als in den USA und nicht höher als in Deutschland. Schwierig für Anhalter ist generell die Quartiersuche.

Fahrrad Wegen der Entfernungen ist eine **Fahrradreise** durch die Atlantikprovinzen zeitaufwendig. Nur bei einem sehr hohen Zeitbudget, nicht aber auf einer Urlaubsreise von vier Wochen, könnte man über die Erkundung der atlantischen Provinzen auch per Fahrrad nachdenken. Anders ist es nur bei geographisch begrenzten Reiseplänen etwa auf die Insel Cape Breton oder auf Prince Edward Island. Fahrräder lassen sich als Sonder-Fluggepäck kostengünstig aus Europa mitbringen. Es gibt auch Fahrradverleiher, deren Dienste man aber eher für regionale Radtouren in Anspruch nimmt. Informationen zu organisierten Radtouren in den Maritimes finden sich im Internet, ➪ auch Seite 25.

2.1.4 Routenplanung

Ganz gleich, ob man die Dinge unterwegs lieber auf sich zukommen lässt und von Tag zu Tag plant oder eine im Voraus sorgfältig ausgearbeitete Reiseroute bevorzugt, sollte man folgende Aspekte berücksichtigen:

Distanzen Die maritimen Provinzen sehen auf einer Canada-Gesamtkarte winzig aus, und selbst die mit über 100.000 km² riesige Insel Newfoundland wirkt nicht sonderlich beeindruckend. Die Luftlinie zwischen der Grenze New Brunswick/USA und St. John's an der Ostküste Neufundlands ist länger als die Strecke Berlin-Rom.

Kilometer / Meilen	Halifax, NS	Baie Comeau, QC	Charlottetown, PE	Fredericton, NB	Montréal, QC	St. Anthony, NL	St. John's, NL
Halifax, NS	0	824	348	467	1.294	1.287	1.482
Baie Comeau, QC	512	0	665	566	676	1.893	2.086
Charlottetown, PE	216	413	0	367	1.199	1.410	1.604
Fredericton, NB	290	352	228	0	834	1.529	1.724
Montréal, QC	804	420	745	518	0	2.356	2.448
St. Anthony, NF	800	1.176	876	950	1.464	0	1.078
St. John's, NF	921	1.296	997	1.071	1.521	670	0

Straßenzustand

Die **Straßen** im maritimen Canada sind durchweg gut ausgebaut und in einem ordentlichen bis sehr guten Zustand. In dünner besiedelten Gegenden, speziell auf Nebenrouten und in Labrador überwiegend, gibt es viele **Schotterpisten**.

Autobahnen existieren nur im dichter besiedelten, engen Bereich zwischen den Städten Saint John, Fredericton, Moncton, New Glasgow, Halifax und Yarmouth. Selbst auf ihnen beträgt die zulässige Höchstgeschwindigkeit 100 km/h, maximal 110 km/h. Im Schnitt kommt man außerhalb der Autobahnen wie auch auf deutschen Bundes- und Landstraßen meist nicht schneller als mit 80 km/h voran, leicht auch deutlich langsamer.

Tagespensum

Pro Tag sollte man sich daher nicht mehr als 300 km im Auto vornehmen, im Schnitt eher weniger, um genügend Zeit für Pausen, Besichtigungen und Einkäufe zu haben. Für eine Autoreise von drei Wochen sollte die berechnete Gesamtdistanz nicht über 4.000 km liegen. Leicht werden es dann mit Umwegen, Verfahren und Stadtverkehr über 5.000 km.

Entfernungsberechnungen zwischen größeren Orten in Canada erledigt auch die Website www.uvl.com/mileage.htm

2.1.5 Saisonale Abgrenzungen, Feiertage und Schulferien

Hauptsaison

Juli und August, die wärmsten und sonnigsten Monate, sind naturgemäß Hauptreisezeit. Dann sind alle Einrichtungen geöffnet, und es laufen die meisten Veranstaltungen und Festivals. In dieser Zeit sind mehr Touristen unterwegs als in allen anderen Monaten zusammen. Die Tarife für Unterkünfte etc. sind am höchsten. **Komplett ausgebuchte, überlaufene Ziele und überfüllte Strände gibt es aber auch dann so gut wie gar nicht**.

Vorsaison

Das Frühjahr ist für die Atlantikprovinzen keine gute Reisezeit: Aktivitäten in der Natur werden durch reichlich Nebel, Regen und kühle Witterung beeinträchtigt. Erst im Juni wird es freundlicher, und die Natur holt dann mit Hochgeschwindigkeit ihren Rückstand auf. Wer früh in der Saison (ab Mai) anreist, muss zudem abseits der Küste, besonders in Wald- und Feuchtgebieten, mit den lästigen ***Blackflies*** rechnen. Diese kleinen schwarzen, blutsaugenden Fliegen verschwinden jedoch spätestens nach den ersten warmen Sommertagen (meist Ende Juni außer in Labrador, dort bleiben sie länger aktiv!). Sie werden von Moskitos abgelöst, die stellenweise recht lästig sein können.

Schotterstraße in Labrador

»Closed for Season«

Da die Touristensaison in den Maritimes maximal von Mai bis Oktober dauert, stößt man in diesen Randmonaten, erst recht davor und danach, oft auf geschlossene Motels und Hotels, *Bed & Breakfast*-Pensionen und Campingplätze. Auch Restaurants und sogar Museen schmücken sich im Winter, manche auch schon im Herbst oder noch im Frühjahr, mit dem Schild »*Closed for Season*«. »Es rechnet sich nicht«, erfährt man auf Nachfrage. Den Betrieb für einige Zufallstouristen aufrechtzuerhalten, steht in keinem Verhältnis zum Aufwand für Personal und Heizung, speziell nicht für abgelegene Häuser.

Die Nationalparks bleiben zwar geöffnet, aber Besucherzentren und Serviceeinrichtungen werden früh im Jahr geschlossen und oft erst spät im Frühjahr wieder geöffnet. Immerhin kostet der Besuch dann keinen Eintritt.

Die langfristige Planung von Öffnungszeiten staatlicher Einrichtungen kann zu durchaus absurden Situationen führen: 36°C Tagestemperatur am 15. September und ein Schild an der bereits geschlossenen Schranke eines *Provincial Park* mit der Aufschrift »***Closed for Season – Reason? Freezin'!***«

Nachsaison

Der ***Labour Day*** (1. Montag im September) markiert in Canada und in den USA das Ende der Sommersaison. Danach denken Kanadier und Amerikaner bestenfalls noch an Urlaub in Florida, Südkalifornien oder der Karibik. In den Atlantikprovinzen wird es bereits ab Ende August, erst recht im September sehr ruhig. Dabei bleibt es zumindest tagsüber oft noch sommerlich warm, und Ende September beginnt auch hier (nicht nur in den Neuenglandstaaten der USA) der berühmte ***Indian Summer***.

Wer mehr darüber wissen möchte, findet Informationen über den aktuellen Stand der Laubfärbung unter

- www.novascotia.com/season/fall/leaf.htm

Ein Nachteil des Herbstes ist, dass die Tage spürbar kürzer werden. Manche Einrichtungen reduzieren dann die Öffnungszeiten, und viele Campingplätze und saisonal betriebene Unterkünfte schließen ganz ihre Pforten. Immerhin ist es nach dem ersten Frost endgültig vorbei mit der Mückenplage.

Winter

Die Atlantikprovinzen lassen sich sogar für einen Winterurlaub ins Auge fassen. Die Tarife für Flüge und Unterkunft, so geöffnet, sind im Winter relativ niedrig. Es gibt zwar nur wenige und dann nur kurze Skiabfahrten, aber zahlreiche Langlaufpisten und Winterwanderwege in National- und Provinzparks. Auch die Romantik eines Winteraufenthalts im Blockhaus am einsamen See ist nicht zu verachten, speziell, wenn – wie oft der Fall – sogar ein Schneemobil vor der Tür steht.

Feiertage

An, vor und nach kanadischen Feiertagen herrscht besonders **viel Betrieb**. Die eigene Ankunft oder der Abflug sollte sich vorausschauenderweise nicht gerade mit einem der Feiertage kreuzen. Auch den Besuch populärer Ferien- oder Ausflugsziele plant man besser nicht für einen Feiertag.

Nationale Feiertage

An den Nationalen Feiertagen, die auf Montag gelegt sind, bleiben landesweit Banken, Postämter und öffentliche Verwaltungen geschlossen. Ganz Canada ist dann unterwegs und Hotelpreise steigen aufs Doppelte bis Dreifache. Zur Reisezeit sind dies in denMaritimes ***Canada Day*** und ***Labour Day***. Auch am ***Provincial Day*** der einzelnen Provinzen kann es eng werden. Die **Geschäfte** bleiben geöffnet, wenn auch ggf. mit reduzierten Öffnungszeiten.

Feiertage der Provinzen

Der jeweilige ***Provincial Day*** heißt in New Brunswick ***New Brunswick Day*** und auf Prince Edward Island und in Nova Scotia ***Natal Day*** (der als Ausnahme in Halifax von Jahr zu Jahr unterschiedlich irgendwann im Juli oder August begangen wird).

Auf **Neufundland** wird unter anderem noch allerhand **Irisches** gefeiert, und zwar immer montags nach dem jeweiligen Termin.

Andere Feiertage werden zwar mit offiziellen Feiern begangen: der Bürger soll sich an ein Ereignis oder eine Person erinnern, er hat aber nicht frei. Andere sind auf Regionen beschränkt, auch spielen regionale und ethnische Besonderheiten eine Rolle.

Nationale Feiertage	Datum	Bemerkungen
*New Years Day**	1. Januar	Neujahrstag wie bei uns
Good Friday	Freitag v. Ostern	Karfreitag
Easter Monday	Ostermontag	nur in Québec
*Victoria Day**	Vorletzter Montag im Mai	Geburtstagsfeier auch der heutigen Queen
Fête Nationale	24. Juni	Nationalfeiertag Québec
*Canada Day**	1. Juli	Nationalfeiertag
Provincial Day	1. Montag im August	wird gefeiert, wenn sonst kein Feiertag der Provinz
*Labour Day**	1. Montag im September	Tag der Arbeit, wie bei uns der 1. Mai. Ende der Feriensaison
Thanksgiving	2. Montag im Oktober	Erntedankfest
Remembrance Day	11. November	Ehrung aller Gefallenen
*Christmas Day**	25. Dezember	1. Weihnachtstag
*Boxing Day**	26. Dezember	2. Weihnachtstag

+Feiertage Neufundland	Montag nach dem	Bemerkungen
St. Patrick's Day	17. März	Irischer Nationalfeiertag
St. George's Day	23. April	wichtiger Heiliger
Discovery Day	24. Juni	*John Cabot* kam 1497
Memorial Day	01. Juli	Gedenken Gefallener
Orangemen's Day	12. Juli	Protestanten siegen 1690 in Nordirland
Regatta Day/Civic Holiday		wird örtlich festgelegt

*) Nur diese Feiertage sind zugleich arbeitsfreie Tage

Schulferien

Die Schulferien in Kanada variieren leicht in Abhängigkeit von der Provinz und Schulbezirk zu Schulbezirk. Man kann aber davon ausgehen, dass sie im **Sommer** überall Ende Juni beginnen und nach dem *Labor Day* Anfang September enden. Außerdem gibt es etwa 14 Tage **Weihnachtsferien** und 10 Tage ***Spring Break*** im März: 2008 beginnt New Brunswick Anfang März, dann folgen Nova Scotia und PEI Mitte März und Newfoundland Ende März. Kanadische Familien sind wie bei uns in erster Linie im Juli und bis Mitte August unterwegs und füllen dann die Urlaubsorte vor allem im eigenen Land. Da auch die benachbarten USA die Schulferien ähnlich festlegen, trifft man in den Maritimes im Sommer auch viele US-Amerikaner.

2.1.6 Karten und Informationsmaterial

Für eine erste vorbereitende Planung der Reise genügen die Karten dieses Buches, insbesondere die separate Straßenkarte. Unterwegs benötigt man detailliertere Karten.

Official Highway Maps

Ausgaben dafür sind nicht nötig, denn Nova Scotia, New Brunswick, Prince Edward Island und Newfoundland & Labrador versorgen Touristen **gratis** mit guten kostenlosen Straßenkarten, sog. ***Official Highway Maps***. Nur in Québec kostet das wenige Dollar. Diese Karten kann man sich auch von den Tourismusorganisationen bzw. deren Partnern in Europa zusenden lassen. Sie sind den Websites der Provinzen zu entnehmen, ➪ Reiseteil.

Karten des CAA

Auch die Karten und Infobroschüren – *TourBooks*, *Campbooks* – des kanadischen Automobilclubs CAA sind hilfreich. Mitgliedern europäischer Partnerclubs (z.B. ADAC) werden sie vor Ort ebenfalls gratis überlassen. Wer sie schon vor der Reise haben möchte, erhält ausgewählte Ausgaben beim eigenen Automobilclub, muss dafür aber zahlen.

Vor Ort

Auch die ***Visitor Information Centres*** an den provinzverbindenden Hauptstraßen, in den Städten aller Provinzen und auf den größeren Flughäfen verteilen die *Official Highway Map*, Ortspläne und weiteres Informationsmaterial. In Buchhandlungen und an Tankstellen erhältliche Straßenkarten kosten Geld und sind oft kaum besser als die offizielle Gratiskarte der Provinz.

Neben kostenlosen Karten und viel lokalem/regionalem Werbematerial findet man in den Besucherzentren umfangreiche Magazine mit aktuellen Informationen zu allen Orten und populären Reisezielen der Provinz, Unterkunfts- und Campingplatzverzeichnissen sowie Restaurantlisten. Ebenso wie die Straßenkarten werden sie auf Anfrage auch in Europa versandt (➪ oben).

Wanderkarten

In Wandergebieten gibt es meist beim nächsten *Visitor Centre* kostenlose Karten oder Faltblätter mit den Wegen der Region. Topographische Wander- und Detailkarten sind selten erhältlich.

Extrem genaue **Straßenatlanten** der jeweiligen Provinzen zeigen zwar auch die Topographie, aber erst ab 30$ aufwärts.

2.1.7 Reisekosten

Canada ist kein Billigreiseland. **Lebensmittelpreise** und **Restaurantkosten** (Ausnahme *Fast Food*) liegen je nach aktuellem Kurs für den CAD (➪ Website des Verlages: http://reisebuch.de/nordamerika/reiseinfos/dollarkurs_und_reisekosten) mehr oder weniger über denen in Deutschland. Dafür kostet das **Benzin** nur etwas mehr als die Hälfte. **Hotel-/Moteltarife** und die Preise anderer Quartiere sind grob mit deutschem Niveau vergleichbar, aber saisonabhängiger mit starken Ausschlägen nach unten und oben.

Mietfahrzeuge

Die **Wochentarife für Mietwagen bei Vorbuchung** bewegen sich zwischen etwa **200€** (Kompaktwagen Super Spar) und **400€** (Minivan oder SUV Super inklusiv) einschließlich aller Versicherungskosten und Steuern plus eventueller Gebühren für Fahrer unter 25 Jahren und eventueller Einweggebühr. Hinzu kommen natürlich immer die Spritkosten.

Bei **Miete eines Campmobils** liegen die Kosten – wie gesagt – noch weit höher (hilfreich sind hier der Kostenrechner bei einigen Reiseveranstaltern, welche die Gesamtkosten inkl. aller Nebenleistungen rasch berechnen). Dafür spart man das Geld für die Unterkunft, darf aber auch die Campinggebühren nicht vergessen. Die Benzinkosten liegen mindestens doppelt, beim größeren *Motorhome* bis dreimal so hoch wie beim Pkw, ➪ Seiten 64 ff.

Unterkunft

Für Übernachtungen im **Luxushotel** sind ab 200$, in der Hauptsaison weit mehr, einzuplanen, das Doppelzimmer im **Vier-Sterne-Hotel** so etwa ab 150$, aber auch mal mehr oder weniger, je nach Saison und örtlichen Gegebenheiten. Für **Hotels und Motels** der guten **Mittelklasse** (etwa 3 Sterne nach unserem Verständnis) zahlt man nicht unter 100$, in der Saison auch mehr, unter 100$ nur in der unteren, auf dem Lande auch mittleren Mittelklasse. **Einfache Hotel-/Motelzimmer** gibt es außerhalb der Sommersaison bereits ab rund 50$.

Bei ***Bed & Breakfast***-Quartieren ist die Preisspanne in Abhängigkeit von Region, Ausstattung und Komfort ebenfalls erheblich. Sie reicht von ca. 70$ bis weit über 200$ fürs DZ pro Nacht.

Oft gibt es kleine ***Cottages***, Häuschen mit Küchenzeile, die auch nicht teurer sind als Motelzimmer der gleichen Kategorie. Sie erleichtern die preiswerte Selbstversorgung.

Reisende mit kleinem Geldbeutel kommen als Alleinreisende, ggf. auch zu zweit, am günstigsten in einem ***Hostel*** unter (ca. 15-25$ pro Bett und Nacht), von denen es in den Atlantikprovinzen nur eine Handvoll gibt, ➪ Seite 96. Einige **Universitäten** vermieten in den Sommermonaten die dann leeren Studentenquartiere zu Tarifen zwischen *Hostel* und Motel.

Camping

Wer sein Zelt dabei hat, zahlt pro Nacht auf dem Campingplatz zwischen 8$ und 20$; im Wohnmobil wird es mit Strom-, Wasser- und Abwasseranschluss oder gar TV-Kabel teurer, ➪ dazu Seite 98 für genauere Details.

Gesamtkosten verschiedener Reiseformen[1] ($ meint hier CAD)

Mindestkosten[2] einer **Dreiwochenreise** in Atlantic Canada für zwei Personen in Euro während der **Hauptsaison** (Annahme: 1,00 CAD = € 0,70).

Kleiner Mietwagen und **Billig-Motel oder Hostel/ggf. Zelt**

1. Flugticket Europa-Halifax (je 800€)	ca. € 1.600
2. 3 Wochen Mietwagen-Standardpaket (*Economy*)	ca. € 700
3. Benzin (bei 4000 km Gesamtstrecke, 8 l/100 km, 1,15$ pro Liter	ca. € 256
4. Übernachtungskosten (20 Nächte à 50$)	ca. € 700
5. Selbstverpflegung/*Fast Food* (20 Tage zu je ca. 50$)	ca. € 700
Gesamtkosten[3] (bei Zeltübernachtung: ca. € 3.500)	**ca. € 3.956**

Großer Mietwagen und **mittlere/bessere Unterkünfte**
(unterstellt werden hier auch sonst etwas höhere Ausgaben)

1. Flugticket Europa-Halifax (je 800€)	ca. € 1.600
2. 3 Wochen Mietwagen super-inclusive (*Full Size*)	ca. € 900
3. Benzin (bei 4000 km Gesamtstrecke, 10 l/100 km, 1,15$ pro Liter	ca. € 322
4. Übernachtungskosten (20 Nächte à 120$)	ca. € 1.680
5. Selbst/FF od. Restaurant (20 Tage zu je ca. 80$)	ca. € 1.120
Gesamtkosten	**ca. € 5.622**

Campermiete (Van)

1. Flugticket Europa-Halifax (je 800€)	ca. € 1.600
2. 20 Tage Miete Vancamper inkl. 4000 km+ Vers. etc.	ca. € 3.000
3. Benzin (bei 4000 km Gesamtstrecke, 20 l/100 km, 1,15$ pro Liter	ca. € 644
4. Campingplatzkosten (20 Nächte à 25$)	ca. € 350
5. Hotelübernachtung Anreisetag (1 Nacht à 140$)	ca. € 100
6. Selbstverpflegung/*Fast Food* (20 Tage zu je ca. 50$)	ca. € 700
Gesamtkosten	**ca. € 6.394**

---

1) Zu Flugtarifen, Pkw- /Campermiete und Motel-/Campingkosten finden sich detaillierte Erläuterungen in den entsprechenden Kapiteln 2.2.1., 2.2.2 und 3.2

2) Die Zahlen geben nur einen Anhaltspunkt. Zusätzliche Ausgaben wie Essen in besseren Restaurants sowie Alkoholika, Mitbringsel und höhere Eintrittsgelder sind nicht berücksichtigt.

3) Wer das Zelt mitnimmt, kann bis zu ca. 400-500€ bei den Motelkosten sparen.

Verpflegung

Bei überwiegender Selbstverpflegung und gelegentlichem *Fast Food* kann eine Person mit 30$ am Tag auskommen, zwei Personen sollten nicht unter 50$ pro Tag rechnen. Nicht enthalten in diesem Satz sind Restaurantbesuche mit Alkoholkonsum. Dafür sollte man zu zweit und jeweils nur einem Getränk nicht unter jeweils 60$ ansetzen. Wer öfter ausgeht, kann das hochrechnen.

Ein höherer Alkoholkonsum geht in Canada ziemlich ins Geld, egal ob für Selbstversorger im staatlichen *Liquor Store* oder als Gast im lizensierten Restaurant, mehr dazu ➪ Seite 105,107.

Eintrittspreise

Die individuellen Bedürfnisse setzen hier den Ausgabenrahmen. Im Nationalpark kostet ein Tagespass 5$ bis 7$; für eine Walbeobachtungstour zahlt man nicht unter 40$. Die Eintrittspreise in Museen sind sehr unterschiedlich von kostenfrei bis zu 10$ und mehr in *National Historic Sites* mit *Living Museum*.

Ermäßigungen

Die Preisangaben beziehen sich auf Erwachsene. Bei den meisten Eintrittsgeldern und auch im Fall vieler kommerziell angebotener Ausflüge, Bike-Miete etc. gibt es Ermäßigungen für **Kinder**, **Jugendliche**, **Senioren** und auch für **Familien** insgesamt.

Fähren

Wer Fährverbindungen in die Reiseroute mit einbezieht, wird dafür in einigen Fällen kräftig zur Kasse gebeten. Besonders teuer sind Fährpassagen für Wohnmobile. Namentlich die Fähren von Bar Harbor/USA nach Yarmouth und zwischen Sidney/Nova Scotia und Neufundland sind ein teures Vergnügen, ➪ Seiten 160 und 319f. Aber auch die Fähre über die Bay of Fundy ist nicht billig, spart indessen einen erheblichen Umweg, ➪ Seite 163. Wer nach Prince Edward Island fahren möchte, zahlt entweder Brückenzoll oder die Fähre, ➪ Seite 184.

Steuern

Eine in Europa nicht bekannte kanadisch-amerikanische Besonderheit ist der Ausweis von Nettopreisen für Waren und viele Dienstleistungen. Zur **Umsatzsteuer** der Provinz (*Sales Tax* 8%-10%) kommt eine canadaweite **Mehrwertsteuer** (*Goods and Service Tax – GST*) von 6%, so dass man mindestens 14% mehr zahlt als den ausgewiesenen Warenpreis oder Servicetarif. Details dazu und Ausnahmen auf Seite 104,117.

Sehr gut in eine Rundfahrt einbauen läßt sich die Fähre Digby-Saint John über die Bay of Fundy

2.1.8 Hinweise für Reisende mit speziellen Bedürfnissen

Reisen mit Kindern

Flüge

Soweit Kinder noch nicht das 12. Lebensjahr vollendet haben, gelten bei allen Airlines reduzierte Tarife vom 50%-75%. **Kinder bis zu 2 Jahren** kosten ohne Sitzplatzanspruch 10%-15%. Empfehlenswert ist der Kleinkindtarif wegen der Flugdauer jedoch kaum. Möchten die Eltern vermeiden, erschöpft und entnervt anzukommen, bleibt nichts weiter übrig, als den Tarif 2-11 Jahre mit Sitzplatzanspruch auch fürs Baby zu bezahlen. Es ist sinnvoll und zulässig, für Kleinkinder einen passenden Autositz ins Flugzeug mitzunehmen. Kinder sitzen darin besser und bequem. Der Sitz ist leicht per Beckengurt zu befestigen. Automieter sparen außerdem Mietkosten für einen Sitz.

Kosten unterwegs

Abgesehen von den Kosten fürs **Flugticket** und **Eintrittsgelder** für Amusementparks etc. erhöhen Kinder die Amerika-Reisekosten nicht proportional, sofern die Familie per Auto unterwegs ist. Denn der **Leihwagen** bzw. **-camper** kostet einen festen Tagessatz unabhängig von der Belegung. Das Gros der **Hotel-/Motelzimmer** verfügt über zwei Doppelbetten, wobei der Übernachtungspreis nur geringfügig mit der Anzahl der Personen im Zimmer steigt (➪ Seite 93). In manchen Fällen braucht für Kinder (bis zum Jugendlichenalter, das im Einzelfall variiert) im Zimmer der Eltern kein Aufschlag gezahlt werden. Auch auf die **Campingkosten** haben zusätzliche Personen nur einen unwesentlichen (bei Privatplätzen) bis gar keinen Einfluss (staatliche Plätze).

Dass die Attraktion vieler Sehenswürdigkeiten und möglicher Aktivitäten in Atlantic Canada auch für Kinder groß ist, bedarf keiner besonderen Erläuterung. Auf jeder Reiseroute gibt es auch für die Kinder genug zu sehen und zu erleben.

Camping

Sofern gecampt wird, was bei Reisen mit Kindern sehr zu empfehlen ist, haben kanadische Campingplätze oft eine Menge zu bieten. Kommerzielle Plätze wie auch viele *Provincial Parks* verfügen über *Children's Playgrounds*; manche *Campgrounds* sind für sich allein schon von Gelände und/oder Anlage her Abenteuerspielplätze (➪ Seite 98 f.).

Spielplätze

Möglichkeiten zum Austoben finden sich im übrigen nicht nur auf Campingplätzen. Selbst in kleinen Orten gibt es **Stadtparks**, die sich zum Ballspielen und andere sportlichen Aktivitäten eignen. Meistens verfügen sie auch über einen Kinderspielplatz. Sehr praktisch an langen Fahrtagen sind die kompakten (und meist sauberen!) Kinderspielplätze einiger Fast Food-Ketten.

Krankheit

Eigentlich gibt es auf Reisen mit Kindern nur eine, lediglich eventuelle Problematik: Unterwegs in Canada ist es schwieriger als bei uns, im Krankheitsfall einen Arzt zu finden, wenn man auf der Durchreise ist und niemanden kennt außer das Hotelpersonal oder den Zeltnachbarn, ernste Notfälle ausgenommen.

Da man sich gelegentlich weiter weg von der Zivilisation und damit vom nächsten Hospital entfernt als in Westeuropa normalerweise überhaupt möglich, sollte man auf Eventualfälle bei einem Urlaub mit Kindern besonders gut vorbereitet sein. Eine ordentliche Reiseapotheke und ein gut sortierter **Erste-Hilfe-Kasten** können nicht schaden, ➪ auch Seite 80/81.

Alleinreisende Frauen

Alleinreisende Frauen haben in Canada im Normalfall keine Probleme, Freundlichkeit und Höflichkeit überwiegen. Grobes Benehmen oder sogar Gewalt sind sehr selten. Trotzdem sollte frau nicht zu unvorsichtig sein. Nachts zu Fuß vom Restaurant zum Hotel zu laufen, ist auch bei 500 m Distanz nicht zu empfehlen. **Berichte von Frauen** über Reisen in Canada findet man auf der Website www.cleverwomen.de/weblog

Senioren

Viele Kultureinrichtungen – Theater, Museen etc. – und Touristenattraktionen gewähren »Senioren« (oft schon ab 60) einen ermäßigten Eintritt, ebenso National- und Provinzparks.

Auch die Tarife im öffentlichen Nahverkehr sind für Senioren herabgesetzt. Gelegentlich gelten für Senioren geringere Hotel- und Moteltarife oder spezielle Sonderangebote

Behinderte

Menschen mit Behinderungen wird in Canada das Reisen leichter gemacht als bei uns. Viele Unterkünfte sowie das Gros der Sehenswürdigkeiten und Transportsysteme in Canada verfügen über behindertengerechte Ausstattungen. Europäische Behindertenausweise werden dort anerkannt. Einige Transportunternehmen gewähren sogar Ermäßigungen für Begleitpersonen.

Unter www.enablelink.org/agc/index.php kann man erfahren, welche behindertengerechten Parks, Restaurants, Quartiere, Transport- und Einkaufsmöglichkeiten etc. wo zu finden sind.

Hilfreich ist ggf. auch die Website www.canpraplegic.org.

Behindertengerechter Holzbohlenweg (Boardwalk) im Rissers Beach Provincial Park in Nova Scotia

Maschine der kanadischen Chartergesellschaft Air Transat, die Halifax im Sommer direkt ab Deutschland bedient

2.2 Reiseorganisation und -vorbereitung

2.2.1 Flugbuchung

Internet oder Reisebüro?

Die Tarife für den Transatlantikflug sind recht unübersichtlich und oft kurzfristigen Änderungen unterworfen. Es empfiehlt sich daher die Buchung über ein spezialisiertes Reisebüro. Die heute gerne propagierte **Buchung im Internet**, sei es direkt bei einer Airline oder über eine der vielen Seiten der Anbieter günstiger Flüge, ist für den Transatlantikverkehr meist mit hohem Zeitaufwand verbunden und führt **selten** wirklich zum **niedrigsten Preis**. Bei Sonderwünschen wie Gabelflügen und Flugunterbrechungen etc. versagen die Buchungscomputer im Internet oft komplett.

Hier die wichtigsten Informationen zu den Flügen nach Canada:

Linienflüge

Mit Linienmaschinen gelangt man derzeit nur mit Umsteigeverbindungen – u.a. über Montréal, Toronto oder NYC-Newark– in die Atlantikprovinzen. Täglich geht es mit ***Lufthansa*** und ***Air Canada*** ab Frankfurt und München mit nur einem Flugzeugwechsel nach Halifax, St. John's, Fredericton, Charlottetown u.a. Zielen, ebenso mit ***Continental*** ab Hamburg und Berlin nach Halifax. Mit ***Austrian Airlines*** und ***Swiss*** erreicht man ab Wien bzw. Zürich Zielflughäfen in den Maritimes ebenfalls mit nur einem Flugzeugwechsel. Ebenfalls mit nur einem Flugzeugwechsel kommt aus, wer mit ***Icelandair*** ab Berlin, Frankfurt oder München über Reykjavik nach Halifax fliegt.

Wer mit anderen europäischen oder amerikanischen Linien den Atlantik überquert, muss ab Deutschland, Österreich und der Schweiz mindestens zwei Mal umsteigen.

Über die USA und weiter per Mietwagen

Flüge nach **Boston oder New York** sind oft besonders preisgünstig. Eine Weiterreise von dort kommt statt per Flugzeug auch per Mietauto und ggf. mit Fähre nach Yarmouth/Nova Scotia (➪ Seite 160) in Frage. Eine Rundfahrt von diesen Ausgangspunkten kann durchaus eine Alternative zum Reisebeginn in Canada sein. Denn auch die Neuenglandstaaten sind attraktiv (➪ dazu auch den RKH-Titel »**Canada Osten/USA Nordosten**«, Seite 415).

Auf **Linienflüge** gilt heute ein zwar reduziertes, aber immer noch hohes **Limit von zwei Gepäckstücken zu je maximal 23 kg**.

Hinweis zur Gepäckkontrolle bei Flügen über die USA

Gepäckstücke werden im USA-Transatlantikverkehr in Stichproben geöffnet und durchsucht. Verschlossenes Gepäck »knackt« man einfach. Also entweder alles von vornherein unverschlossen lassen oder – besser – die neuen ***Travel Safe Locks*** verwenden, kleine Zahlenschlösser, die von der amerikanischen Checkinstanz TSA (und angeblich nur von dieser) geöffnet werden können. Erhältlich sind diese Schlösser in verschiedenen Ausführungen in vielen Ausrüstungs-, Sport- und Reisegepäckshops. Es gibt neuerdings auch Gepäckgurte (*Security Straps*) mit TSA-Zahlenschloss.

Mehr Information über diese Produkte findet man auf der Website des Herstellers *Eagle Creek*: www.eaglecreek.com/accessories/security_id. Dort findet man auch eine Liste aller Läden in Europa, die *Eagle Creek*-Produkte vertreiben.

Ferienflieger

In der Sommersaison (etwa Mitte Mai bis Mitte Oktober) fliegen ***Air Transat*** und ***Condor*** von Deutschland aus direkt nach Halifax, dies aber nur maximal 2x, meist 1x mal wöchentlich an fest vorgegebenen Wochentagen.

Beide Airlines bieten neben der Economy Class eine *Club Class* (*Air Transat*) bzw. *Comfort Class* (*Condor*), die einen der *Business Class* im Linienflieger ähnlichen Komfort bieten. Bei *Air Transat* kostet das einen moderaten Aufpreis, bei *Condor* verdoppelt bis verdreifacht sich in etwa der Flugpreis (ohne Wertung der unterschiedlichen Qualität dieser beiden Klassen). Die Extraklassen beinhalten nicht nur besseren Sitzkomfort und mehr Beinfreiheit, sondern auch ein höheres **Gepäcklimit** (40 kg und 15 kg Handgepäck), das bei *Air Transat* sonst nur 23 kg beträgt, aber immerhin 10 kg fürs Handgepäck (*Condor* wie Linienflug, aber Handgepäck nur 6 kg; *Comfort Class* bis zu 2 x 32 kg). Indessen kann man bei ***Air Transat*** kostenlos bis zu maximal 30 kg **Zusatzgepäck** (Campingausrüstung, Fahrräder etc.) mitnehmen, sofern dies bereits bei der Buchung angemeldet wird.

Condor hat für seine Flüge auch innerdeutsche Zubringer.

Inlandflüge Canada

Die größeren Städte in den Atlantikprovinzen sind durch Inlandflüge von ***Air Canada***, deren Tochtergesellschaft ***Jazz*** sowie andere, bei uns nicht bekannte kleinere Fluggesellschaften wie z.B. ***Georgian***, ***Westjet*** erreichbar.

Gabelflüge

Gabelflüge kombiniert mit Fahrzeugmiete und/oder Bus-/Eisenbahnfahrten ermöglichen Reiserouten mit unterschiedlichen Start- und Endpunkten. So könnte man z.B. nach Halifax fliegen und ab St. John's/Newfoundland wieder (über London) zurückfliegen oder in Montréal/Québec die Reise beginnen und in Halifax beenden. In der Regel sind Gabelflüge nicht oder nur **unwesentlich teurer** als Hin- und Rückflug zum selben Airport.

Internet

Die Bandbreite der Airlines, mit denen man die Atlantikprovinzen erreicht, ist letztlich nicht besonders groß, so dass man auch auf den Portalen der Flug-Billiganbieter im Internet kaum günstigere Angebote findet als sie in jedem Reisebüro zu haben sind.

Für eine Orientierung und Vergleichsdaten sind gute Adressen: www.reise-preise.de und www.fliegen-sparen.de

Konkrete Flugdaten und Preise abfragen – und auch Buchungen vornehmen – kann man bei Agenturen wie www.expedia.de, www.flugticket.de, www.ebookers.de, www.travel-overland und natürlich auch bei den Fluggesellschaften selbst:

Airline	Telefon in D	Internetadresse
• **Air Canada**	**01805/0247226**	www.aircanada.ca
• **Air Transat**	**069/6976570**	www.airtransat.de
• **American**	**01803/242324**	www.americanair.com
• **Austrian Air**	**01803/000520**	www.aua.com
• **British**	**01805/266522**	www.british-airways.com
• **Condor**	**01805/7677570**	www.condor.de
• **Continental**	**01803/212610**	www.flycontinental.com
• **Delta**	**01803/337880**	www.delta-air.com
• **Icelandair**	**069/299978**	www.icelandair.com
• **KLM/Northwest**	**01805/214201**	www.klm.nl
• **Lufthansa**	**01803/8384267**	www.lufthansa.com
• **SWISS**	**01803/000337**	www.swiss.com
• **United**	**069/50070387**	www.ual.com

Zusatzkosten

Neben dem eigentlichen Flugtarifen werden Zuschläge für **Flughafen- und Sicherheitsgebühren**, **Steuern** und – wohl noch auf unabsehbare Zeit – wegen **erhöhter Kerosinkosten** erhoben.

Auch die »Nebenbedingungen« sollte man beachten. Nicht unerheblich können **Umbuchungs- und Stornokosten** sein, die bei Datenänderung und eventuellem Rücktritt fällig werden und in Abhängigkeit von der Buchungsstelle erheblich differieren können.

Nicht immer ist billiger auch günstiger, denn der preiswertere Flug kann indirekte Zusatzkosten mit sich bringen, z.B. höhere Anreise- und Übernachtungskosten oder Parkgebühren wegen eines anderen Abflughafens.

Vielflieger-programme

Alle großen Fluglinien haben Vielfliegerprogramme, bei denen der Kunde mit jedem Flug Meilen bzw. Prämienpunkte sammelt. Ein Überseeflug bringt besonders hohe Meilengutschriften. Die Punkte können später für Sachprämien, Flugtickets oder *Upgrades* von *Economy* auf *Business* »umgetauscht« werden.

Die Anmeldung für eine Teilnahme an Vielfliegerprogrammen ist online möglich, man kann sich aber ggf. noch beim Einchecken registrieren lassen. Informationen im Detail z.B. für die *Lufthansa/United/Air Canada* bzw. die ***Star Alliance*** im Internet unter www.milesandmore.de oder unter www.staralliance.com.

Rückbestätigung von Flügen

Den Rückflug sollte man mindestens 72 Stunden vor dem planmäßigen Abflug bestätigen lassen. Wer das vergisst, kommt meist auch mit, die *Airline* hat aber das Recht, unbestätigte Passagiere ohne Entschädigung umzubuchen. Also besser dran denken!

Die ***Reconfirmation*** erledigt man mit einem gebührenfreien Anruf bei der Fluggesellschaft, wobei man die Flugnummer parat haben sollte.

Die wichtigsten ***toll-free numbers*** vor Ort sind:

- **Air Canada** 1-888-247-2262
- **American** 1-800-433-7300
- **Austrian Air** 1-888-817-4444
- **British** 1-800-247-9297
- **Condor** 1-800-524-6975
- **Continental** 1-800-525-0280
- **Delta** 1-800-221-1212
- **Icelandair** 1-800-223-5500
- **KLM/Northwest** 1-800-225-2525
- **Lufthansa** 1-800-645-3880
- **Swiss** 1-877-359-7947
- **United** 1-800-241-6522

Toll-free numbers sind von jedem Telefon aus zu erfragen: **✆ 1-800-555-1212** oder im Internet unter http://inter800.com

2.2.2 Buchung des Transportmittels

Vor- bzw. Nachteile der verschiedenen Transportmittel wurden im Kapitel 2.1.3, Seiten 39 ff, erläutert, hier geht es um die konkrete Buchung.

Pkw-Miete: Typen, Kosten, Konditionen

Mindestalter

Voraussetzung jeder Wagenmiete ist neben dem gültigen Führerschein*) in ganz Nordamerika fast ausnahmslos, dass der/die Fahrer das **21. Lebensjahr** vollendet hat/haben. Für jeden **Fahrer unter 25 Jahren** wird in aller Regel ein **Zuschlag** von 25$/Tag (plus Steuern) berechnet. Junge Leute **von 19/20 Jahren** erhalten zur Zeit bei ***Alamo*** nur in den USA Autos mit einem Aufpreis von ca. US$25 (pro Tag!) plus Steuern. 21-24jährige Mieter können bei Alamo/USA und Canada auch pauschal ein **»*Young and Free*«** buchen, das – je nach Wagentyp – nur bis zu ca. €30 proWoche teurer ist als das Standardpaket für Mieter ab 25. Hinweis: Bei **Campfahrzeugen** ist bei den meisten Firmen die **Miete ab 21 Jahren** ohne Zusatzkosten möglich.

*) **Nationaler Führerschein** genügt. Wer keinen Führerschein im neuen Euroformat besitzt, sondern noch den alten »Lappen«, tut gut daran, zusätzlich einen Internationalen Führerschein mitzuführen. Der ist ggf. nützlich bei Verkehrskontrollen. Sinnvoller ist von vornherein, gelegentlich der Reise, das neue Führerscheinformat zu besorgen.

Kreditkarte

Eine weitere Voraussetzung, ohne die es nur noch in Ausnahmefällen und hoher Barkaution geht, ist das Vorhandensein einer **Kreditkarte**. Auch bei Buchung und Zahlung bereits in der Heimat wird bei der Übernahme ihre Vorlage zur Abdeckung der Kaution und erst vor Ort fälliger Zahlungen erwartet (Steuern, Zusatzversicherungen, Einwegzuschlag etc.). Zu beachten ist, dass Mieter und Kreditkarteninhaber identisch sein müssen.

Vorbuchung

Schon seit Jahren empfiehlt sich die Buchung bereits in Europa. Denn die Angebote der Reisebüros sind (bei Mietzeiten ab einer Woche!) günstiger als vor Ort kurzfristig realisierbar. Von Vorteil ist auch, dass das reservierte Fahrzeug zum gewünschten Termin bereitsteht und nach kurzen Formalitäten (nationaler Führerschein genügt) übernommen werden kann. Bei Reklamationen hat man zudem den Vertragspartner im Heimatland.

Ein Vergleich der Kataloge und Internetportale großer Reiseveranstalter zeigt, dass substanzielle Unterschiede bei den Tarifen kaum existieren. Das gilt auch für **Saisonzuschläge** (Woche) **bei Anmietung im Juli und August**. Die Buchung in Europa kann außer bei Reiseveranstaltern auch direkt bei den internationalen Leihwagenfirmen erfolgen. Detailinformationen unter den umseitigen Telefonnummern bzw. im **Internet**.

In Deutschland sind folgende Vermieter mit eigenen Niederlassungen vertreten:

Verleiher	Telefon in D	Website
• **Alamo**	01805/462526	www.alamo.de
• **Avis**	01805/217702	www.avis.de
• **Budget**	01805/244388	www.budget.de
• **Dollar**	0800/1816427	www.dollarrentacar.com
• **Enterprise**	0800/3683777	www.enterprise.de
• **Hertz**	01805/938814	www.hertz.de
• **Holiday***)	01805/179191	www.holidayautos.de

Rental Car Schalter in Halifax Airport

- **National** 0800/464-7336 www.national.de
- **Sixt/Payless** 01805/232222 www.sixt.de (Kooperationspartner www.paylesscar.com)
- **Sunny Cars***) 089/82993399 www.sunnycars.de
- **Thrifty** 0203/3485555 www.thrifty.de

Fahrzeugtypen

Die Auswahl bei den Fahrzeugtypen ist groß und umfaßt das gesamte Spektrum der in Nordamerika gängigen Marken und Kategorien vom Kleinwagen bis zu Luxuslimousinen, ***Mini Van***, **Cabriolet** und **SUV**. Auch in Canada überwiegen in den Fuhrparks der Vermieter Fahrzeuge der drei amerikanischen Hersteller *General Motors*, *Ford* und *Daimler Chrysler*. Einige Vermieter sind Tochterunternehmen der Autohersteller.

Kennzeichnung

Amerikanische Kraftfahrzeuge sind nach wie vor komfortabler als europäische Wagen vergleichbarer Größe. Leihwagen besitzen immer ein Automatikgetriebe und Klimaanlage (*Air Condition*). Nichtsdestoweniger hält sich ihr **Benzinverbrauch** heute wegen moderner Motoren und Tempolimits (➪ Seite 91) in Grenzen. In einem Minivan oder SUV hat man in Canada immer noch **geringere Spritkosten** hat als in Europa im kleinsten Kleinwagen.

Tarifelemente

Bei den großen Veranstaltern sind bei **Vorausbuchung** mit der Zahlung normalerweise die **Basiskosten** des Mietwagens (inkl. Steuern und Flughafengebühren) und die **Haftpflicht- und Vollkaskoversicherung** abgedeckt (dazu noch mehr weiter unten). Vor Ort fallen dann keine Kosten mehr an. Für beide Länder Nordamerikas sind **unlimitierte Kilometer Standard**.

Aber **Aufschläge** für junge/zusätzliche Fahrer, **Überführungsgebühren** bei Einwegmieten und eventuelle **Zusatzversicherungen** müssen direkt beim Vermieter in Dollar beglichen werden. Die Zahlung erfolgt dann bei Fahrzeugrückgabe.

Einwegmiete

Alle Tarife gelten grundsätzlich unter der Voraussetzung, dass das Fahrzeug am Ausgangsort zurückgegeben wird. Sonst handelt es sich um eine Einwegmiete, manchmal sogar innerhalb ein- und derselben Stadt; d.h., am Flughafen übernommene Autos können nicht ohne Zusatzkosten in einer City-Filiale wieder abgegeben werden und umgekehrt.

Konditionen Einwegmiete

Eine Einwegmiete unterliegt bei allen Firmen unterschiedlichen **Restriktionen**. In keinem Fall sind alle Fahrzeugkategorien dafür zugelassen, Minivans oder Cabrios davon meistens ausgenommen. ***One-way*** muß immer ausdrücklich bestätigt werden. Generell werden entfernungsabhänge Pauschalbeträge (**Rückführungsgebühr/*One-way Service Fee***) berechnet, die je nach Vermieter recht unterschiedlich ausfallen.

---

*) ***Holiday Autos*** und ***Sunny Cars*** sind Vermittler; über diese Firmen landet man in der Praxis bei verschiedensten Vermietern, aber zum fest vorgegebenen Holiday- bzw. Sunny-Cars-Tarif.

Steuern

Bei allen in Dollar ausgewiesenen Rechnungsbeträgen (das gilt immer bei Buchung drüben und bei den Nebenkosten für zusätzliche/junge Fahrer, *one-way* etc.), sind Steuern fällig:

Zwei weitere Aspekte verdienen bei der Fahrzeugmiete besondere Beachtung: die Höhe der **Haftpflichtversicherungsleistung** und eventuelle **Gebietsausschlüsse**:

Haftpflicht-deckung

Manche Verleihfirmen gönnen ihren Kunden lediglich eine Haftpflichtversicherung, die gerade eben dem jeweils gesetzlich vorgeschriebenen **Minimalschutz** entspricht. Dieser beträgt in einigen kanadischen Provinzen nur can$200.000 und in einigen Bundesstaaten der USA ganze US$50.000.

Leistungs-pakete der Reise-veranstalter bzw. Autovermieter

Die großen **deutschen Reiseveranstalter** haben deshalb **Gruppenversicherungen** abgeschlossen, die jeden Kunden, der über sie ein Fahrzeug mietet, automatisch bis zu einer Summe von €1 Mio., teils auch CAD1-1,5 Mio., absichert, sollte die Deckungssumme im Haftpflichtschadensfall nicht ausreichen. Auch in den Tarifen für 2008 solcher Veranstalter ist diese Zusatzversicherung ebenso wie die Vollkaskoversicherung in **Leistungspakete** integriert. Bereits die preiswertere **Fassung A** bzw. **Super-Spar** sorgt dafür, dass vor Ort keine Steuern und Sonderzuschläge mehr anfallen.

Das erweiterte, nicht wesentlich teurere **Leistungspaket B/Super-Inklusiv** enthält zusätzliche Versicherungen, Gebührenentfall für einen weiteren Fahrer und einen vollen Tank »gratis«. Oft, vor allem bei nur ein- bis zweiwöchiger Mietdauer, lohnen sich die Mehrkosten schon allein oder doch fast durch die bezahlte Tankfüllung, die sonst zu einem relativ hohen Preis in Rechnung gestellt wird (die alte sauberere Methode »voll übernehmen« und »voll zurückgeben« ist passé), ohne dass man sie wirklich voll verbrauchen kann. Denn wer fährt schon mit dem letzten Tropfen Sprit zur Rückgabe und der Gefahr kurz vorher liegen zu bleiben? Was am Ende im Tank steckt, wird so oder so dem Vermieter geschenkt. Indessen: Wer scharf rechnet, mag überlegen, ob sich die Mehrkosten dafür lohnen bzw. ob der Versicherungsumfang des preiswerteren Pakets nicht bereits ausreicht.

Minivans sind ideal für Reiseteams ab 3 Personen und immer für Camping-urlaub mit hohem Platzbedarf (2008 ca. €320-€380/Woche abhängig von Saison und Vermieter)

Navigerät

Seit kurzem gibt es auch die Kategorie ***Paket B+Navigerät*** für ca. $30-$50/Woche mehr. Sehr erwägenswert ist das für Fahrten in dicht besiedelten Regionen, bei Touren durch die maritimen Provinzen aber eher unnötig.

Zusatzdeckung/ Sonderversicherung

Rental Car Companies mit niedrigeren Deckungssummen kennen natürlich die Problematik der Unterversicherung und bieten ihren Kunden vor Ort eine Höherversicherung (ALI= ***Additional Liability Insurance***) gegen Zusatzkosten von $10-$12/Tag oder mehr. Sinnvoll ist dies natürlich nur, wenn aus individuellen Gründen auf eine Vorausbuchung bei uns verzichtet wurde und erst vor Ort gebucht werden kann/muß.

Zusatzdeckung über Kreditkartenzahlung

Wer mit Kreditkarte zahlt und Wert auf die Zusatzhaftpflicht legt, sollte **überprüfen**, inwieweit bei Automiete per Karte automatisch eine Haftpflichtaufstockung erfolgt. Dies ist der Fall bei einigen Edel- und Goldkarten in Abhängigkeit von der ausgebenden Institution (Aufstockung auf €1 Mio. und mehr bei bestimmten Gold- bzw. Platinkarten). Die Platinkarte der Netbank (www.netbank.de) bietet ihren Inhabern sogar eine **Vollkaskoversicherung**, ebenso wie die Goldkarte der Lufthansa, die indessen keine Haftpflichtaufstockung beinhaltet.

Wichtig ist, alle damit verbundenen Bedingungen einzuhalten. Das »Kleingedruckte« will also gelesen sein, zumal immer Änderungen eintreten können.

Grenzübertritt

Die großen Vermieter gestatten in aller Regel den Grenzübertritt zwischen Canada und den **USA**

»Gesperrte« Straßen

Auch innerhalb »erlaubter« Regionen dürfen Leihwagen nicht auf allen Strecken eingesetzt werden. Erst vor Ort, bei der Aushändigung des Mietvertrages, erfährt man die Einzelheiten im Kleingedruckten auf der Rückseite unter dem Punkt ***Prohibited Use of the Vehicle***. Die größeren Autovermieter untersagen ausdrücklich das Befahren unbefestigter Straßen (Schotter ist im Grunde befestigt), und zwar auch für 4WD-Fahrzeuge (SUV) wie *Chevrolet Blazer* u.ä.. Je nach Fahrzeugvermieter gilt:

- ausgeschlossen sind unbefestigte oder geschotterte oder nicht öffentliche Straßen
- spezifisch ausgeschlossene Straßen werden einzeln aufgezählt,
- bei Fahrten auf unbefestigten Straßen erlischt zumindest der Kasko-Versicherungsschutz.

Problematik

Strenggenommen liegt manche Zufahrt zu Sehenswürdigkeiten etwa in einigen in National- und Provinzparks, zu Campingplätzen dort und anderswo und auf vielen geschotterten öffentlichen Straßen (speziell auf Neufundland, erst recht in Labrador) außerhalb des zugestandenen Fahrgebietes. Bei ausgerechnet dort auftretenden Problemen hat der Mieter »schlechte Karten«.

Auch wenn im Vorwege alles bedacht wurde, ergeben sich bei der Wagenübernahme regelmäßig noch weitere Fragen bzw. werden solche von den Mitarbeitern der Verleihfirma gestellt:

CDW/LDW Bedeutung

- Die – nach unserem Verständnis – **Vollkaskoversicherung**, je nach Gesellschaft **CDW/*Collision Damage Waiver*** oder **LDW/*Loss&Damage Waiver*** genannt, ist **bei Vorbuchung** immer in den Tarifen enthalten, wie erwähnt, bei Buchung vor Ort dagegen nie! Dort kostet sie bis zu 25$/Tag.

  Da es sich nicht um eine Versicherung im üblichen Sinn handelt, wird in den Katalogen von **Haftungsbefreiung** (von Schäden am eigenen Mietwagen) gesprochen. Überwiegend entfällt jede Selbstbeteiligung, in Einzelfällen beträgt sie $300. Die Haftungsbefreiung bezieht sich auch auf Schäden, an denen der Mieter schuldlos ist. In Nordamerika zahlt er nämlich ohne CDW etc. zunächst selbst für **alle** Schäden am Fahrzeug. Solange der Unfallgegner sein Verschulden nicht anerkennt bzw. nicht rechtskräftig schuldig verurteilt ist und effektiv den Schaden trägt, bleibt der Mieter ohne CDW auch auf einem fremdverursachten Schaden am Mietfahrzeug sitzen.

Zusatzversicherungen

- Die werden den Mietwagen-Kunden nämlich gerne angeboten: neben **ALI**, der Zusatzhaftpflicht, von der bereits die Rede war, noch **PAI/*Personal Accident Insurance*** oder **PPP/*Personal Passenger Protection***, beides eine Insassen-Unfallversicherung, und **PEP/*Personal Effects Protection*** oder **PEC/*Personal Effects Coverage***, Gepäckversicherungen. Sie kosten zusammen CAD 6-10 pro Tag, sind aber in »Super-Inklusiv-Paketen« (➪ Seite 59) bereits komplett enthalten. Sofern solche Versicherungen vorgedruckt im Mietvertrag stehen, sollte man ggf. darauf achten, dass ihre Ablehnung (***no*!**) markiert ist und mit dem eigenen *Initial* »abgehakt« wird.

  Wer keine Risiken eingehen möchte, sollte von vornherein ein nur unwesentlich teureres Super-Inklusiv-Paket buchen.

Die Miete eines Campmobils

Voraussetzung

Camper, welcher Größe auch immer, dürfen mit **Pkw-Führerschein** bewegt werden. Niemand fragt danach, ob der soeben eingetroffene Tourist jemals vorher hinter dem Steuer eines vergleichbaren 30-Fuß-Ungetüms saß. Tatsächlich ist das Bewegen selbst eines großen *Motorhomes* aber einfacher, als es zunächst den Anschein haben mag. Man gewöhnt sich schnell an die Ausmaße des Fahrzeugs, an die für unsere Begriffe weiche Federung und die dadurch bedingte schwammige Straßenlage sowie an die meist sehr leichtgängige Lenkung.

Welcher Camper?

Damit zu den konkreten Fragen der Campermiete in Canada. Zunächst ist es wichtig, die verschiedenen **Fahrzeugtypen** zu kennzeichnen. Im Gegensatz zu den Pkw-Kategorien, die sich im wesentlichen durch Größe, kaum aber durch abweichende Funktionalität unterscheiden, besitzen die diversen Campertypen **spezifische Vor- und Nachteile**. Die Entscheidung für oder gegen eine bestimmte Fahrzeugart ist nicht nur eine Kostenfrage, sondern auch abhängig von den Ansprüchen des Mieters.

Campertypen

Recreational Vehicles/ Kennzeichnung

In Nordamerika gelten Camper vom kleinsten Modell bis zum Riesen-Motorhome als ***Recreational Vehicles*** (umgangssprachliches Kürzel **RV,** sprich »Arwí«). RVs verfügen in aller Regel über einen großvolumigen **8-12-Zylinder-Motor,** automatisches Getriebe, Servolenkung und -bremsen sowie Klimaanlage. Das alles und die kastenförmige Bauart kombiniert mit hohem Gesamtgewicht sorgen für einen ausgeprägten **Benzindurst** schon bei den kleineren Modellen. **Dieselfahrzeuge** sind auf dem Markt selten und in Mietflotten erst vereinzelt gegen Zusatztarife vorhanden.

Schaut man in die Kataloge der Reiseveranstalter, findet man für Canada **fünf unterschiedliche Typen** von Campfahrzeugen :

(1) Van Camper (Motorhomes Class B)
(2) Motorhomes Class C
(3) Motorhomes Class A
(4) Pick-up- oder Truck-Camper
(5) 5th-Wheeler Gespann (Super Travel Campmobil)

19-Fuß-Roadtrek Van Camper, der »Mercedes« in seiner Klasse (für 2 Personen), seit kurzem auch mit DB-Dieselmotor verfügbar, aber dann sehr teuer

Van Camper/ Conversion

zu (1): ***Van Camper*** entsprechen von ihren Ausmaßen her in etwa Kastenwagen der Klasse Ford Transit/Mercedes Sprinter und besitzen grundsätzlich **Stehhöhe.** Bei rund 2 m Breite gibt es ihn in unterschiedlichen Längen von 17-20 Fuß (4,90 m/6,10 m) und Ausstattungsvarianten auf Fahrgestellen der drei großen amerikanischen Hersteller *Ford, General Motors* und *Chrysler.*

Mit Ausnahme der kleineren Modelle besitzen sogar die Vans ein **Doppelbett im Hochdach** über der Fahrerkabine oder hinten. Der Abstand zwischen Matraze und Dach ist für erwachsene Schläfer jedoch oft zu gering. Die zweite (überwiegend schmalere) Schlafgelegenheit besteht entweder aus einem langen **Klappsofa** oder aus der abends umzubauenden **Sitzecke. Gasherd, Spüle** und **Kühlschrank** (ab 19 Fuß in Haushaltsgröße) fehlen nie. Eine tragbare Chemietoilette gehört – zumindest optional – zur Ausstattung auch des kleinsten Vans. Größere Typen verfügen heute meist über eine Spültoilette und oft ein Mini-Duschbad. Ein 17-Fuß-Van mit 6 Zylindern begnügt sich mit **15 l/100 km**, längere und schwerere Versionen brauchen bis **22 l/100 km.**

2

Motorhomes Class C

zu (2): Die **technische Basis** eines Motorhome ab ca. 21 Fuß (6,30 m) bis etwa 27/28 Fuß (8,10 m/8,40 m) entspricht weitgehend dem eines *Van Campers;* Fahrerkabine, Motoren und Fahrgestelltechnik sind im Prinzip identisch. Die **Hinterachse** ist allerdings **verstärkt** und **mit Zwillingsreifen** versehen, damit das breite, seitlich überstehende Campinggehäuse getragen werden kann. Über den Vordersitzen befindet sich ein **Dachüberhang**, der im Normalfall weit über die Windschutzscheibe hinausragt. Die Sicht zur Seite und nach oben ist dadurch stark eingeschränkt.

Ausstattung

Der Überhang beherbergt ein (Alkoven-) Doppelbett, das mehr Höhe als im *Van Camper* bietet. Umbauliege/Sitzecke, **Küchen-Einbaugeräte in Haushaltsgröße** inklusive Mikrowelle und Toilette/Duschbad gehören ebenso wie die gesonderte, elektrisch zu betreibende **Klimaanlage** zum Standard kleinerer *Motorhomes.*

Ab 23 Fuß Länge gibt es durchgängig ein **gesondertes Doppelbett im hinteren Teil** des Wagens und ein Minibadezimmer mit Toilette. Sessel ergänzen dann den Wohnbereich.

Komfort-maximierung

Um auch ohne Steckdose in der Wildnis alle Geräte betreiben zu können, besitzen *Motorhomes* ab 23 Fuß, spätestens ab 25 Fuß einen (zur Freude der Campnachbarn lauten) **Generator**. Man erkennt nebenbei: viel Komfort bedeutet auch viel Technik, die als Kehrseite der Annehmlichkeiten nicht ganz von selbst funktioniert, sondern richtig behandelt und gut gewartet werden will.

Motorhomes Class A

zu (3): Dem Komfort sind nichtsdestoweniger kaum Grenzen gesetzt. Ab 29/30 Fuß wird aus dem *Motorhome* der Klasse C eine Art Reisebus. Die Überhänge verschwinden zugunsten eines integrierten Cockpits mit besserer Rundumsicht, über dem meistens ein Doppelbett abgesenkt werden kann. Derartige Fahrzeuge verfügen außerdem über ein abgeschlossenes Schlafzimmer und einen großzügigen Naßbereich.

Verbrauch

Der Benzindurst der Motorhomes beginnt bei etwa 22 l/100 km und übertrifft bei großen Modellen (*Class A*) locker 30 l/100 km.

Pick-up oder Truck-Camper

zu (4): *Pick-up* oder *Truck Camper* sind **Kleinlastwagen,** auf deren Ladefläche ein **»Campingkasten«** montiert wurde. Dabei ersetzen auch Firmen, die mit neuen Modellen werben, oft nur das Fahrzeug und nutzen den Campingaufsatz mehrere Jahre.

Typen

Die zur Vermietung stehenden Fahrzeuge verfügen über **Aufsätze unterschiedlichster Größe** vom relativ einfach ausgestatteten 17-Fuß-Camper (wie *Van Camper* gleicher Länge, siehe oben) bis zum **»Luxuskasten«** (Klimaanlage, Mikrowelle, Backofen, Warmwasserversorgung, Duschbad etc.) mit enormen Überhängen, was die Gesamtlänge des Fahrzeugs auf bis zu 24/25 Fuß bringen kann. Über der Fahrerkabine befindet sich in allen Versionen ein bequemes **Alkovenbett,** das eine deutlich höhere Kopffreiheit bietet als die Hochbetten im *Van Camper*.

Nachteile

Da zwischen *Truck* und Campingkasten **kein Durchgang** existiert (Eingang meistens vom Heck aus) und Ladefläche und Seitenwände die Raumverhältnisse nach unten bzw. seitlich begrenzen, geht es im *Truck-Camper* beengter zu als im *Van Camper* oder *Motorhome* gleicher Länge. Die **Sicht ist** bis auf die kleinsten Modelle nach allen Seiten und oben durchweg stark behindert. Hinzu kommt, wie bei Motorhomes, eine erhöhte Windempfindlichkeit. Der Benzindurst selbst kleiner *Truck Camper* beträgt ebenfalls leicht über 20 l/100 km.

Vorteile

Das eigentliche Plus des *Truck* Campmobils gegenüber anderen Campfahrzeugen ist die mögliche **Trennung von Fahrzeug und Aufsatz**. Aber gerade die bleibt den meisten Mietern verwehrt, da die dazu nötige Vorrichtung nicht mitgeliefert wird.

Compact RV Cruise Canada

Rein äußerlich unterscheiden sich die ***Compact RVs*** von ***Cruise Canada*** (CT 22) auf den ersten Blick kaum von den gleich großen *Motorhomes* üblicher Bauart. Indessen gilt das nur für den Aufbau mit Alkovenüberhang etc. Die Fahrerkabine, eine geschlossene ***Pick-up Truck Cabin***, ist niedriger und ohne Durchgang zum Innenraum des Campers, aber mit Fenster nach hinten,

So und ähnlich bunt rundherum »dekoriert« sind die Motorhomes bei Cruise Canada/America, sicher nicht immer zur Freude der Mieter (hier ein C-Class-Wohnmobil)

durch das sich schlanke Mieter zur Not zwängen können. Den geringeren Mietkosten steht damit eine gewisse Unbequemlichkeit gegenüber. Ein Vorteil auf der Straße ist die geringere Breite.

Gespanne

zu (5): Wer auf die Trennmöglichkeit zwischen Fahrzeug und Wohntrakt entscheidenden Wert legt, kann ein Gespann aus ***Pick-up Truck*** und einem sog. ***5th Wheeler***, einem doppelachsigen Wohnwagen mit Auflieger auf der Ladefläche des Zugfahrzeugs, mieten. Von der **Wohnqualität** her sind diese Anhänger, die von ***Canadream*** in Halifax und Montreal als ***Super Travel Van*** angeboten werden, ohne weiteres mit *Motorhomes* vergleichbar. Ist der **Trailer** auf dem *Campground* abgestellt und fixiert, kann man Ausflüge und Einkäufe per *Truck* erledigen, ohne in der Stadt oder auf engen, kurvigen Straßen durch den Anhänger behindert zu werden. Das **Fahren mit *Trailer*** ist nicht ganz so einfach wie mit einem *Motorhome* und das Rangieren auf Park- und Campplätzen für Ungeübte so eine Sache. Dafür liegen die **Mieten unter denen vergleichbarer *Motorhomes*** bei ähnlichem Benzindurst.

Der Größe nordamerikanischer Campmobile sind kaum Grenzen gesetzt. Hier ein Modell im Reisebusformat, denen man mehr und mehr begegnet

Die Wahl des »richtigen« Campmobils

Wie eingangs angesprochen, hängt die Entscheidung für ein bestimmtes Fahrzeug nicht nur von den Kosten ab, sondern auch von Reiseplänen und individueller »Reisephilosophie«.

Schlechte Straßen

Gerade unter Canada-Urlaubern gibt es viele, die weniger auf Komfort und Bewegungsfreiheit im Fahrzeug Wert legen, als auf Fahreigenschaften und Wendigkeit. Große ***Van Camper*** oder ***Motorhomes*** tun sich auf schlechter Straße schwer: spätestens auf dem ersten Stück welligem Schotter wird man vom Gerüttel der Achsen und Geschepper der Aufbauten genervt. Normal instandgehaltene Schotterstraßen lassen sich mit kleineren *Vans* und *Motorhomes* jedoch passabel befahren. Zu beachten ist bei Mietfahrzeugen aber das Kleingedruckte zu den erlaubten Fahrgebieten, sonst gibt es bei Schäden Probleme. Unter diesem Aspekt kommt Reisen in Labrador für Campmobilmieter kaum in Frage.

Vergleich Van Camper/ Truck Camper

Wie aus den Erläuterungen oben hervorgeht, ist der ***Van Camper*** (1) gegenüber dem ***Pick-up*** (4) das angenehmere Fahrzeug, wiewohl der *Truck Camper* das bequemere Alkovenbett besitzt. Im *Van* sind für größere Personen Stehhöhe und Bettlänge oft reichlich knapp bemessen.

Für Fahrten auf schlechten Straßen – und dazu gehört manche Zufahrt zu National- und Provinzparks – eignen sich indessen die *Trucks* besser, auch wenn`s im Campingaufsatz klappert.

Bei 2 Erwachsenen (plus ggf. 2 kleineren Kindern) stellen die etwas größeren, gut ausgestatteten ***Van Camper*** den **besten Kompromiss** zwischen Fahreigenschaften, Kosten und Verbrauch einerseits sowie Platz und Komfort andererseits dar. Ohne die Absicht, Strecken zu fahren, auf denen es auf die spezifischen Vorteile der *Truck Camper* ankommt, sollte bei mehr Platzbedarf eher an ein *Motorhome* gedacht werden.

Welches Motorhome?

Wer ein ***Motorhome*** bevorzugt, steht immer vor der Entscheidung für **die »richtige« Version**. Man muß bedenken: je größer das *Motorhome,* umso weniger geeignet ist es für Abstecher zu Zielen, die sich nur auf engen und mitunter schlechten Straßen erreichen lassen. Die Anfahrt zu manch einem besonders reizvoll gelegenen Campingplatz wird bei Fahrzeugen über 25 Fuß schon mal kritisch. Nicht zu reden von der mit zunehmender Länge überproportional steigenden **Rangiermühe**. Sonderklauseln in den Mietverträgen, die bei selbst verursachten Heckschäden einen erhöhten Eigenanteil des Wohnmobilfahrers festlegen, sprechen für sich. Bei großem Radabstand sind auch **ebene Stellplätze** auf Campingplätzen schwerer aufzutreiben. Auf unebenen Straßen kann man Schlaglöchern schlechter ausweichen.

Empfehlung

Wenn der größte *Van Camper* platzmäßig nicht reicht, sollte **das kleinste noch passend erscheinende *Motorhome*** erste Wahl sein. »Vorsichtshalber« den Camper eine Nummer größer zu wählen als eigentlich benötigt, ist im allgemeinen keine gute Idee. Es sei denn, dass ruhiges Reisen mit längeren Verweilperioden und ein sehr hoher Komfortbedarf die Wahl stärker bestimmen als der Wunsch, in Canada viel zu sehen und deshalb auch viel zu fahren.

Gespann

Über die Miete eines ***5th Wheelers*** sollte nur nachdenken, wer bereits Erfahrung mit Gespannen hat und nicht plant, den Canada-Urlaub überwiegend »auf Achse« zu verbringen.

Tarife und Konditionen

Kosten

Camper sind außer in der absoluten Nebensaison (in Canadas Osten bis Mitte Mai und ab Ende September) ein **ziemlich teures Vergnügen**. Wohnmobile zum **Schnäppchenpreis** gibt's allgemein ab Mitte Oktober bis Mai.

Meilen

Die Standardtarife beziehen sich auf 100/160/250 km pro Tag. Wer mehr fährt, zahlt extra. Allerdings gibt es beim Marktführer *Cruise America/Canada* (Boston, New York, Toronto, Montréal) und *El Monte* in New York Tagestarife ohne Meilen, zu denen 500-Meilen/800-Kilometer-Pakete gekauft werden können, die je Meile billiger sind als Zusatzmeilen, sofern man die Pakete voll abfährt. Zu beachten ist: Einmal gekaufte und nicht genutzte Meilenpakete verfallen. Einige Vermieter bieten auch unlimitierte Kilometer zu happigen Aufschlägen auf die Tagestarife. Sie lohnen sich im allgemeinen nur für Vielfahrer in den Weiten des Westens, kaum bei den geringeren Distanzen in den Maritimes.

Weder Meilenpakete noch Pauschalen für unbegrenzte Meilen sind vor Ort verfügbar.

Saisonale Abgrenzungen

In Canada gilt bei der Campervermietung vielfach eine **Kernzeit der Hauptsaison** von Ende Juni/Anfang Juli bis Mitte August, danach gibt's eine kurze verbilligte Periode. Ab Ende August, im September und im Mai/Juni gelten weit günstigere Vor-/Nachsaison-Tarife. Noch früher oder später im Jahr ist Campingurlaub in den Maritimes nur etwas für Abgehärtete. Und gerade viele der schönsten **Campingplätze der Maritimes sind im Winterhalbjahr geschlossen (teilweise schon Mitte September bis Mitte Mai)**.

Preisvergleich/ Anbieter von Campmobilen

Vergleicht man die heimischen Veranstalterkataloge, so fällt auf, dass die Tarifunterschiede (bei sehr ähnlichen Nebenbedingungen) nicht groß sind. Neben dem landesweit größten Vermieter *Cruise Canada* gibt es für Anmietungen im Osten Canadas gerade 2-3 mittelgroße Verleihfirmen und keine »alternativen« Vermieter wie im Westen des Landes und in den USA.

Spezial-veranstalter

Damit ist ein **wesentlicher Punkt** angesprochen: Wen das Angebot in – bei allen Reisebüros erhältlichen – Katalogen der Großveranstalter nicht befriedigt, sollte sich auch 'mal bei mittleren Veranstaltern (etwa ***SK Touristik*** in Senden, www.sktouristik.de) und kleinen Anbietern umsehen, z.B. ***Adventure Travel*** in Dienheim (www.usareisen.com), ***Trans Canada*** in Weste (www.trans-canada-touristik.de) oder ***Fasten your Seatbelts*** in Münster-Altheim (www.kanadareisen.de).

Wichtige Aspekte

Folgende Punkte sind wichtig zu wissen, bevor man sich für ein bestimmtes Fahrzeug bzw. einen Vermieter entscheidet:

- Die **Saisonabgrenzungen** ändern sich von Jahr zu Jahr und sind zudem vermieterabhängig. Das heißt, wenn z.B. bei Firma X bereits ein Zwischensaison-Tarif gilt, berechnet Vermieter Y eventuell noch Hochsaisonpreise.

Nostalgiegespanne, frisch aufpoliert

- Sogenannte ***Roll-over* Tarife** besagen, dass der vereinbarte Preis für die gesamte Mietzeit, d.h.saisonübergreifend gilt; also: keine Zuschläge ab Beginn der Hauptsaison, aber auch keine Abschläge ab Beginn der Nebensaison.

One-way

Unterschiedliche Ankunfts- und Abflug-Airports erlauben u.U. attraktivere Reiserouten als die Rückkehr zum Ausgangspunkt. Anders als beim Miet-PKW ist dies aber bei Campfahrzeugen wegen der wenigen Miet-Stationen oft **gar nicht oder nur begrenzt und zu hohen Kosten möglich**.

USA/Canada

Fahrten **von den USA nach/durch Canada** bilden generell ebensowenig ein Problem wie Abstecher **mit in Canada gemieteten Campern in die USA**. Sicherheitshalber sollte man die Absicht, auch das Nachbarland besuchen zu wollen, bereits bei der Buchung ankündigen und klären, dass dem nichts entgegensteht.

Haftpflicht-deckungs-summe

Die **Haftpflichtdeckungssumme** ist auch bei Campmobilen ein wichtiger Punkt. Kanadische Mietcamper sind aber in der Regel mit mindestens 1 Mio. $ abgesichert, so nicht, greift die Aufstokkungszusage des Veranstalters. Bei Direktbuchung macht es auch Canada Sinn, danach ausdrücklich zu fragen.

CDW/LDW

Die **Abkürzung CDW** steht für *Collision Damage Waiver* (manchmal auch **LDW**, L für *Loss*) und suggeriert Freistellung von Kosten im Schadensfall. Faktisch ist sie immer in den Tarifen enthalten, beinhaltet aber eine hohe Eigenbeteiligung bei Schäden am Fahrzeug (unabhängig davon, wer der Verursacher sein mag) von $2.000 bis $3.000.

VIP/ELVIP

- Die **Zusatzversicherung** mit der schönen Bezeichnung **VIP** (*Vacation Interruption Policy)* ergänzt CDW/LDW. Sie kostet durchweg bis 20$/Tag (plus Steuern). Der Abschluß von VIP reduziert die Selbstbeteiligung bei Schäden am Fahrzeug vermieterabhängig auf 100-200$. Über CDW nicht abgedeckte Schäden (etwa an der Dachklimaanlage) gehen bei Abschluß der VIP teilweise nur noch bis maximal $2.000/$3.000 zu Lasten des Mieters. Im Fall »grober Fahrlässigkeit«, wie immer das definiert sein mag, haftet der Mieter auch mit VIP voll.
- **VIP/ELVIP ist immer optional. Es stellt sich daher die Frage: Lohnt sich der Abschluß dieser doch relativ teuren Zusatzversicherung eigentlich?** Leider weiß man das erst nach Ende der Reise. Statistisch lohnt sich VIP nicht, weil die meisten Mieter schadenfrei bleiben. Im Einzelfall aber fährt man entspannter mit der VIP. Also besser mitbuchen, denn im Schadensfall zahlt der Mieter – zunächst – auch bei Fremdverursachung. Keine VIP braucht, wer über die »richtige« Kreditkarte (➪ Seite 60) verfügt und damit auch die Miete bezahlt.

Kaution

Die **Höhe der Kaution** hängt ab von den abgeschlossenen Zusatzversicherungen. Sie wird üblicherweise durch eine Blankounterschrift auf einem Kreditkartenbeleg hinterlegt. Man sollte darauf bestehen, dass nur die maximal vorgesehene Kautionssumme eingetragen wird.

Campermiete im voraus oder vor Ort?

Vorteile Vorbuchung

Nicht zuletzt die erläuterten, relativ komplizierten **Miet- und Haftungskonditionen sprechen für eine Buchung vor der Reise**. Denn zunächst einmal hat man Zeit zum Vergleich von Bedingungen und Preisen. Und außerdem ist dann der heimische Veranstalter Vertragspartner. **Bei individueller Buchung vor Ort** kann es schwerer sein, ggf. auftretende Probleme sachgerecht zu klären oder Erstattungen zähneknirschend beglichener oder vom Kreditkartenkonto abgebuchter, ungerechtfertigter Zahlungen durchzusetzen. Bei Reiseabsichten zwischen Anfang Juni und Mitte September ist es zudem schwer, überhaupt noch vor Ort ein passendes Fahrzeug zu finden, von ggf. noch höheren Kosten als ohnehin schon einmal ganz abgesehen.

Empfehlung

Letztlich gilt: Wer über eine begrenzte und datenmäßig festgelegte Urlaubszeit verfügt, tut immer gut daran, hier zu buchen. Ersparter Stress und Zeitverlust drüben rechtfertigten sogar gewisse Mehrkosten. Aber davon kann zur Zeit (Anfang 2008) gar keine Rede sein.

Moderner Greyhoundbus

Greyhound Buspässe und individueller Ticketkauf

Greyhound

Busreisen in Nordamerika ist eng mit dem Namen der Firma *Greyhound* (Windhund) verbunden. *Greyhound* besitzt in weiten Teilen beider Länder das **Busmonopol** für Langstrecken und Städteverbindungen. Auch viele Regionallinien gehören zum Konzern. Die **Buspässe** dieser Linie bilden für Alleinreisende die preiswerteste Möglichkeit, durch Nordamerika zu reisen.

Im Osten Canadas ist *Greyhound* indessen nicht sehr stark, wie bereits auf Seite 39 erläutert. Immerhin kooperieren die größten der Regionallinien dort mit *Greyhound*, u.a. die in Ontario und Québec dominierende Linie ***Voyageur***, außerdem ***Orleans Express***, ***SMT*** und ***Acadian*** in den atlantischen Provinzen. Letztere bedienen aber nur die Hauptrouten. Interessant ist ein *Grey-*

hound Pass daher dort nur in Ausnahmefällen w.z.B. grenzüberschreitende Reisepläne, die über die Maritimes hinausgehen.

Hier für Interessierte die **aktuellenDetails**:

Discovery Pass

Die ***Greyhound Discovery Pässe*** (www.discoverypass.com) erlauben unbegrenzt viele Fahrten für jeweils eine bestimmte Anzahl zusammenhängender Tage. Eine Verlängerung ist nicht möglich. Dabei kann man das ganze *Greyhound*-Streckennetz in den USA und Canada sowie die Routen einiger Partnerlinien nutzen.

Kauf in Europa

Die Vekaufsagentur STA Travel (www.statravel.de, © 069/ 430191; www.statravel.ch, © 058/4504000) versendet an Erwerber einen Voucher, der nach Ankunft in den USA oder in Canada an einer ***Greyhound Gateway Station*** gegen Tickets zu tauschen ist.

Kauf in Nordamerika

Den ***Discovery Pass*** kann man auch **per Internet** bestellen. Es werden $4 Versandkosten berechnet, die Rückgabe unbenutzter Pässe kostet 20% Gebühren. Zu denselben Preisen (dann zzgl. örtlicher *Sales Tax*) erhält man die Pässe auch an bestimmten *Greyhound Bus Terminals* in den USA und Canada.

Preise bei Reiseantritt in Canada (+6% GST):

7 Tage	CAD 329
15 Tage	CAD 483
30 Tage	CAD 607
60 Tage	CAD 750

Laufzeit der Pässe

Ein Datum für den ersten Geltungstag braucht man nicht anzugeben. Jeder Pass »läuft« ab dem Tag der ersten Fahrt. Die Pässe müssen bei Reiseantritt in Canada mindestens 21 Tage vorher bestellt werden .

Fahrplan- und Netzinfos unter www.greyhound.ca/en oder auch wieder unter www.discoverypass.com/rtmap.asp.

Einzeltickets

Die Frage »Bus als Transportmittel in den Maritimes?« wurde bereits auf Seite 39 angesprochen und weitgehend skeptisch beurteilt. Das betrifft auch die Kosten bei individuellem Ticketkauf. Mit ***Acadian*** (www.acadianbus.com), die in den Maritimes täglich viele Orte bedient, kostet z.B. das – vor Ort gelöste – Ticket für die Fahrt von Fredericton/New Brunswick nach Halifax/ Nova Scotia einfach 63$. Das ist eigentlich nicht sonderlich teuer für fast 500 km (ca. 7 Stunden Fahrt wegen diverser Stopps unterwegs), aber bei zwei Personen sind das bereits über 120$. Hinzu kommen weitere Transportkosten im Lokal- und Stadtverkehr. Mit ein paar Strecken mehr liegt man schnell weit über den Kosten eines Mietwagens inkl. Benzin. Das gilt natürlich auch für einen *Discovery Pass*, der die Nutzung der *Acadian* Busse gestattet, aber nicht von Regional- und Lokallinien.

Neufundland

DRL Coachlines bedient u.a. täglich die Strecke Port aux Basques – St. John's auf Newfoundland. Infos unter

www.drlgroup.com/ScheduleSearch.asp

Eisenbahn

Nur ein Schienenstrang

Bei nur einer einzigen Bahnstrecke durch die maritimen Provinzen von Montreal über Halifax bis Sidney (wobei letzter Abschnitt nur *First Class* bietet), kommt die Eisenbahn als Transportmittel für touristisches Reisen in den Maritimes kaum in Frage, wie bereits auf Seite 39 aufgeführt.

Via Rail

Wer sich als Eisenbahnfan und wegen weitergehender Bahnreisepläne durch Canada für die Tickets der kanadischen Gesellschaft VIA Rail interessiert, findet alle Informationen dazu auf den Websites www.viarail.ca und auf Deutsch unter www.crd.de/viarail.

Flugzeug

Wer die Maritimes und/oder Newfoundland nicht per Rundfahrt im Auto bereisen möchte, um zu viele Stunden am Steuer zu vermeiden, könnte ein ***City Hopping*** per Flugzeug erwägen mit Ausflügen in die jeweilige Umgebung per Mietwagen. Ein günstiges Rundreiseticket speziell für die Maritimes existiert indessen nicht. Ob die Buchung einzelner Flüge oder ein sog. ***Coupon Tikket*** von ***Air Canada*** (3 Flugabschnitte 549$, jeder weitere Abschnitt plus 110$) dafür die bessere Lösung wäre, hängt von den jeweiligen Reiseplänen ab und ist ein Rechenexempel, das sich nur mit Reisebürohilfe lösen lässt. Zu Inlandflügen in den ***Maritimes*** siehe auch Seite 54.

2.2.3 Vorbuchung von Unterkünften

Situation

Viele Reiseveranstalter bieten Komplett- oder Bausteinprogramme mit fest gebuchten Hotel- bzw. Motelübernachtungen. Tatsächlich verfügen die meisten Regionen der Atlantikprovinzen über beachtliche Unterkunftskapazitäten, die eher selten voll belegt sind, etwa in der kurzen Hochsaison ab ca. Mitte Juli bis Ende August und bei besonderen lokalen Ereignissen. Auch in abgelegenen Gebieten werden gelegentlich die wenigen vorhandenen Betten knapp. Außer an Tagen mit hoher saisonaler Nachfrage liegen die tatsächlich zu zahlenden Tarife oft unter den in Hotelverzeichnissen offiziell ausgewiesenen.

Flexibilität bewahren

Wer unterwegs flexibel bleiben und auf Wetterbedingungen und kurzfristige Eingebungen reagieren möchte, bucht daher möglichst wenig Quartiere im voraus. Beherzigt man einige wichtige unten beschriebene Aspekte, riskiert man im allgemeinen nicht, unterwegs gar nicht oder nur noch zu »Mondpreisen« unterzukommen.

Vorbuchung empfehlenswert, wenn ...

Eine Vorbuchung ist aber in folgenden Fällen angezeigt:

- für die **erste Nacht** nach der Ankunft
- für Übernachtungen in – oft unvorhersehbar – wegen Kongressen und anderer lokaler Veranstaltungen ausgebuchten ***Downtown*-Hotels** einiger größerer Städte wie Halifax, Fredericton

oder Saint John, wenn man nicht mit Motels an der Peripherie vorlieb nehmen möchte

- **generell** bei Reisen mit kleinen Kindern oder Senioren, auf denen feste **Tagesrhythmen** und/oder ein **bestimmter Komfort** sichergestellt werden müssen
- für **Hotels der Ober- und Luxusklasse**, die oft dank Sonderkonditionen über einen heimischen Reiseveranstalter preiswerter gebucht werden können als individuell vor Ort
- für Quartiere **an »extremen« Orten** wie z.B. den abgelegenen Siedlungen im Norden Labradors (Hopedale, Nain) mit einer nur begrenzten Zahl von Zimmern
- in der Nähe der bekannteren **Natur- und Touristenattraktionen** in der Hochsaison, an Wochenenden und Feiertagen. Außerdem finden dort häufig Festivals u.ä. statt, über die man als Tourist nicht immer informiert sein kann. Mit einer Vorbuchung ist man in solchen Fällen auf der sicheren Seite.

Individuelles Vorgehen

Wer für Vorausreservierungen kein Reisebüro in Anspruch nehmen möchte, sondern eher auf individuelle Initiative setzt, bucht **am besten per Internet**. Mit guten Englischkenntnissen kann heute auch ohne besondere Kosten auch anrufen (ab 2-3 Eurocent pro Minute bei entsprechender Providervorwahl). Zu beachten ist dabei, dass kostenfreie kanadische bzw. amerikanische Servicenummern mit den Vorwahlen 800, 866, 877, 888 bei Anrufen aus dem Ausland die normale Verbindungsgebühr kosten. Für verbindliche Buchungen ist es immer nötig, seine Kreditkartendaten anzugeben.

Komfortables Hotel in Lunenburg, Nova Scotia

2.2.4 Einreise- und Einfuhrbestimmungen - Dokumente

Einreise

Für die Einreise nach Canada benötigen Bürger aus der EU und der Schweiz einen noch mindestens sechs Monate gültigen Pass. Sie müssen über ausreichende Geldmittel für den Aufenthalt im Lande verfügen, und die Rückkehr in das Heimatland muss gesichert sein. Ggf. fragt der Immigration Officer bei der Einreise nach dem Rückflugticket bzw. nach ausgedruckte Flugdaten (*Itinerary*) mit Buchungscode bei ticketlosem Fliegen.

Bestimmte **Impfungen** sind nicht vorgeschrieben.

Aufenthaltsdauer

Die maximale Aufenthaltsdauer für Touristen beträgt sechs Monate. Sollten sich während des Aufenthalts Veränderungen hinsichtlich der Dauer ergeben, ist eine Verlängerung des Aufenthaltsstatus möglich. Ein Antrag hierzu muss mindestens drei Wochen vor dem planmäßigen Ablauf des Aufenthalts in einem *Immigration Office* eingereicht werden.

Visum für Angehörige bestimmter Staaten

Angehörige bestimmter Staaten benötigen zusätzlich zum Pass ein Besuchervisum (*temporary resident visa*). Eine vollständige Liste der Länder, deren Staatsangehörige ein Visum benötigen, erhält man bei der kanadischen Botschaft bzw. findet sie im Internet: www.cic.gc.ca/english/visit/visas.html

Reisende mit Kindern

Reisende mit Kindern benötigen für die Einreise nach Canada für jedes Kind einen Reisepass.

Kinder und Jugendliche unter 18 Jahren, die **mit nur einem Elternteil** oder einem **Vormund** reisen, müssen außerdem eine Kopie der Geburtsurkunde vorweisen und zusätzlich entweder eine beglaubigte Einverständniserklärung – auf Englisch oder Französisch – des nicht mitreisenden Elternteils oder eine Kopie des Sorgerechtsurteils, wenn die Eltern geschieden sind.

Alleinreisende Minderjährige

Kinder und Jugendliche unter 18 Jahren, die allein nach Canada reisen, benötigen neben dem Pass ebenfalls eine Kopie ihrer Geburtsurkunde, eine beglaubigte Einverständniserklärung – auf Englisch oder Französisch – beider Elternteile oder des Vormunds oder eine Kopie des Sorgerechtsurteils bei geschiedenen Eltern.

Führerschein

Der jeweilige nationale oder EU-Führerschein wird in Canada anerkannt, auch die Autovermietungen wollen das nationale Papier sehen. Ein Internationaler Führerschein ist nicht nötig, aber die Frage ist: Weiß das auch die Polizei? Manchmal nicht, und daher ist das internationale Dokument im Fall von Polizeikontakt ggf. ganz hilfreich. Internationale Führerscheine sind beim jeweiligen Straßenverkehrsamt gegen Gebühr erhältlich. Sie gelten nur in Verbindung mit dem nationalen Führerschein.

Einfuhrregelungen

Persönliche Gegenstände, die nicht zum Verbleib in Canada bestimmt sind, dürfen zoll- und steuerfrei eingeführt werden. Jeder Besucher darf zudem **Geschenke** im Wert von jeweils maximal 60$ zollfrei einführen.

Die Einfuhr von Lebensmitteln (Obst und Gemüse, Fleisch, Eier, Milchprodukte), sowie Tieren, Vögeln, Insekten, Pflanzen, Zwiebeln, Samen oder sonstigem Saatgut, Erde und lebenden Organismen ist **nicht erlaubt**.

Besucher ab 19 Jahren dürfen entweder 1,5 l Wein, 1,14 l Spirituosen oder 8,5 l Bier in Dosen oder Flaschen einführen.

Reisende im Alter ab 19 Jahren dürfen maximal 200 Zigaretten, 50 Zigarren oder 200 Gramm losen Tabak zollfrei einführen.

Sportgeräte

Eine zur eigenen Benutzung vorgesehene hochwertig Ausrüstung (z.B. Tauchgeräte) darf eingeführt, muss jedoch bei der Einreise deklariert werden.

Jagdwaffen

Es dürfen – von Personen ab 18 Jahren – nur Schusswaffen zu Jagdzwecken eingeführt werden mit einer Lauflänge von mindestens 470 mm (Gesamtlänge minimal 660 mm). Dafür ist eine Gebühr in Höhe von 25$ zu zahlen. Dabei wird die Waffe registriert und eine ***Non-Residents Firearms Declaration*** ausgestellt, die bei der Ausreise samt Waffe wieder vorzulegen ist. Der Zollstempel beweist dann die vorgeschriebene Ausfuhr.

Besucher, die Schusswaffen in Canada leihen – etwa im Zusammenhang mit Jagdreisen –, benötigen eine **Waffenbesitzkarte** für Ausländer mit einer Gültigkeitsdauer von 60 Tagen. Diese Genehmigung kostet 30$. Anmeldeformulare und Informationen gibt es beim *Canadian Firearms Centre*, © 1-800-731-4000, im Internet www.cfc-cafc.gc.ca

2.2.5 Finanzen

Währung

Die kanadische **Währung** lautet auf Dollar und Cent wie in den USA. Für die Münzen gelten neben ihrem numerischen Wert im täglichen Umgang folgende Bezeichnungen:

5 Cent: ***Nickel***
10 Cent: ***Dime***
25 Cent: ***Quarter*** (

$2-Münze aus Nickel und Messing

Die 1$-Münze nennt man ***Loonie*** nach dem auf der Rückseite abgebildeten Eistaucher. Die 2$-Münze heißt ***Twonie***.

Geldscheine tragen im Gegensatz zu den US-Dollars unterschiedliche Farben. Die gängigen Banknoten sind:

5$** (blau), **10$ (purpurrot), **20$** (grün), **50$** (rot) und **100$** (braun);

Größere Scheine werden in Geschäften kaum angenommen.

Wechselkurs

Im Januar 2008 liegt das Austauschverhältnis Euro zum CAD (=kanadischer Dollar) bei ca. 1:1,44. Das Verhältnis zwischen CAD und US-Dollar liegt nur noch bei bei 1:0,98, also 98 kanadische Cent je US-Dollar, nachdem der US-Dollar über Jahrzehnte bei CAD 1,30-1,50 notiert hatte. Aktuelle Kurse findet man in den Tageszeitungen und aktuell im Internet auf den Websites der Banken und Finanzportalen der Provider.

Kreditkarten

Ohne **Kreditkarten** geht es in Canada (fast) nicht. Ob beim Telefonieren, im Hotel, bei der Kaution für Mietwagen und Camper, oder bei Buchungen vor Ort für die Fähre oder ein Hotel – überall ist sie nicht nur Zahlungsmittel, sondern Ausweis für die Kreditwürdigkeit einer Person. Verbindliche Reservierungen sind ohne Kreditkarten so gut wie unmöglich. Wer noch keine Kreditkarte besitzt, sollte sich vor der Canadareise unbedingt eine zulegen.

Akzeptiert werden überall ***Mastercard*** und ***Visa***, überwiegend auch ***American Express***, andere Karten eher selten.

Die Zahlung mittels Kreditkarte ist in Canada weiter verbreitet als bei uns, man begleicht damit auch relativ kleine Beträge, zumal Geldscheine über 50$ in vielen, vor allem kleineren Geschäften ungern oder gar nicht angenommen werden.

Geldautomat in Canada

Kosten im Vergleich

Überdies sichert die Kreditkarte auch die Zahlungsfähigkeit im Notfall. Speziell bei hohen Ausgaben kann die erst nachträgliche Belastung auf dem heimatlichen Konto ein Vorteil sein. Da für die Abrechnung jeweils der offizielle Tageskurs plus Auslandsaufschlag von 1%-1,5% angesetzt wird, kommt man damit immer besser weg als beim Sortenkauf (Bargeld) und nicht oder kaum schlechter als mit *Traveler Cheques*, die ja in voller Höhe vorfinanziert werden müssen und üblicherweise auch 1% Gebühren kosten plus ggf. weitere Gebühren, wenn man sie in einer kanadischen Bank einlöst.

Bargeld

Trotz der Dominanz der Kreditkarten ist das **Bargeld** durchaus noch nicht aus der Mode gekommen. Besonders bei der Zahlung von kleinen Beträgen, in vielen Fast Food Restaurants, beim Camping etc. geht es noch nicht ganz ohne. Empfehlenswert ist, sich vor der Reise zumindest mit einem kleinen Sockelbetrag an Bargeld für erste anfallende Ausgaben zu versorgen, die ggf. nicht mit Kreditkarte zu leisten sind. Auch wenn der Sortenkurs relativ schlecht ist. Vor Ort Euro gegen Dollar tauschen nur wenige Banken in Großstädten und am Airport zu nahezu unglaublich ungünstigen Wechselkursen.

EC-Geldkarte

An zur Zeit rund 42.000 kanadischen **Geldautomaten** mit dem Maestro-Logo (www.maestrokarte.de; www.maestro.ch) bereitet die Bargeldbeschaffung für EC-Karten-Inhaber keine Probleme. Aber man sollte für mögliche Rückfragen wegen der für Ausländer teilweise unklaren Abfragepunkte an manchen ATMs vorsichtshalber die Banköffnungszeiten nutzen. Bei der eventuellen Frage des Automaten »*Debit or Credit?*« immer »*Credit*« markieren. Deutsche Bank-Kunden können Automaten der *Scotiabank* sogar gebührenfrei nutzen.

Direktzahlungen in Läden sind mit EC-Karte **nicht möglich**.

Geldautomaten

Die beste und preiswerteste Lösung für die Beschaffung von Bargeld bieten Geldautomaten. Man findet sie in Canada überall und – ganz wie bei uns – auch noch in kleinsten Ortschaften. Sogar auf Fährschiffen, in Supermärkten und Alkoholläden stehen mittlerweile die **ATM** = ***A****utomatic* ***T****eller* ***M****achines*. »*Teller*« ist das amerikanische Wort für Bankschalter.

Am günstigsten zieht man Bargeld mit einer **EC-Karte**.

Auch mit jeder beliebigen Kreditkarte kann Bargeld am Automaten abgehoben werden. Dazu muss man nur den PIN-Code kennen, der bei normalen Zahlungen sonst nie benötigt wird. Dieses sog. ***Cashing*** kostet aber höhere Gebühren (3%-4% der Summe) als die Nutzung einer EC-Karte, sofern nicht ein Guthaben bei der Kartenorganisation gehalten wird.

Reiseschecks

Ein sicheres, aber etwas aus der Mode gekommenes Zahlungsmittel sind **Reiseschecks**, da sie bei Verlust oder Diebstahl ersetzt werden können. Sie sollten auf kanadische Dollar (CAD) lauten. Die Reiseschecks kauft man bei seiner Bank zu Kosten von 1% über dem Tageskurs; nicht verbrauchte Schecks können nach der Rückreise zwar wieder in heimischer Währung erstattet werden, aber nur zu ziemlich ungünstigen Bedingungen.

In den meisten Geschäften in Canada werden ***Travelers Cheques*** wie Bargeld angenommen; Wechselgeld wird ohne weiteres in bar herausgegeben. Das ***Cashing*** bei Banken erfordert immer die Vorlage des Passes und meistens Gebührenabzüge.

Um Reiseschecks als Zahlungsmittel in Geschäften zu nutzen, sind Nennwerte vom 20$, maximal 50$ am besten geeignet.

Kombination von Zahlungsmitteln

Um bei Verlust oder Diebstahl nicht sofort zahlungsunfähig zu sein, empfiehlt sich eine **Mischung der Zahlungsmittel**. Wer 100$ bis 300$ Bargeld, die Kreditkarte und ggf. auch noch 15%-25% der veranschlagten Ausgaben unterwegs in Reiseschecks mitnimmt und alles an möglichst getrennten Stellen aufbewahrt, hat für den Fall der Fälle gut vorgesorgt.

Verlust/ Ersatz

Ersatz von **Reiseschecks** bei Verlust unterwegs erhält nur, wer die Nummern notiert und eine Kopie der Kaufquittung dabei hat. Ein Anruf bei der ausgebenden Organisation klärt das Vorgehen.

Verliert man die **Kreditkarte**, kann man sie durch einen Anruf bei der Gesellschaft mit sofortiger Wirkung sperren lassen.

Die gebührenfreien Rufnummern der großen Kartengesellschaften gelten in ganz Nordamerika:

- **American Express**: 1-800-554-AMEX
- **Mastercard**: 1-800-MC-ASSIS
- **VISA**: 1-800-847-2911

Für bis zu einer Sperrung eventuell eingetretene Schäden haftet der Kunde in der Regel mit höchstens €50. Unter Umständen kann noch während der Reise eine **Ersatzkarte** ausgestellt werden.

Geld im Notfall

Bei Geldbedarf im Notfall hilft das US-amerikanische Unternehmen ***Western Union*** in Kooperation mit Postbank und Reisebank. Die Gebühren sind ziemlich hoch, dafür sind sie innerhalb von 30 min nach Einzahlung in Canada verfügbar. Die angewiesene Summe wird in kanadischen Dollar in der nächstgelegenen Vertretung von *Western Union* gegen ein Codewort und Legitimation mit Pass oder Führerschein ausgezahlt.

Weitere Informationen in Deutschland unter **✆ 01805-225822** oder im Internet unter www.reisebank.de oder www.postbank.de

Western Union in Nordamerika erreicht man unter ✆ 1-800-325-6000 und im Internet unter www.westernunion.com

Im äußersten Notfall wendet man sich an die nächstliegende **Auslandsvertretung** des Heimatlandes (Konsulat), deren Adresse man bei seiner Botschaft in Ottawa einholen kann (➪ Seite 109).

2.2.6 Kranken- und Reiseversicherung

Krankenversicherung

Eine Canadareise ohne ausreichenden Krankenversicherungsschutz anzutreten wäre leichtsinnig. Denn ärztliche Behandlungs- und Krankenhauskosten sind in Canada sehr hoch. Nur private Krankenversicherer bieten ihren Versicherten weltweiten Vollschutz. Wer nicht mit der Erstattung von in Übersee angefallenen Behandlungskosten rechnen kann – das sind vor allem die in gesetzlichen Kassen Versicherten – ist dringend der Abschluss einer eigenen **Auslandskrankenversicherung** anzuraten. Unterlagen dazu gibt es in allen Reisebüros und direkt bei den Vertretungen privater Versicherungsgesellschaften. Man kann sich auch im Internet informieren, u.a. auf der Seite der **Stiftung Warentest** (www.test.de/themen), die im Septemberheft 2007 der **Zeitschrift Finanztest** eine sehr gute Übersicht zu diesem Thema samt Leistungs- und Kostenvergleich und Bewertung brachte.

Kreditkartenunternehmen und **Automobilclubs** offerieren ihren Mitgliedern durchweg Vorzugstarife beim Auslandsversicherungsschutz. Im Jahresbeitrag für **Kreditkarten**-Edelversionen ist oft ein (befristeter) Versicherungsschutz für Auslandsreisen bereits enthalten. Die Konditionen sollte man vor der Reise prüfen.

Gepäckversicherung

Über den Nutzen der vergleichsweise teuren Reisegepäckversicherungen sind die Meinungen geteilt; die Fälle des Haftungsausschlusses – z.B. bei Camping – sind zahlreich, und Wertsachen sind meist nur begrenzt abgesichert.

Reiserücktrittskostenversicherung

Insbesondere bei langfristiger Vorausbuchung ist der Abschluss einer Reiserücktrittskostenversicherung zu empfehlen. Sie wird üblicherweise bei Buchung vom Reisebüro mit angeboten und ist relativ preiswert. Sofern Flüge und andere Leistungen individuell und ohne Hilfe eines Reisebüros gebucht werden, etwa im Internet, kann man Reiserücktrittskostenversicherungen auch separat abschließen. Inhaber von Gold- und Platinkreditkarten sollten prüfen, ob diese Versicherung nicht im Leistungspaket der Karte enthalten ist, sofern mit ihr gezahlt wird.

An der Atlantikküste von Nova Scotia

2.2.7 Was soll mit? Empfehlungen fürs Reisegepäck

Für Reisen nach Canada im Sommerhalbjahr kann man im wesentlichen das einpacken, was auch bei einer Reise innerhalb Westeuropas in Frage käme.

Kleidung

Für die Auswahl der Kleidung spielen die Jahreszeit, das zu erwartende Klima und Wetter der Zielregion und natürlich die geplanten Aktivitäten eine Rolle. Bequeme Freizeitkleidung kann überall getragen werden. Elegantere Kleidung braucht man selbst bei Theaterbesuchen und Einladungen kaum.

An der Südküste von Nova Scotia wird man im August sicher nicht die warme Kleidung benötigen, die im Norden Labradors zur gleichen Zeit erforderlich ist. Da man jedoch schönes Wetter grundsätzlich nicht mitbuchen kann, sollte der warme Pullover oder die Regenjacke nie im Gepäck fehlen. Wer viel wandern oder in der Wildnis aktiv sein will, benötigt festes Schuhwerk, am besten richtige Wanderschuhe.

Vor Ort anschaffen

Grundsätzlich gilt, dass man vergessene oder fehlende Ausrüstung problemlos nachkaufen kann, zumindest in den größeren Städten und in dichter besiedelten Regionen. Was **Bekleidung**, **Schuhe** oder **Campingausrüstung** betrifft, entsprechen die Preise alles in allem europäischem Niveau. Qualitätsprodukte für höhere Ansprüche sind aber bestenfalls in Großstädten zu finden und meist teurer als bei uns.

Drogerieartikel

Es ist auch ratsam, Deodorant, Zahncreme, Haarshampoo, Sonnenschutzmittel und andere **Toilettenartikel** in ausreichender Menge einzupacken. All das ist ziemlich teuer in Canada. **Kaltwaschmittel** für die Reise gibt's gar nicht.

Steckdosen-Adapter/ Akkus

Elektrogeräte (z.B. Akku-Ladegerät fürs Handy und den Laptop, Fön, Rasierapparat) lassen sich in Canada nur benutzen, wenn sie auf 110 V umschaltbar sind bzw. sich automatisch der Spannung anpassen. Auf jeden Fall benötigt man zusätzlich einen **Adapter** für die nordamerikanischen Steckdosen (Elektrogeschäfte, Kaufhäuser und ggf. im Travel Shop auf dem Flughafen). Vor Ort sind die Dinger nur schwer aufzutreiben. Akkus aufladen kann auch im Mietauto, wer den Adapter für die 12-V-Steckdose dabei hat.

Medikamente

Rezeptfreie Medikamente kann man per Selbstbedienung in *Drugstores* und Supermärkten einkaufen.

Wer größere Mengen verschreibungspflichtiger Medikamente mit nach Canada nimmt, muss darauf achten, dass sie sich in der Originalverpackung mit Beipackzettel befinden. Im Zweifel ist eine Kopie des Rezeptes, in Extremfällen eine kurze ärztliche Erlärung auf Englisch hilfreich. Tatsächlich kommt es hier aber nur ausnahmsweise zu Kontrollen und damit zu Problemen.

Wer auf die Einnahme bestimmter Medikamente angewiesen ist, sollte eine Rezeptkopie mitbringen, damit im Notfall (Verlust, verlängerter Aufenthalt wegen Krankheit/Unfall) auch ein kanadischer Arzt das richtige Medikament verschreiben kann.

Insektenschutz/ Insect Repellent In Canada kommt man im Sommerhalbjahr draußen in freier Natur selten ohne Insektenschutzmittel aus. Ein hautfreundliches Mittel ist ***Autan Family Milk***; es hilft aber nur kurz gegen kanadische Mücken und *Blackflies*. Selbst kanadische Biester machen aber um ***Zanzarin*** (das gibt's auch in der heimatlichen Apotheke) einen Bogen. Robuster und wirkungsvoller, dafür weniger haut- und umweltfreundlich, sind die überall erhältlichen kanadischen Sprays und Lotions (*Insect Repellent*).

Erste Hilfe Einen Verbandskasten sucht man in Leihfahrzeugen meist vergebens. Erste-Hilfe-Päckchen, wie man sie im *Drugstore* für $10-$20 findet, sind im allgemeinen dürftig ausgestattet und mit unserer vorgeschriebenen Ausrüstung nicht vergleichbar. Wer seinen Verbandskasten bzw. das darin enthaltene Material im Fluggepäck unterbringen kann, sollte darauf nicht verzichten.

CDs Fast alle Campmobile und Leihwagen verfügen heute über ein **Radio mit CD-Player**. Da in manchen Regionen abseits größerer Städte der Radioempfang schlecht oder gar nicht vorhanden ist, sorgen ein paar CDs für Abwechslung.

Taschenlampe Ebenfalls mitgebracht oder drüben preiswert erstanden ist eine Taschenlampe für Autofahrer bei einer Panne oder sonstigem Notfall in Dunkelheit **unverzichtbar**. Ebenso beim **Camping.**

Werkzeug In der Regel findet sich in Mietfahrzeugen kein Werkzeug. Automieter, besonders wenn sie campen, sind daher gut beraten, ein wenig »Notwerkzeug« mitzubringen. **Vielzwecktaschenmesser** (mit Dosenöffner) erweisen sich in mancher Situation als außerordentlich hilfreich. Ein aus der heimischen Werkzeugkiste zusammengestellter **Schraubenzieher- und Schlüsselset** plus einer **Zange** für eventuelle kleine Reparaturen ersparen vielleicht lange Stunden Wartezeit auf den Notdienst am Straßenrand.

Fotografieren mit Digitalkameras **Speicherchips** für Digitalkameras sind nicht preiswerter, eher teurer als bei uns, u.a. zu finden in den Fotoabteilungen der Kaufhäuser und u.a. bei *Canadian Tire*. Wer digital fotografiert, sollte daher besser genug Chips für die Reise mitnehmen oder einen externen Speicher bzw. den Laptop, um darauf das »Tagespensum« abzuladen und den Chip wieder frei zu haben.

Auch wer keinen Laptop mit sich herumschleppt, kann unterwegs Daten vom Speicherchip auf eine CD brennen lassen und damit den Chip für mehr Fotos wieder frei machen.

Benutzer konventioneller Kameras sollten folgendes wissen:

Diafilme Diafilme sind in Canada immer schwerer aufzutreiben (insbesondere andere als Standardempfindlichkeiten von 64/100 ASA), seitdem mehr und mehr digital fotografiert wird. Sie sind obendrein teurer als bei uns. Wer noch Dias macht, sollte daher ausreichend Filmmaterial mitnehmen.

Negativfilme Negativfilme sind im Gegensatz zu Diafilmen wie bei uns billiger geworden, aber teurer als hierzulande.

2

3 UNTERWEGS IN ATLANTIC CANADA

3.1 Reisen im Land

3.1.1 Ankunft in Canada

Zollerklärung

Die **Einreiseprozedur** beginnt schon im Flugzeug, wo vom Kabinenpersonal die ***Customs Declaration Card*** verteilt wird. Sie muss am Einreiseschalter ausgefüllt vorgelegt werden. Die Fragen, ob Waffen, kommerzielle Güter, Nahrungsmittel, Pflanzen, Tiere etc. im Gepäck stecken, erfordern ein klares »No« als Antwort. »No« muss es auch heißen bei der Frage nach einem eventuellen kürzlichen Farmaufenthalt.

Einreise

Die formelle Einreise findet am ersten Flughafen in Canada statt, auch wenn man anschließend noch mit einem Anschlussflug zum eigentlichen Ziel weiterreist. Mit ausgefüllter *Customs Declaration Card* (⇨ oben) und dem Reisepass in der Hand geht es zum Einreiseschalter, wo man ggf. weitere Fragen – Ziel, Zweck und Dauer der Reise – beantworten muss. In Ausnahmefällen werden in dieser Beziehung »verdächtig« erscheinende Reisende gebeten, die Rückfflugbuchung und ausreichend finanzielle Mittel nachzuweisen (Bargeld, Reiseschecks bzw. Kreditkarte).

Schließlich bekommen Touristen einen Stempel mit dem Datum der Einreise in den Pass, woraus sich der späteste Ausreisetermin (nach 6 Monaten) ergibt.

Zollkontrolle

Nach dem Passieren des Schalters der Einwanderungsbehörde geht's zum Gepäckpand (auf einigen Flughäfen benötigt man für den Gepäckwagen bereits kanadische Münzen (!) oder die Kreditkarte) und dann zur Zollkontrolle. Dort wird die ausgefüllte und vom Einwanderungsbeamten abgezeichnete ***Customs Declaration Card*** eingesammelt, aber im allgemeinen nur stichprobenweise kontrolliert.

Anschlussflug

Reisende mit einem Weiterflug (*Connecting Flight*) müssen nach der Zollkontrolle ihr Gepäck gleich wieder aufgeben. Danach ist oft noch das *Terminal* zu wechseln.

Am Ziel

In der Empfangshalle des Zielflughafens befinden sich die Schalter der Autovermieter und meist auch ein Stand der *Visitor Information* für Touristen. Überwiegend findet man es dort auch Werbetafeln der umliegenden Hotels und von Autovermietern ohne Airportvertretung mit Gratistelefon zur Kontaktaufnahme.

Shuttlebusse

Auf großen Flughäfen sind die Schalter der Autovermieter heute oft gar nicht mehr vorhanden bzw. nicht besetzt. Man begibt sich dann mit dem *Shuttle Service* des Vermieters direkt zu dessen Station im benachbarten Parkhaus oder im erweiterten Airportgelände. Vor den *Terminals* existieren spezielle Haltebereiche für die **Busse der *Rental Car Companies*** und der verschiedenen grösseren ***Airporthotels***. Manchmal werden auch mehrere Hotels vom gleichen Fahrzeug bedient.

Bus, Taxi

Wer nicht bereits am Flughafen sein Mietfahrzeug übernimmt oder per *Shuttle* zum gebuchten Hotel fährt, muss sehen, wie er/sie zum ersten Ziel kommt. Generell gibt es **öffentliche Busverbindungen** ins jeweilige Stadtzentrum, ➪ Reiseteil. Teurere Kleinbusse (***Airport Shuttles***) steuern oft direkt die wichtigsten Hotels und zentrale Punkte an.

Taxis zwischen City und Airport verkehren oft zu Festpreisen.

Airport-Abholbus der zusammengehörigen Vermieter Alamo und National

3.1.2 Mietwagenübernahme und -rückgabe

Pkw und Mini Vans

Vorgebuchtes Fahrzeug

Die Übernahme eines vorgebuchten Mietautos ist unkompliziert. Neben dem Voucher des Reiseveranstalters/-verleihers sind der nationale Führerschein, Pass und Kreditkarte vorzulegen.

Upgrade

Auch bei Vorreservierungen kann es vorkommen, dass das an sich bestellte Fahrzeug nicht verfügbar ist – in der Regel gibt es dann ein größeres bzw. nominell teueres Fahrzeug. Das passiert häufiger, wenn man die kleinste Klasse gebucht hat. Manchmal wird auch ohnedem ein ***Upgrade*** gegen Aufpreis angeboten, das man nicht annehmen muss. Bei Ablehnung gibt's dann gelegentlich das größere Fahrzeug auch ohne Zuzahlung.

Übergabe

Sind die Fahrzeugunterlagen ausgedruckt,erhält man den Schlüssel (manchmal auch zwei bei eingetragenem zweiten Fahrer), sofern er nicht schon im Auto steckt, und einen Hinweis zum Standort des Wagens auf dem Vermietergelände. Das Fahrzeug steht vollgetankt bereit.

Warntöne

Kein Mensch wird auf die Idee kommen, irgendetwas zu erklären. Leuchtet die Bedienung der Automatik, der Klimaanlage, des Tempomats, der Zündschloß- oder Anlassersperre (löst sich durch Treten des Bremspedals!) etc. nicht ein, muss man schon fragen. Alle **Warntöne** schalten sich aus, wenn die Türen geschlossen und die Gurte eingerastet sind.

Automatik Wer bereits Fahrzeuge mit **Automatikgetriebe** gefahren hat, wird keine Probleme haben, ansonsten ist etwas Gewöhnung erforderlich. Zu beachten ist, dass der Wählhebel beim Abstellen immer auf **P** (Park Position) zu stellen ist. Nur in dieser Position lässt sich der Schlüssel abziehen und wieder starten; letzteres (meist) nur zusätzlich mit dem Fuß auf der Bremse.

Sonstiges Eine **Bedienungsanleitung** oder sonstige technische Erläuterungen befinden sich gelegentlich im Handschuhfach, sehr oft jedoch nichts dergleichen. Achten Sie unbedingt darauf, dass ein voll aufgepumpter **Ersatzreifen** bzw. ein Notrad und Wagenheber & Radschlüssel vorhanden sind. Gelegentlich fehlt ein Teil.

Tankfüllung Je nach Buchung (➪ Seite 59 f) ist die erste Tankfüllung im Preis enthalten oder sie wird gesondert bei Übernahme komplett berechnet. Ein Leerfahren des Tanks vor Rückgabe ist indessen kaum möglich, ein schlechtes Geschäft für den Mieter also. Aber leider ist die faire Abrechnung »bei Übernahme wie Rückgabe vollgetankt« kaum noch üblich.

Nummernschild Das amtliche Nummernschild ist stets hinten angebracht. Vorn gibt es oft gar kein Schild, oder die entsprechende Fläche wird z.B. für Werbung, bei Privatautos auch für flotte Sprüche genutzt.

Abfahrt Beim Verlassen des Vermietergeländes werden Übereinstimmung von Papieren und Fahrzeug noch einmal überprüft; dann hebt sich die Schranke und es kann losgehen.

Rückgabe Auch die Fahrzeugrückgabe ist ein **rascher komlikationsloser Vorgang**. Bei den großen Airportvermietern registriert ein Mitarbeiter mit einem *Handheld Computer* die zur Rückgabe einfahrenden Fahrzeuge und druckt eine Quittung zur Entlastung des Mieters aus. Der lässt den Schlüssel stecken und sieht ansonsten zu, dass er nichts im Fahrzeug vergisst. Gepäckwagen (*baggage carts*) sind meist vorhanden. Bei Ankunft **außerhalb der Stationszeit** füllt man eine für diesen Fall vorgesehene Formulartasche aus, steckt den Schlüssel dazu und wirft das Ganze in einen Briefkasten. Die Abrechnung/Quittung kommt danach per Post.

Ein Nummernschild ist vorne am Auto in Canada keine Vorschrift: stattdessen tragen viele Autos private, lokale oder regionale Aussagen und Werbung

Campmobile

Campermiete/ Abholung

Beim **Camper** dauert die Übernahmeprozedur erheblich länger als beim Pkw. Das beginnt damit, dass am **Tag der Ankunft** nach dem Transatlantikflug die **Wagenübernahme** aus versicherungstechnischen Gründen nicht erfolgen kann.

Die Camper-Verleihfirmen holen ihre Kunden in der Regel am Tag nach der Ankunft im Hotel ab.

Formales

Mehr oder weniger identisch ist bei allen Vermietern das Formale. Die Kaution bzw. Blanko-Kreditkartenunterschrift deckt hier nicht nur Risiken ab, sondern bezieht sich mitunter auf eine lange Liste von Extrakosten wie Übergabegebühren, Zusatzversicherungen, Zusatzmeilen, Leihgebühren für die Campingausrüstung, Geschirrset und Bettwäsche, Benutzung des Generators, Endreinigung, Gasfüllung, lokale Steuern und ggf. Schäden. Abrechnung nach Rückgabe.

Technik

Nach Klärung der Formalitäten erfolgt die Inspektion des Fahrzeugs verbunden mit einer mehr oder minder intensiven **Einweisung** (Firmen mit höherem Buchungsaufkommen deutschsprachiger Touristen verfügen meist über Personal mit Deutschkenntnissen). Bei Andrang sind die unter Zeitdruck gegebenen **Erläuterungen** indessen nicht immer optimal und vollständig. Die **Bedienungsanleitungen** liegen bei den größeren Verleihern zumeist ins Deutsche übersetzt vor.

Typischer Rental Van Camper

Ausstattung

Bereits bei der Übergabe sollte man darauf achten – und notfalls nachfragen – ob hilfreiche Gegenstände wie **Bretter** zum Ausgleich bei Geländeunebenheiten, eine **Axt**, eine **Adapterkupplung für den Wasserschlauch** (wegen verschiedener Wasserhähne unterwegs) und dergleichen Zubehör mit an Bord sind.

Utensilien

Salatbesteck, Holzlöffel, dünnwandige Gläser, Knoblauchpresse, Eierbecher und andere praktische Dinge, die das Leben angenehmer machen und in den Grundausstattungen des Campmobils nie enthalten sind, sollte man aus der Heimat mitbringen. Preisgünstig nachkaufen kann man Kleinkram ggf. noch in den sogenannten ***Dollar-Stores*** (*»One Buck or More«*, *Dollar-Store*).

Checkliste Bei vielen Vermietern wird sie gleich mitgeliefert: eine Liste all der Dinge, die vor Antritt der Fahrt zu kontrollieren, zuzudrehen, abzubauen, zu verstauen oder sicher zu verriegeln sind: Gashahn, Lüfterklappen, Schläuche, Kabel, Schubladen und Schranktüren etc. Ist keine Liste dabei, sollte man sie selbst erstellen und beim morgendlichen Start abarbeiten, damit nicht Wichtiges vergessen wird. Der abgerissene Wasserschlauch und im ganzen Wohntrakt verstreute Lebensmittel bei ungesicherter Kühlschranktür sind noch die harmlosesten Folgen kleiner Vergesslichkeiten.

Erster Tag Am ersten Tag ist es ratsam, nicht viel weiter als bis zum nächsten Campingplatz zu fahren und sich nach den ersten Besorgungen Zeit für ein **gründliches Durchchecken des Fahrzeugs** und seiner Technik zu nehmen. Sollte sich nun herausstellen (auf dem Platz des Vermieters wird man das selten so schnell merken), dass etwa der Kühlschrank nicht richtig funktioniert, der Wasserschlauch zum Auffüllen fehlt oder Bedienungsdetails beim besten Willen nicht einleuchten, kann man zur Not noch einmal bei der Station vorbeifahren.

Reparaturen Ärgerlich sind Reparaturen, die – sofern sie minimale Kosten (heute meist CAD100) übersteigen – **immer erst nach der Rücksprache mit der Verleihfirma** ausgeführt werden dürfen. Dazu gehört auch der Ersatz von unterwegs verschlissenen Reifen. Die größeren Vermieter haben Verträge mit landesweit operierenden Reifenfirmen w.z.B. ***Canadian Tire*** oder ***Goodyear***, die nicht nur aufs Reifengeschäft fixiert sind, sondern auch viele Routinereparaturen durchführen. Für die jeweils kooperierenden Unternehmen erhält der Mieter eine Liste der Vertretungen, die er im Bedarfsfall von sich aus anlaufen kann. Das hat den u.a. Vorteil, dass die telefonische Kommunikation mit dem Vermieter entfällt. Das übernimmt dann die Werkstatt und entscheidet in Absprache mit dem Vermieter, welche Reparaturen auszuführen sind.

Pannen Spätestens bei der ersten Panne wird man feststellen, dass es **kaum Bordwerkzeug** gibt, mitunter nicht mal einen Schraubenzieher. Dahinter steckt Methode: Der Kunde soll gar nicht erst auf die Idee kommen, selbst »herumzufummeln«. Das geht soweit, dass einige Vermieter sogar Wagenheber und Radschlüssel entfernen. Man soll bei einer Panne eben den **Straßendienst** anrufen – in mancher Situation leichter gesagt als getan.

Rückgabe des Campers Vor der Abreise steht die Rückgabe des Campers, bei den meisten Vermietern am Vormittag. Möchte man hohe **Endreinigungskosten vermeiden,** muß der Camper besenrein und mit entleerten Abwassertanks zurückgegeben werden, oft auch mit gefülltem Frischwasser- und Benzintank, falls man letzteren voll übernommen hat. Die Vermieter akzeptieren im allgemeinen äußerlich »normal« verschmutzte Fahrzeuge. Es wird aber erwartet, dass der Kunde groben Dreck (an einer Waschanlage mit Druckreinigern) vor der Rückgabe selbst entfernt. Andernfalls bittet man (wieder) zur Kasse. Ist nichts beschädigt, gibt es bei der Rückgabe keine Probleme. Die **Formalitäten**, d.h. Inspektion des Wagens, Abrechnung von Mehrmeilen, Steuern etc., sind rasch erledigt.

Flughafen-Transfer

Der Vermieter sorgt für den Transport zum Hotel bzw. zum Airport. Bei Planung von **Rückgabe und Abflug am selben Tag** sollte auf reichlich Zeit geachtet werden: besser nicht unter 5 Stunden zwischen Ankunft in der Station und Abflug bei einer angenommenen Transferzeit von z.B. 1 Stunde. Denn gelegentlich entstehen **Wartezeiten**, etwa wegen weiterer Kunden, die im selben Bus ggf. zu anderen Zielen transportiert werden müssen.

Tägliche Routine der Camperfahrer an der Dump Station: Schmutzwasser ablassen, Frischwasser auffüllen (hier mit Hilfe eines flexiblen Arms auf dem/am roten Mast)

3.1.3 PKW-Miete vor Ort*)

Situation

Auf allen Flughäfen und in den Städten sind regelmäßig **die international bekannten Leihwagenfirmen** vertreten, manchmal auch noch der eine oder andere lokale Anbieter.

Auch ohne Vorausbuchung findet sich **dort immer ein Auto**, wiewohl nicht unbedingt in der gewünschten Kategorie und selten zu einem besonders günstigen Preis. Ein Mindestalter von 21 Jahren, Führerschein und Kreditkarte sind natürlich auch Voraussetzung der Miete direkt vor Ort, ➪ Seite 57.

Lokaler Tarifvergleich

Wer erst in Canada oder ggf. auch in den USA ein Auto mieten möchte, spart Geld, wenn er **nicht** direkt **Flughafen-** oder **Cityschalter** ansteuert, sondern telefonisch oder im Internet zunächst die Tarife erkundet. Es sollte nicht zu kurzfristig sein, mindestens einen vollen Tag (24 h) vor der geplanten Übernahme. Dabei macht es Sinn, verschiedene Angebote zu vergleichen. Die **Unterschiede** sind nicht nur bei den **Basis-Mietkosten** groß, sondern auch bei der **CDW/LDW**, die bei Buchung vor Ort **immer extra zu zahlen** ist, sofern man nicht dank einer besonderen Kreditkarte darauf verzichten kann, ➪ weiter oben.

*) Eine Campmobil-Miete vor Ort, d.h., ohne Vorausbuchung sollte man nur in speziell gelagerten Ausnahmefällen als Möglichkeit ins Auge fassen. Die Gründe dafür wurden bereits auf Seite 70 erläutert.

Der Anruf für Auskünfte und Reservierungen kostet nichts, ebensowenig in Motels und in manchen öffentlichen Gebäuden die Nutzung des WLAN (Wifi, ➪ Seite 113) für Laptopbesitzer. Die gebührenfreien Nummern aller wichtigen überregional operierenden *Rental Car Companies* lauten (**Websites** ➪ Seite 58):

- **Alamo** 1-800-GO-ALAMO (462-5266)
- **Avis** 1-800-331-1212
- **Budget** 1-800-527-0700
- **Dollar** 1-800-800-4000
- **Enterprise** 1-800-RENT-222
- **Hertz** 1-800-654-3131
- **National** 1-800-CAR-RENT (227-7368)
- **Payless** 1-800-PAYLESS (729-5377)
- **Rent a Wreck** 1-800-327-0116
- **Thrifty** 1-800-THRIFTY (847-4389)

Kurzmieten

Zwar sind die Tarife für Vorausbucher bei mindestens einwöchiger Mietzeit günstiger als direkt in Nordamerika. Da aber die Mindestmietzeit in den Katalogen der Reiseveranstalter vier Tage beträgt, ist das bei **Kurzmieten** nicht der Fall. Insbesondere nicht bei flexiblem Vorgehen unter Ausnutzung lokaler Sonderangebote: Günstig kann man Pkw und Minivans an Wochenenden mieten. ***Weekend Special*-Tarife** gibt es bei mindestens 2 Tagen Mietzeit meist bereits ab Donnerstagmittag, spätestens ab Freitag, bis Montagmittag. Übernahme- und Rückgabezeiten sind verhandelbar. Sonderkonditionen finden sich oft auch in Bordzeitschriften der *Airlines* und in den Tageszeitungen.

Haftpflichtaufstockung

Wer eine Vor-Ort-Buchung erwägt, sollte bezüglich seiner Kreditkarte vorgesorgt haben, d.h., eine Karte besitzen, die bei Zahlung der Automiete mit der Karte automatisch eine Haftpflichtaufstockung bietet, ➪ Seite 60. Ohnedem kann es teuer werden.

Auch die Vollkasko-Zusatzversicherung kommt teuer zu stehen (ab ca. 20$/Tag plus Steuern), wenn nicht eine Kreditkarte zur Hand ist, die dieses Risiko mitversichert (***Platin Card*** der ***Netbank*** und ***Lufthansa Gold Card***, ➪ Seite 60).

3.1.4 Tanken, Service, Reparaturen

Kraftstoff

An den Tanksäulen gibt es wie bei uns ***Regular*** (Normal), ***Plus*** und ***Supreme***; die dabei ausgewiesenen Oktanzahlen erscheinen uns sehr niedrig, werden aber anders als bei uns berechnet. Den meisten Mietfahrzeugen genügt *Regular*, falls nicht, speziell bei einigen Campmobilen, gibt es Hinweise am Armaturenbrett.

Mietfahrzeuge mit Dieselmotor sind in Canada die ganz große Ausnahme, auch bei Campern. Im übrigen ist ***Diesel*** nicht billiger als Benzin (***Gas****oline*), teilweise sogar teurer. Die Verbrauchsersparnis wird durch erhöhte Mietkosten für Dieselfahrzeuge leicht überkompensiert.

Tanken

Self-Service-Tankstellen überwiegen auch in Canada. Dabei ist fast immer Zahlung per Kreditkarte direkt an der Zapfsäule möglich. Die Menüführung variiert dabei. Man muss für die Reihenfolge der Schritte und Tastenbedienung genau das Display beachten, sonst funktioniert es nicht. Natürlich kann man auch ganz normal zahlen, muss sich dann aber in der Regel an der Kasse zunächst die Zapfsäule freigeben lassen.

> **Aktuelle Benzinpreise** erfährt man im Internet z.B. unter www.**halifax**gasprices. com usw., wobei der fett markierte Teil einfach ausgetauscht werden kann, etwa durch »newbrunswick«, »saintjohn« etc.

Die **Literpreise** schwanken kurzfristig wie bei uns. Ende 2007 kostete der **Liter *Regular*** in den atlantischen Provinzen zwischen 1,00 $ und 1,15 $; wobei die höchsten Preise auf Newfoundland gelten. Billiger ist steuerfreies Tanken in Reservatsgebieten der *First Nations*. Die Preise beziehen sich auf Selbstbedienung. ***Full Service***-Tankstellen mit Tankwart sind deutlich teurer.

Viele Tankstellen haben keinen kostenlosen **Druckluftservice**. Wenn überhaupt, hängt irgendwo ein Schlauch, dessen Münzkompressor gegen einen *Quarter* ein paar Minuten anspringt. Selten gibt es die uns vertrauten Druck-Manometer. Statt dessen drückt eine Skala aus dem Handstück des Schlauches. Fehlt selbst das, hilft der Tankwart aus oder man kauft einen Prüfer in Kugelschreiberformat im nächsten *Mini Mart*.

Ölwechsel

Bei gemieteten Fahrzeugen sind **Wartung und Ölwechsel** in Eigenregie des Kunden an sich nicht vorgesehen. Im Fall einer Langzeitmiete gibt es hintereinandergeschaltete kurzfristigere Verträge (6-8 Wochen), an denen man Filialen der Firmen anfahren muss. Die eigenständige Wartung (Ölwechsel) wird vom Kunden nur bei Campern und gleichzeitig sehr langer Mietzeit und hoher Fahrleistung erwartet. Dafür kann jede **Tankstelle** in Anspruch genommen werden. Sofort und ohne Anmeldung arbeiten spezielle **Service-Stationen**, die neben dem Öl- und Filterwechsel auch noch weitere Checkpunkte prüfen und erledigen.

Panne/ Unfall

Alle **Auto- und Campervermieter** geben ihren Kunden eine Telefonnummer mit auf den Weg, die bei Pannen oder Unfall angerufen werden muss. Bei den großen Firmen ist das Telefon in der Regel Tag und Nacht besetzt.

CAA Straßendienst

Ebenfalls helfen kann der Automobilclub ***CAA***. Einsatzwagen patroullieren wie bei uns auf Autobahnen und stärker befahrenen Straßen. ***Roadside Assistance***: © 1-800-CAA-HELP

Zwischen vielen europäischen Automobilklubs und dem CAA bestehen Kooperationsverträge. Auch Ausländer können daher gegen Vorlage ihres Mitgliedsausweises die Dienstleistungen des CAA gleichberechtigt in Anspruch nehmen, ➪ www.caa.ca

Stachelschweine

Überfahrene Stachelschweine gehören in den Atlantikprovinzen leider zum Straßenbild (nicht in Newfoundland, wo es diese Tiere nicht gibt). Ursache des massenhaften Sterbens ist die Schwerfälligkeit dieser Tiere. Sie leben in Waldgebieten und überall dort, wo es reichlich Strauchwerk gibt; sie sind zwar auch tagsüber aktiv, doch vor allem in der Nacht – und das ist ihr Verhängnis. Wenn sie gemächlich die Straßen überqueren, sehen Autofahrer sie bei Dunkelheit und höherer Geschwindigkeit meist nicht rechtzeitig genug, um noch bremsen oder ausweichen zu können. Bei Nachtfahrten hilft gegen das ungewollte Überfahren von Stachelschweinen nur reduziertes Tempo .

Ihren natürlichen Feinden haben die Stachelschweine eine originelle Waffe entgegenzusetzen: Sie peitschen dem Feind ihren stacheligen Schwanz um die Ohren. Die federartigen Schwanzborsten sitzen lose und haben Widerhaken, die im Fell des Angreifers hängenbleiben und ihn erheblich verletzen können.

3.1.5 Straßenverkehr

Autofahren ist in Canada einfacher und weniger stressig als in Europa, da sich Kanadier weitgehend an Geschwindigkeitsgrenzen halten und defensiv fahren. In den Atlantikprovinzen ist zudem die Verkehrsdichte gering.

Es ist auch kein Umdenken erforderlich, denn in Canada herrscht Rechtsverkehr, und Entfernungen und Tempolimits werden wie in Mitteleuropa metrisch angezeigt. Wie daheim besteht auf allen Plätzen Gurtpflicht.

Im Gegensatz zu anderen Regionen Canadas fällt in den Atlantikprovinzen die **Rücksichtnahme** gegenüber **Fußgängern** auf. Achtung, die einheimischen Fußgänger rechnen damit!

Die wenigen uns nicht geläufigen Verkehrsschilder erklären sich meist selbst und bedürfen keiner gesonderten Erläuterung. Mit folgenden **abweichenden Regelungen** sollte man sich indessen vertraut machen:

Vorfahrt

- **Stoppzeichen** mit dem Zusatzschild ***4-way*** für alle Fahrtrichtungen an Kreuzungen bedeuten »wer zuerst kommt, fährt zuerst«. Das Anhaltegebot wird strikt befolgt. Die Regel ist genauer als »rechts vor links« und besonders in Wohngebieten Standard. Dabei überqueren mehrere sich der Kreuzung nähernde Wagen diese nach kurzem Halt in der **Reihenfolge der Ankunft**. Das gilt auch bei aufgestautem Verkehr (Ankunft **am weißen Balken** auf der Fahrbahn zählt).

Ampeln

- Zeigt eine Ampel **rot**, darf unter Beachtung der Vorfahrt des Querverkehrs rechts abgebogen werden, es sei denn, es heißt ausdrücklich *No Turn on Red*. Nur in Québec ist dies generell verboten. Im Fall einer gesonderten Abbiegerspur **muss** bei Rot abgebogen werden, solange dies der Querverkehr zulässt. Die **Lichterfolge** an der Ampel ist **Grün-Gelb-Rot-Grün**; die Rot/ Gelb-Phase vor dem Grün entfällt also.

Schulbus

- Die gelben Schulbusse dürfen weder überholt noch vom **Gegenverkehr** (!) passiert werden, wenn sie anhalten und Kinder ein- oder aussteigen lassen. Ein seitlich ausgeklapptes Stoppschild und Blinkleuchten an den Bussen signalisieren das Anhalten. Nichtbeachtung gilt als schweres Delikt.
- Beim Passieren des neongelben Schildes »*School Area*« ist die Geschwindigkeit zu reduzieren.

Überholen und Spurhalten

- Eine durchgehende gelbe Linie bedeutet Überholverbot. Zusätzliche Überholverbotsschilder (*No Passing Zone*) befinden sich (auch) auf der linken Straßenseite.
- Auf einspurigen Straßen gibt es manchmal kurze zweispurige Abschnitte zum Überholen (*Passing Lanes*). Hier muss rechts bleiben, wer nicht überholt (Schild: *Keep right except to pass*).
- Langsamfahrer unter 70 km/h müssen auf Autobahnen und entsprechend ausgebauten Strecken die Warnblinker einschalten (*Use 4-Way-Flashers when under 70 km/h*).
- Eines der obersten Gebote auf mehrspurigen Straßen ist **stures Spurhalten**. Auf voll besetzten Straßen kann ein Spurwechsel deshalb etwas schwierig sein.

Tempolimits

- In **Canada** darf nur auf wenigen Autobahnen ein Tempo von 100 km/h überschritten werden. Auf Landstraßen gilt allgemein 80 km/h, manchmal 90 km/h, innerorts 50 km/h.
- **Bußgeld** für Geschwindigkeitsüberschreitung: Bei 120 km/h statt 100 km/h: 100$, bei 140 statt 100 km/h: 300$.

Spezielle Schilder

In ländlichen Gegenden gibt es bisweilen gelbe Verkehrsschilder mit der Aufschrift »***Deaf Child***« oder »***Blind Child***«, wenn nahe der Straße ein taubes oder blindes Kind wohnt. Schwer einsehbare Straßenverläufe werden mit»***Blind Crest***« angekündigt.

Wild

Wildwechsel über die Straßen sind in dünn besiedelten Gebieten häufig. Am Straßenrand sieht man dort oft überfahrene Stachelschweine, Waschbären etc. Für Autofahrer problematisch sind Kollisionen mit Elchen und (nur auf Newfoundland) Caribous. Entsprechende Warnschilder sollte man ernst nehmen.

Parken

Wer ein Parkticket einfängt, sollte zahlen. Wenn nicht, kann die Forderung über den Fahrzeugvermieter, der ja über die Kreditkartendaten verfügt, geltend gemacht werden.

Polizeikontakt

Wer hinter sich ein Polizeifahrzeug mit Blaulicht und/oder Sirene bemerkt, sollte rechts heranfahren. Fährt die Polizei weiter, ist jemand anders gemeint, anderenfalls stoppt das Polizeiauto hinter einem. In diesem Fall gilt: Motor abstellen, ruhig sitzen bleiben und am besten die Hände auf das Lenkrad legen, um nicht mit unbedachten Bewegungen Misstrauen zu erregen, und warten.

Es ist ratsam, sich kooperativ zu zeigen. Kanadische Polizisten sind im allgemeinen freundlich und umgänglich.

Bei Verkehrskontrollen werden Führerschein und Mietpapiere verlangt. Der Versicherungsnachweis, so danach gefragt werden sollte, liegt in kanadischen Mietwagen meist über der Sonnenblende oder im Handschuhfach.

Fährverbindungen

Autofähren

In den Atlantikprovinzen gibt es eine ganze Reihe zeit- und kilometersparender Fährverbindungen und die Schiffe vom Festland hinüber nach Newfoundland. Wer in der Hochsaison Fähren benutzen möchte, sollte mindestens ein bis zwei Tage im voraus reservieren. Im Fall der Neufundland- und Labradorfähren macht es bei festen Reiseplänen Sinn, die gewünschten Abfahrten bereits vor der Reise per Internet zu buchen.

Die nebenstehende Karte zeigt die wichtigsten Fährschiffrouten. Darin nicht verzeichnete kleinere Fährverbindungen zu Inseln und über Flüsse bieten in der Regel häufige Abfahrtzeiten ohne Notwendigkeit bzw. Möglichkeit einer Reservierung. Die Einzelheiten zu den Fähren (Abfahrtfrequenzen, Tarife und Internetkontakt) finden sich im Reiseteil.

3.2 Übernachten

3.2.1 Zur Situation

Quartiersuche

Unterwegs in Canada eine Unterkunft zu finden, ist nicht besonders schwer, speziell nicht für Fahrzeugmieter. Erleichtert wird die Quartiersuche durch (fast) lückenlose **Unterkunftverzeichnisse** (*Accommodation Guides*) , die es in jeder *Visitor Information* (➪ Seite 113) für die jeweilige Provinz gratis gibt. Hilfreich sind auch die Gratis-*Tourbooks* des Automobilclubs *CAA*.

Wer unterwegs spontan entscheiden möchte, muss nur die Augen offen halten. Hotels und Motels sind nicht zu übersehen, und an vielen Straßen beginnt die Hotel-/Motelwerbung oft schon Kilometer vor den Orten. Das gilt auch für Campingplätze .

In touristisch frequentierten Regionen mit einem dichteren Netz an Quartieren genügt es in der Regel,, wenn man ab dem späten Nachmittag nach einer geeigneten Unterkunft Ausschau hält.

Die **Empfehlungen im Reiseteil dieses Buches** stellen nur eine begrenzte Auswahl aus einer großen Fülle von Übernachtungsmöglichkeiten dar. Insbesondere kleine Anbieter von Apartments, Gästezimmern und Sommerhäuschen sind hier wegen ihrer begrenzten Kapazität nicht berücksichtigt.

Für eine telefonische Unterwegsreservierung geht nichts ohne Kreditkarte und gewisse englische Sprachkenntnisse.

Betten

Generell findet man in allen Zimmern Doppelbetten, die allerdings nicht immer sehr breit sind (oft 1,35 m x 1,90 m), etwas bequemer sind Betten im *Queensize*-Format (ca. 1,50 m x 2 m), noch komfortabler *King-Size*-Betten (ca. 2 m x 2 m). Getrennte Einzelbetten (*Twin Beds*) sind unüblich.

Dafür stehen in vielen Zimmern gleich zwei Doppel- oder*Queensize*-Betten, so dass in ihnen auch vier Personen übernachten können, oft sogar ohne Aufpreis gegenüber Doppelbelegung.

Anders als bei uns schläft man zwischen zwei Laken, über denen eine Wolldecke liegt; diese »Zudecke« geht ungeteilt über die ganze Breite des Bettes.

Internet

Wer seinen **Laptop** dabei hat und unterwegs seine Email sichten und/oder im Web surfen möchte, findet mehr und mehr ***Wireless LAN*** auch schon in Motelzimmern bis hinunter zur unteren Mittelklasse. Gelegentlich wird dafür eine Gebühr berechnet, aber »***Wifi***« (»***Wi****reless* ***f****ree* ***i****nternet*«) setzt sich langsam durch.

Kosten

Das Spektrum der möglichen Übernachtungskosten reicht vom einstelligen Betrag für ein Zelt auf einem einfachen Campingplatz und von 20$ aufwärts fürs Bett im Hostel bis zu 200$ und mehr pro Nacht im Luxushotel.

Ein ordentliches Zimmer in einer *Bed & Breakfast*-Pension gibt es schon ab ca. 60$ für 2 Personen, es kann aber durchaus auch 120$ und mehr kosten. Ähnlich sieht es bei den Motels aus, wobei die Differenzen selten durch entsprechende Komfortunterschiede zu begründen sind. Es kommt hier immer auf die lokalen und saisonalen Gegebenheiten an. In der Regel kostet ein akzeptables bis gutes Motelzimmer 70-100$.

Die Hoteltarife liegen im allgemeinen über denen der Motels, beginnen aber auch unter 100$ pro Nacht. Komfortable Hotelzimmer kosten meist deutlich über 100$.

Außerhalb der (Hoch-) Sommersaison gibt es Zimmer für 2 Personen auch bei gutem Standard nicht selten schon ab 70$.

Typisches »Cottage« wie rechts beschrieben

3.2.2 Hotels, Motels, Motor Inns und andere Unterkünfte

Hotels und Motels sind vor allem an der Peripherie der Städte, an den wichtigsten Ausfallstraßen, entlang typischer Touristenrouten und in Flughafennähe nicht zu übersehen.

Vor allem die ***Motels*** und ***Motor Inns*** zeigen durchweg mit

Vacancy/No Vacancy

Welcome/Sorry oder nur durch **Yes/No**

überwiegend in Leuchtschrift an, ob noch freie Zimmer vorhanden sind oder alles belegt ist.

Die Begriffe ***Hotel***, ***Motel*** und ***Motor Inn*** werden in Canada ohne klare Abgrenzung verwendet. Weder über Qualität noch über Preise lässt sich allein mit diesen Begriffen eine zutreffende Aussage treffen. Manche Motels und Hotels nennen sich auch ***Lodge***, ohne dass damit die weiter unten genannten Qualitätsmerkmale verbunden sind.

Motels

Das »Hotel für Motorisierte« hat im allgemeinen eine Abstellmöglichkeit für Fahrzeuge nahe am jeweiligen Zimmer, im besten Fall direkt davor. Die Zimmer liegen meist ebenerdig oder höchstens im 1. Stock und sind direkt von außen zugänglich, ohne dass eine Rezeption passiert werden muss. Damit ist das Be- und Entladen des Autos schnell und bequem möglich.

Cabins/ Cottages

Auf dem Lande besteht manches Motel aus einer Ansammlung sogenannter ***Cabins***, vor allem im Osten Canadas auch ***Cottages*** genannt, zimmergroßen Holzhäuschen, bisweilen auch in attraktiver Blockhausbauweise, die oft mit einer kleinen Küche samt Kühlschrank und Geschirr ausgestattet sind,. Dann heißen sie *Housekeeping Units*. *Cabins/Cottages* können aber auch komplett ausgestattete kleine Ferienhäuser sein. Man findet sie u.a. auf *Guest Ranches* oder *Lodges* (➪ unten) in der Wildnis, wo man nicht nur einige Tage, sondern Urlaubswochen verbringt.

Nur selten verfügen Motels über gastronomische Einrichtungen.

Schlüssel

Bei Buchung erhält der Gast gegen Vorauszahlung den **Zimmerschlüssel**. Diesen kann man am nächsten Morgen steckenlassen oder in einen dafür vorgesehenen Schlüsselkasten einwerfen. Auch mehr und mehr Motels haben - was bei den Hotels schon lange der Fall ist – Schlösser, die sich durch kreditkartenartige Plastikkarten betätigen lassen. Sie sind so programmiert, dass sich mit ihnen nach der letzten bezahlten Nacht die Tür ab dem spätesten Auscheck-Zeitpunkt nicht mehr öffnen lässt.

Motor Inns

Motor Inns sind ebenfalls Motels, wenngleich oft etwas höheren Standards, die üblicherweise über ein Restaurant verfügen.

Hotels

In allen größeren Orten gibt es einfache bis höherwertige Hotels, deren gemeinsames Merkmal die zum Haus gehörende Gastronomie mir Alkohollizenz ist. Kleinen Innenstadthotels fehlt oft eine eigene Parkgelegenheit, größere Downtownhotels dagegen haben Parkplätze bzw. -garagen, die extra kosten.

In ländlichen Gegenden hingegen kann das Auto wie beim Motel oft gebäudenah ohne Zusatzkosten geparkt werden.

Frühstück

Anders als in Europa ist ein Frühstück im Zimmerpreis prinzipiell nicht enthalten, gleich ob *Motel, Hotel* oder *Motor Inn*. Es gibt aber zunehmend Häuser, die explizit mit *Free Continental* oder sogar *Full Breakfast* werben. Erwarten darf man dann Kaffee und Tee aus dem Styroporbecher, vielleicht Cornflakes o.ä. und Milch, Toast, Marmelade, süßes Gebäck, ggf. sogar ein Waffeleisen mit Fertigbrei daneben und ein bisschen Obst, selten mehr. Nur im Fall von »*Full Breakfast*« gibt's auch noch Rührei und gebratenen Speck und *Sausages*. Das alles steht dann zur Selbstbedienung bereit auf einer Anrichte in meist – auch in besseren Häusern – ziemlich schlichten Räumlichkeiten.

Resorts

In Canada gibt es immer mehr sog. ***Resort*-Anlagen** in reizvoller Umgebung. Üblicherweise findet man ein Haupthaus (***Lodge***) mit einigen Zimmern sowie allgemeinen Einrichtungen (z.B. Restaurant, Pool und Spa mit Sauna etc.) und einzeln stehende kleinere Häuser, *Cottages* oder *Chalets*. Sie haben Schlafzimmer und einen Wohnbereich mit Küche (*housekeeping unit*).

Die meisten *Resorts* bieten eigene Einrichtungen für Aktivitäten wie Golf- und Tennisplätze, Spielplätze, Kanuverleih und Swimmingpool und sind höherpreisig.

3

Country Inns/ Auberges

Oft findet man Landgasthäuser – ***Country Inns***, oft auch französisch als ***Auberges*** bezeichnet – in alten restaurierten Gemäuern. Komfort und Service sind meist einfacher als in großen Hotels, doch haben diese Unterkünfte eine individuellere Note.

Bed & Breakfast

Wer in Canada nicht nur das Land, sondern auch Leute kennenlernen möchte, sollte auf ***Bed & Breakfast*-Quartiere** achten. Sie sind in den Maritimes relativ häufig anzutreffen. Die Kosten liegen dort in etwa auf dem Niveau von Mittelklassemotels mit dem Vorzug des mitgelieferten Frühstücks. Und der Morgenkaffee muss dort auch nicht aus dem Styropor- oder Pappbecher getrunken werden. Die Tourismusbüros haben meist eine Liste der ***B&B Places*** in der Umgebung.

Bed & Breakfast in Mahone Bay/Nova Scotia

Deren Charme resultiert neben der überschaubaren Örtlichkeit aus dem persönlichen Kontakt zu Gastgebern und anderen Hausgästen. Denn fast immer wohnt man im Privathaus der Betreiber. Vielfach kann man bei den Zimmern zwischen *»Shared bath«*, dem Badezimmer, das man sich mit weiteren Gästen teilt, und dem *»Private bath«* wählen.

Ein kleiner Hinweis: Wenn man beim Betreten des Hauses in einen mit Teppichflor ausgelegten Raum kommt sollte man die **Schuhe ausziehen**, besonders, wenn diese nicht ganz sauber sind oder draußen schlechtes Wetter ist. Unter Kanadiern ist das beim Betreten eines fremden Hauses üblich.

Hostels

Die Anzahl der Jugendherbergen (***HI-Hostels***), die dem offiziellen Weltverband angehören, ist in den Atlantikprovinzen gering. Sie sind auf der Website von ***Hostelling International*** verzeichnet; www.hihostels.ca. Aber darüberhinaus gibt es eine erkleckliche Anzahl von ***Hostels* in freier Trägerschaft**, die keinem Verband angehören und jedermann offenstehen. Zum Teil sind sie (noch) nicht im Internet, sondern nur telefonisch oder per Fax zu buchen. Man findet sie lückenlos unter www.hostels.com.

Viele davon liegen besonders schön und/oder verkehrsgünstig (etwa bei Yarmouth/Nova Scotia, dem Hafen für die Fähre nach/von Maine/USA). Die **Kosten** pro Übernachtung und Person im Mehrbettzimmer liegen in den *Hostels* im Bereich **15$ bis 25$**.

Häufig gibt es dort auch Ein- oder Zweibettzimmer zu einem günstigen Tarif unter dem der preiswertesten Motels der Umgebung.

College Quartiere

Ebenfalls auf der genanntenWebsite aufgeführt sind auch ***College Dormitories***, also Studentenwohnheime, deren Zimmer von einigen Universitäten bzw. *Colleges* während den Semesterferien im Sommer nächte- und wochenweise vermietet werden. Sie sind meistens etwas teurer als die »richtigen« Herbergen, verfügen aber über Cafeteria und oft auch Sportstätten, die von Gästen mitbenutzt werden können.

Taxes

Alle Preisangaben sind auch im Hotelgewerbe netto. Neben den üblichen Satz der **Provinzsteuer** tritt gelegentlich ein lokal unterschiedlicher Zuschlag, hinzu kommt immer auch die **Mehrwertsteuer** des Bundesstaates Canada (GST, ⇨ Seite 117).

Von unterwegs Motels und Hotels reservieren

Damit eine **Zimmerreservierung am Telefon** (⇨ Unterkunftsempfehlungen im Reiseteil: oft kostenlos dank *toll free numbers* - Vorwahlen 800, 888, 866, 877)) reibungslos funktioniert, benötigt man nicht nur **gute Sprachkenntnisse**, sondern sollte auch die üblichen Schritte der Abwicklung kennen:

- Bei einem **Direktanruf** im Hotel/Motel sind zunächst die Art des gewünschten Zimmers (*Single/Double Bedroom, Non-Smoker, 1 or 2 Beds etc.)* und die Daten zu nennen. Bei Anruf einer Kette nennt man **Stadt** und **Provinz**. Sind Zimmer frei, wird ein Preis genannt, dem man zustimmt, oder man »handelt«. Die Frage etwa, ob da nicht ein günstigerer CAA-Tarif existiert, führt ggf. schon zu einer Reduzierung. Nach Einigung erhält man eine Reservierungsnummer (***Reservation Code***).
- Nächster Punkt ist die **Ankunftszeit**. Wer nicht vor 18 Uhr (6 pm, bisweilen früher) eintrifft, muß das Zimmer auf jeden Fall mit der Kreditkarte »garantieren«, also auch bei Nichteintreffen zahlen.
- Fragen sollte man ggf. auch nach der genauen **Adresse** und der **Anfahrt**.
- Ist ein Quartier **ausgebucht**, hat man eine zweite Chance auf Unterkommen am selben Tag **kurz nach 12 Uhr**! Denn abreisende Gäste müssen im allgemeinen spätestens bis *Noon* ihre Zimmer räumen. Oft werden dann noch unerwartet Zimmer frei, die ursprünglich länger gebucht waren.
- Sagt man selber eine vorherige Kreditkarten-Buchung ab, ist es wichtig, sich dafür einen ***Cancellation Code*** geben zu lassen. Wird das Konto versehentlich belastet, hat man sonst keine Chance, die ja nur telefonisch erfolgte Absage zu untermauern.

Dank ***Wireless Free Internet*** (Wifi) in vielen Quartieren und sogar auf Campingplätzen haben Laptopeigner die Möglichkeit, sich noch unterwegs über kurzfristig in Frage kommende Unterkünfte zu informieren und sie ggf. zu buchen. Theoretisch geht das auch von Internetcafés aus (⇨ Adressen im Reiseteil), ist aber vergleichsweise mühsam und kostet außerdem Gebühren.

Ob per Telefon oder Internet: Immer sind für eine bestätigte Buchung (Halten des Zimmers auch nach 18 Uhr) die Kreditkartendaten zu übermitteln.

Unübersehbarer Hinweis auf den Campground »Whale Cove« bei Digby/ Nova Scotia

3.2.4 Camping

Allgemeine Hinweise

Situation

Die Atlantikprovinzen bieten wie ganz Canada optimale Campingbedingungen, sei es für Komfortcamper im Wohnmobil oder für Zeltcamper auf der Suche nach Naturnähe. Die meisten ***Campgrounds*** sind erfreulicher angelegt als in Europa üblich.

Campingplatzverzeichnisse

In allen *Visitor Information Centres* gibt es kostenlose **Verzeichnisse der Campingplätze** der jeweiligen Provinz. Teilweise sind sie (zusätzlich) in den Gratis-Besuchermagazinen der Provinzen (*Travel Guides*) als Unterrubrik der Unterkunftslisten mit aufgeführt. Brauchbar ist auch das (für Automobilclubmitglieder) ***Gratis-Campbook*** des CAA/AAA für ganz ***Eastern Canada***, in dem das Gros der zur Verfügung stehenden Plätzen zu finden ist. Teure kommerzielle Campingplatzführer (z.B. *Woodalls*) anzuschaffen, lohnt für eine Reise allein in den Maritimes nicht.

Kosten

Auf **staatlichen Plätzen** gilt eine **pauschale Einheitsgebühr** (***fee***) **pro Stellplatz** unabhängig von der Personenzahl (bis zu **4-9 Personen und oft 2 Fahrzeugen**). Die Gebühren werden immer oder außerhalb der Hauptsaison im ***Self-Registering***-Verfahren erhoben. Das heißt, die Camper stecken nach Eintragung einiger Daten Bardollars in einen Umschlag und werfen ihn in eine sog. ***Deposit Box***. Auf **privaten Plätzen** überwiegt die Berechnung einer Basisgebühr für 2 Personen plus Aufschlag für jeden zusätzlichen Gast. Dort kann üblicherweise auch mit Kreditkarte bezahlt werden, auf staatlichen Plätzen nur in Ausnahmefällen außer bei Voraussreservierung.

Preise für einen Stellplatz/Nacht:

- Staatliche Plätze ab ca. 10 $ bis ca. 25 $,
- private je nach Standard ab ca. 15 $ bis 40 $ und mehr.

Strom, Wasser, Abfluß

Besitzer von Campfahrzeugen können ihren eingebauten Komfort nur nutzen, wenn der Campingplatz entsprechend ausgestattet ist. Die meisten kommerziell betriebenen *Campgrounds* und auch viele *Provincial Parks* (⇨ unten) verfügen über ***Hook-ups***: Steckdosen, Wasserhahn und Abfluß an den Stellplätzen. Oft gibt es auch ***Sites***, die nur *Electricity* und *Water* bieten. Sind alle Anschlüsse vorhanden, spricht man von einem ***Full Hook-up***.

Zusätzlich bieten Komfortplätze teilweise auch Anschlüsse fürs **Kabelfernsehen** und – neuerdings – **Wireless LAN**. Naturgemäß muss man dafür auch ein bisschen tiefer in die Tasche greifen.

Dumping/ Sewage Stations

Mit weitsichtiger Disposition kommen RV-Fahrer aber ganz gut auch ohne *Hook-ups* aus. Denn auf manchen Rastplätzen und *Campgrounds* ohne *Hook-up*-Einrichtung sowie in *National* und *Provincial Parks* befinden sich zentrale sog. ***Dump-*** oder ***Sewage-Stations***, wo – häufig gegen Gebühr – Schmutzwasser abgelassen und Trinkwasser aufgefüllt werden kann. Auch **Tankstellen** und ***Tourist Information Center*** bieten vereinzelt diesen Service.

Elektrizität

Strom aus dem Netz (110 V) braucht man im Camper nur zum Betreiben der Dachklimaanlage oder für Mikrowelle, Fernseher und Haartrockner. Fürs Licht genügt die Kapazität der immer vorhandenen 2. Batterie, sofern keine längeren als 2-3tägige Standzeiten ohne Motorlauf anliegen. **Wohnmobile** bieten daher ihren Komfort ohne zeitgleiche äußere Versorgung. Mit ihnen ist bequemes Camping gerade abseits der Zivilisation möglich. Dennoch suchen gerade Campmobilfahrer den Vollanschluß.

Zur Campingplatzwahl

Die gute Wahl der Übernachtungsplätze, bei der der Reiseteil dieses Buches hilft, macht bereits den halben Erfolg einer Campingreise aus. Campingführer listen im wesentlichen Ausstattungsmerkmale und geben selten brauchbare Hinweise auf andere Qualitäten wie landschaftliche Einbettung, Größe der Stellplätze usw. Aufschlußreich in dieser Beziehung ist die Betreiberorganisation. Denn die staatlichen *Campgrounds* einerseits und die kommerziell geführten Plätze andererseits unterscheiden sich erheblich. Ein **Stellplatz *(Site)*** fürs Campmobil oder Zelt umfaßt auf allen staatlichen Plätzen ein eigenes **Areal mit Picknicktisch, Feuerstelle und Grillrost**. Auf ihnen geraten Nachbarn durch Büsche, Bäume und Distanz mitunter ganz aus dem Blickfeld. Das ist auch auf manchen kommerziell betriebenen Plätzen ähnlich, meist aber geht es dort enger und weniger naturnah zu.

Exponierter Zeltplatz »Meat Cove« im Cape Breton Nat'l Park

Staatliche Plätze – Public Campgrounds

Folgende staatlich unterhaltenen Plätze findet man (auch) in den Atlantischen Provinzen Canadas:

National Parks

Die Campingplätze des kanadischen ***National Park Service*** liegen meist in reizvoller Umgebung und zeichnen sich durch großzügige Aufteilung aus. Die Mehrheit verfügt neben den üblichen Ausstattungsmerkmalen (➪ oben) nur über einfache sanitäre Einrichtungen; gelegentlich sind Plumpsklos (*pit privies*) und ein paar Wasserhähne für alle der einzige Luxus. Nur Großanlagen bieten mehr Komfort, der dann auch etwas mehr kostet.

Backcountry Camping

In einigen *National Parks* gibt es für mehrtägige Wandertouren die Möglichkeit, an gekennzeichneten Plätzen im Hinterland zu zelten. Dafür muss im *Visitor Centre* des Nationalparks ein *Permit* ausgestellt werden. Die Plätze sind nur für eine kleine Zahl von Zelten bestimmt, haben einfachste Ausstattung – ein Toilettenhäuschen, eine ebene Stelle fürs Zelt und eine Feuerstelle, falls offenes Feuer überhaupt erlaubt ist. Alles, was man hier braucht – Zelt, Schlafsack, Kocher, Lebensmittel – muss aber auf dem eigenen Rücken bzw. im Kanu (z.B. im *Kejimkujik National Park*, ➪ Seite 153 f) transportiert werden.

Provincial Parks

Alle kanadischen Provinzen unterhalten ***Provincial Parks***, in denen ihre Bürger die *Outdoors* genießen oder das historische Erbe kennenlernen können. Zu vielen *Provincial Parks* gehören Campingplätze; oft stand das Campingmotiv bei der Einrichtung sogar im Vordergrund. Manche verfügen über einen hohen sanitären Komfort mit Duschen und *Hook-ups* an den Stellplätzen, andere sind sanitär einfach, haben nur ein paar Wasserzapfstellen (teilweise Handpumpen) und sog *»pit privies«* (Plumpsklos). So oder so, Lage und Anlage der *Provincial Park Camprounds* sorgen durchweg für besondrs **angenehme Campingbedingungen**. Sie sind in allen Campingführern verzeichnet und auf den meisten Straßenkarten markiert.

Camping an der Steilküste auf Grand Manan Island (Hole-in-the-wall-Campground) mit Tisch, Feuerstelle und grandiosem Blick aufs Meer

Cities & Counties

Manche **Städte** und **Landkreise** unterhalten in Eigenregie Parks mit Campingplätzen unterschiedlicher Qualität und Austattung. Hauptmotiv ist hier meistens Förderung der lokalen Wirtschaft. Die Kosten liegen auch dort durchweg niedrig.

Kommerziell betriebene Plätze

Ausstattung/ Kosten

Über die kommerziell betriebenen Campingplätze lassen sich **allgemeingültige Aussagen** nur sehr grob machen. Alle bezüglich Komfort und Lage denkbaren Kategorien sind vorhanden. Es überwiegen Plätze mit *Hook-ups* und deutlich knapperem Zuschnitt des jeweils zugeteilten Areals als auf staatlichen *Campgrounds*. Besonders im Umfeld von Attraktionen und im Einzugsbereich von Großstädten ist das Übernachten auf derartigen Plätzen teuer. Dafür erhält der Camper aber neben den Anschlüssen am Stellplatz meist einwandfreie Sanitäranlagen, Münz-Waschmaschinen, oft einen geheizten Pool mit Whirlpool, ggf. eine Cafeteria und einen (kleinen, teuren) Supermarkt.

Lage

Nur wenige kommerziell geführte *Campgrounds* können es in puncto landschaftliche Lage und Anlage mit staatlichen Plätzen aufnehmen. Zur Sicherung hoher Auslastung befinden sich viele Privatplätze eher in **verkehrstechnisch günstiger Position**, d.h., in der Nähe verkehrsreicher Straßen. Der Geräuschpegel auf solchen Plätzen ist für Zeltcamper oft zu hoch. Die Kunden der Privaten sind auch deshalb mehrheitlich Campmobil-Fahrer, für die es in erster Linie auf den Vollanschluß ankommt.

Camping-Ketten

Ähnlich wie in der Hotel- und Restaurantbranche existieren Campingplatz-Ketten (***KOA*** und ***Good Sam***). Während die Betreiber von *Good Sam* Plätzen nur als loser Verbund kooperieren und die Einhaltung gewisser Ausstattungsmerkmale garantieren, sind die ***K****ampgrounds* ***o****f* ***A****merica* eine Franchise-Kette mit einem schon äußerlich nahezu identischen Standard und hohem Sanitärkomfort. In den Maritimes gibt es z. Zt. ganze 4 KOA-Plätze, ⇨ unter KOA im **Internet:** www.koakampgrounds.com

3

Reservierung von Campingplätzen

Private Plätze

Fast alle privaten Campingplätze lassen sich telefonisch reservieren, mehr und mehr von ihnen auch bereits im Internet. Die entsprechenden Angaben finden sich in den Campingführern. **Im Reiseteil** dieses Buches sind für viele der empfohlenen Plätze die **Telefonnummern** genannt, ggf. auch die Website. Wie bei Hotels und Motels werden Reservierungen aber im allgemeinen nur dann akzeptiert bzw. auch für eine Ankunft nach 18 Uhr zuverlässig festgehalten, wenn der Anrufer eine **Kreditkartennummer** nennt. Auch bei Nichterscheinen wird diese dann belastet.

Staatliche Plätze

Für staatliche Plätze gilt generell ***first-come-first-served***, d.h., jeder offensichtlich unbesetzte und nicht als reserviert gekennzeichnete Stellplatz in Nationalparks etc. kann als frei betrachtet und belegt werden. Nichtsdestoweniger ist ein Teil der Stellplätze auf *Campgrounds* in National- und Provinzparks auch zu reservieren. Die Reservierung erfolgt zentral für die Nationalparks und die Parks der Provinzen Nova Scotia, Newfoundland und Québec über *toll-free*-Telefon oder online. In New Brunswick und auf Prince Edward Island muss noch direkt in den Parks angerufen werden. Alle Details sind dort aber auch online verfügbar.

Folgende Reservierungsregelungen gelten 2008:

- **Nationalparks** ✆ 1-877-737-3783 www.pccamping.ca
- **Québec (Gaspé)** ✆ 1-800-665-6527 www.sepaq.com
- **Newfoundland** ✆ 1-877-214-2267 www.nlcamping.ca
- **Nova Scotia** ✆ 1-888-544-3434 http://parks.gov.ns.ca/reservations.htm
- **New Brunswick** kein zentrales ✆, unter www.tourismnewbrunswick.ca sind die Einzelparks mit Telefonnummern gelistet, ebenso im Reiseteil dieses Buches.
- **Prince Edward Island** kein zentrales ✆, unter www.gov.pe.ca/visitorsguide/search/chooser/php3?thetype=camp&headerLanguage=E sind die Einzel parks mit Telefonnummern gelistet.

✆-Prozedur Bevor man wählt, muss man sich mit Zettel, Stift und Kreditkarte bewaffnen, denn im *Call Center* möchte man viel wissen: neben dem gewünschten Campingplatz alle persönlichen Daten, die des Autos (Nummernschild, Art, Marke, Länge), Ankunfts- und Abfahrtsdatum, wie viele Personen und Zelte, *Credit Card Number* und Verfallsdatum. Die Reservierung kostet eine Gebühr zusätzlich zum Campingtarif. Storno kostet ebenfalls; wer aber nicht storniert, ist Camping- und Servicegebühren los. Reservierungen in staatlichen *Campgrounds* lohnen sich daher nur bei 100% sicheren Daten (fester Reiseplan!) und mindestens 2 Übernachtungen hintereinander im selben Park.

Abschließende Hinweise zum Camping

Duschen Wie bereits erwähnt, finden **Campmobilfahrer** genügend Möglichkeiten, die Ver- und Entsorgung ihres Fahrzeugs auch **ohne *Hook-up*** am Stellplatz zu erledigen. Der Nachteil eventuell nicht vorhandener Duschen auf sonst hervorragenden Campingplätzen läßt sich mit einem Campmobil leicht verschmerzen.

Optimal sind viele ***Provincial Parks***. Sie sind gut angelegt, verfügen über ordentliche, oft bessere sanitäre Anlagen als mancher Privatplatz und kosten – z.T. sogar mit *Hook-up* – weniger.

Saison Leider ist speziell für die *Provincial Park Campgrounds* in den Maritimes die Saison oft noch kürzer definiert als ohnehin schon für die *Tourist Season* der Region. Mancher Platz schließt bereits Mitte September seine Tore. Die oben genannten Portale im Internet informieren über die Öffnungsperioden.

Camping ohne Campground

Wer die Augen offenhält, kann in einsamen Regionen durchaus legal auch **ohne *Campground*** auf öffentlichen Ländereien mal ein Plätzchen für die Nacht finden. **Abseits offizieller Campingplätze** muß man dabei aber Vorsicht und Umsicht walten lassen. Das Fahrzeug sollte so stehen, dass man möglichst ohne Rangieren davonfahren kann. Wichtig ist die Respektierung von ***Private Property***, privatem Grundeigentum, das vielleicht an einem einsamen See – scheinbar verlassen – zur Nutzung für eine Nacht einlädt. Aber man lässt das besser bleiben. Wenn es auffällt, ist mindestens Riesenärger die Folge.

Alternative zum großen Supermarkt der Ketten in Mahone Bay/Nova Scotia

3.3 Essen und Trinken

3.3.1 Selbstverpflegung

Allgemeine Hinweise

Supermärkte und Convenience Stores

Die Selbstversorgung bereitet in den »normal« besiedelten Regionen der Atlantikprovinzen keine Probleme. In jeder Siedlung ab tausend Einwohnern gibt es **Supermärkte**, die in etwas größeren Orten regelmäßig erstaunliche Ausmaße annehmen. In kleineren Dörfern findet sich zumindest ein sog. ***Convenience Store***, der die wichtigsten Lebensmittel führt, in der Regel in abgepackter, ggf. tiefgefrorener Form und in Dosen, seltener Frischware und sehr begrenzt Obst oder Gemüse.

Tankstellen

Vielfach sind Tankstellen und *Convenience Stores* kombiniert und fungieren außerdem mit *Cold Drinks, Coffee, Ice Cream, Popcorn, Hot Dogs* und allerhand weiteren Snacks als Versorgungsstationen für Autofahrer.

General Store

Eher selten geworden ist der ***General Store*** im ländlichen Raum, der klassische Gemischtwarenladen, der von der Milch bis zum Angelhaken so ziemlich alles führt, was die Kunden im Einzugsbereich erfahrungsgemäß nachfragen.

Öffnungszeiten Es gibt keine gesetzlich geregelten Öffnungszeiten. Üblich ist, dass **größere Supermärkte** wochentags bis 21 Uhr geöffnet sind, am Samstag bis 17 Uhr oder 18 Uhr. In dünner besiedelten Regionen (z.B. in ganz Neufundland) schließen sie auch Montag und Dienstag bisweilen bereits um 17 Uhr, ebenso kleinere Läden; dafür sind die auch schon mal sonntags geöffnet. Es kommt ebenfalls vor, dass man auf dem Land zu üblichen Öffnungszeiten vor verschlossener Tür steht, wenn es dem Betreiber passt.

Lage Supermärkte muß man selten suchen. Sie befinden sich in größeren Orten an den Ausfallstraßen, häufig im Verbund mit anderen Läden integriert in ***Shopping Plazas***. In kleineren Orten liegen sie fast immer an der Hauptstraße.

Preise Das **Preisniveau** für Lebensmittel liegt im allgemeinen und mit Ausnahme weniger Produkte auch bei einem Kurs von 70 Eurocent für den kanadischen Dollar noch über dem bei uns. Speziell Obst und Gemüse sind teuer.

Steuern Die Preisauszeichnung in allen Geschäften ist in Canada immer netto; an der Kasse wird der jeweilige Umsatzsteuersatz aufgeschlagen, ➪ Seite 117. Die meisten Lebensmittel – sofern sie noch nicht zubereitet wurden (etwa gebratene Hähnchen) – sind aber sowohl von der bundesweiten Mehrwertsteuer als auch der Umsatzsteuer in den Provinzen befreit. Für einige Produkte, insbesondere Alkoholika, existiert ein erhöhter Steuersatz.

Zu Lebensmitteln und Getränken

Brot Für Mitteleuropäer sind die meisten der in Canada angebotenen Brotarten gewöhnungsbedürftig. Es dominiert weiches Weizenbrot. Gelegentlich findet man Sauerteigbrot sowie Roggen- und Vollkornsorten oder sogar »Pumpernickel« genanntes Schwarzbrot. In allen Fällen indessen zu happigen Preisen.

Kuchen Hauptbestandteil aller im Supermarkt erhältlichen Kuchenarten ist **Zucker**, erst dann kommen Mehl, Eier und die restlichen Zutaten. Wer sich diese »amerikanischen Verhältnisse« nicht antun möchte, hat kaum Alternativen. Denn auch die Produkte in (seltenen, meist in Supermärkte integrierten) Bäckereien sind meist kaum besser. Unseren Vorstellungen von Kuchen am nächsten kommen noch die überall erhältlichen ***Donuts***.

Obst und Gemüse Das Angebot an Obst und Gemüse ist regional recht unterschiedlich. In den Ballungsgebieten um die größeren Städte herum ist die Auswahl reichhaltig und frisch. In bevölkerungsarmen Regionen indessen sieht es damit oft nicht gut aus.

Fisch und Meeresfrüchte Dafür ist die Vielfalt an fangfrischem Fisch und anderen Meeresfrüchten in den Atlantikprovinzen kaum zu übertreffen. Wer *Seafood* mag, kann gerade als Selbstversorger schlemmen!

Hummer, **Lachs** und **Jakobsmuscheln** sind im Supermarkt nicht billig. Aber in den Häfen direkt bei den Fischern oder im Shop der lokalen Fischereigenossenschaft gibt es selbst anderswo kostspielige Produkte zu erschwinglichen Preisen.

Health Food
Wer sich auch auf Reisen in Canada gesund ernähren möchte oder einen Diätplan einhalten muss, findet in großen Supermärkten ganze Abteilungen mit »***Health Food***« und/oder »***Organic Food***« (Biokost), darf dafür aber noch etwas tiefer ins Portmonnaie greifen als bei uns.

Tee
Mit Ausnahme weniger Spezialgeschäfte ist das Teeangebot in den Maritimes eher dürftig. In Supermärkten gibt es vor allem Teebeutel einiger großer Hersteller und losen Schwarztee einer regionalen Vertriebsfirma. Liebhaber spezieller Tees sollten ihren Reisebedarf von zuhause mitbringen.

Kaffee
Der abgepackte Kaffee ist in Canada oft recht grob gemahlen. In besseren Supermärkten (z.B. *Atlantic Super Store*) kann man sich losen Bohnenkaffee in beliebiger Menge eintüten und den Feinheitsgrad des Mahlwerks selbst einstellen.

Alkohol
Alkoholische Getränke gibt es mit Ausnahme von Québec in kanadischen Supermärkten fast nicht. Lediglich *Light Beer* und im Alkoholgehalt reduzierte (!) Weinsorten sind dort erhältlich. Für »richtiges« Bier, Wein und Whisky muß man staatliche ***Liquor Stores*** aufsuchen, bestens sortierte Monopolläden, die selbst in kleinsten Orten zu finden sind.

Liqour Stores
Wegen der hohen Besteuerung sind alle Alkoholika extrem teuer und kosten mindestens doppelt soviel wie bei uns. Das **Mindestalter** für Alkoholkauf und -verzehr ist 21 Jahre. Die **Öffnungszeiten** von *Liquor Stores* variieren lokal. In Kleinstädten und Dörfern sind sie nach 18 Uhr geschlossen, an Sonntagen ohnehin.

Konsumgesetze
Besitz und Konsum von Alkoholika unterliegen erheblichen Beschränkungen. **Alkoholika dürfen nur auf privaten Grundstükken** (dazu gehören der Stellplatz auf dem *Campground* und das *Open-air*-Lokal an der Straße) **und in geschlossenen Räumen konsumiert werden. Öffentlicher Alkoholgenuss** gilt in ganz Canada als nicht tolerierbarer Regelverstoß. **Verbotsschilder** wie »*No Alcoholic Beverages on Beach*«, »*... in the Park*« etc. erinnern nachdrücklich an diese Gesetzgebung.

Kanadische Liquor Stores sind dank immer auffälliger Beschriftung nicht zu verfehlen

3

3.3.2 Gastronomie

Fast Food

Wer auf Canadas Straßen unterwegs ist, kommt ebensowenig wie in den USA und mittlerweile auch bei uns an – zumindest gelegentlicher – ***Fast Food*-Ernährung** kaum vorbei. Das »schnelle Essen« ist zum Glück besser und vielfältiger als sein Ruf. Weitgehend überall präsent – außer in abgelegenen Regionen – sind die großen **Ketten** wie *McDonald's*, *KFC* (*Kentucky Fried Chicken*), *Wendy's* und *Burger King*, dazu kommen *Subway* mit vergleichsweise gesundem Angebot (viel Salat) und die kanadische Kette ***Tim Hortons*** mit Kaffee und Kuchenspezialitäten vom *Donut* bis zum *Muffin* sowie Frühstück- und *Lunchspecials*.

In den Maritimes ist selbst bei McDonalds Seafood angesagt, hier ein Hummerbrötchen

Allen gemeinsam ist das **moderate Preisniveau** und der weitgehend ähnliche Geschmack der gängigen Gerichte. Alkohol wird gewöhnlich nicht ausgeschenkt; eine weitere Gemeinsamkeit besteht in der nüchternen, tischdeckenlosen Plastikeinrichtung und der **Selbstbedienung** bei sofortiger **Barzahlung**.

Bistros, Cafés, Tearooms & Family Restaurants

Alternativen zum *Fast Food* fürs Lunch oder den kleinen Hunger zwischendurch bieten **Bistros, Cafés** und ***Tearooms***. Die Bezeichnungen sind nicht zu eng zu fassen – oft bekommt man auch im Café ein *Lunch*, das man im Bistro erwartet hätte, aber partout keinen Kuchen; den wiederum gibt es vielleicht – durchaus auch mit Kaffee – im *Tearoom*. Auch eine *Bakery* bietet bisweilen außer Kuchen und Gebäck Kaffee, Tee oder mal ein »*Chowder*«, Suppe oder Eintopf. Indessen fällt in solchen Lokalen die Rechnung auch erheblich höher aus als bei den *Fast Food* Filialen.

Kaffee Der in Canada bevorzugte Kaffee ist den meisten mitteleuropäischen Kaffeetrinkern zu dünn. Dafür bezahlt man nur eine Tasse und darf dann häufig beliebig nachfassen.

Family Restaurants

Obwohl *Fast Food Places* auch als *Family Restaurants* gelten, bezieht sich der Begriff eher auf ein **Zwischending** zwischen *Fast Food* und *Full Service Restaurant* mit Alkohollizenz. Ein »Familienrestaurant« ist gekennzeichnet durch Preise, die sich auch Familien mit Kindern leisten können, eine Auswahl typisch amerikanischer *Items (Hamburger mit French Fries*/Pommes*)*, die in Canada genaiso verbreitet sind wie in den USA, und fast immer die Abwesenheit von Alkoholika.

»Richtige« Restaurants

Preisniveau

Gemessen an dem, was hinsichtlich Ausstattung, Ambiente und Küchenqualität im allgemeinen geboten wird, sind kanadische Speiserestaurants ein recht kostpieliges Vergnügen. Gutes Essen bei ebensolchem Service in angenehmer Umgebung muß immer teuer bezahlt werden. Aber mittags und abends gelten meist unterschiedliche Karten: Als *Lunch* serviert sind alle Gerichte – oft deutlich – billiger als dasselbe als *Dinner* am Abend.

Besonders teuer wird es, wenn man Alkohol trinkt. Ein Grund dafür ist, dass Restaurants ihren Bedarf vielfach über die staatlichen *Liquor Stores* zu normalen Endkundenpreisen einkaufen müssen, wenn sie nicht Verträge mit Brauereien oder Weinproduzenten haben. Die gibt es aber nur ab bestimmten Mengen.

Dinner im Restaurant

Zu den kanadischen Essgewohnheiten gehört ein für unsere Begriffe recht frühes Abendessen etwa ab 18 Uhr. Entsprechend liegen außerhalb der Touristenzentren die Öffnungszeiten. Wer hier erst um 20 Uhr ins Restaurant geht, steht bisweilen bereits vor verschlossener Tür! In den Tourismusregionen bleiben die Restaurants zwar länger geöffnet, aber trotzdem wird das Essengehen nicht als abendfüllende »Veranstaltung« betrachtet. Selbst nach einem üppigen Menü mit Vor-, Haupt- und Nachspeise hat es die

Restaurant im alten Leuchtturm am Cape Enrage (an der Bay of Fundy/New Brunswick Straße #915)

Bedienung oft eilig, dem Gast nach dem letzten Bissen zu signalisieren, daß das Vergnügen nun beendet sei, indem nach einem knappen *Anythings else*? die Rechnung präsentiert wird.

Es ist unüblich, nach dem Essen am Tisch sitzen zu bleiben und noch Getränke zu konsumieren; dazu geht man in eine Bar, die im Hotel vielleicht gleich nebenan liegt. Sonst hilft nur Lokalwechsel, so überhaupt eine Kneipe im Ort vorhanden ist.

Rechnung und Trinkgeld

In manchen Restaurants kann man bei der Bedienung zahlen, in anderen muss man sich mit der Rechnung an eine zentrale Kasse begeben. Das **Trinkgeld** von ca. 15% der Rechnungssumme vor Steuern (zur Höhe ➪ auch Seite 115 f) sollte man in diesem Fall auf dem Tisch hinterlassen. Wenn auf der Rechnung der Betrag für 14% *HST* (➪ Seite 117) ausgewiesen ist, fällt das Ausrechnen des Trinkgeldbetrages nicht schwer.

Kneipen Bars und Pubs

Situation

In Canada sind **Pubs** und **Bars** rar, aber in Groß- und Mittelstädten zahlreich genug, um sich mal ein Bier oder einen Drink zu genehmigen. Nur in besseren Hotels gibt es hauseigene Bars auch auf dem Lande, wo es ansonsten düster aussieht mit der Kneipenszene. Sonntags und zu später Stunde steht man (auch in größeren Städten) leicht vor verschlossener Tür.

Rauchen

Auch in den Atlantikprovinzen Canadas ist in allen Gaststätten das Rauchen untersagt. In immer mehr Kommunen und inzwischen auch in ganzen Provinzen (New Brunswick) gelten Rauchverbote in öffentlichen Einrichtungen, auf öffentlichen Plätzen und eben in Restaurants, dazu kommen noch freiwillige Selbstverpflichtungen vieler Restaurants, so in Newfoundland, im Rahmen von Gesundheits-Kampagnen.

Café mit maritimer Dekoration

3.4 Alles Weitere von A bis Z

Angeln, ➪ im Reiseteil unter den einzelnen Provinzen

Apotheken

Apotheken heißen ***Pharmacy***, es gibt sie nur in größeren Städten, anderswo bekommt man Medikamente in ***Drugstores*** und in vielen Supermärkte in Selbstbedienung. Für **verschreibungspflichtige** Medikamente gibt es dort die Sondertheke ***Prescriptions***.

Ärzte/Zahnärzte

Kurzfristig einen Termin bei einem niedergelassenen Arzt (*Physician*) oder Zahnarzt (*Dentist*) zu bekommen, ist schwieriger als bei uns, sofern nicht die persönliche Vermittlung eines Kanadiers hilft (z.B. Hotelpersonal). Man kann mit gesundheitlichen Beschwerden auch das nächste Krankenhaus (*Hospital*) aufsuchen, sollte sich aber auf lange Wartezeiten einstellen. Bei einem Notfall, der sofortige Behandlung erfordert, wendet man sich an die Notaufnahme eines Hospitals, den ***Emergency Room***.

Die Bezahlung der Behandlung sollte stets im Voraus geklärt werden (➪ Krankenversicherung, Kapitel 2.2.6, Seite 79).

Ausfuhrbestimmungen ➪ Zoll

Banken

Banken gibt es in allen größeren und auch vielen kleinen Orten. Bei Auszahlung von Bargeld gegen Reiseschecks oder Kreditkarte muss der Reisepass vorgelegt werden. Einfacher ist es, Bargeld aud Geldautomaten (*ATM*) zu ziehen, ➪ Seite 77. In Canada sind Banken im allgemeinen **Mo-Fr 10-15 Uhr** geöffnet.

Botschaften und Konsulate

Die diplomatischen Vertretungen helfen nur **in echten Notfällen**, z.B. bei Verlust der Finanzen und/oder Papiere. Bei Reiseschecks und Kreditkarten sind zunächst die ausgebenden Institutionen zuständig. Ist der Pass weg, lässt sich der Gang zur Landesvertretung nicht vermeiden. Hilfreich sind dann Fotokopien der wichtigsten Dokumente oder besser: Papiere scannen, hochladen und unter der eigenen Adresse abspeichern.

- **Deutsche Botschaft** — 1 Waverley Street, Ottawa, ON K2P 0T8; ✆ 613-232-1101; www.ottawa.diplo.de
- **Schweizer Botschaft** — 5 Marlborough Ave, Ottawa, ON K1N 8E6; ✆ 613-235-1837; www.eda.admin.ch/canada
- **Österreichische Botschaft** — 445 Wilbrod Street, Ottawa, ON K1N 6M7; ✆ 613-789-1444; www.austro.org

Alle drei Länder unterhalten außerdem ein **Generalkonsulat** für die Atlantikprovinzen in Montréal und beschäftigen jeweils einen **Honorarkonsul** in Halifax.

Datum

Datum

In ganz Nordamerika schreibt man das Datum in der Abfolge **Monat/Tag/Jahr**. Beispiel: **1. Mai 2007** schreibt sich **05/01/2007** oder auch May 01/2007.

Elektrizität

Das kanadische Stromnetz ist auf **110 Volt** und 60 Hz Wechselspannung eingestellt. Manche Geräte aus Europa lassen sich auf diese Spannung umschalten. Netzteile von Ladegeräten für Handy, Digitalkamera und Notebook sind im allgemeinen für Spannungsbereiche von 110-250 V geeignet und passen sich automatisch der Spannung an. Sowohl für Schuco- als auch für zweipolige Gerätestecker benötigt man einen Adapter, die man besser daheim beschafft, da sie vor Ort schwer aufzutreiben sind. Das Problem löst sogar noch besser, wer eine passende Kupplung für die originalen Stecker mitbringt und diesen ans andere Ende eines Kabels mit kanadischem Stecker setzt.

In ganz Nordamerika sind die meisten Stromleitungen überirdisch verlegt und verschandeln vielenorts mehr oder weniger das Stadtbild

Feiertage

Eine Liste der Feiertage in Canada steht auf Seite 46. An Feiertagen bleiben Banken, Postämter und öffentliche Verwaltungen geschlossen, aber viele Läden bleiben auch dann geöffnet.

Fernsehen

Auf fast allen Fernsehkanälen betreiben kommerzielle Sender zumeist seichte Programme mit dominanten Werbeblöcken. Seriöse Information findet man auf *CBC (Canadian Broadcasting Corporation)*. Die Nachrichtensendungen sind indessen stark auf Canada und Nordamerika ausgerichtet. In manchen Hotels und Motels gibt es – mal mit, mal ohne Gebühr – weitgehend werbefreies Kabelfernsehen.

Wandbilder an einem Shop in Yarmouth/ Nova Scotia

Gesundheit unterwegs

Sonnenschutz

Auch wenn nicht alle Tage heiß und sonnig sind, sollte man die Kraft der Sonne nicht unterschätzen – gerade am Meer wird die Strahlung reflektiert. Im Sommerhalbjahr nimmt die Dauer des Sonnenscheins noch zu, je weiter man nach Norden kommt. Daher sollte man auch in Canada den individuell angebrachten Sonnenschutz genausowenig vergessen wie in Südeuropa. Denn z.B. Halifax liegt – bezogen auf Europa – auf Höhe der Adria.

Trinkwasser

Wasser aus dem Wasserhahn ist in Canada hygienisch einwandfrei, wiewohl wegen prophylaktisch keimtötender Behandlung eher selten schmackhaft.

Vorsicht beim Genuss von Wasser, das nicht als *Drinking Water* gekennzeichnet ist! Sogar beim scheinbar so sauberen Wasser aus Flüssen und Seen in Newfoundland und Labrador kann es sein, dass es mit Keimen kontaminiert ist, welche die Krankheit ***Giardia Lamblia***, volkstümlich ***Beaver Fever***, übertragen. Symptome sind Durchfall, Magenkrämpfe, Übelkeit und Kopfweh.

Man sollte daher auf keinen Fall unbehandeltes Wasser trinken. Die Erreger tötet man durch mindestens einminütiges Abkochen des Wassers; eine chemische Behandlung ist nicht zuverlässig genug. Informationen unter:

www.gov.nf.ca/health/publications/ehp/pdf/giardia_aug2001.pdf

Allergien

Lebensmittel-Allergiker können sich in Canada sicher fühlen, da mit dieser Krankheit sehr bewusst umgegangen wird. Es gibt sogar Restaurants, die Hinweisschilder mit der Aufschrift »*Allergy Aware*« tragen.

Zecken/ Borreliose

In den Waldgebieten der Maritimes können Zecken (*Ticks*) mit **Borreliose** infiziert sein. Bisse durch infizerte Zecken führen normalerweise, aber nicht immer, zu ersichtlichen Hautirritationen um die betroffenen Stellen. Man muss deshalb aber nicht gleich vor Ort zum Arzt gehen, sollte sich aber innerhalb weniger Wochen bzw. gleich nach der Reise untersuchen lassen, selbst wenn einem nichts zu fehlen scheint. Borreliose ist im Anfangsstadium relativ leicht zu behandeln, zunächst unentdeckt kann sie jedoch schwerwiegende Spätfolgen zeitigen wie Arthritis, Meningitis und kardiologische Probleme.

Giftiges Efeu/ Poison Ivy

Poison Ivy wächst meist als 60-90 cm hoher Busch, kann sich aber auch ebenerdig ausbreiten oder wie Efeu an Bäumen hochranken. Die Pflanze trägt weiße beerenartige Früchte. Ihre kleinen Stengel enden jeweils in **drei** 10-15 cm ovalen Blättern – *Leaflets three, let it be!* Die Berührung mit der unscheinbar wirkenden Pflanze, die in Südontario und Québec ziemlich verbreitet ist und auch in den Maritimes vorkommt, kann bis 10 Tage lang recht unangenehm sein. Zunächst reagiert die Haut auf das toxische Öl der Pflanze mit Jucken und Rötungen, bis nach ein paar Stunden oder Tagen wässrige Bläschen auftreten. Das *Poison Ivy*-Öl hält sich auch an der Kleidung und kann zu erneuten Reaktionen führen, wenn man sie nicht gründlich reinigt. Nur in schweren Fällen tritt Fieber auf. Eine Antihistamine-Salbe oder ein Puder ist in Drugstores erhältlich.

Mücken/ Moskitos

Ein kleines Problem, das die touristische Werbung gerne auslässt, darf nicht verschwiegen werden. In Canada kann die **Insektenplage** gelegentlich ein arges Kreuz sein. So es nicht die Mücken oder Wespen sind, dann – ort- und zeitabhängig – die *Black Flies, Horse Flies* oder sog. *No-See-Ems*, fast unsichtbare Kleinfliegen. Irgend etwas sticht oder beißt von Mai bis Ende August immer. Nicht umsonst sind Häuser, Wohnmobile und Zelte der Kanadier mit feinmaschigen Netzen versehen. Auf Wanderungen, im Kanu, am Lagerfeuer und in Zelten hilft ggf. nur eine Behandlung mit ***Insect Repellent*** und hochgeschlossene Kleidung. Essenzen aus europäischer Produktion bringen weniger. Mit kanadischen Mitteln hält man sich dagegen alle Biester gut vom Leib. Insektensprays und -lotions gibt`s auch noch im kleinsten Laden.

West Nile Virus (WNV)

In diesem Zusammenhang sei auch noch auf den *West Nile Virus* hingewiesen. Überträger sind Mosquitos, die sich an Vögeln infizierten, Symptome Fieber, Nacken-, Glieder- und Kopfschmerz, Muskelschwäche, Verwirrung. In seltenen Fällen Encephalitis (Hirnentzündung).

Schutz bieten Mückenschutzmittel. Informationen unter www.hc-sc.gc.ca/dc-ma/wnv-vno/index_e.html.

Warnschild vor Giftefeu (Poison Ivy) am Cabot Trail auf Cape Breton Island

Hier wurde sogar eine Kirche zum Besucherzentrum für Touristen umfunktioniert (in Labrador)

Information

Besucherzentren

Auf den Flughäfen, an den Provinzgrenzen, in den größeren Städten, in den *National Parks* und bei besonderen Touristenattraktionen sind die ***Visitor*** oder ***Tourist Information Centres*** nicht zu übersehen. Dort bekommt man eine kostenlose **Straßenkarte** für die Provinz (kleines Entgelt nur in Québec) und findet immer jede Menge Werbung der regionalen Gastronomie, lokale Tourismusbroschüren und mehr.

Jede der Atlantikprovinzen publiziert jährlich neu ein attraktives **Tourismusmagazin**, in dem alle wichtigen Attraktionen und Sehenswürdigkeiten beschrieben werden. Außerdem enthält es immer auch eine Liste von Unterkünften und Campingplätzen und natürlich viel Werbung.

Schilder

Blaue und braune Schilder am Straßenrand weisen auf Sehenswürdigkeiten wie Museen, historische Stätten, Parks und andere touristische Anlaufpunkte hin. Die dabei gwählten Piktogramme sprechen für sich selbst, so z.B. Fragezeichen als Wegweisung zur nächsten *Visitor Information*. Ein braunes Schild mit einem gelben Biber kennzeichnet die Anfahrt zu Nationalparks.

Internetzugang

Wifi

Weiter oben wurde schon erläutert, dass mehr und mehr Hotels und Motels mittlerweile ***Wi****reless* ***F****ree* ***I****nternet* für ihre Gäste installiert haben. Gelegentlich ist das Internet auch nicht *»free«*, sondern mit einer Gebühr belegt, und/oder die Nutzung setzt die Eingabe einer Kennung voraus, die man bei der Rezeption erfragt. Auch manche (kommerziell geführte) Campingplätze bieten einen Internetanschluss via Kabel oder WLAN. Außerdem gibt es öffentliche WLAN-Parks und -Gebäude, in denen Laptopbesitzer gratis das Intenet nutzen können. In den Maritimes ist das bislang noch eher begrenzt der Fall. Wo, darüber informiert die Website www.wififreespot.com/can.html.

3

Bibliotheken In Canada bieten auch öffentliche Bibliotheken eine – meist kostenlose – Nutzung des Internets und – gegen Gebühr – teilweise auch Dienstleistungen wie Drucken, Scannen und Faxen.

»c@p« Achten Sie auf das Schild »*c@p*«, dieses steht für das »***Community Access Programm***« der kanadischen Regierung für das Internet (in Québec *C.A.C*). Damit hat – selbst in abgelegenen Regionen – nicht nur die lokale Bevölkerung Internetzugang, sondern auch Touristen können das Programm nutzen. Manchmal ist es kostenpflichtig (ca. 2,50 $/h). Leider sind die in Schulen eingerichteten ***c@p-Sites*** in der Sommersaison oft geschlossen.

Internet Cafés Darüber hinaus gibt es – wiewohl nur in größeren Ortschaften – natürlich auch Internet Cafés.

Jagen, ⇨ im Reiseteil unter Newfoundland, Seite 312.

Maße und Gewichte

In Canada gilt formell das **metrische System**. Entfernungen und Geschwindigkeiten werden im Metern, Kilometern und km/h angegeben. In Geschäften hält sich dennoch, vor allem für lose Ware, Obst und Gemüse, hartnäckig die englische Auszeichnung in *lb* (*Pound*, ca. 450 g). Auch Fuß, Zoll (*foot, inch*) und Flächenangaben in *acres* werden immer noch genutzt.

(1 *foot* = 0,305 m; 1 *inch* = 2,54 cm; 1 *acre* = 4000 m^2 = 0,4 ha)

Navigeräte

Im Kapitel Automiete wurde bereits kurz darauf hingewiesen, dass die internationalen *Rental Car Companies* Sondertarife für Fahrzeuge inkl. »Navi« anbieten. In Anbetracht des relativ überschaubaren Straßennetzes in den Maritimes sind die Zusatzkosten dafür wohl eher weniger gut angelegt, zumal dort Straßenkarten und Ortspläne gratis verfügbar sind. Wer sein eigenes mobiles Navigerät einsetzen möchte, muss sich den Kartenchip für USA/Canada besorgen. Für eine einzige Reise wäre das ebenfalls ein teures Vergnügen, aber bei weiteren Reiseplänen in Richtung Nordamerika ggf. eine erwägenswerte Investition (z.B. kostet der SD-Chip für TomTom-Geräte ca. 100 €).

Notfall

Die meisten kanadischen Städte haben einen Rettungsdienst unter der **Notrufnummer »911«**. Wenn sich dort niemand meldet, kann man die »0« wählen und sich vom *Operator* mit der Polizei oder einem Rettungsdienst verbinden lassen.

Post

Die kanadische Post ist zuverlässig, aber nicht schnell – kein Wunder, dass sie den Spitznamen »*snail mail*« (Schneckenpost) hat. Briefe und Karten **nach Europa** gehen automatisch als Luftpost, die Laufzeit beträgt erfahrungsgemäß **4 bis 8 Tage**. Briefe bis 30 g und Postkarten nach Übersee kosten **1,55$**. Weitere Tarife im Internet unter www.canadapost.ca.

Postämter sind fast überall zu finden, es gibt sie auch in kleineren Orten. Manchmal liegen sie in Nebenstraßen »versteckt« – trotzdem findet man sie meist leicht: vor den – im ländlichen Raum – meist roten Backsteinhäuschen steht ein Fahnenmast mit zu Öffnungszeiten gehisster kanadischer Flagge. Die Postamtsadressen findet man im Telefonbuch unter ***Canada Post***.

Typisches Kleinstadt-Postamt in Nova Scotia

Preise, ➪ unter »Umsatzsteuern«

Radio

Radiostationen sind überwiegend Lokalsender mit geringen Reichweiten. In dünn besiedelten Regionen findet man auf UKW (FM) manchmal nur noch das Informationsprogramm des *CBC*; in Labrador lässt die Übertragungsqualität auch dieses Senders außerhalb von Ortschaften rasch nach.

Rauchen

Das Rauchen in allen öffentlich zugänglichen Gebäuden, dazu zählen auch Kasinos, Bars und Restaurants, ist mittlerweile in allen Provinzen untersagt. In New Brunswick und Nova Scotia gilt dieses Verbot auch auf Restaurantterrassen etc. im Freien.

Sales Tax, ➪ unter »Umsatzsteuern«

Senioren

Ältere Bürger über 60 Jahre erhalten in den meisten Einrichtungen Ermäßigungen, das gilt vor allem für Eintrittspreise und Gebühren. Auch manche Hotels geben Spezialrabatte für Senioren.

Trinkgeld

In Canada ist das Trinkgeld (***Tip***) fester Bestandteil des Entlohnungssystems in der Gastronomie, im Taxigeschäft und weiteren Dienstleistern. Ein *Tip* wird daher im Prinzip von allen dienstbaren Geistern im Tourismusgewerbe erwartet, vom Stubenmädchen im Hotel bis zum Fremdenführer bei einer Stadtrundfahrt.

So klare Regeln für die Höhe des *Tip* wie im Restaurant, 15% (➪ Seite 108) gibt es ansonsten nicht, außer dass ein *Loonie* (1 $) selten ausreicht. Ein *Twonie* (2 $) muss es heute auch bei kleineren Handreichungen wie fürs Koffertragen im Hotel (bei 1-2 Koffern, sonst mehr) und fürs Zimmermädchen schon sein.

Telefonieren in Canada

Jede Provinz Canadas besitzt eine dreistellige **Vorwahl**, den *Area Code*. Dieser Nummer folgt eine weitere dreistellige Vorwahl für die jeweilige Region oder Stadt; danach kommt die vierstellige Anschlussnummer. Bei Ferngesprächen (*Long Distance Call*) muss zusätzlich noch eine 1 vorgewählt werden.

Ausland

Für Gespräche nachEuropa muss man erst die **Auslandsvorwahlnummer 011** wählen, anschließend den **Ländercode**:

- Deutschland **49**
- Schweiz **41**
- Österreich **43**

und danach die jeweilige Ortsnetzkennzahl ohne die Null davor und die Anschlussnummer.

Pay Phones

Mit **öffentlichen Telefonen**, die ausschließlich **Münzen** annehmen, lassen sich Auslandsgespräche nur führen, wenn man *Quarters* gleich rollenweise dabei hat. Nationale wie internationale Ferngespräche laufen dann von *Pay Phones* über einen *Operator*, oft eine synthetische Computerstimme.

Credit Card

Aber die – in Zeiten des Handy langsam weniger werdenden – *Pay Phones* besitzen heute auch überwiegend einen Einschub für Kreditkarten. Das ist komfortabel, aber kostspielig.

Phone Cards

Die Alternative bieten ***Phone Cards*** oder ***Calling Cards***, Guthabenkarten, die über das Eintippen einer gebührenfreien 800-Nummer und eines Code funktionieren. Es gibt sie vor Ort in Supermärkten, Kaufhäusern und in Truck Stops zu erstaunlich unterschiedlichen Minutentarifen für 10-20 Nennwert.

Im **Internet** kann man sich aktuell vorinformieren und gleich die persönlich am meisten zusagende *Phone Card* heraussuchen (auf Fixkosten pro Anwahl von *Pay Phones* aus achten, die bei einigen Karten auch anfallen, wenn das Gespräch nicht zustande kommmt). Details und eine große Kartenauswahl findet man z.B. im Portal www.cyberscans.com unter »***Prepaid Phone-Cards***« oder »***Instant PIN Calling Cards***«

Im Hotel

Mit Telefonkarten kann man dank der *toll-free*-Vorwahl auch von Hotelzimmern aus anrufen und damit die Haustarife der Hotels umgehen. Wer ohne Telefonkarte vom Hotel aus Ferngespräche führt, darf sich auf eine saftige Rechnung freuen.

»Handy«

Handys heißen Nordamerika ***cell(ular) phones*** oder ***mobile phones***. Wer sein »Handy« aus Europa mitgebracht hat, kann damit nur telefonieren, wenn es ein 3- bzw. 4-Kanal-Gerät ist.

Handy Gebühren Dessen Nutzung ist ein besonders teures Vergnügen, da zu den Gebühren des heimischen Providers auch noch die des kanadischen *Roaming*-Partners kommen. Meist ist das *Rogers Wireless* (www.rogers.com), eine Firma, deren Digitalnetz als einziges alle wesentlichen Gebiete abdeckt.

GSM Netz Das sog. GSM-Netz ist in den Atlantikprovinzen nicht eben engmaschig. Es funktioniert in **New Brunswick** im Bereich um die größeren Städte, an der Süd- und Ostküste und am *River Valley Scenic Drive,* auf **Prince Edward Island** nur im zentralen Raum um Charlottetown. Am dichtesten ist das Netz in **Nova Scotia**: alle wesentlichen Orte und die Regionen entlang der Autobahnen werden bedient. Auf **Newfoundland** funktioniert das Netz nur im Raum St. John's, in **Labrador** gar nicht.

Weitere GSM Informationen unter www.gsmworld. com

Globilo Günstiger – wenngleich immer noch bei weitem teurer als das Telefonieren mit *Calling Card* im Festnetz – wird die Angelegenheit, wenn man sich eine ***Prepaid Card*** fürs Handy kauft. Das ist vor der Reise möglich z.B. bei ***Globilo Mobile World*** (www.globilo.de). Sie kostet für Canada (*Rogers Wireless*) 69 $ bei 30 $ Guthaben.

VoIP Unschlagbar preiswert sind Telefonate mit Laptop, *Headset* und ***Voice-over-IP***. Unter »Internetzugang« wurden bereits die Möglichkeiten der WLAN-Einwahl erläutert. Wer ohnehin seinen Laptop dabei und zu Hause *VoIP* hat, kann diese Möglichkeit auch auf Reisen in Canada nutzen.

3

Umsatzsteuern

In der Regel sind **alle Preise ohne Steuer** ausgezeichnet. Die jeweilige Umsatzsteuer wird erst beim Bezahlen hinzugerechnet. Steuerbefreit sind die meisten Lebensmittel.

PST, GST & HST In den Provinzen **Newfoundland & Labrador**, **Nova Scotia** und **New Brunswick** wird die »***harmonized sales tax***« (***HST***) erhoben. Sie ist eine kombinierte **14%ige Umsatzsteuer**, die Provinzsteuer (***PST*** 8%) und ***GST*** (»*goods and services tax*«, die 6%ige Bundesmehrwertsteuer) umfasst. Auf **Prince Edward Island** zahlt man zu den 6% *GST* noch 10% *PST*, was zu einer **Gesamtsteuer von 16,6%** führt, da die Provinz die GST gleich mitbesteuert.

Erstattung Die früher Touristen bei/nach Ausreise gewährte Rückerstattung von in Canada gezahlten Umsatzsteuern auf eine ganze Reihe von Waren und Dienstleistungen wurde Anfang 2007 abgeschafft.

Waschsalons/-automaten

Bei längeren Reisen lässt sich **Wäschewaschen** schwer vermeiden. Münzwaschautomaten gibt es in vielen Motels und auf fast allen kommerziell geführten Campingplätzen. In Dörfern und Städten sind die ***Coin-Laundries*** oder ***Laundromats*** (Münz-Waschsalons)

Technik der Waschautomaten

kaum zu übersehen. In den üblicherweise installierten Maschinen bewegt sich statt der Trommel eine Art Propeller hin und her und quirlt die Wäsche durcheinander. Es gibt auch – meist kaum bessere – Trommelwaschmaschinen. Die Einstellung »*hot*« heißt nicht etwa Kochwäsche, sondern besagt nur, daß mit dem zulaufenden Heißwasser gewaschen wird (keine Nachheizung). Nach etwa 20-30 min ist der Vorgang beendet und das Ergebnis selten befriedigend. Bei höheren Ansprüchen an die Sauberkeit fügen Kanadier dem Waschmittel (***Detergent***) Bleiche (***Bleach***) hinzu.

Uhrzeit

In den USA steht »**am**« (*ante **m**eridiem*, vormittags) oder »**pm**« (***p**ost **m**eridiem*, nachmittags) hinter einer Zeitangabe:

9 Uhr	9 am
21 Uhr	**9 pm**

Besonders zu beachten ist:

12.00 Uhr	**12:00 pm**	oder ***noon***
12.20 Uhr	**12:20 pm**	
24.00 Uhr	12:00 am	oder ***midnight***
0.20 Uhr	12:20 am	

In **Fahrplänen** werden »am-Zeiten« häufig in Normalschrift, »**pm-Zeiten**« **in Fettschrift** gekennzeichnet.

Zeitzonen/Sommerzeit

Atlantic Standard Time (*AST* = 5 h nach MEZ) gilt für New Brunswick, Prince Edward Island und Nova Scotia.

Newfoundland Standard Time ist 0,5 h vor *Atlantic Standard Time* (= 4,5 h nach MEZ).

Québec hat die ***Eastern Time Zone*** (*EST* = 6 h nach MEZ).

Die Umstellung auf **Sommerzeit** erfolgt immer am ersten Sonntag im April, auf Winterzeit stets am letzten Sonntag im Oktober.

Zoll

Das Wichtigste zu den Zollvorschriften bei Einreise nach Canada wurde bereits im Kapitel 2.2.4, Seite 74 erläutert.

Wer aus Nordamerika **nach Deutschland** zurückkehrt, muss bis zu folgenden Werten weder Zoll noch Umsatzsteuer zahlen:

Mitbringsel im Wert **bis zu €175** (Kaufbelege aufbewahren!),
darin sind enthalten maximal
500 g Kaffee und **50 g Parfüm**
plus **200 Zigaretten**
plus **1 l Spirituosen** oder **2 l Wein**.

Bei **Warenwerten bis €350** zahlt man eine **Pauschalabgabe** von 13,5% (Canada ebenso wie USA). Erst darüber kommen die vollen Sätze Zoll (überwiegend gering) zum Tragen, die mit der Warenart etwas variieren, immer aber sind dann 19% Einfuhrumsatzsteuern auf Warenwert plus Zoll fällig.

Reiseziele und Routen in den Maritimes

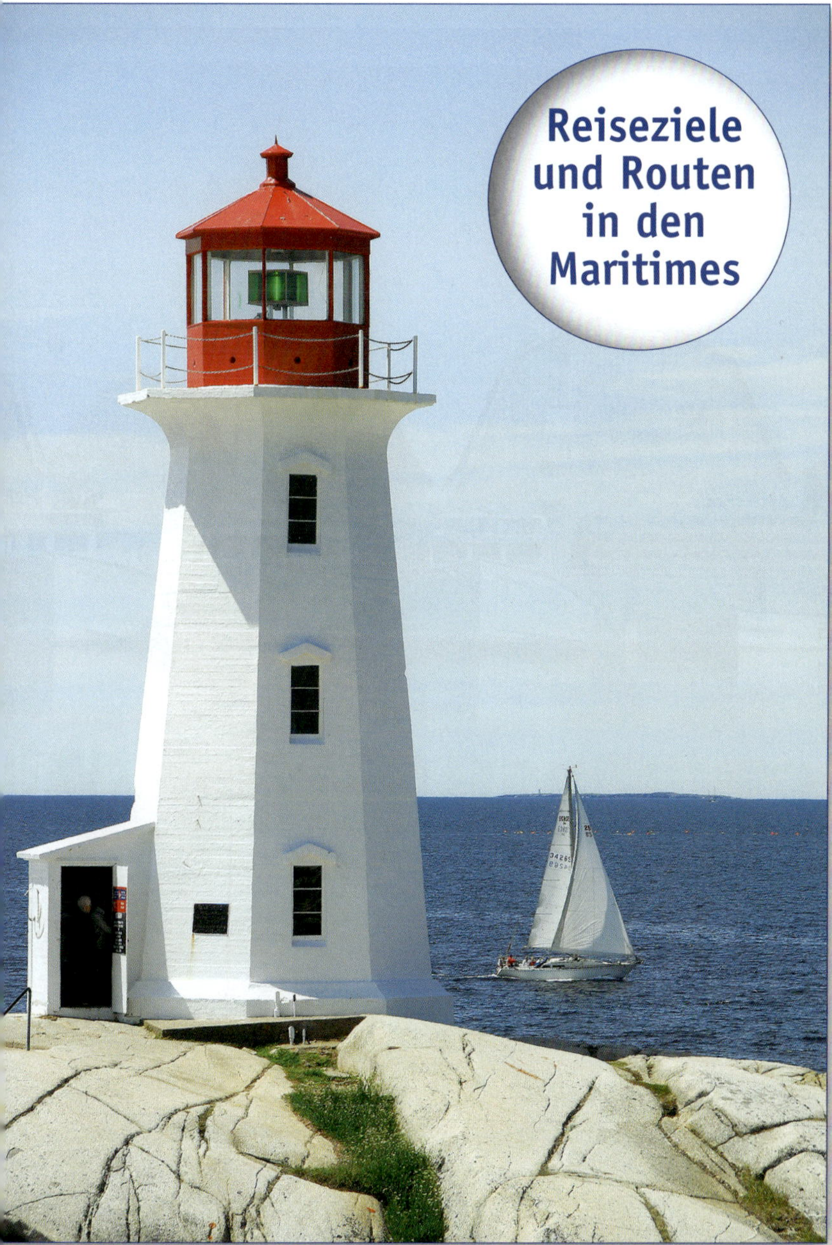

1 Nova Scotia

1 NOVA SCOTIA

1.1 Nova Scotia selbst erkunden

1.1.1 Zum Reiseziel

Geographie

Der größte Teil der Provinz Nova Scotia besteht aus einer langgestreckten **Halbinsel**, die nur an der Grenze zu New Brunswick auf einer Länge von etwa 25 km mit dem kanadischen Festland verbunden ist. Ansonsten umgibt sie das Wasser des Atlantik, der *Bay of Fundy*, der *Northumberland Strait* und des *Gulf of St. Lawrence*. Zur Provinz gehört nördlich auch **Cape Breton Island**, über 10.000 km^2 groß und seit den 1950er-Jahren durch eine kombinierte Damm-/Brückentrasse mit dem Festland verknüpft.

Nova Scotia bietet überwiegend maritime Eindrücke, denn kein Ort liegt weiter als 56 km von der abwechslungsreichen Küste entfernt: flache Uferwiesen oder Sandstrände werden von felsigen Abschnitten und Steinwällen abgelöst. In tief eingeschnittenen Buchten, die von steinigen oder bewaldeten Landzungen umgeben sind, gibt es oft kleine Inseln. Insbesondere auf Cape Breton Island aber auch anderswo findet man spektakuläre Steilküsten.

Aktivitäten und Attraktionen

Zum Baden, für Strandwanderungen, Segel-, Kajak- und Kanuabenteuer oder für die Beobachtung von Seevögeln, Robben und Walen sind **die Gestade Nova Scotias** bestens geeignet. Malerische Dörfer und Städtchen am Meer mit guter touristischer Infrastruktur, interessanten Museen und historischen Stätten laden zum Verweilen ein. Die Altstadt von **Lunenburg** gehört sogar zum UNESCO-Weltkulturerbe. **Im Landesinneren** gibt es gute Gelegenheiten zum Wandern, z.B. im ***Kejimkujik National Park***, der gleichzeitig ausgezeichnete **Kanurouten** bietet.

Wichtigste touristischen Ziele sind **Halifax**, die **Südküste** von Peggy's Cove bis Yarmouth, die **Bay of Fundy** und das **Minas Basin** sowie Cape Breton Island mit dem ***Cabot Trail*** und der ***Fortress of Louisbourg***.

Indian Summer

Eine besondere Farbenpracht entfaltet die Provinz im Herbst, wenn die Laubfärbung des ***Indian Summer*** die Wälder zum Leuchten bringt.

1

Steckbrief Nova Scotia/NS www.novascotia.com

936.000 Einwohner auf 55.300 km², Küstenlinie: ca. 7.500 km.

Provinzhauptstadt ist Halifax mit 115.000 Einwohnern; Metro Halifax, der Großraum um die Stadt mit Dartmouth und Bedford, hat über 370.000 Einwohner. Weitere wichtige Städte sind Yarmouth, Digby, Annapolis Royal, Truro, New Glasgow, Bridgewater und Sydney/North Sydney.

Nova Scotia ist entlang seiner Küsten relativ dicht besiedelt und verfügt über ein gut ausgebautes Straßennetz. Das Landesinnere wird nur teilweise land- und forstwirtschaftlich genutzt. Nationalparks und geschützte Wildnisgebiete sowie großflächige Wälder bilden Rückzugsgebiete für die vielfältige Flora und Fauna. In der hügeligen Felslandschaft der Provinz, Ausläufern der Appalachen mit höchsten Erhebungen um 500 m, gibt es rund 5000 Binnenseen.

Die Bevölkerung der Provinz setzt sich aus mehr als 100 verschiedenen ethnischen Gruppen zusammen, darunter die Ureinwohner (Mi'kmaq), Franzosen (Acadiens), Engländer, Schotten, Deutsche, Iren und Afrikaner.

Die Wirtschaft Nova Scotias ist durch Fischfang und -verarbeitung, Landwirtschaft, Holz- und Papierindustrie, Bergbau sowie – in jüngerer Zeit – Zukunftstechnologien wie Informations-, Umwelt-, Bio- und Medizintechnik bestimmt. Auch der Tourismus spielt eine wichtige Rolle.

Die Sportfischsaison beginnt im April. Sämtliche aktuellen Regelungen sind in einer Broschüre »*Angler's Handbook and Summary of Regulations*« enthalten, die man beim Erwerb der Angellizenz ausgehändigt bekommt (oder im Internet: www.gov.ns.ca/nsaf/sportfishing/angling). Für Nichteinheimische kostet eine Wochenlizenz 30$, die ganze Saison 55$. Information unter www.gov.ns.ca/nsaf/sportfishing.

1.1.2 Geschichte und Entwicklung

Erste Siedler

Die ersten Bewohner waren Paläo-Indianer, die nach dem Ende der Eiszeit vor etwa 11.000 Jahren von Westen her in das Gebiet kamen. Bei Debert (*Minas Basin*) wurde einer der ältesten Siedlungsplätze Nordamerikas entdeckt. Aus der Zeit von 500 v. Chr. bis 1500 n. Chr. gibt es Funde von Gefäßkeramik, Werkzeugen und Waffen mit Steinklingen, die von den Vorfahren der heutigen *Mi'kmaq* gefertigt wurden.

Europäische Besiedelung

Vermutlich landete *John Cabot* bereits 1497 an den Gestaden von Cape Breton Island. Erste französische Kolonisten ließen sich jedoch erst zu Beginn des 17. Jahrhunderts nieder. Die älteste Siedlung, **Port Royal**, wurde 1605 unter *Samuel de Champlain* und *Sieur de Monts* im Norden Nova Scotias an der Mündung des *Annapolis River* gegründet. Trotz harter Winter konnten die Siedler dort überleben – vor allem dank der friedlichen und freundschaftlichen Beziehungen zu den *Mi'kmaq*. In der Folge strömten tausende französischer Einwanderer in das Land, das von ihnen ***Acadia*** genannt wurde.

Kolonialzeit

Kurz nach den Franzosen begannen auch die Engländer, das neue Land zu besiedeln. Bereits 1613 wurde Port Royal von ihnen erobert und zerstört. 1713 legte der Vertrag von Utrecht die Übernahme der französischen Kolonie *Acadie* durch die Briten fest. Die Franzosen behielten zunächst zwar noch die Inseln Cape Breton und Prince Edward (damals *Île Royale* und *Île St. Jean*). Doch die Kämpfe gingen weiter. 1749 begannen die Briten mit der organisierten Besiedelung und errichteten eine Befestigungsanlage im Zentrum Nova Scotias, das spätere Halifax. Zwischen 1755 und 1763 wurden die ***Acadians***, die keinen Treueeid auf den englischen König leisten wollten, gewaltsam deportiert (➪ Essay *Acadians* im Kapitel Wissen auf Seite 393).

Deutsche Siedler

In dieser Zeit kamen weitere Einwanderer aus Großbritannien, aus Neuengland, aber auch aus Deutschland nach Nova Scotia. Sie besetzten nicht selten die früheren Anwesen der deportierten Franzosen. Allein zwischen 1750 und 1753 erreichten 2.500 Siedler aus Hannover, Braunschweig, Lüneburg und der Pfalz, sog. *foreign protestants* die Provinz. In dieser Zeit entstand **Lunenburg** an der Südküste (➪ Kapitel 3.3.2, Seite 145).

1758 eroberten die Briten endgültig das französische *Fort Louisbourg* auf Cape Breton Island (➪ Kapitel 3.7.3, Seite 203). In der Folge strömten viele tausend Einwanderer aus Schottland dorthin, was noch im nachhinein den Namen der Kolonie, den das Gebiet bereits 1621 erhalten hatte, unterstrich.

Schwarze Siedler

In den 1780er-Jahren wurde den ***Loyalisten*** (➪ EssayKapitel Wissen, Seite 398), die die amerikanische Unabhängigkeit ablehnten, Siedlungsland in Nova Scotia überlassen. Darunter waren auch entflohene schwarze Sklaven aus den Südstaaten der USA, denen die britische Regierung Freiheit und Land versprochen hatte. Auch einige der vertriebenen *Acadiens* kehrten damals zurück, weitere Siedler aus anderen Ländern folgten.

Kanadische Provinz

New Brunswick wurde 1784 von Nova Scotia abgetrennt und zur selbständigen Kolonie. Als Nova Scotia 1867 der kanadischen Konföderation beitrat, lebten dort bereits 350.000 Einwohner. Zuerst waren die europäischen Gemeinden vorwiegend an den leicht zugänglichen Küsten entstanden; in der zweiten Hälfte des 19. Jahrhunderts verstärkte sich aber auch die Besiedelung des Inlands entlang der Straßen und Flüsse. Neben Farmen entstanden Minen, Steinbrüche und Mühlen, die Holzwirtschaft entwickelt sich, Schiffbau und Fischerei expandierten.

Entwicklung bis heute

Nova Scotia prosperierte bis zum Beginn des 20. Jahrhunderts. Danach stagnierte die Entwicklung. Ende des Jahrhunderts mussten viele Kohlebergwerke auf Cape Breton Island die Förderung einstellen. Auch die Krise der Fischerei seit den 1990er-Jahren bereitete große Probleme. Neue Impulse ergaben sich durch die in den letzten Jahren forcierte Erdgasförderung vor der Küste. Auch der **Tourismus** gewann als Wirtschaftsfaktor an Bedeutung.

Wissenschaft Innerhalb Canadas spielt Nova Scotia bei Bildung und Wissenschaft eine wichtige Rolle; neben der renommierten *Dalhousie-University* in Halifax gibt es noch 10 weitere Hochschuleinrichtungen. Die sogenannten ***Life Sciences*** – Medizin, Pharmazie und Biotechnologien – sowie die IT-Branche bilden nicht nur Schwerpunkte in Forschung und Entwicklung, sondern tragen in ihrer Anwendung bereits zum Sozialprodukt der Provinz bei.

Kulturelle Vielfalt Die kulturellen Wurzeln der heutigen Bewohner Nova Scotias liegen in England, Irland, Schottland, Deutschland, Holland, Frankreich, der Schweiz, Jamaika, Afrika und Frankreich. Das sorgt für recht unterschiedliche regionale Sprechweisen und besondere Dialekte wie das akadische Französisch. Der Einfluss der verschiedenen Kulturen und Ethnien spiegelt sich auch im Strassenbild und im kulturellen Leben der Gemeinden wider.

Die Mi'kmaq gestern und heute

Das Wort *Mi'kmaq* leitet sich von *»nikmaq«* ab, eine Begrüßung mit der Bedeutung »mein enger Freund«, die die Europäer als Stammesname verwendeten. Ausgesprochen wird es *»Mih-mah«* oder *»Mih-maw«*, geschrieben auch *»Micmac«. Die Mi'kmaq* siedelten im Bereich der heutigen Provinzen Nova Scotia, New Brunswick und Prince Edward Island, aber auch noch weiter südlich im Gebiet der heutigen US-Staaten Maine und Massachusetts. In Nova Scotia leben heute noch ca. 13.000 *Mi'kmaq.*

Auf die **Lebensweise** dieser Indianer **vor der europäischen Besiedlung** kann man nur aus umfangreichen archäologischen Funden schließen: Vor etwa 2.500 Jahren nutzten die *Mi'kmaq* dekorierte Gefäßkeramik und fertigten mit Geschick Steinwerkzeuge wie Pfeilspitzen und Harpunen mit Widerhaken. Diese »Keramik-Periode« endete mit (oder bereits vor) Ankunft der Europäer.

Aus deren Berichten erfahren wir, dass die Indianer von der Jagd auf Robben, Elche, Karibus und kleinere Säugetiere sowie vom Fischfang lebten. Dafür nutzten die *Mi'kmaq* Reusen aus geflochtenen Körben und dreizackige Speere. Gebraten wurde über offenem Feuer und gekocht mittels glühender Steine in Gefäßen aus Birkenrinde oder Kesseln aus ausgehöhlten Baumstämmen. Aus Tierhäuten wurden Bekleidung und Gefäße hergestellt. Knochen und Geweihe verarbeiteten sie zu Werkzeugen und Schmuck. Bevorzugtes Fortbewegungsmittel war das Kanu. Mit dessen Hilfe wechselten sie ihre Standorte mit den Jahreszeiten und nahmen ihre Hütten aus Birkenrinde dabei mit.

Das Leben im Einklang mit den natürlichen Ressourcen änderte sich dramatisch mit der Ankunft europäischer Siedler. Anders als viele Indianerstämme in den USA wurden die *Mi'kmaq* zwar nicht ausgerottet, aber auch die friedlichen Handelsbeziehungen leiteten einen kulturellen Wandel ein. Die Indianer tauschten Pelze gegen Werkzeuge aus Metall, gegen Baumwollkleidung und Waffen. Französische Missionare brachten ihnen den katholischen Glauben. Dies führte dazu, dass die *Mi'kmaq* in den Kriegen des 17. und 18. Jahrhunderts zu engen Verbündeten der Franzosen wurden.

Die wachsende Zahl der fremden Siedler im Land engte in der Folge ihren Jagd- und Lebensraum weiter ein. Ab dem 19. Jahrhundert war mit zunehmender

Industrialisierung, Eisenbahnen, Holzeinschlag und Bergwerken für die traditionelle Lebensweise der *Mi'kmaq* bald kein Platz mehr. Viele von ihnen verdingten sich in Produktionsbetrieben und Landwirtschaft. *Mi'kmaq* kämpften sogar in den Kriegen des 20. Jahrhunderts in der kanadischen Armee.

Ein **Zentralisierungsprogramm** der kanadischen Regierung führte zwischen den 1940er- und 1970er-Jahren zur Umsiedlung vieler *Mi'kmaq* aus verstreut liegenden kleinen Siedlungen in zentral gelegene Reservate mit Straßen, Strom, Wasser und Abwasser. Zwar haben die *Mi'kmaq* dort Anspruch auf Ausbildungsförderung, Gesundheitsfürsorge und Steuerfreiheit, aber die Umsiedlung führte auch zu Arbeitslosigkeit und Armut. Denn nach dem Bau der eigenen Häuser gab es in den neuen Reservaten meistens nichts mehr zu tun.

Immerhin haben sich dort gewisse politische Strukturen entwickelt. Gewählte Stammesräte (*band councils*) übernahmen eine eingeschränkte **Selbstverwaltung**. Es bildeten sich neue Organisations- und Kommunikationsformen über die Grenzen der *Bands* hinaus wie auch gemeinsame Internetplattformen (www.mikmaq.ca, www.cmmns.com, www.mikmaqrights.com, www.unsi.ns.ca, http://mrc.uccb.ns.ca/default.htm, www.ncns.ca. Bewegungen für Basisrechte der Indianer aus früheren Abkommen und Verträgen gegen alte und neue Ungerechtigkeiten, um Jagd- und Fischereirechte, um Unterricht in der eigenen Sprache und für eine weitergehende Autonomie. Dabei gibt es komplexe Probleme. So sollen z.B. die Beschränkungn bei Fisch- und Hummerfang aus Naturschutzgründen für die Indianer nicht gelten. Viele europäischstämmige Canadier kritisieren die den *Mi'kmaq* eingeräumten Vorteile, speziell die Steuerbefreiung ihrer Unternehmen.

Die **Kultur** der *Mi'kmaq* kann man in Nova Scotia z.B. in Bear River (➪ Kapitel 1.4.3, Seite 170) und Wagmatcook (➪ Kapitel 1.7.1., Seite 191) und in New Brunswick in Metepenagiag (➪ Kapitel 2.4.1, Seite 256) kennenlernen.

1.1.3 Klima

Nova Scotias Klima wird stark vom **Meer** beeinflusst.

Einfluss der Wasser temperaturen

Die Wassertemperaturen des Atlantik und in der Bay of Fundy liegen ganzjährig zwischen 8°C und 13°C; das kühlt im heißen Sommer besonders die westlichen Küstenbereiche, sorgt aber auch für milde Winter. Weiter östlich beeinflusst der Golfstrom mit Wassertemperaturen bis 16°C das Klima, was einen langen und relativ warmen Herbst zur Folge hat. An der Nordküste Nova Scotias im *Gulf of St. Lawrence* erreicht das Wasser im Sommer oft über 18°C. Dort ist von Januar bis März ist das Meer meistens von Eis bedeckt, was seinen mildernden Einfluss abschwächt.

Das Aufeinandertreffen des milden Golfstromes mit dem kalten Labrador-Strom vor Canadas Ostküste bewirkt häufig **Seenebel**, der auch landeinwärts zieht. **Niederschläge** sind besonders in der kalten Jahreshälfte (November bis April) häufig, am reichlichsten auf Cape Breton Island und im Südwesten. Der **Wind** kommt in der warmen Jahreszeit vorwiegend aus Süd/Südwest, im Winter aus Nord/Nordwest. Auch bei Windstille im Inland gibt es an der

Küste oft frische Brisen. Die starken Winde an der Atlantikküste sorgen dort generell für wechselhaftes Wetter. Wenn orkanartige Stürme mit dem Gezeitenwechsel bei Flut zusammenfallen, kann es im Küstenbereich leicht zu Überflutungen kommen.

Jahreszeiten

Der **Frühling** wird von Einheimischen als »Schlechtwettersaison« bezeichnet, denn er bringt anfangs kühle, unfreundliche Tage mit viel Regen. Die Hauptblütezeit fällt auf Ende Mai/Anfang Juni, die lästigen *Blackflies* haben dann Hochsaison.

Der **Sommer** hat zahlreiche Tage mit hohen Temperaturen um 25°C, nicht selten im Landesinneren bis 30°C. An der Küste kann es merklich frischer sein. Auf Cape Breton Island liegen die Temperaturen meist einige Grad niedriger als im Rest der Provinz. In den Nächten kühlt es angenehm ab, doch erlebt man im späten Juli und August auch warme Sommernächte.

Der **Herbst** ist beständig und bis in den Oktober hinein oft freundlich und warm, aber abends immer frisch.

Der **Winter** bringt ausgiebige Niederschläge, spätestens ab Januar gibt es reichlich Schnee. Am kältesten wird es im Norden und auf Cape Breton Island. Nicht nur die Seen, auch die flachen Meeresbuchten bedeckt dann manchmal dickes Eis, obwohl die Minustemperaturen im allgemeinen keine Extreme erreichen.

1.1.4 Überblick über Regionen und Routen

Für Nova Scotia hat man für alle Regionen spezifische Reiserouten definiert und ausgeschildert, ➪ Karte unten.

Routen

Neben dem Großraum **Halifax/Dartmouth** gibt es die ***Lighthouse Route*** an der Südwestküste, den ***Evangeline Trail*** entlang der Bay of Fundy, den ***Glooscap Trail*** um das Minas Basin und die Chignecto Bay herum, den ***Sunrise Trail*** an der Northumberland Strait und den ***Marine Drive*** an der Südostküste. Auf Cape Breton Island verläuft der ***Cabot Trail*** im Norden mit den Zufahrtsbereichen und umliegenden Regionen *Ceilidh Trail, Bras d'Or Lakes Scenic Drive, Fleur-de-Lys Trail* und *Marconi Trail*. Unsere Tour folgt weitgehend diesen Routen.

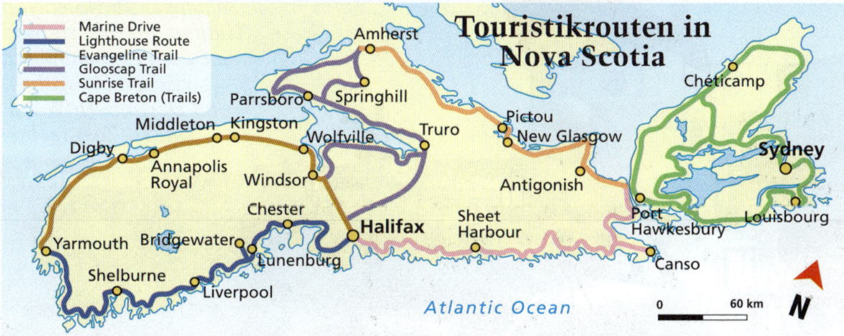

1.2 Halifax und Umgebung www.halifaxinfo.com

1.2.1 Einführung

Lage

Halifax liegt auf einer schiffsförmigen Halbinsel in einer tief ins Land (26 km) reichenden Bucht der Atlantikküste, dem ***Halifax Harbor***, einem ganzjährig eisfreien Gewässer. Aus militärstrategischer Sicht waren das ideale Bedingungen für eine wehrhafte Siedlung und eine geschützte Hafenanlage.

Geschichte

Nach dem Ausbruch des Siebenjährigen Krieges wurde Halifax 1755 als Marine- und Militärstützpunkt ausgebaut. Die Stadt avancierte zum Hauptquartier der britischen Atlantikflotte und behielt diese Rolle, bis die Marinebasis 1906 vom kanadischen Staat übernommen wurde. Auch während der Weltkriege diente Halifax als wichtiger Stützpunkt für den Einsatz in Übersee.

Durch Zuwanderung im 18. und 19. Jahrhundert wuchs die Stadt rasch und war bereits im 19. Jahrhundert ein bedeutendes Handelszentrum mit erfolgreicher Fischereiwirtschaft und florierender Schiffbauindustrie.

Kulturelle Vielfalt

Unter den Siedlern der ersten Jahrzehnte gab es viele **Deutsche**, **Schotten** und **Engländer**. Während des amerikanischen Unabhängigkeitskrieges kamen sog. **Loyalisten** aus den südlicheren britischen Kolonien, die den Kampf der Amerikaner gegen England ablehnten, und im 19. Jahrhundert nochmals 2.000 ehemalige Sklaven, die im amerikanisch-kanadischen Krieg von 1812 gegen die USA gekämpft hatten. Weitere schwarze Einwanderer waren die *Maroons* aus der Karibik. Die Nachfahren beider bilden heute die größte schwarze Gruppierung in Canada.

1830 wanderten viele katholische Immigranten aus **Irland** in die bisher rein protestantische Stadt ein. Heute leben insgesamt 36 ethnische Bevölkerungsgruppen im Großraum Halifax. Museen und historische Stätten, aber auch das Straßenbild und das kulturelle Leben der ***Haligonians***, wie sich die Einwohner nennen, sind daher von vielerlei Einflüssen geprägt.

Schlepper im Hafen von Halifax, im Hintergrund eine der Personenfähren zwischen Downtown und Dartmouth/Woodside (➪ Text rechts)

Die Halifax Explosion

Anfangs brachte jeder Krieg einen Aufschwung für die Stadt. Während des amerikanischen Unabhängigkeitskrieges wurde die Basis der britischen Marine weiter ausgebaut und vergrößert, ebenso 1812 während der amerikanisch-kanadischen Auseinandersetzung. Das brachte Arbeitsplätze, Geld und Wohlstand. Auch der Erste Weltkrieg sorgte für einen Wirtschaftsboom. Im Hafen von Halifax – mit 50.000 Einwohnern damals größte Stadt in Atlantik-Canada – drängten sich die Fracht- und Kriegsschiffe.

Doch dann geschah eine Katastrophe, die Halifax um Jahrzehnte zurückwarf: Am 6. Dezember 1917 stieß das französische Munitionsschiff *Mont Blanc*, das über 2000 Tonnen Munition und hochexplosives Material geladen hatte, mit einem belgischen Versorgungsschiff zusammen und geriet in Brand. Die Besatzung der *Mont Blanc*, die um die gefährliche Fracht wußte, konnte das Schiff noch verlassen, bevor es 20 Minuten nach dem Zusammenstoß explodierte.

Diese kurze Zeit hatte aber auch ausgereicht, scharenweise Schaulustige, vor allem Kinder, an die Hafenkais ringsum zu locken, die sich das interessante Schauspiel der brennenden Schiffe nicht entgehen lassen wollten und dann Opfer der größten von Menschen verursachten Explosion vor der Atombombe wurden. Über 2.000 Personen wurden getötet und über 9.000 verletzt, fast der ganze nördliche Teil der Stadt, über 100 ha mit zahlreichen Gebäuden, wurde zerstört. Halifax brauchte Jahrzehnte, um sich davon zu erholen.

Lange Zeit hielten sich Gerüchte über einen feindlichen Angriff und die Beteiligung deutscher Spione. Aber nach jahrelangen Prozessen wurde offiziell festgestellt, dass wohl keine Sabotage im Spiel war.

Im ***Maritime Museum of the Atlantic*** erläutern Film und eine Fotoausstellung die Details dieses tragischen Ereignisses

Halifax heute

Halifax ist eine überschaubare, moderne Stadt mit einer attraktiven *Waterfront* und vielen Grünflächen. Die Stadt verfügt über mehrere Hochschulen und ein reges Kulturleben mit Museen, Galerien und Theatern. Nicht zuletzt dank der vielen Studenten ist in den Clubs und Kneipen der Stadt einiges los.

1.2.2 Transport, Verkehr und praktische Tipps

Transport und Verkehr

Zwischen ***Airport*** (knapp 40 km nordöstlich) und Stadt verkehrt von 6 Uhr morgens bis 1 Uhr nachts der ***Airporter*** in regelmäßigen Abständen (ca. 60 min Fahrzeit). Er steuert die meisten großen Hotels und zentrale Punkte in der Stadt an (18$). Taxi ca. 55$.

Brücken

Gegenüber der Hafenbucht liegt die Schwesterstadt **Dartmouth**, zwei Brücken über die ***Narrows*** verbinden sie mit Halifax: eine westliche (*Murray MacKay Bridge* - nur Autos) und eine östliche (*Angus L. MacDonald Bridge* - auch Fußgänger und Radfahrer), Maut in beiden Fällen 0,75$.

Fähre über die Hafenbucht

Für Fußgänger ist die **Fähre** eine Alternative: zwei Linien verkehren alle 15 bzw. 30 min von *Downtown* – ab *Waterfront*/George Street – nach **Dartmouth** und **Woodside**; Dauer je ca. 10 min.

Barrington Street Fassaden mit maritimem Mural

Bustransport In der Nähe der Fährterminals gibt es Parkplätze und einige **Bushaltestellen** der insgesamt 40 Linien, mit denen sich die Stadt und Umgebung gut erschließen lassen (*Metro Transit*). **Einheitspreis Bus oder Fähre:** 2$. Bei Nutzung mehrerer Busse inkl. Fähre: *Transfer Ticket* ebenfalls 2$.

Busterminal für Fernrouten: 1161 Hollis St, am Bahnhof (*VIA*).

Parken In der Innenstadt gibt es etwa ein Dutzend Parkplätze, jedoch keine kostenfreien. Genauer Überblick auf www.halifaxinfo.com/WaterfrontHRMt.pdf

Fahrradverleih
- ***Harbour Bike & Sea Rentals***, 1781 Lower Water, © 902-877-2453
- ***Pedal & Sea Adventures***, © 902-857-9319 oder © 1-877-777-5699; www.pedalandseaadventures.com

Zufahrt/ Orientierung Das Stadtzentrum liegt im Süden der Halbinsel. Sowohl vom Flughafen als auch von der South Shore aus gelangt man über **Straße #102** (Kennzeichnung »102 *Inbound*«) über die *Quinpool Road* ins Zentrum. Wählt man ab Flughafen die **#118** (»*Halifax via Bridges*«), kommt man nach Dartmouth und von dort über die mautpflichtigen Brücken nach *Downtown* Halifax.

Um zum ***International Visitor Centre*** zu gelangen, folgt man der Ausschilderung mit weißem Fragezeichen auf braunem Grund.

Information
- ***International Visitor Centre***, 1595 Barrington Street
- ***Waterfront Visitor Information Centre***, Sackville Landing
- ***Visitor Information Centre***, Halifax *International Airport*

Krankenhaus ***Queen Elizabeth II Health Services Centre***, 1796 Summer Street

Postamt 1680 Bedford Row zwischen Sackville und Prince Street

Campingshop
- ***Mountain Equipment Co-Op***, 1550 Granville Street
- ***The Trail Shop***, 6210 Quinpool Road

Waschsalons
- ***Kwik Wash Laundromat***, 5506 Clyde Street
- ***Oxford Laundromat***, 2983 Oxford Street
- ***Spin & Tumble Laundromat***, 1022 Barrington Street

Fundbüro

- ***Metro Transit's Lost and Found Department***, © 902-490-6617
- **Polizei**: 1975 Gottingen St, © 902-490-5152 (»*Lost and Found*«)

Behinderte

Info für Behinderte: ***HRM Call Centre*** © 902-490-6600

Stadtrundfahrt und Bootstouren

- ***Gray Line*** (www.atlantictours.com) bietet *Sightseeing* nicht nur durch die Stadt, sondern auch in die weitere Umgebung.
- ***Harbour Hopper Tours*** (www.harbourhopper.com) fährt mit einem Amphibienboot-Bus erst durch die Stadt und dann durchs Hafenwasser.

Es gibt von Halifax aus auch Bootstouren zur Walbeobachtung. **Buchungen** im *Visitor Information Centre* oder direkt bei den Anbietern an der *Waterfront*. Bessere Chancen zur Walsichtung hat man aber an der Bay of Fundy vor Digby Neck, ➪ Seite 167

Internet

- ***Uncommon Grounds Coffee House*** (WLAN in der 1030 South Park Street, in der Hollis Strret, an der Ecke Sackville/Argyle Streets und in der 5700 Spring Garden Road.
- ***Memorial Public Library***, 5381 Spring Garden Road

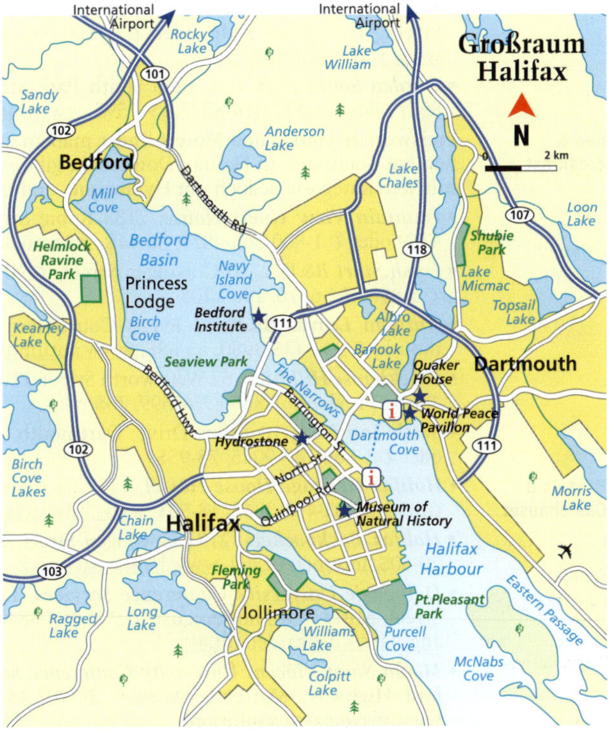

Internet

- ***Khyber Digital Media Centre (KMDC)***, 1588 Barrington Street
    - ***Carleton Campus***, Dalhousie University, 5981 University Ave
- ***Dartmouth Public Library***, im Obergeschoß des *Alderney Gate Complex*, 60 Alderney Drive

Kino

- ***Empire 8***, Park Lane, 5657 Spring Garden Road
- ***Oxford Theatre***, 6408 Quinpool Road
- ***Imax Empire Theatre***, 190 Chain Lake Drive, Bayers Lake, www.empireimax.com

Unterkunft

Komfortabel, mit kurzen Wegen in *Downtown*:

- ***Halifax Marriott Harbourfront***, 1919 Upper Water Street, © 902-421-1700; 149-279$; www.halifaxmarriott.com
- ***Delta Barrington***, 1875 Barrington Street, © 902-429-7410 oder © 1-800-268-1133, 129-289$; www.deltahotels.com
- ***Delta Halifax***, 1990 Barrington Street, © 902-425-6700 oder © 1-800-268-1133, 129-289$; www.deltahotels.com
- ***Waverley Inn***, charmant historisches Gebäude, 1266 Barrington Street, © 902-423-9346 oder © 1-800-565-9346, 99-279; www.waverleyinn.com
- ***Garden South Park Inn***, 1263 South Park Street, © 902-492-8577 oder © 1-877-414-8577, 89-159$; www.gardeninn.ns.ca

Bed & Breakfast

Preiswertere Hotels und Motels findet man an den Zufahrtsstraßen am Stadtrand. In Halifax *Downtown* gibt es kaum ***B&B*** bis mittlere Kategorie, jedoch um **Hydrostone** und in **Dartmouth**:

- ***Fountain View Guest House***, 2138 Robie Street, © 902-422-4169 oder © 1-800-565-4877, 36-44$, Frühstück extra
- ***Fresh Start B&B***, 2720 Gottingen Street, © 902-453-6616 oder © 1-888-453-6616, 100-120$
- ***Autumn Leaves B&B***, 12 Evens Court, Port Wallace, Dartmouth, © 902-435-3980, 55-65$; www.autumnbb.com
- ***Blockhause Hill B&B***, 62 Wentworth Street, Dartmouth, © 902-436-1811 oder © 1-866-873-1699, 75$
- ***Settle Inn B&B***, 10 Argus Drive, Dartmouth, © 902-434-1228 oder © 1-866-747-9045, 75-95$

Hostels & Gästehäuser

- ***Halifax Heritage House Hostel***, 1253 Barrington Street, ganzjährig, © 902-422-3863, 18-50$; www.hihostels.ca
- ***Halifax Backpackers***, 2193 Gottingen Street, © 902-431-3170, 20-50$, Internetzugang, www.halifaxbackpackers.com
- ***Dalhousie University Conference Services***, 1233 LeMarchant Street, Mitte Mai-Ende August, © 902-494-8840, 40-64$; www.ancillaries.dal.ca/default.asp
- ***Mount Saint Vincent University Conference Services***, 166 Bedford Highway, Mai-Ende August, © 902-457-6777, 34-51$, www.msvu.ca/yoursolution

Camping

- ***Shubie Park***, cityächster Platz in Dartmouth, Jaybee Drive (Anfahrt über Straße #318, Bus #55 & #1 und Fähre) 100 Plätze, Mitte Mai-Mitte Oktober, WC, Duschen, Internet, Waschautomaten, ab 27$; www.shubiecampground.com
- ***KOA Halifax West***, 3070 Hwy #1, Upper Sackville, 2 km von Straße #101 *Exit* #3 am Flussufer (von *Halifax* zu erreichen über Straße #102 *Exit* #4B), 90 Plätze, Mitte Mai-Mitte Oktober, WC, Duschen, Stromanschluss, ab 27$
- ***Laurie Provincial Park***, am Grand Lake, 10 km nördlich von Straße #102, Exit 5. Mitte Juni-Anfang September, 71 Plätze im Wald, *Dumping Station*, kleiner Strand, 14$

1.2.3 Stadtbesichtigung

Downtown

Der *Downtown*-Bereich erstreckt sich zwischen *Casino* im Norden und der Spring Garden Road im Süden, von der *Waterfront* bis zur South Street hinter dem *Citadel Historic Park*. Dieser Bereich kann leicht zu Fuß erschlossen werden.

Waterfront

Die *Waterfront* ist ein Fußgängerbereich von über 1 km Länge, der von den *Historic Properties* bis zum *Pier 21* in der Nähe des Bahnhofs (*VIA Rail Station*) reicht. Hier ist immer viel los – kleine Shops, Tourenanbieter, Straßenmusikanten, fliegende Händler wechseln sich ab mit musealen Sehenswürdigkeiten. Jeden Sommer – meist Ende Juli bis Anfang August – findet hier 10 Tage lang das ***Halifax Buskers Festival*** statt, das größte Straßenkünstler-Fest der Welt mit Magiern, Seiltänzern, Feuerschluckern und Komödianten (www.buskers.ca).

Historic Properties am Hafen

Die *Privateers*, die »Piraten« mit Lizenz der englischen Krone (➪ Kapitel 1.3.3, Seite 151), nutzten Halifax im 17. und 18. Jahrhundert als Basishafen, bevor sie die eroberten Güter nach Großbritannien verschifften. Daher stammt der Name der ***Privateers Wharf***, an der die ***Historic Properties*** stehen – ehemals Lagerhäuser aus den Jahren zwischen 1800 und 1905. Diese wurden in den 1960er-Jahren unter Denkmalschutz gestellt, später über Jahre restauriert und einer neuen Nutzung zugeführt. Heute beherbergen sie Geschäfte, Boutiquen, Restaurants und Bars.

Harbourside Market

An Selbstbedienungsständen in einer großen Halle des ***Harbourside Market*** kann man sowohl den kleinen Appetit zwischendurch mit Snacks oder Kaffee und Kuchen stillen als auch ein *Seafood*-Menü bestellen und dabei schön am Wasser sitzen:

- ***O'Carrols Restaurant and Irish Pub***, 1860 Upper Water Street, besonders gute *Seafood*
- ***Salty's*** am Wasser vor den *Historic Properties*, auf zwei Etagen, im Obergeschoß mit sehr guter Speisekarte
- ***Murphy's on the Water***, auf der *Cable Wharf*, vom Wasser umgeben, mit guter *Seafood* (⇨ Foto Seite 133).

Halifax und die *Titanic*

Nachdem am 14. April 1912 die *Titanic* mit einem Eisberg zusammengestoßen und anschließend gesunken war, konnten nur 705 Überlebende geborgen werden. Viele der Ertrunkenen wurden auf Friedhöfen in Halifax beigesetzt (*Fairview Lane Cemetery*, Chisholm Avenue unweit der Connaught Avenue; *Baron de Hirsch Cemetery* nahebei und *Mount Olivet Cemetery*, 7076 Mumford Road). Im ***Maritime Museum of the Atlantic*** dokumentiert eine ständige Ausstellung die Tragödie der *Titanic* sowie Details des Lebens an Bord des »unsinkbaren« Schiffes von den Unterschieden der Speisepläne zwischen der 1. und 3. Klasse bis zu Schicksalen einzelner Passagiere. Stücke der Inneneinrichtung, manche mit wertvollen Schnitzereien, sind ebenfalls ausgestellt. Eine Filmdokumentation informiert über die Tauchexpeditionen zum Wrack.

Waterfront

Ein Bummel entlang der *Waterfront* führt vorbei am *Ferry Terminal*, an der *Cable Wharf* mit dem Restaurant *Murphy's on the Water* und mehreren Bootsanlegern. Dort werden verschiedenste Touren von der Hafenrundfahrt bis zum Segeltörn vor die Küste angeboten. Manchmal liegt auch die ***Bluenose II*** vor Anker, wenn sie nicht gerade unterwegs oder im Heimathafen Lunenburg ist (⇨ Kapitel 1.3.2 Seite 146).

Die Bluenose II in Halifax (⇨ Essay Seite 147)

Marinemuseum

Das ***Maritime Museum of the Atlantic*** ist sehr empfehlenswert, es bietet nicht nur interessant aufbereitete Informationen über Vergangenheit und Gegenwart der Schiffahrt und des Schiffbaus in den Atlantikprovinzen, sondern auch Sonderausstellungen, u.a. zur *Halifax Explosion*, zu Schiffswracks und zur *Titanic*-Katastrophe. Mai-Oktober täglich 9.30-17.30 (Di -20) Uhr, Mai+Okt. So ab 13 Uhr; November-April Mo geschlossen, Di-Sa wie oben, So ab 13 Uhr, Eintritt 8$; www.maritime.museum.gov.ns.ca.

Vor dem Museum liegen die ***CSS Acadia***, Canadas erstes hydrographisches Forschungsschiff, und der Kriegskreuzer ***HMS Sackville***, der im 2. Weltkrieg Begleitschutz für Konvois fuhr.

Dort findet man auch das ***Waterfront Visitor Information Centre***.

Summit Plaza

Der *Boardwalk* führt weiter vorbei an der ***Summit Plaza***, wo eine Tafel an das Treffen der G7-Staaten 1995 in Halifax erinnert. Gegenüber, jenseits der Lower Water Street, liegt die 1820 erbaute **Brauerei *Alexander Keith*** mit *Interpretive Centre* und Umtrunk (1496 Lower Water Street, Mai 12-17, Juni– Oktober 12-20 Uhr, So 12-17 Uhr, 16$).

Farmers Market

Im Gebäude befinden sich auch Läden und Restaurants. Samstags findet hier der ***Farmers Market*** statt. Ausgezeichnete italienische Küche bietet der ***Da Maurizio Dining Room***.

Pier 21

An der *Waterfront* ragen auch moderne neue Wohnbauten mit Läden, Cafés und Restaurants im Erdgeschoss auf (edle Kost im Restaurant ***Bish World Cuisine***, 1475 Lower Water Street). Weiter unten erreicht man das Nationaldenkmal ***Pier 21***.

Vom Landeplatz Chebucto zur Zitadelle von Halifax

Nachdem die Engländer Fort Louisbourg auf Cape Breton Island infolge des Vertrags von Aix-la-Chapelle 1748 an die Franzosen zurückgeben mussten, planten sie den Bau einer befestigten Stadt in einer von den *Mi'kmaq* »Chebucto« benannten Bucht.

Unter der Führung von Colonel Cornwallis begann **1749** der **Bau einer Niederlassung** für Militär und Zivilisten. Anfangs sicherte nur eine Holzpalisade den Stützpunkt auf dem heutigen **Citadel Hill** gegen Angriffe der Mi'kmaq-Indianer. Nach dem Ausbruch des Siebenjährigen Krieges wurde der Ausbau der militärischen Anlagen vorangetrieben. **1758** entstand ein erster **Kai für Kriegsschiffe**. Halifax wurde damit zur Ausgangsbasis für Marineoperationen gegen die Franzosen und deren Festung Louisbourg.

Im weiteren Verlauf errichtete man gewaltige Wälle und Mauern, um das Fort gegen Angriffe von der Landseite aus zu schützen. Kasernen, Waffenarsenale und Pulvermagazine, Gefängniszellen und die Militärverwaltung befanden sich nun in gesicherten Gebäuden.

Heute ist ein großer Teil der Bauten in historisch originalgetreuer Ausstattung zu besichtigen. In der Saison finden **Aufmärsche und Wachablösungen** mit uniformierten Schotten und Dudelsackmusik statt. Jeden Tag Punkt 12 Uhr wird mit ohrenbetäubendem Knall ein Kanonenschuss abgefeuert.

Zwischen 1928 und 1971 war die *Pier 21* Canadas Eingangstor für über eine Million Einwanderer, Kriegsflüchtlinge und Evakuierte. Im Zweiten Weltkrieg diente sie als Ausgangspunkt für die kanadischen Truppenverbände und Begleiter. 1999 wurde dort eine Gedenkstätte eingerichtet. Mai-November täglich 9.30-17.30 Uhr; Dezember-März Di-Sa 10-17, April Mo-Sa 10-17 Uhr, Eintritt 8,50$; www.pier21.ca.

Weitere Sehenswürdigkeiten befinden sich stadteinwärts, wo die Straßen anfangs sanft und dann steiler hügelan steigen.

Granville Mall

Geht man von den *Historic Properties* über die Duke oder George Street bergauf, kommt man in der Granville Street zur ***Granville Mall***, einer Fußgängerpassage. In der Nähe finden sich die Einkaufszentren ***Barrington Plaza*** und ***Scotia Square***. Von dort gibt es unterirdische Verbindungen zwischen den Gebäuden sowie zum riesigen Veranstaltungspalast *Halifax Metro Centre*. Oberhalb der Straßen verbinden Fußgängerbrücken, sog. ***Pedways***, *Scotia Square*, das *World Trade & Convention Centre* und die Hochhäuser an der *Purdy's Wharf*.

Hollis Street

In der Hollis Street ist im ehemaligen Dominion-Gebäude von 1837 sowie im südlichen Nachbarbau die ***Art Gallery of Nova Scotia*** untergebracht. Die ständige Ausstellung zeigt kanadische Bildende Kunst sowie europäische und amerikanische Werke. Besondere Abteilungen gelten der Inuit-Kunst und Nova Scotias bedeutendster naiver Malerin *Maud Lewis*: 1723 Hollis Street, täglich 10-17 Uhr, Do 10-21 Uhr, Eintritt 12$; www. agns.gov.ns.ca

Gegenüber der *Gallery* liegt ein eindrucksvoller grauer Sandsteinbau, ein gutes Beispiel für georgianische Architektur. Erbaut zwischen 1811 und 1818 dient das ***Province House*** auch heute noch der Provinzregierung als Sitz (zu besichtigen Juli und August Mo-Fr 9-17 Uhr, am Wochenende 10-16 Uhr, September–Juni Mo-Fr 9-16 Uhr; frei).

Rathaus

Weiter bergauf zwischen Barrington und Argyle Street folgt ein begrünter Platz, die ***Grand Parade***, wo vor mittlerweile über 200 Jahren die Militärparaden stattfanden. Richtung Norden sieht man die viktorianische ***City Hall*** von 1888, den Sitz der Stadtverwaltung. Am Südende des Platzes steht die älteste Kirche der Stadt, ***St. Paul's Church*** von 1750 (Mo-Fr 9-16 Uhr). In den umliegenden Straßen gibt es viele Kneipen, Bistros und Restaurants.

Restaurants

Allein in der **Argyle Street** kann man u.a. zwischen Döner, Pita und Sushi für den kleinen Hunger zwischendurch wählen, für ein stilvolles Dinner bietet sich an: ***The Five Fishermen Restaurant***.

Ein ausgezeichnetes Bistro ist ***Chives Canadian Cuisine*** in 1537 Barrington Street.

Neptune Theatre

Unweit des *International Visitor Centre* (Barrington/Sackville Streets) steht in der 1593 Argyle Street das ***Neptune Theatre***, ein wichtiger Veranstaltungsort für Theater und Konzerte.

Zitadelle

Weiter die George Street hinauf sieht man schon von weitem eines der *haligonischen* Wahrzeichen: die ***Old Town Clock***, die der pünktlichkeitsversessene *Prince Edward*, Herzog von Kent, erbauen ließ. Das britische Uhrwerk wurde 1803 nach Halifax gebracht. Der

Die Old Town Clock vor der Zitadelle

alte Glockenturm steht als charakteristische Orientierungsmarke unterhalb der **Zitadelle**. Auch auf allen anderen Straßen, die von *Downtown* bergauf führen, kann man den grünen Hügel nicht verfehlen. Der ***Citadel National Historic Site*** ist Anfang Mai bis Ende Oktober 9-17 Uhr geöffnet, im Sommer täglich 9-18 Uhr, Eintritt 11$, November bis April eintrittsfrei 9-17 Uhr.

Churchill in Halifax

Eine lebendige Straße mit vielen Einkaufsmöglichkeiten ist die **Spring Garden Road** südlich der Zitadelle parallel zur Sackville Street. Hier findet man viele Pubs, Jazzclubs, Bistros und Restaurants. Auch in den umgebenden Seitenstraßen kann man gut essen, z.B. *Baan Thai* in der Dresden Row.

Vor der *Spring Garden Road Memorial Public Library* beweist eine Statue von ***Winston Churchill*** die engen Bande der Stadt zur einstigen Kolonialmacht Großbritannien.

Public Gardens

Nach Überqueren der South Park Street erreicht man die ***Public Gardens***. Dieser 7 ha große, ursprünglich viktorianische Park von 1836 mit einem kleinen Veranstaltungspavillon, einigen schönen alten Bäumen, Rosenbeeten, Teichen und Wasserläufen mit Enten strahlt Ruhe aus.

Etwa 1,5 km weiter südlich lädt der weit größere ***Point Pleasant Park*** zu Spaziergängen unter riesigen Bäumen ein, von denen indessen sehr viele 2003 dem **Hurrikan *Juan*** zum Opfer fielen.

Naturkundemuseum

Nördlich der *Public Gardens* liegt das sehenswerte ***Museum of Natural History*** mit Abteilungen zu Flora, Fauna und Geologie, Aquarien und Terrarien, einem Schmetterlingshaus sowie Ausstellungen zur Regionalgeschichte. 1747 Summer Street, Juni-September täglich 9.30-17.30 (Mi 20) Uhr, So ab 13 Uhr (6$); Oktober-Mai Di-Sa 9.30-17 (Mi 20) Uhr, So ab 13 Uhr (3,50$).

Außerhalb des Zentrums

Nach der *Halifax Explosion* wurde zwischen Young, Agricola, Duffus und Gottingen Street der Stadtteil ***Hydrostone*** im Stile einer englischen Gartenstadt erbaut. Er ist heute ein beliebtes Wohngebiet mit einem europäisch orientierten Markt, wo italienische Pasta, französisches Gebäck und andere internationale Spezialitäten angeboten werden.

Am Nordende der Barrington Street liegt der ***Seaview Park*** auf dem Gelände der ehemaligen, in den 1840er Jahren angelegten schwarzen Siedlung ***Africville***. Dieser Stadtteil war nicht an das Wasser- und Abwassernetz der Stadt angeschlossen, verslumte allmählich und wurde abgerissen, nachdem die Bewohner 1968 in den Bezirk *Preston* in Dartmouth umgesiedelt worden waren.

Dartmouth

Im ***Black Cultural Centre*** in Dartmouth werden Ursprung und der Weg der »*Black Community*« in Nova Scotia dokumentiert. Man erfährt alles über die Geschichte und über *Africville*, über das heutige Leben und die kulturellen Aktivitäten der schwarzen *Haligonians*. 1149 Main Street, Mo-Fr 9-17 Uhr, im Sommer auch Sa 10-15 Uhr, 6$; www.bccns.com

Zwischen 1785 und 1792 war Dartmouth der Sitz einer Walfangfirma, die von Quäkern aus Nantucket (USA) gegründet worden war und Kerzen, Seife und Tran produzierte – der erste Industriebetrieb der Stadt. Das ***Quaker House*** (1786) dient als Museum dieser Zeit. 57-59 Ochterloney Street, Anfang Juni–Anfang September, Di-So 10-13 und 14-17 Uhr, 2$.

Im ***Bedford Institute of Oceanography***, 1 Challenger Drive, nahe der *MacKay Bridge,* findet man im *Sea Pavillon* Wasserbecken mit Meerestieren zum Anfassen, z.B. Krabben und Hummer. Geführte Touren gibt es Mai-August auf Anmeldung, ✆ 902-426-4306, Mo-Fr 9-16 Uhr, Eintritt frei; www.bio.gc.ca

Der ***World Peace Pavilion*** an der *Waterfront* wurde 1995 während des erwähnten Gipfels der G7-Staaten eröffnet. Die Ausstellung im futuristisch pyramidenartigen Gebäude zeigt Geschenke aus über 70 Ländern, die die Hoffnung auf Frieden symbolisieren sollen: *Waterfront* im *Ferry Terminal Park*, Mai bis November 8 Uhr bis zur Dämmerung, Eintritt frei.

1.3 Lighthouse Route

Charakteristisch für die Südküste Nova Scotias sind felsige Ufer, geschützte Buchten, historische Städtchen, viele kleine Fischerdörfer und -häfen und Leuchttürme.

Zur Route

Auf der breit ausgebauten **Straße #103** (bis Lunenburg und um Liverpool Autobahn) gelangt man auf kürzestem Weg nach Yarmouth (ca. 300 km). Die ***Lighthouse Route*** (meist Straße #3, mit Umwegen über die Straßen #333 oder #329) ist fast doppelt so lang, passiert aber dafür fast alle lohnenden Ziele und Sehenswürdigkeiten entlang der Südostküste von Nova Scotia.

1.3.1 Über Peggy's Cove nach Mahone Bay

Leuchtturm

Die Straße #333 führt von Halifax zum Fischerdorf **Peggys Cove**, wo Canadas am häufigsten fotografierter **Leuchtturm** malerisch auf einem Felsmassiv steht (➪ Foto Seite 119). Im Inneren befindet sich heute ein kleines Postamt; das Leuchtfeuer funktioniert automatisch. Die Felslandschaft rund um den Turm reizt zu Erkundungen. Aber Achtung: die Brandung kann gefährlich sein.

Relief

Der kleine **Hafen** von Peggys Cove liegt idyllisch eingebettet im Herzen des Ortes zwischen den farbenfroh gestrichenen Häusern. Ein **Relief** in einer Felswand nahe der Straße stammt von *William deGarthe* und stellt ein Denkmal für die kanadischen Fischer dar. Die ***deGarthe Gallery*** nahebei zeigt Gemälde und weitere Skulpturen des Künstlers. Mitte Mai-Ende Oktober, 2$.

Restaurant

The Sou'western, Café und Restaurant, mit Andenkenladen, gleich schräg gegenüber vom Leuchtturm.

Whalesback

Die Peggy's Cove umgebende, bizarre Landschaft an der #333 zwischen den Nachbarorten West Dover und Indian Harbour zeigt deutliche Spuren der Eiszeiten: auf spärlich bewachsenem Land liegen Tausende Findlinge aus Granit. Bisweilen ragen nackte Felsbuckel wie graue Rücken aus dem Grün oder dem Meer, daher der Name ***Whalesback*** für diesen Landstrich.

Swiss Air Absturz

In dieser Umgebung steht das ***Swissair Flight 111 Memorial***, das an die über 200 Toten des Absturzes einer DC-10 1998 vor der Küste erinnert, das erheblich zum Ende der bis dahin als besonders sicher geltenden Fluggesellschaft beitrug. Auf der anderen Seite der St. Margaret's Bay, in Bayswater, befindet sich ein weiteres Denkmal.

Information • ***Peggy's Cove Visitor Centre***, 109 Peggy's Cove Rd (Internet).

Unterkunft • ***Peggy's Cove B&B***, Peggy's Cove, 19 Church Rd, © 902-634-4543 oder 1-888-634-8973, 95-165$; schöner Blick, leider nur 3 Zimmer

• ***Havenside B&B***, Hackett's Cove, 225 Boutilliers Cove Rd, © 902-823-9322 oder 1-800-641-8272; www.havenside.com, 100-145$

• ***Oceanstone Inn and Cottages***, 8650 Peggy's Cove Road, Indian Harbour, westlich der #333, © 902-823-2160 oder 1-866-823-2160, Zimmer und Suiten 95-185$, traumhafte Cottages 185-365$; www.oceanstone.ns.ca

Restaurant Zum *Oceanstone Inn* gehört das exquisite Restaurant ***Rhubarb Grill***. Vorbestellen empfohlen! © s.o.; www.rhubarbgrill.com

St. Margaret's Bay Die Straße #333 führt durch eine Reihe schön gelegener Fischerdörfer ins Innere der **St. Margaret's Bay**. Das öde, zerklüftete Land weicht hier allmählich bewaldeten Hängen. Die *Bay* soll ihren Namen der Mutter von *Samuel de Champlain* verdanken, der die Bucht 1612 erstmals kartographierte.

Eine Auffahrt zur Autobahn #103 gibt es in **Tantallon**. In **Head of St. Margaret's Bay** steht ein kleines Gezeitenkraftwerk, das bereits in den 1920er-Jahren konstruiert wurde. Die *Straße* #3 folgt der Küste mit **Sandstränden** und Bademöglichkeiten (***Cleveland Beach*** und ***Queensland Beach***).

Information/ Internetzugang Im Städtchen **Hubbards** (1790) befindet sich ein ***Visitor Services and Interpretive Centre*** (10 Pte. Richard Green Lane, unweit der Straße #3) mit Internetzugang. Den gibt's auch in der ***Public Library*** in Tantallon, Hubley Centre, 4 Westwood Blvd

Fahrrad- und Kajak-Verleih

- ***Freewheeling Adventures***, Hubbards, © 902-857-3600; www. freewheeling.ca
- ***Pedal & Sea Adventures***, 9075 St. Margaret's Bay Road, Hubbards, © 902-857-9319 oder © 1-877-777-5699; www.pedalandseaadventures.com

Marina

- ***Shining Waters Marina***, 148 Nautical Way abseits der Straße #333, Tantallon, www.shiningwaters.ca
- ***St. Margaret Sailing Club***, 5 Foxberry Hill, Crouchers Point Road, Mariners Anchorage, French Village Harbour, St. Margaret's Bay, www.smsc.ca

Unterkunft

- ***Grand View Motel and Cottages***, Black Point, direkt am Wasser, © 902-857-9776 oder © 1-888-591-5122, 68-93$, Cottages 145-155$; www.grandviewmotelandcottages.com
- ***Anchorage House & Cottages***, 56 Shore Club Road, Hubbards, © 902-857-9402 oder © 1-800-565-2624, 105-145, Cottages 115-260$; www.anchoragehouse.com

Restaurant

- ***Dauphinee Inn***, 167 Shore Club Road, Hubbards, © 902-857-1790, 99-199$. Hier gibt es auch ein gutes ***Lobster Dinner***; www.dauphineeinn.com

Die Umrundung der **Aspotogan-Halbinsel** (Straße #329) mit bewaldeten Hügeln und Fischerdörfern biete immer wieder schöne Ausblicke, kann aber bei wenig Zeit entfallen.

Die Schatzinsel Oak Island

Durch einen Damm mit dem Festland verbunden, aber trotzdem unzugänglich ist Oak Island, die rätselhafte nur eineinhalb Quadratkilometer kleine Schatzinsel Nova Scotias. Sie bewahrt seit über zweihundert Jahren erfolgreich ein Geheimnis – vielleicht. Denn **1795** entdeckte ein junger Mann an einem Baum einen Flaschenzug und darunter eine Delle im Boden. Seitdem wird hier gegraben, gesucht und gemutmaßt – bisher ohne Ergebnis.

Schon bald stieß man nach einem halben Meter auf eine Schicht aus Steinplatten, nach weiteren vier Metern kam eine Lage aus mit Schiffskitt versiegelten Eichenholzbohlen zum Vorschein. Eine weitere Grabung bis auf 10 Meter Tiefe blieb ohne Erfolg – und man gab auf. Einige Jahre später taten sich finanzkräftige Männer zu einer Gesellschaft zusammen, die neue Grabungen beim nun »***Money Pit***« genannten Schacht finanzierte. Und tatsächlich wurden in Abständen von je drei Metern Holzlagen gefunden, in 30 m Tiefe sogar eine Steinplatte mit eingeritzten Zeichen. Doch dann füllte sich der Schacht mit Meerwasser, das beim Abpumpen sofort nachströmtem, woraufhin Spekulationen einsetzen: War hier möglicherweise ein Schutzmechanismus ausgelöst worden? Sollten Unbefugte am Vordringen gehindert werden? Zusätzliche Grabungen in neuen Schächten und Gruben stützten die Theorie von künstlich angelegten Kanälen zwischen Küste und Insel. Und neuere Radiokarbonuntersuchungen ergaben, dass die Holz- und Metallfunde tatsächlich aus dem 16. und 17. Jahrhundert stammen.

Aber wer könnte hier einen Schatz vergraben haben? Waren es Piraten? Oder spanische Eroberer, die Gold und Silber aus Südamerika beiseite schafften, statt die Beute ihrem Monarchen abzuliefern? Schließlich liegen auch Wracks spanischer Schiffe vor Neuschottlands Küste. Selbst der ominöse heilige Gral wurde schon auf Oak Island vermutet. Nichts als Theorien und Spekulationen indessen. Denn seit über 200 Jahren, in denen Vermögen im *Money Pit* versenkt wurden und sechs Menschen zu Tode kamen, fand sich je ein Schatz.

Nichts desto weniger gibt es immer noch ein Handvoll Leute, die über Eigentumsrechte verfügen, im Untergrund der Insel werkeln und eifersüchtig ihren Zugang kontrollieren, der Fremden längst verwehrt ist. Oak Island, Schauplatz der längsten Schatzsuche der Geschichte, wird wohl ewig ein Rätsel bleiben.

Alle Einzelheiten erfährt man heute im Internet unter

www.oakislandtreasure.co.uk

www.activemind.com/Mysterious/Topics/OakIsland

www.zdf.de/ZDFde/inhalt/21/0,1872,2016085,00.html

1

Mahone Bay

Die **Mahone Bay** ist ein Paradies für Segler. Ihre Buchten und über 100 Inseln eignen sich auch gut für **Kanu- und Kajaktouren**.

Chester

Das 1759 gegründete ***Chester*** war früher eine Seeräubernest. In der Zeit der amerikanischen Prohibition spielte es eine große Rolle beim Schmuggeln von Alkohol. Heute ist das freundliche Städtchen Ferienort für Großstadtflüchtlinge. In den Straßen fallen viele gut erhaltene alte Häuser auf.

Das ***Lordly House Museum*** von 1806 in georgianischer Architektur zeigt das Leben eines reichen Kaufmanns und Bürgermeisters sowie Details aus der Lokalgeschichte; 133 Central Street, Eintritt frei, aber Spende (öffentlicher Internetzugang).

Die ***St. Stephen's Anglican Church*** kann in der Sommer nachmittags besichtigt werden (60 Regent Street, 13.30-16.30 Uhr).

Im ***Chester Playhouse*** gibt es im Sommer regelmäßig Theater- und Musicalaufführungen, Konzerte und Shows, meist am Wochenende. 22 Pleasant Street, © 902-275-3933 oder 1-800-363-7529; www.chesterplayhouse.ns.ca

Von einem kleinen Pavillon (*Bandstand*) auf dem *Parade Square* überblickt man den **Yachthafen**. Dicht daneben am Kriegerdenkmal fällt neben den langen Listen aus den Weltkriegen ein Eintrag aus dem Jahre 2002 auf: Ein Soldat aus Chester starb in Afghanistan durch *friendly fire*, den Beschuss durch US-Soldaten.

Tancook Islands

Über eine regelmäßige Fährverbindung sind die 8 km entfernten **Tancook Islands** erreichbar, die im 18. Jahrhundert durch Briten, Hugenotten und Deutsche besiedelt wurden und bis heute durch die Produktion von Sauerkraut bekannt sind. Auf der größeren der beiden Inseln gibt es ein **Museum** mit altem Hausrat und Gerätschaften sowie Restaurant und Andenkenladen. Eintritt frei.

Fährschiff »*William G. Ernst*«, 2-3 mal täglich, hin und zurück 5$

Internet
- ***Julians Bakery,*** 43 Queen Street
- ***Lordly House Museum,*** 133 Central Street

Marina
- ***South Shore Marine,*** 130 Marina Rd., Marriott's Cove, Chester, © 902-275-3711; www.southshoremarine.ca
- ***Gold River Marina,*** 242 Demont Road, Chester Basin, © 902-275-1322; www.goldrivermarine.com
- ***Oak Island Marina***, 51 Vaughn Road, Western Shore, © 902-627-2600, www.oakislandresortandspa.com/public/Marina.aspx

Unterkunft
- ***Mecklenburgh Inn***, 78 Queen Street, © 902-275-4638, 85-135$; www.mecklenburghinn.ca
- ***Windjammer Motel,*** 4070 Highway #3, © 902-275-3567, 55-85$

Camping
- ***Graves Island Provincial Park***, 230 Graves Island Road, East Chester, 83 Plätze, Mai-Mitte Oktober, am Meer, Duschen, WC, Wasseranschluss, *Dumping*, 18$, extra Platz für Zelte.
- ***Rayport Campground***, 165 Shingle Mill Road, Martin's River, Mitte Mai-Anfang Oktober, 70 Plätze, Duschen, Pool, 21-30$.

Straße #12

Von der Ausfahrt 9 der Autobahn #103 führt die Straße #12 nach Kentville/Wolfville. Wer nur Zeit für eine verkürzte Rundfahrt hat, könnte über diese Route den Westteil Nova Scotias »abschneiden«. Auf etwa halber Strecke passiert man die ***Ross Farm***, ein aktives Landwirtschaftsmuseum. Dort demonstrieren zeitgenössisch kostümierte Mitarbeiter Arbeitstechniken aus dem 19. Jahrhundert. Geöffnet ganzjährig, Programme nach Jahreszeit, Mai-Oktober 9.30-17.30 Uhr, November-April nur Mi-So 9.30-16.30 Uhr; Eintritt 6$, Kinder 2$; www.museum.gov.ns.ca/rfm

Mahone Bay

Mahone Bay, 1754 gegründet, ist ein freundliches Hafenstädtchen an der gleichnamigen Bucht. Den pittoresken Ort mit vielen alten gut erhaltenen, farbenfrohen Holzhäusern überragen sechs **Kirchtürme**. In der ***Main Street*** (Straße #3) finden sich kleine Läden, Galerien, Cafés und Restaurants. Am meisten los ist hier Anfang August, wenn das alljährliche ***Classic Boat Festival*** stattfindet www.mahonebayclassicboatfestival.org. Wer hier im Herbst unterwegs ist, sollte das ***Scarecrow-Festival*** besuchen.

www.mahonebay. com/visitor calendar scarecrow festival.html

Unterkunft
- ***Mahone Bay B&B***, 558 Main Street, © 902-624-6388, 65-125$
- ***Hostel Kip & Kaboodle***, 9466 Maders Cove, © 902-531-5494 oder 1-866-549-4522, 25$; www.kiwikaboodle.com

Snack

The Cheesecake Gallery & Bistro, 533 Main Street

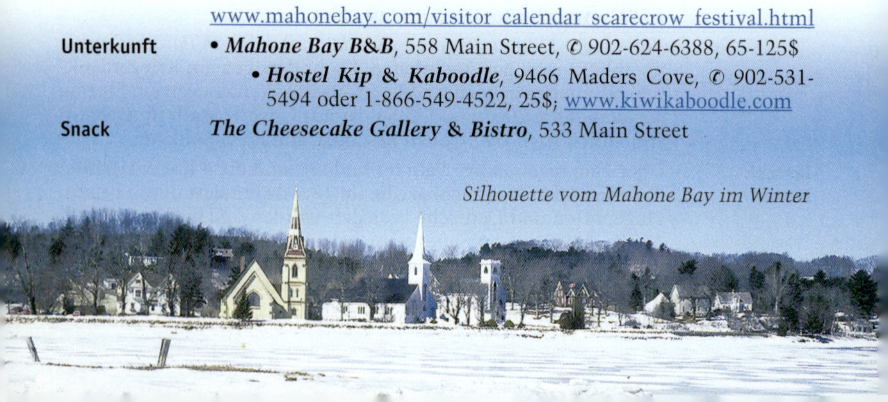

Silhouette vom Mahone Bay im Winter

Scarecrow-Festival

Jedes Jahr Anfang Oktober findet in Mahone Bay das **Vogelscheuchenfest** statt. Fantasievoll selbst gebastelte Figuren schmücken dann den ganzen Ort, ein eigenständiger Brauch, unabhängig von *Thanksgiving oder Halloween*. Am Wochenende findet die ***Ghosts & Gables Walking Tour*** statt, eine Führung, während der die Geister und Giebel der Stadt erläutert werden. Unter den Figurenensembles trifft man auch Zeitgenossen wie *Harry Potter*, die *Royal Family* und diverse Politiker. Gäste werden auf den magischen Kürbispfad gelockt, auf dem sie über 100 Schnitzereien aus ausgehöhlten Kürbissen bewundern oder auch kaufen können. Das Ereignis wird durch ein Kinderprogramm, ein Weinfest, eine Oldtimer-Show, einen Trödelmarkt, ein Konzert und zahlreiche Ausstellungs- und Verkaufsaktivitäten abgerundet.

1.3.2 Lunenburg und Umgebung

Lunenburg, eine bezaubernde Stadt voller Farbe, Kultur und Geschichte, liegt an einem schönen Naturhafen. 1753 wurde sie von vorwiegend deutschen und Schweizer Siedlern gegründet, die von den Briten nach Nova Scotia geholt worden waren. Zuverlässig, arbeitsam und zielstrebig sollten die *foreign protestants* das Land erschließen, besser als die bis dato nach Übersee verbrachten trinkfesten Lumpenproletarier aus Londons Vorstädten.

UNESCO Weltkulturerbe

Lunenburgs heutige Altstadt wurde nach Plänen der Kolonialmacht schachbrettartig angelegt. Sieben, jeweils 48 Fuß breite Straßen verliefen von Nord nach Süd, nur die Hauptstraße King's Street durfte 80 Fuß breit sein. Im rechten Winkel zu diesen Magistralen verlegte man neun 40 Fuß breite Straßen in Ost-West-Richtung. Die entstandenen Blocks wurden in jeweils 14 Grundstücke aufgeteilt. Das Gelände der Stadt ließen die Planer in Londons Schreibstuben indessen außer acht; daher verlaufen die schnurgeraden Straßen streckenweise sehr steil.

Viele der Holzhäuser der Altstadt stammen noch aus dem 18. und 19. Jahrhundert und befinden sich in einem gepflegten baulichen Zustand. Das macht Lunenburg zu einem Schmuckstück, das zum **UNESCO-Weltkulturerbe** erklärt wurde.

Stadtbummel

Das älteste Gebäude der Stadt ist das ***Bailly House*** von 1780 (134 Pelham Street). Das ***Knaut-Rhuland House*** von 1793 wir museal genutzt (125 Pelham/King Street, Anfang Juni-Ende September). Die ***Houston North Gallery*** zeigt Kunst der Inuit (110 Montague Street, www.houston-north-gallery.ns.ca), ➪ Seite 149.

Das zweitälteste anglikanische Gotteshaus Canadas und überdies eine der schönsten neugotischen Holzkirchen der Provinz, die ***St. John's Church***, fiel zwar in der Halloween-Nacht zum 1. November 2001 einer Brandstiftung zum Opfer, wurde aber inzwischen wieder rekonstruiert.

Ein Bummel durch Lunenburg, das sich immer wieder zur Hafenbucht hin öffnet, darf man sich nicht entgehen lassen.

Bluenose II

Fischerei und Schiffbau spielten in Lunenburg von den Anfängen bis heute die Hauptrolle und prägen das Stadtbild am Hafen. Schmuckstück ist dort die ***Bluenose II***, deren An- oder Abwesenheit bereits auf einem Schild an der Autobahn #103 (Ausfahrten 10 und 11) signalisiert wird. Wer Lust hat, braucht sich nicht auf die Besichtigung des berühmten Schoners zu beschränken, sondern kann mitsegeln. Details unter ✆ 902-634-4794 und im Internet: www.bluenose2.ns. ca; dort gibt es auch eine Liste der Häfen, die im Laufe der Saison von der *Bluenose II* angelaufen werden.

Museum

Lohnend ist ein Besuch im ***Fisheries Museum of the Atlantic*** (68 Bluenose Drive; dort auch Tickets für Törns mit der *Bluenose II*) in einer ehemaligen Fischfabrik. Es thematisiert die Geschichte des Fischfangs an Canadas Atlantikküste: u.a. kann man dort das Fangschiff *Theresa E. Connor* erkunden, beim Bootsbau zuschauen und im *Aquarium* die Fauna des Atlantik nicht nur sehen, sondern im *Touch Tank* auch berühren. Dazu gibt es Filme und Spezialausstellungen u.a. zum *Rum Running*, dem Alkoholschmuggel. Mitte Mai-Mitte Oktober 9.30-17.30 Uhr, Juli-August Di-Sa bis 19 Uhr, 9$; außerhalb der Saison Mo-Fr 8.30-16.30 Uhr, 4$; www.museum.gov.ns.ca/fma.

Auffällig im Hafenbereich ist der leuchtend rote Gebäudekomplex von ***Adams & Knickle***, eines bekannten Schiffsausrüsters. Bei der angrenzenden ***Government Wharf*** befindet sich der zeitweilige Liegeplatz der ***Picton Castle***. Der Dreimaster läuft regelmäßig zu Jahrestörns aus. Anheuern kostet: 3 Monate US$12.500, 12 Monate US$39.000. www.picton-castle.com.

Dreimaster Picton Castle in Lunenburg

Festival Anfang August findet das ***Lunenburg Harbour Folk Festival*** mit internationaler Beteiligung statt (www.folkharbour. com). Deutsche Traditionen werden beim jährlichen **Oktoberfest** lebendig.

Information/ Camping Das ***Visitor Information Centre*** liegt außerhalb des Zentrums an der Blockhouse Hill Road (Mai-Oktober 9-20 Uhr; mit Internetzugang). Auch ein kleiner Campingplatz befindet sich dort.

Internet

- ***Lunenburg Public Library***, 19 Pelham Street

Bootstrips

- Außer mit der *Bluenose II* kann man mit der ***Eastern Star*** segeln, Exkursionen zum Hummerfischen oder Whale Watching buchen. Mehr im *Visitor Center* oder am Dock (Höhe King Street).

Fahrradverleih

- ***Lunenburg Bicycle Barn***, 579 Blue Rocks Road, © 902-634-3426; www.bikelunenburg.com

Unterkunft

- ***Rum Runner Inn***, 66-70 Montague Street, © 902-634-9200, 59-169$; www.rumrunnerinn.com
- ***Kaulbach House Historic Inn***, 75 Pelham Street, © 902-634-8818, 109-169$; www.kaulbachhouse.com
- ***Smuggler's Cove Inn***, 139 Montague Rd, © 902-634-7500, 98-169$

Restaurant

- ***Rum Runner Restaurant***, gute internationale Küche und *Seafood*, 66 Montague Street
- ***Old Fish Factory***, 68 Bluenose Drive, im Obergeschoß des *Fisheries Museums*, Eingang von der Gebäuderückseite

Tipp Wunderschöne Blicke über Lunenburgs Hafen und die bunten Häuser mit der alles überragenden *Academy* – einer *High School* aus Holz, die wie ein europäisches Schloss wirkt – öffnen sich beim Umfahren der Hafenbucht in Richtung Golfplatz auf der gegenüberliegenden Landspitze (*Kaulback Head*).

Bluenose II

International Fishermen's Trophy hieß der Preis, den der *Halifax Herald* 1920 für eine Serie von Regatten für Fischerboote aus den USA und Canada auslobte. Der Schoner *Esperanto* aus Gloucester/Maine (USA) gewann das Rennen. Enttäuschte Neuschotten beauftragten daraufhin den Schiffsarchitekten *William J. Roué*, einen Segler zu konstruieren, der die Regatta gewinnen könnte. Der Schoner ***Bluenose*** wurde im März 1921 vom Stapel gelassen und gewann die nächste Regatta. Das wiederholte sich 18 Jahre lang bis zur letzten Regatta 1938. Der 2. Weltkrieg beendete die Ära der großen Fischereisegler. Moderne Trawler aus Stahl übernahmen die Arbeit. Die *Bluenose* wurde in die Karibik verkauft, wo sie 1946 bei Haiti auf ein Riff lief.

1963 entstand in Lunenburg in derselben Schiffswerft wie über 40 Jahre zuvor ein unveränderter Nachbau auf der Grundlage der alten Konstruktionspläne. Ein Stifter verkaufte später die ***Bluenose II*** für nur einen symbolischen Dollar an die Provinz Nova Scotia. Der Zweimaster verfügt über die gewaltige Segelfläche von 1036m^2, mit der er bis zu 16 Knoten erreicht. Rennen fährt das Schiff jedoch nicht mehr. Aber der Berühmtheit des Schiffes tut das keinen Abbruch, zumal die *Bluenose* auf der 10-Cent-Münze verewigt wurde und jedem Kanadier bekannt ist.

In Lunenburgs Umgebung

Blue Rocks

Von der Altstadt *Lunenburg* in Richtung Osten (Pelham Street) führt die Straße nach **Blue Rocks** am Ende der Halbinsel. Alte Fischerhäuschen und Lagerschuppen garniert mit Hummerfallen und Fischernetzen kleben an der felsigen Küste, deren Schiefer zeitweise blau schimmert.

Ovens Park

Die Straße #332 passiert südlich von Lunenburg mehrere schöne Buchten, bis nach etwa 10 km die Straße zum ***Ovens Natural Park*** nach Osten abzweigt. Natürliche Höhlen in der steilen Felswand wurden während der 1860er-Jahre auf dem Höhepunkt eines kurzen Goldrausches zu Stollen vertieft.

Ein kurzer Pfad erlaubt spektakuläre Blicke auf die von der Brandung gepeitschten Steilufer. Man kann zur ***Cannon Cave*** hinab steigen, einen Blick in die Tiefe werfen und den enormen Widerhall hören, den die Wellen in der Höhlung erzeugen.

Am Eingang des *Ovens Park* verleiht das kleine ***Gold Rush Museum*** Pfannen zum Goldwaschen mit der Eigenwerbung »ganz sicher der langsamste Weg, um reich zu werden«. Eintritt 8$, mit Führung plus 3$. Leihpfanne 6$, das Waschen des mit winzigen Goldflocken präparierten Sandes ist dann kostenlos.

Eine Bootstour zu den goldaderhaltigen Felsenhöhlen kostet 23$.

Camping

- ***Ovens Natural Park***, 14 km südlich von Lunenburg Straße #332, 65 RV-Plätze, 25 Zeltplätze im Wald, 50 Zeltplätze am Meer, Duschen, Swimming Pool, *Dumping Station*, ab 25$.

Kingsburg

Weiter südlich zweigt in Rose Bay von der Straße #332 die Zufahrt nach Kingsburg ab. Das früher reine Fischerdorf auf einer vorgeschobenen Landzunge entwickelte sich dank zweier langer Sandstrände (***Kingsburg Beach*** und ***Hirtles Beach***) in den letzten Jahrzehnten zu einem beliebten Ferienort. Dem auch im Sommer hier kalten Meerwasser weichen viele Strandbesucher aus, indem sie die warme **Lagune** jenseits der Düne zum Baden nutzen.

In einer unscheinbaren roten Scheune weiter oben im Ort befindet sich die beachtliche ***Inuit Art Gallery*** (86 Mosher Rd, © 902-766-4888, geöffnet nach Vereinbarung); www.arcticinuitart.com.

Die Kunst der *Inuit*

Inuit bedeutet »Menschen« – so bezeichnen sich die Ureinwohner des hohen Nordens selbst. Sie bewohnen die Breiten nördlich der Baumgrenze, ein Gebiet mit harschen, unwirtlichen Lebensbedingungen.

Bereits die Vorfahren der *Inuit*, die Dorset-Eskimo, haben vor 2000 Jahren aus Walrossknochen und Holz Skulpturen geschaffen, die Tiere, menschliche Gestalten und Masken darstellen und wohl religiöse oder magische Bedeutung besaßen. Später wurden ebenfalls Knochen und Steine bearbeitet. Außer Werkzeugen und Waffen entstanden viele figürliche Skulpturen, die als Tauschobjekte bei Europäern begehrt waren.

Die Kunst der *Inuit* hat eine Vielzahl regionaler Stile und individueller Ausdrucksformen ausgebildet. Die Materialien und Arbeitsweisen sind vielfältig, ebenso wie die Art der Darstellung von realistischen Formen über elegante Stilisierung bis zur reduzierenden Abstraktion. Wiederkehrende Motive liefert die arktische Tierwelt. Neben Vögeln, Robben, Bären und Fischen spielen aber auch menschliche Figuren eine Rolle, oft in Jagd- oder Alltagsszenen. Darüber hinaus gibt es sogenannten »Transformationen«: Gestalten, die den Übergang von Mensch, Tier und Geist ausdrücken.

Das Kunsthandwerk der *Inuit* trägt heute einerseits dazu bei, alte Traditionen zu bewahren, und sichert andererseits einen Teil des Lebensunterhaltes.

1.3.3 Zwischen La Have und Sable River

Bridgewater

Landeinwärts am Ende der Autobahn #103 liegt **Bridgewater** am La Have River. Außer ein paar gut erhaltenen Häusern gibt es keine Sehenswürdigkeiten. Die Stadt ist jedoch wichtigstes kommerzielles Zentrum zwischen Halifax und Yarmouth.

Das ***DesBrisay Museum*** vermittelt Einblicke in Geschichte, Geographie und Natur der Region und zeigt historisch-kunsthandwerkliche Arbeiten von *Mi'kmaq* und Siedlern (130 Jubilee Road, am *Town Park*, Woodland Gardens, 9-17, sonntags 13-17 Uhr).

In der ***Wile Carding Mill*** wird vorgeführt, wie vor 150 Jahren Wasserkraft eingesetzt wurde, um Wolle zum Spinnen aufzubereiten. 242 Victoria Road, 1. Juni-30. September 9-17 Uhr, 3$.

Internet

- ***South Shore Regional Library***, 547 King Street
- ***Guppy's Place Restaurant***, New Germany, 4744 Straße #10

Unterkunft

- ***Auberges Wandlyn Inn***, 50 North Street (Richtung #103, Ausfahrt 12), © 902-543-7131, 84-195$
- ***River Reflections B&B***, 255 King Street (Downtown), © 902-527-2682, 100-125$; www.riverreflections.ca.

Küstenrouten

An der Mündung des La Have River verbindet eine **Kabelfähre** die Straßen #332 und #331.

La Have

Das ***Fort Point Museum*** in **La Have** erinnert an eine französische Befestigung aus dem Jahr 1632, als La Have kurz die Hauptstadt von *Acadia* war (Juni-September, 10-17 Uhr).

Alternativen zu dem in Supermärkten erhältlichen kanadischen Brot bietet die ***La Have Bakery***, die außerdem ein guter Platz für eine Kaffeepause mit frischem Kuchen ist.

Straße #331/ La Have Islands

Die #331 verläuft küstennah über Petite Riviere nach Mill Village. Ein Abstecher könnte hier den La Have Islands gelten, von denen ein Großteil keine echten Inseln, sondern über einen Landstreifen samt der mit Autos befahrbaren ***Crescent Beach*** mit dem Festland verbunden sind. In einer früheren Kirche auf Bell Island residiert ein kleines **Marinemuseum** mit vielen Gerätschaften und Kuriositäten; www.lahaveislandsmarinemuseum.ca.

Camping Zum ***Rissers Beach Provincial Park*** zwischen La Have und Petite Riviere gehören zwei Campingplätze. Mitte Mai-Mitte Oktober, Umkleideraum und Kiosk am Strand, *Dumping Station* am nördlichen Platz (jenseits der Straße), Duschen, Spielplatz, 18$.

Cherry Hill Der nächste schöne Strand liegt südlich von Petit Riviere bei **Cherry Hill** (Abbiegen am Feuerwehrhaus). Dort verändert sich die Strandlinie nach jedem größeren Sturm. In Strandnähe befindet sich eine Niststätte des bedrohten *Piping Plover*, von dem nur noch 60 Brutpaare existieren.

Straße #103 Wer von dort auf schnellstem Weg nach Liverpool und weiter möchte, folgt ab Mill Village der dort wieder bis Port Mouton als Autobahn ausgebauten #103.

Port Medway Attraktiver ist auch weiterhin die *Lighthouse Route* durch hübsche Küstendörfer. Ein Abstecher führt nach **Port Medway**, einem gepflegten kleinen Fischerhafen. 5 km südlich davon (*Long Cove Road*) steht auf *Medway Head* ein alter Leuchtturm über einem großen zerklüfteten Felsmassiv, gegen das die Brandung tobt. Dieser Anblick ist ähnlich spektakulär wie in Peggy's Cove, jedoch kaum vom Tourismus entdeckt.

Internet
- ***Farmers Medway Market***, 1615 Port Medway Road, 1$/h

Unterkunft
- ***Camp Medway Bay***, Medway Harbour Road, Mill Village, Ferienhäuser, ✆ 902-677-2418, Minimum 3 Tage ab 390$, Wochenpreis ab 720$; www.cottagevacations.info

Auf den Küstenstraßen erreicht man auch ***West Berlin*** und ***East Berlin*** – beides Fischerdörfer, deren Siedler großenteils aus Deutschland kamen, wie die Bezeichnungen schon vermuten lassen und man auch an den Namen auf den Briefkästen sieht. In **Beach Meadows** gibt es wieder einen schönen breiten Sandstrand.

Liverpool ist eine freundliche Kleinstadt mit guten Einkaufsmöglichkeiten und einer Handvoll interessanter Museen. Genau wie die gleichnamige britische City liegt es am Mersey River. Die *Mi'kmaq*, die sich hier vorwiegend mit Kanus durch das Land bewegten, nannten den Ort wegen der natürlichen Hafenbucht »*Ogomkegea*« – Abfahrtstelle. Liverpool wurde 1759 durch englische Siedler gegründet und erwarb sich einst als Heimathafen »offiziöser« Freibeuterschiffe den Beinamen ***Home of the Privateers*** (Freibeuter mit staatlicher Konzession, ➪ Essay). Heute lebt die Stadt von Holzwirtschaft (im Nachbarort Brooklyn befindet sich eine moderne umweltfreundliche Papierfabrik) und natürlich von der Fischerei.

In jedem Sommer finden Ende Juni/Anfang Juli die ***Privateer Days*** statt, ein Volksfest mit kostümierten Piraten, www.privateerdays.com.

Privateers – »Piraten« im Auftrag des Königs

Die Geschichte der Liverpooler ***Privateers*** begann 1777 am Anfang des amerikanischen Unabhängigkeitskrieges. *Privateers* sind Freibeuter, keine Piraten. Sie kaperten nicht auf eigene Faust und Rechnung, sondern hatten den *Letter of Marque*, die Genehmigung des englischen Königs, feindliche Schiffe, speziell amerikanische, zu entern und deren Fracht zu beschlagnahmen. Dabei wurden Mannschaft und Passagiere der gekaperten Schiffe im allgemeinen humaner behandelt als von gemeinen Piraten. Die aufgebrachten Schiffe wurden nach Halifax zur *Privateers Wharf* geschickt, wo die Admiralität über die Rechtmäßigkeit der Beschlagnahmung entschied. Im positiven Fall konnte die Ladung versteigert werden. Der Erlös wurde zwischen dem englischen König, den Behörden und dem Eigner des *Privateer*-Schiffes aufgeteilt, .

Die Liverpooler Schiffe gehörten seinerzeit zu den erfolgreichsten Freibeuterseglern, und die Finanzen ihrer Eigner brachten Wohlstand in die Stadt.

Museen in Liverpool

Eine Besonderheit ist das ***Sherman Hines Museum of Photography*** mit Ausstellungen zur Geschichte der Fototechnik sowie Werken von Hines, MacAskill, Yousuf Karsh u.a. in der 219 Main Street im ehemaligen Rathaus der Stadt, Eintritt 4$ (gilt auch fürs auch für ***Rossignol Centre***; beide Museen geöffnet Mai-Oktober, Mo-Sa 10-17.30, Juli-August auch So 12-17 Uhr); www.sherman-hinesphoto graphymuseum.com

Wahrscheinlich das einzige ***Outhouse Museum*** der Welt (*Outhouse* = Toilette/Abort) findet man im ***Rossignol Cultural Centre***, in dem auch präparierte Wildtiere, Objekte zu Jagd und Fischfang der Region, eine Trapperhütte, Artefakte der *Mi'kmaq* u.a. mehr zu bestaunen sind (205 Church Street; www.rossignolcultural centre.com). An der Gebäuderückseite befindet sich die Bibliothek mit öffentlichem Internetzugang.

Das ***Queens County Museum*** (109 Main Street, Eintritt 2$, Juni-Mitte Oktober 9.30-17.30, Mitte Oktober-Mai Mo-Sa 9-12 und 13-17 Uhr) ist ebenso regional orientiert wie das ***Perkins House Museum*** gleich nebenan, das einem Kaufmann und Eigner von *Privateer*-Schiffen gewidmet ist (105 Main Street, Eintritt 2$; Juni-Mitte Oktober 9.30-17.30 Uhr, sonntags 13-17.30 Uhr).

Zum ***Fort Point Lighthouse Park*** gehört der als Museum hergerichtete **Leuchtturm** mit vielen Informationen zur Besonderheit der Freibeutergilde *Privateers* (15. Mai-8. Oktober, frei).

Theater/Kino Das ***Astor Theatre*** ist eine kombinierte Spielstätte für Theater, Konzerte und Filmvorführungen, 59 Gorham Street/Main Street; www.astortheatre.ns.ca

Marina ***Brooklyn Marina and Waterfront Park***. An dessen Eingang liegt eine Replik des einst hier erbauten *Privateer*-Schiffes *The Rover*; www.brooklynmarina.ca

Internet
- ***Thomas H. Raddall Library***, 145 Old Bridge Street, Liverpool (auf der Rückseite des *Rossignol Cultural Centre*)

Unterkunft
- ***Lanes Privateer Inn***, 33 Bristol Avenue, Straße #3, © 902-354-3456 oder © 1-800-794-3332, 94-150$; auch **Restaurant** und Pub www.lanesprivateerinn.com
- ***Motel Transcotia***, Brooklyn, Staße #3, © 902-354-3494, 65-70$

Wandern Auf einer ehemaligen Eisenbahntrasse (***Rails to Trails***) führt ein 8 km langer Wanderweg von Liverpool nach Summerville. Beginn ist in Liverpool, West Street (#3), hinter dem *Municipal Building*.

Straße #3/ Strände Die *Lighthouse Route* entspricht ab Liverpool zunächst der Straße #3, die weitere schöne Strände passiert: ***White Point Beach***, ***Hunts Point*** und ***Summerville Beach***.

Unterkunft
- Das ***White Point Beach Resort*** (Hotel und *Cottages*, Bar, Pool; Golf und Tennis nahebei) liegt auf einer Nehrung, viele amerikanische Gäste, © 902-345-2711, 140-460$; www.whitepoint.com
- ***Frasers Ocean View Cottages***, Hunts Point, direkt am Strand und an der #3, © 902-683-2012, 95-135$

Unterkunft/ Restaurant
- ***Quarterdeck Beachside Villas & Grill***, Summerville Beach, #3, © 902-683-2998 oder 1-800-565-1119, 129-339$. Zum *Quarterdeck* gehört ein **Restaurant** mit urgemütlicher Atmosphäre und ausgezeichneter *Seafood*; www.quarterdeck.ns.ca

Internet ***White Point Beach Lodge,*** 75 White Point Loop Road

Strand Für gut 20 km läuft die *Lighthouse Route* hinter Hunts Point wieder auf der #103, bevor sie bei Ausfahrt 23 in **Sable River** ein weiteres Mal die #3 aufnimmt. Doch wer den **schönsten Strand Nova Scotias** sehen will, sollte vorher in Central Port Mouton (Ausfahrt 21) die Stichstraße zur ***Carters Beach*** nehmen. In drei halbmondförmigen Bögen, jeweils durch Landzungen getrennt, lädt dort makellos weißer Strand zum Baden ein, so die Wassertemperatur mitspielt.

St. Catherines River Beach im Kejimkujik National Park, Seaside Adjunct

Internet
- ***Coastal Queens Place***, 8100 Highway #103, Port Mouton

Hostel
- ***Port Mouton International Hostel***, 8100 Highway #103, Port Mouton, © 902-947-3140, Email: pmhostel@eastlink.ca, 20$

Küstenabschnitt des Kejimkujik Nat'l Park

Zurück auf der #103 folgt nach wenigen Kilometern der Abzweig zum ***Seaside Adjunct*** des ***Kejimkujik National Park***. Nach etwa 5 km über die St. Catherines Road erreicht man den Parkeingang. Von dort erschließen zwei Wanderwege ein riesiges, naturbelassenes Gelände. Durch Wald, Büsche, Sumpf- und Heidelandschaft gelangt man entweder auf direktem Weg (hin und zurück 6 km) oder über Port Joli Head an einer zerklüfteten, steinigen Uferlandschaft entlang (hin und zurück 9 km), zur fantastischen ***St. Catherines River Beach*** auf einer Nehrung, die ein Binnengewässer fast ganz vom Atlantik separiert. Dem Strand vorgelagert sind kleine Felsinseln, auf denen man oft Robben sichtet.

Eintritt in den Nationalpark Juni-Oktober 4$, sonst frei. Campen kann man dort nicht.

Thomas Raddall Provincial Park

Jenseits der bis weit ins Land reichenden Bucht Port Joli Harbour liegt der ***Thomas Raddall Provincial Park*** auf einer Halbinsel; Zufahrt ab der #103 auf der Straße zum *Point L'Hebert*.

Dort zieht vor allem die ***Sandy Bay Beach*** mit einem ähnlich langen Sandstrand wie im benachbarten Nationalpark Besucher an. Nördlich der *Sandy Bay* befindet sich der **Campingplatz** mit verschiedenen Arealen, die teilweise nur *Walk-in Camping* mit Zelt erlauben; 82 Plätze, Duschen, WC und einfache Toiletten, *Dumping Station*, 18$; Reservierung unter © 1-888-544-3434.

In der Nähe des Parks befindet sich ein Schutzgebiet für Wasservögel (***Port Joli Migratory Bird Sanctuary***). Auch an der nächsten Halbinsel (*Port L'Hebert*) gibt es noch zwei solcher Refugien.

1.3.4 Kejimkujik National Park

Kennzeichnung

Das Hauptareal (380 km²) des *Kejimkujik Park* liegt abseits der Touristenrouten entlang der Küsten mitten im Land etwa 70 km von Liverpool und 40 km von Annapolis Royal entfernt (Straße #8). Nur etwa ein Fünftel seines Gebietes aus unberührter Wildnis, Wald, Seen und Wasserläufen ist per Fahrzeug zugänglich. Besonders beliebt ist er für Kanu- und Kajaktrips, biete aber auch schöne Wanderpfade und Bikerouten.

Information

Gleich hinter der Einfahrt in den Nationalpark (Eintritt 5,50$) südlich von Maitland Bridge befindet sich das ***Visitor Information Centre*** (ganzjährig geöffnet, Mitte Juni-Anfang September 8.30-20 Uhr, September-Mitte Juni 8.30-16.30 Uhr, im Winter am Wochenende geschlossen).

Wandern

Die auf der Übersichtskarte (umseitig) ausgewiesenen *Trails* sind zwischen 300 m und 20 km lang, wobei die beiden längsten als Radwanderwege ausgewiesen sind. Empfehlenswert sind folgende drei **Kurzwanderungen** (jeweils 3 km):

- ***Trail*** zum ***Peter Point***, der auf einer Landzunge liegt, die weit in den Kejimkujik Lake reicht
- ***Trail*** zum ***Snake Lake*** (kombinierbar mit *Peter Point Trail*)
- ***Gold Mines Trail***, Lehrpfad zur Goldgräbergeschichte des Parks

Im *Indian Summer* bietet der ***Trail*** **am Mersey River** entlang (ca. 7 km retour) ein traumhaftes Farberlebnis.

Kanurevier Kejimkujik

Bei **Jakes Landing** gibt es eine **Ausleihstation** für Kanus. Ausgestattet mit Kanu, Paddel und Schwimmweste erhält man auch eine Karte des Lake Kejimkujik. Der See ist mit numerierten, farbigen Bojen so gut gekennzeichnet, dass sich auch ein Anfänger nicht »verpaddeln« kann und leicht zurückfindet. Die Größe des Sees sorgt indessen bei aufkommendem Wind rasch für starke Wellenentwicklung. Dann bleibt man am besten in Ufernähe.

Generell machen die gemächlich fließenden Flüsse und ruhigen Seen machen den *Kejimkujik* zum besten Kanurevier Nova Scotias. Die meisten Gewässer sind miteinander verbunden, so dass man schöne Mehrtagestouren unternehmen kann, zumal es zahlreiche Plätzchen fürs Wildniscamping gibt. Alle Details dazu finden sich im ***Backcountry Guide***, erhältlich im *Visitor Centre*.

Mi'kmaq Historic Site

Nicht nur wegen der traditionellen Wasserstraßen und der ehemaligen Lagerplätze der *Mi'kmaq* Indianer im Parkbereich, sondern auch wegen sog. Petroglyphen auf Felswänden an den Seeufern erhielt der Park zusätzlich die Bezeichnung ***Mi'kmaq Historic Site***. Die in den weichen Stein geritzten ***Petroglyphs*** zeigen in einfacher Form Menschen, Szenen und Gegenstände aus dem Alltagsleben und stammen wahrscheinlich aus dem 18. und 19. Jahrhundert. Wer sich dafür interessiert, kann an Führungen zu den Petroglyphenwänden teilnehmen.

Naturbeobachtung

Ziemlich häufig begegnet man in diesem Park den grazilen **Weißwedelhirschen**. An manchen Stellen sieht man auch Spuren der **Biber**: benagte Baumstümpfe oder Biberburgen. Gar nicht selten watschelt einem ein **Stachelschwein** über den Weg. Und **Waschbären** interessieren sich überall penetrant für Lebensmittel.

Sehr rar hingegen sind die geschützten Sumpfschildkröten und die Fliegenden Eichhörnchen. Wer als Rucksackwanderer oder mit dem Kanu ins *Backcountry* vordringt, muss sich sogar vor **Bären** in acht nehmen.

Fahrrad

Ebenfalls an ***Jakes Landing*** kann man außer Kanus auch Mountainbikes leihen und den Park per Rad erkunden.

Angeln

Wer angeln möchte, muss dafür im *Visitor Centre* eine Lizenz erwerben (9,90$ pro Tag) und die im Nationalpark gültigen *Fishing Regulations* beachten, was streng kontrolliert wird.

Baden

Das Wasser im *Kejimkujik Lake* ist im Sommer mit Temperaturen über 20°C gut zum Baden geeignet. Strände befinden sich an *Merrymakedge*, an *Jeremys Bay* sowie an manchen der nur mit dem Kanu erreichbaren Inselchen.

Camping

Jeremys Bay: 320 Plätze für RV und Zelte, WC und Duschen; Mai-Oktober, 24,75$; November-April 17,80$.

Es gibt insgesamt 44 ausgewiesene **Wildniscampingplätze** an den Ufern oder auf den Inseln der *Kejimkujik*-Gewässer. Für ihre Nutzung ist die Anmeldung im *Visitor Centre* erforderlich; 8$.

Bootsanlegesteg im Kejimkujik Park

Unterkunft & Restaurant

Feste Quartiere und Gastronomie gibt's nur außerhalb des Parks:

- ***Whitman Inn*** in Kempt, 12389 Route #8, © 902-682-2226, 59-119$; www.whitmaninn.com. Guter Ausgangspunkt für Kanutouren. *Dining Room* im Haus Juli-September täglich außer Dienstag 18.30-20 Uhr.
- ***Mersey River Chalets & Teepees***, Route #8, 5 km nördlich des *Kejimkujik NP* im Wald am Flussufer, © 902-682-2443 oder © 1-877-667-2583, 110-205$; www.merseyriverchalets.com; mit Restaurant ***The Cascades*** (nur im Juli und August jeweils 8-10 und 18-20 Uhr geöffnet).

Hostel

- ***Raven Haven Hostel***, South Milford (abseits der Straße #8 am Sandy Bottom Lake), 18$, © 902-532-7320

Camping

- ***Raven Haven Beachside Family Park***, South Milford, Virginia Road (abseits der #8 ebenfalls am Sandy Bottom Lake). Mitte Juni-Anfang September, 4 Plätze mit Wasser und Strom, 11 ohne Service, Zeltplätze im Wald und am See, *Housekeeping Units*, WC, Duschen, Strand, Kanuverleih, ab 18$.

1.3.5 Über Shelburne nach Yarmouth

Lockeport

Ab Sable River (Ausfahrt 23 von der #103) umrundet die #3 die nächste Halbinsel, an deren Südende ***Lockeport*** liegt. Das fast ganz von Wasser umgebene Städtchen kam Mitte des 19. Jahrhunderts durch Fischfang und Handel zu Wohlstand. Abgesehen von der besonderen Lage und den Stränden um die Stadt herum sind dort nur fünf historische Wohnhäuser (1836-76) sehenswert, die als ***Historic Streetscape*** locker am Ufer der Hafenbucht aufgereiht stehen.

School Museum

Gleich eingangs des Ortes liegt am Ostende des längsten Strandes von Lockeport, der *Crescent Beach*, das ***Little School Museum*** (Mo-Sa,10-16 Uhr, Eintritt frei).

Internet

- ***Visitor Centre*** an der Zufahrt in den Ort
- ***Lillian Benham Library***, 35 North Street

Camping

- ***Lockeport Cottages and Campgrounds***, Lydgate, 3318 Route #3, 3 km entfernt von der *Crescent Beach*, Mai-Oktober, 35 Plätze für RV und Zelte, Bootsverleih und Pool, © 902-636-2876 oder © 1-866-636-2876, 10-35$; www.lockeportcottages.ns.ca

Shelburne

Shelburne am Jordan River (wiederum an der #103) wurde 1783 von 3.000 britischen *Loyalists* gegründet. Die Stadt wuchs in der Folgezeit durch den massenhaften Zustrom weiterer Loyalisten

kurzfristig auf über 10.000 Bewohner und wurde damit seinerzeit eine der größten Städte im britischen Nordamerika. Dass Shelburne zur »*Boomtown*« in der Wildnis wurde, verdankte der Ort einer bereits existierenden Werft und dem großen Naturhafen, den selbst Schiffe mit erheblichen Tiefgang anlaufen können.

Heute hat Shelburne nur noch etwa 2.000 Einwohner und ist eines der attraktivsten Städtchen der *South Shore*. In der **Water** und der **Dock Street** stehen viele der historischen Bauten aus dem 18. und 19. Jahrhundert. Sie sind gut erhalten bzw. restauriert.

Waterfront Heritage District

Dieser Bereich nennt sich ***Waterfront Heritage District***. U.a. befindet sich dort das ***Ross-Thomson House*** (1784) mit einem alten restaurierten Laden, das heute ein kleines Museum beherbergt (Charlotte Lane, Juni-Mitte Oktober, 9.30-17.30 Uhr, Eintritt 3$).

Direkt an der Dock Street liegt das ***Shelburne County Museum*** mit Ausstellungen zur Regionalgeschichte und speziell zu den Loyalisten (Juni-Mitte Oktober, 9.30-17.30 Uhr, Eintritt 3$). Das ***Dory Shop Museum*** befindet sich gegenüber unmittelbar am Wasser; hier werden immer noch Holzboote wie früher gebaut, als die ***Shelburne Dories*** in den ganzen Atlantikprovinzen begehrt waren (Juni-September 9.30-17.30 Uhr, Eintritt 3$).

Das ***Muir-Cox Shipbuilding Interpretive Centre***, ebenfalls in der Dock Street, verdeutlicht die Tätigkeit der Schiffswerft, die von 1820 bis 1984 in Betrieb war (Juni-September, 9.30-17.30 Uhr, 3$). Für alle vier Museen zusammen bezahlt man 8$ Eintritt.

In dem benachbarten, liebevoll restaurierten Gebäude der alten Werft ist heute das ***Osprey Arts Centre*** untergebracht, wo Theater und Kulturveranstaltungen stattfinden.

Guild Hall

Das Ständehaus wirkt ganz wie ein Rats- und Gerichtsgebäude aus dem 18. Jahrhundert. Es wurde jedoch erst 1994 während der Filmarbeiten zu »*The Scarlett Letter*« (Der scharlachrote Buchstabe) mit *Demi Moore* und *Robert Duval* errichtet, für den das historische Shelburne die passende Kulisse bot. Heute wird es für Freilichtveranstaltungen genutzt.

Schwarze Loyalisten

Auf dem Höhepunkt des amerikanischen Unabhängigkeitskrieges versprach die englische Krone entlaufenen Sklaven die Freiheit. Dadurch kamen mit den nach Nova Scotia strömenden britischen Loyalisten auch an die 3.000 freie Farbige (➪ unten unter »Birchtown«). Zusätzlich brachten begüterte Flüchtlinge noch ein paar hundert ihrer schwarzen Sklaven mit ins Land.

Schon bald aber mussten die Schwarzen erkennen, dass sie außer ihrer persönlichen Freiheit nichts gewonnen hatten. Von den Behörden erhielten sie so gut wie keine Unterstützung, und die weißen Siedlern brachten ihnen offene Feindseligkeit entgegen. Viele von ihnen gaben daher bald auf. 1792 emigrierten 1.200 von ihnen nach Sierra Leone in Afrika. Die Nachkommen der verbliebenen Farbigen kämpfen bis heute um Akzeptanz und Chancengleichheit.

Marina ***Shelburne Harbour Yacht Club***, am Südende der Dock Street, ✆ 902-875-4757, www.shelburneharbouryachtclub.com

Internet
- ***McKay Memorial Library***, 254 Water Street
- ***Visitor Information Centre,*** 31 Dock Street

Restaurant
- ***Charlotte Lane Café***, 13 Charlotte Lane, ✆ 902-875-3314, hervorragende kreative Küche

Unterkunft
- ***Cape Cod Colony Motel***, 234 Water Street, Shelburne, ✆ 902-875-3411, 60-85$; www.capecodmotel.ns.ca
- ***Loyalist Inn***, 160 Water St, Shelburne, ✆ 902-875-2343, 64-68$

Camping Der ***Islands Provincial Park*** liegt im Wald gegenüber der Hafenbucht (1 km südlich der #3); 70 Plätze, Mitte Mai-Anfang September, Duschen, Wasseranschluss, *Dumping*, 18$

Birchtown Nur wenige Kilometer westlich von *Shelburne* befindet sich an der #3 **Birchtown**, wo ab 1983 ebenfalls Loyalisten siedelten, allerdings schwarze. Zur Geschichte dieser ***Black Loyalists*** erfährt man bei Interesse alles im ***Black Loyalist Heritage Komplex*** (131 Old Birchtown Road, Anfang Juni-Anfang September, 2,50$).

Barrington Der nächste sehenswerte Ort an der #3 ist ***Barrington***, ein winziges Dorf mit vier Museen:
- das ***Old Meeting House*** von 1761, ein alter Gemeindesaal,
- das ***Woolen Mill Museum***, eine Spinnerei mit Wasserantrieb aus dem 19. Jahrhundert,
- das ***Western Counties Military Museum*** mit Kanonenkugeln, Uniformen, Medaillen etc. und schließlich
- das ***Seal Island Light Museum***, die Replik eines alten Leuchtturms, den man bis hoch zum Prismenglas besichtigen kann.

Drei davon geöffnet 1. Juni-30. September 9-17.30 Uhr, So 13-17.30 Uhr; das Militärmuseum nur Mo-Sa 10-17 Uhr).

Internet/Info Im ***Visitor Information Office***, 2517 Straße #3

Abstecher Wer den Abstecher von *Barrington Passage* über den Damm auf die Insel **Cape Sable Island** unternimmt, kann von der ***Hawk***

Point Beach aus den höchsten Leuchtturm der Provinz erkennen. Er steht vor dem südlichsten Zipfel Nova Scotias. Vor seiner Errichtung 1861 wurde die Gewässer um das südwestliche Kap Nova Scotias zum Friedhof für viele Schiffe.

Fischerdörfer In den Fischerdörfern der Insel steht Haus an Haus. Die meisten Menschen leben dort vor allem vom Hummerfang und der Ernte von ***Rockweed***, einem Seetang, den man als Düngemittel verwendet, sowie von ***Irish Moss***, das zur Herstellung von *Carrageen* (Geliermittel) von der Lebensmittelindustrie benutzt wird. In **Clark's Harbour** wurde 1907 ein Bootstyp entworfen, den die Hummerfischer bis heute nutzen (***Cape Islander*** 11,5 x 3,5 m).

Internet ***Clark's Harbour Branch Library***, 2642 Main Street

Pubnicos Die Dörfer an der Küste in südwestlicher Richtung sind überwiegend akadisch geprägt. Die **Pubnicos** von 1653 gehören zu den ältesten akadischen Siedlungen; www.pubnico.ca.

Ein Abstecher (#335) von der *Lighthouse Route* führt nach ***West Pubnico*** zum ***Village Historique Acadien***, einem restaurierten akadischen Dorf mit Gehöften, Obstgärten und Äckern. School Street, dann Old Church Road. Anfang Juni-Mitte Oktober, 9-17 Uhr; Eintritt 4$. www.museum.gov.ca/info-e.html.

Im ***Musée Acadien & Archives***, einem historischen Wohnhaus in West Pubnico gegenüber der *Firehall*, demonstrieren Anfang Juni-Mitte September kostümierte Mitarbeiter die Lebensweise der akadischen Siedler, 9-17 Uhr, So 12.30-16.30 Uhr, 3$;

Internet ***Western Counties Regional Library***, 35 Hwy #335, Pubnico Head

Wedgeport **Wedgeport** ist eine Gründung von 1767 zurückgekehrten ehemaligen akadischen Deportierten, ➪ Essay Seite 393.

Wer sich fürs Hochseeangeln interessiert, sollte sich das ***Wedgeport Sport Tuna Fishing Museum*** nicht entgehen lassen, erreichbar über Straße #334, Mitte Juni-Mitte September, 2$. Von 1937 bis 1976 fanden in Wedgeport Angelwettbewerbe statt, an denen u.a. *F.D. Roosevelt* und *Ernest Hemingway* teilnahmen.

Wandern An der Spitze der **Wegdeport Peninsula** gibt es ein kleines Netz von Wanderpfaden zum ***Wedge Point*** mit Informationstafeln zur Vogelbeobachtung.

Guild Hall in Shelburne, errichtet 1994 für den Film »Der scharlachrote Buchstabe«

1.4 Der Evangeline Trail

Der *Evangeline Trail* läuft von Yarmouth bis Digby an der Küste der St. Mary's Bay und danach über das geschichtsträchtige Gebiet um Annapolis Royal bis Wolfville an der Bay of Fundy entlang. Dort passiert diese Route das Minas Basin, eine Bucht mit maximalem Tidenhib bis zu 16 m. Von dort geht's weiter bis Halifax.

1.4.1 Yarmouth

Yarmouth

Yarmouth ist mit nur 8.000 Einwohnern schon die zweitgrößte Hafenstadt der Provinz und Einkaufs-, Versorgungs- sowie kulturelles Zentrum für das südwestliche Nova Scotia. Die Stadt wurde bereits 1759 gegründet und war im 19. Jahrhundert ein bedeutender Knotenpunkt für Schiffbau und Seehandel. Aus dieser Zeit sind noch einige historische Häuser erhalten geblieben.

Yarmouth ist heute für Reisende und den Warenverkehr aus den USA das Tor zu Nova Scotia. In der Sommersaison kommen täglich Hunderte amerikanischer Touristen mit den Fähren in die Stadt. Die meisten davon fahren indessen gleich weiter.

Indormation

Ein ***Tourist Information Centre*** befindet sich gegenüber vom *Ferry Terminal* in der Water Street.

County Museum

Ganz interessant ist ein Besuch im ***Yarmouth County Museum***, das Sammlungen zu unterschiedlichsten Themen hat, u.a. Fundstücke von der Titanic und einen umstrittenen Runenstein, der

Fähre Yarmouth - Maine/USA (Bar Harbor und Portland)

Die Schnellfähre ***CAT***, ein riesiger Katamaran, verkehrt zwischen Ende Mai und Mitte Oktober Mo-Do ab/nach **Bar Harbour**. Die Überfahrt dauert 3 Stunden und spart Touristen aus den USA bis1.000 km Anfahrt über Land.

Fr-So fährt dasselbe Schiff ab/nach **Portland**. Die Überfahrt dauert 5 Stunden.

Tarife Bar Harbor: Einfache Strecke Passagiere 69 US$,
Kinder bis 13 Jahren 47 US$; Senioren ab 60 Jahren $64 US$.
Fahrzeuge: Kfz bis 1,95 m Höhe bis 6 m Länge 115 US$
Kfz ab 2,30 m Höhe (=RVs) bis 9 m Länge 196 US$

Tarife Portland: Einfache Strecke Passagiere $99 US$,
Kinder bis 13 Jahren 65 US$; Senioren ab 60 Jahren $94 US$.
Fahrzeuge: Kfz bis 1,95 m Höhe bis 6 m Länge 164 US$
Kfz ab 2,30 m Höhe (=RVs) bis 9 m Länge 313 US$

jeweils + $10 Sicherheitsgebühr/Person + Treibstoffzuschlag 2008 15 US$/ Person und 15 US$/Fahrzeug. 15% Discount auf Personentarife ab 5 Personen im Fahrzeug. Frühbucher-Kfz: minus $15

Genaue Abfahrtszeiten, weitere Tarifeinzelheiten und Reservierungen unter www.catferry.com bzw. © 1-902-566-3838 oder © 1-877-359-3760. Reservierung nur mit Kreditkarte; Stornierungskosten 50 US$, bei Nichterscheinen werden 100 US$ pro Fahrzeug abgebucht.

1812 am Hafen entdeckt worden sein soll und zu Spekulationen über eine Landung der Wikinger im Jahr 1007 geführt hat. Das Museum steht in der 22 Collins Street, 1. Juni-15. Oktober Mo-Sa 9-17, So 14-17 Uhr; 16. Oktober-31. Mai Di-Sa 14-17 Uhr, 3$; http://yarmouthcountymuseum.ednet.ns.ca.

Weitere Museen

Zum Museum gehören auch ein Archiv mit Bibliothek und das benachbarte ***Pelton-Fuller House***, in dem nur im Sommer Führungen stattfinden (20 Collins St, 3$, beide Häuser zusammen 5$). Das ***Killam Brothers Shipping Office*** in der Water Street ist Canadas ältestes Schiffahrtsbüro. Dieses Gebäude (19. Jahrhundert) kann ebenfalls per Führung besichtigt werden, Eintritt frei.

Das ***Firefighters Museum*** zeigt alles zur Geschichte der Feuerwehr in Nova Scotia und anderswo. 451 Main Street, Juli/August Mo-Sa 9-21, So 10-17 Uhr; Juni + September: Mo-Sa 9-17 Uhr; Oktober + Mai Mo-Fr 9-16, Sa 13-16 Uhr, 3$.

Im ***Sweeney Museum*** kann man die Arbeit an einem Fischerdock nachvollziehen, 112 Water Street, Mitte Mai-Mitte Oktober, 3$.

Im früheren Gebäude der *Royal Bank* befindet sich eine Zweigstelle der ***Art Gallery of Nova Scotia***; hier finden Kunstausstellungen von Werken aus dem Sammlungsbestand der Galerie in Halifax statt; 341 Main Street, 15. Juni-15. Oktober, Spende.

Internet/Info

- ***Izaak Walton Killam Memorial Library***, 405 Main Street
- ***Provincial Visitor Centre,*** 228 Main Street

Fahrradverleih

- ***Manser's Bike Shop***, 165 Pleasant Street, © 902-742-0494, ab 20$; www.mansersbike.com

Restaurant

- ***Joshua's Restaurant***, 95 Water St, April-Oktober, 10-21 Uhr
- ***Rudder's Seafood Restaurant Brew Pub***, 96 Water Street
- ***Ceilidh Café*** plus ***Chez Bruno After Five Evening Bistro***, 278 Main Street, einfaches Lunch; Dinner mit frischen Zutaten.

Unterkunft

- ***Best Western Mermaid***, 545 Main Street, © 902-742-7821, 89-180$; www.bwmermaid.com
- ***Lakelawn Motel***, 641 Main Street, © 902-742-3588 oder © 1-877-664-0664, 59-99$; www.lakelawnmotel.com
- ***Murray Manor B&B***, in einem historischen Haus von 1820, 225 Main Street, © 902-742-9625 oder 1-877-742-9629, 85-98$; www.murraymanor.com

Hostel

Yarmouth Backpackers Accommodation, 6 Trinity Place, © 902-749-0941; 20-65$, Internetzugang.

Camping

Ellenwood Lake Provincial Park, nahe Deerfield, abseits der Straße #340; 86 Plätze im Wald am Binnensee mit Badestrand; Ende Mai-Anfang September; Duschen, WC, Strand, 19$

Cape Forchu

Wenige Kilometer **südwestlich von Yarmouth** (Anfahrt auf der Straße #304) steht das ***Cape Forchu Lighthouse*** malerisch auf einer felsigen Landspitze. Ein Pfad führt um das Kap. Westlich des Leuchtturms fällt ein zerklüftetes Felsmassiv schräg ab zum Meer. Wer bis Yarmouth kommt, sollte diesen Abstecher auf keinen Fall auslassen. Ein kleines ***Interpretation Centre*** befindet sich im Gebäude ne-ben dem Leuchtturm. Mai-Mitte Oktober, Eintritt frei, Spende.

Besonders schön ist Cape Forchu im Licht des späten Nachmittags und bei Sonnenuntergang, ➪ Foto.

1.4.2 French Shore, Digby und Digby Neck

Straße #1

Der *Evangeline Trail* entspricht von Anfang an bis Halifax dem Verlauf der **Straße #1** parallel zur Autobahn #101. Sie führt entlang der sogenannten *French Shore* oder ***La Côte d'Acadienne***, der von akadischen Siedlern geprägten Westküste Nova Scotias. Wie zwischen Barrington und Yarmouth weht auch dort überall die **akadische Flagge**: blau-weiß-rot mit gelbem Stern im Blau.

Der Abschnitt des *Evangeline Trail* zwischen Yarmouth und Digby ist bei weitem nicht so reizvoll wie die *Lighthouse Route*; der geradlinige Küstenverlauf und die Aneinanderreihung von Straßendörfern sind sogar enttäuschend. Die werbeträchtige Charakterisierung als »längste französische Hauptstraße der Welt«

hat mit der Realität wenig gemein. Die Häuser sind schlichter als an der Ostküste, die Fischerhäfen nicht sonderlich attraktiv. Ausnahmen bilden **Port Maitland** (mit *Maitland Beach PP*), **Mavillette** (schöner Strand im gleichnamigen *PP*) und **Cape St. Mary**.

Church Point In **Point d'Église** (Church Point) überragt die gewaltige hölzerne Kirche ***Sainte Marie*** bzw. St. Mary die gesamte Stadt (geöffnet 20. Mai-14. Oktober, 9-17 Uhr, 2$). Im gleichen Ort befindet sich die ***Université Sainte-Anne***, eine französischsprachige Hochschule. In ***St. Bernard*** fasst die große Granitkirche 1.000 Menschen und wird auch für Konzerte klassischer Musik genutzt.

Internet ***A. H. Comeau Memorial Library***, 8196 Highway #1, Methegan

Digby An einem tiefen Hafen geschützt im *Annapolis Basin*, der Mündungsbucht des Annapolis River, liegt das Städtchen **Digby**, eine weitere Gründung loyalistischer Siedler. Der ***Digby Gut***, ein tiefer Kanal zwischen den Landzungen, hat auch bei Ebbe genügend Tiefe für den Schiffsverkehr. Von hier überquert die Fähre die Bay of Fundy in Richtung Saint John in New Brunswick.

Information

- ***Digby Visitor Centre,*** 110 Montague Row, dort auch Internet
- ***Digby Provincial Visitor Centre,*** am Fährterminal, 237 Shore Road, dort auch Internetzugang; www.townofdigby.ns.ca.

Kulinarisches Digby ist Heimathafen der größten Flotte von *Scallop*-Fischern in Nova Scotia. ***Scallops*** (Jakobsmuscheln) sind eine international hoch gehandelte Delikatesse. In Digby bekommt man sie frisch und – in den guten Restaurants der Stadt – exzellent zubereitet. *Scallops* und die zweite lokale kulinarische Spezialität ***Digby Chicks*** (ein spezieller Räucherhering) kann man auf dem ***Royal Fundy Seafood Market*** am Nordende des Hafens kaufen.

Der Ortskern lädt mit Shops, Galerien, Restaurants und Bistros zum Flanieren ein. Beeindruckend sind die schwimmenden Stege im Yachthafen, deren Befestigungen an hohen Säulen bei Ebbe und Flut jeweils viele Meter nach unten bzw. oben rutschen.

Fähre Digby – Saint John/New Brunswick

Die ***Princess of Acadia*** verkehrt zwischen **Digby/Nova Scotia** und **St. John, New Brunswick** außer Weihnachten und Neujahr mindestens einmal täglich, im Juni und Labor Day-11. Oktober 1-2x täglich, in der Hochsaison 22. Juni-Labor Day Weekend nach festem Fahrplan 2 x täglich:

Ab Digby: 13.00 Uhr und 20.45 Uhr **Ab Saint John**: 9.00 Uhr und 16.45 Uhr

Die Überfahrt dauert 3 Stunden und spart knapp 600 km Fahrt über Land.

Tarife Neben-/Hochsaison one-way:
Erwachsene 30$/40$, Kinder bis 12 Jahren 20$/25$,
Autos bis 6 m 75$/80$, Wohnmobile bis 9 m 145$ saisonunabhängig.

Pro Fahrzeug außerdem ein fixer Treibstoffzuschlag von 20$.

Reservierung unter © 1-877-762-7245; Internet: www.bayferries.com.

Wen interessiert, wie es an Bord eines *Scallop*-Bootes aussieht, kann sich das genauer bei ***Lady Vanessas Fisheries Exhibit*** an der *Waterfront* ansehen, 34 Water Street, 15. Mai-15. Oktober, 2$, Tickets im *Haynes Gift Shop*.

Restaurants Sehr gute *Scallop*-Gerichte u.a. *Seafood* gibt's im ***Fundy Restaurant*** gleich nebenan, www.fundyrestaurant.com; ein wenig preiswerter auch im ***Captains's Cabin***, Water Street/Birch Street, oder im ***Red Raven Pub***, ebenfalls Water Street.

Marina ***Royal Western Nova Scotia Yacht Club***, Water Street, einzige Marina mit Schwimmdocks im Annapolis Basin, © 902-245-5545; www.annapolisbasin.com

Internet ***Isaiah W. Wilson Memorial Library***, 84 Warwick Street

Unterkunft Gemütliche Inns in historischen Gebäuden sind:

- ***Thistle Down Country Inn***, 98 Montague Row, © 902-245-4490 oder © 1-800-565-8081, 95-130$
- ***Bayside Inn***, 115 Montague Row, © 902-245-2247 oder © 1-888-754-0555, 58-98$
- ***Summer's Country Inn***, 16 Warwick St, © 902-245-2250, 59-89$; www.summerscountryinn.com

Motels

- ***Coastal Inn Kingfischer***, 111 Warwick St, an der Kreuzung zum Fährterminal, © 902-245-4747 oder © 1-800-401-1155, 79-129$; www.coastalinns.com
- ***Seawinds Motel***, 90 Montague Row, © 902-245-2573, 99-120$; www.seawinds.ns.ca
- ***Admiral Digby Inn***, #303, nahe Fährterminal, © 902-245-2531 oder © 1-800-465-6262, 119-150$

Camping ***Digby Campground***, 230 Victoria Street, #303, Mitte Mai-Mitte Oktober, 49 Plätze mit Meeresblick, Münzduschen, Wasseranschluss, Waschautomat, 18-25$

Fähre Das Fährterminal befindet sich 3 km nördlich der Stadt (#303)

Vorschiff der »Princess of Acadia« noch in der Sonne, aber Nebel voraus in der Bay of Fundy

Gezeiten in der Bay of Fundy

Ein außergewöhnliches Schauspiel veranstalten die Kräfte der Natur zweimal täglich in der **Bay of Fundy**, der Meeresbucht zwischen Maine (USA) und den Provinzen New Brunswick und Nova Scotia. Dort misst man mit bis zu **16 m Pegelunterschied zwischen Ebbe und Flut** den höchsten Tidenhub der Welt. Zum Vergleich: Die Wasserstände der Nordsee variieren mit den Gezeiten im allgemeinen um ca. 2-3 m, in der Ostsee nur wenige cm.

Über einhundert Millionen Tonnen Meerwasser fluten die *Bay* in Haushöhe, aber nur wenige Stunden später kann man in Ufernähe schon wieder auf dem Meeresgrund spazieren gehen. Den Spitzenwert erreicht der Tidenhub im ***Minas Basin***, einem Trichterende der *Bay*. An den roten Felsen am *Burntcoat Head* werden die höchsten Werte gemessen. Das komplizierte Zusammenwirken verschiedenster Faktoren macht dieses Phänomen selbst für die moderne Wissenschaft schwer modellierbar. Für Vorhersagen stützt man sich daher dort auf altbewährte Messwertreihen anstatt auf Computerberechnungen.

Fischerei sowie Fähr- und Schiffsverkehr haben sich aber ganz gut auf diesen starken Gezeitenwechsel eingerichtet. An vielen Orten sieht man schwimmende Stege, die mit dem Wasserstand steigen oder sinken. Die Anlegekais in den Häfen stehen auf haushohen Balkengerüsten.

Die Flut steigt natürlich nicht nur an den Küsten, sondern drückt außerdem viele Kilometer landeinwärts in die Flussmündungen und lässt das Flusswasser zweimal täglich mit großer Kraft rückwärts fließen. Wenn die Gezeiten die Fließrichtung der Flüsse umkehren, kann man mit dem Schlauchboot auf der Flutwelle ohne weiteres flussaufwärts raften.

Die tägliche Umwälzung der Wassermassen sorgt für eine große Vielfalt an Wasserlebewesen und Seevögeln. Bei vor Ort angebotenen ökologisch orientierten Ausflügen durch die Schlickebenen und Dünen lernt man viel über die in Süß- wie Salzwasser lebende Fauna und das reichhaltige organischen Leben in der Bay of Fundy.

Dank des guten Nahrungsangebotes wird die Bucht auch von verschiedenen Walarten frequentiert. Walbeobachtungstouren (*Whale watching*) sind daher besonders erfolgversprechend und eine beliebte Touristenattraktion.

Digby Neck/ Long und Brier Islands

Südwestlich von Digby schiebt sich die ***Landzunge Digby Neck*** in die *Bay of Fundy*, verlängert um **Long** und **Brier Island**. Zu beiden geht`s Tag und Nacht per Fähre ab East Ferry (Preise retour):

- Fähre nach **Tiverton** (Long Isl.) stündlich zur halben Stunde, $5
- Fähre nach **Brier Island** stündlich zur vollen Stunde, $5

Digby Neck ist die Verlängerung der Bergkette, die das *Annapolis Valley* vor den kühlen Nebeln der Bay of Fundy schützt und zusammen mit den beiden Inseln die St. Mary's Bay bildet. Dieser schmale Landfinger ist ein **abgelegenes Kleinod**: hübsche Fischerdörfer (Sandy Cove mit Strand); bizarre Basaltsäulen und gute *Whale-/Bird Watching*-Möglichkeiten sowie wilde Orchideen an Sümpfen und Teichen lohnen die 70 km Fahrt auf der #217 (***Digby Neck Scenic Drive***) bis Brier Island allemal.

Auf Digby Neck ist die Zeit stehengeblieben: kaum Restaurants (aber köstliche ***Chowder*** und ***Scallop Rolls*** am 1. Fähranleger), der – sehr gute – Campingplatz ***Whale Cove***, 45 km westlich von Digby, 15 km vor der 1. Fähre), ein paar winzige Tankstellen und freundliche Menschen. Bei gutem Wetter lohnt die Fahrt aber allein schon wegen der reizvollen, zerklüfteten Basaltfelsen und der schönen Meerblicke.

Bei **Tiddville** liegt an der Südseite der Halbinsel *Long Beach*, ein steiniger Strand voller Treibholz; auf der anderen Inselseite kann man in Whale Cove (*Campground*, ➪ oben) vom Ufer aus Wale sehen. Sammler suchen dort nach **Jaspissteinen**.

Balancing Rock

Auf **Long Island** geht es etwa 4 km hinter dem Fährhafen Tiverton nach links zum ***Balancing Rock***. Am Parkplatz befindet sich ein kleines Informationsbüro. Der ca. 1 km lange ***Trail*** zur Plattform, von der aus man die große, auf der Kante eines Felsmassivs thronende Basaltsäule besichtigen kann, führt teilweise als *Boardwalk* durch sumpfiges Buschland und Wald und mit einigen Treppenstufen einen steilen Weg hinab zur Küste.

Hinweise für Whale Watcher

Die meisten Besucher kommen wegen der **Walbeobachtungstouren** nach Digby Neck. Obwohl es mehrere Anbieter gibt, macht es Sinn, zu reservieren. Bei extremen Wettersituationen (dichter

Whale Watching in der Bay of Fundy

Canadas Ostküste ist ein gutes Revier zur Walbeobachtung. Im Sommer kommen die Wale aus dem Süden, wo sie ihre Jungen zur Welt gebracht haben, in die nahrungsreichen nördlichen Gewässer des Atlantik. Einige Walarten halten sich auch ganzjährig im Norden auf. Für viele der Riesensäuger ist Plankton (Krill, Krebstierchen) die Nahrungsquelle, andere leben von Krustentieren und Fischen. Beides gibt es in der Bay of Fundy reichlich. Relativ häufig sind Buckelwale, Finnwale und Zwergwale.

Die Wahrscheinlichkeit, die 11-16 m langen **Buckelwale** (*Humpback Whales*) über längere Zeit beobachten zu können, ist recht groß. Zuerst sieht man den Blas, dann den dunklen Rücken und kurz vor den Abtauchen die Schwanzflosse, die Fluke. Ein besonderes Erlebnis ist es, wenn die verspielten Tiere sich nahe beim Beobachtungsboot austoben und man die weißen Flächen der Unterseite durch das Wasser schimmern sieht. Die Zeichnungen an der Fluke der Tiere sind übrigens so individuell wie bei Menschen der Fingerabdruck und werden von Forschern zur Identifizierung benutzt.

Finnwale (*Fin Whales*), die zweitgrößte Walart, haben eine Länge von 18-23 m und sind mit etwa 30 km/h sehr schnell, so dass sie selten lange in der Nähe von Beobachtungsbooten bleiben.

Öfter zu sehen, aber weit weniger eindrucksvoll sind die **Zwergwale** (***Minke Whales***), die bis 9 m lang werden und sich ebenfalls schnell bewegen; man sieht von ihnen meist nur einen kleinen Teil des Rückens mit der Finne.

Der etwa 15-18 m lange **Nördliche Glattwal** (*Right Whale*/Nordkaper) ist ein ziemlich seltener, aber besonders faszinierender Besucher in der *Bay of Fundy*. Nachdem er vom 16. bis zum 19. Jahrhundert erbarmungslos abgeschlachtet wurde, ist er mit einer geschätzten Population von nur noch 300 Tieren die am stärksten bedrohte Großwalart der Welt. Den Namen *Right Whale* erhielt er, weil er der »richtige« Wal für die Gewinnung von Walöl/Tran und Barten war. Die Chance, ihn in der *Bay of Fundy* zu sehen, hat man am ehesten im Spätsommer und Herbst. Wahrscheinlicher ist aber, dass man **Pilotwale** und **Delphine** der verschiedenen Arten sieht.

Die Tiere werden bei diesen Ausflügen immer mit Respekt behandelt – im Einklang mit strengen Verhaltensregeln, die die lizenzierten Ausflugsveranstalter unterzeichnet haben. Die Boote kooperieren in der Regel mit Forschungseinrichtungen und übermitteln ihnen Beobachtungsdaten. Sie haben erfahrene Meeresbiologen an Bord, die fundiertes Wissen über die Wale besitzen und gern Fragen beantworten.

Nebel, Sturm) finden keine Fahrten statt, daher sollte man sich die Abfahrtszeiten kurzfristig noch einmal telefonisch bestätigen lassen. Um pünktlich am Kai zu sein, muß man sich außerdem auf einen möglich Zeitverlust an den Fähren einstellen und nicht zu knapp planen. Kleine Verschiebungen des Fahrplans – je nach Andrang – gibt es ebenso wie zusätzliche Fahrten.

Wer sich Anfahrtsstress ersparen will, nimmt Quartier auf den Inseln. Für die Touren sollte man selbst bei (zunächst) schönstem Wetter warme **Kleidung** dabei haben; wind- und regenabweisende Jacken sind ohnehin ein Muss! Auf den Booten erfolgt keine Bewirtung, man muss also selbst fürs leibliche Wohl vorsorgen.

Wenn keine Wale gesichtet werden, geben die meisten Anbieter einen Gutschein (»*Raincheck*«) für eine Wiederholungstour aus.

U.a. bieten folgende Veranstalter *Whale Watching* an:

Bootstouren Long Island

- ***Ocean Explorations***, Tiverton, Long Island, © 902-839-2417 oder © 1-877-654-2341. Hier kommt man mit dem ***Zodiac*** besonders nah an die Wale heran, dafür spritzt es reichlich (Regenbekleidung wird gestellt); Touren auch bei Nebel. Tour 2-3,5 Stunden, 55$; www.oceanexplorations.ca
- ***Pirates Cove Whale Cruises***, Tiverton, Long Island, © 902-839-2242 oder © 1-888-480-0004, Juni-Oktober, Tour 3-4 Std, 45$; www.piratescove.ca

Bootstouren Brier Island

- ***Brier Island Whale & Seabird Cruises,*** Westport, Brier Island, © 902-839-2995 oder 1-800-656-3660, Juni-Oktober, Tour 3-5 Stunden, 48$; www.brierislandwhalewatch.com
- ***Mariner Cruises Whale & Seabird Tours***, Westport, Brier Island, © 902-839-2346 oder 1-800-239-2189, Mai-Oktober, 48$; www.novascotiawhalewatching.ca

Whale Watching Boat

Wandern auf Brier Island

Ein kleiner Spaziergang führt vom Hafenbecken nach Süden zum ***Green Head*** mit steilen Basaltfelsen. In der Meerenge zwischen dem Ufer und dem gegenüberliegenden Peters Island bildet sich aufgrund der Gezeiten unter bestimmten Strömungsverhältnissen eine **stehende Welle**. Auf dem Hügel darüber steht das Denkmal für ***Joshua Slocum*** (1844-1909), der erste Mensch, der allein die Welt umsegelte. *Slocum* wuchs auf Brier Island auf.

Ein längerer Wanderweg führt vom ***Brier Island Lighthouse*** an der Nordküste entlang bis zum ***Northern Point*** mit dem *Grand Passage*-Leuchtturm. Dabei kann man nicht nur Vögel und Robben, sondern mit Glück auch Wale vom Land aus beobachten. Am Südwestende der Insel sind die ***Ridge Rocks*** eindrucksvoll.

Auf Brier Island findet man auch seltene **Wildblumen**. Hier ist einer der wenigen Standorte der *Eastern Mountain Avens*, einer Nelkenwurz-Art, außerdem gibt es wilde Orchideen.

Gedenktafel für Captain Joshua Slocum, den ersten Einhand-Weltumsegler, auf Brier Island

Internet

- ***Brier Island Hostel****/Brier Island Whale and Sea Bird Cruises/ Ice House Gift Shop*, 23 Water Street, Westport
- ***Westport Library***, 17 Second Street, Westport
- ***Tiverton Museum/Tourist Bureau***, 217 Main Street

Restaurant

- ***D&D Grill***, Water Street, Westport

Unterkunft & Restaurant

- ***Brier Island Lodge & Restaurant***, Northern Point Road, Westport, Brier Island, © 902-839-2300 oder © 1-800-662-8355, 60-138$; www.brierisland.com
- ***Dock & Doze Motel***, 363 Water Street, Westport, Brier Island, © 902-839-2601, 50-100$
- ***Fisherman's Needle Guest House***, Bear Cove Road (#217), Tiverton, Long Island, © 902-839-2937, 55-65$
- ***Seacliff B&B***, 3455 #217, Tiverton, © 902-839-2241, 65-85$
- ***Olde Village Inn B&B***, Sandy Cove (Digby Neck), © 902-834-2202, 80-130$; www.uniquecountryinns.com/oldevillageinn.asp

Hostel

Brier Island Backpackers Hostel, Westport, © 902-839-2273, www.brier islandhostel.com

Camping

Whale Cove Campground, Digby Neck zwischen Little River und East Ferry; kurz vor Tiddville nach Norden abbiegen. Mai-Oktober, 17 Plätze mit Strom, Wasser, Zeltplätze, WC, Münzduschen, Waschautomat, kleines Boot-Museum, 15-23$

Abstecher

Von Digby könnte ein Abstecher auch dem »Künstlerdorf« Bear River gelten, von der #101, *Exit* 24, in Richtung Süden 5 km.

Bear River

Bear River zieht sich vom Flusstal in die umliegenden Hügel hinein. Malerische Häuser stehen zum Teil auf Pfählen in Ufernähe. Selbst hier wirkt sich der Tidenhub noch mit rund 6 m aus. Im Ort leben Künstler und »Aussteiger«, die sich in der Hippie-zeit hier ansiedelten. Die Galerie *Flight of Fancy* zeigt neben Kunsthandwerk (u.a. auch der *Mi'kmaq* Indianer) eine große Bandbreite zeitgenössischer Kunst aus Nova Scotia.

In Bear River befindet sich die erste solarbetriebene biologische Abwasseraufbereitungsanlage Canadas (*Solar Aquatic Wastewater Management Facility*). Nebenan steht eine Windmühle im Holländerstil mit einer lokalen ***Visitor Information***.

First Nation Heritage Centre

Der Ort liegt in Nachbarschaft eines *Mi'kmaq* Reservats mit dem ***Bear River First Nation Heritage & Cultural Centre***. Es informiert über die frühere Lebensweise, Sprache, Lieder und Bräuche sowie über traditionelle Techniken zur Herstellung von Kanus, Wigwams, Körben etc. Hinweise darauf im Ort fehlen ganz; man fährt westlich des Flusses hügelaufwärts nach links ins Reservatsgebiet. Mitte Mai-Mitte Oktober, 10-17.30 Uhr, 5$; www.bearriverculturalcenter.com.

1.4.3 Von Annapolis Royal zum Minas Basin

Nach Annapolis Royal

Etwa 30 km östlich von Digby liegt im ältesten europäischen Siedlungsgebiet Canadas ***Annapolis Royal***, ein Ort mit heute nur noch 600 Einwohnern, auf einer breiten Halbinsel, die sich in die Mündung des Annapolis River in die gleichnamige Bucht schiebt. Den Besuch in Annapolis und im 10 km entfernten Port Royal (➪ unten) darf man auf dieser Route auf keinen Fall auslassen.

Amusement Park

Zwischen Digby und Annapolis Royal passiert man auf der Straße #1 den ***Upper Clements Park***, www.upperclementspark.com, ✆ 1-888-248-4567. Dieser Vergnügungspark im Grünen am Annapolis Basin besitzt noch hölzerne Achterbahnen ohne *High Tech*, Wasserrutschen, Bump-Boats, Shops, Werkstätten und Lokale im Nostalgie-Look. In erster Linie ist er geeignet und gedacht für Kinder, weshalb wohl auch die Eintrittspreise für Erwachsene stark ermäßigt sind. Im Sommer täglich 11-19 Uhr, Eintritt für Kinder mit *Rides* 20-29 $+HST, Erwachsene und Senioren 8$/5$ ohne *Rides*. Vis-à-vis befindet sich ein im Eintritt eingeschlossener ***Wildlife Park*** mit 200 heimischen Tieren.

Annapolis Royal

In Annapolis Royal gibt es über 150 historische Häuser, viele touristische Quartiere, Bistros, Restaurants und Shops. Mitten im Zentrum liegt ***Fort Anne***, heute **ein *National Historic Site***. Es stammt aus der Zeit der Kriege zwischen England und Frankreich im 17. und 18. Jahrhundert. Schon 1629 entstanden hier die ersten Befestigungen der Franzosen. Als die Festung 1710 von der britischen Armee erobert wurde, erhielt sie ihren Namen.

Fort Anne

Der Ort avancierte zur britischen Hauptstadt in Nova Scotia, bis 1749 Halifax diese Funktion übernahm. Von der Befestigungsanlage existieren heute noch die sternförmig angelegten, begrünten Erdwälle mit einigen Kanonen, ein Pulvermagazin und die Offiziersgebäude. Man kann auf den Wällen spazierengehen und hat einen weiten Blick über die breite Flussmündung. Die Stätte ist ganzjährig zugänglich, die dazugehörige Ausstellung im Museum Mitte Mai-Mitte Oktober, 9-18 Uhr, Eintritt 4$.

Rundgang

Die meisten Läden und Galerien befinden sich in der angeblich ältesten Straße Canadas, der St. George Street. Mittendrin steht das ***Design Fort Computer Museum***, das Raritäten aus den frühen Jahren der PC-Technik zeigt, ganzjährig geöffnet, Eintritt frei. Mittwochs und samstags findet ein ***Farmers Market*** statt.

Die ***Annapolis Royal Historic Gardens*** bestehen ausThemengärten, die das britische und das akadische Erbe reflektieren; 441 St. George Street, Anfang Mai-Mitte Oktober; geöffnet von 8 Uhr bis zur Dämmerung; www.historicgardens.com.

Die Fahrt über die Brücke nach Granville Ferry bietet einen Blick auf ein Kraftwerk der neuen Generation: Die ***Annapolis Tidal Generating Station*** erzeugt Strom für 4500 Haushalte aus der Kraft des Tidenhubs. Ein *Interpretive Centre* informiert dort über diese Technik alternativer Energiegewinnung; Prince Albert Road, Mitte Mai-Mitte Oktober 10-18 Uhr, Eintritt frei.

Port Royal

Von Granville Ferry sind es knapp 10 km in Richtung Westen bis ***Port Royal Habitation***, ebenfalls einem ***National Historic Site***. Die ersten französischen Siedler unter *Samuel de Champlain* und *Sieur de Monts* errichteten dort 1605 einen Handelsposten. Die Engländer zerstörten die Anlage aber bereits 1613. Die Stätte wurde 1939 nach Originalzeichnungen von *Samuel de Champlain* wieder aufgebaut. Im Sommer veranschaulichen zeitgenössisch kostümierte Mitarbeiter das einstige Alltagsleben in dieser Siedlung. Mitte Mai-Mitte Oktober, 9-17.30 Uhr, Eintritt 4 $.

Rekonstruierte Gebäude der ersten Siedlung in Port Royal

Internet

- ***Annapolis Royal Library***, 285 St. George Street
- ***The Cozy Internet Café***, 324 St. George Street

Restaurant & Snacks

- ***Leo's Café***, 222 St. George Street, kleine Gerichte, Lunch, Kaffee, Tee und Kuchen
- ***Streetscape Café***, 288 St. George Street, maritime kanadische Küche, europäisches Flair
- ***German Bakery & Garden Café***, 441 St. George Street (bei den *Historic Gardens*), Backwaren und Snacks wie zu Hause

Unterkunft

Es gibt *Downtown* viele ***B&B* und *Inns*** in restaurierten Häusern:

- ***King George Inn***, 548 Upper St. George Street, © 902-532-5286 oder © 1-888-799-5464, 89-189$; www.kinggeorgeinn.20m.com
- ***Queen Anne Inn***, 494 Upper St. George Street, © 902-532-7850 oder © 1-877-536-0403, 89-239$; www.queenanneinn.ns.ca

Preiswerter ist das

- ***Grange Cottage B&B***, 102 Ritchie St, © 902-532-7993, 60-75$

Ein sehr schönes Quartier außerhalb ist das

- ***Champlain Motel***, Upper Clements, #1 westlich Annapolis in prima Lage, © 1-877-526-1211, 69-105$; www.portroyalinn.com

Camping

- ***Dunromin Campsite & Cabins***, Granville Ferry, 165 Plätze, Anfang Mai-Mitte Oktober, Strom- und Wasser, Duschen, Pool, Bootsverleih, Campinghütten, 23-35$
- ***The Cove Oceanfront Campground***, Parker's Cove, Straße #1, 3 km nördlich von Annapolis am Ufer der Bay of Fundy, Mitte Mai bis Mitte Oktober, Strom- und Wasseranschluss, Duschen, Waschautomat, Pool, WLAN, 28-95$

Kanu

Die südlich von Annapolis gelegenen Seen eignen sich gut für Kanutouren. Vom ***Sandy Bottom Lake*** bei Milford kann man via Mersey River bis in den *Kejimkujik National Park* oder weiter bis an die Ostküste paddeln. Informationen, Routenbeschreibungen und Karten stehen im Kanuführer ***Canoe Annapolis County***; www.annapoliscounty.ns.ca/rec/canoe.htm.

Apfelblüte

Annapolis Valley

Östlich von Annapolis Royal läuft der ***Evangeline Trail*** am Nordufer des Annapolis Rive entlang. Dessen fruchtbares Tal wurde schon vor 300 Jahren landwirtschaftlich genutzt. Dank der Höhen beidseitig des Flusses ist es vor Winden und Nebel aus der Bay of Fundy geschützt und erfreut sich relativ vieler Sonnentage. Das nur etwa 160 km lange und 8-24 km breite Gebiet beherbergt vor allem Obstplantagen, speziell Apfelbäume. Ende Mai/Anfang Juni ist dort die Zeit der **Apfelblütenfeste**.

Tupperville/ Bridgetown

Unterwegs auf den Straßen #1 bzw. #201 könnte man die Fahrt in **Tupperville** unterbrechen und dort das ***School Museum*** besuchen (Mitte Mai-Anfang September, 10-18 Uhr, Eintritt frei) oder in **Bridgetown** das ***James House Museum & Tea Room*** (Mitte Mai-Anfang Oktober, 9-16 Uhr). Der *Tea Room* hat mit frisch gebackenem Kuchen ein weiteres Argument für eine Pause.

Middleton

Im ***Annapolis Valley MacDonald Museum*** in Middleton geht es in erster Linie um regionale Geschichte; außerdem zeigt man eine **Uhrensammlung** mit über 150 Exponaten (ganzjährig geöffnet, Mitte Juni-Ende September Mo-Sa 9-17, So 13-17 Uhr, sonst Mo-Fr 10.30-17 Uhr).

Kentville

Kentville ist mit 5.500 Einwohner der größte Ort im *Annapolis Valley*. Für Spaziergänge oder zum sportlichen Joggen eignen sich die Waldwege östlich der Stadt am Cornwallis River entlang.

Wolfville

Wolfville wurde von akadischen Siedlern gegründet, die indessen ab 1755 deportiert wurden. 1760 kamen neuenglische Farmer, später folgten Loyalisten. Mit 3.700 Einwohnern und fast noch einmal soviel Studenten ist die Universitätsstadt ein lebendiger und trotzdem ruhiger Ort. Zwischen großen Bäumen stehen viele eindrucksvolle historische Häuser.

Der Campus der schon 1838 gegründeten ***Acadia University*** liegt unverfehlbar auf einer Anhöhe an der Hauptstraße inmitten gepflegter Grünflächen. Die ***Acadia University Art Gallery*** hat Werke regionaler wie internationaler Künstler (Main/Highland Street im *Beveridge Arts Centre*, ganzjährig 13-16 Uhr, Eintritt frei). Im ***Randall House Museum*** (195 Main Street, Mitte Juni-Mitte September, 10-17 Uhr, Eintritt frei) gibt es Einrichtungen und Artefakte von 1760 bis ins 20. Jahrhundert zu sehen.

Internet

- ***Wolfville Memorial Library***, 21 Elm Avenue, Obergeschoss im *Charlotte Coombs Haley Community Room*.

Restaurant & Unterkunft

- ***Blomidon Inn***, 195 Main Street, fast museal vornehm, ein Kapitänshaus von 1882 mit vorzüglichem Restaurant, © 902-542-2291 oder © 1-800-565-2291, Unterkunft 99-149$. Zum Haus - gehört ein öffentlich zugänglicher **Park** mit drei Teichen und Themengärten; www.theblomidon.net.

Unterkunft

- ***Evangeline Inn & Motel***, 11668 #1, Grand Pré, auf einem Hügel mit Blick über die Bay auf Blomidon, © 902-542-2703 oder © 1-888-542-2703, 89-109$ bzw. 75-95$; www.evangeline.ns.ca

Evangeline

Als der amerikanische Dichter ***Henry W. Longfellow*** 1847 das 1400 Zeilen lange Versepos ***Evangeline*** veröffentlichte, war die Wirkung auf die Nachkommen der vertriebenen *Acadians* groß. Die tragische Geschichte eines jungen Mädchens aus Grand Pré, die mit der Deportation für Jahrzehnte von ihrem Liebsten getrennt wurde, um ihn nach jahrelanger Suche erst kurz vor dem Tode beider wiederzusehen, berührte die Menschen zutiefst.

Evangelines wirklicher Name soll *Emmeline* gewesen und sie »*Sunshine of St. Eulalie*« genannt worden sein. Die in viele Sprachen übersetzten Verse lösten eine Art»*Evangeline*-Kult« aus, durch den das Schicksal der Akadier international bekannt und ihnen selbst ihre Geschichte, Kultur und Identität stärker bewusst wurden. *Evangeline* gilt seither als ein Symbol der Beharrlichkeit und Unbezwingbarkeit der Akadier.

Minas Basin

Das *Minas Basin* ist eine tief nach Süden reichende Erweiterung des Ostarms ***Minas Channel*** der Bay of Fundy. Bedingt durch den enormen Sog des Ebbstroms im Engpassbereich Cape Split kommt es dort zu maximalen Werten des Tidenhubs von 16 m. Die Uferzonen bestehen aus roter Erde und roten Felsklippen und bilden bei gutem Wetter einen großartigen Kontrast zu blauem Himmel, weißen Wolken und lieblich-grüner Landschaft.

Um das Minas-Becken ranken sich viele **indianische Legenden** um den *Mi`kmaq*-Gott *Glooscap*, das Wunder der Gezeiten und die Edel- und Halbedelstein-Vorkommen an der Bucht.

Cape Blomidon PP

Westlich von Wolfville führt die Straße #358 nach Norden zur Blomidon Peninsula. Über Scots Bay erreicht man den sehr schönen ***Blomidon Provincial Park*** in einem reizvollen Waldgebiet mit einem Netz von Wanderwegen bis zu 180 m hohen Felsen über der Küste mit toller Aussicht auf das *Minas Basin*. Der Campingplatz des Parks ist großzügig angelegt; Ende Mai-Anfang September, 70 Plätze teilweise im Wald, Duschen, *Dumping*, 18$; www.parks.gov. ns.ca/parks/blomidon.htm.

Cape Split

Hinter **Scots Bay** endet die Straße an einem Parkplatz. Ein **Küstenweg** führt von dort bis zum **Cape Split** (7 km) mit faszinierenden roten Felsen, dramatisch steilen Abhängen bis 230 m und einem kleinen Strand am Ende.

Grand Pré

Nordöstlich von Wolfville liegt auf einer Halbinsel am Südufer des Minas Basin der ***Grand Pré National Historic Site*** (Zufahrt weiträumig ausgeschildert). Eine schlanke Feldsteinkirche mit Glasmalereien erinnert an die *Acadians*, die zwischen 1755 und 1763 gewaltsam vertrieben wurden. Seit 1680 hatten sie hier gesiedelt und dem Meer mit Deichbau Nutzland abgewonnen. Vor der Kirche steht eine **Statue der *Evangeline***, Titelgestalt des berühmten Versepos (⇨ Kasten oben). Gedenkstätte geöffnet Mai-Oktober, 9-18 Uhr, Eintritt 8$; www.grand-pre.com.

Weinanbau

Auch das älteste **Weinanbaugebiet** Nova Scotias nennt sich Grand Pré. Die ***Grand Pré Winery*** an der Straße #1 (nahe *Exit* 10 der

#101) hat eine Probiertheke; www. grandprewines.ns.ca. In unmittelbarer Nachbarschaft zur *Grand Pré Winery* steht das Restaurant ***Le Caveau***, beste Küche, guter Wein von nebenan.

Blue Beach

Ganz in der Nähe von Hantsport liegt am Westufer des Avon River kurz vor seiner Mündung in das Minas Basin die ***Blue Beach***, eine bedeutende **Fossilienstätte**, dazu ein kleines **Museum**. Man kann dort Führungen zu den Fundstätten am Strand buchen; bei Ebbe sieht man dort im Felsmassiv u.a. die Fußabdrücke von 350 Millionen alten Tetrapoden; 127 Blue Beach Road, ✆ 902-684-9541.

Windsor

Windsor, einige Kilometer weiter landeinwärts in Richtung Halifax (#101), ist angeblich Geburtsstätte des Eishockeysports und beherbergt den ***Ford Edward National Historic Site*** mit den Resten einer Befestigungsanlage und einem intakten Blockhaus (geöffnet Juni-Oktober 9.30-16.30 Uhr).

Unterkunft

• ***Downeast Motel***, 4212 #1, nahe Ausfahrt 5 von #101, ✆ 902-798-8374 oder 1-800-295-8117, Internetzugang, 69.

Zurück nach Halifax oder weiter am Minas Basin entlang

Von Windsor geht es vorzugsweise auf der Autobahn #101 zurück nach Halifax, wenn dies das End-/Zwischenziel der Reise ist. An der parallel verlaufenden #1 gibt es wenig zu sehen.

Alternativ folgt man ab Windsor bzw Brooklyn, ein paar Meilen weiter, **dem *Glooscap Trail***.

Glooscap

Glooscap ist in der Glaubenswelt der *Mi'kmaq* die mächtigste Göttergestalt mit schöpferischer und belehrender Funktion. Der Legende nach schuf er das Minas Basin auf der Biberjagd mit einem Paddelschlag. Er führt die Menschen zur Erkenntnis, straft aber auch diejenigen, die der Gemeinschaft Schaden zufügen. Er lehrte den Menschen, die existentiellen Grundlagen wie Fischfang, Jagd und Ackerbau. Sein irdischer Weg hat ihn von Osten nach Westen geführt, wo er zusammen mit den anderen Gottheiten über das Dasein wacht.

Skulptur Glooscap in Parrsboro

1.5 Glooscap und Fundy Shore Trail

Verlauf der Route

Der ***Glooscap Trail*** läuft ganz um das Minas Basin herum und verbindet Routen durch Nova Scotia mit einer Weiterfahrt in Richtung New Brunswick und/oder Prince Edward Island oder führt ab Truro nach Halifax zurück (➪ Seite 127). Er ist besonders interessant für »*Rockhounds*«, Mineralien- und Fossilienfans. Die Route ist auch als ***Fundy Shore Trail*** ausgeschildert.

1.5.1 Rund um das Minas Basin

Gezeitenrekord am Minas Basin

Zunächst entspricht die Route ab Brooklyn (Straße #1) dem Verlauf der Straße **#215** am Minas Basin entlang. Zwischen Minasville und Noel erreicht man ***Burntcoat Head***. Dort wurde mit 16,27 m der bislang höchste Tidenhub der Welt gemessen. Im ***Tidal Interpretation Centre*** am Leuchtturm im *Burntcoat Head Park* erfährt man alles über die gewaltige Kraft der Gezeiten und ihren Einfluss auf die bizarre Küstenlandschaft.

Das eindrucksvollste Erlebnis bietet ablaufendes Wasser, wenn nach und nach Auswaschungen und Unterhöhlungen an den roten Felsen der Küste sichtbar und ein breiter, steinigen Strand voller Tümpel und ungewöhnlicher Felsgebilde freigelegt werden.

Gezeiteninfo: www.waterlevels.gc.ca/english/Canada.shtml

Shubenacadie River

Im weiteren Verlauf folgt die Straße #215 der Mündungsbucht des Shubenacadie River. Dort ist die Schubwirkung der Flut, d.h., eine Gezeitenwelle, über viele Kilometer hinweg besonders gut zu beobachten. Im *South Maitland Village Park* befindet sich das ***Tidal Bore Rafting Interpretation Centre*** mit einer **Beobachtungsplattform** (geöffnet Ende Mai-Ende August). Informationen über den Zeitpunkt der Welle hat jedes *Visitor Centre*. Auch in der Broschüre »*Glooscap Trail*« finden sich genaue Zeiten.

Wildlife Park

Bei Shubenacadie East (Straße #102) liegt der ***Shubenacadie Provincial Wildlife Park*** mit vielen einheimischen Säugetieren und Vögeln und einigen exotischen Arten. Mitte Mai-Mitte Oktober 9-19 Uhr; im Winerhalbjahr nur an Wochenenden 9-15 Uhr.

Stewiacke

In Stewiacke fällt dicht an der #102 die lebensgroße Replik eines Mammuts auf, dessen Knochen in der Region gefunden wurden. Im Museum ***Mastodon Ridge Showcase*** nahebei gibt es dazu und zu weiteren Themen eine kleine Ausstellung; Mitte Mai-Mitte Oktober, 9-19 Uhr, Eintritt 3,50$.

Küstenauswaschungen am Burntcoat Head

Truro

Truro ist Industriestadt, Versorgungszentrum und Verkehrsknotenpunkt. Bemerkenswert im Straßenbild sind 30 Baumskulpturen, die regionale Künstler aus den Überresten von krankheitsbefallenen Ulmen geschaffen haben. Darüberhinaus hat man das Stadtbild durch einige Segmente der originalen **Berliner Mauer** bereichert; eine Schautafel informiert über die historischen Hintergründe der deutschen Wiedervereinigung (!), 867 Prince Street; www.town.truro.ns.ca/berlin.htm

1

Straße #2

Von Truro am Ostende der Cobequid Bay des Minas Basin geht es – zunächst ohne Höhepunkte – weiter auf der an der Nordseite des Minas Basins entlang. Bei knapper Zeit lässt man den weiter an der Küste der Bucht entlangführenden Bogen aus und folgt dem ***Trans Canada Highway*** (#104) in Richtung Amherst.

Economy: Wandern

Ab Economy laufen die ***Kenomee Trails*** über 30 km durch eine abwechslungsreiche Landschaft: Steilküsten, Marschland, Wasserfälle, bewaldete Täler und die felsigen **Cobequid Hills**. Ein Wegabschnitt westlich vom *Economy Point* ist bekannt für die dort zu beobachtenden Blaureiher und Eisvögel.

Ein weiterer Startpunkt liegt 6 km nördlich an der *River Philip Road* und führt entlang der Schlucht des Economy River zu den ***Economy Falls*** und in die *Economy River Wilderness Area*.

Information/ Internet

Im ***Cobequid Interpretation Centre*** (3248 #2, Central Economy, Mitte Juni-Mitte Oktober) erfährt man alles zu den *Wilderness Trails*. Dort gibt es auch Zugang zum **Internet**. Von einem **Beobachtungsturm** überblickt man Bucht und Deiche.

Five Islands Provincial Park

Als ***Glooscap*** eine Hand voll Erde nach einem Biber warf, schuf er einer indianischen Legenden zufolge die fünf Inseln. Im ***Five Island Provincial Park*** kann man von den bis zu 90 m hohen Klippen die Gezeitenbewegung mit einem Tidenhub von hier bis ca. 12 m beobachten. Der Ebbstrom ist bis zu 20 km/h schnell.

Camping

- ***Five Island Provincial Park***, Ende Mai-Labour Day, 90 Plätze, teilweise bewaldet, Blick aufs Minas Basin, Duschen, 18$
- ***Sand Point Beach Campground***, Five Islands, Mitte Mai-Mitte Oktober, 94 Plätze, Strom und Wasser, Duschen, Waschautomat, *Dumping* , Pool, 22-28$; www.sandpointcampground.com

Parrsboro

Der größte und älteste Ort am Minas Basin ist **Parrsboro**. Im Hafen dieser Stadt werden die Kräfte der Gezeiten eindrucksvoll sichtbar, wenn das Wasser zweimal täglich fast komplett verschwindet und alle Boote auf dem Trockenen sitzen.

Das ***Fundy Geological Museum***, 162 Two Island Road, ist ein Informationszentrum zu Gezeiten, Geologie und Mineralogie der Region mit sehr guten und verständlichen Dioramen, Modellen und Schautafeln sowie einer großen Sammlung von Mineralien und Fossilien. Darunter sind besonders interessant versteinerte Fußabdrücke von Dinosauriern und Knochen, die in der Nähe gefunden wurden. Man kann im Museum geologische Touren zum Strand und den Fundstellen buchen. Ganzjährig geöffnet, Juni-15.

Oktober 9.30-17.30 Uhr, im Winter Di-Sa 9-17 Uhr, Eintritt 3$; http://museum.gov.ns.ca/fgm

Eine Privatsammlung von Mineralien und Fossilien ist im ***Parrsboro Rock & Mineral Shop & Museum*** zu sehen, 349 Whitehall Road, Mai-Oktober, Di-So 9-18 Uhr, Eintritt frei.

Wasson's Bluff

Etwa 6 km östlich der Stadt liegt an der Two Islands Road ***Wasson's Bluff***, woher die im Museum gezeigten Saurierfußabdrücke und -knochen stammen. Nicht nur Fossiliensammler, sondern auch »*Rock Hounds*« sind hier mit dem Geologenhammer auf der Suche nach Amethysten unterwegs.

Partridge Island

Ein bei Schmucksteinsammlern ebenfalls beliebter Sandstrand liegt südlich der Stadt am Weg nach ***Partridge Island***. Ein *Trail* über die Insel führt zu einem Aussichtspunkt. Gegenüber sieht man das Felsmassiv von Cape Split, ⇨ Seite 174.

Info/Internet

Im ***Visitor Information Centre*** Parrsboro am Platz mit der unübersehbaren holzgeschnitzten ***Glooscap*-Skulptur**, im *Fundy Geological Museum* sowie in der Parrsborro Library, 10 Queen Street, gibt es einen öffentlichen Internetzugang.

Unterkunft

- ***Parrsboro Mansion***, 3916 Eastern Ave, © 902-254-2585, 100-140$; www.parrsboromansion.com
- ***Maple Inn***, 2358 Western Avenue, Parrsboro, © 902-254-3735, 75-110$; www.mapleinn.ca
- ***Evangeline's Tower B&B***, 322 Main Street, © 902-254-3383 oder © 1-866-338-6937, 80-149$; www.evangelinestower.ca
- ***Gillespie House B&B***, 358 Main St, Parrsboro, © 902-254-3196 oder © 1-877-901-3196, 90-119$; http://gillespiehouseinn.com
- ***Riverview Cottages***, Straße #2, ca. 1,5 km östlich von Parrsboro, © 902-254-2388, 60-100$

Camping

- ***Glooscap Campground & RV***, Clarke Head (6,5 km auf der Two Island Road nach Osten), Mitte Mai-Ende September, 67 Plätze, Münzduschen, *Dumping*, 15-23$

Replika eines Mastodons bei Stewiake (Seite 176)

1.5.2 Cape Chignecto und Chignecto Bay

Straße #209

Hinter Parrsboro wendet sich die Straße #2 landeinwärts in Richtung Amherst. Der *Glooscap* bzw. *Fundy Shore Trail* folgt nun der Straße #209 – vorbei an zahlreichen Blaubeerfeldern – zunächst noch weiter nach Westen und weitgehend den Ufern entlang des Minas Basin und der Chignecto Bay.

Cape d'Or

Östlich von Advocate Harbour führt eine Stichstraße nach Süden zum **Cape d'Or**. Dort steht ein ehemaliger Leuchtturm, der heute als ***B&B*-Unterkunft** dient.

Strömungen aus Minas Basin und Bay of Fundy treffen am Kap aufeinander und sorgen für erhebliche Turbulenzen. Starke Erosionen der Felsen an dieser Landspitze belegen die ungeheure Kraft des Wasser. Auf Spaziergängen entlang der Küstenklippe hat man weite Blicke übers Wasser und hinüber zur »akadischen« Küste. Bei Ebbe kann man auch am Strand laufen.

- ***Lightkeeper's Kitchen and Guest House***, Cape d'Or, 1. Mai-Mitte Oktober, © 902-670-0534, 85-125$; www.capedor.ca

Camping

- ***Fundy Tides Campground***, 95 Mills Road, Advocate Harbour, ca. 1 km abseits der Straße #209, 10. Mai-15. Oktober, 32 Plätze, Stromanschluss, Wasser, Duschen, 12-18$.

Cape Chignecto Provincial Park

In Point Hill zweigt von der #209 die Straße zum *Interpretation Centre* des ***Cape Chignecto Provincial Park*** ab, der auf einer Landzunge ausgangs des Minas Basin liegt. Er gilt als ein Paradies für (Rucksack-) Wanderer. Neben kürzeren Wegen gibt es einen 50 km langen *Trail*, der überwiegend küstennah verläuft (mit zahlreichen einfachen Wildniscampingplätzen). Einige der Campingplätze am Strand sind speziell für Kajak-Touristen bestimmt. Parkeintritt: 3$, Camping Permit: 18$.

Joggins

Die Route wendet sich hinter Point Hill nach Norden und läuft durch eine bewaldete Hügellandschaft, bevor sie ans Ostufer der Chignecto Bay stößt. An der Strecke ist der einzige interessante Ort **Joggins**, der an einer extrem fossilienreichen Klippe liegt. Dort finden sich Abdrücke von Amphibien und Reptilien, Versteinerungen von Insekten, Fischschuppen, Muscheln und mehr.

Das ***Joggins Fossil Centre*** in der Main Street hat eine Sammlung von bis zu 300 Millionen Jahre alten Fossilien aus der Region. Mitte Juni-Mitte September 9-17.30 Uhr, Mai und Oktober nach Vereinbarung, © 902-251-2727, außerhalb der Saison © 902-251-2618, Eintritt 5$, Führungen nach Vereinbarung.

Fossiliensuche?

Bei einer Wanderung entlang der steinigen Küste sieht man an den lose umher liegenden Steinplatten hin und wieder Fossilien. Es ist verboten, an den Felswänden zu schaben und zu graben. Bei lose herumliegendem Material greifen jedoch fast alle zu.

Ob sammeln oder nicht, und warum vor allem nicht, steht im Internet unter http://epe.lacbac.gc.ca/100/205/301/ic/cdc/fossils/protect/ index.htm

1.6 Das östliche Mainland: Sunrise Trail und Marine Drive

Kennzeichnung Sunrise Trail

Das Wasser der *Northumberland Strait* zwischen Nova Scotia/New Brunswick und Prince Edward Island ist wesentlich wärmer als das im Atlantik. Trotz dieses Vorzugs ist die Nordküste von Nova Scotia touristisch kaum erschlossen, vielmehr durch landwirtschaftliche Nutzung geprägt und nur dünn besiedelt. Eine Fahrt auf dem ***Sunrise Trail*** entlang der Nordküste von Amherst bis zur Brücke hinüber nach Cape Breton Island, zumindest aber bis Caribou zur Fähre nach PEI kann gerade daher reizvoll sein, speziell für alle, die auch mal bei Wassertemperaturen um oder über 20°C im Meer schwimmen möchten.

Kennzeichnung Marine Drive

Für eine Reise von oder nach Cape Breton Island in/aus Richtung Halifax bietet sich der ***Marine Drive*** entlang der Südostküste an. Die Route ist eine gute Alternative zur etwas langweiligen Autobahn (TCH #104 und #102), obwohl auch an der Küste östlich von Halifax keine besonderen Attraktionen warten.

1.6.1 Sunrise Trail

Amherst

Der *Sunrise Trail*, den man über die Straßen #6 oder #366 in Richtung Tidnish Bridge in Angriff nehmen kann, beginnt bei West-Ost-Fahrt in Amherst. Die Stadt am *Trans Canada Highway* ist ein wichtiges Einkaufs- und Versorgungszentrum der Nordwestregion und erster/letzter Ort in Nova Scotia bei Fahrten von und nach New Brunswick.

Internet

- ***Amherst Branch Library***, Acadia Street
- ***Visitor Information Centre***, TCH #104 an der Provinzgrenze

Tidnish

Auf beiden Straßen (#6 oder #366) durchquert man die riesige ***Tantramar Marsh***, ein Paradies für Zugvögel, bevor man die Küste erreicht. Vom ***Tidnish Information & Interpretive Centre*** (mit Internet-Zugang) läuft der ***Ketchum Trail*** an einer früheren Eisenbahnstrecke entlang. Dieser Weg (knapp 4 km) führt über eine Stein- und Hängebrücke zum ***Tidnish Dock Provincial Park***. Bei Ebbe sind dort noch die Reste eines alten Bahnhofs zu sehen. Der ***Amherst Shore Provincial Park*** hat einen langen Strand; landeinwärts gibt es Biberdämme. Der Meeresboden zeigt dort kaum Gefälle, so dass sich das Wasser bei Ebbe bis zu 1,5 km fast außer Sichtweite zurückzieht.

Camping

Amherst Shore Provincial Park, #366 bei Northport, Mitte Juni-Anfang Oktober, 42 Plätze im Wald, Duschen, 18$.

Oxford

Wer das erste Stück des *Sunrise Trail* auslässt, kann vom TCH auch via Straße #301 und Oxford auf die #6 stoßen. Oxford nennt sich gern ***Blueberry Capital of the World***. Was es mit der »Blaubeerhauptstadt« auf sich hat, erfährt man im ***Wild Blueberry & Maple Centre***, 105 Lower Main Street, Oxford, Mitte Mai-Mitte Oktober 10-18 Uhr; dort auch öffentlicher Internetzugang.

Wentworth

Eine weitere Zufahrt an die Küste vom TCH bietet die Straße #4 in Kombination mit der Straße #246 durch das Wentworth Valley. Sie führt durch den schönen Mischwald in den *Cobequid Mountains*, der im ***Indian Summer*** eine prachtvolle Laubfärbung zeigt.

Unterkunft

- ***Wentworth Valley Inn***, 14962 der #4, © 902-548-2202, 65-85$

Hostel

- ***HI-Wentworth Hostel***, 249 Wentworth Station Road in einem großen alten Bauernhaus, © 902-548-2379, 15-20$

Pugwash

»**Pugwash – *World Famous for Peace***« – so steht es auf dem Ortseingangsschild! Das malerische, schottisch geprägte Dorf liegt auf der Ostseite der Mündung des gleichnamigen Flusses. Es wurde durch eine Friedensinitiative bekannt, ➪ Exkurs.

- ***Hillcrest Motel & Restaurant***, #6, © 902-243-2727, 49-59$
- ***Shillelagh Sheila's Country Inn***, 10340 Durham Street, © 902-243-2885, 65-75$
- ***Gulf Shore Camping Park***, Gulf Shore Road, 11 km abseits der Straße #6 am Meer, schöner Strand, Mitte Juni-Mitte September, 50 Plätze, z.T. Strom- und Wasser, Duschen, 18-25$

Die Pugwash Bewegung

Aus Sorge vor einer drohenden atomaren Eskalation zur Zeit des Kalten Krieges organisierte der in Pugwash geborene Millionär ***Cyrus Eaton*** 1957 eine internationale Friedenskonferenz und lud namhafte Repräsentanten der verfeindeten Lager in die *Pineo Lodge* ein (heute: *Thinkers Lodge*). Tatsächlich kamen neben Intellektuellen der westlichen Welt auch Wissenschaftler und Philosophen aus Russland und China, darunter der Kosmonaut *Juri Gagarin*, nach Pugwash. Die Bemühungen der Teilnehmer, durch eine Wende im politischen Denken eine weltweite Katastrophe abzuwenden, fand in Folgekonferenzen und weiteren Verhandlungen durchaus eine Forsetzung.

Aus der ersten ***Pugwash Conference on Science and World Affairs*** wurde eine weltweite Friedensinitiative. 1995 erhielten *Jósef Rotblat*, einer der Mentoren der Bewegung, und *Pugwash International* den **Friedensnobelpreis**. Der Originalschauplatz der ersten Konferenz wurde zwar bei einem Brand 1996 zerstört, anschließend jedoch wieder aufgebaut. Zum 50jährigen Jubiläum der Konferenz fand im Juli 2007 ein neuer Workshop zum Thema »*Revitalizing Nuclear Disarmament*« in Pugwash statt.

Pugwash Thinkers Lodge

Fox Harbour Bay PP

Ein schöner Badestrand liegt 4 km entfernt von North Wallace an der Fox Harbour Bay im gleichnamigen ***Provincial Park*** (ohne Camping, aber Umkleidekabinen und WC).

Malagash Peninsula

Ab **East Wallace** führt eine Nebenstraße in nordöstliche Richtung auf die **Halbinsel Malagash**. Seit 1970 betreibt dort eine deutsche Familie die ***Jost Winery***, 48 Vintage Lane. Einige der Jost-Weine wurden sogar preisgekrönt. Shop mit Probiertheke. Im Sommer täglich 12 und 15 Uhr Besichtigung; www.jostwine.com.

Nicht weit entfernt, an der 1926 North Shore Road befindet sich das ***Salt Mine Museum***, das die Geschichte von Canadas erster Salzmine erzählt, die 1918 in Malagash die Arbeit aufnahm und bis 1959 betrieben wurde. Mitte Juni-Mitte September, Di-Sa 10-17 Uhr, Juli-September auch So 12-17 Uhr, Eintritt 2$.

Noch weiter östlich auf der Landzunge findet man im ***Blue Sea Beach Park*** einen schönen Badestrand.

- ***Cottages at Cambra Sands***, 643 North Shore Road, © 902-257-1122, Minimum 2 Tage, 299$
- ***D&D Bayview Campground***, 3323 South Shore Road, Malagash Centre, Mitte Mai-Mitte Oktober, 15 Plätze, 14-22$.

Tatamagouche

Im Dorf Tatamagouche lohnt der Besuch im ***Creamery Square Museum***. Eine Ausstellung ist der **Riesin *Anna Swan*** gewidmet. Die 2,40 m große Frau ging Anfang des 19. Jahrhunderts mit dem Zirkus *Barnum & Bailey* auf Welttournee (39 Creamery Road, Mitte Juni-Anfang September 9-17 Uhr, Eintritt frei).

Außerdem gibt es dort einen historischen Bahnhof, die ***Intercolonial Railway Station*** mit **Bed &Breakfast** in für diesen Zweck umgebauten alten Eisenbahnwaggons:

Unterkunft

- ***Train Station Inn***, 21 Station Road, Tatamagouche, © 902-657-3222, 79-169$; www.trainstation.ca

Hotelzimmer in alten Eisenbahnwaggons in Tatamagouche, ➪ *oben*

- ***Balmoral Motel and Mill Dining Room***, 131 Main Street, © 1-888-383-9357, 60-80$; www.balmoralmotel.ca

Camping

- ***Popular Grove Campground***, 758 Willow Church Road, an der Straße #312, 30 Plätze, einfach, 12-18$
- ***Sunset Watch Campground***, Brule, 10 km östlich von Tatamagouche am Meer, Mitte Mai-Okt., 62 Plätze, Duschen, 25-30$

Brule

Östlich von Tatamagouche wartet das ***Brule Fossil Centre*** mit versteinerten Koniferen und Abdrücken von Amphibien auf Besucher; 3971 Straße #6, Brule, Juni-September, 10-16 Uhr, So ab 13 Uhr; http://brulefossilcentre.f2g.net

Straße #256

Ein Abstecher landeinwärts auf die Straße #256 (parallel zur #6) könnte zum ***Balmoral Grist Mill Museum*** führen, wo bis heute demonstriert wird, wie 1874 Weizen, Hafer und Buchweizen gemahlen wurden; 660 Matheson Brook Road, Juni-Mitte Oktober 9.30-17.30 Uhr, Eintritt 3$; http://museum.gov.ns.ca/bgm

Earltown

Die **Straße #311** führt noch weiter landeinwärts nach Earltown, wo man auf der ***Sugar Moon Farm*** zuschauen kann, wie Ahornsirup entsteht. Es gibt auch ein Restaurant mit Ahorn-Spezialitäten; Alex MacDonald Road, ganzjährig Sa/So 9-17 Uhr; Juli-August täglich 9-17 Uhr; www.sugarmoon.ca

Denmark

In **Denmark**, nahe der **#326**, kann man in der ***Sutherland Steam Mill*** zuschauen, wie Baumstämme von Dampfmaschinen zu Balken und Brettern geschnitten wurden; Juni-Mitte Oktober, 9.30-17.30 Uhr, 3$; http://museum.gov.ns.ca/ssm

Der weitere Verlauf der #6 ist durch Land- und vor allem Viehwirtschaft geprägt, dazwischen gibt es Waldstücke und immer wieder schöne weitgehend leere Strände.

Pictou

Pictou liegt an einer durch drei breite Flussmündungen gebildeten, geschützten Bucht. In diesem natürlichen Hafen landeten 1773 auf dem Dreimaster ***Hector*** die ersten Siedler aus dem schottischen Hochland. Eine Replik des Seglers kann man am ***Hector Heritage Quay*** besichtigen; 33 Caladh Avenue, Ende Mai-Mitte Oktober, täglich geführte Touren, schottisch kostümierte »Besatzung«, Eintritt 7$.

Das Ortsbild im Hafenbereich ist durch historische Häuser bestimmt. Die schottischen Traditionen werden u.a. im ***de Coste Entertainment Centre*** gepflegt (Water Street).

Information/ Internet

- Die ***Provincial Visitor Information*** befindet sich am Kreisverkehr #106/#6 (West River Road), dort auch Internetzugang.
- ***Pictou Library***, 40 Water Street

Unterkunft

- ***Willow House Inn***, 11 Willow Street im 1840 erbauten Haus des ersten Bürgermeisters von Pictou, © 902-485-5740, 80-120$; www.willowhouseinn.com
- ***Rustic Anchor Motel***, 132 W River Rd, © 902-485-4423, 60-65$

Hostel

- ***Hostel Pictou Backpackers***, 14 Chapel Street, © 902-485-8740, 25$; www.backpackers.ca

Fähre nach Prince Edward Island

Etwa 6 km nördlich von *Pictou* verkehrt von **Caribou** aus die Fähre nach *Wood Island* auf PEI (⇨ Seite 271). Sie fährt von Mai bis Dezember mehrmals täglich, soweit Wetterbedingungen und ggf. Eisgang es zulassen. Die Fahrtzeit beträgt etwa 75 min. Bezahlt wird erst beim Verlassen der Insel, egal ob wieder mit der Fähre (59$ pro Pkw, Campmobile ab 80$ – jeweils inkl. Insassen, Fußgänger 14$/Person, zzgl. Treibstoffzuschlag) oder via *Confederation Bridge* nach New Brunswick; www.peiferry.com

Abercrombie

Zwischen Pictou und New Glasgow liegt abseits des TCH #106 (knapp 3 km von Ausfahrt 2) an der Mündung des East River of Pictou **Abercrombie** mit der ***Crombie House Gallery***. Diese außergewöhnliche Sammlung kanadischer Kunstwerke aus dem 19. und 20. Jahrhundert enthält u.a. Gemälde von *Cornelius Krieghoff* sowie von Künstlern der bekannten kanadischen *Group of Seven*. Nur mittwochs, Juli-August, 9-11/13-16 Uhr, Führungen zur vollen Stunde oder n.V., © 905-755-4440, Eintritt frei.

New Glasgow

Größte Stadt am *Sunrise Trail* ist **New Glasgow** mit 10.000 Einwohnern. In diesem Industriestandort gibt es nicht viel zu sehen. Der Nachbarort **Stellarton** war bis vor kurzem noch ein bedeutendes Zentrum des Kohlebergbaus. Heute beherbergt er Nova Scotias riesiges ***Museum of Industry*** mit eindrucksvollen Installationen und viel *living history*. TCH #104 Ausfahrt 24, ganzjährig, 9-17 Uhr, Eintritt 7,50$; http://museum.gov.ns.ca/moi

Wandern

In New Glasgow wurde auf einer früheren Eisenbahntrasse der ***Samson/Albion Trail*** angelegt, der vom *Goodman Rotary Park* bis zum Industriemuseum in Stellarton führen:

Strand

Nicht weit von New Glasgow hat der ***Melmerby Beach Provincial Park*** auf einer Nehrung zwischen Festland und einer vorgelagerten Insel einen schönen hellen, kilometerlangen Sandstrand, zu erreichen über Straße #289 (nach Little Harbour, dann östlich).

Internet

- ***New Glasgow Library***, 182 Dalhousie Street
- ***Stellarton Public Library***, Stellarton, 248 Foord Street
- ***Trenton Public Library***, Trenton, Main Street

Fischerbootmarina beim Anleger der Fähre nach PEI in Caribou

Unterkunft

- ***Comfort Inn***, 740 Westville Road, © 902-755-6450, 79-160$
- ***Samson B&B***, 34 Arch Street, © 902-755-1428, 50-60$

Camping

- ***Trenton Park Camping***, Park Road, 43 Plätze, Duschen, 20-25$

Cape George

Der TCH #104 führt geradewegs nach Antigonish, ein Umweg auf der Straße #245 zum ***Arisaig Provincial Park*** zwischen Straße und Küste. Dieser Park schützt fossilienreiches Sedimentgestein am Meeresufer. 1,6 km Lehrpfad und Picknickplatz.

Über die Straße #337 geht es weiter an hügeliger Küste und schönen Sandstränden – *Livingstone Cove Beach* und *Ballantynes Cove Beach* – entlang zum ***Cape George*** mit dem 300 m (!) hoch über dem Meer stehenden Leuchtturm. Bei klarem Wetter kann man von dort bis hinüber nach PEI sehen.

Camping

Cranberry Campground, abseits der #245 am Lower Barneys River, Merigomish, Mitte Mai-Ende September, 30 Plätze, teilweise Strom- und Wasseranschluss, Duschen, 18-29$.

Antigonish

Die Universitätsstadt **Antigonish** ist ein von schottischer Tradition geprägtes kulturelles Zentrum. So gibt es in der ***St. Francis Xavier University*** Studiengänge für keltische Sprachen, Literatur und Geschichte, und Mitte Juli finden dort die ***Highland Games*** statt, das größte schottische Festival außerhalb von Schottland; www.antigonishhighlandgames.com.

Nordöstlich der Stadt gibt es schöne **Strände**, darunter die *Dunn's Beach* mit Dünen, Zufahrt über Southside Antigonish Harbour.

Internet

Antigonish Library, 274 Main Street

Unterkunft

- ***Antigonish Victorian Inn***, vornehm, 149 Main Street, © 902-863-1103 oder © 1-800-706-5558, 110-170$
- ***St. Francis Xavier University***, preiswertes Sommerhotel Ende Mai-August, West Street, © 902-867-2855, www.stfx.ca/conferences/accommodations.htm; stay@stfx.ca

Motel/ Camping

- ***Oasis Motel***, #104 3,5 km östlich von Antigonish, © 902-863-3557 oder © 1-800-929-1998, 65-75$
- ***Oasis Trailer Campground***, Mitte Mai-Mitte Oktober, 41 Plätze, Duschen, Waschautomat, 23-25$

1.6.2 Marine Drive

Zur Route

Der *Marine Drive* folgt dem Verlauf der dünn besiedelten ***Eastern Shore*** zwischen der Strait of Canso und Halifax. Bei knapper Zeit beschränkt man sich auf die Straße #7 (Halifax–Antigonish) und lässt den weiter östlichen Bogen des *Marine Drive* aus.

Bei voller Nutzung des *Marine Drive* geht es zunächst auf der Straße #344 via **Mulgrave** an der Cape Breton Island gegenüberliegenden Küste entlang. Bei **Boylston** trifft sie auf die Straße #16.

Guysborough

Guysborough hat einen geschützten Hafen und wurde ursprünglich durch *Acadians* und schwarze Loyalisten besiedelt. Im ***Old Court House Museum*** ist die Geschichte und Entwicklung der

Stadt aufbereitet (106 Church Street, Juni-September 9-17 Uhr, Eintritt frei, Internetzugang). Heute ist der Ort kommerzielles Zentrum des oberen Ostküstenbereichs. Er wurde in letzter Zeit durch eine *Off-Shore*-Erdgasförderung etwas belebter.

Internet

- ***Mulgrave Public Library***, 390 Murray Street, WLAN
- ***Cyril Ward Library***, Guysborough, 27 Pleasant St, WLAN

Camping

- ***Boylston Provincial Park***, abseits der Straße #16, schöne Lage am Wasser, Mitte Juni-Mitte Oktober, 35 Plätze, einfach, 14$

Abendstimmung am Boylston Lake im gleichnamigen Provinzpark

Canso

Am östlichen Ende des Nova Scotia *Mainland* liegt Canso (Straße #16), mit 1300 Einwohnern einer der größten Orte am *Marine Drive*. Auf der dem Ort gegenüberliegenden Insel *Grassy Island* befindet sich der ***Canso Island National Historic Site*** mit Resten eines akadischen Fischerdorfes von 1605. Ab *Visitor Reception Centre* starten kostenlose Bootsfahrten zur Insel; Juni-Mitte September, 10-18 Uhr, kein Eintritt, aber Spendenbox.

Internet

- ***Canso Branch Library***, 130 School Street, auch WLAN

Camping

- ***Cape Canso R.V. Park & Marina***, Juni-Oktober, 33 Plätze, Strom und Wasser, Duschen, ab 18$, © 902-366-2937.

Unterkunft

- ***Last Port Motel***, © 902-366-2400, 60-80$

Tor Bay

In **Tor Bay** befand sich einst die »Anlegestelle« für das erste Kabel zur kommerziellen Nachrichtenübertragung zwischen England und Nordamerika. Der ***Tor Bay Provincial Park*** hat Picknickplätze und einen schönen Badestrand.

Der *Marine Drive* entspricht im weiteren Verlauf bis Sherbrooke den **Küstenstraßen #316** und später **#211**.

Sherbrooke

Das Mitte des 19. Jahrhunderts durch Holz, Schiffbau und Goldfunde wohlhabend gewordene Sherbrooke liegt etwas landeinwärts malerisch am breiten St. Mary's River. Ein Teil des Ortszentrums wurde als ***Sherbrooke Village*** so restauriert, wie es um 1870 ausgesehen haben könnte, und zum *Living Museum* gemacht. Damals war der Ort Zentrum der Schiffbau- und Holzverarbeitungsindustrie, überdies wurden in der Nähe Goldminen ausgebeutet. Von ungefähr 80 Gebäuden sind 25 zugänglich. Vom Pferdewagen bis zur Sägemühle, von der Druckerpresse bis zum Webstuhl wird man in kleinstädtisches Leben der Zeit um 1870 zurückversetzt. Anfang Juni bis Mitte Oktober täglich 9.30-17.30 Uhr; Eintritt $9, Kinder $4, ab Sonnenuntergang frei; http://museum.gov.ns.ca/sv.

Internet
• ***Sherbrooke Public Library***, 11 Main Street, auch WLAN

Unterkunft
• ***Sherbrooke Village Inn & Cabins***, 7975 Straße #7, © 902-522-2235, 75-135 $; www.sherbrookevillageinn.ca

• ***St. Mary's River Lodge***, 21 Main Street, nahe *Sherbrooke Village*, © 902-522-2177, 76-106 $; www.riverlodge.ca

St. Mary's River
Der landeinwärts führende St. Mary's River ist ein guter Lachsfluss. Das ***St. Mary's River Education & Interpretive Center*** an der #7 informiert u.a. darüber, Tiere der Region und Naturschutzprojekte; Mai-Mitte September, 9-17.30 Uhr, Spende.

In **Goldenville**, abseits der #7, kann man im ***Gold Mining Interpretive Centre*** in einer ehemaligen Kirche alles über das Schürfen des Edelmetalls in Nova Scotia erfahren; Juni-September, 2$.

Camping
• ***St. Mary's Riverside Campground & Cabins***, Sonora Rd, Mitte Mai-Ende Oktober, 24 Plätze, Strom- und Wasseranschluss, Duschen, Internetzugang, 18-24$.

Liscomb Mills
In Liscomb Mills kann man sich mit einer kleinen Wanderung die Beine vertreten. Von einer Hängebrücke aus sieht man, wie der Liscomb River als Wasserfall über die Felsen stürzt.

Unterkunft
• ***Liscomb Lodge & Chalets***, luxuriös, Straße #7, Liscomb Mills, © 1-800-665-6343, 140-350$; www.liscombelodge.ca

Port Dufferin
Vorbei an unzähligen Inseln führt die #7 küstennah nach **Port Dufferin**, das malerisch an der Bucht liegt und seinen Namen von dem *Marquis of Dufferin* erhielt. Der Adlige war 1872-78 Generalgouverneur von Canada.

Der Inselarchipel vor der Küste eignet sich gut für **Kajaktouren** .

Unterkunft
• ***Marquis of Dufferin Seaside Inn***, #7, © 902-654-2696, 76-94$; www.marquisofdufferinmotel.com

Tailor Head
Südlich von Sheet Harbour (bei Spry Bay) reckt sich der ***Tailor Head Provincial Park*** auf einer langgestreckten Halbinsel mit feinem Sandstrand ins Meer. Der *Headland Trail* führt auf einer Länge von 8 km um die ganze Halbinsel, durch Wald, offenes Gelände und immer wieder ans Meer (Seevögel und Robben).

Camping
• ***Spry Bay Campground***, 1,5 km vom *Tailor Head Provincial Park* entfernt an der Straße #7, Mitte Mai-Ende Oktober, 41 Plätze, auch *Cabins*, teilweise Strom- und Wasseranschluss, Bäckerei, Restaurant, Duschen, Pool, Internetzugang; 15-25$

Tangier

Tangier ist die Hochburg der Fischräucherei in Nova Scotia. Die Firma *J. Willy Krauch & Sons* unterhält hier einen weit über die Grenzen Nova Scotias hinaus bekannten ***Smokeshop*** und hat Räucheraal, -lachs und andere geräucherte Spezialitäten. Selbst die *Queen of England* gehörte schon zu *Krauchs* Kunden.

Tangier eignet sich auch als Ausgangspunkt für Seekajak-Trips:

Unterkunft

- ***Paddlers Retreat B&B***, Mason's Point Road, © 902-772-2774, 45-75$; www.coastaladventures.com

Camping

- Der schönste private Campingplatz mit allem Drum und Dran ist ***Murphy's Cove***, 1,5 km südlich der #7 bei Tangier am Ende einer Landzunge, Mitte Mai-Mitte Oktober, ca. 40 offene und schattige Stellplätze, Strom und Wasser, Duschen, *Dumping*, Kinderspielplatz; 20-25 $; © 902-772-2700.

Jeddore Oyster Pond

Das ***Fishermen's Life Museum*** in Jeddore Oyster Pond vermittelt Einblicke in den Haushalt einer Fischerfamilie, die zu Beginn des 20. Jahrhunderts 13 Töchter durchbringen mußte; Juni-Mitte Oktober, 9.30-17.30 Uhr, Eintritt 3$.

Musquodoboit Harbour

In Musquodoboit Harbour mündet der Musquodoboit River, ein Lachs- und Forellenfluss, ins Meer. Dort endet die Zubringerautobahn #107 an die Südostküste. Die Straße #7 läuft bis Dartmouth hinein parallel dazu.

Im restaurierten Bahnhof befindet sich ein kleines ***Railway Museum*** mit ***Visitor Information*** im alten Wartesaal; Main Street, Juni-September 9-16 Uhr, Hochsaison 9-18 Uhr, Eintritt frei.

Wandern

Der Ort ist Ausgangspunkt für die Wanderroute ***Musquodoboit Trailways***, die entlang einer alten Eisenbahntrasse im Flusstal verläuft. Von ihr zweigen weitere Wege ab. Karten dazu gibt's bei der *Besucherinformation* im Bahnhof: www.mta-ns.ca.

Unterkunft

- ***Elephants's Nest B&B***, 127 Pleasant Drive, Gaetz Brook, abseits der Straße #7 ca. 7 km westlich vom Musquodoboit Harbour, © 1-866-633-6378, 100-130$; www.elephants nestbnb.ca.
- ***Salmon River House Country Inn***, 19931 Straße #7, © 902-889-3353, 80-150$; www.salmonriverhouse.com.

Camping

- ***Porters Lake Provincial Park***, 5 km südlich der Autobahn #107, *Exit* 19, (parallel zur #7 nur ca. 25 km von Halifax entfernt), Ende Mai-Mitte Oktober, 80 Plätze, Duschen, Strand, wunderschöner Platz auf einer Fast-Insel; 18$.

Nur wenig weiter kann man an der ***Lawrencetown Beach*** (nur) prima schwimmen; www.parks. gov.ns.ca/parks/porters.htm

Restaurant

- ***Lobster Shack Restaurant***, 9931 Straße #7, Salmon River Bridge

Ende des Marine Drive

Faktisch ist **mit der Autobahn #107 auch das Ende des *Marine Drive*** erreicht. Ein Verbleib auf der #7 lohnt sich nicht. Wer sich von Halifax aus den *Marine Drive* vornimmt, beginnt – außer bei Abstechern zu den Provinzparks und Stränden südlich der #107 – die Tour entlang der *Eastern Shore* am besten in Musquodoboit Harbour.

1.7 Cape Breton Island www.capebretonisland.com

Kennzeichnung

Cape Breton Island hat mit seinen Küsten, Stränden und Fischerdörfern vieles, was so oder ähnlich auch weiter südlich existiert, ist aber mit seinen Bergen, dem weitverzweigten Binnensee Bras d'Or Lake und der *Fortress de Louisbourg*, einem *Living History*-Museum der Extraklasse, noch abwechslungsreicher als das Festland von Nova Scotia.

Cabot Trail

Minimalprogramm auf Cape Breton Island sollte ein Abfahren des ***Cabot Trail*** sein. Diese Rundstrecke, für die man mindestens zwei Tage ansetzen muss, führt an einer wunderschönen Küste mit Steilufern und Stränden entlang und durch den ***Cape Breton Highlands National Park***. Gebirgiges Hochland, reizvolle Flusstäler und dichte Wälder wechseln sich ab. Entlang der Route sind schottische Traditionen in vielen Ortschaften noch lebendig. Indessen ist die Anfahrt dorthin recht weit – von Halifax aus sind es – je nach Routenwahl – 500-600 km bis zum *Cape North*.

Nach Newfoundland Für Reisende mit der Absicht, **Newfoundland** auf dem Land- und Seeweg zu besuchen, geht kein Weg an Cape Breton Island vorbei. Die Fähren starten in North Sidney.

Anfahrt Ein Straßendamm, der ***Canso Causeway***, verbindet die Insel mit dem *Mainland* Nova Scotia. Über ihn läuft der ***Trans Canada Highway***, der auf Cape Breton Island die Straßennummer wechselt: aus der #104 wird dort die #105.

1.7.1 Die Anfahrt zum Cabot Trail

Port Hastings Erster Ort jenseits des Causeway ist **Port Hastings** mit einem großen ***Nova Scotia Visitor Information Centre***, in dem man alle Informationen für die weitere Reise erhält. Dort gibt es auch einen Internetzugang.

Wer auf der Insel zunächst eine Unterkunft sucht, findet das

Unterkunft & Restaurant

- ***Cape Breton Causeway Inn*** direkt an der #104/#105, ✆ 902-625-0460 oder ✆ 1-800-561-7666, 81-108$, mit Restaurant, und
- das ***Cove Motel*** mit Restaurant zurückgesetzt von der #104 am Wasser; Strand, Baden, Boote; ✆ (902) 747-2700, $98-$118

Auf dem TCH (Straße #105)

In Richtung Norden entspricht der *Trans Canada Highway* bzw. die Straße #105 der kürzesten Route. Auf ihm gelangt man via Nyanza zum *Cabot Trail*.

Der erste Abschnitt zwischen Port Hastings und Ironville verläuft relativ gleichförmig durch waldreiche, gebirgige Landschaft.

Whycocomagh Nach 55 km Fahrt auf der #105 erreicht man mit der *Whycocomagh Bay* einen der Finger des Bras d'Or Lake (➪ auch Seite 206). In **Whycocomagh** befindet sich ein Reservat der *Mi'kmaq*, der *Waycobah First Nation*. Im Juli findet dort alljährlich das *Whycocomagh* ***Summer Festival*** statt, ein multikulturelles, schottisch wie indianisch geprägtes Sommerfest. Jeweils Ende August/Anfang September gibt es außerdem das *Mawiomi*, ein ***Pow Wow*** der *Waycobah*; http://wfnss.ca/waycobah.html.

Camping

- In der Nähe liegt der ***Whycocomagh Provincial Park***, 62 Plätze, Mitte Juni-Mitte Okt., WC, Duschen, *Dumping Station*, 18$

Unterkunft

- ***Aberdeen Motel***, #105, 2 km östlich von Whycocomagh, ✆ 902-756-2331, ✆ 1-888-286-8886, 80-110$; www.swiss-valley.com

Restaurant

- ***The Red Barn***, #105 Ausfahrt #7, Restaurant und Souvenirshop, 7.30-21 Uhr

An die Westküste Über die Straße **#395** ergibt sich die Möglichkeit einer Querverbindung zur #19 an der Küste (*Ceilidh Trail*, ➪ unten), die am ***Lake Ainslie*** vorbei führt, dem größten Süßwassersee der Insel. Er gilt als »Paradies« für Forellenangler.

Museumsdorf Über die Ausfahrt #6 gelangt man vom TCH auf die Straße #223 und dann mit der **Kabelfähre** über den *St. Patrick's Channel* zum Fähranleger Little Narrows und weiter nach **Iona** mit dem ***Nova***

Scotia Highland Village. Dabei handelt es sich um ein 17 ha großes Museumsdorf mit Repliken erster schottischer Behausungen, *Cottages* mit Grasdächern. Täglich finden dort von Juni-Mitte Oktober (9.30-17.30 Uhr, Eintritt 9$; http://museum.gov.ns.ca/hv) Vorführungen alter Handwerkstechniken statt. Der Abstecher lohnt sich eher bei schönem Wetter.

Internet ***Iona CAP Site***, Rankin Memorial School, 2516 St. Columba Road

Marina ***Barra Strait Marina & Café*** in Grand Narrows

Unterkunft

- ***Old Grand Narrows Hotel B&B***, 11 Darby Point Road, ✆ 1-888-702-3720, 95-125$; www.grandnarrowshotel.ca
- ***Hectors Arm***, 2504 St. Columbia Rd, ✆ 902-622-1229, 75-100$
- ***Highland Heights Inn***, 4115 #223, Iona, ✆ 902-725-2360 oder ✆ 1-800-660-8122, 80-130$; www.highlandheightsinn.ca

Wagmatcook Die **#105** führt nun – mit der Hügelkette im Westen – am Ufer des Sees entlang und erreicht das Indianerreservat ***Wagmatcook***. Das ***Mi'kmaq Cultural and Heritage Centre*** informiert dort über die Kultur der *Mi'kmaq* mit Museum, Vorführungen, *Craft Shop* und Restaurant (Mo-Sa 9-20 Uhr; www.wagmatcook. com).

Schließlich erreicht man in der Nähe des auffälligen ***Red Barn Restaurant*** nördlich von Nyanza den ***Cabot Trail***.

Alternativ: der Ceilidh Trail (Straße #19)

Der sog. *Ceilidh Trail* entlang der Nordwestküste von *Cape Breton Island* bildet die kürzeste Verbindung zum attraktiven Nordwestabschnitt des *Cabot Trail*. Er entspricht dem Verlauf der Straße **#19** entlang der Westküste der Insel. Die Gegend wird vor allem landwirtschaftlich genutzt.

Dünen & Strand Südlich von **Mabou** zweigt eine Straße nach **West Mabou Harbour** ab. Sie führt zu einem Dünengebiet mit Sandstrand, das zu Küstenwanderungen einlädt.

Nördlich von Mabou erheben sich westlich der Straße die ***South Cape Highlands***. Dort gibt es mehrere Wanderrouten über das Hochland und entlang der Küste. Zu erreichen über Abstecher nach Mabou Harbour/Mabou Mines.

Ceilidh Trail entlang der südlichen Westküste

Whisky Destille in Glenville

Whisky

In **Glenville** kann man an einer Tour ($7) durch ein Whisky-Economuseum, die ***Glenora Distillery***, teilnehmen, Canadas einziger *Single-Malt*-Brennerei; Mitte Mai-Ende Oktober, 9-17 Uhr.

Unterkunft & Restaurant

- ***Glenora Inn & Distillery Resort***, #19, © 902-258-2662 oder © 1-800-839-0491, 120-145$, Chalets 179-240$; Restaurant bis 22 Uhr, Pub bis Mitternacht; www.glenoradistillery.com

Inverness

Die #19 erreicht die Küste bei **Inverness**, wo es einen schönen langen Strand gibt. Das Wasser an der *Northumberland Strait* erwärmt sich hier im Sommer auf angenehme Badetemperaturen bis zu 23°C. Inverness, eine ehemalige Bergarbeitersiedlung, ist mit etwa 2.000 Einwohnern ein wichtiges Versorgungszentrum an diesem Teil der Küste. ***Visitor Centre*** an der Straße #19 (1756).

Im ehemaligen Bahnhofsgebäude wurde das ***Inverness Miner's Museum*** eingerichtet (62 Lower Railway Street, Mitte Juni-Ende September, Mo-Fr 9-17 Uhr, Sa/So 12-17 Uhr). Eine Kunstgalerie für lokale und internationale Kunst befindet sich im ***Inverness County Centre for the Arts***, am Nordende der Stadt. Ganzjährig geöffnet; www.invernessarts.ca

Unterkunft & Restaurant

- ***Inverness Lodge & Motel***, #19, höher gelegen mit Blick übers Meer, © 902-258-2193 oder © 866-258-2193, 70-90$, Hotelrestaurant *The Scottish Mariner*
- ***MacLeod Inn***, Broad Cove Rd, 5 km nördlich von Inverness abseits der #19, Blick über Meer und *Highlands*, Ausstellungen lokaler Kunst, © 902-258-3360, 70-125$, www.macleods.com

Camping & Restaurant

- ***Inverness Beach Village***, #19 am Nordrand von Inverness unmittelbar am Strand, Mitte Juni-Mitte Oktober, 41 Plätze, teilweise Strom- und Wasseranschluss, WC, Duschen, Waschautomat, 25-29$; auch für Zelte; *Housekeeping Cottages* 75-140$; Restaurant gleich in der Nähe des Campingplatzes:

Restaurant

- ***The Casual Gourmet***, 29 Beach Road, informelle Küche von *Seafood* bis vegetarisch, Juni-Oktober, 11.30-22 Uhr

Der ***Ceilidh Trail*** entspricht ab Dunvegan weiter der Straße #219 entlang der zerklüfteten Küste, bis er schließlich in **Margeree Harbour** auf den ***Cabot Trail*** stößt.

1.7.2 Der Cabot Trail

Der *Cabot Trail* ist eine **Rundstrecke von etwa 300 km** und – wie bereits erwähnt – eine der schönsten Routen in Nova Scotia. Im Hinblick auf Lichtverhältnisse und beste Blicke sollte man ihn im Uhrzeigersinn befahren.

Margeree Harbour

Wir starten am Ende des *Ceilidh Trail* (➪ Seite 191) in **Margeree Harbour**. Das Fischerdorf liegt an der Mündung des *Margeree River*, über den eine lange Holzbrücke von der »schottischen« auf die »französische Seite« des Flusses führt. Der 40 m lange **Schoner *Marion Elizabeth***, der 1918 in Lunenburg auf der gleichen Werft wie die *Bluenose* gebaut wurde, ist im Hafen angedockt und dient als **Restaurant** und Museum (im Sommer 10-15 Uhr, Eintritt frei). Der *Cabot Trail* auf der #19 erreicht in nordöstlicher Richtung ***Cap le Moine***, wo man im ***Joe's Scarecrow Village*** mehr als 100 Vogelscheuchen – manche davon sind Karikaturen bekannter Zeitgenossen – bewundern kann, Mitte Juni bis Mitte Oktober, 8.30-20 Uhr, Eintritt frei; ➪ Foto nächste Seite.

Cheticamp

Cheticamp ist ein lebendiges Fischerdorf und Zentrum der akadischen Kultur auf *Cape Breton*. Dieser Küstenabschnitt wurde ab 1755 durch *Acadians* vom *Mainland* Nova Scotias besiedelt, die der Deportation durch die Briten entgehen wollten. Die Kirche ***St. Pierre*** ist unübersehbar. Im ***Acadian Museum*** werden die traditionellen Fertigkeiten akadischer Handwerker und Künstler demonstriert, ihre Arbeiten zum Verkauf angeboten. Zum Museum gehört ein **Restaurant** (15067 Main Street, Anfang Mai-Ende Oktober, 8-21 Uhr, Eintritt frei).

Die besondere Kunst, Teppiche mit ausgearbeiteten Themen zu knüpfen, wird in dieser Region gepflegt. Die Ergebnisse kann man unter anderem im Museum ***Le Trois Pignons*** besichtigen; außerdem erhält man dort Informationen zu Geschichte und Geologie der Region; 15584 Main Street, Mitte Mai-Mitte Oktober 9-17 Uhr, im Sommer bis 19 Uhr; Internetzugang.

Kirche St. Pierre in Cheticamp

Auf ***Cheticamp Island*** gibt es einen öffentlichen **Strand** sowie den ältesten Friedhof der Region.

Waltouren

Vor Cape Breton Island bestehen gute Chancen, Finn-, Zwerg- und Pilotwale zu sehen:

- ***Whale Cruisers***, © 800-813-3376, 2-3 x täglich, Tour 3 h, 25$
- ***Seaside Whale & Nature Cruises***, © 800-959-4253, Tour 2-3 h

Unterkunft

Es gibt in Cheticamp viele Quartiere; hier eine Auswahl:

- ***The Laurence Guest House B&B***, im historischen Haus am Hafen, 15408 Main Street, © 902-224-2184, 70-100$

- ***Acadian Motel***, Main Street, Blick auf den Hafen, © 902-224-2640 oder © 800-615-1977, 70-85$
- ***Laurie's Motor Inn***, 15456 Laurie Road, © 902-224-2400 oder © 800-959-4253, 95-155$; www.lauries.com

Restaurants

- ***Le Gabriel***, 14524 Main Street, Eingang durch den Leuchtturm; www.legabriel.com
- ***Restaurant Acadien***, 15067 Main Street, am Museum, traditionelle akadische Küche

Camping

Südlich von Cheticamp über den Damm nach Cheticamp Island erreicht man ***La Plage St. Pierre Camping*** am Strand, Mitte Mai-Mitte Oktober, 94 Plätze, WC, Duschen, Waschautomat, 25-30$.

Am Nationalparkeingang liegt der ***Cheticamp Campground***, Ende Mai-Anfang Oktober, 162 Plätze, teilweise Strom- und Wasseranschluss, WC, Duschen, 24-34$ plus Parkeintritt.

In Joe's Vogelscheuchendorf bei Cheticamp

Cape Breton Highlands Nat'l Park

Nördlich von Cheticamp erreicht man die Einfahrt in den ***Cape Breton Highlands National Park*** (Eintritt 7$; www.pc.gc.ca/pn-np/ns/cbreton). Im ***Cheticamp Information Centre*** erfährt man alles Wissenswerte zu Flora, Fauna, Geologie und Geschichte des Parks und erhält eine Übersichtskarte mit Wanderwegen.

Der 950 km^2 große Park bietet mit seinen Waldregionen, Tälern, Hochflächen und den langen Küstenabschnitten viel Abwechslung. Er verfügt über einen reichen Tierbestand, u.a. gibt es in ihm Elche, Weißkopfadler, Hirsche, Kojoten und Bären. Der *Cabot Trail* führt am Rand der Parkgrenzen entlang. 28 Wanderwege von Kurzstrecken bis zu Ganztagswanderungen erschließen nur einen Teil seiner vielfältigen, wildromantischen Landschaft, weite Flächen des Parks sind völlig unberührt.

Camping im Nationalpark

Es gilt »*first come, first serve*«, und das Platzkontingent ist recht begrenzt. Stromanschluss gibt es nur in Cheticamp und *Broad Cove*; dort sind auch Reservierungen möglich über www.pccamping.ca oder © 1-877-737-3783. Die anderen Plätze sind einfacher und haben bestenfalls Duschen/WC.

Außerdem gibt es Wildniscampingplätze, für die jedoch im voraus im *Visitor Centre* ein *Permit* gekauft werden muß (10$).

Wanderungen

Die Landschaft im Park ist dramatisch. Im Westen ragt die Steilküste stellenweise über 300 m hoch über das Meer. Unweit Cheticamp hat man den besten Panoramablick vom Aussichtspunkt ***Le Buttereau***.

Die ***Skyline***-Rundwanderung auf den *French Mountain* (ca. 7 km) bietet ebenfalls großartige Ausblicke aus 420 m Höhe über die See. Mit Glück sieht man Wale (Fernglas mitnehmen).

Im Inland führen die Wanderwege oft durch dichten oder lichten Wald, teilweise über offene Hochflächen oder durch Sumpf. Nicht selten trifft man dort auf Elche.

Camping

- ***Corney Brook Campground***, Ende Mai-Anfang Oktober, 20 Plätze, direkt am Meer, WC, 20$ zuzüglich Parkeintritt.

Pleasant Bay

Die Straße windet sich in kurvenreichem steilen Verlauf hinunter in das lebendige Fischerdorf **Pleasant Bay**. Dort kann man frische Hummer, Krabben und Fische kaufen. Im ***Whale Interpretive Centre*** wird die Naturgeschichte und Biologie der 16 Walarten in den Gewässern vor Nova Scotia dokumentiert. U.a. kann man dort dem »Gesang« der Riesensäuger lauschen und das lebensgroße Modell eines Pilotwals bewundern (Juni-Mitte Oktober, 4,50$). Im Ort lassen sich unterschiedliche Touren zur **Walbeobachtung** buchen, u.a.per *Zodiac* (schnellen Schlauchbooten) und mit Segelboot.

Strand

Ein Strand liegt am Ende der ***Red River Road***.

- ***Mountain View Motel & Restaurant***, © 902-224-2368 oder © 1-888-835-7577, 70-125$; http://themountainview.com
- ***Midtrail Resort***, 23475 Cabot Trail, © 902-224-2529, 69-249$

Hostel

- ***Cabot Trail Hostel***, 23349 Cabot Trail, © 902-224-1976, Übernachtung 24$; www.cabottrail.com/hostel

Der *Cabot Trail* führt nun landeinwärts direkt in das Bergland und über den 445 m hohen *North Mountain* in das ***Aspen Valley***, das Flusstal des *Aspy Rivers*. Im *Grande Anse Valley* erreicht man über den kurzen ***Lone Shieling Trail*** die Replik einer alten schottischen Schäferhütte und einen der ältesten Zuckerahorn-Bestände von Atlantic Canada mit 350 Jahre alten Bäumen.

Skyline Trail im Cape Breton Nat'l Park; im Hintergrund gut sichtbar der hier steile Anstieg des Cabot Trail, *➪ auch Foto Seite 209*

Camping

- ***MacIntosh Brook Campground***, 2 km von Pleasant Bay, Ende Mai-Mitte Oktober, 10 Plätze, 21$ plus Eintritt Nationalpark
- ***Big Intervale Campground***, gut 10 km vor Cape North, 10 Plätze, Ende Mai-Anfang Oktober, 18$ + Eintritt Nationalpark

Cabot Beach

Ein Abstecher vom Ort **Cape North** auf die nördlichste Straße Nova Scotias führt zunächst nach Sugarloaf zur *Cabot Beach*. An der Stelle der mutmaßlichen Landung von *John Cabot* (⇨ Seite 354) im ***Cabot Landing Provincial Park*** (Picknick-Areal und Sandstrand) befindet sich ein **Denkmal**. Alljährlich am 24. Juni wird hier die Landung des Seefahrers nachgespielt.

Meat Cove

Die Straße führt weiter nach **Bay St. Lawrence** und von dort auf einer gewundenen Schotterstraße bis nach **Meat Cove**. Die Küstenlandschaft ist hier, wo das Wasser der *Northumberland Strait* auf den offenen Atlantik trifft, grandios. Man kann vom Ufer aus Wale und Weißkopfadler sichten. Über die Hügeln laufen Wanderwege. In beiden Orten gibt es Touren zur Walbeobachtung.

Camping

- ***Meat Cove Campground*** schön über dem Meer, Juni-Oktober, 25 Plätze, Duschen, Kajak-Verleih, Naturwanderwege, ab 20$.

Dingwall

Östlich von Cape North liegt das Fischerdorf **Dingwall** mit schönem Sandstrand auf einer Nehrung mit einem Leuchtturm an jedem Ende. Auch hier werden Walbeobachtungstouren angeboten. Im ***Octagon Arts Centre*** finden viele Konzerte von Kammermusik über Jazz bis Folklore (Ceilidh) statt; Info: © 902-383-2246 oder www.marklandresort.com.

Unterkunft & Restaurant
• ***The Markland Coastal Resort***, Dingwall, © 902-383-2246 oder © 1-800-872-6084, 119-339$; exquisite Küche.

Museum & Internet
Das ***North Highlands Community Museum*** in Cape North informiert über die frühe Besiedlung und die regionale Geschichte – vom Gipsabbau bis zu Schiffsstrandungen; Internetzugang. Mitte Juni-Mitte Oktober, 10-18 Uhr, Eintritt $5.

Abstecher
Bei South Harbour führt ein landschaftlich schöner Umweg in Küstennähe über **White Point** nach **Neil's Harbour**, beides pittoreske Fischerdörfer, in denen es frischen Hummer und Fisch gibt.

Restaurant
• ***Chowder House***, nahe des Leuchtturms, *Seafood* in sehr gutem Preis/Leistungs-Verhältnis.

Auch der nun folgende Küstenabschnitt in Richtung Süden nach **Ingonish** ist voller wilder Schönheit. Immer wieder ragen Felsvorsprünge aus rosarotem Granit ins Meer und laden zum Erklettern und Verweilen ein. Dabei sieht man Seeadler und Robben. Diese Küste lässt sich auch auf kürzeren oder längeren Wanderungen erkunden; so z.B. auf dem 11 km langen ***Coastal Trail*** von Neil's Harbour zum *Black Brook Beach*.

Strand
Black Brook Beach, 8 km südlich von Neil's Harbour, wind- und wellengeschützter Strand

Camping
• ***Broad Cove Campground*** nahe am Ingonish-Parkeingang, Ende Mai-Anfang Oktober, 256 Plätze, teilweise Strom- und Wasseranschluss, Duschen; 24-34$ plus Parkeintritt

• ***Ingonish Campground***, *South Bay Ingonish*, auf einer geschlossenen Nehrung vor einer Lagune mit wärmerem Wasser, Ende Juni-Anfang September, 90 Plätze, Duschen, 24-27$ plus Eintritt Nationalpark

Ingonish
Bereits um 1521 gründeten portugiesische Fischer **Ingonish**. Der Ort ist Versorgungszentrum für die umliegenden Dörfer sowie Touristenzentrum voller Souvenirshops und Unterkünfte.

Von seiner Lage her einmaliger Campingplatz Meat Cove hoch über dem Meer

Internet *Victoria North Regional Branch Library*, 36243 Cabot Trail

Unterkunft & Restaurant

- ***Rocky Bay Cottages***, 10 km nördlich vom Parkeingang, am Strand, © 902-285-2020 oder © 1-888-658-4455, 85-105$
- ***Sea Breeze Cottages & Motel***, 8 km nördlich des Parkeingangs, © 1-888-743-4443, Motel 80$, Cottages 98-106$, Chalets 142$
- ***Keltic Lodge***, exklusiv, Middlehead Peninsula, Ingonish Beach, © 1-800-565-0444, 139-442$; www.signature resorts.com
- ***Glenghorm Beach Resort***, 5 km nördlich des Parkeingangs am Strand, © 1-800-565-5660, Motel 89-123$, Cottages 130-190$, **Restaurant und *Pub***; www.glenghormbeach resort.com
- ***Castle Rock Country Inn***, 39339 Cabot Trail, Ingonish Ferry, © 902-285-2700 oder © 1-888-884-7625, 89-138$, mit **Restaurant**

Wandern Der *Cabot Trail* (#19) führt weiter steil bergauf, vorbei am ***Cape Smokey***, wo es einige wunderbare Ausblicke auf das Meer gibt. An einem kleinen Picknickpark befindet sich der Ausgangspunkt für den ***Cape Smokey Trail***, einen 11 km langen Rundwanderweg entlang der Küste. Die #19 verläuft dann wieder meist küstennah nach **South Haven** und stößt dort auf die #105.

Straße #312 Südlich von **Indian Brook** zweigt die #312 ab zur ***Englishtown Ferry***, der Fähre über die *St. Anns Bay*. Bei Weiterfahrt in Richtung North Sidney spart deren Benutzung ca. 20 km Fahrt.

Der Riese Angus Wer Zeit hat, könnte in **Englishtown** (#312) das ***Giant MacAskill Museum*** besuchen, das Artefakte aus dem Leben von ***Angus Mac Askill***, dem Riesen von *Cape Breton*, zeigt. Der Mann war 2,32 m groß und reiste mit dem Zirkus Barnum durch die Welt.

St. Ann's In ***St. Ann's*** wurde 1938 das ***Gaelic College of Celtic Arts & Crafts*** als Zentrum zur Bewahrung und Vermittlung der schottischen Traditionen und Kultur eingerichtet. Hier kann man in Sommerschulkursen alles lernen, was die gälische Kultur ausmacht – vom Dudelsackspielen, über das Nähen von Kilten, das Fiedeln, Tanzen, Singen und vor allem die Geschichte und Sprache. Jeden Mittwoch Abend gibt es Konzerte.

Die Felsbucht Green Cove an der Ostküste der Cape Breton Halbinsel (südlich von Neils Harbour) erreicht man vom Cabot Trail auf einem gekennzeichneten 200-m-Pfad

Alexander Graham Bell

Berühmt wurde der 1847 im schottischen Edinburgh geborene Alexander G. Bell, ursprünglich Schriftsteller und Lehrer für Taubstumme, mit der **Erfindung** und vor allem wirtschaftlichen Durchsetzung des Telefons. Der Deutsche *Philipp Reis* hatte das physikalische Prinzip zwar schon 1861 der Öffentlichkeit vorgestellt, dessen ungeheure Bedeutung wurde aber noch nicht begriffen. Es liegt im Dunkeln, ob *Bell* die Forschungsergebnisse von *Reis* kannte.

Bell gelang es auf jeden Fall 1876, zwei Stunden vor seinem Konkurrenten *Elisha Gray*, ein Patent anzumelden. Mit der 1878 gegründeten ***»Bell Telephone Company«*** (heute: AT&T) zur Vermarktung seiner Erfindung wurde er bekannt und reich. Doch sein Erfindungsgeist ließ ihn nicht ruhen: Neben dem Telefon erfand er unter anderem noch das Audiometer zur Messung der Hörleistung, eine Induktionswaage zum Aufspüren von Metallen, einen Wachszylinder zum Aufzeichnen von Lauten sowie Fluggeräte. Nach ihm wurde die Einheit zum Messen von Geräuschpegeln »Bel« benannt (bei uns »Dezibel«).

Der Einwanderer *Bell* machte seine wichtigsten Erfindungen in den USA. Erst 1885 entdeckte er die Schönheiten von Cape Breton Island und ließ sich im verschlafenen Ort Baddeck einen Sommersitz einrichten. Auch seinen Lebensabend verbrachte er auf ***Beinn Breagh*** (Schöner Berg): »Ich habe die Welt bereist. Ich habe die kanadischen und amerikanischen Rockies gesehen, die Anden, die Alpen und das schottische Hochland; aber in seiner Schönheit übertrifft Cape Breton sie alle«. *Bell* starb 1922 in Baddeck, die Grabstätte befindet sich unter einem Granitfindling auf seinem Grundstück *Beinn Breagh.*

Museum

Die schottische Einwanderung nach Canada ist Thema des Museums ***Great Hall of the Clans***, Anfang Juni-Anfang September, 9-17 Uhr, Eintritt $5; www.gaeliccollege.edu.

Baddeck

Der *Cabot Trail* läuft nun etwa 9 km auf der #105 weiter, bis die **#205** nach **Baddeck** abzweigt. Der Ort liegt schön am Ufer des **Bras d'Or Lake** und hatte daher schon vor 100 Jahren einen Segelboothafen. Hier befindet sich ein **Segelzentrum**. Im Ort gibt es Restaurants, Shops und Unterkünfte, aber in der Hochsaison sollte das Quartier vorgebucht werden.

Alexander Graham Bell National Historic Site

Der bekannteste Bürger Baddecks war ***Alexander Graham Bell***. Seinem Leben und Werk ist der nach ihm benannte ***National Historic Site*** gewidmet. Eine einzigartige Sammlung von Fotos und Versuchsgeräten zeigt dort die Vielseitigkeit des Forschers. Schmuckstücke sind Repliken des ***Hydrofoil***, einer Art Luftkissenboot, sowie die Doppeldecker-Flugmaschine ***Silver Dart***.

Chebucto Street 205, geöffnet Mai-Oktober 9-17 Uhr, im Sommer länger, sonst nach Vereinbarung, Eintritt 7,50$.

Geographie, Ökologie und die Biodiversität in den Gewässern sind Themen im ***Bras d'Or Lakes & Watershed Interpretive Centre***, das im Gebäude des ehemaligen Postamts von 1885 untergebracht ist, Chebucto Street, Juni-Mitte Oktober 9-19 Uhr, frei.

Ab Baddeck kann man **Segeltörns** auf dem Bras d'Or Lake buchen, ebenso wie Angeltrips und *Bird Watching Tours*.

Internet
- ***Baddeck Public Library***, 526 Chebucto Street, Baddeck
- ***Community Centre***, 51779 *Cabot Trail*, St. Ann's

Unterkunft
- ***Bell View B&B***, 713 Bay Road, schöner Blick in die *Baddeck Bay* und auf das Anwesen Bells, © 1-877-234-1333, 120-149$

Unterkunft & Restaurants
- ***Telegraph House***, Chebucto Street. Hier wohnte und speiste schon *Alexander Graham Bell*; © 902-295-1100 oder © 1-888-263-9840, 75-120$. Im Restaurant gibt es u.a. *Seafood-Chowder* und schottische Haferplätzchen.
- ***Silver Dart Lodge***, © 902-295-2340, © 1-888-662-7484, 85-165$. Sehr schön sitzt man im dazugehörigen ***McCurdy's Restaurant and Observation Deck*** mit Seeblick, schottischer Küche und schottischer Abendunterhaltung; www.silverdart.com

Camping
- ***Bras d'Or Lakes Campground***, westlich von Baddeck zwischen Ausfahrt 7 und 8 am See, Mitte Juni-Ende September, 85 Plätze, Strom- und Wasseranschluss, Duschen, Waschautomat, Pool und Strand, ab 24$; www.brasdorlakescampground.com
- ***Adventures East Campground & Cottages***, #105, 8 km westlich von *Baddeck*, Anfang Juni-Mitte Oktober, 85 Plätze, Strom- und Wasseranschluss, WC, Duschen, Waschautomat, Pool, Modemanschluss, 22-29$
- ***Cabot Trail Campground***, #105, 8 km westlich von Baddeck, Mitte Mai-Mitte Oktober, 164 Plätze, Strom- und Wasseranschluss, WC, Duschen, Pool, Modemanschluss, Kanuverleih, 22-30$, www.baddeckcabottrailcampground.com

Margaree Valley

Der *Cabot Trail* führt nun über das *Margaree Valley* nach **Margaree Harbour**. Das Tal ist im Vergleich zu den Küstenabschnitten weniger reizvoll, ländliche Ruhe überwiegt. Doch im Herbst gewinnt es durch die Farbenpracht des *Indian Summer*. Besonders eindrucksvoll ist das am ***Lake O'Law*** zu erleben, der mit seinem ruhigen Wasser wie ein Spiegel für die bewaldeten Berge wirkt.

Lachse

Der ***Margaree River*** ist ein berühmter Lachsfluss. Über ihren Lebenszyklus und die Wanderungen der Fische informiert das ***Salmon Museum*** in *Northeast Margaree* im ehemaligen Schulhaus (Mitte Juni-Mitte Oktober, 9-17 Uhr, Eintritt 2$). Flussaufwärts am *Northeast Margaree River* befindet sich eine ***Fish Hatchery*** (Fischaufzucht) mit ***Interpretation Centre***.

Wandern

Nördlich des *Cabot Trail* kann man im *Margaree Valley* flussaufwärts um Kingross und Big Intervale sehr schön am Flussufer entlang wandern oder auch ins Hochland aufsteigen.

Internet
- ***Drs. Coady & Tompkins Memorial Library***, Margaree Forks, 7972 Cabot Trail, WLAN

Unterkunft
- ***Cajun Cedar Log Cottages***, Margaree Forks, © 902-248-2494, 150-190$; www.cajuncottages.ca

Unterkunft & Restaurant
- ***Big Intervale Fishing Logde***, 19 km abseits des *Cabot Trail*, Margaree Valley, Big Intervale Road am Straßenende, © 1-888-306-8441, 75-85$; im Restaurant Schweizer Gourmet-Küche

1.7.3 Von Sydney nach Louisbourg

»Metro« Cape Breton

Kohle & Stahl

Das Gebiet um **Sydney** bis hin nach **Glace Bay** ist im Gegensatz zu den bisher beschriebenen Teilen von *Cape Breton Island* so etwas wie ein **urbanes Zentrum** mit Industrie, hoher Bevölkerungs- und Verkehrsdichte und einem vergleichsweise dichten Straßennetz. Es wird auch als ***Metro Cape Breton*** bezeichnet. Bereits die Franzosen entdeckten in diesem Gebiet große Kohlevorkommen, die bis weit unter den Atlantik reichen. Seit 1720 bis heute wird hier Kohle gefördert und überwiegend exportiert, aber die auf dem Vorhandensein der Kohle gegründete Eisen- und Stahlerzeugung ging in den letzten Jahrzehnten deutlich zurück, was – unvermeidlich und unübersehbar – erhebliche strukturelle und sozio-ökonomische Probleme mit sich brachte.

Zu erreichen ist Metro Cape Breton vom *Mainland* am schnellsten über die **#105** (➪ 1.7.1 Seite 190). Wer via *Cabot Trail* anfährt, kann mit der ***Englishtown Ferry*** über die *St. Ann's Bay* eine Abkürzung benutzen, ➪ Seite 198.

North Sydney

North Sydney ist seit 1785 ein wichtiger Hafen. Mit den Fähren nach Port-aux-Basques bzw. Argentia ist es heute Ausgangspunkt für Reisen nach Newfoundland (➪ Kapitel 5 Seite 320).

Sydney Mines

Im Nachbarort Sydney Mines (Straße #305) zeigt das ***Sydney Mines Heritage Museum & Fossil Centre*** neben Ausstellungen zur Lokalgeschichte eine Sammlung von 300 Millionen Jahre alten Versteinerungen, die aus den nahen Kohleflözen geborgen wurden. Am ehemaligen Bahnhof, Legatto Street, Ende Mai-Ende September, 9.30-17 Uhr, 4$. Immer dienstags werden Touren zu Fundstätten organisiert, 8$; www.sydneyminesheritage.org

Internet

- ***Wilfred Oram Library***, 299 Commercial Street, North Sydney
- ***Martha Hollett Memorial Library***, 1 Fraser Ave, Sydney Mines

Unterkunft & Restaurant

In unmittelbarer Nähe des Newfoundland-Fährterminals im ***North Star Inn (Best Western)***, 39 Forest Street, © 1-800-561-8585, 95-250$; mit ***Signature Fishery Restaurant***

Fähre nach Neufundland in North Sidney: Auto Boarding

Unterkunft Weitere *B&Bs* und Motels liegen nur 2-3 km entfernt, z.B.

- ***Alexandra Shebib's B&B***, 88 Queen Street, North Sydney, © 902-794-4876 oder © 1-866-573-8294, 45-70$
- ***Heritage Home B&B***, 110 Queens Street, North Sydney, © 902-794-4815 oder © 1-866-601-9123, 50-85$
- ***Stubberts B&B***, 792 Shore Road, © 902-736-8466, 65-70$
- ***Gowrie House Country Inn***, 840 Shore Road, Sydney Mines, © 902-544-1050, © 1-800-372-1115, 135-295$

Sydney Ursprünglich war **Sydney** eine Gründung britischer *Loyalisten*, denen zu Beginn des 19. Jahrhunderts Einwanderer aus dem schottischen Hochland folgten. Als *Boomtown* infolge der Industrialisierung zog die Stadt dann Immigranten aus aller Welt an. Die mit 26.000 Einwohnern drittgrößte Stadt Nova Scotias hat daher eine weit größere ethnische Vielfalt als der Rest der Insel.

Am Nordende um die **Charlotte Street** sind sechs Gebäude aus dem 18. und weitere aus dem 19. Jahrhundert erhalten. Im Zentrum um die Esplanade gibt es Restaurants und größere Hotels.

Östlich des Zentrums befinden sich »**Teerseen**«, ein unrühmliches Erbe aus der Boomperiode. Nordamerikas größter Giftmüllstandort mit über 700.000 Tonnen toxischem Schlamm gibt denselben über die Gezeiten in kleinen Mengen in den Ozean ab.

Internet ***James McConnell Memorial Library***, 50 Falmouth Street, Sydney

Fahrradverleih ***FrameWork Fitness and Bikes***, 273 Townsend Street, Sydney, © 902-567-1909; www.frameworkfitness.com

Unterkunft

- ***Delta Sydney***, 300 Esplanade, © 1-800-268-1133, ab 115$
- ***Meridian Hotel***, 100 King's Road, © 902-567-3311 oder © 1-866-999-6700, 75-150$; www.meridianhotel.net

Restaurants

- ***Bombay Deli***, 336 King's Road
- ***Kai Ping's Restaurant & Lounge***, 1026 King's Road
- ***Peking Restaurant***, 355 Charlotte Street
- ***Hong Fa Restaurant***, 462 Prince Street
- ***Italian Village Pizzeria***, 137 Victoria Road

Abstecher Ein Abstecher könnte der Industriestadt **Glace Bay** an der Küste gelten. Auf der Straße #4 sind es dorthin ungefähr 40 km.

Marconi Trail Diese Route ist nach dem italienischen Erfinder ***Marconi*** benannt, dem auf der Landzunge Table Head direkt am Meer ein ***National Historic Site*** gewidmet ist (Timmerman Street, Juni-Mitte September 10-18 Uhr, Eintritt frei). Von dort ging am 15. Dezember 1902 die erste drahtlose Nachricht über den Atlantik nach England. Eine weitere Station kam 1907 als Zentrale des in kürzester Zeit aufblühenden Transatlantikfunkverkehrs mit den sog. *Marconi*-Türmen hinzu (Sand Lake Street). Eine dritte schließlich errichtete man 1913 in Louisbourg. Der *Marconi Nat'l Site* beleuchtet das Leben des Funkpioniers und die Details der Erfindung und hat auch ein Modell der originalen Funkstation.

Museum

Das ***Miners Museum*** (Birkley Street am Quarry Point, ganzjährig geöffnet 9-16 Uhr, Juni-August 10-18 Uhr, Di bis 19 Uhr, Eintritt 5$) präsentiert die Geschichte des Bergbaus auf Cape Breton Island. Besucher können per geführter Tour (5$ extra) in die ***Ocean Deeps Colliery*** einfahren, eine Kohlenzeche unter dem Museum.

Mira River PP

Wer den Abstecher nach Glace Bay macht, braucht bei Zielsetzung Louisbourg nicht über Sidney zurück, sondern kann der Küstenstraße über Donkin und Mira folgen. Bei Mira passiert sie den schön am Fluß gelegenen ***Mira River Provincial Park*** mit Badestrand; der komfortable ***Campground*** kostet $18. Von der Straße #22 ist er nur wenige Kilometer entfernt und eignet sich bestens zur Übernachtung vor/nach dem Besuch von Louisbourg.

Fortress de Louisbourg National Historic Site

Anfahrt

Die **Straße #22** führt zunächst zum Städtchen Louisbourg und läuft durch den Ort und Hafen (➪ weiter unten) zum ***Fortress de Louisbourg National Historic Site***, http://fortress.uccb.ns.ca oder www.pc.gc.ca/louisbourg.

Fortress de Louisbourg

Die **Rekonstruktion** der einstigen französischen Festungs- und Handelsstadt Louisbourg gilt als eines der aufwendigsten Projekte dieser Art. Rund 50 Gebäude wurden seit 1961 wiederaufgebaut. Beeindruckend ist nicht nur die Größe der Anlage, sondern auch deren städtische Struktur mit Gouverneurspalast, Kirche, Kaserne, Werkstätten und Tavernen.

Im ***Reception Centre*** außerhalb der Festung gibt's erst einmal alle Informationen über diese ungewöhnliche Anlage und Tickets (16,50$). Per Bus geht es von dort zum Eingang des Forts. Es ist von Mai bis Oktober geöffnet, aber im Mai und Oktober kann man es nur im Rahmen von Führungen besichtigen. Von Juni bis September ist auch der individuelle Besuch möglich. Öffungszeiten im Juli+August 9-17.30 Uhr, im Juni+September 9.30-17 Uhr.

Fortress de Louisbourg

1.7

Zum historischen Hintergrund der Fortress de Louisbourg

Nach dem Frieden von *Utrecht* 1713 verloren die Franzosen ihre Hoheitsrechte auf Newfoundland und Nova Scotia, doch Prinz Edward Island (Île St. Jean) und Cape Breton Island (Île Royale) blieben ihnen noch erhalten. Letzteres wurde Zentrum der französischen Kabeljau-Fischerei, und Louisbourg avancierte dank des tiefen und eisfreien Hafens zum wichtigsten, mehrere tausend Einwohner zählenden Handelszentrum. Um vor weiteren britischen Attacken sicher zu sein, sollte um Louisbourg eine uneinnehmbare Befestigung errichtet werden. Nach aufwendiger 25jähriger Bauzeit und seiner Fertigstellung 1745 wurde das Fort jedoch nach nur 46 Tagen Belagerung von den Briten eingenommen und 1760 geschliffen.

In den 1960er-Jahren begann man, das Fort wieder aufzubauen. Die Rekonstruktion sollte der Region nach dem Niedergang der Kohle- und Stahlindustrie neue Impulse geben. Das gelang: Trotz der abseitigen Lage und der kurzen Saison zieht der Nationalpark Jahr für Jahr über 100.000 Besucher an.

Wachablösung mit Pfeifen und Trommeln in historischen französischen Uniformen

Living Museum Mit dem Betreten der Fortress beginnt ein höchst lebendiger und unterhaltsamer Ausflug in die Geschichte. Schon am Eingang fragt der Wachtposten in alter französischer Uniform nach der Tageslosung, damit sich keine englischen Spione »einschleichen«. Die Straßen aus dem 18. Jahrhundert sind bevölkert von Soldaten und auch zeitgenössisch gekleideten Zivilisten: Waschfrauen, Brotverkäufern, Fischern, Edelmännern und Musikanten – alle gehen ihren typischen Aktivitäten nach und sind ausgesprochen kommunikationsfreudig, wenn man sie darauf anspricht.

Restaurants In den Restaurants werden typisch akadische Menüs aus vergangener Zeit serviert. Wem ein Snack genügt, sollte mal eine Scheibe *Soldiers Bread* aus der *Military Bakery* probieren.

Ortschaft Louisbourg

Louisbourg, ein Fischerdorf und früherer Kohlehafen nordöstlich der Fortress, hat heute 1.500 Einwohner und eine voll auf den Nationalpark ausgerichtete touristische Infrastruktur. Eine ***Tourist Information*** befindet sich in der Main Street, Ecke Warren.

Am ***Boardwalk*** an der *Harbourfront* machen gelegentlich nostalgische Segelschiffe wie die einst für den berühmten Marlon-Brando-Film gebaute *Bounty* fest.

Sogar ein ***Louisbourg Playhouse*** ist vorhanden. Es wurde im Stil eines Opernhauses des 17. Jahrhunderts ursprünglich ebenfalls für einen Filmset gebaut und heute als Veranstaltungsort benutzt. Malerisch auf einem Felsplateau steht das ***Louisbourg Lighthouse*** am Ostende des Hafens.

Im ***Sydney & Louisbourg Railway Museum*** (Juni-September, 9-17 Uhr, Eintritt frei) kann man ein Modell der alten Eisenbahnlinie besichtigen.

Im ***Atlantic Statiquarium Marine Museum*** (Mitte Juni-September) findet man vom Meeresgrund geborgene Schätze, Schiffsmodelle und andere maritime Artefakte.

Internet

- ***W.W. Lewis Memorial Library***, 10 Upper Warren Street

Restaurant

- ***Grubstake Restaurant***, 7499 Main Street, frische *Seafood*

Unterkunft

- ***Fortress Inn Louisbourg***, Motel mit angeschlossenem **Restaurant**, 7464 Main Street, © 902-733-2844 oder © 1-877-367-5353, 66-120$; www.louisbourg.ca
- ***Cranberry Cove Inn***, 12 Wolfe Street, © 902-733-2171 oder © 1-800-929-0222, 105-160$
- ***Stacey House B&B***, 7438 Main Street, Blick auf Fort Louisbourg und Hafen, © 902-733-2317 oder © 1-866-924-2242, 55-85$
- ***Louisbourg Harbour Inn***, 9 Lower Warren Street im alten Kapitänshaus, Blick auf Fort und Hafen, © 1-888-888-8466, 100-180$

Camping

- ***Lakeview Treasures Campground & RV***, 5785 Louisbourg Hwy (#22), 10 km nördlich der Fortress am See. Mitte Mai-Mitte September, 74 Plätze, Strom- und Wasseranschluss, Duschen, 10-29$; www.louisbourgcampground.com

Auch im/beim Ort gibt es noch Campingplätze, die sich aber nur für Wohnmobile, weniger für Zelte eignen.

Fortress de Louisbourg in der Abendsonne

1.7.4 Von Louisbourg zurück zum Canso Causeway

Alternativen Für die Rückfahrt zum *Mainland* Nova Scotia hat man nun die Wahl zwischen dem ***Fleur-de-Lis-Trail***, einer mäßig attraktiven Route mit hübscher Bezeichnung über kleine Straßen in mehr oder weniger Abstand zur Atlantikküste, dem ***Bras d'Or Lakes Scenic Drive*** oder – am weitesten, aber schnellsten – zurück über Sydney und die TCH-Autobahn #105.

Fleur-de-Lis-Trail

Verlauf Vom ***Fort Louisbourg*** sind es auf dem *Fleur-de-Lis-Trail* bis zum ***Canso Causeway*** 263 km. Man passiert den Lachsfluss *Grande River* und später den breiten **Sandstrand** von *Point Michaud*.

Port Hawkesbury Am *St. Peters Canal* (➪ unten) stößt diese Route auf die Straße #4 und läuft dann weiter bis Port Hawkesbury wenige Kilometer vom ***Canso Causeway*** entfernt. In den Monaten Juli und August finden an der Uferpromenade des Ortes jeweils Sonntag Abend *Open-Air* Konzerte mit Künstlern aus der Region statt.

Internet
- ***Creamery Craftfair*** an der Waterfront
- ***Port Hawkesbury Public Library***, 304 Pitt Street

Unterkunft & Restaurant
- ***Motel Maritime Inn***, 717 Reeves Street, ✆ 902-625-0320 oder ✆ 1-866-662-7484, 94-198$; mit **Restaurant *Wellington's***

Isle Madame Zum *Fleur-de-Lis-Trail* gehört auch die Schleife auf der Straße #320 über die ***Isle Madame***. Wer diese Insel im äußersten Süden von Cape Breton Island »mitnehmen« möchte, folgt ab St. Peters am besten der #104, einer kurzen Autobahn parallel zur #4. Ein »Muss« ist dieser Abstecher indessen nicht.

Arichat **Arichat** auf Isle Madame gehört zu den ältesten Gemeinden in Nova Scotia und war ehemals ein wichtiger Hafen. Ansehenswert ist dort die 1837 erbaute typisch akadische Holzkirche »***Our Lady of the Assumption Cathedral***«.

Im ***Le Noir Forge Museum***, einer restaurierten Schiffswerft, die auf das Jahr 1793 zurückgeht, werden u.a. alte Schmiedekünste vorgeführt. Mai-September, 10-18 Uhr, Eintritt frei.

Internet
- ***Petit de Grat Branch Library***, 3435 Highway #20

Unterkunft & Restaurant
- ***L'Auberge Acadienne Inn***, High Road, ✆ 1-877-2200, 75-105$, Restaurant mit akadischer Küche, Bar; www.aca dienne.com
- ***Vollmers Island Paradise***, West Arichat, Janvrin Island, ✆ 902-226-1507, 95-120$, Restaurant ***Zum Schöpflöffel*** (!), auch vegetarisch; www.vipilodge.com

Entlang der Ufer des Bras d'Or Lake

Ausdehnung und Verbindung zum Atlantik Die ***Bras d'Or Lakes*** sind ein aus mehreren Fingern bestehender riesiger Binnensee (1099 km²), der einst über eine schmale Landbrücke vom Ozean separiert war. Schon im Jahr 1650 baute der französische Abenteurer *Nikolas Deny* einen Bohlenweg (!) über diesen Isthmus, auf dem Boote vom Atlantik in den See – und umgekehrt – gezogen werden konnten. 1869 wurden dann der Ozean und Bras d'Or Lakes verbindende ***St. Peters Canal*** und die Schleusen fertiggestellt.

Die Straßen entlang der streckenweise malerischen Seeufer bilden den ***Bras d'Or Lakes Scenic Drive***. Oft sind dort Weißkopfseeadler zu beobachten. Die Region ist auch Heimat der *Mi'kmaq* Indianer. Mehrere Reservate liegen rund um die Seen verteilt.

St. Peters Canal

Auf dem wichtigsten Teilstück des genannten *Scenic Drive,* der **Straße #4**, die man ab Louisbourg auf verschiedenen Routen, auch über den *Fleur-de-Lis-Trail,* ansteuern kann (➪ oben), erreicht man den ***St. Peters Canal National Historic Site*** (www.pc.gc.ca/ st peters canal) und auf dessen Westufer das Städtchen St. Peters. Auf beiden Seiten der Wasserstraße befinden sich **Picknickplätze** mit schöner Aussicht.

Ein ***Trail*** führt zum ***St. Peter's Lighthouse***.

Camping

- Auf der Ostseite des Kanals liegt der ***Battery Provincial Park*** in einem hügeligen Waldgebiet. Geöffnet Ende Juni-Anfang September, 53 Plätze, WC, Duschen, 18$.
- Unweit davon befindet sich an der Kreuzung #4/#247 ***Joyce's Campground*** nur für Wohnmobile. Mitte Mai-Mitte Oktober, 35 Plätze mit Strom- und Wasseranschluss, Duschen, Waschautomat, ab 31$

St. Peters

In St. Peters gibt es neben Kanal und Schleusenanlage nicht viel zu sehen. Bei Interesse einen Besuch abstatten könnte man aber dem ***Wallace MacAskill Museum***. Es ist im Geburtshaus eben dieses Fotografen untergebracht, der durch maritime Themen bekannt wurde. Sein Foto der *Bluenose* (➪ Seite 147) diente als Vorlage für die Darstellung auf der kanadischen Briefmarke. Das Museum liegt an der Straße #4 und ist im der Juli-August 9.30-17.30 Uhr geöffnet, im September nur am Wochenende, Eintritt frei.

Segler mit Touristen auf einem»Schlag« über den Bras d'Or Lake

1.7

Weißkopfseeadler über einem Ufer des Bras d'Or Lake

Mi'kmaq

Etwa 10 km nordöstlich von St. Peters passiert man auf der #4 die ***Chapel Island First Nations Reserve***, eine der ältesten Siedlungen der *Mi'kmaq*-Indianer in Nova Scotia. Jedes Jahr am dritten Wochenende im Juli wird hier ein großes ***Pow Wow*** gefeiert.

Unterkunft & Restaurant

- ***Bras d'Or Lakes Inn***, am Kanal, © 902-535-2200 oder © 1-800-818-5885, 100-130$, Restaurant mit kanadischer und europäischer Küche; www.brasdorlakesinn.com
- ***Joyce's Motel & Cottages***, 1,5 km östlich von St. Peter's am See, © 902-535-2404, 59-99$

West Bay

Umrundet man die Halbinsel zwischen Kanal und West Bay, erreicht man **Roberta** und weiter **Dundee**, einen bei Seglern und Golfern beliebten Ort.

Unterkunft & Kajakverleih

Kayak Cape Breton Cottages, Roberta, © 902-535-3060, Kajakverleih, -kurse und -touren; www.kayakcapebreton. com

Unterkunft & Golf

Dundee Resort & Golf Club, © 902-345-2649 oder © 1-800-565-5660, 99-179$

Marble Mountain

Marble Mountain an der Nordseite der *West Bay* ist ein kleines, malerisches Dorf, das sich hoch über die Bucht erhebt und einen großartigen Ausblick auf den See und sein Inseln bietet.

Das ***Marble Mountain Museum*** in einem ehemaligen Schulhaus zeigt die Geschichte des Marmorabbaus im benachbarten Steinbruch; Juli und August, 10-17 Uhr, Spenden willkommen. Dort gibt es auch den in seiner Art einzigartigen »**Marmorstrand**«.

Die Seeuferlandschaft in diesem Bereich ist gekennzeichnet durch ruhige Buchten, Landzungen und vorgelagerte Inseln, Rückzugsgebiete für zahlreiche Seevögel und beliebt für Kajaktouren.

Orangedale

Ein paar Kilometer weiter nördlich liegt Orangedale mit dem ***Railway Station Museum*** in einem nostalgischen Bahnhof aus dem 19. Jahrhundert. Im Obergeschoss ist die original ausgestattete Wohnung eines Stationsvorstehers und seiner Familie zu besichtigen, Ende Juni-Mitte Oktober, Mi-So 9-17 Uhr, Eintritt frei.

Von Orangedale sind es nur wenige Kilometer bis zur TCH-Autobahn **#105**.

Grandiose Straßenführung des Cabot Trail rund um den Cape Breton National Park

2 NEW BRUNSWICK

Riesige Kirche beim Dorf Grande Anse hoch über dem Meer (Acadian Coastal Drive)

2 NEW BRUNSWICK

2.1 New Brunswick selbst erkunden

2.1.1 Zum Reiseziel

Geographie Die Provinz New Brunswick grenzt im Osten an den Atlantik und im Süden an die Bay of Fundy. Nur die 26 km lange Landbrücke nach Nova Scotia – der **Isthmus von *Chignecto*** – unterbricht diese lange Küstenlinie. Im Westen von New Brunswick liegt Maine/USA, im Norden die Provinz Québec. Dadurch ergeben sich klimatische wie auch ökonomische Unterschiede zu den anderen, deutlicher vom Meer geprägten Atlantikprovinzen.

Anziehungspunkte Als Sehenswürdigkeiten gelten in erster Linie die Bay of Fundy mit dem ***Fundy National Park***, die ***Hopewell Rocks*** mit den sog. ***Flowerpots*** und in gewisser Weise auch der enorme **Tidenhub** der Bucht mit starken, touristisch »ausgeschlachteteten« Effekten in

Saint John und Moncton, sowie die **Küstenbereiche am Golf von St. Lawrence** »gegenüber« Prince Edward Island mit **Stränden** und Dünenlandschaften, Salzmarschen und Nehrungen, alles zusammen zu erleben im ***Kouchibouguac National Park***.

Besuchenswert sind auch die kleine Hauptstadt **Fredericton** und – nicht weit davon – ***Kings Landing***, eine *Living Museum* der Extraklasse. Eine hübsche Zugabe bei Fahrten auf den Landstraßen der Provinz sind viele ***Covered Bridges***. Die weitverzweigte Flusslandschaft des Saint John River zwischen Saint John und der Kapitale bildet ein reizvolles **Kanu- und Kajakrevier**.

Indian Summer

Das kaum erschlossene, dicht bewaldete Bergland im Zentrum der Provinz ist im Sommer und Herbst Ziel von Wanderern und Wildnisenthusiasten. Dort wie auch in Nova Scotia und anderswo in New Brunswick beginnt Ende September der ***Indian Summer*** mit farbenprächtiger Laubfärbung, der viele Touristen anzieht.

Indian Summer ist in den Maritimes ebenso farbenprächtig wie in den Neuenglandstaaten der USA, beginnt aber früher

2.1.2 Geschichte und Entwicklung

Indianer

Bevor die Europäer kamen, lebten auch auf dem Gebiet des heutigen New Brunswick die *Mi'kmaq*. Im Westen und im angrenzenden Maine siedelten außerdem die *Abenaki*, ein zur *Algonkin*-Sprachfamilie gehörender Stamm, zu denen die *Maliseet* am Saint John River und die *Passamaquoddy* an der gleichnamigen Bucht der Bay of Fundy gehören.

Acadians

Die erste Siedlung französischer Kolonisten von 1604 auf der Île St. Croix an der Mündung des St. Croix River (➪ Kapitel 2.2.2 Seite 240) bestand nur einen Winter lang. Danach suchten die Kolonisten sich besser geeignete Siedlungsplätze in Nova Scotia (Port Royal, ➪ Kapitel 1.4.2 Seite 171). 1631 wurde das *Fort La Tour* am Saint John River errichtet, und in den folgenden Jahrzehnten bauten akadische Siedler vielerorts an den Küsten der Bay of Fundy Deiche, um dahinter den fruchtbaren Boden kulti-

Steckbrief New Brunswick - www.tourismnewbrunswick.ca

Die Bezeichnung der Provinz geht auf den englischen König Georg III. (1738-1820) aus dem Hause **Braunschweig**-Lüneburg zurück.

Ganze 750.000 Einwohner leben dort auf ca. 73.000 km^2 bei einer Küstenlinie von 2.269 km. Die Nord-Süd-Ausdehnung beträgt maximal 370 km, die Ost-West-Ausdehnung 305 km. Provinzhauptstadt ist **Fredericton** mit 50.000 Einwohnern, Großraum 85.000, weitere größere Städte sind **Saint John** an der Mündung des gleichnamigen Flusses in die Bay of Fundy und **Moncton**, nennenswert außerdem Grand Falls, Edmundston, Bathurst, Campbellton und Miramichi.

Die Ausläufer des über 4000 km langen Appalachengebirges dominieren die Nordhälfte von New Brunswick und – als bis zu 300 m hohe Hügellandschaft – die Küste entlang der Bay of Fundy. Höchster Berg ist mit 820 m der ***Mt. Carleton*** weit im Norden. Der ihn umgebende *Provincial Park* (170 km^2) schützt dort den Waldbestand, der anderswo durch Erschließung und Nutzung bedroht ist. Nichtsdestoweniger bedeckt Wald noch fast 80% der Provinzfläche.

Flachland mit nur geringen Erhebungen bis zu 150 m Höhe bestimmt dagegen den Osten und den zentralen Bereich der Provinz. Dort befinden sich auch deren größter natürlicher See, der Grand Lake, und eine Reihe von Stauseen des Saint John River samt dem Gros der landwirtschaftlich genutzten Fläche.

Die überwiegend an den Küsten und im Tal des St. John River siedelnde **Bevölkerung** der Provinz geht vor allem auf englischprachige Einwanderer zurück (60% Engländer, Schotten und Iren). Fast ein Drittel ist französischsprachig, darunter sind die heute rund 30.000 Nachkommen der *Acadians* (➪ Seite 393 und unten). Nur etwas über 3% sind indianischer (*Mi'kmaq* und *Maliseet*) Herkunft. Wegen des hohen frankophonen Bevölkerungsteils ist NB die einzige Provinz Kanadas mit echter, nicht nur »verordneter« **Zweisprachigkeit**.

Die traditionelle **ökonomische Basis** der Provinz ist die Verwertung ihrer natürlichen Ressourcen – vor allem durch Forstwirtschaft und Bergbau (Zink, Blei, Kupfer, Kadmium, Wismut, Gold, Silber und Gips). Fischerei und Landwirtschaft spielen bedeutende Nebenrollen. In den letzten Jahrzehnten haben auch industrielle Fertigung (insbesondere Lebensmittelverarbeitung und die Papierproduktion) und der Tourismus zugenommen.

vieren zu können. Die von der Regierung Frankreichs wenig beachteten Gemeinden der Provinz *Acadia* entwickelten sich unabhängig und mit gegenseitiger Unterstützung sowie in regem Handelsaustausch mit den Indianern.

Als Großbritannien nach dem Frieden von Utrecht 1713 die Vorherrschaft über *Acadia* gewann, waren die wenigen Bewohner im Gebiet des heutigen New Brunswick zunächst noch nicht betroffen. Erst nach der Eroberung des *Fort Beauséjour* (bei Sackville, ➪ Seite 218) im Jahr 1755 übernahmen die Briten auch dort die Herrschaft. Als den *Acadians* in Nova Scotia die Deportation drohte, flohen nichtsdestoweniger Hunderte von ihnen in bis dahin unbesiedelte Gegenden von New Brunswick.

Loyalisten

Erst 1762 wurde mit **Saint John** die erste englische Siedlung New Brunswicks gegründet. Während und nach dem amerikanischen Unabhängigkeitskrieg kamen Zehntausende loyal zur englischen Krone stehende Flüchtlinge aus den USA dazu.

Kolonie NB

1784 separierte man New Brunswick von Nova Scotia und erklärte es zur eigenständigen Kolonie. In der ersten Hälfte des 19. Jahrhunderts trafen vor allem Einwanderer aus Großbritannien und Irland in New Brunswick ein, später auch aus Deutschland. Fischerei, Schiffbau und Holzwirtschaft prosperierten und machten New Brunswick zu einer relativ wohlhabenden Region.

Kanadische Provinz

Gleich nach dem Zusammenschluss zum ***Dominion of Canada* 1867** (New Brunswick, Nova Scotia, *Lower Canada* = Québec, und *Upper Canada* = Ontario) begann der Bau der Eisenbahn und damit die Verkehrsanbindung an Montréal. Dies hatte jedoch keine positiven Effekte, denn die Industrialisierung im zentralen Canada und die Erschließung westlicher Landesteile führte zum allmählichen wirtschaftlichen Niedergang in den Ostprovinzen.

Wirtschaftliche Entwicklung

Erst in der zweiten Hälfte des 20. Jahrhunderts erholte sich New Brunswick wieder. Holzverarbeitung und Papierindustrie stabilisierten die Ökonomie; dazu kamen ein Strukturwandel in der Landwirtschaft mit einer Umorientierung auf Kartoffelanbau und eine Verbesserung der Rahmendaten für die Bodenschätze der Provinz. Auch der Tourismus gewann an Bedeutung.

2.1.3 Klima

Obgleich in New Brunswick kein Ort weiter als 200 km vom Meer entfernt liegt, tendieren die nordwestlichen und zentralen Teile der Provinz zu einem kontinentalen Klima. Im Winter fließt häufig ungehindert Kaltluft aus dem Norden des Kontinents ein. Im Sommer bringen die warmen aus der Karibik nach Norden drängenden Luftmassen manchmal heiße Tage mit hoher Luftfeuchtigkeit mit sich. Vorwiegend im südlichen Teil der Provinz

Hopewell Rocks *(➪ Seite 222)* *bei Ebbe*

sorgen die Einflüsse des Atlantik und des *Gulf of St. Lawrence* – in Abhängigkeit von der Windrichtung – für mildere Perioden im Winter, kühlere Temperaturen im Sommer und Lufterwärmung im Herbst. Besonders in der Nähe der *Bay of Fundy* dominiert das gemäßigte Seeklima mit milden Wintern und kühlen Sommern.

Die Niederschläge verteilen sich ziemlich gleichmäßig über das ganze Jahr. An der *Bay of Fundy* bedeuten Frühling und Frühsommer gewöhnlich viel Nebel, und auch viele Hochsommertage beginnen dort diesig; www.atl.ec.gc.ca/climate/nb.html.

2.1.4 Regionen und Routen

Ebenso wie in Nova Scotia hat man auch in New Brunswick bestimmte touristisch reizvolle Strecken mit hübschen Namen belegt und den Routenverlauf entsprechend gekennzeichnet. An ihnen orientieren sich die folgenden Kapitel.

Fundy Küstenroute

Der ***Fundy Coastal Drive*** verläuft weitgehend entlang der Fundy Bay-Küste. Die Strecke ist zwar ab der Grenze New Brunswick/Nova Scotia in Richtung Maine/USA gekennzeichnet, man kann aber – von den *USA* kommend – genau so gut in St. Stephen oder Campobello Island starten.

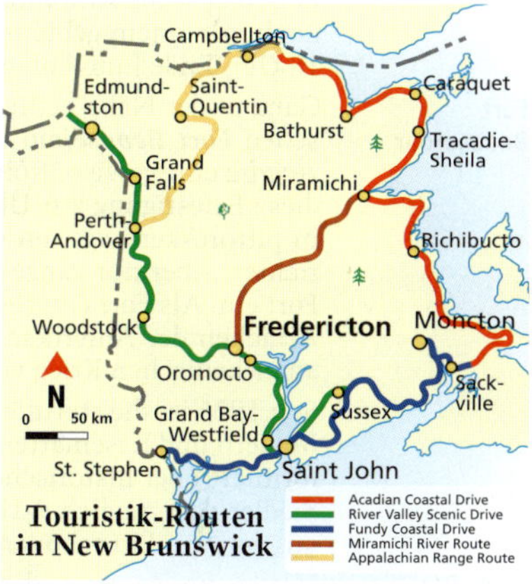

Inlands routen

Die Inlandsroute am St. John River entlang heißt ***River Scenic Valley Drive*** und kommt auf ganzer Länge für alle in Frage, die von Québec aus in die Maritimes fahren bzw. dorthin wollen. Das Teilstück zwischen Saint John und Fredericton ist im Rahmen einer Rundstrecke durch New Brunswick interessant, egal, ob man dann über die TCH-Autobahn in/aus Richtung Moncton fährt oder via die ***Miramichi River Route*** auf die Ostküste zuhält.

Ostküsten-route

Der ***Acadian Costal Drive*** ist – je nach weitergehenden Reiseplänen – auf ganzer Länge oder aber als Teilstrecke bis zum *Kouchibouguac National Park* neben dem *Bay of Fundy Drive* die wichtigste Route in New Brunswick.

Gebirgsroute

Die ***Appalachian Range Route*** kommt eigentlich nur für Besucher in Frage, die genügend Zeit für eine komplette Rundreise durch New Brunswick haben und auch die Gebirgsregion im Norden der Provinz kennenlernen möchten.

2.2 Fundy Coastal Drive

Der *Fundy Coastal Drive* beginnt – wie gesagt – an der Grenze zwischen Nova Sotia und New Brunswick bei Sackville. Diese Route schließt unmittelbar an den *Glooscap* (⇨ Seiten 175 ff) und *Sunrise Trail* (⇨ Seiten 180 ff) in Nova Scotia an, wobei der *Sunrise Trail* – als Teilstück einer Rundstrecke durch Nova Scotia – in West Ost-Richtung beschrieben wurde.

2.2.1 Von Nova Scotia bis Moncton

Bereich Sackville

NB Besucherzentrum

Wer aus Nova Scotia via Amherst bzw. den TCH (in Nova Scotia #104), anfährt passiert gleich in New Brunswick ein ***Provincial Visitor Information Centre*** (TCH dort Autobahn #2, *Exit* 513A). Außer mit einer kostenlosen Straßenkarte der Provinz und dem üblichen Informationmaterial erfreut man dort Besucher auch noch mit einem gebührenfreien **Internetzugang** (Mai-Oktober 9-18 Uhr, Ende Juni-Anfang September 8-21 Uhr).

Fort Beausejour

Ganz in der Nähe befinden sich bei Aulac die Reste des historischen ***Fort Beauséjour***, das im Kampf um die Vorherrschaft in *Acadia* eine gewisse Rolle spielte. Erst 1751 hatten die Franzosen diese Befestigung zur Überwachung des Isthmus von Chignecto in pittoresker Lage am Cumberland Basin der Bay of Fundy errichtet. Aber nur ganze vier Jahre später nahmen die Briten das Fort ein. Als *Fort Cumberland* widerstand es immerhin 1776 den Attacken der Amerikaner. Zuletzt wurde es für den kanadisch-amerikanischen Krieg von 1812 verstärkt.

Seit 1926 ist die sternförmige Wallanlage mit ihren verbliebenen Mauern und Kasematten ***National Historic Site***. Ein Museum informiert über historische Details und das karge Leben der ersten Siedler dort, täglich 9-17 Uhr, 4$; www.pc.gc.ca/lhn-nhs/ nb/beausejour.ca. Ein schöner Picknickplatz ist auch vorhanden.

Sackville

Mitten im Zentrum des Städtchens Sackville liegt der Campus der ***Mount Allison University***. Dort bietet die ***Owens Art Gallery*** ständige Ausstellungen europäischer und kanadischer Kunst des 18. und 19. Jahrhunderts sowie Sonderausstellungen vorwiegend mit zeitgenössischen Werken (61 York Street, Campusgelände, ganzjährig Mo-Fr 10-17 Uhr, Eintritt frei, www.strutsgallery.ca).

Liebhaber des alten Handwerks können im ***Sackville Harness Shop*** die Herstellung von ledernen Pferdegeschirren bewundern (39 Main Street, Mo-Fr 8-17 Uhr, Sa 8-12 Uhr, Eintritt frei).

Im benachbarten **Middle Sackville** zeigt das ***Campbell Carriage Factory Museum***, wie man einst Pferdekutschen herstellte. (19 Church Street, Mitte Juni-August 10-17 Uhr, 2$).

Wetlands & Fauna

Sackville ist von ausgedehnten Marschwiesen, den ***Tantramar Marshes***, umgeben. Im ***Canadian Wildlife Service Wetland Display*** gibt es eine Ausstellung zur Tierwelt der Region.

Vogelbeobachtung

Nebenan befindet sich der ***Sackville Waterfowl Park*** (17 Waterfowl Lane, südlich des TCH #2, westlich der Main Street, Mo-Fr 8-16 Uhr, Sa und So nur nach Anmeldung). Im Park geht es 3 km, teilweise auf *Boardwalks*, durch das sumpfige Gelände. Tafeln informieren über die dort heimischen Vogelarten. Kurz vor Einbruch der Dunkelheit oder in den frühen Morgenstunden sind die Tiere besonders aktiv. Der Zugang ist von April bis November möglich (Eintritt frei). Geführte Touren kosten 5$ (Treffpunkt am *Visitor Centre*, Mitte Mai-Ende August, ca. 90 min).

Tantramar Centre

Wer mehr über die Wasservögel und ihren Lebensraum erfahren möchte, besucht das nahe ***Tantramar Wetlands Centre*** nördlich des TCH #2. In einem ausgedehnten Habitat werden dort Studien zu Flora und Fauna durchgeführt (223 Main Street, hinter der *Tantramar Regional High School*, Juli & August Mo-Fr 8-16 Uhr).

Ein Abstecher auf der Straße #940 führt zu einer ***Covered Bridge*** von 1916 (➪ auch Kapitel 2.3.1 Seite 248) über den Tantramar River (Jolicure/High Marsh Road, Middle Sackville).

Nature Trail

Ein 32 km langer Weg, der ***Tantramar Trail***, führt auf einer ausgedienten Eisenbahntrasse durch eingedeichte Feucht- und Marschgebiete von Sackville bis Port Elgin. Der Weg beginnt hinter der *Tantramar Regional High School* in Sackville und läuft durch üppiges Buschland und feuchtes Sumpfgebiet bis zu den Salzmarschen an der Bay Verte. Dort endet er an einem kleinen Fischerbootanleger am Gaspereau River. Mit Glück sichtet man en route Hirsche, Füchse und sogar Elche.

Internet/ Information

- ***Sackville Public Library***, 66 Main Street
- ***Visitor Information Centre***, 34 Mallard Drive

Unterkunft & Restaurant

- ***Borden's Restaurant & Motel***, 146 Bridge Street, ✆ 506-536-1066, 50-65$; www.tantramarmotel.com
- ***The Different Drummer B&B***, in einem historischen Haus in der 7 Main Street, ✆ 1-877-547-2788, 69-89$
- ***Tantramar Motel***, 4 Robson Avenue, ✆ 506-536-1327 oder ✆ 1-800-399-1327, 55-70$; www.tantramarmotel.com

Camping

- ***Marshview Trailer Park & Campground***, 2 Stephens Drive (nördlich *Exit* 506, unweit von *Waterfowl Park* und *Wetlands Centre*), 76 Plätze, Mai-Oktober, Duschen, *Dumping*, 18-20$.

Elch (Moose) am Tantramar Nature Trail

Moncton

Lage & Bedeutung

Moncton am Petitcodiac River, mit über 64.000 Einwohnern eine der drei Großstädte der Provinz, liegt nur ca. 50 km nordwestlich der »Grenze« und ist Verkehrsknotenpunkt wie Wirtschaftszentrum des gesamten Südostens der Provinz. Außerdem beherbergt die Stadt die – in den Maritimes einzige – französischsprachige ***Université de Moncton*** und ist Hochburg der akadischen Minderheit in New Brunswick.

Zentrum

Im Zentrum um die **Main Street** herum gibt es ein paar historische Häuser mit den üblichen Boutiquen, Galerien, Hotels, Restaurants und Cafés. Auf dem Campus der Universität findet man das ***Musée Acadien***, das die Geschichte und Kultur Akadiens von den Ursprüngen bis zur Gegenwart erläutert. Es befindet sich im *Clément-Cormier Pavillon*, ganzjährig geöffnet Mo-Fr 13-16 Uhr, Sa/So 13-16.30 Uhr, im Sommer Mo-Fr 10-17 Uhr, 4$.

Tidal Bore

Monctons bedeutendste Sehenswürdigkeit ist die ***Tidal Bore***, eine Flutwelle, die zweimal täglich den *Petitcodiac River* stromaufwärts fließt. Sie entsteht infolge der Gezeiten in der *Bay of Fundy*. Bei Flut drückt die schlammigrote Welle das Flusswasser mit großer Geschwindigkeit bis zu 25 km landeinwärts zurück. Der Wasserstand im Petitcodiac River steigt oder fällt dadurch binnen einer Stunde um 4 m bis 6 m.

Die Tidal Bore Clock zeigt die Zeiten für die nächste Welle

Ein guter Standort zur Beobachtung des Phänomens ist der ***Bore Park*** an der Ecke *King Street/ Main Street* mitten im Stadtzentrum. Die *Tidal Bore* kann aber auch von anderen Orten entlang des Flusses beobachtet werden. Bei der ***Visitor Information*** (➪ oben) hat man Informationen über Zeitpunkte und beste Plätze.

Magnetic Hill

Eine weitere Touristenattraktion ist der ***Magnetic Hill***. Vom »magnetischen« Hügel rollen zuvor abwärts gefahrene Autos – im Leerlauf und mit gelöster Handbremse – wieder rückwärts, scheinbar bergauf. Das Phänomen beruht zwar nur auf optischer Täuschung, ist aber dennoch ganz verblüffend. Wer es erleben möchte, zahlt 5$ pro Auto. Offensive Werbung sorgt dafür, dass sich der *Magnetic Hill* nicht verfehlen lässt (Mountain Road, von der Autobahn TCH #2, unweit *Exit* 450).

Mehr Spass haben zumindest Kinder im nahen **Vergnügungspark *Magnetic Hill***, einem Zoo mit über 400 Tieren (Eintritt 7$) und *Magnetic Hill Railway,* Karrusells, Souvenirshops und Restaurants im *Wharf Village*. Bei Sommerhitze sorgt der ***Magic Mountain Water Park*** mit Wasserrutschen für Abkühlung (2875 Magic Mountain Road, Juni-September 10-18 Uhr, im Juli/August bis 22 Uhr, Eintritt 21$, Kinder 16$, ermäßigt ab 15.30 Uhr).

Ein weiterer Anziehungspunkt ist die aus dem Jahr 1916 stammende ***Magnetic Hill Covered Bridge*** (➪ Kapitel 2.3.1 Seite 248), die man 1983 eigens hierher versetzte.

Information/ Internet

Visitor Information, *Treitz Haus*, 10 Bendview Court am *Bore Park,* geöffnet Ende Mai-Anfang Oktober, im Juli & August 9-20 Uhr; www.gomoncton.com.

Moncton Public Library, 644 Main Street, Suite 101,

Restaurants

- ***Bamboo Gardens Chinese Restaurant***, 37 Highfield Street, Wifi
- ***French Onion***, 189 Robinson Street, Seafood und Wild
- ***Café Archibald***, 221 Mountain Road, sehr gute Crêpes
- ***Calactus Café Restaurant Vegétarien***, 157 George Street

Unterkunft

Sowohl in der Umgebung des *Magnetic Hill* als auch *Downtown* sind die Hotels und Motels unübersehbar:

- ***Chateau Moncton***, 100 Main Street, ✆ 506-870-4444 oder ✆ 1-800-576-4040, 139-239$; www.chateau-moncton.nb.ca

Aber es gibt auch kleine *B&Bs* wie z.B.:

- ***A Downtown B&B***, 101 Alma Street, ✆ 506-855-7108, 65-95$
- ***Archibald B&B***, 194 Archibald Street, ✆ 506-382-0123 oder ✆ 1-877-389-0123, 55-95$; www.archibaldbed-breakfast.com
- ***Restwell Motel***, 12 MacFarlane Road (*Magnetic Hill*), 35-95$

2

Camping bei Moncton

- ***Campers City RV Resort***, 138 Queensway Dr (*Exit* 454 ab #2), 177 Plätze, Mai-Oktober, teilweise Strom- und Wasser, *Dumping*, Duschen, *Laundromat*, 25-38$; www. camperscity.com.
- ***Pine Ridge Campground***, Straße #126, *Exit* 450, 52 Plätze, Mai-September, Strom- und Wasseranschluss, WC, Duschen, *Dumping Station*, Pool, 22-28$; www.sn2000.nb.ca/comp/pine-ridge

2.2.2 Hopewell Rocks und Fundy National Park

Straße #114

Anfahrt zum Fundy NP

Zum unverzichtbaren *Fundy National Park* geht es von Moncton auf der **Straße #114** (Hillsborough Rd) entlang des – sich zur Mündung hin zur *Shepody Bay* verbreiternden – Petitcodiac River.

Hillsborough

Ab dem Städtchen Hillsborough verkehrte bis vor wenigen Jahren noch die *Salem & Hillsborough Railroad*. Im alten Bahnhof befindet sich noch ein **Eisenbahnmuseum** (2847 Main Street, Juli & August 10-18 Uhr; www.shrr.ca.

Höhlen

In der Region gibt es einige Höhlen, für die Führungen angeboten werden: *South White* bzw. *North White Caves*, *Lost Brook Cave*, *Underground Lake Cave* und *Berryton Cave*. Einige Höhlen sind leicht zugänglich, andere erfordern ein wenig Kletterei. Außerdem ist es selbst an heißen Sommertagen tief im Fels mit 3-4°C sehr kühl. Man muss also festes Schuhwerk und warme Kleidung, ggf. Verpflegung und möglichst noch eine Taschenlampe mitbringen. Touren organisiert ***Baymount Outdoor Adventures*** , Ende Juni bis Anfang September, © 1-877-601-2660, 55$; www.baymountadventures.com.

Covered Bridge

Bei Salem führt eine 1923 erbaute *Covered Brigde* über den Weldon Creek (# 910 Salem, nahe Hillsborough).

Hopewell Rocks

Die ***Hopewell Rocks*** sind eigentümliche Felsformationen vor der Küste beim *Cape Hopewell*, deren Form an Blumentöpfe (***Flowerpots***) erinnert. Oben auf den Felsen wachsen Sträucher oder sogar Bäume.

Bei Ebbe kann man zwischen den Gebilden spazieren gehen, bei Flut ragen nur noch die Spitzen aus dem Wasser. Wer einen Spaziergang unter diesen Felsen machen möchten, benötigt für die richtige Ankunftszeit einen Tidenkalender. Die *Visitor Information Centres* haben ihn bzw. einen Auszug davaus für die wichtigsten touristischen Anlaufpunkte der Bay of Fundy. Man findet die Zeiten für Hoch- und Niedrigwasser an der Bucht auch im Internet unter www.waterlevels.gc.ca/english/Canada.shtml.

Von der #114 führt die Discovery Road zu einem großen Parkplatz vorm ***Ocean Tidal Exploration Site*** (geöffnet Mitte Mai bis Anfang Oktober zu recht unterschiedlichen Zeiten, Kernzeit immer aber 9-17 Uhr, aktuelle Zeiten im Internet unter www.thehopewellrocks.ca, Eintritt 8$).

In einem umzäunten Gelände befindet sich das ***Interpretive Centre*** mit einer multimedialen Ausstellung über die geologischen Phänomene und Erosionsprozesse, die zur Entstehung der *Flowerpots* führten. Auch ein ***High Tide Café*** ist vorhanden.

Trails führen zu Aussichtspunkten an der Steilküste und zur **Treppe**, über die man bei Ebbe auf den Boden der Bay hinunter steigen kann. Ein *Shuttlebus* (1,50 $) fährt vom *Centre* dorthin.

Kajaktouren

Auf vielen Fotos sieht man Kajaks die *Flowerpots* umrunden und sogar durchfahren. Wen das reizt, kann geführte Touren buchen, die in Anbetracht der hier besonderen Strömungsverhältnisse einem Paddeln auf eigene Faust vorzuziehen sind:

- ***Outdoor Adventures***, Hopewell Rocks Park, © 506-734-2660 oder © 1-877-601-2660, Juni bis September, 1,5 bis 2 Stunden, 55$; www.baymountadventures.com

Unterkunft

- ***Aiko's Villa B&B***, 54 Old Great Road, Hopewell Cape, © 506-734-3160, 70-79$, nur drei Autominuten von den Rocks
- ***Innisfree B&B***, 4270 #114, Hopewell Cape, © 506-734-3510, 99-130$, www.innisfreebandb.com

Unterkunft & Restaurant

- ***Hopewell Rocks Motel & Country Inn***, 4135 #114, Hopewell Cape, © 506-734-2975 oder © 1-888-759-7070, 55-95$. Zum Haus gehört das ***Log Cabin Restaurant*** (prima *Lobsterdinner*); www. hopewellrocksmotel.com

Camping

- ***Ponderosa Pines Park***, 4325 #114, Hopewell Cape, 1 km von den *Rocks*, 102 Plätze, Mai-Oktober, Strom- und Wasser, Duschen, *Dump Station*, 26-38$; www.ponderosapines.ca

Covered Bridge

Die #114 führt passiert bei Riverside-Albert am *Hopewell Hill* eine nicht mehr für den Autoverkehr zugelassene *Covered Bridge*. In der Umgebung landeinwärts gibt es weitere solcher Brücken; www.gnb.ca/0113/coveredbridges/cb-albert-e.asp

Cape Enrage

Während die #114 weiter unten landeinwärts verläuft, folgt die von ihr abzweigende Straße **#915** dem Küstenverlauf nach Alma vor der südöstlichen Ecke des Nationalparks. Das Ende einer in die Bay of Fundy ragenden kleinen Landzunge heißt ***Cape Enrage***. Dort erhebt sich hoch über dem Meer der älteste Leuchtturm von

New Brunswick (1848). Bei Besichtigung gilt »Spende erbeten«: $3/Person. Unterhalb davon erstreckt sich ein bei Ebbe gut zugänglicher Strand mit fossilhaltigem Gestein.

Klettern

Wer Lust auf eine Kletterpartie durch die Küstenklippen hat (bis zu 46 m hoch) kann dort Touren buchen (nur Mai bis Anfang September): ***Cape Enrage Adventures***, 650 Cape Enrage Rd, © 506-877-2273, 2-stündige Trips kosten ca. 50$; www.capenrage.com. Gruppen-Strandwanderung zur **Fossiliensuche** ebenfalls 50$.

Snack

- ***The Keepers Lunchroom***, heiße Suppen, Sandwiches und Selbstgebackenes, 8.30-18 Uhr

Unterkunft & Camping

- ***Chignecto House*** mit Dusche, ***Cape House*** sowie einfache Gruppenunterkünfte und Campingmöglichkeit ohne Komfort, 650 Cape Enrage Road, © 506-877-2273, 5-25$.

Alma

Kurz vor **Alma** trifft die #915 wieder auf die #114. Alma ist ein kleines Fischerdorf vor der südöstlichen Parkeinfahrt, das dank des Nationalparks über eine gewisse touristische Infrastruktur mit einer Reihe von Hotels, Motels und Restaurants verfügt.

Fundy National Park

Kennzeichnung

Der ***Fundy National Park*** schützt ein etwa 260 km² großes Wildnisgebiet vor kommerzieller Ausbeutung. Es ist ganzjährig zugänglich. Bis zu 300 m hohe Hügel der ***Caledonia Highlands***, die hier zur *Bay of Fundy* abfallen, prägen das Landschaftsbild des Parks. Die starken Gezeitengegensätze wuschen aus dem fossilhaltigem Sandstein an der Steilküste manchenorts bizarre Formationen aus. Auch kleine Sandstrände sind vorhanden. An Flussmündungen findet man Salzmarschen.

Die Hügel im Hinterland des Parks sind von tiefen Tälern durchschnitten und zumeist mit Mischwald bewachsen. Dort finden sich über hundert verschiedene Pflanzenarten, darunter die sonst kaum zu findende Mehlprimel. Die Fauna umfasst Elche, Biber und Schwarzbären sowie den seltenen Peregrin-Falken

Ein ***Visitor Centre*** steht nahe der östlichen Parkgrenze (#114) gleich westlich von Alma. Es ist von Mitte Juni bis Anfang September 8-22 Uhr, von April bis Mitte Juni und von Anfang September bis Ende Oktober 8-16.30 Uhr geöffnet. Ein zweites Besucherzentrum ist die ***Wolfe Lake Information*** am nordwestlichen Parkausgang. Ende Juni-Mitte August 10-18 Uhr, Eintritt 7$; www.pc.gc.ca/pn-np/nb/fundy/index_e.asp.

Fast trocken gefallener Hafen von Alma

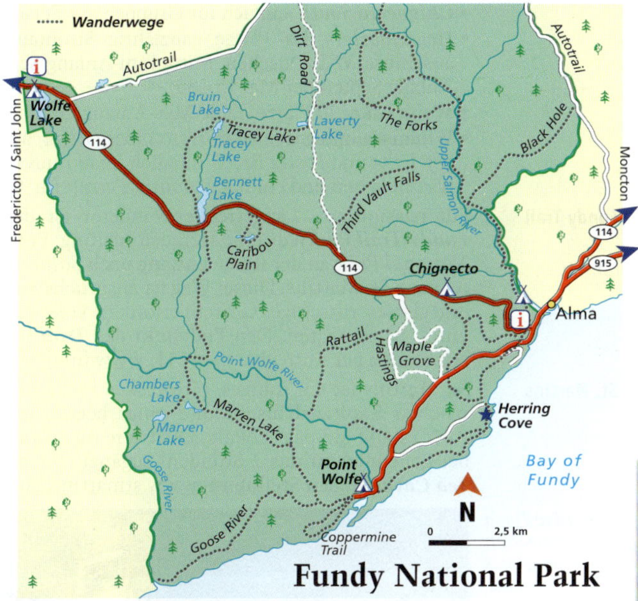

Visitor Centre

Ganz in der Nähe des *Visitor Centre* hat dieser Nationalpark eigene Besuchereinrichtungen. Neben einem Hotel und einer Reihe von *Chalets* sind Tennisplätze, ein Golfcourt und ein **Salzwasser-Swimmingpool** (Eintritt 3,50$) vorhanden, dessen Wasser deutlich wärmer ist als das der Bay of Fundy.

Wandern

Ein 120 km langes Wegenetz erschließt die Küste, Berge, Täler, Flüsse und Wasserfälle des Parks. Einige Pfade führen zu früheren Siedlungen und Minen, so z.B. der *Coppermine Trail* vom *Point Wolfe Campground* zu einer stillgelegten Kupfermine.

Ein zweistündiger, von Rangern geführter ***Fundy Night Hike*** ermöglicht in den Sommermonaten nächtliche Tierbeobachtung.

Restaurant

- ***Seawinds Dining Room*** im Park an der #114, preiswerte *Seafood*

Unterkunft

- ***Fundy Highlands Inn Chalets***, 8714 #114, Fundy National Park Headquarters, schöner Blick über die *Bay*, © 506-887-2930 oder © 1-888-883-8639, 75-105$, www.fundyhighlandchalets.com
- ***Fundy Chalets***, Fundy National Park, 23 Fundy Chalet Road nahe dem *Visitor Centre*, © 506-887-2808, 69-99$; www.fundyparkchalets.com

Camping

Im Park gibt es vier *Campgrounds* mit über 700 Stellplätzen:

- ***Point Wolfe***, 181 Plätze, Ende Juni-September, Duschen, 25$
- ***Chignecto North***, 264 Plätze, Ende Mai–Anfang Oktober, Strom- und Wasseranschluss, WC, Duschen, 25-33$

- ***Chignecto South***, einfach für Gruppen, 5$/Person
- ***Headquarters***, 126 Plätze, ganzjährig; Stromanschluss, Wasseranschluss, WC, Duschen, Mitte Juni-Anfang September, 25-33$, Anfang September-Mai 15-23$
- ***Wolfe Lake***, 20 Plätze, Ende Mai–Anfang Oktober; einfach, 15$
- **Wildniscamping** ist an den *Trails Goose River, Marven Lake, Tracey Lake* und *Foster Brook* möglich, man muß sich vorher registrieren lassen und ein *Backcountry Permit* für 10$ erwerben.

Fundy Trail

Für passionierte Langstreckenwanderer ist der 42 km lange ***Fundy Trail Parkway*** eine Herausforderung. Er führt vom *Fundy National Park* an der Küste entlang nach *Salmon River* und weiter nach St. Martins. Dieser Weg ist anspruchsvoll – hohe Klippen und glattes, rutschiges Gestein erfordern Vorsicht, und man muss durch Bäche waten. Den **Endpunkt des *Trail* in St. Martins** erreicht man per Auto über die #111; www.fundytrailparkway.com.

St. Martins

St. Martins ist ein ruhiges, pittoreskes Fischerdorf mit viktorianischen Kapitänshäusern und einer begrenzten Infrastruktur. Aber es gibt ein paar Lokale, Quartiere und Campingplätze. Nur bei Ebbe (plus/minus 2 Stunden) zugänglich sind die ***St. Martin Sea Caves*** an den Steilufern; www.stmartinscanada.com.

Loyalist Plaza in Saint John mit Barbours General Store, Little Red Schoolhouse und Leuchtturm (➪ Seite 223f)

2.2.3 Saint John

Saint John

Saint John liegt mit über 68.000 Einwohnern, im Großraum rund 122.000, demographisch in etwa gleichauf mit Moncton, ist aber wirtschaftlich die bedeutendste Stadt der Provinz. Die Industrieanlagen sind unübersehbar.

Geschichte

Ursprünglich lebten im Tal des *Saint John River* die *Maliseet*-Indianer. 1524 tauchte ein Spanier namens Gomez auf und nannte den Fluss *Rio de la Buelta*. Die französischen Entdecker *Sieur de Monts* und *Samuel de Champlain* kamen am 24. Juni 1604 an die Flussmündung, benannten den Strom nach dem heiligen Johannes und gründeten eine französische Siedlung. Unter *Charles La*

Tour wurde sie 1631-35 befestigt, jedoch 1758 von britischen Truppen eingenommen. Mit dem Zustrom Tausender Loyalisten (➪ Seite 398) entwickelte sich ab 1783 ein urbanes Zentrum. Infolge der Hungerjahre in Irland kamen in der zweiten Hälfte des 19. Jahrhunderts mehrere tausend irische Einwanderer hinzu. Dank des ganzjährig eisfreien Hafens florierten Holzverarbeitung, Schiffbau und Fischerei. Ein Großfeuer zerstörte 1877 große Teile der Stadt. Beim Wiederaufbau entstanden viele der Backsteinhäuser, die heute noch das Straßenbild prägen.

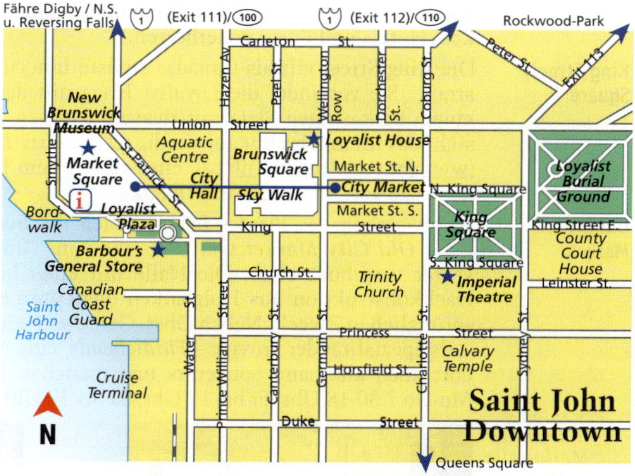

Downtown *Downtown* heißt in diesem Falle ***Uptown***, denn der Altstadtkern von Saint John liegt auf dem steilen Hügel einer Halbinsel, die in die Bay of Fundy ragt. Sie wird von der Mündung des *Saint John River* und vom Hafen flankiert. Von der Autobahn #1 gelangt man über die Ausfahrt 122 (*Market Square*) bzw. 123 (*Wallstreet*) direkt ins Zentrum. Parken kann man entweder in den abgelegenen Nebenstraßen oder in Parkhäusern, z. B. am ***Market Square***, einer großen **Shopping *Mall*** aus rotbraunem Backstein.

Market Square Mall und Museum Der Komplex beherbergt außerdem ein Hotel mit Tagungszentrum und das ***New Brunswick Museum***, ältestes Museum Canadas. Es wurde bereits 1842 eröffnet und bezieht sich auf die Siedlungsgeschichte der Provinz und auf deren Industrialisierung, speziell auf den Schiffbau mit einer Sammlung von Schiffsmodellen. Die naturgeschichtlichen Abteilung konzentriert sich auf die Bereiche Geologie und Klima. In der ***Hall of Whales*** beeindruckt das lebensgroße Modell eines Glattwales. Mo-Fr 9-17 Uhr, Do -21 Uhr, Sa 10-17 Uhr, So 12-17 Uhr, 6$; www.nbm-mnb.ca

Waterfront Unterhalb des *Market Square* liegt die **Loyalist Plaza** an der Water Street. Die drei Gebäude auf der Freifläche – ***Barbours General Store***, ein originaler Laden aus dem 19. Jahrhundert als Museum (geöffnet Mitte Juni-Mitte September, 10-18 Uhr, Eintritt frei), das ***Little Red Schoolhouse***, eine authentische Dorfschule aus einer Landgemeinde, und ein kleiner weißer **Leuchtturm** – wirken vor den größeren modernen Gebäuden dahinter puppenstubenartig.

Während der ***Loyalist Days*** (Mitte Juli) wird dort die Landung der ersten Loyalisten von historisch kostümierten Bürgern von Saint John nachgespielt.

Parallel zur *Water Street* läuft die ***Prince William Street***. Hier findet man besonders viele der erwähnten Ziegelbauten vom Ende des 19. Jahrhunderts, die vor allem öffentliche Verwaltung, Banken, Hotels und Büros beherbergen.

King Street/ Square

Die **King Street** gilt als Canadas steilste innerstädtische Hauptstraße. Sie verbindet die Loyalist Plaza mit dem ***King Square,*** einem parkartrigen Platz mit riesigen Bäumen. An der Südseite steht das im Innenraum aufwendig restaurierte ***Imperial Theater*** (www.imperialtheatre.nb.ca), ein Bau aus dem Jahr 1913, neben dem Sitz von *Rotary International*.

Old City Market

Nordwestlich des Platzes befindet sich die historische Markthalle ***Old City Market*** von 1876, die vom Großbrand elf Jahre später verschont blieb. Die Halle mit einer bemerkenswerten Dachkonstruktion aus Holzbalken dient immer noch dem ursprünglichen Zweck. Neben Obst, Gemüse, Fleisch, *Seafood* und – als Spezialität der Provinz – ***Fiddleheads***, eine Art Spargel, gibt's dort auch allerhand Souvenirs und manchen Kitsch. Geöffnet Mo-Do 7.30-18 Uhr, Fr bis 19 Uhr, Sa bis 17 Uhr, So/feiertags zu.

Historische Markthalle Old City Market

Sky Walk

Vom *Old City Market* bis in den 1.Stock des Market Square führt eine gläserne Fußgängerbrücke (***Sky Walk***) durch die ***City Hall***, das *Delta Brunswick Hotel* und den *Brunswick Square*. Weitere Teile der Innenstadt sind durch Tunnel miteinander verbunden.

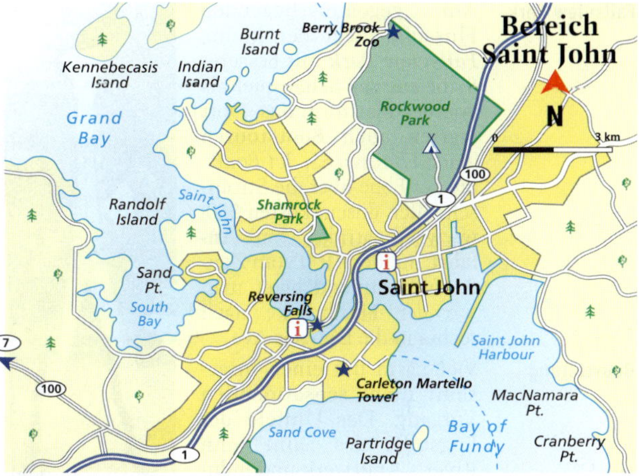

Loyalist House

Ein paar Schritte abseits des *Sky Walk* (Ecke Union/Germain Street) steht das ***Loyalist House*** (1811), das älteste Gebäude der Stadt mit der originalen Inneneinrichtung im Stil des beginnenden 19. Jahrhunderts. Juli und August Mo-Sa 10-17, So 12-17 Uhr, Eintritt $3.

Reversing Falls

Die ***Reversing Falls*** sind die bekannteste Touristenattraktion der Stadt. Die mächtigen Gezeiten der Bay of Fundy bewirken, dass hier der St. John River zeitweise »rückwärts« fließt. Das Phänomen erklärt sich aus einer geologischen Besonderheit: Der bereits breite Fluss muss sich aus einer Höhe von etwa 12 m über dem Meeresspiegel kurz vor seiner Mündung durch eine schmale Schlucht zwängen. Der Höhenunterschied bewirkt bei normaler Fließrichtung (also bei Ebbe), dass das Wasser über mehrere Stufen des felsigen Untergrundes in Kaskaden hinabstürzt. Bei auflaufendem Wasser vermindert sich nach und nach die Fallhöhe bis die Kaskaden ganz verschwinden. Während einer kurzen Phase, kommt es zum Stillstand des Flusses (*slack tide*). Danach fließt das Wasser durch die Schlucht stromaufwärts, bis die Tide kippt.

Das Ganze passiert naturgmäß zwei Mal täglich; nur im Frühjahr, wenn der Fluss nach der Schneeschmelze ungewöhnlich viel Wasser führt, ist er bisweilen stärker als die hereindrückende Flut.

Zu den Fällen gelangt auf der Straße #100, von der Autobahn #1 fährt am besten am *Exit* 19 ab. Ein eigenes ***Visitor Centre*** (geöffnet Ende Mai bis Anfang Oktober) oberhalb der Schlucht zeigt einen Film des Vorgangs (im Zeitraffer) für alle, die nicht zur richtigen Zeit zugegen sind ($2,50) und ihn von der Beobachtungsplattform aus in natura erleben können. Im Besucherzentrum hat man natürlich auch die täglich wechselnden Uhrzeiten für das Umkippen der Fließrichtung.

Fallsview Park Am gegenüberliegenden Flussufer liegt der kleine ***Fallsview Park*** mit besserer Sicht auf das Schauspiel als von der Plattform aus. Dort starten auch **Bootstouren** (nach *Uptown* 5$; *Jet Boats*, die bei Ebbe über die Stromschnellen düsen, kosten $50; www.jetboatrides. com). **Anfahrt**: auf der #100 vom Zentrum kommend biegt man vor der Flußbrücke nach rechts in die Douglas Ave.

Beurteilung Viel Lärm um einen insgesamt nicht sensationellen Vorgang. Das Umfeld der Engstelle des Saint John River – Kraftwerk und Industrieanlagen, darunter eine geruchsintensive Zellulosefabrik – sorgt zudem für eine unattraktive Kulisse des »Naturschauspiels«.

Carleton Martello Tower NHS In West Saint John, unweit des Fährterminals nach Digby (➪ unten), steht der ***Carleton Martello Tower***, ein *National Historic Site*, auf den sog. *Lancaster Heights*. Er wurde während des amerikanisch-kanadischen Krieges von 1812 erbaut, indessen erst nach Kriegsende fertiggestellt. Das Erdgeschoß diente als Lagerraum und Pulvermagazin, einen Eingang gab es nur im Obergeschoss. Die dicken Steinmauern sollten Artilleriebeschuß standhalten. 454 Whipple Street, Juni-Oktober 10-18 Uhr, 3,50$.

Information/ Internet

- ***Saint John Visitor Information Centre***, Autobahn #1 West
- ***Saint John Free Public Library***, 1 Market Square

Restaurants

- Uptown: ***Asian Palace***,1 Market Square, indische Küche
- ***Beatty and the Beastro***, 60 Charlotte Street, vielseitige Küche
- ***Turn of the Tide***, im Hilton Hotel
- Reversing Falls: ***Falls Restaurant***, 200 Bridge Road, u.a. *Seafood*

Unterkunft

- Uptown: ***Delta Brunswick Hotel***, 39 King Street, ✆ 506-648-1981 oder ✆ 1-800-268-1133, 109-239$
- ***Hilton Saint John***, 1 Market Square, ✆ 1- 800-561-8282, 99-269$
- ***A Tanners Home Inn B&B***, in einem viktorianischem Haus in der 190 King Street, ✆ 506-634-8917 oder ✆ 1-877-634-8917, 85-95$; www.tannershomeinn.com

Preiswertere Quartiere bekommt man an der Peripherie:

- ***Balmoral Court Motel & Cabins***, 1284 Manawagonish Road, (von #1 Ausfahrt 117 oder 119B), ✆ 506-672-3019 oder ✆ 1-888-463-3779, 49-69$

- ***Hillcrest Motel***,1315 Manawagonish Road, © 506-672-5310 oder © 1-888-372-9700, 50-60$

Ganz in der Nähe der Digby-Fähre:

- ***Carleton House B&B***, 213 Lancaster Street, © 506-672-7458, 70$

Hostel

- ***University of New Brunswick*** in Saint John, Tucker Park, nur Sommer, ab 32$

Camping

- Ziemlich zentral liegt der ***Rockwood Park Campground***, 142 Lake Drive South, von der #1 Ausfahrten 122 oder 125, Mai-Oktober, 210 Plätze, Strom- und Wasseranschluss, Duschen, *Dumping Station*, Waschautomat, 19-28$
- Ruhiger ist es landeinwärts am ***Crystal Beach Campground***, 32 Crystal Beach Road, Kingston Peninsula, #845 Ausfahrt 80, am Strand des Saint John River, 56 Plätze, Juni-September, Strom- und Wasseranschluss, Dusche, *Dumping Station*, 24-34$.

Fähre

Die *Princess of Acadia* zwischen und **Saint John** und **Digby**/Nova Scotia verkehrt außer Weihnachten und Neujahr mindestens einmal täglich, im Juni und *Labor Day*-11. Oktober 1-2x täglich, in der Hochsaison 22. Juni-*Labor Day Weekend* nach festem Fahrplan 2 x täglich. Die Überfahrt dauert etwa 3 Stunden und spart rund 600 km Fahrt auf dem Landweg, Zu Abfahrtszeiten und Tarifen ➪ Kasten auf Seite 163.

2.2.4 Von Saint John nach St. Stephen

Von Saint John sind es noch 113 km nach St. Stephen an der USA-Grenze. Ab Ausfahrt 86 passiert die #1 die ***Musquash Marsh***. Dort wird durch die *Non-Profit*-Organisation *Ducks Unlimited* ein Naturschutzprojekt zur Erhaltung der letzten verbleibenden Salzmarschen an der *Bay of Fundy* mit ihrer spezifischen Flora und Fauna realisiert.

Abstecher

Ein Abstecher von der Ausfahrt 96 führt auf der Straße #790 nach **Dipper Harbour**, Ziel für Naturfreunde und Kajakfans.

Kajaktouren

Das ***Eastern Outdoors Adventure Centre***, 1538 #790, Waterfront, © 506-659-9882, bietet Tagestouren mit dem Kajak vor der Küste an (ab 49$). Auch mehrtägige Touren: www.easternoutdoors.com

New River Beach PP

An der #1 liegt – nur 50 km von Saint John entfernt – der ***New River Beach Provincial Park*** (Eintritt 7$) mit Sandstrand und bizarren Felsformationen, in denen bei Ebbe Höhlen freigelegt werden. Ein Spazierweg, der ***Barnaby Head Natural Trail***, führt über das zerklüftete Felsufer. Der PP verfügt auch über einen ***Campground***: Mai-Oktober, 100 Plätze, Duschen, *Dumping Station*, Waschautomat, 22-25$.

Blacks Harbour

Die Straße #176 führt ab Ausfahrt 60 über eine hügelige Halbinsel nach **Blacks Harbour**. In diesem Fischerdorf mit 1.200 Einwohnern gab es schon vor über hundert Jahren eine Fischfabrik. Heute feiert sich die Gemeinde als »***Home of the World's largest Sardine Industry***« – die Bestätigung liegt quasi in der Luft.

Grand Manan Island

Kennzeichnung

Grand Manan Island, mit etwa 30 km Länge die größte der Inseln in der ***Passamaquody Bay***, ist bereits seit 200 Jahren als Paradies für Vogelbeobachter bekannt. Große Teile der Insel und der umgebenden kleineren Eilande stehen unter Naturschutz. Bisher wurden über 340 Spezies gezählt, die entweder zeitweilig als Zugvögel oder dauerhaft dort anzutreffen sind. Grand Manan ist aber nicht nur ein Ziel für passionierte Ornithologen, auch wer die Natur genießen möchte und Ruhe sucht, ist dort richtig. Die Insel eignet sich besonders für Fahrrad- oder Kajaktouren.

Fähre

Zwischen **Blacks Harbour** und **North Head** verkehrt mehrmals täglich eine Fähre (90 min), ✆ 506 662-3724, Passagiere 11$, Fahrzeuge 32$, bezahlt wird erst beim Verlassen der Insel; www.coastaltransport.ca

Bereits während der Überfahrt wird man von Seevögeln eskortiert, man sieht häufig Robben und mit Glück Wale. Auffällig sind die Aquakulturanlagen, meist zur Zucht von Lachsen.

Der am meisten fotografierte Leuchtturm in New Brunswick ist die ***Swallowtail Lightstation*** von 1860, die auf einer exponierten Landzunge steht und bereits von der Fähre aus sichtbar ist.

Unterkunft & Restaurant

- ***The Compass Rose***, 65 Route 776, North Head, ✆ 506-662-8570, 89-125$; www.compassroseinn.com

Unterkunft

- ***Manan Island Inn Ocean Side***, 22 Route 776, North Head, ✆ 506-662-8624, 89-140$

- ***Surfside Motel***, 123 Route 776, North Head, © 506-662-8156 oder © 1-877-662-8156, 75-100$; www.come.to/Surfsidemotel
- ***Beach Front Cottages***, 70 Red Point Road, Seal Cove, © 506-662-3115, 110-165$; www.beachfrontcottages.ca

Darüberhinaus gibt es in den weiter unten genannten Parks **Campingplätze**, im *Castalia Park* auch *Cabins*.

Museum

Gleich gegenüber vom *Ticket-Office* am Fährterminal informiert die ***Grand Manan Whale and Seabird Research Station*** mit einem naturhistorischen Museum u.a. über die Forschungsergebnisse bei Walbeobachtungen. Juni, September+Oktober 10-16 Uhr, Juli+August 9-17 Uhr; www.gmwsrs.org

Fahrradverleih/ Kajaktrips

Adventure High hat Fahrräder zum Verleih und bietet Kajaktouren, © 506-662-3563 oder © 1-800-732-5492, Main Street, Adventure Centre, 83 Straße #776; www.adventurehigh.com.

Nordinsel

Etwa 1 km nördlich des Fährhafen bei North Head liegt der ***Hole-in-the-Wall Park*** (Einfahrt: 42 Old Airport Road, Eintritt 4$). Der Name bezieht sich auf einen durch Erosion entstandenen Felsbogen. Neben ungewöhnlichen Felsformationen bietet der Park Aussichtspunkte zur Beobachtung von Vögeln, Robben und Walen.

Whale Cove

Diese Bucht ist auch bei Steinsammlern (*Rock Hounds*) wegen ihrer Achate und Kupfererze beliebt. Ein Spaziergang hoch über dem Meer (bis 80 m hohe Steilküste) führt zu den ***Seven Days Work*** an der Westflanke von Whale Cove, wo sieben unterschiedliche Gesteinsschichten übereinander offenliegen. Weiter nördlich steht ***The Bishop***, ein isolierter Felsen, der Hunderten von Gryllteisten als Brutkolonie dient.

Wandern/ Camping

An dieser Küste gibt es mehrere **Campingplätze** für Wohnmobile und Zelte (Juli-Oktober, Duschen, 23-28$). Besonderheit: Die Wale machen hier nachts oft soviel Lärm, dass man als Camper davon aufwacht; www.grandmanancamping.com.

Dulse

In **Dark Harbour** kann man von November bis Juni beobachten, wie bei extremer Ebbe ***Dulse*** (*Palmaria palmata*) geerntet wird, eine rotbraune, getrocknet essbare Art **Seetang**. Die Trockenanlagen sind an mehreren Stellen der Insel zu sehen, eine Verarbeitungsfabrik befindet sich an der Back Road. Dieses als besonders gesund geltende Lebensmittel kommt in kleiner Dosierung zerschnitten in Suppen und Saucen.

Castalia Park

Gut zum ***Bird Watching*** eignet sich auch das Marschland im ***Castalia Park*** an der Ostküste. Bei Ebbe entstehen dort Gezeitentümpel am Strand. Auf flachen, aus dem Wasser ragenden Felsen räkeln sich fast immer Robben. Es gibt einen einfachen Campingplatz für Zelte (23$) und komfortlose *Cabins* (45-85$), © 506-662-8997; www.sea-landadventures.com.

Grand Harbour

In **Grand Harbour** befindet sich das ***Grand Manan Museum*** mit Ausstellungen zu Geschichte und Geologie der Insel sowie einer Sammlung präparierter Vögel; Juni-September, Mo-Sa 9-17.30 Uhr, Eintritt 5$; www.grandmananmuseum.ca

Information/ Internet

- ***Grand Manan Visitor Information Centre***, 1141 Straße #776, www.grandmanannb.com
- ***Grand Manan Library*** gegenüber vom Museum in der *Grand Manan Community School*

White Head Island

Von ***Ingalls Head*** gibt es einen kostenlosen Fährverkehr (für Autos und Fußgänger) zur benachbarten ***White Head Island***, der zweiten bewohnten Insel des Archipels. Ihren Namen hat sie von dem weißen Quarzitgestein, das schon von weitem leuchtet. 1833 kam der bekannte Ornithologe und Naturforscher ***James Audubon*** auf die Insel, um Vogelstudien zu betreiben.

Südküste

Im ***Anchorage Provincial Park*** (136 Anchorage Road, #776, ca. 24 km von North Head in südliche Richtung) gibt es einen Sandstrand sowie zwei Süßwasserteiche, *Nature Trails* und ein Vogelschutzgebiet mit Beobachtungsständen. Der dazugehörige **Campingplatz** hat sogar Duschen (22-25$).

In ***Seal Cove*** und ***Deep Cove*** an der Südküste findet man feine Sandstrände und unterschiedlich gefärbte Gesteinsarten. Am *Red Point* trifft älteres rotes Sedimentgestein auf jüngere dunkelgraue Lavaschichten. Am Strand kann man mit Hilfe eines Magneten sogar Magnetitpartikel aus dem Sand sammeln. Am Südende der Insel führt ein Wanderweg nach ***Southwest Head***, Standort eines Leuchtturms auf 180 m hohen Klippen.

Whale Watching

Für die auf Grand Manan angebotenen Walbeobachtungstouren sollte man auch bei zunächst schönstem Wetter warme Pullover und wetterfeste Jacken nicht vergessen. Zu den verschiedenen hier lebenden Walarten ⇨ Kasten »Walbeobachtungen in der Bay of Fundy«, Seite 167.

- ***Grand Manan Sea-Land Adventures***, Ende Juni bis Ende September, offeriert Segeltrips unter aktiver Einbeziehung der Gäste auf dem Zweimastschoner *D'Sonoqua*. Die Ganztagstour für 78$ schließt auch eine Mahlzeit mit ein. 11 Bancroft Point Road, © 506-662-8997, Abfahrt 10 Uhr *Fisherman's Wharf* in North Head; www.sailwithwhales.com/sea
- ***Sea Watch Tours***, ca. 5-stündige Touren zur Wal- und Vogelbeobachtung ab Seal Cove Beach (im Süden der Insel), Mitte Juli bis Ende September, heiße Getränke inklusive. © 506-662-8552 oder © 1-877-662-8552, 59$; www.seawatchtours.com
- ***Whales-n-Sails Adventure***, Tour über 4-5 Stunden Dauer auf der Segeljacht *Elsie Menota*, heiße Suppe inklusive, Mitte Juni-Mitte September, ab *North Head Fishermen's Wharf*, © 506-662-1999 oder © 1-888-994-4044, 60$; www.whales-n-sails.com

Grand Manan Island-Fähre

Deer und Campobello Islands

Zurück auf der #1 geht es weiter in Richtung **St. Stephen**. Zur Weiterreise in die USA besteht auch die Möglichkeit, über Back Bay/Letete und von dort mit der Fähre über **Deer Island** nach Eastport/Maine oder weiter über **Campobello Island** und dann über die *International Bridge* nach Lubec/Maine zu fahren.

Fähre

Die **Fähre** ab Letete nach ***Deer Island*** ist **kostenfrei**, sie verkehrt halbstündlich und benötigt etwa 25 Minuten für die Überfahrt.

Unterkunft

- Diverse ***B&B*** und das ***45th Parallel Restaurant & Motel*** gibt es in Fairhaven, © 506-747-2231, 48-65$

Deer Island

Bei der Weiterfahrt nach Süden kann man bei **Leonardville** einen der großen ***Lobster Ponds*** sehen, in denen gefangene, noch lebende Hummer »zwischengelagert« werden. Noch ein Stück weiter südlich gibt es vor der Küste ***Fish Weirs***, zum Heringsfang im Kreis gesteckte Stangen und Netze.

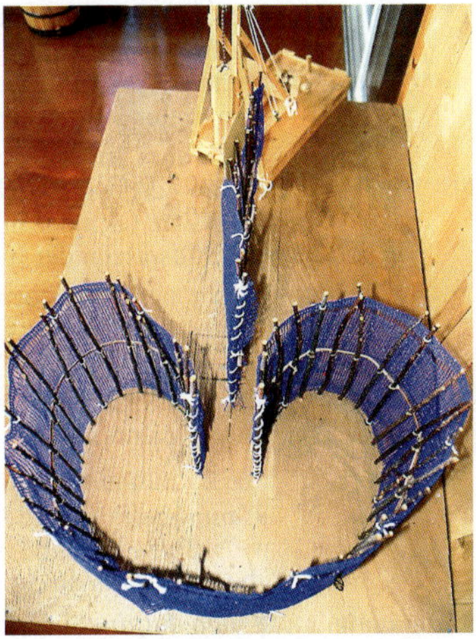

Modell eines Weir, einer Vorrichtung zum Heringsfang, ➪ Text links

Camping

An der Südspitze der Insel liegt in der Nähe des Fährhafens auf einer Landzunge der ***Deer Island Point Park*** mit einem einfachen Campingplatz. Dort kann etwa drei Stunden vor Hochwasser der angeblich größte Gezeitenstrudel der Welt beobachtet werden, der ***Old Sow Whirlpool***.

Whale Watching

Lambert's Outer Island Tours, Ende Juni–Anfang September, 135 Hersonville Road; ***Lambert's Cove***, © 506-747-2426 oder © 1-866-694-2537, 2-Stunden-Tour 50$; www.outerislandtours.com.

Fähren nach Campobello Island und Maine

East Coast Ferries, © 506-747-2159 oder © 1-877-747-2159, verkehren Ende Juni-Mitte September 11x täglich zwischen **Deer** und **Campobello Island** (Welshpool), 30 min, Passagier 3$, Fahrzeug und Fahrer 15$; www.eastcoastferries.nb.ca.

Nach **Eastport/Maine** verkehrt die Fähre 10x täglich Ende Juni-Anfang September, 15-20 Minuten, Passagier 3$, Fahrzeug und Fahrer 12$. Diese Route macht aber touristisch wenig Sinn.

Campobello Island

Man kommt per Fähre von Norden in **Welshpool** im zentralen Bereich an. **Wilsons Beach** im Norden ist Campobellos größte Ortschaft. Von dort führt neben der Hauptroute #774 nach Süden (auf der Westseite der Insel) auch eine Schotterstraße (Abzweigung beim

Post Office, nicht ausgeschildert) an der Ostküste entlang. Wegen ihrer tief eingeschnittenen, seichten Buchten sind die Wassertemperaturen dort besonders badefreundlich. Diese Straße trifft am Ende auf die ***Herring Cove Road***, Zufahrt zum gleichnamigen, von Wanderwegen durchzogenen 4 km^2 großen ***Provincial Park***, der direkt an den *International Park* grenzt.

Roosevelt International Park

Der südliche Teil der 16 km langen Insel besteht überwiegend aus dem Provinzpark und dem 11 km^2 großen ***Roosevelt Campobello International Park*** (www.nps.gov/roca). Die Straße #774 passiert in ihrem Verlauf durch diesen Park in Richtung *International F.D. Roosevelt Menorial Bridge* die prächtige Ferienvilla des ehemaligen US-Präsidenten ***Franklin D. Roosevelt*** (1882-1945) und das ***Park Visitor Centre***. *Roosevelt* verbrachte, bevor er Präsident wurde, viele Sommer in seinem Haus. Es ist täglich 10-18 Uhr zu besichtigen, freier Eintritt; www.fdr.net.

Die Fahrt in den Park zu Stränden und Aussichtspunkten mit schön gelegenen **Picknickplätzen** ist indessen nur von Ende Mai bis Mitte Oktober möglich. Wunderbare ***Nature Trails*** umrunden die Südspitzen der Insel (*Lighthouse und Cranberry Points*).

Nicht zuletzt wegen der leichten Erreichbarkeit über die *International Bridge* ist Campobello Island nach wie vor ein beliebtes Urlaubsziel vieler US-Amerikaner.

Information & Internet

Das Besucherzentrum im *International Park* hat Infos zur ganzen Insel. In Internet erfährt man mehr unter

www.campobello.com oder www.campobelloislandtourism.com

Campobello Public Library, 3 Welshpool Street, vorbei am *Roosevelt Cottage* nach links zum *Owen House*; die Bibliothek befindet sich links direkt am Wasser.

Unterkunft & Restaurant

- ***The Lupine Lodge***, 610 Straße #774, Welshpool, © 506-752-2551 oder © 1-888-912-8880, 85-150$, mit ***Seafood Restaurant***; www. lupinelodge.com.
- ***Friar's Bay Motor Lodge & Restaurant***, 802 Straße #774, Welshpool, 40-50$

Camping

- Im ***Herring Cove Provincial Park*** gibt es einen **Campingplatz** für RVs und Zelte, 76 Plätze, teilweise Strom, Duschen, 22-25$.

Whale Watching

Captain Riddle Whale Watch Cruises; Tickets in der 727 Friars Bay Road nördlich des *Roosevelt Park*, Abfahrten in Welshpool,; © 506-752-2009, 2-Stunden-Trip 45$; http://finback.com.

St. George und St. Andrews

St. George

Wer auf die Inselabstecher verzichtet, bleibt in Richtung USA-Grenze auf der Straße #1. Sie führt durch die »*Granite Town*« **St. George** (www.town.stgeorge.nb.ca), so genannt, weil sie durch einen in der Umgebung abgebauten roten und schwarzen Granit berühmt wurde. Aus St. George stammen die Granitblöcke für die Mauern des kanadischen Parlaments in Ottawa.

West Point Blockhouse und Kanone aus dem amerikanisch-kanadischen Krieg in St. Andrews

Fischtreppe

Zwischen der #1 und dem Stadtzentrum verengt sich die felsige Schlucht des Magaguadavic River und lohnt einen Stopp: bei den ***St. George Falls*** hilft eine **Fish Ladder** den Lachsen bei ihrer Wanderung flussaufwärts. Im August/September kann man sie dort mit ein wenig Glück springen sehen.

Lake Utopia

Mit einem weißen Sandstrand und klarem, tiefen Wasser verspricht der Lake Utopia **Badefreuden**. Aber Vorsicht, es soll darin ein Loch-Ness-Ungeheuer gesichtet worden sein. An die Ufer des Sees gelangt man auf den Straßen #785 und #781.

Unterkunft

- ***Granite Town Hotel &Country Inn***, 79 Main Street, © 1-800-667-2010, 83-155$; www.granitetownhotel.com

Restaurant

- Etwa 10 km westlich von St. George passiert man das Restaurant ***Dominion Hill Country Dining*** hinter der *Didgeguash Bridge* (17 Reardon Road). Gut, moderat, © (506) 755-3722.

Abstecher nach St. Andrews

Keinesfalls versäumen sollte man einen Abstecher nach St. Andrews (von der #1 Ausfahrt 39, dann Straße **#127** durch hügeliges Waldland). Am Wege liegt das ***Atlantic Salmon Interpretative Centre*** in **Chamcook**, das sich dem Wildlachs und der Erhaltung seiner Lebensräume verschrieben hat (Chamcook Lake Road, Mitte Mai-Anfang Oktober, 9-17 Uhr, 5$; www.asf.ca

St. Andrews: Lage und Geschichte

St. Andrews-by-the-Sea ist eines der ältesten und schönsten Städtchen der Atlantikprovinzen. Es liegt an der Südspitze einer Halbinsel, die durch die Mündung des ***St. Croix Rivers*** vom Festland abgetrennt wird und sich tief in die Passamaquoddy Bay reckt.

Gegründet wurde St. Andrews 1784 von wohlhabenden britischen Loyalisten, die vorher in Castine/Maine gesiedelt hatten. Nach

Verschiebung der Grenze verschifften sie Besitz – und teilweise sogar ihre Häuser – nordwärts, und bauten sie hier wieder auf.

Schon Ende des 19. Jahrhunderts wurde St. Andrews zu einem beliebten Sommerziel für reiche Amerikaner. So entstand das die Stadt überragende schlossartige *Algonquin Hotel* im Tudor-Stil bereits 1889. Später ließen sich viele der wohlhabenden Urlauber eigene Sommerresidenzen errichten.

Architektur

St. Andrews blieb von Stadtbränden verschont und verfügt daher über gut erhaltene Beispiele kolonialer Architektur. Viele in allen Farben gestrichene Holzhäuser prägen das Bild der Altstadt.

Sehenswertes

Hauptstraße ist die ***Water Street***; dort gibt es kleine Läden, Boutiquen, Galerien, *Craft Shops* und Restaurants. An der ***Market Wharf*** findet man Buchungsstellen für ***Whale Watching Trips***.

Weiter westlich steht am Ufer das historische ***West Point Blockhouse*** (23 Joe's Point Road), das letzte von ursprünglich 12 solcher mit Schießscharten versehenen Gebäude, die 1812 im amerikanisch-kanadischen Krieg zur Verteidigung der Stadt errichtet worden waren. Bis heute zielen die drei Kanonen am Ufer auf die Vereinigten Staaten von Amerika. Maine liegt hier wirklich nicht einmal einen Kanonenschuß weit entfernt.

Gegenüber der Befestigungsanlage erstreckt sich hinter schmiedeeisernen Toren der ***Centennial Garden***, gestiftet von der (früheren) Eisenbahngesellschaft *Canadian Pacific*.

Im Aquarium des ***Huntsman Marine Science Center*** kann man die Vielfalt der Lebensformen in der Bay of Fundy bewundern, 1 Lower Campus Road, Ende Mai-Anfang September täglich, September nur noch Di, Fr, Sa+So, 10-17Uhr; Robbenfütterung täglich 11 und 16 Uhr, 7,50$; www.huntsmanmarine.ca.

Fairmont Algonquin Hotel

Weit sichtbar über dem Stadtzentrum thront das elegante ***Fairmount Algonquin Hotel***, eines der bekanntesten Canadas.

Kingsbrae Gardens

Östlich der Stadt liegen auf einem weitläufigen, hügeligen Gelände die ***Kingsbrae Gardens***, ein Meisterwerk der Gartenkunst, 220 King Street, Mitte Mai-Anfang Oktober, 9-18 Uhr, 9$; www.kingsbraegarden.com

St. Andrews Waterfront bei – für diesen Küstenstrich– typisch diesigem Wetter

Whale Watching Tours werden an der Südküste von New Brunswick und auf den vorgelagerten Inseln allerorten angeboten

Museum
Das ***Ross Memorial Museum*** zeigt in einem Haus von 1824 die Privatsammlung der Weltenbummler und Kunstsammler *Henry Phipps* and *Sarah Juliette Ross*, Mitte Juni-Dezember 10-16.30 Uhr, ab Oktober nur nachmittags;
kein Eintritt, aber Spende.

Galerie
Eher unerwartet findet man in St. Andrews sogar eine Galerie mit Inuit-Kunst: ***North of Sixty Art***, 238 Water; www. northofsixty.ca

Information & Internet
- ***Visitor Information***: www.townofstandrews.ca
- ***Seafarers' Internet Café***, 233 Water Street
- ***Ross Memorial Library***, 110 King Street

Unterkunft
- ***Fairmont Algonquin***, 184 Adolphs Street, ✆ 506-529-8823 oder ✆ 1-800-441-1414, 129-459$; www.fairmont.com
- ***Picket Fence Motel***, 102 Reed Avenue, ✆ 506-529-8985, 60-95$
- ***Kennedy House*** in einem historischem Bau von 1881, 218 Water Street, ✆ 506-529-8844, 50-140$

Camping
- Am Südende der Stadt an der Spitze der Halbinsel liegt ein Campingplatz direkt am Meer (10 Minuten zu Fuß vom Stadtkern): ***Kiwanis Oceanfront Camping***, Mai-Oktober, 177 Plätze, Strom- und Wasseranschluss, *Dumping Station*, Duschen, 550 Water Street, 20-34$; www.kok.ca

Restaurants
- Im ***Garden Cafe*** (220 King Street, 10-17 Uhr, Hochsaison 10-18 Uhr) gibt es *Lunch* oder *Afternoon Tea/Coffee* mit Kuchen.
- In der ***Water Street*** stößt man auf eine – für eine Kleinstadt ungewohnt – große Zahl von Restaurants, Bistros und Cafés.

Kajaktouren
- ***Eastern Outdoors Adventure St. Andrews***, 165 Water Street, ✆ 506-529-4662; www.easternoutdoors.com

Whale Whatching
In der *King Street* findet man die Buchungsstellen für Walbeobachtungstrips. Die Touren mit *Zodiacs* (Schlauchbooten), Segelboot, Katamaran oder Motorboot dauern zwischen 2 und 4 Stunden, die Preise liegen bei 45-50$.

Île St. Croix und St. Stephen

Île St. Croix

Verlässt man St. Andrews auf der Straße #127 Richtung Nordwesten, erreicht man nach 7 km den ***Saint Croix Island International Historic Site***, einen kleinen Park am Ufer des St. Croix River, der an die erste – letztlich gescheiterte – französische Siedlung in Nordamerika erinnert.

St. Stephen

Das 1784 von Loyalisten gegründete **St. Stephen** am St. Croix River spielte früher eine große Rolle bei der Verschiffung von Nutzholz nach Übersee. Die Stadt prosperierte ähnlich wie St. Andrews, doch ein Brand 1871 vernichtete einen großen Teil der Häuser im Geschäftsviertel.

Alte Villa in St. Stephen - wie aus dem Hitchcock-Film »Psycho«

Die erste Überwinterung – Île St. Croix

Vor 1604 gab es nördlich von Mexico noch keine einzige europäische Siedlung auf dem neuen Kontinent. Der französische Pelzhändler ***Pierre des Monts*** wollte dies ändern. In Begleitung des jungen ***Samuel de Champlain*** – Navigator, Kartenzeichner und Chronist – und einer Anzahl Adliger, Handwerker sowie Schweizer Söldner überquerte er den Ozean. Die fast 100 Leute erreichten die Bay of Fundy, fuhren die Küste entlang und befanden die Insel an der Mündung des von ihnen Rivière St. Croix benannten Flusses als geeignet für eine Niederlassung. Auf der Breite Südfrankreichs entstanden dort Wohngebäude, Mannschaftsbaracken, Küchen, Schmiede und Kapelle. Ein Wall wurde zum Schutz gegen die *Abenaki*-Indianer mit Kanonen bestückt.

Die Siedler wussten jedoch nicht, dass die Insel im Winter durch Eisbarrieren oft vom Land abgeschnitten wird. Der Winter 1604 kam sehr früh und war einer der härtesten des Jahrhunderts. Die Männer waren auf der Insel gefangen und litten an Kälte und Skorbut, fast die Hälfte starb. Doch *Pierre des Monts* und seine Leute lernten ihre Lektion und übersiedelten im folgenden Jahr an die Küste Nova Scotias, wo **Port Royal** entstand (➪ Seite 171).

Frieden im Krieg 1812 – St. Stephen und Calais

Am 18. Juni 1812 erklärten die Vereinigten Staaten von Amerika Großbritannien den Krieg. Das Land war durch die napoleonischen Kriege in Europa geschwächt, und die kanadischen Kolonien waren zu dieser Zeit auf eine Verteidigung ihrer Grenzen kaum vorbereitet. Die US-Regierung sah deshalb die Chance, auch die kanadischen Kolonien Britanniens in den neuen Staat zu »integrieren« und war überzeugt, dass die Bevölkerung dort die amerikanische Macht sogar bevorzugen würde.

Britische Truppen, einheimische Freiwillige und indianische Verbündete schlugen indessen die Attacken der US-Amerikaner zurück, die mit solchem Widerstand nicht gerechnet hatten. Gleichzeitig mußten die Aggressoren massive Angriffe der indianischen Allianz unter ***Tecumseh*** abwehren, der zu dieser Zeit Dutzende Indianerstämme vereint hatte, um die weitere Expansion der Amerikaner in indianische Territorien westlich des *Ohio* zu stoppen. ***General Brock***, der die Truppen in Canada führte, und *Tecumseh* agierten als Verbündete so erfolgreich, dass sogar wichtige amerikanische Stützpunkte wie **Detroit** und **Fort Dearborn (Chicago)** zeitweise besetzt werden konnten.

In den heutigen maritimen Provinzen verliefen die Auseinandersetzungen weniger heftig. Die Grenze zwischen Maine und New Brunswick wurde zwar mit Kanonen und Wehrtürmen bestückt (⇨ Blockhaus in St. Andrews oder der *Carleton Martello Tower* in Saint John), aber zu ernsthaften Kampfhandlungen kam es dort nicht. Die Bürger in den Grenzorten **St. Stephen** und **Calais/** Maine sorgten sogar für eine Art **Privatfrieden**. Als die Nachricht von der Kriegserklärung Ende Juni 1812 in der Stadt eintraf, konnte der Prediger der Methodistenkirche seine Gemeinde überzeugen, die Waffen ruhen zu lassen. Die Bürger beider Städte pflegten nicht nur enge private Beziehungen - viele von ihnen waren miteinander befreundet, verwandt oder verschwägert - sondern auch beste Handelskontakte und kommunale Kooperationen. Kaum zu glauben, aber wahr: als das britische Militär 1812 der Stadt St. Stephen für Verteidigungszwecke eine große Lieferung von Schießpulver übersandte, stellte die Stadtverwaltung dieses Pulver den Bürgern der US-Stadt Calais fürs Feuerwerk zur Feier des Unabhängigkeitstag am 4. Juli zur Verfügung.

2

Grenzstadt

Heute ist St. Stephen eine wichtige Grenzstadt, die jährlich von fast 2 Mio. Reisenden von den USA nach Canada und umgekehrt passiert wird. Jenseits der Grenze erfüllt **Calais** diese Funktion.

Schokolade made in Canada

Darüber hinaus spielt die Stadt eine Rolle als ***Canada's Chocolate Town***. Seit über 130 Jahren gibt es dort eine Schokoladenfabrik. Die alte *Ganong Factory* wurde zum ***Chocolate Museum*** umgebaut: 73 Milltown Boulevard/Ganong Place, März-Mitte Juni und September-November Mo-Fr 10-17 Uhr, Mitte Juni–Ende August Mo-Sa 9.30-18.30 Uhr, So 11-15 Uhr, Eintritt 5$; www.chocolatemuseum.ca

Information/ Internet

- ***Visitor Information Centre*** im alten Bahnhofsgebäude, 5 King Street, Ende Mai-Anfang Oktober, mit gratis *High-Speed*-Internet
- Internetzugang auch in der ***St. Croix Public Library***, 11 King St.

2.3 River Valley Scenic Drive und Appalachian Range Route

Verlauf der Routen

Der ***River Valley Scenic Drive*** läuft von Saint John nach Norden Richtung Québec. Zunächst entspricht er dem Verlauf der Straße #102, die noch vor Fredericton auf den *Trans Canada Highway* (Autobahn #2) stößt. Danach bleibt auf dem TCH, wer dieser Route über Fredericton hinaus folgt.

Die ***Appalachian Range Route*** zweigt bei Perth-Andover vom TCH ab und verbindet den *River Valley Scenic Drive* mit dem *Acadian Coastal Drive*, ➪ Seite 252.

2.3.1 Über Fredericton nach Grand Falls

Am Unterlauf des Saint John River

Geschichte

Der Saint John River entspringt im Hochland von Maine und ist mit 724 km der längste Fluß in den Maritimes. Er spielte bei der Erschließung des Inlands von New Brunswick eine bedeutende Rolle. Sein Tal und die Niederungen im Bereich des Unterlaufs wurden zum »Gelobten Land« für Tausende von Loyalisten, die zur Zeit des amerikanischen Unabhängigkeitskrieges die USA verließen (➪ Seite 398).

Mündungsgebiet

Nördlich von **Saint John** verbreitert sich der Fluss wegen der Engstelle bei den *Reversing Falls* (➪ Seite 292) derart, dass er mit den einmündenden Nebenflüssen ein ausgedehntes Seengebiet mit zahlreichen tief ins Land geschnittenen Buchten, Halbinseln und Eilanden bildet.

Routen

Wer von Saint John nach Fredericton *Scenic Drive* bzw. der Straße #102 am Fluss entlang statt der direkten Straße #7 folgt, muss statt 84 km fast 130 km fahren und benötigt dafür mindestens die doppelte reine Fahrzeit, mit den dort ggf. anliegenden Zwischenstopps auch leicht einen ganzen Vor- oder Nachmittag.

Kennzeichnung

Aber die Strecke ist der #7 unbedingt vorzuziehen. Die mal felsigen, mal verschilften Ufer bieten immer wieder weite Ausblicke über die Flußlandschaft. Die Inseln, Buchten und Landzungen mit Leuchttürmen, dazu vereinzelt oder in kleinen Siedlungen graue Schindelhäuser, liefern ein perfektes Bild ländlicher Idylle wie vor über hundert Jahren. In diesem Bereich wird New Brunswick seinem selbstgepflegten Image als ***Picture Book Province*** gerecht.

Fähren

Immer wieder gibt es **kostenlose Fähren** auf die andere Seite des hier breiten Flusses, so in Evendale, Belleisle und Hampstead. Marschland, verwilderte Wiesen voller Büsche, Weideflächen auf hügeligem Land und gelegentlich etwas Wald wechseln sich ab; nach Norden hin nimmt die agrarische Nutzung zu.

Camping

In ***Oak Point*** liegt direkt am Flussufer der ***Kiwanis Oak Point Campground & Park***, 45 Oak Point Road, 72 Plätze, Mai-Sept., Strom- und Wasseranschluss, *Dumping*, Duschen, 26-32$.

Gagetown

Das Dorf **Gagetown** wird als besonders hübsch gelobt. Entlang der Hauptstraße reihen sich restaurierte, historische Häuser aneinander, einige beherbergen Shops und Galerien. Auch eine kleine touristische Infrastruktur mit Café, Restaurant, Marina und Unterkünften existiert; direkt am Fluss befinden sich:

Unterkunft

- ***Ferry Land Adventures***, 8 Ferry Road, © 506-488-3263, 100-150$
- ***Step-Aside B & B***, 58 Front Street, © 506-488-1808, 70-100$

Oromocto

Wer sich die Beine vertreten möchte, hat dazu in Oromocto im ***Sir Douglas Hazen Park*** eine gute Gelegenheit. Dort steht auch der Nachbau einer alten Befestigungsanlage, das ***Fort Hughes Military Blockhouse***.

Internet

Oromocto Public Library, 54 Miramichi Road

Fredericton

An der Mündung des *Nashwaak River* in den *St. John River* liegt die grüne Provinzhauptstadt **Fredericton**. Heute ist sie mit rund 50.000 Einwohnern die drittgrößte Stadt der Provinz.

Geschichte

Ursprünglich lebten in der Region *Mi`kmaq*- und *Maliseet*-Indianer, die sich gegen die weiße Besiedelung heftig zur Wehr setzten. Ein bereits 1692 von den Franzosen errichtetes Fort konnte nicht gehalten werden. 1732 gelangten aus Nova Scotia geflohene Akadier dorthin und nannten ihre Siedlung ***St. Anne's Point***.

1759 wurden sie ein weiteres Mal von Briten vertrieben, die ihrerseits wegen der feindlichen Indianer überwiegend die Region wieder verließen. Aber ab 1783 kamen an die 2000 loyalistische Flüchtlinge aus den südlicheren britischen Kolonien. Auf deren Betreiben hin wurde New Brunswick, das bis dato zusammen mit dem heutigen Nova Scotia eine einzige Kolonie gebildet hatte, 1784 zur selbständigen Provinz und St. Anne's Point die Kapitale. Denn der Ort erschien den ins Land strömenden Loyalisten im Fall eines Angriffs der Amerikaner sicherer als das viel größere Saint John an der Küste.

Das Gebäude rechts ist die Crocket House Art Gallery; der Turm mit der Kuppel im Hintergrund gehört zum Parlamentsgebäude (Legislative Assembly Hall)

2

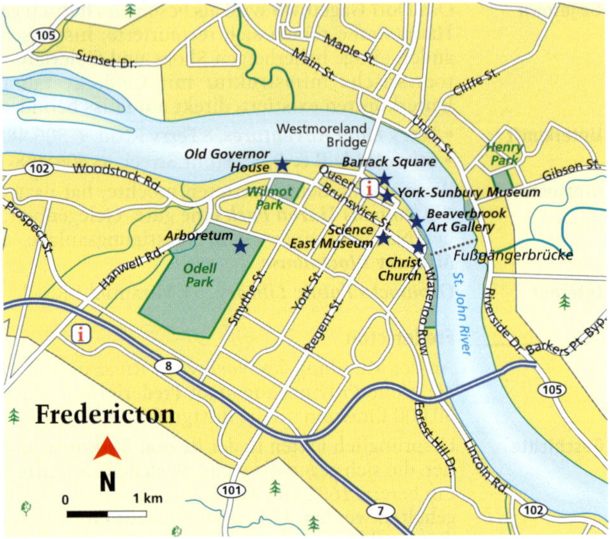

Zum ersten Gouverneur der neuen Provinz ernannte man einen ***Thomas Carleton***. 1785 wurde ***St. Anne's Point*** zu Ehren von Sir *Frederick*, dem Herzog von York und Sohn des englischen Königs *Georg* III, in ***Frederick's Town*** umbenannt. Daraus entwickelte sich später die Kurzform **Fredericton**.

Anfahrt Bei Anfahrt über die Straße #102 gelangt man am Flussufer entlang direkt ins Stadtzentrum. Wer von Süden aus über die #7 bzw. die Autobahn #2 anreist, verlässt die #2 an der Ausfahrt 285 und gelangt über die #101 (Regent Street) nordwärts in die Stadtmitte. Wer von Moncton kommt, nimmt Ausfahrt 294 zur #7 bzw. #102.

Das Zentrum bzw. der **Altstadtkern** liegt am Saint John River zwischen Regent und York Street. Diese und die Hauptgeschäftsstraßen (Queen, King und Brunswick Street parallel zum Fluss) sind charakterisiert durch viele pastellfarbene Holzhäuser. Die repräsentativste Straße ist die Queen Street.

Parken Direkt am Fluss vor der ***City Hall*** stößt man auf große Parkplätze (*York Street Car Park*).

Nahverkehr ***Fredericton Transit Bus*** unterhält sechs Linien, die Mo-Sa verkehren. Info unter © 506-460-2200; eine Fahrt kostet 1,75$.

Information Das ***Visitor Information Centre*** (im Sommer 8-20 Uhr) befindet sich in der ***City Hall***, 397 Queen Street. Der dort gratis erhältliche ***Visitor's Guide*** (mit Unterkunftsverzeichnis) empfiehlt eine ***Walking Tour*** durch die Stadt, der zu folgen ganz aufschlußreich ist. In 45 min läßt sich Frederictons kleines Zentrum gut ablaufen; www.tourismfredericton.ca.

Military Compound

Östlich der ***City Hall*** (397 Queen Street), beginnend am sog. ***Barracks Square***, einem früher militärisch genutzten Karree, steht eine Reihe sehenswerter Gebäude. Das erste Haus ist das ***Justice Building***, ein imposanter Backsteinbau, ehemals Schule und noch früher Militärhospital. An der Rückseite des Justizpalastes findet man die ***Gallery Connexion***, wo zeitgenössische und experimentelle Kunstwerke präsentiert werden (453 Queen Street, Di-Fr 12-16 Uhr, http://galleryconnexion.ca).

Dann folgen die ***Soldiers Barracks***, im 19. Jahrhundert Unterkünfte für britische Soldaten. Einer der Räume wurde historisch detailgetreu eingerichtet. Dahinter, in Richtung Fluss, steht das ***Guard House***, Domizil der Wachsoldaten mit Gefängniszellen.

Das folgende Karree beginnt an der Carleton Street mit der ***Fredericton Public Library***. Davor, an der Queen Street, steht ein Backsteinbau von 1881, damals als Post- und Zollhaus und heute als ***Sports Hall of Fame*** genutzt. Das ehemalige Offizierskasino nebenan mit Kolonnaden und Laubengang im Obergeschoss beherbergt heute das ***York-Sunbury Historical Museum*** (571 Queen Street, im Sommer 10-17 Uhr, Frühjahr und Herbst 13-16 Uhr, Eintritt 3$), das in erster Linie die Lokal- und Militärgeschichte Frederictons thematisiert.

Der von hohen Bäumen gesäumte **Platz vor dem Museum** wird für zeremonielle Wachablösungen und abendliche Freiluftkonzerte und -theateraufführungen genutzt. In der Mitte des Platzes steht eine Bronzestatue des *Lord Beaverbrook* (➪ Seite 247).

Queen Street

Vor allem in der belebten Queen Street und in der King Street mit ihren hübsch angestrichenen Holzhäusern gibt es Bistros, Cafés und Restaurants jeder Provenienz. Südlich der Regent Street passiert man auf der Queen Street den winzigen ***Centennial Park*** mit einem Totempfahl aus British Columbia und das ***Playhouse***, ein Theater, das die Stadt ihrem Gönner *Lord Beaverbrook* verdankt (www.theplayhouse.ca).

York-Sunbury Museum, davor das Exerzierfeld für die zeremonielle Wachablösung

Vor dem ***Provincial Legislative Assembly Building*** (www.gnb.ca/legis), dem Parlamentsgebäude (Queen/St. John), wehen immer fünf Fahnen. Die britische Flagge besetzt die mittlere Position. Links bzw. rechts wird sie flankiert von den Farben Acadias und New Brunswicks, beidseitig eingerahmt von Canadas Ahornblatt. Die emotionale Bindung zur britischen Krone symbolisiert eine Birke, die am 29.7.1981, dem Hochzeitstag von *Lady Di* (†) und *Prinz Charles* gepflanzt wurde.

Kunstgalerie

Gegenüber liegt die ***Beaverbrook Art Gallery***. Zur umfangreichen Sammlung gehören bedeutende Werke der europäischen Renaissance (*Cranach, Boticelli*), britische Kunst (*Gainsborough, Turner, Constable*), eine umfangreiche Gemäldekollektion von *Cornelius Krieghoff*, Canadas erstem international bekannt gewordenen Künstler, Kunstwerke der kanadischen ***Group of Seven*** sowie einige Bilder von ***Salvatore Dali***.

703 Queen Street, täglich 9-17.30 Uhr, Do bis 21 Uhr, September - Juni So ab 12 Uhr, 8$; www.beaverbrookartgallery.org

Kathedrale

Auf dem begrünten Streifen der Uferpromenade (*The Green*) an der *Waterloo Row* unter prachtvollen Ulmen steht eine Statue des schottischen Dichters *Robert Burns*. Die neogotische ***Christ Church Cathedral*** von 1845 verfügt über Glocken mit 15 verschiedenen Klanghöhen. Besichtigung Mo-Fr 9-16.30 Uhr sowie Sa/So ab 10 Uhr; www.christchurchcathedral.com.

Waterloo Row

In der *Waterloo Row* und den anliegenden Straßen (*University Avenue, Church Street*) zeigen einige Gebäude georgianische, viktorianische oder neugotische Stilelemente.

Science East

In der 668 ***Brunswick Street*** liegt das ehemalige Stadtgefängnis, erbaut 1840-42, heute ***Science East Hands-on***, ein Museum, das Wissenschaft zum Anfassen bietet und besonders Kindern Spaß macht. September-Mai Mo-Fr 12-17 Uhr, Sa 10-17 Uhr, Januar geschlossen; Juni-August: Mo-Sa 10-17 Uhr, So 13-16 Uhr, 6$, Kinder 3$; www.scienceeast.nb.ca.

Government House

Folgt man vom Zentrum aus der Straße #102 (Woodstock Road) westlich, ist das ***Old Government House*** von 1828 im *Georgian Style*, offizieller Sitz des *Provinzgouverneurs*, nicht zu übersehen (#51, Mitte Mai-Anfang September 10-17 Uhr, Führungen jede volle Stunde, Eintritt frei).

Parks

Gegenüber liegt der ***Wilmot Park***, geeignet für Picknick und ein Tennismatch. Nur ein paar Blocks weiter südlich stößt man auf den 175 ha großen ***Odell Park***, der von Jogging- und Biketrails durchkreuzt wird. Der Park beherbergt auch ein schönes ***Arboretum***: an einem 3 km langen Waldweg stehen dort alle in der Provinz heimischen Baumarten. Ganzjährig täglich 7-22 Uhr.

Internet

Fred-eZone: die *City of Fredericton* hat in vielen Stadtteilen ein kostenloses WLAN eingerichtet, z.B. in *Downtown* und am Flughafen: www.fred-ezone.ca. Öffentlichen Internetzugang gibt's auch in der ***Fredericton Public Library***, 12 Carleton Street.

Unterkunft

- ***Lord Beaverbrook Hotel***, 659 Queen Street, © 506-455-3371 oder © 1-866-444-1946, 110-525$; das erste Haus am Platz mit ***Irish Pub*** und Restaurant ***The Governor's Room***; www.lordbeaverbrookhotel.com
- ***Abbey Glen B&B***, 102 Waterloo Row, © 506-458-8868, 75-95$
- ***Carriage House Inn B&B***, 230 University Ave, © 506-425-9924 oder © 1-800-267-6068, 95-125$
- ***Delta Fredericton***, 225 Woodstock Road, © 506-457-7000 oder © 1-800-462-8800, 109-229$; www.deltafredericton.com

Die meisten Motels und Hotels (z.B. *Wandlyn Inn, Comfort Inn, City Motel, Fredericton Inn*) findet man an der Peripherie, etwa im Bereich Prospect Street, die parallel zu den im Raum Fredericton zur Autobahn ausgebauten Straßen #7 und #8 verläuft.

Hostel

- ***Fredericton International Hostel***, 621 Churchill Row, © 506-450-4417, in Uninähe, Mai-Oktober, 20-30$; www.hihostels.ca

Camping

- ***Hartt Island RV Resort***, 2475 Woodstock Road (#102), direkt am Fluss, Mai-Oktober, 116 Plätze, Strom- und Wasseranschluss, *Dumping*, Duschen, 25-39$; www.harttisland.com

Die Beaverbrooks

Lord Beaverbrook (1879-1964) wurde als *William Maxwell Aitken* in Ontario als Sohn eines schottischen Priesters geboren. Er wuchs in Newcastle (heute Miramichi) in New Brunswick auf. Bereits im Alter von 13 Jahren versuchte er sich mit einer eigenen Zeitschrift und studierte später einige Semester, erlangte jedoch keinen Abschluss. Dafür startete er eine erfolgreiche Karriere als Geschäftsmann. 1910 ging er als Journalist nach England und wurde nach kurzer Zeit Eigentümer des *Daily Express* und später auch des *Evening Standard*. Als dem Zeitungsmagnaten 1916 mit nicht einmal 40 Jahren der Titel eines *Lord* verliehen wurde, wählte er den Namen »*Beaverbrook*« nach einem Bach in seiner Heimat. Unter *Churchill* wurde er *Airforce*-Minister und Gegenspieler *Hermann Görings* in der Schlacht um England.

Nach dem Ende des Zweiten Weltkrieges unterstützte er seine Heimatprovinz New Brunswick mit Spenden und Stiftungskapital. U.a. finanzierte er die *Beaverbrook Art Gallery* und das Theater, ermöglichte die Erweiterung der *University of New Brunswick* und vermachte einen großen Teil seines Vermögens der *Beaverbrook Canadian Foundation*.

Ebenfalls aus New Brunswick stammte der kanadische Industrielle ***James Dunn*** (1874-1956), ein Freund von *Beaverbrook* und wie dieser ein großzügiger Unterstützer von Universitäten und Wohlfahrtsverbänden. Nach *Dunns* Tod zog seine Witwe zu *Lord Beaverbrook* (was damals als »unerhört« galt), der sie 1963 heiratete. Als ***Lady Beaverbrook*** war sie u.a. Stifterin wichtiger Sammlungen der *Beaverbrook Art Gallery*.

Covered Bridges

In New Brunswick gibt es noch 64 *Covered Bridges*. Besonders häufig sind sie im Süden. Sie führen über Bäche und Flüsse, die später in die *Bay of Fundy* münden. Die längste von allen ist die ***Hartland Bridge*** über den *St. John River* mit fast 400 m Spannweite.

Die meisten der Brücken wurden erst zu Anfang des 20. Jahrhunderts gebaut. Die Überdachung hat hier klimatische Gründe: eine normale Holzbrücke hält unter den gegebenen Bedingungen 10-15 Jahre – eine überdachte Brücke bringt es hingegen auf 70-80 Jahre Lebensdauer! Selbst teure Stahlbrücken verrotten in der salzhaltigen Seeluft schnell, wenn sie nicht laufend gepflegt werden.

Die noch existierenden *Covered Bridges* wurden inzwischen überwiegend mit Betonfundamenten und Stahlträgern saniert, damit sie den heutigen Verkehrsbelastungen standhalten.

Längste (390 m) komplett überdachte Holzbrücke der Welt in Hartland

Weiter bis Grand Falls

Kings Landing

Etwa 40 km westlich von Fredericton (TCH #2, Ausfahrt 253) liegt ***Kings Landing Historical Settlement***, Paradebeispiel für ein gelungenes ***Living Museum***.

Hintergrund für die Schaffung dieses Dorfes nach historischem Vorbild war der Bau eines Staudamms. Ein Teil der dahinter im Tal liegenden alten Häuser wurde durch Demontage vor der Überflutung gerettet und weiter oberhalb auf einem 120 ha großen Gelände originalgetreu wieder aufgebaut. Dort steht heute ein Ort, wie er – von Loyalisten errichtet – in der Mitte des 19. Jahrhunderts ausgesehen haben könnte. Zeitgenössisch gekleidete Bewohner demonstrieren alte Arbeitstechniken und Traditionen. Bei einem Spaziergang durch das Dorf gewinnt man den Eindruck, die Zeit sei stehengeblieben. Dabei ist der – dank des Holzreichtums der Region bemerkenswerte – Wohlstand in *Kings Landing* nicht zu übersehen. Die Häuser sind größer, die vorindustriellen Betriebe, wie z.B. das Sägewerk, entwickelter als etwa im ländlich-einfachen *Acadian Village*, ➪ Seite 254.

Im ***Kings Head Inn*** gibt's *Lunch* aus im Dorf geernteten bzw. hergestellten Zutaten , im ***Café & Bakery*** am *Visitor Reception Centre* selbstgebackenen Kuchen.

Zeitbedarf

Man sollte mindestens einen guten halben Tag einplanen, um dieses **Juwel unter den lebenden Museen** auf sich wirken zu lassen. Geöffnet Juni-Mitte Oktober täglich 10-17 Uhr; Eintritt $15, bis 16 Jahre $12, Familienticket $40; www.kingslanding.nb.ca

Hartland

Ein Halt bei der Weiterfahrt über die #2 oder – gemütlicher – #105 lohnt sich auf jeden Fall in **Hartland** (Ausfahrt 173 oder 170 von der #2). Dort steht die »***Longest covered bridge of the world***«. Die komplett mit Holz überdachte Brücke ist mit 390 m Länge tatsächlich eindrucksvoll. Kommt man von der Ausfahrt 170, passiert man prima Fotospots mit Perspektiven von oben, benutzt man Ausfahrt 173, liegt ein schöner Picknickpark mit Blick auf die Brücke am Wege.

Perh-Andover

Weiter nördlich verengt sich das Tal des St. John River, und die Höhen der Appalachen rücken näher. Über die Ausfahrt 115 der #2 erreicht man **Perth-Andover**, von wo die *Appalachian Range Route* eine Querverbindung nach Campbellton und zur *Gaspé*-Halbinsel herstellt, ➪ unten.

Grand Falls

Bei Weiterfahrt auf der #2 sollte man unbedingt einen Zwischenstopp in **Grand Falls** einlegen. Dort hat der Fluss einen 1,5 km langen und 70 m tiefen Canyon in den Fels geschnitten. Im ***Grand Falls & Gorge Park*** führt ein *Trail* über Treppen zu den Katarakten in der Schlucht; Eintritt $4, Kinder $1; www.grandfalls.com/english/fallsgorge.html.

Ganz besonders lohnt sich der kleine Abstecher **im Frühjahr** zur Zeit der Schneeschmelze. Dann donnert hier eine Wassermenge, die 90% der Wassermassen bei Niagara entspricht, die Fälle hinunter. Zu anderen Zeiten später läuft das Gros des Flusswassers gebändigt über die Turbinen des Kraftwerks.

2

2.3.2 Die Appalachian Range Route

Zum Verlauf

In Perth-Andover beginnt die ***Appalachian Range Route*** nach Campbelltown. Die ca. 230 km lange Strecke folgt zunächst der Straße #109, dann ab Plaster Rock der #385 großenteils am Tobique River entlang. Die touristische Infrastruktur ist dort dünn, es gibt nur noch vereinzelt Übernachtungsmöglichkeiten.

Mit dem enger werdenden Flußtal und Bergen der nördlichen Appalachen wird dafür die Landschaft immer attraktiver; zur Zeit des *Indian Summer* (➪ auch Seiten 216 und 45) sind die Wälder dieser Region eine Augenweide.

Mount Carleton Provincial Park

Nach rund 120 km erreicht man den über 170 km^2 großen ***Mount Carleton Provincial Park*** mit dem gleichnamigen Berg als höchstem Gipfel (820 m). Seine Wälder (Schwarz- und Weißfichten, Balsamtannen, Weißkiefern und -birken sowie Eschen und Wildkirschen in höheren Lagen), Flüsse, Seen und Bäche sind ein beliebtes Revier bei Wanderern, Kanuten und Mountain Bikern. Im Park leben u.a. Stachelschweine, Elche, Weißwedelhirsche, Schwarzbären und der seltene Luchs.

Wandern

Ein Netz von Wanderwegen erschließt den *Mount Carleton Park*:

- ***Mount Bailey Trail*** (7,5 km Rundwanderung, ca. 2 Stunden); mäßig anstrengende Wanderung zunächst durch Laubwald, dann durch Buschwald zum Gipfel des *Mount Bailey* (563 m).
- ***Mount Carleton Trail*** (9 km, ca. 3 Stunden); nicht sehr anstrengender Aufstieg an der Ostseite des Berges. Vom Gipfel toller Blick über die Appalachen.
- ***Dry Brook Trail*** (12 km, 4 Stunden); mittelschwerer Weg durch Wald entlang eines steinigen Bachbettes; nach etwa 4 km erreicht man mehrere Wasserfälle und Biberdämme.
- ***Mt. Sagamook Trail*** (ca. 7 km Rundwanderung, 2-3 Stunden), ein relativ steiler Weg. Belohnt für die Mühe wird man durch einen wunderbaren Blick aus 777 m Höhe auf den Lake Nictau.
- ***Mount Head Trail*** (ca 4,5 km, 2 Stunden); den *Mt. Sagamook* und *Mt. Carleton* verbindender Weg, mit dem man die vorstehenden Wanderungen erweitern kann.

Camping

Am Lake Nictau befinden sich alle drei (einfachen) Campingplätze des Parks sowie ein Badestrand.

Mit dem Auto zugänglich ist nur der ***Armstrong Brook Campground***, 88 Plätze, WC und Duschen. Jeweils über einen – vom Parkplatz aus – kurzen Fußweg erreicht man die kleinen ***Campgrounds Williams Brook*** und ***Franquelin***. Tarife 5-14.

In Gipfelnähe des *Mount Carleton* liegt der einzige **Wildnis-Campingplatz** (*Headwaters Backcountry*) des Parks, der nur Wanderern nach Vorabregistrierung im *Visitor Center* zugänglich ist.

Campbellton

Vom *Mount Carleton Provincial Park* gelangt man über die Straßen #180 und #17 über den Ort St. Quentin nach **Campbellton**, einer Industriestadt an der Mündung des Restigouche River in die Chaleur Bay. Sie ist Ausgangspunkt für die weiter unten beschriebene Route über die Gaspé-Halbinsel, ➪ Seite 289.

Internet

- ***Atholville Public Library***, 275 Notre-Dame Street, Altholville
- ***Campbellton Centennial Public Library***, 2 Aberdeen Street

Unterkunft

- ***Super 8 Motel***, 26 Duke Street, Campbellton, ✆ 506-753-7606 oder ✆ 1-800-953-5005, 85-149$
- ***Sanfar Cottages & Country Kettle Dining Room***, Tide Head, 35 Restigouche Drive etwas außerhalb westlich von Campbellton im Grünen. Nachts läuft dort mehrmals Eisenbahnverkehr in der Nähe, ✆ 506-753-4287, 54-67$; www.sanfar.bizland.com

Hostel

- ***Campbellton Lighthouse Youth Hostel***, 1 Ritchie Street, Campbellton, ✆ 1-506-7597044, 20-24$, www.hihostels.ca

Camping

In Campbelltown fällt der ***Sugarloaf Mountain*** ins Auge, dessen Form – bei einiger Fantasie des Betrachters– dem Zuckerhut von Rio de Janeiro ähnelt. Der gleichnamige **Provinzpark** am Fuße des Berges ist besonders beliebt als Wintersportrevier, verfügt aber u.a. auch über einen **Campingplatz**: Ende Mai-Mitte Oktober, 76 Plätze, Strom- und Wasseranschluss, *Dumping Station*, Duschen, 22-28$; ✆ 1-800-561-0123, www.nbparks.ca/en-CA/00008

Der International Appalachian Trail

Mit **4.400 km Länge** gehört der *Appalachian Trail* zu den bekanntesten Wanderwegen Nordamerikas. Er beginnt in Georgia und berührt in seinem Verlauf 14 US-Staaten. In Kanada führt er – vom Maine kommend – als ***International Appalachian Trail*** durch New Brunswic k und Québec (Gaspé Peninsula).

In Canada begleitet er zunächst den Lauf des Tobique River, steigt dann auf in den *Mount Carleton Provincial Park* und wendet sich von dort nordwestwärts über Saint Quentin zum Restigouche River. Diesem Fluss folgt der *Appalachian Trail* bis Matapedia und wendet sich danach in Richtung *Parc de la Gaspésie*. Über den *Mt. Jacques Cartier* geht es schließlich nach Südosten zum *Parc National Forillon*, wo er am Leuchtturm der Felsspitze *La Vieille* endet.

Insgesamt überwindet der Weg auf der Strecke von Georgia in die Gaspé zahlreiche Berge, der höchste ist mit 2.042 m der *Clingmans Dome* in Tennessee. Wer die ganze Strecke ablaufen möchte, muss dafür 6-7 Monate veranschlagen. Nur wenige Wanderer gehen indessen den Weg »in einem Stück«, die meisten nehmen ihn sich abschnittweise vor und »komplettieren« die Strecke nach und nach. Die meisten lassen weniger attraktive Teilstücke ganz aus und konzentrieren sich auf die schönsten Routen.

Wenn der *Trail* zukünftig auch in Newfoundland ausgewiesen wird – Teilstrecken des ***Newfoundland Appalachian Trail*** in den *Long Range Mountains* (Western Newfoundland) sind bereits fertiggestellt – kommen noch einmal über 1.000 km hinzu.

2

2.4 Der Acadian Coastal Drive

Zum Verlauf

Die Küstenroute verbindet Dalhousie/Campbellton mit Moncton. Sie entspricht weitgehend dem Verlauf der Straße #11, wobei sie allerdings auf der Teilstrecke zwischen Dalhousie und Bathurst zunächst durch die küstennähere Straße #134 definiert wird.

2.4.1 Über die Acadian Peninsula nach Miramichi

Straße #134

Bereits in Campbellton beginnt – parallel zur breit ausgebauten Straße #11 etwas weiter landeinwärts – die Straße #134. Sie führt am hier fjordartigen Restigouche River entlang über Dalhousie nach Bathurst und folgt dabei der Küstenlinie.

Dalhousie/ Information

Dalhousie bietet als Ort nichts Besonderes, aber immerhin den ***Inch Arran* Uferpark**. Dort steht – bei Flut überspült – der Felsbogen ***Arch Rock*** unmittelbar vor der Küste. Bei Stein- und Fossiliensammlern ist dieser Bereich als ergiebig bekannt.

Information

Direkt am Park residiert auch das regionale ***Inch Arran Tourist Bureau***, 125 Inch Arran Ave (geöffnet nur im Sommer).

Camping

- Der ***Inch Arran Campground*** nebenan hat viele Stellplätze direkt über dem Strand. Juni-September, 50 Plätze, Strom- und Wasseranschluss, *Dumping*, Duschen, Waschautomat, 20$ (Zelte) und 30 $ (*full hook-up*); ✆ 1-800-576-4455.

Strände/ Museum

Das relativ warme Wasser der *Chaleur Bay* lädt entlang der #134 an vielen Stränden zum **Baden** ein. Die – hier frankokanadischen – Küstenorte verfügen über eine gute touristische Infrastruktur. In **Petite Rocher**, ca. 15 km nördlich von Bathurst, hat das ***New Brunswick Mining & Mineral Centre*** eine nachgebaute Schachtanlage, Objekte und Gerät und zeigt Fossilienfunde, Erze und Mineralien aus Minen der Provinz. (397 Principale Street, nur Mitte Juni-Ende August täglich 10-18 Uhr, Eintritt 5,50$).

Tetagouche Falls

Einige Kilometer nördlich von Bathurst zweigt in West Bathurst die Straße #180 von der #134 ab. Sie führt nach Saint Quentin bzw. zum *Mount Carleton Provincial Park* zunächst am Tetagouche River entlang. Ab der #11 sind es noch etwa 5 km bis zu den ***Tetagouche Falls***, wo das Wasser über eine pittoreske Engstelle im schwarzgrauen Fels ca. 15 m tiefer schießt. Zwischen Straße und Wasserfall befindet sich ein kleiner Park.

Bathurst

Bathursts Lage auf zwei Halbinseln zwischen vier Flüssen lässt eigentlich ein reizvolles Stadtbild erwarten, doch die Realität der Stadt (13.800 Einwohner) ist dank Industriebrachen und unschöner Gewerbegebiete nicht besonders attraktiv.

Internet

Smurfit-Stone Public Library, 150 St. George Street, Bathurst

Abstecher Pabineau Falls

Ein Abstecher auf der Straße #430 (Kings Avenue) führt landeinwärts zum Reservat der ***Mi'kmaq Pabineau First Nation*** (11 km). Etwa 4 km hinter dem Indianerdorf bildet der Pabineau River, ein glasklarer Fluss voller Lachse und Forellen, die gleichnamigen ***Falls***, wasserfallartige Kaskaden.

Acadian Peninsula

Zwischen Mirimachi und Bathurst trennt die Straße #8 (teilweise Autobahn) die ***Acadian Peninsula*** vom Hinterland, während die voher küstenferne #11 auf der Halbinsel weitgehend dem Küstenverlauf folgt, ➪ Karte Seite 255.

Viele Akadier, die 1755 aus Nova Scotia vertrieben worden waren (➪ Essay *Acadians* auf Seite 393), flohen in diese Region. Die Randlage trug dazu bei, dass sie dort ihre Tradition und Kultur besser als anderswo bewahren konnten – die vielen akadischen Flaggen zeigen es noch heute. Für Touristen lohnt sich aber der lange Weg um die ganze Halbinsel herum nicht unbedingt (ca. 180 km durch viele kleine Orte und Fischerdörfer statt der 72 km auf der #8 von Bathurst nach Miramachi). Die Route als solche ist mit Ausnahme des Abstechers nach Shippagan (13 km auf der #113) und ggf. weiter bis zum Miscou Point eher eintönig.

Grande Anse

In **Grande-Anse** steht das an dieser Stelle überraschende **Papstmuseum** (*Musée des Papes*) mit einer Ausstellung zur päpstlichen Geschichte und einem Modell des Petersdoms in Rom, 184 Acadie Street (#11), täglich 10-18 Uhr, Eintritt 9$. Beachtlich für das 900-Seelen-Dorf ist auch die enorme **Kirche am Meer**.

Beim Dorf gibt es einen schönen, sehr beliebten **Sandstrand** unterhalb der Steilküste unweit der Kirche.

Unterkunft & Camping

- ***Motel Baie des Chaleurs***, 480 Acadie Street, ✆ 506-732-2948, 60-76$; **Campingplatz**: Mai-Oktober, 38 Plätze, teilweise mit Strom- u. Wasseranschluss, *Dumping*, Duschen, 20-23$
- ***Motel Doiron***, 575 Acadie Street, ✆ 506-732-5316, 58-68$; **Campingplatz**: Mai-September, 34 Plätze, teilweise Strom- und Wasseranschluss, *Dumping*, Duschen, 16-22$

Pokeshaw Rock

Wenige Kilometer östlich von Grande Anse passiert die Straße #11 den vor allem bei *Bird Watchers* bekannten ***Pokeshaw Rock***, eine 16 m hohe Felsinsel nur 60 m vor der Küste. Tausende von Seevögeln nisten auf seinem Plateau von gerade 1000 m^2.

»Akadischer« Leuchtturm und alte Geschütze über der Küste bei Grand Anse

Acadian Village

Zwischen Grand Anse und Caraquet liegt das historisch detailgetreu nachgebaute ***Village Historique Acadien***, ein eindrucksvolles ***Living Museum***. Zeitgenössisch als Acadier kostümierte »Bewohner« demonstrieren auf einem großen Gelände mit über 40 Gebäuden die Lebensbedingungen und Atmosphäre in einem akadischen Dorf des 18. Jahrhunderts. Anfang Juni-Mitte September 10-18 Uhr, Eintritt 15$; www.villagehistoriqueacadien.com, www.festivalacadien.ca.

Snacks

- ***La Cuisine***, Restaurant am *Reception Centre* des Dorfes
- ***La Table des Ancêtres Inn***, einfache akadische Hausmannskost

Restaurant

- ***Château Albert Dining Room***, gute akadische Küche in der Atmosphäre von 1910

Unterkunft & Camping

- Etwa 3 km entfernt vom akadischen Dorf liegen an der #11 das ***Motel Colibri*** (913 Acadiens Blvd, © 506-727-2222, 62-84$) und der ***Colibri Campground*** (Juni-September) mit 304 Plätzen, Strom- und Wasseranschluss, *Dumping*, Duschen, Pool; 20-32$.

Caraquet

Das 1757 gegründete Städtchen **Caraquet** ist heute Zentrum der frankophonen Kultur der Region. Das ***Musée Acadien de Caraquet*** (15 St-Pierre E Blvd, Juni-Mitte September Mo-Sa 10-20 Uhr, So 13-18 Uhr, $3) vermittelt einen Überblick über die Historie der Akadier von der Ankunft der ersten Siedler bis zur Gegenwart und beschreibt – auch anhand vieler Objekte – ihr Alltagsleben, bietet aber Besuchern des *Acadian Village* kaum Neues.

Internet

Mgr-Paquet Public Library, 10a Rue du Colisée

Unterkunft

Caraquet verfügt über eine Reihe von Unterkünften direkt am Ufer der Chaleur Bay. Im aufwändig restaurierten historischen Stadthaus befindet sich das erste Haus am Platze:

- ***Hotel Paulin***, 143 St. Pierre Blvd, © 1-888-727-9981, 179-315$; www.hotelpaulin.com

Ebenfalls Meerblick genießen Gäste im

- ***Gite à Rita***, 116 St. Pierre Blvd, © 506-727-2841, 70$
- ***Motel Bel Air***, 655 St. Pierre Blvd, © 506-727-3488, 56-96$
- ***Auberge de la Baie***, 139 St. Pierre Blvd, © 506-727-3485, 79$ - 139$; das Hotel hat dazu ein Restaurant mit exzellenter Küche.

Bas-Caraquet

Die älteste Siedlung der *Acadiens* in dieser Ecke ist **Bas-Caraquet** (gegründet 1723) an der östlichen Spitze der Halbinsel.

Vorgelagerte Inseln/ Shippagan

Der *Acadian Peninsula* vorgelagert sind zwei über Brücken mit dem Festland verbundene Inseln (Iles Lamèque und Miscou). Bis zur äußersten Spitze der Ile Miscou sind es von der #11 weitere 100 km retour (Straße #113). Für naturverbundene Reisende mit Zeit durchaus lohnenswert, andere aber sollten es mit einem Abstecher nach **Shippagan** bewenden lassen, einem hübschen Städtchen mit Fischerhafen. Wichtigster Anlaufpunkt ist dort das große ***Aquarium and Marine Centre*** zu Meeresflora und -fauna der Region (an der #113, Mitte Mai-September, 10-18 Uhr, 8$).

Tracadie-Sheila

Auf der weiteren Strecke bis Miramachi lohnt nur **Tracadie-Sheila** einen Stopp, ein weiteres Städtchen mit Fischerhafen. Camper finden 4 km südlich im ***Val Comeau Provincial Park*** einen schön-angelegten *Campground* zwischen Strand und Tracadie River-Mündung. Anfang Juni bis *Labour Day*. 106 Plätze, Strom und Wasser, *Dumping Station*, Duschen; 17-27$; © 506-393-7150; www.nbparks.ca/en-CA/01906

Camping

Miramichi

Die Industriestadt **Miramichi** entstand aus den Städten Nelson, Newcastle, Chatham und Douglastown, hat knapp 20.000 Einwohner und Touristen wenig zu bieten. Ihren (neuen) Namen erhielt dieses Stadtkonglomerat vom dort in die gleichnamige Bucht mündenden **Miramichi River**. Der klare Fluss ist berühmt für seine Lachse und lässt Anglerherzen höher schlagen.

Wer ab Miramichi der Straße #8 in Richtung Fredericton folgt (➪ nächsten Absatz zur *Red Bank First Nation* und Kasten), passiert eine beachtliche Zahl schöner, historischer Häuser aus dem 19. und frühen 20. Jahrhundert. Darunter auch das 1877 erbaute Haus der Kindheit von *Lord Beaverbrook* (➪ Exkurs Seite 247), 518 King George Hwy; Besichtigung gratis; www.beaverbrookhouse.com.

Internet

- ***Chatham Public Library***, 24 King Street, Miramichi East
- ***Médiathèque Père-Louis-Lamotagne***, Carrefour Beausoleil, 300 Chemin Beaverbrook, Miramichi West

Red Bank First Nation

Erwägenswert wäre bei Interesse für Indianerkultur ein Abstecher nach ***Metepenagiag First Nation***. Ab Miramichi geht es zunächst auf der #8 nach Süden, dann weiter auf der #425 nach Westen am Nordufer des Little Miramichi River entlang und bei Sunny Corner über den Fluss auf die #420. Nach 25 km erreicht man den Sitz der ***Metepenagiag*** (oder ***Red Bank***) ***First Nation***.

Ein Blockhaus beherbergt dort das ***Metepenagiag Heritage Exhibit*** (2202 Micmac Road, ganzjährig täglich 9-16 Uhr). Die Ausstellung informiert über die 3.000 Jahre alte Geschichte der *Mi'kmaq*-Indianer. Zahlreiche Artefakte der Sammlung, Speerspitzen, Steinäxte, Steinpfeifen, Keramiktöpfe etc., stammen von nahegelegenen Grabungen. Metepenagiag gilt als die älteste Siedlung in New Brunswick; www.metepenagiag.com.

Restaurant

Im gleichen Gebäude befindet sich die mit *Mi'kmaq*-Kunst dekoriert ***Outdoor Adventure Lodge*** mit Patio über dem Miramichi River. Im Restaurant gibt's authentische *Mi'kmaq*-Kost.

Freizeit

Neben Angelkursen, Kanu- und Jagdtouren kann man dort auch Lektionen zu Geschichte, Kultur und Lebensweise der *Mi'kmaq* buchen. ✆ 1-800-570-1344; www.metepenagiaglodge.com.

Metepenagiag Community

Einmal jährlich findet ein dreitägiges ***Powwow*** statt, und auch zu anderen Festen, so zum ***Trout Derby***, zum ***National Aboriginal Day*** und zum ***St. Anne's Day*** sind Gäste willkommen, Termine unter www.metepenagiag.com/rb_event_en.htm.

Die Miramichi River Route

Zur Route

Die Route (#8) verbindet Fredericton und Miramichi (180 km). Sie ist vor allem als Verbindung für Leute interessant, die eine verkürzte Rundreise durch New Brunswick machen oder vom *Fundy Coastal Drive* via Fredericton auf dem Weg zur Gaspé noch die Acadian Peninsula und/oder den *Kouchibouguac National Park* »mitnehmen« wollen. Für sich bietet diese Strecke – außer für passionierte Angler – keine übermäßigen Reize.

Doaktown

In Doaktown, etwa auf halber Strecke, ist das ***Atlantic Salmon Museum*** dem wichtigsten Fisch des Miramichi River gewidmet (263 Main Street, Mitte April-Mitte Oktober, 5$; www.atlanticsalmonmuseum.com.

Unterkunft

- ***O'Donnells Cottages & Expeditions***, 439 Storeytown Rd, ✆ 1-800-563-8724, 85-160$; www.odonnellscottages.com

Unterkunft & Touren

Günstige Paketpreise für Touren und Unterkunft haben

- ***Betts Kelly Lodge***, 500 Storeytown Road, Doaktown, ✆ 506-365-8008 oder ✆ 1-877-598-2388, 70-150$
- ***Country Haven Lodge***, 601 #118, Gray Rapids, ✆ 1-877-359-4665, 100-200$; www.miramichifish.com/gindex.html

Camping

- ***Taylor's Campground***, 170 Main St, Doaktown, Mai-Okt., 12 Plätze, Strom- und Wasser, Duschen, Angelpool, 20-25$

2.4.2 Kouchibouguac National Park und Südostküste

Zum *Kouchibouguac National Park* sind es auf der #11 ab Miramichi noch ca. 50 km. Ein Umweg über die Küstenroute ist hier nicht angezeigt. Die dafür notwendige zusätzliche Zeit kann man besser im Nationalpark verbringen.

Kouchibouguac National Park

Der Name *Kouchibouguac* kommt aus der *Mi'kmaq*-Sprache und bedeutet übersetzt »Fluss der langen Gezeiten«: tatsächlich sorgen die dort sehr flachen Ufer dafür, dass die Küste bei Ebbe über viele Kilometer trocken fällt.

Der hier mündende Kouchibouguac River ist breit, von Sandbänken durchzogen und von Marschwiesen umgeben. Vor der Küste liegt eine sandige Nehrung. Die ruhige und friedliche Landschaft – niedriger Wald, viele kleine Tümpel, Sumpfgebiete, Flüsschen und auch ehemals bewirtschaftetes Land, das nun von der Natur zurückerobert wird – ist ein Paradies für zahlreiche Wasservögel; www.pc.gc.ca/pn-np/nb/kouchi bouguac. Im Park wurden bisher 225 verschiedene Vogelarten registriert.

Information

Die Einfahrt in den Park liegt etwa 2 km von der #11 entfernt an dessen westlichem Rand (Eintritt Mitte Juni-August 7$, April-November 4$). Im ***Visitor Reception Centre*** bekommt man eine Übersichtskarte mit Rad- und Wanderwegen sowie die Parkzeitschrift *Osprey*.

Strände

Kelly's Beach, ein schattenloser Strand mit Duschen und Umkleidekabinen, ist über einen *Boardwalk* erreichbar. Weiter südlich liegt *Callanders Beach*. Das Wasser in den geschützten Mündungsgebieten ist deutlich wärmer als an der Außenseite der Northumberland Strait zwischen New Brunswick und PEI.

Wandern, Fahrrad- & Kanuverleih

Neben ***Nature Trails*** für weniger anstrengende Spaziergänge durch flaches Waldgebiet und Salzmarschen gibt es eine längere, schöne Wanderung (12 km) am Kouchibouguac River entlang. Der Park verfügt außerdem über ein 60 km langes **Fahrradwegenetz** und dank seiner Wasserläufe über reizvolle **Kanurouten**. In ***Ryan's Rental Centre*** beim *South Kouchibouguac Campground* kann man Fahrräder, Kanus, Kajaks und Ruderboote leihen.

Camping

Im Sommer sind beide *Campgrouds* des Parks oft ausgebucht. Wer dort sicher unterkommen möchte, sollte unter © 1-877-737-3783 oder www.pccamping.ca reservieren, muss dafür aber 11$ extra bezahlen:

Camping South Kouchibouguac, Ende Mai-Mitte Oktober, 311 Plätze, davon 45 mit Strom, Duschen, *Dumping*, 25-30$

Côte-à-Fabien, Ende Juni-Labour Day, 32 Plätze, einfach, 14$

Nur zu Fuß erreicht man die Wildniscampingplätze *Sipu*, *Petit-Large* und *Pointe-à-Maxime*, Gebühr jeweils 10$.

Unterkunft & Restaurant

Unterkunft und Restaurants gibt's nur außerhalb des Parks:

Kouchibouguac Resort, 10983 #134 (Ausfahrt 75), Saint-Louis-de Kent, © 506-876-4317, *Cottages* 65-135$, **Restaurant** mit *Seafood*-Spezialitäten; www.kouch.com.

Nach Shediac

Der *Acadian Coastal Drive* läuft zwar »eigentlich« über die Küstenstraßen #505, #475 und #435, damit die kleinen Orte dort auch noch etwas vom Tourismus abbekommen, aber der kürzere und auch sinnvollere Weg nach Shediac entspricht der **#11**.

Für Liebhaber von Dünenlandschaft empfiehlt sich ein Abstecher auf der **#475** zum *Irving Eco-Centre* ***La Dune de Bouctouche***. Auf einer Nehrung erstreckt sich dort über 12 km eine Sanddüne, die von Wind, Meeresströmungen und Gezeiten geformt wurde. Das Rückzugsgebiet für eine Vielzahl von Küsten- und Zugvögeln ist teilweise durch einen 2 km langen *Boardwalk* erschlossen.

Riesengroße Hummerskulptur in der selbsternannten Welthauptstadt des Hummerfangs

Ein besonders sehenswertes Leuchtturm-exemplar in Shediac

Lobster Capital **Shediac** feiert sich mit einer Hummerskulptur beachtlicher Größe als ***Lobster Capital of the World***, besitzt eine Reihe hübscher Strände in der Nähe und eine komplette Infrastruktur.

Internet ***Shediac Public Library***, 290 Main Street, Unit 100

Unterkunft ***Auberge Gabriele Inn***, 296 Main Street, © 506-532-8007 oder © 1-877-982-7222, 89-149$; **Restaurant**: akadische Spezialitäten und *Seafood, Lobster-Supper*; www.aubergegabriele.nb.ca

Bay Vista Lodge & Cottages, direkt am Meer, Straße #134, © 506-532-1265, *Housekeeping Units* 59-75$

Camping ***K.O.K. Campground***, Caissie Cape Beach, Grande Digue, Mai bis September, 196 Plätze, Strandzugang, Strom- und Wasseranschluss, Duschen, Waschautomat, Pool, © 506-576-7080, 20-26$; www.kokcampground.com

Parlee Beach Provincial Park, 52 Belliveau Beach Road, Anfahrt über Straße #133, Mai-September, 170 Plätze, Strom- und Wasser, Duschen, Waschautomat, *Dumping Station*, © 506-532-1500, ab 22$; www.nbparks.ca/en-CA/02074

Murray Beach Provincial Park, 1679 # 955, unweit der *Confederation Bridge* hinüber nach Prince Edward Island. Mai-September, 111 Plätze, Strandzugang, Duschen, *Dumping*, © 506-538-2628, ab 21,50$; www.nbparks.ca/en-CA/01331

Sandy Beach Tenting & Trailer Park bei Cap Pelé. Mai-September, 400 Plätze, Strom- und Wasser, Duschen, Waschautomat, *Dumping*, Strandzugang. Trotz Größe schöner und gut gelegener Platz; © 506-577-2218, ab 24$

3 PRINCE EDWARD ISLAND

3 PRINCE EDWARD ISLAND (PEI)

3.1 PEI selbst erkunden

3.1.1 Zum Reiseziel – Besonderheiten

Lage und Verbindung zum Festland

Prince Edward Ïlsland, die kleinste aller kanadischen Provinzen, liegt im Gulf of St. Lawrence in Sichtweite vor der Küste des Festlandes. Die an der engsten Stelle weniger als 13 km breite *Northumberland Strait* trennt PEI von den Nachbarprovinzen Nova Scotia und New Brunswick. Seit 1997 überspannt die *Confederation Bridge* den Meeresarm zwischen New Brunswick und PEI. Außerdem gibt es eine Fährverbindung mit Nova Scotia.

Charakter

Scherzhaft wurde über die Insel gesagt, sie bestünde nur aus **Kartoffeläckern** mit Sandstrand drumherum, eine Aussage mit wahrem Kern. Die Insel ist flächendeckend besiedelt und tatsächlich durch Kartoffeläcker, Weizenfelder und Kuhweiden geprägt. Die vorherrschenden Farben sind blau, rot und grün, blau für Himmel und Meer, rot für die Strände und grün für das Land.

PEI eignet sich für viele Aktivitäten, zum Entspannen und kulinarischen Genuß. Die Strände, Lagunen und Nehrungen bieten Schwimmern, Surfern, Kanu- und Kajakfahrern gute Reviere.

Attraktionen

Als landschaftlicher Höhepunkt gilt der ***PEI National Park*** mit Sanddünen und roten Stränden in zwei Arealen Eine weltweit bekannte Touristenattraktion ist **Cavendish** mit dem Haus der *Anne of Green Gables*. Dramatische Steilküsten beleben vor allem im Inselwesten die ansonsten gleichförmige Hügellandschaft.

Für Liebhaber von Fisch, Hummer und Meeresfrüchten ist PEI ein ideales Ziel, ein *Lobster Dinner* mit neuen Kartoffeln – frisch aus der roten Erde – gehört zu den Spezialitäten der Provinz.

Angellizenz

Fischfang ist naturgemäß ein wichtiges Thema auf PEI. Die Saisondaten sind dabei ungewöhnlicherweise von Gewässer zu Gewässer unterschiedlich und die Gebühren für die *Fishing License* spezieller aufgegliedert als anderswo. Alles Wissenswerte erfährt man unter www.gov.pe.ca/photos/original/angling_sum_e.pdf

Typisch für PEI: Kartoffeläcker bis ans Meer

Steckbrief Prince Edward Island - www.gentleisland.ca

Mit 138.000 Einwohnern auf 5.684 km^2 ist PEI die Provinz mit der höchsten Bevölkerungsdichte. Die Insel ist maximal 280 km lang und zwischen 6 km und 64 km breit, die Küstenlinie beträgt 805 km, und kein Ort liegt weiter als 16 km entfernt vom Meer. Seit 1997 ist die Provinz durch eine Brücke mit dem kanadischen Festland verbunden.

Die Hauptstadt **Charlottetown** (32.000 Einwohner) liegt zentral in der Inselmitte an der Mündung des Hillsborough River in die Northumberland Strait. Weitere größere Orte sind **Summerside** und **Cavendish**. Ein 5.440 km langes gitterartiges Straßennetz sorgt dafür, dass PEI bis in die letzen Winkel erschlossen und besiedelt werden konnte.

Die Insel besteht überwiegend aus weichem **roten Sandstein** mit hohem Eisenoxidgehalt. Landwirtschaftliche Nutzflächen in ebener bis sanft hügeliger Landschaft, unterbrochen von Flüssen, Bächen, kleinen Seen und nur noch wenigen Waldarealen kennzeichnen PEI. Der höchste Punkt liegt ganze 152 m über dem Meer. Die Küstenlinie hat viele Buchten und Uferzonen mit davor liegenden Eilanden. Entlang der Nordküste finden sich ausgedehnte Sandstrände und Dünen, Süden und Westen sind geprägt durch Steilküsten mit roten Klippen. Entlang der kurzen Flüsse der Insel und rund um die geschützte Mündungsbucht des Hillsborough River breiten sich Marschwiesen aus.

Die Mehrheit der Bevölkerung hat **britische Vorfahren**, 11% der Einwohner sprechen Französisch, und 60% leben auf dem Land.

Landwirtschaft ist der wichtigste Wirtschaftszweig mit Kartoffeln als Hauptprodukt, dahinter liegt die Fischerei samt Aquakulturen (Muscheln, Austern, Hummer). Der Tourismus spielt zwar im Sommer eine beachtliche Rolle, trägt aber insgesamt nur nachgeordnet zum Sozialprodukt der Insel bei. Neuerdings kommt Biotechnologien und alternativen Energien (Windenergieanlagen) eine wachsende Bedeutung zu. Erdgas wurde erst kürzlich im Inselosten entdeckt.

3.1.2 Zur Geschichte

Frühzeit

Geologisch gesehen ist PEI recht jung. Der rote Sandstein wurde vor erst 250-300 Mio. Jahren durch Sedimentation geformt. Die Insel zeigt deutliche Spuren der Eiszeiten. Nach dem Rückgang der Gletscher wurde sie durch den Anstieg des Meeresspiegels allmählich vom Festland abgetrennt. Die ersten Bewohner – Paläo-Indianer – kamen vor ungefähr 10.000 Jahren. Seit über 2.000 Jahren leben hier die ***Mi'kmaq***, die die Insel Abegweit nannten.

Europäische Besiedlung

1534 entdeckte **Jacques Cartier** die Insel. Sie wurde in den folgenden rund 200 Jahren zwar oft von französischen und baskischen Fischern besucht, aber erst 1720 entstand die erste dauerhafte Siedlung in *Port La Joie* (nahe dem heutigen Charlottetown).

Zu jener Zeit war PEI noch dicht bewaldet und wurde zunächst nur zögerlich erschlossen. Nach dem Vertrag von Paris 1763 geriet die Insel an England. Im Auftrag der Krone wurde das Land in 67 »*Lots*« von jeweils 20.000 *Acres* (ca. 8.000 Hektar) unterteilt, die im Zuge einer Lotterie 1767 an britische Adlige fielen.

Landrechte

Diese Sonderform der Kolonisierung führte zu feudalistischen Strukturen, in der die lokalen Siedler nur als Pächter betrachtet wurden, die sich mit den abwesenden Landeignern auseinanderzusetzen hatten. Von diesen wurde das Land meist als reines Spekulationsobjekt behandelt, nur wenige von ihnen kamen selbst, um hier ansässig zu werden. Erst nach dem Beitritt zum Dominion 1873 gab es eine Änderung des Landrechts, so dass die Pächter ihr Land erwerben konnten.

Die ***Mi'kmaq*-Indianer** waren durch diesen Akt der Landvergabe förmlich enteignet worden. Eine philanthropische Gesellschaft in England, die *Aborigines Protection Society*, kaufte aus diesem Grund 1870 für 400 Pfund *Lennox Island* im Norden der Insel aus Privatbesitz und stellte sie den *Mi'kmaq* zur Verfügung. Daraus entstand das Reservat der *Lennox Island First Nation*.

Dominion of Canada

In der Provinzhauptstadt **Charlottetown** fand **1864** die Konferenz zum Zusammenschluss der britischen Nordanerikakolonien statt, des ***Dominion of Canada***. Erst die Zusage der Einrichtung einer Fährverbindung und finanzielle Unterstützung beim Eisenbahnbau bewog auch PEI zum Eintritt in die Konföderation. Aber bis heute fühlen sich die Inselbürger weitgehend unabhängig von Ottawa. Politische Entscheidungen aus der Hauptstadt werden vor allem dahingehend bewertet, heißt es, ob und welchen Einfluss sie auf die Kartoffelpreise haben.

Der Tourismus auf die Insel begann vor rund einem Jahrhundert; in der 1930er-Jahren wurde der ***PEI National Park*** eingerichtet.

3.1.3 Klimatische Besonderheiten

Dank des warmen Wassers im Gulf of St. Lawrence ist das Klima auf PEI milder, aber auch feuchter als das des kanadischen Festlandes. Der durchschnittliche jährliche Niederschlag beträgt 870 mm, die mittlere Schneemenge 340 cm. Der erste Schnee fällt bereits im November und bleibt oft bis weit in den April hinein liegen. Die Wintertemperaturen sind mit –3 bis –11°C für kanadische Verhältnisse noch mild.

Erst Ende Mai erweckt der Frühling die Farben der Insel zu Leben, aber dennoch beginnt bereits im Juni der warme Sommer mit Durchschnittstemperaturen von 19°C und geringer Luftfeuchte bei Höchsttemperaturen am Tage zwischen 20°C und 32°C. Frische Brisen vom Meer machen dort auch Hitze gut verträglich.

Der Herbst bringt meist viele klare Tage und Sonne. Tagsüber kann es dann noch sehr warm sein, aber die Abende werden ab September recht kühl; www.atl.ec.gc.ca/climate/pei. html.

Auf der flachen Insel weht es oft kräftig, ideal zur Nutzung von Windenergie; hier am North Cape

3.1.4 An- und Weiterreise

Per Flugzeug

Von Ottawa, Toronto, Montréal oder Halifax aus fliegen *Air Canada, Jazz,* und *WestJet* nach Charlottetown. *Delta Connection* und *Northwest Airlines* verbinden PEI direkt mit den USA. Der Charlottetown *International Airport* liegt nur ca. 5 km vom Stadtzentrum entfernt. Fürs Taxi dorthin gelten feste Tarife von 10$ für eine Person, 12$ für zwei etc.; die bekannten Autovermieter verfügen über Airportschalter; www.flypei.com.

Fähre von/nach Nova Scotia

Soweit Wetter- und Eisgang dem nicht entgegenstehen, verkehrt die Autofähre von **Caribou/Nova Scotia** nach **Wood Island/PEI** (ca. 50 Autominuten bis Charlottetown) Mai bis Dezember mehrmals täglich (75 min). Bezahlt wird erst beim Verlassen der Insel (die Fähre ist teurer als die Brücke). Infos zu Fahrplan und Tarifen unter © 1-888-249-7245 oder im Internet: www.peiferry.com.

Fähre zu den Îles de la Madeleine

Es besteht auch eine Fährverbindung von Souris in PEIs Ostecke zu den **Îles de la Madeleine** (www.tourismeilesdelamadeleine.com) im Gulf of St. Lawrence: © 1-888-986-3278; www.ctma.ca.

Brücke

Die 13 km lange ***Confederation Bridge*** verbindet die Insel mit dem Festland (Borden/PEI und Cape Jourimain/NB). Der Brückenzoll (derzeit 41$ für zweiachsige Fahrzeuge inkl. aller Insasssen) wird einmalig nur beim Verlassen der Insel entrichtet; weitere Details unter www.confederationbridge.com.

Bus

Acadian Lines (www.acadianbus.com, © 1-800-567-5151) verkehrt täglich von Bangor (Maine/USA) bzw. von New Brunswick und Nova Scotia aus nach PEI mit Stopps in Borden, Summerside und Charlottetown). *Acadian Lines* erkennt den *Greyhound Discovery* Pass an.

Weitere Busunternehmen verkehren von Halifax nach Summerside und Charlottetown: so *PEI Express Shuttle* (www.peishuttle.com, © 1-877-877-1771) und *Advanced Shuttle* (© 1-877-886-3322).

Abegweit Tours, © 1-902-894-9966, offeriert sowohl Stadtrundfahrten durch Charlottetown als auch Touren durch die Provinz; www.peisland.com/abegweit/tours.htm.

Der ***Beach Shuttle*** verbindet von Juni bis September Charlottetown mit Cavendish; Fahrpreis: 18$ retour, © 902-566-3243.

Der Confederation Trail

Nachdem 1989 der Eisenbahnverkehr stillgelegt worden war, wurde die alte Eisenbahntrasse **zwischen Tignish** im äußersten Nordwesten **und Elmira** im Nordosten nach Entfernung der Schienen als Wander- und Fahrradweg eingerichtet. Einschließlich einiger Abzweige – u.a. ins Zentrum von Charlottetown, nach Montague, Georgetown und Souris – und der Anbindung an die *Confederation Bridge* stehen beachtliche 357 km Weg zur Verfügung. Der *Trail* ist sogar für Rollstuhlfahrer geeignet. In den Ortschaften am Wege finden sich Unterkünfte und genügend Möglichkeiten zu Einkehr und Stärkung. Detaillierte Informationen unter www.islandtrails.ca.

3.1.5 Routenvorschlag für PEI

Scenic Drives

Ein Abfahren der drei auf den offiziellen Provinzkarten markierten ***Scenic Drives*** (***Points East Coastal Drive*** im Osten, ***Blue Heron Drive*** im Zentrum, ***North Cape Coastal Drive*** im Westen) macht für Besucher mit begrenzter Zeit nur wenig Sinn. Hier wird neben der direkten Fahrt nach Charlottetown eine Rundstrecke über die Insel vorgeschlagen, die bei dem auf PEI vorhandenen dichten Straßennetz leicht abgekürzt und/oder modifiziert werden kann.

Routen

Zunächst einmal geht es über die *Confederation Bridge* nach **Charlottetown**. Von dort kann man sich in Richtung Osten orientieren und damit ab **Wood Island**, der Fährstation, oder **Montague** der beschriebenen Route folgen (ab Seite 271) oder – bei weniger Zeit – von der Hauptstadt direkt hinüber zum *PEI National Park* fahren (➪ Seite 276).

Die **Route um die Insel** führt ab Wood Island in die östlichste Ecke ***East Point***, dann an der Nordküste entlang zum ***PEI National Park*** und weiter nach **Cavendish**. Auf der Westseite geht es bis **Tignish** und zum Nordkap der Insel. Ein Abstecher führt nach **Lennox Island**. Ziele im Südwesten sind **West Point**, **Cape Egmont** und **Summerside**.

Orientierung

Neben einer besonders gründlichen Wegweisung gibt es auf PEI ein provinzweit einheitliches System von Hinweisschildern für Unterkünfte, Gastronomie, Sehenswürdigkeiten, Parks, Freizeiteinrichtungen etc. mit eingängigen Piktogrammen, Richtungspfeilen und genauen Kilometerangaben.

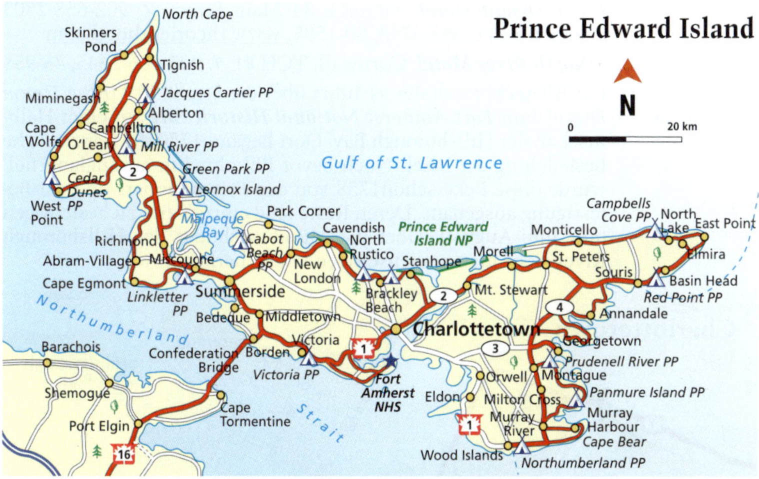

3.2 Nach Charlottetown

3.2.1 Anfahrt ab Confederation Bridge

Information

Nach Überquerung der Brücke erreicht man auf PEI als erstenOrt **Borden-Carleton** mit einem ***Visitor Centre*** im Bereich Gateway, das Touristen mit Karten, Informationsbroschüren und der üblichen Werbung versorgt. Eine kleine Ausstellung vermittelt Wissen über PEI. In der Umgebung gibt's ein paar Shops und Restaurants. Auf dem TCH sind es von dort nach Charlottetown 56 km.

Internet

- **Borden-Carleton *CAPsite***, *Amherst Cove Consolidated School*, 300 Carleton Street

Unterkunft

- ***Carleton Motel***, am TCH #1, © 902-437-3030, ab 49$

Camping

- ***Sun-N-Shade Campground***, Borden-Carleton, 2 km ab der *Confederation Bridge* am TCH #1, © 902-855-3492, Mitte Mai–Mitte Oktober, Stromanschluss, Duschen, Waschmaschine, *Dumping-Station*, ab 19$; www.sun-n-shade.com
- ***Cumberland Cove Seaside Campground***, Augustin Cove, an der Straße #10, © 902-855-2961, Mitte Juni-September, Duschen, wunderbarer Platz am Wasser mit Blick auf die Brücke, 22-25$

Victoria

Unterwegs nach Charlottetown lohnt ein Stop im beschaulichen Fischer- und Künstlerdorf **Victoria** mit einem kleinen Hafen und *Seafood*-Restaurants. Außerdem gibt's dort einen Leuchtturm mit Museum sowie in der Nähe den kleinen ***Victoria Provincial Park*** mit Badestrand, Spielplatz und Picknickplätzen. In der Sommersaison hat Victoria sogar ein Theater (www.victoriaplayhouse.com). U.a. kann man in/bei Victoria übernachten im:

- ***The Orient Hotel***, Victoria, 34 Main Street; © 902-658-2503 oder © 1-800-565-6743, 80-150$; www.theorienthotel.com
- ***North River Motel***, Cornwall, TCH #1, © 902-566-2645, 75-95$

Blue Heron Drive

Ein Abstecher von der #1 führt über die Straße #19 (*Blue Heron Drive*) zum ***Fort Amherst National Historic Site*** auf einer Halbinsel an der Hillsborough Bay. Dort begann 1770 die französische Besiedelung der Insel. Noch bevor PEI ohnehin an England fiel, wurde diese Ecke schon1758 von den Briten erobert und zur Befestigung ausgebaut. Deren Reste sind eintrittsfrei zu besichtigen (nur Juni-August). Über die Mündungsbucht des Hillsborough River sieht man am jenseitigen Ufer Charlottetown.

3.2.2 Charlottetown

Lage & Geschichte

Auf dem TCH #1 fährt man direkt ins Herz von Charlottetown. Die hübsche Provinzhauptstadt liegt auf einer Landzunge zwischen York und Hillsborough River an der geschützten von beiden Flüssen gebildeten Mündungsbucht. Sie wurde 1764 nach der Inbesitznahme der Insel durch die Briten gegründet und erhielt ihren Namen nach *Queen Charlotte*, Ehefrau von König Georg III.

Auch wenn die Stadt schon im September 1864 Gastgeber der Konferenz war, die drei Jahre später zur Gründung Canadas führte, entwickelte sich Charlottetown erst im Laufe des 20. Jahrhunderts zu der betriebsamen Geschäfts-, Verwaltungs- und Universitätsstadt von heute mit derzeit 32.000 Einwohnern.

Sehenswertes in Charlottetown

Bei Einfahrt in die Stadt auf dem TCH von Westen passiert man zunächst ***Shopping-Malls*** und dann die ***University of PEI***, bevor man nach weiteren Gewerbezonen *Downtown* erreicht.

Unmittelbar am Wasser steht die ***Founder's Hall***, eine ehemalige Eisenbahnreparaturwerkstatt. Nach Umbau und Umfunktionierung kann man dort dank interaktiver Multimediatechnologie seit 2001 eine virtuelle Zeitreise von 1864 bis in die Gegenwart unternehmen (www.foundershall.ca). Der dazugehörige kleine Park erinnert an die Ankunft der »Väter der Konföderation« 1864. Daneben liegt am ***Peake's Quay*** ein Yachthafen. An der ***Waterfront*** und nahebei gibt es die übliche Ansammlung von Boutiquen, Souvenirshops, Cafés und Restaurants.

Charlottetown hat nur ein »Hochhaus«, das ***Delta-Hotel*** mit zehn Stockwerken. Es überwiegen ansonsten zwei- bis dreistöckige Bauten, ein Großteil davon aus rotem Backstein, und farbige Holzhäuser. Die ***St. Dunstan's Basilika***, ein riesiger Steinbau aus geschwärztem Sandstein, datiert aus dem Jahr 1913. Die neogotische ***St. Pauls Church*** (Church Street/Grafton Street) war schon 1895 fertig geworden. In der Nähe stehen einige viktorianische Herrenhäuser und historische Bauten, so das 1843-47 erbaute ***Province House***, Sitz der Provinzregierung und Geburtsstätte der Konföderation, das eintrittsfrei besichtigt werden kann.

Gleich daneben befindet sich das ***Confederation Centre of the Arts*** (www.confederationcentre.com). Der nüchterne Betonbau dient als nationale Gedenkstätte der Gründung der kanadischen Konföderation und als Veranstaltungszentrum für Theater, Konzerte, Kunstausstellungen und als Bibliothek. Seit Jahren läuft dort im Sommer das »Kultstück« ***Anne of Green Gables***.

Nebenan liegt die ***Victoria Row*** – eine Fußgängerzone mit hübschen alten Häusern voller Straßencafés und Restaurants.

Weiter östlich, nahe dem *Victoria Park*, steht in der *Kent Street* das prächtige viktorianische ***Beaconsfield Historic House***. Es wurde 1877 für einen reichen Kaufmann gebaut und steht im Juli und August zur Besichtigung offen, ✆ 902-368-6603.

Schräg gegenüber befindet sich die offizielle Residenz des britischen *Lieutenant Governor* und Ort der berühmten Konferenz von 1864. Die hölzerne Strandpromenade am ***Victoria Park*** bietet schöne Ausblicke über die Hafenbucht.

Information

Visitor Information Centre: 178 Water Street nahe *Founders Hall*; www.visitcharlottetown.com, www.city.charlottetown.pe.ca

Geführte Stadtrundgänge: ✆ 902-368-1864; www.walkandseacharlottetown.com/tours-and-packages

Victoria Row, Fußgängerzone zwischen roten Backsteinbauten

Stadtrundfahrt: *Abegweit Tours*, © 902-894-9966; www.peisland.com/abegweit/ctour.htm

Parken
- Water Street beim *Visitor Information Centre*
- Peakes Quay nahe *Confederation Landing Park* (*Peakes Lot*)
- Queen Street gegenüber der *City Hall* (*Pownal Parkade*)

Nahverkehr
- Montag bis Freitag sorgt ***Charlottetown Transit*** für den öffentlichen Transport im Großraum Charlottetown. Die einfache Fahrt kostet 2$, Fahrplaninfo: © 902-566-566, http://thebus.ca.
- Fahrradverleih: ***Smooth Cycle***, 308 Queen Street, © 902-566-5530; ***MacQueen's & Bike Shop***, 430 Queen Street

Internet
- ***Confederation Center Public Library***, 145 Richmont Street
- **Gratis-WLAN**: www.wificharlottetown.org

Essen & Trinken

Vor allem an der *Waterfront* findet man zahlreiche Lokale von *Fast Food* bis zu *Licensed Restaurants*. Explizite Empfehlung:
- ***The Merchantman Pub***, Queen Street/Water Street, exotische und frische *Seafood*

Unterkunft

Gehobene Kategorie:
- ***Rodd Charlottetown***, Spitzenhotel Ecke Kent/Pownal Street, © 902-894-7371 oder © 1-800-565-7633, 109-250$, mit dem gediegenen ***Chambers Restaurant***; www.rodd-hotels.ca
- ***Delta Prince Edward***, 18 Queen St, © 902-566-2222, 169-400$, mit Restaurant ***The Selkirk***; www.deltaprinceedward.pe.ca

In historischen Gebäuden:
- ***Dundee Arms Inn***, 200 Pownal Street, © 902-892-2496, 115-250$ www.dundeearms.com
- ***Holland Grove House***, 123 Fitzroy Street, © 902-894-8572, 109-254$; www.innonthehill.com

Preiswerter sind:

- ***Sherwood Motel & Sherwood Motor Inn***, 281 Brackley Point Road (#15), © 902-892-1622, 32-99$
- ***Princess Motel***, 261 Brackley Point Road (#15), © 902-566-3373, 74-89$
- ***Holiday Island Motor Inn***, 307 University Avenue, © 902-892-4141, ab 89$

Hostel

- ***Gallant's Tourist Home***, 196 Kensington Road, © 902-892-3030, ab 25$
- ***HI-Charlottetown Backpackers Inn,*** 60 Hillsborough Street, © 902-367-5749, 27$/Bett; DZ 70$
- ***University of Prince Edward Island*** (*Summerhostel*), 550 University Avenue, Anfang Mai-30. August; © 902-566-0568, ab 50$; www.upei.ca/housing

Camping

- ***Southport RV Park***, 20 Stratford Road, am *Hillsborough River* gegenüber Charlottetown *Downtown* in Stratford; Mitte April-Mitte Oktober; © 902-569-2287; Elektroanschluss, Duschen, Strandnähe, auch für Zelte gut geeignet; ab 26$.

3.3 Ab Wood Island rund um PEI

Fähre

Die Überfahrt von Caribou/Nova Scotia nach Wood Island ist zunächst kostenfrei – bezahlt werden muss erst beim Verlassen der Insel, egal ob die Fähre oder die Brücke benutzt wird.

Wood Island

Unverfehlbar steht nahe dem Fährterminal Wood Island ein ***Visitor Information Centre*** samt Shops und einigen Lokalen. Gleich »um die Ecke« kann man sich bei sommerlicher Hitze am Strand des ***Wood Island Provincial Park*** abkühlen.

Internet

Zugang im Besucherzentrum

Unterkunft

- ***Meadow Lodge Motel***, am TCH#1; 2 km in Richtung Charlottetown, Mai-Sept, 61-107$; www.peisland.com/meadowlodge

Camping

- ***Northumberland Provincial Park***, 2 mi östlich von Wood Island an der Küste; Strom+Wasser, Duschen, *Dumping*, 20-25$; großzügige Stellplätze, viele davon schattig, eine ganze Reihe davon auch gleich hinter dem Strand.

Panmure Island Lighthouse; ganz in der Nähe der gleichnamige Provinzpark

3.3.1 Die Südostküste

Route

Wer hier mit der Fähre ankommt. erkennt auf PEI durchaus Waldflächen, aber während einer Weiterfahrt auf der #4 (später #18) nach Osten geht es vor allem durch Kartoffeläcker und Weizenfelder. Auch Wein wird in dieser Region angebaut; die Straße führt unmittelbar am ***Rossignol Vineyard*** vorbei. Direkt an der Küste gibt es dort nur wenige Orte. Die schönen Strände der Region sind in erster Linie durch ***Provincial Parks*** erschlossen.

Museen

Am **Cape Bear** steht ein alter Leuchtturm (1881) mit einem Museum. Dort wurde von 1905-1922 eine drahtlose *Marconi*-Funkstation betrieben, deren Rekonstruktiion zu besichtigen ist.

Kurz vor **Murray Harbour** passiert man an der Straße #18A ein kleines Freiluftmuseum: ein Blockhaus mit historischer Einrichtung und Nebengebäuden. Im Ort selbst stehen einige gut erhaltene Holzschindelhäuser.

Powwow

Wer am dritten Wochenende im August unterwegs ist, hat die seltene Gelegenheit, einem *Powwow* der *Mi'kmaq*-Indianer beizuwohnen. Es findet im ***Panmure Island Provincial Park*** statt (Abstecher auf der Straße #347).

Büffelgehege

Sehenswert ist der ***Buffalo Land Provincial Park*** bei Milton Cross (Kreuzung #4/#317). In einem Gehege ist der Zugang zu einer Aussichtsplattform abgezäunt, so dass man oft nah an grasende Büffel herankommt. Beste Beobachtungszeit ist der frühe Morgen oder die Stunde vor Sonnenuntergang.

Überraschend: Büffel auf PEI

Brudenell River PP

Montague ist Versorgungszentrum der Südostregion mit kompletter Infrastruktur. Von dort sind es nur ein paar Kilometer bis zum ***Brudenell River Provincial Park*** beim hübschen Hafenstädtchen Georgetown. Der größte Provinzpark von PEI hat Golf- und Tennisplätze, Wanderwege, Strand und *Campground*, © (902) 652-8966, www.gov.pe.ca/visitorsguide/explore/parks

- Auf dem Parkgelände befindet sich außerdem das ***Rodd Brudenell River Resort***, das vor allem von Golfern gebucht wird; © 1-800 565-7633, DZ 131-246$, *Cottage* 176-536$, *Cabin* 87-178$.

Internet

- ***Montague Library***, 273 Queens Road
- **Murray Harbour**, 1381 Main Street
- **Murray River**, *Public Library*, 1066 McInnis Road,
- **Georgetown,** Public Library, 36 Kent Street

Restaurant

- ***Brehaut's Restaurant***, Straße #18, an der Brücke in Murray Harbour, schöne Außenterasse

Unterkunft & Restaurant

- ***Lobster Shanty*** – **Hotel** und prima **Restaurant** (*Seafood*, speziell *Lobster* und *Steaks*, 634 Main Street, Montague, 69-89$, ✆ 902-838-2463 oder ✆ 1-800-418-9430
- ***Harbour Motel***, Mill Road, Murray Harbour, ✆ 902-962-3660 oder ✆ 1-800-540-8005, 59-69$

Camping

- ***Panmure Island Provincial Park***, Straße #347 nördlich von Gaspereaux; Duschen, Waschautomat, *Dumping* , 21-25$
- ***Brudenell River Provincial Park***, ⇨ oben, Strom- und Wasseranschluss, Waschautomat, Duschen, *Dumping Station*; 21-28$

3.3.2 Der Nordosten

Souris

Folgt man der #4 oder den kleinen Straßen an der Küste weiter nach Osten, gelangt man nach **Souris** an der *Colville Bay*. Wie Montague im Südosten ist die Stadt Versorgungszentrum für den Nordosten. Von dort verkehrt die Fähre zu den über 100 km weiter nördlich liegenden Inseln ***Îles de la Madeleine*** (die zu Québec gehören, auf Englisch »*Magdalen Islands*«, 5 Stunden Überfahrt), ⇨ Seite 265. Gleich am Ortseingang gibt es einen **Fahrrad- und Kajak-Verleih**. Rötliche Sandstrände erstrecken sich auch dort.

Red Point PP

Weiter im Osten wird die Besiedelung immer dünner. An der Straße #16 in Richtung der Ostspitze der Insel gibt es naturbelassene Dünengebiete und den ***Red Point Provincial Park*** mit schönem Badestrand und großem Campingplatz am Wasser.

Basin Head

Als einer der schönsten Strände der Insel gilt die ***Basin Head Beach*** noch ein wenig weiter östlich. Das Laufen durch ihren goldgelben Sand verursacht ein eigenartiges »Quietschen«, weshalb sie auch ***Singing Sand Beach*** genannt wird.

Beim **Dorf Basin Head** am Ende des Strandes steht mit Blick übers Meer ein kleines nur im Sommer geöffnetes ***Fisheries Museum***, das Geschichte und Details der Fischerei im Golf von St. Lorenz beschreibt (Eintritt 4$). Ganz in der Nähe liegt ein Vogelschutzgebiet (***Black Pond Bird Sanctuary***), in dem im Spätsommer die Canadagänse rasten.

Strand im Red Point Provinzpark

Elmira

Ein 2 km-Abstecher von der #16 führt über die #16A nach **Elmira**, dem Anfangs- bzw. Endpunkt der einstigen Bahntrasse, auf der nun der *Confederation Trail* verläuft, ➪ Seite 266. Im ehemaligen Bahnhof hat man ein kleines Eisenbahnmuseum samt Modelleisenbahn eingerichtet; geöffnet Mai-September, Eintritt 4$.

East Point

Mit dem **Dorf East Point** hat man trotz dieser Bezeichnung noch nicht den östlichsten Punkt der Insel erreicht. Auf dem erhebt sich 3 km weiter das ***East Point Lighthouse*** zwischen roter, zerklüfteter Steilküste und einem Wäldchen. Der 1867 errichtete Turm kann bestiegen werden ($3); rundherum gibt es Picknicktische. Sogar WLAN steht dort zur Verfügung. In Richtung Norden gelangt man auf einem Pfad zu einem langen **Sandstrand**.

Der tatsächliche East Point von PEI

Internet

Souris, ***Public Library,*** 75 Main Street in der Town Hall

Restaurant

Rite Bite Café, 175 Main Street, Suppen, Sandwiches & Kuchen

Unterkunft

- ***A Place to Stay Inn***, 9 Langworth Street, Souris, ✆ 902-687-4626, ab 65$; http://peislandconnections.com/stayinn
- ***Hilltop Motel***, nahe der Main Street in Souris, ✆ 902-687-3315 oder ✆ 1-800-445-5734, 65-93$
- ***Singing Sands Inn***, 2516 East Point Road, Kingsboro, Straße #16, ✆ 902-357-2371 oder ✆ 1-800-667-2371, 45-92$; gleich daneben das ***Singing Sands Seabreeze Restaurant***.

Hostel

- ***Hostel East*** in Verbindung mit dem ***A Place to Stay Inn***, ➪ oben, aber ✆ 902-687-4626, ab 22$/Bett- sehr schönes Haus.

Camping

- ***Red Point Provincial Park***, nahe Straße #16 bei Red Point am Strand; Duschen, *Dumping*, 21-28$

3.3.3 Zum Ostareal des Nationalparks

North Lake

Die Straße #16 wendet sich hinter East Point in die Gegenrichtung nach Westen und läuft an der Nordküste entlang, wenngleich nicht überall ufernah. So umgeht sie landeinwärts den (über einen Kanal mit dem Meer verbundenen) Binnensee North Lake mit dem gleichnamigen Fischerdorf an dessen Ostende. Seitdem dort vor Jahren ein 680 kg schwerer Thunfisch angelandet wurde, nennt sich Nort Lake ***Tuna Capital of the World*** und veranstaltet alljährlich im August hochdotierte Thunfisch-Angelwettbewerbe mit immer wieder Fängen erstaunlicher Größe. Jederzeit kann man dort Hochsee *Fishing Trips* buchen.

Unterkunft

- ***Harbour Lights Guest House*** (B&B), 6434 North Side Road südlich des Sees, © 902-357-2127, 70-75$

Camping

- ***Campbell's Cove Provincial Park***, direkt am Meer, auch gut für Zelte; Duschen, Waschautomat, *Dumping*, 20-27$

PEI Nat'l Park Greenwich Areal

Die durch die St. Peters Bay gebildete nördliche Landzunge nennt sich ***Greenwich Peninsula***. Die Spitze dieser Halbinsel mit einem sensiblen Dünensytem, Wald und Feuchtgebieten wurde erst 1998 als zusätzliche, wiewohl vom Hauptbereich separate Fläche dem *PEI National Park* zugeordnet. Vom Fischerdorf St. Peters führt eine Stichstraße (#313) dorthin.

Besucher-zentrum

Das ***Greenwich Interpretation Centre*** (Mitte Mai bis Anfang Oktober, 9-17 Uhr, im Juli+August bis 18 Uhr) an der Einfahrt zum Nationalpark erklärt die Besonderheiten von Flora und Fauna sowie der Geologie des Parks und seiner Umgebung. Der Bereich

Bedrohung der Natur im PEI Nat'l Park

Die Spitze der Greenwich-Halbinsel zwischen St. Peter's Bay und dem Gulf of St. Lawrence ist erst seit 10 Jahren Bestandteil des *PEI National Park*. Sie besteht vorwiegend aus Wald, offenen Feuchtgebieten und bis zu 20 m hohen u-förmig geschwungenen Dünen. Diese **Sandgebirge**, die ständig vom Wind verändert werden, weisen im unteren Bereich nur eine sehr spärliche Vegetation auf. Wird dieser Bewuchs beschädigt, werden sie instabil.

Aber jedes Jahr zählt selbst dieser abgelegene Teil des Nationalparks durchschnittlich 75.000 Besucher, eine Gefahr für das empfindliche Ökosystem der Sanddünen und auch für den vom Aussterben bedrohten *Piping Plover* mit seinen Nistgebieten am Strand. Daher dürfen die *Boardwalks*, **Holzplankenwege über die Feuchtgebiete**, und *Trails* durch Wald und Dünen zum Strand nicht verlassen werden.

Zwar wurde der ursprüngliche Wald auch dort für Farmland und Brennholz eingeschlagen, doch Bestand und Vielfalt haben sich in den letzten Jahren erholen können. Auf älteren Sanddünen, sogenannten *Grey Dunes*, stehen heute schon wieder Bäume. Dadurch erlangen die Dünen, denen Flechten (*Cladonia*) die typische graue Farbe geben, wieder Stabilität.

Greenwich des Nationalparks gehört zu den landschaftlichen Höhepunkten der Insel. Von den drei ausgewiesen Wgen ist der der ***Greenwich Dunes Trail*** (4,5 km) mit einem schwimmenden Boardwalk über einen Teich besonders zu empfehlen.

Internet

- ***Peter's Consolidated School***, Greenwich Road (#313)
- **St. Peters,** *Public Library,* 1968 Cardigan Road
- **Morell,** *Public Library,* 89 Red Head Road
- ***Mount Stewart Eco Centre*** (*Public Library*), 104 Main Street

Fahrrad- und Kajakverleih

- ***Plover Bike Rentals & Tours***, St. Peters Bay, © 902-961-3223, Mitte Mai-Ende Oktober
- ***Kingfisher Outdoors,*** Morell, Park Centre, © 902-961-2080

Unterkunft

- ***Trailside Inn Café & Adventures***, Mount Stewart, 109 Main Street, Übernachtung 80$, ***Café*** mit *Seafood* und frischem Brot, Live-Musik, **Fahrradverleih**, © 1-888-704-6595; www.trailside.ca
- ***Greenwich Gate Lodge***, St. Peters, Straße #2, © 902-961-3496 oder © 1-877-961-3496, Motel 99-119$ *Housekeeping Units* 149-169$; www.greenwichgate.com

Hostel

- ***Midgell Centre***, Straße #2, © 902-961-2963,Sommer, ab 20$

Camping

- ***St. Peters Park***, Straße #2, © 902-961-2786, Duschen, Waschautomat, *Dumping*, Pool, 19-25$

3.3.4 Der PEI National Park www.pc.gc.ca/pei

Kennzeichnung des Parks

Der 1937 eingerichtete »alte« ***PEI National Park*** an der zentralen Nordküste der Insel schützt 18 km² Fläche mit etwa 40 km Küstenlinie. Er ist stellenweise nur wenige hundert Meter breit. Die Attraktion dieses Küstenabschnitts ist die Farbkomposition bei Sonnenschein: kilometerlange rosarote Sandstrände und Dünen, Steilküsten aus rotem Sandstein, blaues Meer, hellgrüne Wiesen und dunkelgrüne Tannenwälder. Obwohl auch Salzwassermarschen mit einem reichen Bestand an Seevögeln (*Field Check List of Birds* sowie *Boardwalk*-Übersichten gratis in den Besucherzentren) und edukative Programme existieren, gilt das Hauptinteresse der Besucher neben Golf,und Biking in erster Linie **Strand- und Wasseraktivitäten**, denn der Atlantik ist hier relativ warm. Kein Wunder also, dass der Park jährlich 800.000 Besucher registriert, wobei das Gros in der kurzen Sommersaison kommt.

Auf dem Gulf Shore Parkway durch die Dünen des PEI NP

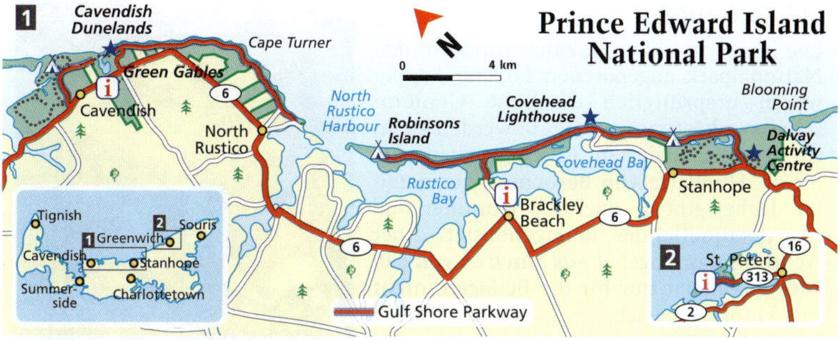

Information

Vorm Park gibt es drei ***Visitor Information Center***: eines an der mittleren Zufahrt **Brackley Beach**, das größte im Westteil bei **Cavendish** und ein weiteres im Osten bei **Stanhope**. Der Park kostet nur im Sommer Eintritt, Erwachsene 7$, Kinder $3,50.

Straßen

Der ***Gulf Shore Parkway*** durch den Park läuft überwiegend gleich hinter dem Strand und läßt nur die beiden äußersten Bereiche im Osten und Westen aus (Tracadie Bay und New London Bay). Es besteht keine Verbindung zwischen North Rustico Harbour und Rustico Island. Um von der zentralen Halbinsel in die westliche Parkregion zu gelangen und umgekehrt, muss man die Rustico Bay außerhalb des Parks umrunden. Die teilweise als ***Blue Heron Trail*** ausgeschilderte **Straße #6** folgt in ihrem Verlauf in etwa den Parkgrenzen.

Strände

Badestrände findet man nördlich von Stanhope, Brackley, North Rustico und Cavendish, wobei die ***Cavendish Beach East*** den besten Strand hat. In den Sommermonaten sind sie stark besucht, die Wassertemperatur liegt dort im Juli/August meist um 20°C.

Infrastruktur

Eine dichte touristischen Infrastruktur aus Hotels, Motels, B&Bs, Restaurants und Shops jeder Art kennzeichnet die gesamte Region rund um den Park, speziell im Verlauf der Straße #6. Denn nicht nur Natur und Landschaft des Nationalparks, sondern auch das unter Parkverwaltung stehende *Green Gables* (➪ unten) zieht zahlreiche Besucher an.

Essen & Trinken

Für das leibliche Wohl ist also im Parkbereich in allen Preis- und Qualitätsklassen gesorgt, dennoch sei hier ganz besonders **North Rustico** empfohlen, ein Hafenstädtchen im westlichen Bereich des Parks. In der Saison kommt dort ***Lobster*** frisch von Bord in den Kochtopf vieler Lokale.

Seafood aller Art sowie traditionelle große **Hummeressen** (➪ Essay folgende Seite) gibt's im ***Fisherman's Wharf Restaurant***. Ausgesprochen beliebt ist das ***Fiddles'n Vittles***, ein riesiges *Seafood*-Restaurant in Cavendish. Beim Imbiss ***Fisherman's Catch*** auf der anderen Flussseite sind die Meeresfrüchte auch nicht schlecht und definitiv preiswerter zu haben.

Lobster-Supper

Die (auch) in vielen Lokalen rund um den Nationalpark angebotenen *Lobster Supper* waren ursprünglich dörfliche Gemeinschaftsverköstigungen; heute werden sie in darauf spezialisierten Ausflugsrestaurants für oft Hunderte von Besuchern veranstaltet. Dabei gibt es reichlich Hummer und ein überquellendes Beilagenbuffet. Aber Achtung, das Angebot »***as much as you can eat***« gilt meist nur für die Beilagen, nicht fürs Hummerfleisch.

Reste nach dem großen Hummerschmaus

Internet
- ***North Rustico CAP Site*** (altes *Village Office*), Harbourview Dr
- ***Mojo's Pizza*** am *Cavendish Boardwalk*

Unterkunft
Etliche Privatgrundstücke reichen im Westen des Parks von der #6 bis an die Strandstraße. Dadurch scheinen viele der Hotels/ Motels etc. im Park zu liegen. Ob nun im oder am Park, die Preise sind nicht niedrig, Strand und Meer sind immer zu Fuß erreichbar. Unter den zahlreichen Häusern seien folgende empfohlen:

Park-Osten
- ***Dalvay-by-the-Sea Heritage Inn***, exquisit in viktorianischem Haus von 1895, Dalvay Beach im Nationalpark am Parkway an einem der Seen, © 902-672-2048, Juni-Oktober, 190-390$, Fahrradverleih; www.dalvaybythesea.com
- ***Stanhope Beach Resort***, etwas weiter westlich mit Tennisplatz, Pool etc., auch *Cottages*, #25 an der Covehead Bay, © 902-672-2701, 135-525$; www.stanhopebeachresort.com
- ***Brackley Beach North Winds Motel***, Straße #6/#15, © 902-672-2245, 65-200$; www.peisland.com/northwinds

Park-Westen
- ***Anne Shirley Motel & Cottages***, Cavendish, Straße #13/#6, © 1-800-561-4266, 74-149$; www.anneshirley.ca
- ***Cavendish Motel***, Cavendish, Straße #13/#6, © 902-963-2244 oder © 1-800-565-2243, 59-145$; www.cavendishmotel.pe.ca

Camping
- ***Stanhope NP-Campground*** im Osten, Mitte Juni-MitteOktober, Duschen, Waschautomat, 25-33$, www.pccamping.ca
- ***Brackley Beach***, zentral an Straße #6, Portage Road beim Red Islands *B&B*, Mai-September, ab 20$; www.redisland.com
- ***Vacationland RV Park***, östlich der Straße #15 an der Brackley Bay, © 902-672-2317, Duschen, Stromanschluss, Pool, auch gut für Zelte geeignet, 28-50$; www.vacationlandrv.pe.ca
- ***Cavendish NP-Campground*** im Westen, großer Platz nahe Straße #6 westlich von #13, Juni-August; Strom und Wasser, Duschen, Waschautomat, 25-33$, www.pccamping.ca

3.3.5 Cavendish und Anne of Green Gables

Kennzeichnung

Cavendish ist der Zentralort der Nationalparkregion mit dem größten der drei Besucherzentren. Dort gibt's die meisten Unterkünfte, Shopping Arkaden und viel Touristenkommerz von Minigolf über Go-Kart-Bahnen bis zum kleinen Amusementpark.

Anne of Green Gables

Cavendish wurde durch die Schriftstellerin ***Lucy Maud Montgomery*** (1874-1942) bekannt. Die Stätten ihrer Kindheit und Jugend hat sie in ihren Romanen am Leben erhalten, die Schauplätze sind noch weitgehend vorhanden. Die Bände mit Geschichten um das rothaarige, sommersprossige und ideenreiche Mädchen ***Anne of Green Gables***, einer frühen, wiewohl etwas älteren *Pippi Langstrumpf*, wurden in viele Sprachen übersetzt, in Japan entstanden sogar Verfilmungen. Bei uns ist *Anne* nur indirekt durch »Anne Franks Tagebuch« bekannt (*Anne Frank* liest in ihrem Versteck *Anne of Green Gables*).

Haus der grünen Giebel

- Im ***Green Gables House*** an der Straße #6, einst ein altes *Farmhouse*, heute ein *National Historic Site*, das eingerichtet ist wie in der Zeit der Romanhandlung, ließ die Autorin ihre Heldin aufwachsen. Auf einer Tour kann man Annes Abenteuer nachvollziehen. Im Sommer täglich 9-18 Uhr, sonst bis 16/17 Uhr; Eintritt $7, Kinder $3,50, Familienticket $18; www.gov.pe/lhn-nhs/pe/greengables/index_e.asp

Museum

- In Park Corner befindet sich das ***Anne of Green Gables Museum*** in ebenfalls zeitgenössischer Ausstattung. Geöffnet im Juli und August 9-17, sonst bis 16 Uhr; Eintritt $5. Schräg gegenüber liegt das Haus der Großeltern am *Lake of Shining Waters*, in dem die Autorin einen Teil ihrer Jugend verbrachte, ihr Geburtshaus an der Kreuzung #6/#20; www.annesociety.org/anne

Green Gables Amusement

- In ***Avonlea*** (mitten in Cavendish) wird Annes heile Welt in Szene gesetzt und vermarktet: Pferdekutschfahrten, Kühemelken, Puppenshow, Ponyreiten, Spiele, Theater, Musik und überall Strohhüte mit bunten Bändern. Mitte Juni bis Anfang September täglich 9-17, danach 10-16 Uhr; $19, Jugendliche $15; www. avonleavillage.com

Das vielbesuchte, aber erstaunlich schlichte »Haus der grünen Giebel«

Maximale Vermarktung

Etwa 700.000 Touristen besuchen jedes Jahr die verschiedenen mit *Anne of Green Gables* zusammenhängenden Museen und Stätten in und um Cavendish. Jeder Souvenir-Shop auf der Insel lebt vom *Anne-Merchandising*: ob Puppen in allen Größen, Nippes, Keramik, T-Shirts, Tücher, Mützen, Videos, DVDs, CDs und mehr. *Anne* ist der wichtigste Tourismusfaktor der Provinz PEI. Das verwundert nicht, denn allein in Nordamerika verkauft sich das Buch immer noch eine halbe Million mal pro Jahr. Und 13 Mio. Japaner sollen es gelesen haben, von denen jährlich 10.000 nach Cavendish kommen, das angeblich nach New York, Paris und London beliebteste Auslandreiseziel der Japaner.

3.3.6 Abstecher nach Summerside

Lage

Auch ohne die Absicht, den Westen der Insel zu erkunden, kommt nach dem Besuch des Nationalparks – oder bereits auf der Anfahrt über die *Confederation Bridge* – ein Besuch von Summerside in Frage, der zweitgrößten Stadt der Provinz (ca. 14.500 Einwohner) an der Bedeque Bay, rund 25 km südwestlich von Cavendish bzw. 20 km nordwestlich von Borden-Carleton.

Kennzeichnung

Da Summerside abseits des direkten Touristenstroms in Richtung Charlottetown und Nationalpark liegt, kam man Ende der 1990er-Jahre auf die Idee, dem Interesse an der Stadt zusätzlich ein wenig nachzuhelfen mit einem Rezept, das schon in anderen Fällen wie etwa im Städtchen Chemainus auf Vancouver Island Erfolg hatte. Man begann, große Wandbilder auf freie Flächen zu malen, ➪ Essay. Abgesehen davon ist aber das Hauptpfund, mit dem Summerside wuchern kann, seine ***Harbourfront*** in Verbindung mit kleinstädtischem Charme und einer sehr guten gastronomischen Infrastruktur. Ein kilometerlanger **Boardwalk** folgt vom Stadtzentrum dem Verlauf der Bucht. Westlich der Stadt (Straße #11) liegt ein roter **Sandstrand**, an dem sich oft jede Menge Blaureiher tummeln.

Harbourfront

Spinnaker's Landing ist eine am und über dem Wasser gebaute Shoppingarkade am Harbour Drive, in der auch die **Besucherinformation** der Stadt residiert. Der Bereich ist u.a. Schauplatz des jährlich im Juli stattfindenden ***Summerside Festival*** mit Konzerten und Theateraufführungen unter freiem Himmel. Am Hafen kann man bei der Anlandung der Hummerfänge zuschauen.

Armoury Building

Im ehemaligen ***Armoury Building*** (33 Summer St, Juni-September, Eintritt durch Spende, ✆ 902-436-1296) befindet sich das ***International Fox Museum*** mit einer Ausstellung zur Bedeutung der Silberfuchszucht für das wirtschaftliche Leben der Region zu Beginn des 20. Jahrhunderts.

Downtown

Parallel zur *Waterfront*, in den Straßen zwischen *Central* und *Granville Street*, gibt es eine ganze Reihe hübscher Häuser, einige davon aus dem 18. Jahrhundert. An manchen der Backsteinbauten wie dem ehemaligen Bahnhofsgebäude fallen die erwähnten Wandgemälde ins Auge.

Murals in Summerside

Das erste Wandgemälde (*Mural*) entstand 1997 wurde mit Förderung durch die Tourismuskommission der Provinz und die Stadtverwaltung passenderweise am Feuerwehrgebäude angebracht. Es thematisiert einen großen Stadtbrand im Jahr 1906. Es folgte ein Gemälde am ehemaligen Bahnhofsgebäude – heute Bibliothek – zur Rolle der Eisenbahn auf PEI. Das dritte Bild zeigt das historische Geschäftsviertel der Stadt, ein viertes einen Eissturm von 1956 mit seinen Auswirkungen. Das fünfte schließlich am Gebäude der *Royal Canadian Legion* befasst sich mit der Militärgeschichte von Summerside. Spenden und Sponsorengelder ermöglichten inzwischen fünf weitere *Murals*, die großflächig auf die Geschichte der Stadt Bezug nehmen – z.B. auf akadische Siedler oder auf die Silberfuchszucht, ➪ dazu »International Fox Museum«.

Wandbild »Ice Storm«

Information & Internet

- ***Summerside Visitor Information Centre***, Spinnaker's Landing, www.city.summerside.pe.ca/visitors, www.summerside.com
- ***Rotary Regional Library***, *Old Train Station*, 192 Water Street

Restaurant

- ***Brothers Two Restaurant***, Water Street East, *Seafood* und vieles mehr, selbstgebrautes Bier

Unterkunft

- ***Garden of the Gulf Quality Inn***, 618 Water Street, ✆ 902-436-2295, 89-199$, www.qualityinnpei.com
- ***Summerside Motel & Restaurant***, 500 Read Drive, ✆ 902-436-3856, 63-89$; www.peisland.com/summersidemotel
- ***Clark's Sunny Isle Motel***, 720 Water Street, ✆ 902-436-5665, 45-63$; www.sunnyislemotel.com

Camping

- ***Linkletter Provincial Park***, einige Kilometer westlich der Stadt südlich der Straße #11 am Wasser, ✆ 902-888-8366, Duschen, Waschautomat, *Dumping*, Juni-Mitte September, 18-21$

3.3.7 Über Lennox Island zum North Cape

Lage Lennox Island

Wer sich auch noch den Westteil der Insel ansehen möchte, sollte einen Abstecher nach ***Lennox Island*** erwägen. Diese 5 km^2 große Insel liegt im westlichen Bereich der Malpeque Bay zwischen der langen Insel Hog Island und dem »Festland« von PEI. Mit diesem ist sie über einen Straßendamm verbunden (Anfahrt über den *North Cape Coastal Drive*/Straße #12 und dann Straße #163).

Mi'kmaq

Die Insel ist Reservat der ***Lennox Island First Nation***. 1870 wurde das Land durch eine philanthropische Gesellschaft aus London erworben, um es den einst enteigneten *Mi'kmaq* wieder zur Verfügung zu stellen. Erst seit 1973 gibt es den Damm, vorher kam man nur mit Booten bzw. im Winter über das Eis auf die Insel. Wirtschaftliche Grundlage der hier lebenden etwa 250 *Mi'kmaq* sind Austern, Torfabbau und Blaubeerernte. Ein neuer Wirtschaftszweig ist der Öko-Tourismus.

Ecotourism

Der ***Lennox Island Ecotourism Complex*** (26 Eagle Feather Trail, ✆ 902-831-2702; www.lennoxisland.com/liae) ist ein noch relativ neuer Bau mit Ausstellungsräumen, *Hostel*, Laden und Café; von dort starten geführte Boots- oder Seekajak-Touren.

Kultur der Mi'kmaq

Gegenüber liegt das ***Mi'kmaq Cultural Centre*** (Mitte Juni-Mitte September, 10-18 Uhr, So 12-18 Uhr, 2$) mit einer Ausstellung zur Geschichte, Archäologie und traditionellen Lebensweise der *Mi'kmaq*. Jeweils am letzten Sonntag im Juli feiern die seit fast dreihundert Jahren katholischen *Mi'kmaq* ihr größtes Fest: den ***Saint Anne's Day*** mit Gottesdienst und einem Volksfest, dessen indianische Komponenten sich indessen in Grenzen halten. Zum Dorffest der heutigen Indianer gehören auch Hüpfburg, Popcornstand und Miss-Wahl.

Wandern

Am Ortsrand gibt es einen zweiteiligen Rundwanderweg von insgesamt 10 km Länge. Dieser ***Path of Our Forefathers***, der auch für Biker geeignet ist, läuft überwiegend durch in seiner Ursprünglichkeit erhaltenen akadischen Forst und am Nest eines Weißkopfseeadlers vorbei. Informationstafeln geben Auskunft über Natur, Geschichte und die Bewohner der Region. An den Stränden der Inseln findet man mit Glück Austern.

Internet

- ***Lennox Island Learning Center***, 312 Sweet Grass Trail
- ***Tyne Valley Library***, 1314 Port Hill Station Road

Restaurant

- ***Minegoo Café***, im Lennox Island Ecotourism Complex

Unterkunft

- ***Red Shore Cottages***, Ellerslie, ✆ 902-831-2173, Woche ab 600$

Hostel

- ***HI-Hostel Lennox Island,*** *Ecotourism Complex,* ✆ 902-813-5423, 20-24$/Person; im Obergeschoss 14 Bettten, tolle Lage

Camping

- ***Green Park Provincial Park***, Port Hill, #12, ✆ 902-831-7912, Mitte Juni-Anfang September, WC, Duschen, *Dumping Station*, Waschautomat, 21-28$.

Nach Tignish

In Richtung Norden folgt man dem *North Cape Coastal Drive*, der Straße #12, oder der schnelleren küstenfernen Straße #2, auf der man indessen das hübsche Küstenstädtchen **Alberton** auslässt, ein früheres Zentrum des Silberfuchshandels, ➪ Seite 280. Der nördlichste Ort von PEI ist das adrette Tignish mit einer Handvoll Unterkünften und dem ***Tignish Cultural Centre*** in der School Street, das auch die ***Visitor Information*** beherbergt.

North Cape

Von Tignish führt ein schmale Straße noch 2 km weiter bis ans Kap mit dem unvermeidlichen **Leuchtturm**, dem ***North Cape Interpretive Centre*** (täglich Mitte Mai-Mitte Oktober) und den weithin zu erkennenden Windrädern des ***Atlantic Wind Test Site***. Die *North Cape Wind Farm* liefert immerhin rund 3% des Energiebedarfs von PEI. Im ***Centre*** (täglich Mitte Mai-Mitte Oktober) hat man die Details zu dieser Anlage. Außerdem befinden sich darin ein **Aquarium** und ein **Museum**, das die Geschichte dieser Küstenregion mit manchen Schiffbrüchen nachzeichnet.

Im ***Wind & Reef Restaurant*** genießt man den Blick übers Meer.

Wandern

Die Wind und Meer ausgesetzte Steilküste verändert sich ständig durch Erosion. Unterhalb der rostroten kilometerlangen Klippen ist bei Ebbe ein schöner Spaziergang möglich (Zugang unterhalb des *Centre*). Der ***Black Marsh Nature Trail*** führt von dort durch eine Sumpflandschaft und dann entlang der rauhen Küste über eine Hochebene mit flachen Wacholdern, Krummholz und windflüchtenden niedrigen Fichten zum ***Elephant Rock***, dessen elefantenähnliche Silhouette indessen vor Jahren zerstört wurde. Nichtsdestoweniger taucht das Foto des alten Zustands im Internet und in Werbebroschüren immer noch auf. Ein eindrucksvolles Erlebnis ist dort der Sonnenuntergang.

Lädierter Elephant Rock am Nordkap; Beine und Körper sind noch zu erkennen, aber ein Großteil des »Kopfes« liegt als Schutt im Wasser

Internet
- ***Alberton Public Library***, 460 Main Street;
- ***Visitor Information*** im *Cultural Centre*

Restaurant
- ***The Boat Shop Steak & Seafood Restaurant*** am Northport Pier, Cascumpeque Bay; © 902-853-4510, www.northportpier.ca

Unterkunft
- ***Islands End Motel***, Doyle Road, Seacow Pond, © 902-882-3554, ab 65$; www.islandsendmotel.com
- ***Tignish Heritage Inn***, ein nostalgisches Haus mit Geschichte, © 902-882-2491, 60-110$; www.tignish.com/inn
- ***Northport Pier Inn,*** Northport Harbour, © 902-853-4520, ab 145$; www.nortportpier.ca

Camping
- ***Jacques Cartier Provincial Park***, Kildare Capes, © 902-853-8632, Mitte Juni-Mitte Sept., Duschen, *Dumping Station,* 15-21$

Miminegash/ Carrageen

Bei einer Rückfahrt auf der Straße #14 an der Küste entlang passiert man in **Miminegash** das ***Irish Moss Interpretive Centre*** (Anfang Juni-Ende September, 10-19 Uhr, 2$). Dort wird erläutert, wie man auf PEI das *sog Irish Moss* aus dem Meer »erntet«. Nach Küstenstürmen angetriebene **Rotalgen** werden entweder mit Hilfe von Pferden oder aber vom Boot aus bei Ebbe aus dem Meer gezogen, anschließend gewaschen, gekocht und nach weiteren Prozessen, die daraus den Rohstoff **Carrageen** machen, zermahlen. Er findet u.a. als Gelier- und Verdickungsmittel in der Lebensmittelindustrie Verwendung.

O'Leary

Im südlicher landeinwärts gelegenen **O'Leary** wartet das ***PEI Potato Museum*** auf Besucher, Mitte Mai-Mitte Oktober, 9-17 Uhr, So 13-17 Uhr, 6$; www.peipotatomuseum.com

Internet
- ***O'Leary***, *Public Library,* 18 Community St.

Café
- ***Seaweed Pie Café***, Miminegash beim *Interpretive Center*, ab 11 Uhr geöffnet, u.a. *Seafood* und Algenspezialitäten

Unterkunft
- ***Rodd Mill River Hotel*** am *Mill River Provincial Park,* © 902-859-3555 oder © 1-800-565-7633, 91-185$; www.rodd-hotels.ca

Camping
- ***Mill River Provincial Park***, #136 nahe St. Anthony, Duschen, Golfplatz, *Dumping Station*, 21-28$

3.3.8 West Point und Cape Egmont

West Point Lighthouse & Hotel

An der Südwestspitze der Insel liegt bei **West Point** der ***Cedar Dunes Provincial Park*** an einem langen Sandstrand. Der Leuchtturm von 1875 ist noch in Betrieb und beherbergt im großen Anbau ein 9-Zimmer-Hotel mit Restaurant und das kleine ***Lighthouse Museum*** (Anfang Mai-Ende Oktober, 8-20 Uhr, im Sommer bis 21.30 Uhr, Eintritt für Hotelgäste frei, sonst $2,50), eines der besten unten den vielen dieser Art in den *Maritimes*. Von dort hat man obendrein einen spektakulären Blick über den roten Strand, auf Küste und Meer.

Den Gästen wird gerne die Geschichte einer **Seeschlange** erzählt, über die bereits die *Mi'kmaq* berichteten; Leuchtturmwärter wollen sie ebenfalls gesehen haben. Das hört sich wie eine Legende ähnlich der vom *Loch Ness* an, gäbe es da nicht einen ungewöhnlichen Schädel, der im Jahr 2000 gefunden wurde und von Biologen bisher noch nicht identifiziert werden konnte.

Unterkunft & Restaurant

- ***West Point Lighthouse***, © 902-859-3605, 110-145$, Restaurant mit *Seafood* und Aussicht; www.westpointlighthouse.com

Camping

- ***Cedar Dunes Provincial Park***, © 902-859-8785, West Point, Straße #14; Ende Juni–Anfang September; WC, Dusche, Waschautomat, *Dumping Station*, 15-21$

Cape Egmont

Ein weiteres lohnendes Ziel auf dem ***North Cape Coastal Drive*** ist das ***Cape Egmont*** (Straße #11). Der Abzweig zum Kap kann leicht übersehen werden, denn die rote Steilküste mit dem ***Lighthouse*** liegt hinter einem kleinen Küstenwald versteckt.

Von einem winzigen Hafen ganz in der Nähe kann man aus geringer Entfernung schon mal einen »Postkartenblick« auf den Leuchtturm werfen. Das ausgehöhlte Steilufer links und rechts ist ähnlich beeindruckend wie am *Cape North*, aber hier gibt es kaum Besucher. Bei klarem Wetter sind von dort die Spitzen der *Confederation Bridge* zu sehen.

Im **Ort Cap-Egmont** werben die ***Bottle Houses***, erbaut aus 25.000 Glasflaschen, um Aufmerksamkeit (Juni-September, 10-18 Uhr, Juli und August 9-20 Uhr, 5$).

Mont Carmel

Im benachbarten **Mont Carmel** fällt die katholische Kirche ***Eglise Notre Dame de Mont Carmel*** durch ihre imposante Größe auf.

Café

- ***Café Côté Mer***, Mont Carmel, #11, im ehemaligen Pfarrhaus der Kirche, Juli-August, 10-18 Uhr

Unterkunft

- ***Chez Evangeline B&B,*** 8185 Straße #11, Maximeville, © 902-854-3097; 50$

Camping

- ***Moonlight Camping***, Straße #11, Cape Egmont, Mitte Mai-Ende September, Duschen, Waschautomat, *Dumping*, 18-20$

Nach New Brunswick

Bis Summerside sind es von Mont Carmel noch 30 km, bis zur Brücke zurück zum Festland gut 50 km.

Strand von Cedar Dunes mit dem West Point Lighthouse

4 Abstecher nach Québec Maritime

4 ABSTECHER NACH »QUÉBEC MARITIME«

4.1 Zum Reiseziel Gaspé – Besonderheiten

Die 30.000 km² große **Gaspé-Halbinsel** ragt nördlich von New Brunswick zwischen dem St. Lawrence River und der Baie des Chaleurs in den Golf von St. Lawrence hinein. Die Ortschaften liegen vorwiegend an der Küste entlang der Straße #132 sowie in den Tälern des Matapedia und des Matane River. Durch das Innere der Halbinsel führen kaum ausgebaute Straßen sowie einige Schotterpisten. Die Schutzgebiete ***Réserve faunique des Chic-Chocs*** und ***Parc National de la Gaspésie*** besetzen große Flächen.

Landschaft & Vegetation

Auf der *Gaspé* setzten sich die Höhenzüge der *Appalachen* fort. Dort wächst Mischwald mit Schwarz- und Weißfichten, Lärchen, Balsamtannen, Hemlocktannen, Kiefern, Pappeln, Papierbirken, Ahorn und Gelbbirken. In den Höhenlagen um den ***Mont Jacques Cartier*** (mit 1.268 m der höchste Berg weit und breit) gibt es sogar baumlose Hochlandflächen mit subarktischer Flora. Die Küstenbereiche sind abwechslungsreich und verfügen über flache Sandstrände, Steilufer und imposante Klippen.

Sehenswertes

Eine Umrundung der Halbinsel über der Verbindung Matane–Matapedia quer über die Gaspé ist eine Fahrt von über 800 km. Drei Reisetage sollte man dafür mindestens einplanen. Das empfiehlt sich vor allem für Besucher, die Percé mit dem Felsen ***Le Rocher***, den ***Forillon National Park*** und die Küsten mit ihren Stränden, Klippen und Leuchttürmen besuchen wollen. In den Waldgebieten des Landesinneren gibt es Elche und Karibus.

Geschichte

Als 1534 *Jacques Cartier* im Namen des Königs von Frankreich das Land entdeckte und für ihn »in Besitz nahm«, wurden die Gewässer des St.-Lorenz-Stroms bereits von baskischen und bretonischen Fischern genutzt. In der Sprache der *Mi'kmaq* bedeutet *Gaspé* »das Ende des Landes«, für die europäischen Siedler war es aber wohl eher der Anfang der – »neuen« – Welt. Da die Winter hart und die Böden schlecht waren, zogen die meisten weiter stromaufwärts nach Québec und Montréal. Nur wenige Fischer blieben auf der Gaspé.

In den folgenden Jahrhunderten kamen französische, akadische, englische, irische und schottische Siedler. Die Menschen lebten von Schiffbau, Fischerei, Holzverarbeitung und etwas Landwirtschaft vor allem im Tal des Matane River.

Die *Gaspésie* ist nach Montréal und Québec City das beliebteste touristische Ziel der Provinz Québec.

Zeitzone

In *Québec* gilt ***Eastern Standard Time*** (EST), d.h. 1 Stunde nach *Atlantic Standard Time* (AST) in Nova Scotia und New Brunswick, 1,5 Stunden nach Newfoundland, 6 Stunden nach MEZ.

Bus

Wer mit öffentlichen Verkehrsmitteln unterwegs ist, findet tägliche Busverbindungen für die der *Gaspé*-Region bei ***Orléans-Express Coach Lines***; www.orleansexpress.com.

4.2 Rund um die Gaspé-Halbinsel

Start in Campbellton

Aus New Brunswick erfolgt der Zugang zur Halbinsel Gaspé über die Straße #17 (*Appalachian Range Route*) bzw. die Straße #11 (*Acadian Coastal Drive*). Von Campbellton (New Brunswick) gelangt man über die Brücke nach Pointe-á-la-Croix. Von dort führt die **Straße #132** nach Osten entlang der Baie des Chaleurs.

Die Route durch die **Gaspesie** führt entlang der Südküste der Halbinsel zum berühmten Felsen vor **Percé** und in den ***Parc National de Forillon***. Dann geht es weiter an der rauheren, aber landschaftlich reizvolleren Nordküste der Gaspé am ***St. Lawrence River*** entlang und abschließend durch die Inlandsregion ***Matanie/Matapedia*** zurück zum Ausgangspunkt.

4.2.1 Küstenfahrt an der Baie des Chaleurs

Baie de Chaleurs

Diese Bucht erhielt ihren Namen wegen des verhältnismäßig warmen Wassers, das zum Baden einlädt. Die Straße läuft parallel zur Eisenbahnlinie und zur Küste. Links wird sie von bewaldeten Hügeln begleitet, rechts öffnen sich gelegentlich Blicke auf die Bucht.

In Québec

Die blau-weiße Fahne mit den drei Lilien – die Provinzflagge – weht dort überall und ist häufiger zu sehen als das Nationalbanner. Die oft übergroß wirkenden Steinkirchen sind ein weiteres Charakteristikum im frankokanadischen Québec.

Miguasha

Ein braunes Schild weist auf den ***UNESCO World Heritage Site Miguasha*** hin, der 6 km von **Nouvelle** entfernt südlich der Straße am Meer liegt. Hier gibt es eine Fundstätte von 370 Millionen Jahre alten Wirbeltierfossilien aus dem Devon. Am wichtigsten sind die versteinerten Reste der ***lobed fin-Tetrapoden***, einer Quastenflosserart, die den Übergang der Wirbeltiere vom Wasser ans Land und in die Luft dokumentiert. Zur Anlage gehört ein Park

Angeln

Die Tageslizenz zum Sportfischen kostet hier etwa 9$, für Lachs allerdings 27$. Die Einzelbestimmungen sind in den kostenlosen Broschüren »*Fishing Periods*« und »*Main Rules*« enthalten, ➪ www.mrnf.gouv.qc.ca/english/publications/online/wildlife/fishing-regulations/printed-version.asp.

Eine Angelerlaubnis ist zwingend vorgeschrieben. Informationen und Angelscheine (*Permits*) gibt es in den *Visitor Centres*. Spezielle Informationen zu geführten Angeltouren auch bei:

- ***Destinations Saumon Gaspésie***, 504 Route #299, Cascapédia-Saint-Jules, ✆ 418-392-4575, www.gaspesalmon.com
- ***Pourvoirie Motel Restigouche***, 5 rue des Saumons, Matapédia, ✆ 418-865-2155 oder ✆ 1-877-865-2848; www.matapedia.com
- ***Québec Sporting Inc.***, C.P. 6174, Gaspé, ✆ 418-368-7735 oder ✆ 1-866-747-5511, www.quebecsporting.com

mit einem naturhistorischen Museum. Unterhalb des Gebäudes führt ein Weg zum Strand mit Uferfelsen aus Schiefergestein und Konglomeraten. In einem abgesperrten Areal sind immer Forscher aus aller Welt am Werk.

Die Parkanlage bietet zahlreiche Picknickplätze und einen Natur-Rundwanderweg von 3 km Länge mit zahlreichen Informationstafeln. Es gibt auch Führungen. 1. Juni-August 9-18 Uhr, bis Mitte Oktober bis 17 Uhr; sonst kürzer; Park 3,50 $, Park & Museum 11,50$; www.sepaq.com.

Unterkunft • ***Motel La Tradition***, 184 Straße #132, Est St. Omer, 60$

Camping • ***Camping L'Érablière***, 28 Route Miguasha, Riviere Nouvelle, 38 Stellplätze, Duschen, *Dumping Station*, ab 20-25$

Carleton In **Carleton**, ein Touristenzentrum mit entsprechender Infrastruktur, liegt der schmale und steinige Badestrand ***Plage Baie Bleu*** mitten im Ort; er ist eingerahmt von zwei Landzungen.

Internet **Bibliothèque municipale**, 774 boulevard Perron Carleton,

Restaurant ***Hostellerie Baie Bleue***, 482 Boul. Perron, Seafood und mehr

Wandern Vom 555 m hohen ***Mont St. Joseph*** (1,5 km auch mit Auto anzufahren) hat man einen Rundblick über die Bucht. Ein längerer Wanderweg führt zum 613 m hohen ***Mont Carleton*** und weiter parallel zur Küste bis nach Maria.

Unterkunft Am Boulevard Perron (#132) liegen zahlreiche Motels, Preise zwischen 50 $ und 150 $

Camping • ***Camping Carleton, Banc de Larocque***, auf einer Halbinsel am Meer, 225 Plätze, Stromanschluss, Duschen, *Dumping Station*, Kinderspielplatz, Leuchtturm, ab 24-40$

Gesgapegiag Weitere Orte mit Stränden folgen, so **Maria** mit der angrenzenden dreisprachigen *Mi'kmaq*-Gemeinde **Gesgapegiag.** 1960 wurde hier eine Kirche im Stil eines traditionellen *Wigwams* errichtet. In der Kooperative gibt's indianisches Kunsthandwerk.

Internet • ***Gesgapegiag Cap Site***, 110 Boulevard Perron

Unterkunft & Restaurant • ***Auberge Restaurant Barli-Coco***, 445 Boulevard Perron West in Maria, ✆ 418-759-3661,

Unterkunft • ***Gite Le Martin Pecheur***, Maria, 503 Boulevard Perron, ✆ 418-759-3716, 75$-$90

Camping • direkt am Ufer des Rivière Cascapedia.

New Richmond Da **New Richmond** (www.villenewrichmond.com) ursprünglich eine Siedlung britischer Loyalisten war, wird hier auch heute noch Englisch gesprochen. Am Rand der Stadt befindet sich das Museumsdorf ***Gaspesian British Heritage Village***, Eintritt 10 $.

Im Regionalpark am Petite-Cascapedia River gibt es einen Campingplatz. Im Sommer kann man dort angeln sowie Kajak- und Kanutouren unternehmen, www.pinrouge.com.

Unterkunft • ***Hotel/Motel Francis***, New Richmond, 210 Chemin Pardiac, ✆ 418-392-4485, ab 91-210$; www.hotelfrancis.qc.ca.

Camping

- ***Camping New Richmond***, Route #132 West, Duschen, Stromanschluss, *Dumping Station*, Waschautomat, 18$
- ***Camping Petite-Cascapédia***, Chalets, im Regionalpark, Strom, Duschen, *Dumping Station*, Waschautomat, $18.

Caplan

In Caplan wird die Küste steiler und zeigt rote, vom Meer ausgewaschene Sandsteinfelsen. Auch dieser kleine Badeort verfügt über Läden, Restaurants und Unterkünfte.

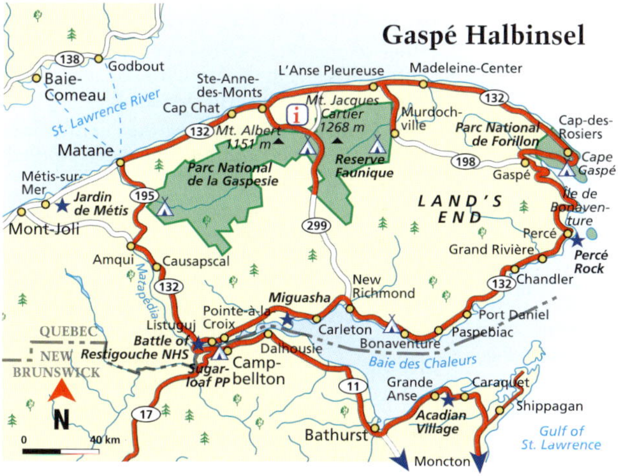

Bonaventure

Bonaventure, einer der größten Orte an der Südküste mit sehr guter touristischer Infrastruktur, wurde 1750 von akadischen Flüchtlingen gegründet. Das ***Musée Acadien du Québec*** (www.museeacadien.com) dokumentiert die Geschichte und Lebensweise der Siedler. Der ***Bioparc de la Gaspésie*** zeigt Tiere und Pflanzen der *Gaspésie* in ihren natürlichen Habitaten: Salzmarschen, Lagunen, Flüssen, Forst, Tundra, 5$; www.bioparc.ca.

Mitten in der Stadt befindet sich ein **Strandbad**.

Ein Abstecher von etwa einer Stunde landeinwärts führt nach **St. Elzéar** zu einer Tropfsteinhöhle. Nur mit Führung, 136 Chemin Principal, © 1-877-524-7688, 22$; www.lagrotte.ca.

Unterkunft

- ***Motel Grand-Pré***, 118 Avenue Grand-Pré, © 418-534-2053, ab 105-175$; www.fortune1000.ca/grandpre.
- ***Hotel/Motel La Plage***, 118 Avenue de Port-Royal, © 418-534-2934, ab 90$

Camping

- ***Camping Plage Beaubassin*** am Strand, 154 Avenue Beaubassin, 242 Plätze, Duschen, Strom, *Dumping* , Waschautomat, 20-30$

New Carlisle/ Pasbebiac

Auch weiter ostwärts findet man weitere Badestrände und eine gute touristische Infrastruktur. **New Carlisle** ist ebenfalls eine Gründung britischer Loyalisten. **Paspebiac** ist eine historische

Fischereibasis mit Ausstellung und zweisprachiger Führung. Die Demonstrationen verdeutlichen, wie hier schon vor mehr als 200 Jahren der Kabeljau gefangen, getrocknet und für den Export vorbereitet wurde. Auch Probierstube, Restaurant, Souvenir-Shop und Kinderspielplatz gehören dazu, 9-17 Uhr, 5$.

Camping

- ***Camping Moulin Rouge***, 11 Rue Green, New Carlisle, 90 Plätze auch *Cottages* im strandnahen Wald, Duschen, Stromanschluss, *Dumping Station*, Waschautomat, 30$, *Cottages* 70$-90$, ab 430$ pro Woche; www.campingmoulinrouge.com..

Hope

Bei **Hope** reichen Felsen bis an den Strand, die durch die Flut ausgehöhlt wurden. Die Küste wird danach allmählich steiler und immer mehr Klippen türmen sich auf.

Port Daniel

Bei **Port Daniel** liegt landeinwärts in den Wäldern und Bergen inmitten der ***Réserve Faunique*** ein ***Parc Provincial*** mit Campingplätzen und Chalets.

Rocher Percé auf einer Bootstour um den Felsmonolithen vom Meer aus gesehen

4.2.2 Percé und der Parc National de Forillon

Östlich von **Grand Rivière** (dort Lachsfluss La Grande) läuft die Straße stetig nah am Steilufer entlang. Vor der Küste kommt bald die Île de Bonaventure ins Blickfeld. Vom *Cap Blanc* (mit Leuchtturm auf rotem Fels) hat man einen wunderbaren Blick hinunter über **Percé** und den berühmten Fels *Rocher Percé*.

Rocher Percé

Das frühere Fischerdorf ist heute ein geschäftiges Touristenzentrum mit zahlreichen Hotels, Restaurants, Souvenirshops, Geschenkboutiquen, Kunstgalerien und vielen Möglichkeiten für Aktivurlauber. Hauptattraktion ist der ***Rocher Percé***, der zum Wahrzeichen der *Gaspésie* geworden ist. Dieser 438 m lange und 88 m hohe Kalksteinmonolith wurde vor 375 Millionen Jahren durch Sedimentablagerung geformt. Bis 1845 hatte der Felsen an seiner Außenseite zwei durch Erosion geformte Aushöhlungen (»Tore«); nach dem Einsturz des äußeren Bogens blieb der soge-

250.000 Vögel sollen auf der Île de Bonaventure leben. Man darf dieses Vogelschutzgebiet betreten und ungehindert fotografieren

nannte »Obelisk« stehen. Das noch verbliebene Felsentor ist 17 m hoch. Bei Ebbe kann man trockenen Fußes bis an den Monolithen laufen, bei Flut wird er vom Wasser umspült. Parkwächter achten darauf, dass alle Touristen rechtzeitig umkehren, bevor die Flut ihnen den Weg abschneidet, ➪ Großfoto Seite 286.

Île de Bonaventure

In 3,5 km Entfernung liegt vor der Küste ***Bonaventure***, eine 4 km^2 große, vorwiegend aus rötlichem Sandsteinkonglomerat bestehende Insel. Seit 1916 ist das Eiland ein Vogelschutzgebiet. Dort befinden sich Kolonien von Tordalken, Dreizehenmöwen, Papageientauchern, Lummen sowie eine der größten und wohl auch lautesten Basstölpel-Populationen (*Gannets*; ➪ z.B. Seite 358). Ornithologen schätzen, dass es über 250.000 Vögel hier gibt.

Parc National

Zusammen mit dem *Rocher Percé* und dem *Sector Charles Robin* bildet die Insel den ***Parc National de l'Île-Bonaventure-et-de-Rocher-Percé.*** Im *Sector Charles Robin* an der *Rue de Quai* befindet sich im Gebäude *La Neigère* die Besucherinformation des Parks (31. Mai-11. Oktober, Eintritt 3,50$); das historische Haus *La Chafoud* nebenan beherbergt das ***Centre d'Interpretation*** mit Ausstellungen zu Geologie, Fauna, Flora, Geschichte und Tradition der Region sowie einem Museum im Obergeschoss.

Bootstour

Zur Insel gelangt man mit einer der vielen Bootstouren, die von privaten Unternehmen angeboten werden. Man kann sich absetzen lassen und auf der Insel wandern. Oder man bucht eine Rundtour um die Insel und beobachtet die Vögel vom Wasser aus. Abfahrt: ***Wharf*** im Zentrum von Percé.

Wandern

Der Berg oberhalb des Städtchens, der ***Mont St. Anne***, ist eine Landmarke, die selbst bei Nebel über viele Kilometer zu sehen ist. Eine Wanderung zum Gipfel ist aufgrund der starken Steigungen anspruchsvoll. Doch die Mühsal lohnt sich unbedingt: Man hat von verschiedenen Aussichtspunkten aus herrliche Blicke über die Stadt und auf das Meer mit seiner Küstenlinie.

Auf der Bergspitze steht die Skulptur der heiligen Anna – der Schutzheiligen der Fischer – auf einem Betonpodest vor Sitzreihen; in jedem Jahr findet hier eine Prozession mit Gottesdienst statt. Als erschöpfter Wanderer mag man sich dort oben wundern, wie trainiert die Prozessionsteilnehmer wohl sein mögen – bis man sieht, dass es zum Gipfel einen Taxidienst mit geländegängigen Allradfahrzeugen gibt.

Information ***Tourist Information Centre,*** 142 Route #132

Internet

- ***Café de l'Atlantique***, Strandpromenade, 155 Straße #132
- ***La Maison Rouge***, 125 Route #132
- ***Tourist Service Centre***, 9 Rue du Quai

Restaurant ***La Maison du Pêcheur,*** 155 Route #132

Unterkunft Mehrere Unterkünfte bieten ihren Gästen einen Panoramablick auf den *Rocher Percé*:

- ***Motel Le Mirage***, 288 Route #132 Ouest, ✆ 418-782-5151 oder ✆ 1-800-463-9011, 79-172$
- ***Riotel Percé***, 261 Route #132 Ouest, ✆ 418-782-2166 oder ✆ 1-800-463-4212, 99-199$
- ***Hotel-Motel La Côte Surprise***, 367 Route #132 Ouest, ✆ 418-782-2131 oder ✆ 1-866-782-2131, 70-135$

Hostel

- ***Auberge de Jeunesse La Maison Rouge,*** 125 Route #132 , ab 20$

Camping Es gibt mehrere großzügige Campingplätze im Grünen nahe dem Zentrum des Städtchens, fast alle ausgestattet mit WC, Duschen, Stromanschluss, *Dumping Station* und Waschautomat, ab 20$

Baie de Gaspé Die kurvenreiche Weiterfahrt auf der Straße #132 nach Gaspé an der Küste der äußeren Bucht von Gaspé entlang zeichnet sich durch immer wieder traumhafte Blicke aus. In Küstennähe sieht man viele stark erodierte, vom Wasser unterspülte und unterhöhlte rote Konglomerat-Felsen. Bei **St. Georges de Malbaie** wartet ein besonders ungewögnliches Felsgebilde: der ***Rocher Tête d'Indien*** mit dem Profil eines Indianerkopfes.

Camping

- In unmittelbarer Nähe liegt der Campingplatz ***Camping Tête d'Indien***, WC, Duschen, Stromanschluss, *Dumping Station*, Zeltplätze unmittelbar am Strand, Internet; 22-34$

Leuchtturm am Cap Gaspé in der östlichsten Ecke des Nationalparks Forillon

Information

Tourist Information Centre, 142 Route #132

Auch im weiteren Verlauf der Küstenstraße gibt es zahlreiche Übernachtungsmöglichkeiten: Motels, *Auberges* oder Campingplätze. Rast- und Picknickplätze sind reichlich vorhanden.

Gaspé

Zwar liegt das 16.000 Einwohner zählende **Gaspé** in einer schönen Bucht, es entpuppt sich allerdings als Stadt ohne besonderen Charme. Doch findet man dort eine umfassende Infrastruktur; außerdem gibt es einen Flug- und Yachthafen.

Sehenswertes

In der Rue de la Cathedrale steht ein etwa 10 m hohes Kreuz auf einem Granitstein. Das ***Croix de Jacques-Cartier*** erinnert an ein von *Cartier* 1534 in Gaspé errichtetes Kreuz, das die offizielle Inbesitznahme des Territoriums für den König von Frankreich symbolisieren sollte. Die gleich daneben stehende ***Cathedrale du Christ-Roi*** ist ein moderner Holzbau.

Am Ortsausgang liegt das regional ausgerichtete ***Musée de la Gaspésie***, 80 Boulevard de Gaspé, 9-17 Uhr, 7$. Nahebei befindet sich ein **Monument** für den Entdecker *Jacques Cartier*.

Restaurants

- ***Café des Artistes***, charmante Einrichtung, gute Küche
- ***Brise-bise***, Küche prima, oft Live-Musik; www.brisebise.ca

Gespeg

Neun Kilometer nordwestlich von Gaspé (kurz vor der Brücke, über die es nach Fontenelle geht) lohnt sich ein Besuch in der ***Site d'Interprétation Micmac de Gespeg***. Hier wurde ein Indianercamp aus dem 17. Jahrhundert mit verschiedenen Arten von Wigwams aus Zeltstangen und Birkenrinde rekonstruiert. Im Ausstellungsgebäude demonstriert man, wie sich die *Mi'kmaq* früher von Fischfang, Früchten und der Jagd ernährt haben; 783 Boulevard Pointe Navarre,Juni-September, 8$.

Parc National de Forillon

Die #132 umrundet ufernah die gesamte Gaspébucht und weiter die nordwestliche Landspitze der Halbinsel mit dem 244 km² großen ***Parc National de Forillon***. In dieser Ecke der Gaspé fallen

die letzten Ausläufer der Appalachen steil zum Meer bzw. der Mündung des St. Lorenz ab. Die stark zerklüfteten Kalk- und Sandsteinufer bieten Nistplätze für Seevögel, und mit etwas Glück kann man von den teilweise über 100 m hohen Klippen Wale und Robben beobachten.

In den Waldgebieten leben Elche und sogar Schwarzbären. Besonders schön ist der Oktober, wenn im *Indian Summer* der Mischwald (u.a. aus Lebensbäumen, Kiefern, Pappeln, Ahorn und Gelbbirken) in den Herbstfarben erglüht. Auf den Bergwiesen findet man eine alpine Pflanzenwelt.

Zur Hauptsaison im Sommer gibt es für die Besucher ein dichtes Programm unter anderem mit Vorträgen über die Tierwelt oder Musik aus Québec (Französisch und Englisch). Der Park ist auch im Winter für Wintersportler geöffnet.

Information

Ein sog. ***Reception Center*** befindet sich bei **Penouille** (Südküste), ein weiteres im Norden bei **L'Anse au Griffon** (Eintritt 7$). In der Nähe vom ***Cap-des-Rosiers*** mit seinem 37 m hohen Leuchtturm informiert das ***Centre d'Interprétation*** über die Flora, Fauna und Geschichte des Parks. Auch ein Aquarium gehört dazu.

Wandern

Auf dem 70 km langen Netzwerk von Wegen kann man einfache Spaziergänge, aber auch Ganztagswanderungen unternehmen.

Von Nordwest nach Südost verläuft durch den Park ein Teil des ***International Appalachian Trail*** (➪ Kapitel 2.3.2 Seite 251); der Einstiegspunkt liegt an der #197 bei Rivière Morris.

Unterkunft

• ***Motel Le Noroit***, L'Anse au-Griffon, 598 Boulevard Griffon, ✆ 418-892-5531, 50-65$

- ***Motel Le Pharillon***, Cap-des-Rosiers, © 1-877-909-5200, 55-$90
- ***Motel/Chalets Baie de Gaspé***, Cap-aux-Os, 2097 Boulevard de Grande-Grève, © 418-892-5240, 50-110

Hostel

- ***Auberge de Jeunesse de Gaspé***, Cap-aux-Os, 2095 Boulevard de Grande-Grève, © 418-892-5153, 21-255

Camping

Im Park gibt es verschiedene Campingmöglichkeiten, für die in der Hochsaison eine telefonische Vorbuchung (© 1-877-737-3783) empfohlen wird. An der nördlichen Steilküste befinden sich

- ***Camping Cap Bon-Ami***, Duschen, WC, ab 25$
- ***Camping Des-Rosiers***, Duschen, Strom, *Dumping*, ab 25$

An der Südküste in windgeschützter Lage liegt

- ***Camping Petit-Gaspé***, Duschen, Strom, *Dumping*, ab 25$

Darüber hinaus gibt es an den Wanderwegen im Parkinneren einfache *Walk-in Campgrounds* für Zelte.

Kajaktouren

- ***Cap Aventure***, Grande-Grave's Harbour, Forillon NP Süd, Touren 2 Std bis ganztägig, © 418-892-5055; www.capaventure.net

Bootstouren & Walbeobachtung

- ***Croisières Baie de Gaspé***, Grande-Grave's Harbour, Forillon NP Süd, Juni-September, Walbeobachtung im *Zodiac*-Boot, © 418-892-5500, 45$; www.baleines-forillon.com
- ***Croisières Découvertes***, Cap-des-Rosiers Harbour, © 418-892-5629 oder © 1-877-782-2161, ab22$

Moulin des Plourde

Am Nordrand des Nationalparks kann man in der ***Moulin des Plourde***, einer historischen Sägemühle zusehen, wie die Zedernholzschindeln entstehen, mit denen Dächer gedeckt und Hauswände verkleidet werden. Rivière-au-Renard, 5 Rue du Moulin, Ende Juni bis Anfang September, 9-17 Uhr, Eintritt 6$.

Strand an der Südküste des Forillon Park

4

4.2.3 An der Nordküste der Gaspésie

Verlauf Entlang der Nordküste läuft die Straße #132 manchmal ufernah unter steilen Felsenklippen, dann windet sie sich die Küstenberge hinauf und gönnt dem Autofahrer immer wieder herrliche Blicke über die hier 100 km breite Mündung des St. Lorenz Stroms. Zahlreiche Picknickplätze liegen am Weg.

Madeleine de la Rivière Im malerischen Fischerdorf **Sainte-Madeleine-de-la-Rivière** führt ein Abstecher nach ***Madeleine-Centre*** zum **Leuchtturm** (*Phare*). Dort gibt es ein kleines Museum (Mitte Juni-Anfang September), ein Internet-Café und einen Laden, wo man auch **Angellizenzen** erwerben kann, denn der Rivière Madeleine ist ein beliebter Lachsfluss. Da ein hoher Wasserfall den Lachsen den Weg flussaufwärts abschneider, nutzen die Fische einen Untergrundkanal.

Internet ***Café Internet***, 4 Route du Phare, Madeleine-Centre (*Phare*)

Abstecher Von L'Anse Pleureuse führt die Straße #198 durch die Berge und den Westteil der ***Réserve faunique des Chic-Chocs*** nach Gaspé.

Nur wenig außerhalb des Naturreservats liegt **Murdochville** (ca. 40 km). Dort kann eine seit 1999 geschlossene Kupfermine unter Tage besichtigt werden; das ***Centre d'Interprétation du Cuivre*** zeigt eine Ausstellung zum Kupferbergbau.

Unterkunft • ***Hotel Copper***, 700 5e Rue, ✆ 418-764-2566, 85-105$

Camping • Am ***Lac York*** mit *Chalets*, Duschen, Strom, *Dumping*, ab 10$

Dörfer am Wege Die folgenden Küstendörfer liegen meist an den Flussmündungen vor hohen Bergen mit steilen Felswänden und an halbmondförmigen Sandstränden.

So der Urlaubsort **Mont-Louis** mit dem ***Parc et Mer Mont-Louis***.

Im Nachbarort **Mont St. Pierre** starten von den 430 m hohen Steilrücken des Berges Drachenflieger.

Am roten Leuchtturm von **La Martre** gibt es ein Museum über die Geschichte der Leuchttürme von 1700 bis zur Gegenwart.

Unterkunft ***Motel Au Delice***, Mont St. Pierre, 100 Prudent-Clautier Street, ✆ 418-797-2850, 74-88$

Camping ***Parc et Mer Mont-Louis***, Duschen, Strom, *Dumping*, 13-24$

Parc National de la Gaspésie In St. Anne-des-Monts führt ein Abstecher (Straße #299) zum ***Parc National de la Gaspésie***. An das über 800 km² große Naturreservat grenzen die Wildgebiete *Réserve faunique des Chic-Chocs* und *Réserve faunique de Matane*. Dort konzentrieren sich die höchsten Berge der Gaspé (mehr als 25 davon über 1000 m). Manche von ihnen sind bis in den Juni hinein mit Schnee bedeckt, so ***Mont Jacques Cartier*** (1.268 m), ***Mont Albert*** (1.154 m) und ***Mont Logan*** (1.150 m). Auf den felsigen Hochplateaus findet man eine typisch subarktische Tundra-Vegetation; mit Glück sieht man dort Karibus oder Elche.

Information Das ***Centre d'Interprétation*** am Parkeingang ist Anfang Juni bis September 8-20 Uhr geöffnet.

Wandern

Das Wegenetz für Wanderer ist140 km lang und läuft durch dichten Wald über wilde Bäche vorbei an zahlreichen klaren Bergseen bis auf die Gipfel. Auch ein Teilstück des ***International Appalachian Trail*** (➪ Seite 251) führt durch diesen Park.

Restriktionen

Für einige der Wege existieren Restriktionen: So ist der Zugang zum Mont Jacques-Cartier vom 24. Juni bis zum 30. September nur 10-16 Uhr gestattet, im Oktober und vom 1. Mai bis 23. Juni mit Rücksicht auf die Brunft- bzw. Wurfzeit der Karibus ganz gesperrt. Ähnliches gilt für *Mont Albert* und *Mont Richardson*.

Unterkunft & Restaurant

- ***Gîte du Mont-Albert***, feine Küche, Cabins, Hütten und Campingplatz sind im Park verfügbar; © 418-763-2288, 162-243$

Camping

- ***La Rivière***, 41 Plätze, Duschen, *Dumping*, Waschautomat
- ***Mont-Albert*** (1 km von Gîte du Mont-Albert), 82 Plätze, Dusche, *Dumping*, Waschautomat
- ***Lac-Cascapédia***, 74 Plätze, Duschen, Bootsverleih
- ***Mont-Jacques-Cartier***, 27 Plätze, Duschen, *Dumping*

Achatmine

Südlich des Nationalparks zweigt von der #299 eine Schotterpiste nach **Murdochville** ab. Nach ca. 1,5 km führt ein Weg nach Süden zur ***Achatmine*** am ***Mount Lyall***. Dort darf man gegen 27$ Gebühr im offenen Steinbruch Achate und Drusen suchen, erhält leihweise Geologenhammer und Schutzbrille und kann die Steine auch gleich vor Ort schneiden lassen. Wer nur die dazugehörige Ausstellung betrachten will, zahlt 8$ Eiheit.

Sainte-Anne -de-Monts

Das städtchen Sainte-Anne-des-Monts ist kommerzielles Zentrum für eine weiträumige Region am Fluss zwischen Gaspé und Matane. Im ***Explorama*** findet man meereskundliche Ausstellungen und ein **Aquarium**, das die Lebensformen in den Gewässern des *Gulf of St. Lawrence* thematisiert, 1 Rue de Quai, Mitte Juni bis Mitte Oktober, 9-18 Uhr, 12$; www.explorama.org.

Unterkunft

- ***Motel Beaurivage***, 254 1re Avenue Ouest, St.-Anne-des-Monts, © 418-763-2291 oder © 1-888-763-2291, 55-150$

Cap Chat

In einer mondsichelförmigen Bucht zieht sich 15 km weiter westlich der Sandstrand von Cap Chat über die ganze Länge des Ortes und darüber hinaus. Dort findet man viele **Motels** mit *Cabins* direkt am Wasser.

Windkraftanlage Eole bei Cap Chat, *➪ Seite 300*

4

Bei Cap Chat Der Windpark ***La Nordais*** ca. 6 km vom Ort entfernt, zählt 76 Windräder, darunter ***Eole***, eine 110 m hohe, harfenförmige Versuchsanlage mit vertikaler Achse. Besichtigung 20. Juni bis Oktober 9-17 Uhr; Führungen auch aug Englisch, ca. 45 min.

Unterkunft & Camping
- ***Motel Fleur des Lys***, 184 Est, #132, Cap Chat direkt am Meer, © 418-786-5518 oder © 1-888-786-5518, 69-129$, mit **Restaurant** (*Seafood* und mehr)

Camping ***Camping Au Bord de la Mer,*** 173 Rue Notre Dame Est, Duschen, *Dumping Station*, Stromanschluss, 20-25$

Kanuverleih
- ***Valmont Plein Air***, 10 Notre-Dame St. East, Cap-Chat, © 418-768-1355, auch Bistro/Bar.

4.2.4 Von Matane nach Listugij/Campbellton

Matane Matane entstand aus einem Fischerdorf. Es besitzt eine kleine Schiffswerft und eine Fabrik zur Krabbenverarbeitung. Eine **Fähre** nach Baie Comeau bzw. Godbout verbindet hier die *Gaspé*-Halbinsel mit der ***Côte-Nord***, dem Nordufer des St. Lawrence River. Ein ***Visitor Centre*** befindet sich im alten Leuchtturm, von dem aus man weit über Küste und Strom blickt.

Der Rivière Matane gilt als einer der besten **Lachsflüsse** Québecs.

Unterkunft
- ***Hotel-Motel Belle Plage Matane***, 310 Matane-sur-Mer, © 1-888-244-2323, 60-102$; www.hotelbelleplage.com.

Straße #195 Die Straße #195 folgt dem Lauf des Rivière Matane flussaufwärts. Mischwald unterbrochen durch landwirtschaftlich genutzte Flächen sorgen für ein Landschaftsbild wie im deutschen Mittelgebirge. Den Fluss quert man des öfteren auf überdachten Holzbrücken, den berühmten *Covered Bridges*.

Blick auf den St. Lorenz-Strom vom Jardin de Metis, einem botanischen Garten, ca. 20 km westlich von Matane

Amqui

In Amqui stößt die #195 auf die Rundstraße #132, die dem Rivière Matapedia folgt. Der Ort ist Versorgungszentrum für die zentrale Region der Gaspesie zwischen Matane und Cambellton und bekannt für einen hier produzierten Käse. Unweit nordwestlich liegt der **Lac Matapedia**, ein Angel- und Freizeitsee mit Unterkünften und Campingplätzen am Seeufer.

Unterkunft

- ***Auberge Ambassadeur***, 266 Bouevard St. Benoit Ouest, ✆ 418-629-6464 oder ✆ 1-888-588-6464, 84-155$
- ***Amqui Selectotel***, 340 Boulevard St. Benoit, ✆ 418-629-2241 oder ✆ 1-800-463-0831, 89-109$

Camping

- ***Camping Amqui***, 686 Route #132 am Lac Matapedia, Strom, Dusche, *Dumping*, 21-28$$; www.campingquebec.com/amqui.

Die Landschaft entlang des Matapedia River nach Süden ist zunächst weiter durch landwirtschaftliche Nutzung und zunehmend Forstwirtschaft bestimmt.

Erst wo sich das Tal deutlich verengt, gewinnt es an Reiz. In diesem Bereich dreht sich alles um den Fluss und das Lachsfischen.

Causapscal

Der Ort Causapscal liegt an der Einmündung des Lachsflusses Causapscal in den Matapedia River. Der ***Site Historique Matamajew*** ist ein ehemaliger Privatclub betuchter Freunde der Lachsfischerei aus dem frühen 20. Jahrhundert. Durch eine Glaswand an einem Flusspool kann man dort die Lachse in ihrem natürlichen Lebensraum beobachten; Ende Juni bis Anfang September, 9-17 Uhr, 5$; www.causapscal.net.

Snack

- ***Spot Lunch La Délicieuse***, 608, Route #132 Ouest

Unterkunft & Restaurant

- ***Auberge la Coulée Douc*** (*cottages*), 21 Rue Boudreau, Causapscal, ✆ 1-888-756-5270, 69-119$; www.lacouleedouce.com.
- ***Pourvoirie Motel Restigouche***, 5 rue des Saumons, Matapédia, ✆ 418-865-2155 oder ✆ 1-877-865-2848, hier gibt es auch Servicepakete für Angler; www.matapedia.com.

Camping

- ***Camping de Causapscal***, 601, #132 Ouest, 65 Plätze, Ende Juni–Anfang September, Duschen, ab 20$

Nach Listugij

Die #132 führt ab **Matapedia** nun entlang des Flussdeltas, das sich in die Baie des Chaleurs erweitert. Ziel ist **Listugij** – früher Restigouche – eine Indianer-Gemeinde mit ca. 2000 Einwohnern.

Battle of Restigouche NHS

Südlich des Ortes befindet sich der ***Battle of Restigouche National Historic Site***, der sich auf die letzte Seeschlacht zwischen England und Frankreich im Siebenjährigen Krieg um die Vorherrschaft auf dem amerikanischen Kontinent bezieht. Dort sind die Reste der französischen Fregatte *Machault* ausgestellt, die durch die Kanonen britischer Schiffe versenkt wurde; und man erfährt alles über den Verlauf der historischen Auseinandersetzung. Geöffnet Juni bis Mitte Oktober, 9-17 Uhr, 4$; www.pc.gc.ca.

Nach Campbellton

Via ***Pointe-à-la-Croix*** erreicht man auf der Brücke über den Ausläufer der Chaleur Bay Campbellton in New Brunswick.

4.3 Exkurs: Côte-Nord

Route de Baleines

Ein Abstecher für Reisende mit Zeit und Sinn für die rauen Besonderheiten des Nordufers des St. Lorenzu führt auf der ***Route des Baleines***, der Straße der Wale, an den wenig frequentierten Ostabschnitt der *Côte-Nord*. Dort liegen die Regionen ***Manicouagan*** und ***Duplessis*** mit Wildwasserflüssen und den langen, menschenleeren Sandstränden abseits der großen Touristenströme. Der Trip von Baie Comeau bis Havre St. Pierre (ca. 450 km, bis zum Ende der Straße in Natashquan fast 600 km) kann mit einer Labrador-/Neufundlandreise kombiniert werden, ⇨ Seite ab 375.

Die Nordufer des *Gulf of St. Lawrence* sind von Bergen, Seen, Flüssen, Inseln und einer vielseitigen Flra und Fauna geprägt. Vor allem Aktivurlauber kommen dort im Sommer mit Kanu- oder Kajakfahren, Wandern, Tierbeobachtung, Angeln auf ihre Kosten.

Nationalpark

Außerdem liegt dort vor der Küste bei Mingan der fast gar nicht bekannte ***Mingan Archipelago National Park***. Er schützt ein unbewohntes Archipel mit eigenartigen Felsformationen. Deren monolithische Skulpturen sind ein besonderes optisches Erlebnis. Gleichzeitig sind die Inseln Refugien für zahlreiche Seevögel.

4.3.1 Anreise

Fähren

Von **Matane** verkehren die Fähren zum Nordufer des St. Lorenz nach **Baie Comeau** bzw. nach **Godbout** 1-2 mal täglich ganzjährig. Die Überfahrt dauert in beiden Fällen ca. 2 Std. 20 min. Preise one-way: Passagier 13$, PKW 31$, Wohnmobil ab 79$, Info: www.traversiers.gouv.qc.ca, ✆ 418-562-2500 oder ✆ 1-877-562-6560, Kreditkarte erforderlich; ⇨ auch Seiten 320f.

Eine weitere Fährverbindung in diesem Bereich besteht zwischen **Rimouski** und **Forestville** (www.traversier.com).

Entlang der Häfen an der *Côte-Nord* fährt ein Schiff von **Rimouski** über die Île d'Anticosti bis zur südöstlichsten Ecke von Québec nach **Blanc-Sablon**. Dort erreicht man den ***Labrador Coastal Drive***, ⇨ Seite 375ff. Eine Fahrzeugmitnahme sollte für diese Route langfristig reserviert werden: (www.relaisnordik.com).
Von Blanc-Sablon gibt es eine Fähre nach St. Barbe/Neufundland (⇨ Seite 320; www.gov.nl.ca/ferryservices/schedules/J-apollo. stm).

Leuchtturm mit mittelalterlichen Kanonen am Kap Pointe-des-Monts

Weiter nach Labrador

Eine interessante Möglichkeit für Abenteurer ist die Kombination einer Route durch die »südlichen« maritimen Provinzen mit einer Durchquerung Labradors und Neufundlands über Baie Comeau und die Straße #389.

Auch die Anbindung an eine Reiseroute, die in Montréal oder Québec-City beginnt oder endet, ist möglich.

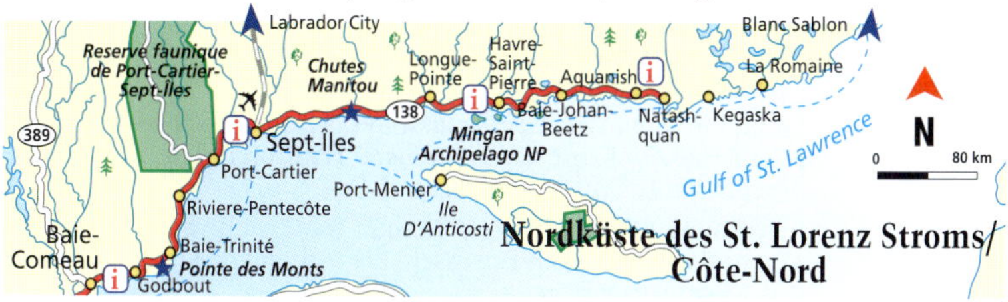

Nordküste des St. Lorenz Stroms/ Côte-Nord

4.3.2 Die Straße der Wale

Baie Comeau und Straße #138

Im Hafen von Baie Comeau liegen riesige Frachtschiffe. Die Stadt (24000 Einwohner) ist wichtiger Verarbeitungs- und Umschlagort für Rohstoffe aus dem Norden Québecs. Der Straße #138, die ab Trois Rivière (in der Mitte zwischen Québec City und Montreal) bis Havre St. Pierre für über 1000 km am Ufer des St. Lawrence River entlang führt, hat man den hübschen Beinamen ***Route des Baleines*** (Straße der Wale) gegeben.

Bewaldete Hügel, tiefe Täler, schroffe Felswände und stille Seen prägen die Landschaft. Weiter nach Nordosten wird der Wald lichter und zunehmend durch offenes Gelände unterbrochen. Zwischen Felsrücken erstrecken sich baumlose Flächen mit niedrigem Gestrüpp. Brombeeren, Labradortee und Rentierflechten bilden die Überleitung zur Tundra-Vegetation. Immer wieder stürzen Flüsse über die Felsrücken ins Meer.

Godbout

An der Mündung des gleichnamigen Flusses liegt **Godbout**, ein bereits im 17. Jahrhundert als Handelsposten gegründetes, freundliches Fischerdorf. Der Rivière Godbout ist nicht nur wegen der Lachswanderungen interessant – sein Weg durchs Bergland zum Meer ist ebenfalls spektakulär.

Unweit des Fährhafens steht das ***Museé Amerindien et Inuit*** mit einer Ausstellung zur Kultur der Indianer und Kunst der *Inuit*, Chemin Pascal Comeau, 20. Juni-30. September, 4$.

Pointe-des-Monts

Lohnend ist ein kleiner Abstecher zum Kap ***Pointe-des-Monts***, das 11 km südlich der #138 ins Meer ragt. Der Leuchtturm steht malerisch auf einer flachen Felseninsel (Fußgängerbrücke). Er ist mit Baujahr 1830 einer der ältesten Nordamerikas und heute ein Museum (Eintritt 5$). Sieben Stockwerken dienen unterschiedlichen Themen und Sammlungen. Auf den Felsen vor dem Leuchtturm dekorieren zwei alte Kanonen und bejahrte Schiffsanker einen **Picknickplatz**.

In der Nähe am Waldrand befindet sich eine kleine Kapelle aus dem Jahr 1898. Der ***Sentier de Charlotte et le Ashini Camp*** führt zu einem ehemaligen Camp der *Montagnais*-Indianer.

Unterkunft & Camping, Fahrrad-/ Kanu-Verleih

- ***Gîte du Phare de Pointe-des-Monts***, Cottages, ✆ 418-939-2332, 82-150$; außerdem Angelgenehmigungen und Angebote für Angeltouren auf Lachs und Forellen, Jagdtouren, *Whale-Watching-Tours* etc; Camping am Strand 16$, www.pointe-des-monts.com

Unterkunft & Restaurant

- Zum **Leuchtturm** gehört ein Nebengebäude mit Restaurant und einfachen Zimmern, ✆ 418-939-2231.

Camping

Direkt an einem weißen Sandstrand liegt bei Godbout ein Campingplatz. Auch im nächsten ***Baie Trinite*** gibt es einen Campingplatz mit *Cottages* am Strand.

Strände

Überhaupt kennzeichnen traumhaft feine, helle **Sandstrände** im Wechsel mit steinigen Felsinseln die östlich von Godbout liegenden Küstenabschnitte.

Port Cartier

Der 50. Grad nördlicher Breite wird überschritten, bevor Port Cartier erreicht ist. Der nach *Jacques Cartier* benannte Ort hat über 7000 Einwohner und ist Versorgungszentrum für den südlichen Einzugsbereich. Eine Stichstraße führt landeinwärts zum großen Wildreservat ***Réserve faunique de Port-Cartier-Sept-Îles***.

In dem über 6.000 km^2 großen Schutzgebiet kann man in totaler Einsamkeit wandern, Tiere beobachten und fischen. Im Park existieren Unterkünfte und Campingplätze. Reservierung unter ✆ 418-890-6527 oder ✆ 1-800-665-6527; www.sepaq.com.

Sept Îles

Unweit der Mündung des Rivière Sainte Marguerite liegt Sept-Îles, eine Industriestadt mit 29.000 Einwohnern. Die Stadt besitzt Hafen, Airport und eine komplette Infrastruktur. Die sieben Inseln, nach denen die Stadt bnannt wurde, sind sanft gerundete, bewaldete Hügel. Per organisierter Tour oder auch auf eigene Faust mit einem Leihkajak kann man die Vogelwelt des Mini-Archipels erkunden, mit Glück auch Robben und Wale beobachten. Auf der Insel ***Grande Basque*** gibt es 12 km Wanderwege. Das ***Maison du Tourisme*** mit allen Informationen residiert am 1401 Boulevard Laure Ouest.

Internet

Maison du Tourisme, 1401 Boul. Laure Ouest

Typisches Aussehen des Nordufers des Golfs von St. Lorenz

Das ***Musée Régional de la Côte-Nord*** liefert ein umfassendes sozioökonomisches und naturhistorisches Porträt der Region. Blvd. Laure, ganzjährig 9-12/13-17 Uhr, Ende Juni bis 1. September 9-17 Uhr; www.mrcn.qc.ca.

Reservate

Außerhalb der Stadt liegen ***Uashat*** und ***Maliotenam***, zwei Reservate der *Innu*. Das ***Musée Shaputuan*** thematisiert Kultur und Tradition der Indianer, 290 Boulevard des Montagnais, © 418-962-4000, Ende Juni-1. September, 9-17 Uhr, 3$.

Authentische Produkte von Kunsthandwerk bis zu Musik-CDs kann man im ***Innu Apakui Store*** kaufen, 33 Rue de Vieux-Poste, zwischen De Queen und Cartier, © 418-968-2066.

Wasserfälle

Etwa 90 km östlich von Sept-Îles bieten die Kaskaden ***Chutes Manitou*** ein eindrucksvolles Schauspiel am Wege. Auch 60 km weiter in ***Rivière-au-Tonnère***, einem Fischerdorf mit Motel und Restaurants, donnert das Wasser lautstark und mit beachtlicher Kraft über die Felsstufen des Flussbetts.

Chutes Manitou

Longue-Pointe

In Longue-Pointe erfährt man im ***Mingan Research and Interpretation Centre/CRIM*** (Juni-September, 625 Rue du Centre) alles über die *Mingan*-Inseln. Dort befindet sich auch die ***Station de Recherche des Îles Mingan***, ein Institut zur Erforschung der im Golf von St. Lorenz beheimateten Meeressäuger, 378 Bord de la mer, Longue-Pointe, täglich 9-17 Uhr; www.rorqual.com.

Mingan

Mingan ist eine indianische Gemeinde mit einem ***Centre culturel Innu*** (*Montagnais Cultural Center*), 34 Rue Mishta-Meshkanau, Ende Juni bis Ende August, 9-18 Uhr, Eintritt frei.

Bereits in Longue Pointe kann man die Überfahrt zu den Nationalpark-Inseln buchen, ➪ Seite 306.

Havre-Saint-Pierre

Über **Havre-Saint-Pierre** läuft die Eisenbahn nach Norden über Labrador City nach Schefferville (Information über *Tshiuetin Rail Transportation Inc.* (TRT), © 1-866-960-0988 oder © 1-418-962-5530). Das Industriezeitalter zog dort erst 1948 mit der Eröffnung einer Titanerzmine 43 km weiter nördlich ein. Heute ist der Ort der Hauptausgangspunkt für Touren zu den Mingan-Inseln.

Nationalpark Mingan Archipel

Das Archipel vor der Küste zwischen Mingan und Havre-Saint-Pierre wurde erst 1984 als ***Mingan Archipelago National Park*** unter Naturschutz gestellt. Das ***Visitor Reception and Interpretation Centre*** des Parks befindet sich auf dem Festland in der 975 Rue de l'Escale (geöffnet Juni-August), ein **Infokiosk** am Hafen, 1010 Promenade des Anciens (Juni-September).

Der Eintritt in den Nationalpark kostet 5,50$, Wildniscamping 15$ pro Nacht, http://parkscanada.pch.gc.ca/pn-np/qc/mingan/index_e.asp).

L'Archipel-de-Mingan

Der Nationalpark schützt ein Archipel von 40 Inseln aus Kalkstein. Partikel des extrem harten *Canadian Shield*, über Jahrmillionen von Flüssen abgetragen und ins Meer geschwemmt wurden durch kalkhaltige Meeresorganismen angereichert. Es entstanden mächtige Kalksteinsedimente, die durch erdinnere Kräfte gehoben wurden und dann ein gewaltiges Plateau oberhalb des Meeresspiegels bildeten. Durch Wasser und Wind wurde das Plateau segmentiert, zerklüftet und abgetragen. So entstanden die Mingan-Inseln. An den verbliebenen Segmenten haben die Naturkräfte weitere Jahrtausende gearbeitet, sie geschliffen und ausgeformt. Die dabei entstandenen Monumente wirken wie riesige Skulpturen, die durch Künstlerhand geschaffen wurden.

Doch auf dem Archipel gibt es nicht nur Stein und Fels, sondern auch eine Vielzahl von Pflanzen und Tieren. Neben felsigen Ufern findet man Sandstrände mit Strandhafer und Stranderbsen. Die größeren Inseln sind meist mit Nadelbäumen bewachsen, zwischen denen sich Sträucher und niedrige Laubbäume verstecken: Erlen, Weiden, Birken, Hartriegel, Schneeball und Polarbirken. Auch Sumpfland und Marschwiesen sind vorhanden. Viele Arten von Flechten, Moosen und arktisch-alpinen Pflanzen sind hier heimisch.

Einige der Inseln sind Brutgebiete für Eiderenten, aber auch Alke, Krabbentaucher, Seeschwalben und einige Möwenarten sieht man häufig.

Transport auf die Inseln

Auf die Inseln gelangt man nur per Boot. Eine ganze Reihe von Unternehmen in Longue Pointe de Mingan bis Havre St. Pierre bieten den Transport zu den Inseln mit und ohne Führung an. Wer individuell hinüber und dort zeitlich unabhängig wandern und/oder campen möchte, kann sich auch per Wassertaxi absetzen und wieder abholen lassen. Geübte Sportler leihen sich ein Kajak und erkunden die Inseln komplett auf eigene Faust.

Folgende Veranstalter sind Partner der Nationalparkverwaltung:

Bootstouren

- ***Les Entreprises touristiques Loiselle Inc.***, Famille Loiselle, ✆ 418-949-2307 oder ✆ 1-866-949-2307, Touren 3,5 Std. 35$, 5 Std. 65$, individuelle Tour 3 Std. 38,50$: ab Mingan Dock oder ab Longue-Pointe; www.tourisme-loiselle.com
- ***Croisieres La Relève Jomphe Inc.***, ✆ 418-538-2865 oder ✆ 1-866-538-2865, Tour 3,5 Std., ab Marina Havre-St.-Pierre #3, 39$; www.lescroisieresjomphe.supersites.ca

Ausflugsboot am Anleger auf der Minganinsel Nispikau

- ***La Tournee des Îles Inc.***, ab Marina Havre-St.-Pierre #2, © 418-538-2547 oder © 1-866-538-2547, Tour 4 Std.; www.tourismecote-nord.com/minisite/tournee
- ***Pneumatic Transport*** (*Zodiac*), ab Marina Havre-St.-Pierre #4, © 418-538-1222, Tour 4 Std.; www.pneumatiquetransport.com
- ***Plongée Boréale***, *Olivier Richard*, © 418-538-3202, Wassertaxi für Camper und Hiker; www.plongeeboreale.com

Kajaktouren

- ***Odyssée Minganie***, *Christian Morissette*, Longue-Pointe-de-Mingan, © 418-949-2438, www.odysseeminganie.ca
- ***Expédition Agaguk***, 1062 Rue Boréale, Havre-St.-Pierre, © 418-538-1588, auch Kajakverleih, Fahrradverleih und Segeln; www.expedition-agaguk.com

Restaurant

- ***Chez July***, 1023 Dulcinée, Havre-St.-Pierre, exquisite *Seafood* in französischer Tradition

Unterkunft

Da manchmal Reiseunternehmen Quartiere für eine ganze Busladung besetzen, sind Vorausbuchungen angebracht.

- ***Auberge Niapiscau***, 1035 Boréal, Havre-St.-Pierre, © 418-538-2178, 45-75$, www.lescroisieresjomphe.supersites.ca
- ***Hotel Motel Du Havre***, 970 de l'Escale, Havre-St.-Pierre, © 1-888-797-2800, 70-140$
- ***Motel de l'Archipel***, 805 de l'Escale, Havre-St.-Pierre, © 418-538-3900, 80-159$
- ***Auberge Boréale***, 1288 Rue Boréale, © 418-538-3912, 40-60$; www.aubergeboreale.com

Camping

- ***Camping municipal Havre-St-Pierre***, 1730 Rue Boréale, Duschen, Stromanschluss, *Dumping*, Waschautomat, 17-23$
- ***Camping de la Plage***, Longe-Pointe-du-Mingan, 126 Rue de la Mer, Duschen, 10-15$
- ***Camping de la Minganie***, Longue-Pointe-de-Mingan, 109 rue de la Mer, Strom- und Wasseranschluss, Duschen, 17-24$

Weiterfahrt

Die Straße am St. Lorenz entlang läuft noch rund 150 km weiter stromabwärts und endet in Natashquan,

Baie-Johan-Beetz

Nach einem belgischer Naturliebhaber, Maler und Bildhauer heißt eine kleine Siedlung mit heute 80 Einwohnern **Baie-Johan-Beetz**. Er ließ sich einst eine Villa über den Uferfelsen der *Côte-Nord* errichten, die heute zu besichtigen ist: Ende Juni-Anfang September, 10-12 & 13.30-16 Uhr, 5$, www.baiejohanbeetz.com

Internet

CAC, 20 Rue Johan-Beetz

Aguanish

An der Mündung des Rivière Aguanish liegt der gleichnamige Ort. Es warten dort schöne Sandstrände und das geologische Phänomen ***Trait de Scie*** oder ***Sawcut***, ein wie von Menschenhand ausgesägt wirkender tiefer Canyon. Geführte Touren dorthin gibt es bei der *Association chasse et pêche*, Kostenpunkt 30$.

Natashquan

In **Natashquan** endet die Straße #138. Von dort besteht die Möglichkeit, per Schiff (www.relaisnordik.com) nach ***Blanc Sablon*** nach Newfoundland oder Labrador weiterzureisen.

Einzige Sehenswürdigkeit des Ortes ist das ***Centre d'Interpretation Le Bord du Cap***, eine Replik des alten Dorfladens (32 Chemin d'en Haut, Ende Juni bis Ende August, 9-17 Uhr, 3,50$).

Unterkunft

- ***Auberge la Cache***, 183 Chemin d'en Haut, © 418-726-3347 oder © 1-888-726-3347, 75-149$
- ***Le Port d'Attache***, 70 Rue du Pré, © 1-877-726-3569, 80-100$

Camping

- ***Camping Municipal Chemin Faisant***, #138, Mitte Juni-Anfang September, 34 Plätze, Duschen, Strom, *Dumping* , 15-24$

Skulptur auf Nispikau Island

5 Newfoundland mit Labrador

5 NEWFOUNDLAND MIT LABRADOR

Die östlichste Provinz Canadas besteht aus zwei geographisch separierten Regionen: der dem Festland weit vorgelagerten riesigen Insel **Newfoundland** und dem östlichsten Teil des kanadischen Festlandes nördlich des St. Lawrence River, **Labrador**. Beide Bereiche der Provinz liegen weit abseits der Touristenströme.

5.1 Die östlichste Provinz selbst entdecken

5.1.1 Zum Reiseziel – Besonderheiten

Kennzeichnung

Atemberaubend schöne Landschaften verbinden sich im Nordosten Kanadas mit einem recht rauhen Klima, so dass die meisten Besucher die Sommermonate nutzen. Dabei entgehen ihnen die Herbstfarben des auch in dieser Region reizvollen ***Indian Summer***. Manche Einheimische behaupten sogar, dass Neufundland seine Reize erst im Winter richtig ausspielt, wenn schneesichere Pisten Touren mit Schneemobil oder Hundeschlitten ermöglichen und in Labrador Nordlichter über der eisigen Kulisse erscheinen.

Natur

Newfoundland verfügt über eine reiche »unverdorbene« Natur mit großen zusammenhängenden Wildnisgebieten. Es gibt dort Elche, Bären, Karibus, glasklare Flüsse und Seen und unzersiedelte Küstenregionen. Im Ozean tummeln sich Wale, und man kann Eisberge bei ihrem »Treiben« beobachten. Hier gibt es keinen Massentourismus – Newfoundland ist ein Ziel für alle, die gern aktiv sind, wandern, angeln, mit dem Kajak fahren und dabei Abenteuer erleben wollen. Aber auch, wer in seinen Ferien einen Gang herunter schalten, gemächlich reisen und die beeindruckende Szenerie dieser Landschaft auf sich wirken lässt, wird sich dort wohl fühlen.

Steckbrief Newfoundland/NL www.newfoundlandlabrador.com

Insel Newfoundland – ca. 477 000 Einwohner auf 111 000 km^2

Labrador – ca. 30.000 Einwohner auf 295 000 km^2

Gesamtküstenlinie 17 500 km

Provinzkapitale ist **St. John's** mit ca. 100.000 Einwohnern (Großraum: 180.000). Weitere wichtige Städte sind **Channel-Port-aux-Basques**, **Corner Brook**, **St. Anthony**, **Grand Falls-Windsor** und **Gander** auf der Insel sowie **Happy Valley-Goose Bay** und **Labrador City** in Labrador. Die meisten Menschen leben in der Nähe der Küstenregionen; im Landesinneren gibt es ausgedehnte unbesiedelte und unerschlossene Gebiete und nur wenige Straßen. Viele Dörfer sind nur per Schiff oder auf dem Luftweg erreichbar.

In den oft stark zerklüfteten Küstenregionen findet man felsige Abschnitte mit schroffen Steilufern im Wechsel mit sanften und tiefen Buchten. Dortgibt es flache Uferwiesen oder Sandstrände, die oft von steinigen Landzungen, den sogenannten ***Tickles***, unterbrochen werden. Vom Südosten der Insel zieht sich parallel zur Küste ein Gebirgsrücken (Long Range Mountains) die Nordwest-Halbinsel entlang und erreicht im Gebiet des ***Gros Morne National Park*** Höhen um 800 m. Auch im Landesinneren mit großen Waldgebieten (borealer Nadelwald), Sumpfwiesen und Ödlandflächen, die von zahlreichen Flüssen und Seen durchbrochen werden, gibt es Berge mit über 500 m Höhe.

Im ebenfalls gebirgigen **Labrador** (Mealy Mountains, Torngat Mountains), überwiegen unendlich große Gebiete mit ursprünglicher Wildnis: Wälder mit Flüssen, Seen und Sümpfen, die weiter nördlich in offene, baumlose Tundra-Landschaften übergehen.

Die Bevölkerung besteht zu großen Teilen aus Nachfahren der eingewanderten Basken, Franzosen, Engländer und Iren sowie wenigen *Mi'kmaq*-Indianern; in Labrador leben außerdem etwa 5300 *Inuit*, eine recht große Zahl von *Métis* sowie einige *Innu* (*Montagnais-Naskapi*).

Im Westen Labradors gibt es bedeutende Bergbaugebiete. In **Churchill Falls** befindet sich eines der weltgrößten unterirdischen Wasserkraftwerke. In den anderen Siedlungen Labradors wie auch auf Newfoundland wird die Wirtschaft durch Fischfang und -verarbeitung dominiert. Im Süden der Insel gibt es auch ein wenig Landwirtschaft. In jüngster Zeit spielen Ölförderung im Atlantik, moderne Bio- und Softwaretechnologien sowie der Tourismus eine zunehmende ökonomische Rolle.

Die wichtigsten touristischen Ziele sind die ***Northern Peninsula*** Neufundlands mit dem ***Gros Morne National Park*** und der Wikinger-Siedlung **L'Anse aux Meadows**, die zentrale Nordküste um **Twillingate** und die **Avalon**-Halbinsel mit der Hauptstadt St. John's.

Newfoundland Standard Time = eine halbe Stunde vor Atlantic Standard Time = 4,5 h nach MEZ

Die Menschen

Das Alltagsleben der Menschen hier ist noch eng mit dem Wetter und dem Rhythmus der Natur verknüpft. Die Begegnung mit der naturnahen Lebensweise der Neufundländer, ihrer Geschichte und Kultur werden Besuchern, die unterwegs das Andere suchen, lange in Erinnerung bleiben. Die Einfachheit dieser Menschen, ihre Gelassenheit, Ehrlichkeit und eine unaufdringliche Freundlichkeit, wie man sie in Europa kaum mehr kennt, machen den Kontakt leicht, und Hilfe – in alltäglichen wie besonderen Situationen – ist stets zu erwarten.

Kulturstätten

Zwei Stätten des **UNESCO-Welterbes**, der ***Gros Morne National Park*** mit seinen geographisch-geologischen Besonderheiten und die historische **Wikinger-Siedlung in L'Anse aux Meadows**, gehören gemeinsam mit weiteren National- und Provinzparks, traditionellen Fischerdörfern, historischen Gebäuden, Ausgrabungsstätten, Museen und Festivals zu den Attraktionen dieser besonderen Provinz.

Angeln und Jagen auf Newfoundland

Die Fangsaison für Lachse, Forellen und Saiblinge beginnt Mitte Juni und endet Mitte August, für Forellen und Saiblinge gibt es noch eine Eisfisch-Saison im Februar/März. Für Labrador gelten abweichende Regeln.

Wichtige Detailinformationen finden Angler unter

www.dfo-mpo.gc.ca/communic/fish_man/atlrec/atlrec_e.htm.

Für das ultimative Angelerlebnis in abgelegenen Wildnisgebieten Neufundlands haben sog. ***Outfitters*** Kompaktangebote einschließlich Übernachtung, Vollverpflegung und Begleitung: www.advertisenorth.com/outfitters/fishing_opportunities.html

Auf Newfoundland gibt es zahlreiche unbesiedelte, überaus wildreiche Regionen. Die Jagdsaison hat dort ihren festen Platz im Leben der Menschen. Wer aber Elche, Bären oder Karibus jagen möchte, benötigt eine Lizenz. Ausländer erhalten sie nur mit der Buchung eines *Outfitters*, ➪ oben. Diese Jagdführer bieten Komplettpakete mit Lizenz, Transport, Verpflegung und Unterkunft, ➪ unter der Website www.advertisenorth.com/outfitters/sports_hunting_newfoundland.htm

Auf Newfoundland leben mit geschätzten 120.000-150.000 Exemplaren mehr Elche als irgendwo sonst in Nordamerika. Die Jagdsaison für Elche beginnt am zweiten Samstag im September und endet am zweiten Samstag in Dezember. Für die Jagd mit Pfeil und Bogen (!) beginnt die Saison noch zwei Wochen früher.

Die Jagd auf Schwarzbären kann in Newfoundland mit der Elchjagd kombiniert werden. Die Herbstjagdsaison beginnt ebenfalls am zweiten Samstag im September, endet aber schon am 31. Oktober. Für die Jagd mit Pfeil und Bogen beginnt die Saison ebenfalls zwei Wochen früher. Schwarzbären dürfen auf Newfoundland auch im Frühjahr, von Mai bis Ende Juni, gejagt werden.

Sämtliche Informationen und Regeln enthält der »***Newfoundland and Labrador Hunting and Fishing Guide***«, den man im Internet unter www.gov.nf.ca/tourism anfordert.

Höchster Leuchtturm der Atlantikprovinzen bei L'Anse Amour an Labradors Südküste

5.1.2 Geschichte, Wirtschaft, Lebensweise und Kultur

Erste Siedler

Einst war das ganze Land von Eis bedeckt. Nach dem Rückzug der Gletscher kamen vor etwa 9000 Jahren Menschen, die von Asien her den amerikanischen Kontinent besiedelten, nach Labrador und etwas später auf die Insel Neufundland. In Labrador befindet sich die älteste bekannte Grabstätte Nordamerikas, deren Alter auf 7500 Jahre geschätzt wird.

Ureinwohner

Von Archäologen wurden zahlreiche Siedlungsplätze der *Maritime Archaic People* gefunden; diesen folgten vor 4.000 Jahren **Paläo-Eskimos**, die als Jäger und Sammler durch das Land zogen. Die etwas jüngere *Dorset*-Kultur hatte sich mehr auf maritime Ressourcen spezialisiert – sie verschwand jedoch vor 1.300 Jahren von Newfoundland und 700 Jahre später auch aus Labrador. Zeitgleich mit den letzten *Dorset* bevölkerten seit 2.000 Jahren sog. *Recent Indians* das Land, die Vorfahren neuzeitlicher Stämme.

Erste Gäste aus Übersee

Von Labrador aus ist die Distanz zwischen Amerika und Europa am kürzesten. Kein Wunder, dass die **Wikinger** erstmals hier den neuen Kontinent gesichtet haben sollen. Ihr Siedlungsversuch auf Newfoundland ist mittlerweile historisch belegt. Als sie wohl um das Jahr 1000 ganz im Norden der *Northern Peninsula* überwinterten, stießen sie mehrfach auf von ihnen so genannte ***Skraelinger***, vermutlich ***Beothuk***-Indianer. Über diese Begegnungen verzeichnen die altisländischen Sagas, dass sie nicht immer freundlich verliefen. Nach einigen Jahren verließen die Wikinger das Land, und die *Beothuk* waren zunächst wieder unter sich.

Labrador

Seit etwa 1400 besiedelten Eskimos der *Thule*-Kultur, die Vorfahren der heutigen ***Inuit***-Bevölkerung, von *Baffin Island* her die Küste Labradors. In dieser Zeit streiften Urahnen der ***Innu*** durchs Land, und vielleicht wurden die Küsten noch von den letzten *Dorset*-Eskimos bewohnt, die als *Tunnit* in den Legenden der *Inuit* eine Rolle spielen.

Schon im 16. Jahrhundert war Labradors Küste Anlaufpunkt für europäische Walfänger und Fischer, die dort Sommerbasen errichteten. *Jacques Cartier* bezeichnete Labrador als »das Land, das Gott Kain gab« – die rauhe, öde, zerklüftete Küste erschien ihm trostlos. Doch wichtiger war die Entdeckung der reichen Fisch- und Walvorkommen vor der Küste.

Europäische Entdecker

John Cabot (*Giovanni Caboto*) betrat 1497 erstmals Newfoundland, ihm folgten ***Giovanni da Verrazano***, der 1524 im Auftrag der französischen Krone die Küste Nordamerikas bereiste und ***Jacques Cartier***, der 1534-42 eine offizielle Reise zur Vermessung der unbekannten Küsten unternahm. Angezogen vom Reichtum der Küstengewässer kamen Portugiesen, Basken, Franzosen und Engländer, um hier zu fischen. Damit wurde die Inbesitznahme Neufundlands durch die Europäer in den folgenden Jahrhunderten eingeleitet, die mit der allmählichen Verdrängung und schließlich Ausrottung der ***Beothuk*** einher ging, ➪ Seite 349.

»Weiße« Siedlungen

An den Küsten entstanden vereinzelt die ersten Fischverarbeitungsstationen, die zunächst nur in der Fangsaison besetzt waren. Erst später entwickelten sich daraus ganzjährig bewohnte Siedlungen. Diese mussten den Konkurrenzdruck der verschiedenen Nationen aushalten, die das neu gefundene Land jeweils für sich beanspruchten. Oft genug kam es zu Überfällen und Vertreibungen. Portugiesen, Basken, Holländer, Franzosen und Engländer stritten um Fischereirechte. »Illegale« Siedler mussten sich sowohl gegen Soldaten als auch gegen Piraten verteidigen, entlaufene Matrosen hielten sich versteckt und gebrauchten das Faustrecht. Die englische Krone begünstigte zunächst die Interessen der englischen Fischhändler, indem feste Siedlungen regelrecht verboten und den »Fischadmiralen« (jeweils dem ersten Kapitän, der im Frühjahr im Hafen eintraf) gerichtliche Autorität übertragen wurde. Trotzdem bekamen einige Privatleute und Gesellschaften auch Freibriefe für den Aufbau von Ortschaften, ***Plantations***, die ab 1609 an der Ostküste Newfoundlands entstanden (➪ »Die Kolonie von Avalon«, Seite 361).

Kriegs einflüsse

Ab Ende des 17. Jahrhunderts gab es **Kriege** um die nationalstaatlichen Interessen der europäischen Nationen. Die meisten französischen Siedler lebten im Einvernehmen mit der indianischen Bevölkerung. Zwischen Franzosen und Engländern gab es jedoch heftige Auseinandersetzungen. Unter ***Pierre Le Moyne d'Iberville*** wurden zahlreiche englische Siedlungen zerstört. Aber nach dem **Frieden von Utrecht 1713** mußten die französischen Siedler sich an die sogenannte ***French Shore*** zurückziehen, nach weiteren Kämpfen und dem **Pariser Frieden von 1763** übernahm Großbritannien endgültig die Vorherrschaft über Newfoundland.

Recht & Gesetz

Bereits 1729 war in **St. John's** eine britische Verwaltung mit Gouverneur installiert worden, der Steuern eintrieb und für die Durchsetzung von Gesetz und Ordnung sorgen sollte. Doch die harschen Lebensbedingungen und unklaren Rechtsverhältnisse (Faustrecht, Piraterie, kriminelle Banden und widersprüchliche Regelungen zum Grundeigentum) ermunterten kaum zur massenhaften Immigration; die Bevölkerung wuchs nur langsam. Erst nach der Abschaffung des Monopols der westenglischen Fischer und der Bestätigung des Rechts auf Eigentum durch die britische Regierung 1811 überwinterten mehr Siedler, und schrittweise begann sich eine lokale Wirtschaft über die Fischerei hinaus zu entwickeln. 1824 wurde Newfoundland offiziell zur britischen Kolonie ernannt, 1855 bekam es eine selbständige Regierung.

Überleben in der Kolonie Neufundland

Auf Neufundland entwickelte sich kein Wohlstand. Die Fischgründe vor den Küsten wurden von Großbritannien und anderen Nationen ausgebeutet, ohne dass die Bevölkerung der Insel daran teilhatte. Die **Küstenfischerei** sicherte für die meisten gerade den Lebensunterhalt. Zwar entstanden eine Schiffbauindustrie und Handelsbeziehungen mit den westindischen Inseln und Canada, trotzdem benötigte man zum Überleben zusätzlich Kredite vom Mutterland.

Besonders in den abgelegenen Orten war das Leben karg, Bildung und medizinische Versorgung gab es nur begrenzt. Die Verbindungen zwischen Hauptstadt und Fischerdörfern liefen nur übers Meer, aber von Dezember bis Mai waren die nordwestliche und nordöstliche Küste durch Eisgang komplett blockiert. Die dann von jeder Versorgung von außen abgeschnittenen Menschen halfen sich, so gut sie konnten, und entwickelten dabei eine starke **Unabhängigkeit**, auf die sie noch heute stolz sind.

Labrador, der Süden

Südlich der Küsten Labradors jagten baskische Fischer schon im 16. Jahrhundert Wale und errichteten die erste »Industrieanlage« Nordamerikas, eine **Walverarbeitungsstätte** im heutigen Red Bay auf dem Festland von Labrador. Die dort lebeneden ***Innu***, von den Europäern auch *Montagnais* oder *Naskapi* genannt, hatten seit etwa 1500 Kontakte mit den europäischen Fischern. Erste Warentauschaktionen führten zu einem regelmäßigen Pelzhandel, der die europäische Besiedlung Labradors einleitete. Besonders an der Südküste ließen sich Fischer und Pelzhändler nieder.

Labrador, der Norden

Der Norden – das Gebiet der ***Inuit*** – kam seit 1771 unter den Einfluss der **Herrnhuter Missionare** (➪ Essay »Labradors Küstengemeinden und die *Moravian Church*«, Seite 386). Auch andere europäische Siedler ließen sich an der Ostküste nieder und gründeten Familien, oft mit *Inuit*-Frauen. Die ***Hudson's Bay Company*** errichtete Handelsniederlassungen. Doch die Reduzierung der Wild- und Fischbestände führte unter den Ureinwohnern zu Hungersnöten. Aber auch in den Siedlungen der Weißen kam es zu Krankheit, Armut und bitterer Not. Ein Arzt, ***Wilfred Grenfell***, der 1892 nach Labrador kam, sorgte für eine Verbesserung der Lebensumstände, kümmerte sich um die Gründung von Schulen, Kranken- und Waisenhäusern und ermutigte die Bevölkerung zur Einrichtung von Kooperativen und Selbsthilfeorganisationen.

Neufundland im 20. Jahrhundert

1899 fuhr auf Neufundland die erste Eisenbahn und erschloss damit das bis dahin kaum zugängliche Inland der Insel. Die Wirtschaftsstruktur wurde durch den nun möglichen Holztransport, die Holzverarbeitung, Papierherstellung und Bergbau vielfältiger. Langsam entstanden auch Straßen. Trotzdem blieb das Land noch lange überschuldet und von den Zuwendungen Großbritanniens abhängig. Noch in den 1930er- Jahren lebte ein Drittel der Bevölkerung von der Wohlfahrt.

Nain, Canadas nördlichste »Stadt« an der Ostküste, wurde einst von Herrnhuter Missionaren gegründet

Mit dem Zweiten Weltkrieg und der Einrichtung amerikanischer Militärbasen verbesserte sich die ökonomische Basis deutlich. Erst **1949** trat Newfoundland der **kanadischen Konföderation** bei. Nun wurde unter der Regierung von *Joseph Smallwood* die Infrastruktur verbessert; die Wirtschaft wurde vielseitiger.

Der Einzug der »Moderne« auf der Insel nach dem Anschluss an Canada wird von älteren Neufundländern heute noch als *Joeys* (also *Smallwoods*) Leistung betrachtet. Doch es gibt auch viele, die dem Verlust der Selbständigkeit der Insel nachtrauern.

Wirtschaft heute

Die **jahrelange Überfischung** der einst reichhaltigen Kabeljaugründe, insbesondere durch internationale Industrietrawler im 20. Jahrhundert, führte zu einer derartigen Dezimierung der Bestände, dass ein **Fangverbot** verhängt werden musste. Das sorgte zunächst für eine extrem hohe Arbeitslosigkeit (1997: 20%) und die Abhängigkeit eines Großteils der Bevölkerung von staatlicher Wohlfahrt. In der Zwischenzeit wurden **Bergbau** und ***Off-Shore*-Erdölförderung** zu den wichtigsten Wirtschaftszweigen. Durch Umsrukturierung geht es auch der Fischerei wieder besser; sie konzentriert sich heute vor allem auf Shrimps und Hummer statt auf Kabeljau. Die Arbeitslosigkeit liegt »nur« noch bei 14%, und man setzt auf die Entwicklung von Zukunftsbranchen wie Bio- und Softwaretechnologien. Auch der Tourismus spielt eine zunehmende Rolle. Trotzdem hält die Abwanderungstendenz an; die Provinz verlor innerhalb von 10 Jahren 10% der Bevölkerung.

Newfoundland English

Die harschen Lebensbedingungen haben einen rauhen, aber herzlichen Menschenschlag hervorgebracht: Leute, die es gewohnt sind, zu improvisieren und sich selbst zu helfen. Die Einflüsse der verschiedenen Sprachkulturen und das isolierte Leben führte sogar zu idiomatischen Besonderheiten, so dass inzwischen ein mehrere hundert Seiten starkes Wörterbuch des »*Newfoundland English*« existiert.

Newfies

Tatsächlich sind die Inselbewohner, die gern »***Newfies***« genannt werden, heute nicht mehr so isoliert und hinterwäldlerisch, wie das noch vor 50 Jahren der Fall war. Schließlich gibt es mittlerweile überall Strom und Fernseher, noch nicht überall Straßen, aber Autos sogar dort, wo nur Lokalstraßen vorhanden sind. Die Mehrzahl der *Newfies* lebt heute im Großraum um die Hauptstadt St. John's und damit nah bei den kulturellen Errungenschaften der Neuzeit.

»In Cod We Trust« – Meer ohne Fisch

Die baskischen Fischer hatten sie geheimgehalten, die reichen Fischgründe weit im Westen. Doch nachdem *John Cabot* die Nachricht von Fischen, die man »mit Körben aus dem Meer schöpfen« könne, nach England gebracht hatte, gab es kein Halten mehr. Franzosen und Engländer führten kriegerische Auseinandersetzungen um die Fischerei- und Siedlungsrechte. Und ***Cod*** (Kabeljau) blieb jahrhundertelang die wichtigste Lebensgrundlage der Inselbewohner. Ein Kirchenlied wurde etwas abgewandelt: »In Cod We Trust«, scherzte man.

Doch der Kampf um den Kabeljau ging weiter. Als von 1911 an die Fischdampfer anderer Länder in den *Grand Banks* fischten, wollte Newfoundland mit internationalen Verträgen Regulierungen erreichen und beteiligt werden. Die Kolonialmacht Großbritannien jedoch erhob Einspruch und verhinderte das Vorhaben.

Vor dem Beitritt Neufundlands zur Konföderation sicherte Canadas Premierminister der künftigen Provinz zu, dass Ottawas Fischereipolitik maximalen Nutzen und Wohlstand für die neue Provinz bringen würde. Doch die Wirklichkeit sah anders aus. Vor allem ausländische Tiefseetrawler fischten seit den 1960er-Jahren sogar in den Überwinterungs- und Brutgebieten des Kabeljaus. 1968 erreichte der Fang eine Spitzenmenge von 810.000 Tonnen – 85% davon gingen in die Netze nicht-kanadischer Schiffe.

Erste Bemühungen im Parlament, die kanadische Fischereipolitik zu ändern, fanden keine Mehrheiten. Erst als 1975 nur noch 287.000 Tonnen eingebracht wurden und die Zahl der Küstenfischer auf 14.000 geschrumpft war, wachte man auf, und Canada beanspruchte ab 1977 eine 200-Meilen-Zone.

Daraufhin stieg die Zahl der Küstenfischer zunächst, und 1980 waren es bereits wieder 33.000. Zwar fischten nun nur noch die Kanadier, aber selbst zu reichlich mit verhängnisvollen Folgen. Eine Kommission stellte 1987 eine gravierende Abnahme der Bestände fest und forderte die Reduzierung der Küstenfischerei. 1989 wurde eine Höchstfangquote festgelegt, die man1992 weiter reduzierte. Trotz dieser Vereinbarung, und auch wegen der teilweisen Lockerung der Restriktionen ab 1996, haben sich die Fischbestände nicht erholt, so dass der **Kabeljaufang 2002 vollständig eingestellt** werden musste.

Doch um den Kabeljau steht es immer noch schlimm. Nachdem die Bestände sich innerhalb von 30 Jahren um 97% reduziert haben und eine Erholung weitgehend ausblieb, musste die *Newfoundland and Labrador-Population* des Atlantischen Kabeljau auf die **Liste der gefährdeten Arten** gesetzt werden.

Kultur

Auch die ländlichen *Outports* sind durchaus nicht kulturlos. Im Sommer feiert fast jeder Ort sein besonderes Fest – ob nun anlässlich der Erdbeerernte, des Lachses, der *Bakeapples*, des *Canada Days*, oder aufgrund alter Traditionen aus den europäischen Herkunftsländern bzw. der Stammeskultur. Und auch neueste internationale Trends findet man im letzten Dorf: Der Anteil der *Power-WalkerInnen* in Newfoundlands *Outports* liegt (pro Kopf der Bevölkerung) angeblich höher als in deutschen Großstädten.

5.1.3 Klimatische Besonderheiten

Newfoundland verfügt über eine faszinierende Spannbreite von Klima und Wettererscheinungen. Vieles davon erklärt sich durch die geographische Lage: die Südküste liegt nahe des 47. Breitengrades, auf der Höhe von Paris oder Seattle. Aber bei Erhebungen von maximal 800 m verhindert kein schützendes Gebirge das Eindringen von Luftmassen aus allen Richtungen. Die maritimen Einflüsse bestimmen das Klima aller Jahreszeiten. Das Wetter ist insgesamt sehr wechselhaft.

Den starken **Winden** über dem Atlantik ist die Insel weit stärker ausgesetzt als das Festland. Auf Neufundland gibt es zwischen November und März die stärksten Stürme in ganz Canada in großer Häufigkeit. Sommer und Frühherbst sind weniger windig, wenngleich es nicht auszuschließen ist, dass tropische Stürme selbst die Küsten des nördlicheren Atlantik heimsuchen.

Temperaturen

Das Meer ringsum hält die Wintertemperaturen in Schach, der Sommer ist hingegen kälter als auf dem Festland. Der Frühling kommt spät und ist kurz, vielerorts gibt es noch bis Anfang Juni Nachtfröste. Auch der Sommer bleibt mit Durchschnittstemperaturen um 15°C recht kühl. Doch wenn mehrere Sonnentage hintereinander folgen, werden Spitzen bis 30°C erreicht. Die Wassertemperaturen des Atlantik steigen auch dann selten über 13°C. Bereits im September gibt es im Inland wieder die ersten Nachfröste, nur im Küstenbereich bleibt es länger wärmer.

Niederschläge

Bei den Niederschlägen hält Newfoundland den Rekord unter den Atlantikprovinzen. Regen und Schnee gehen vor allem an der Süd- und der Westküste nieder. Der November ist der feuchteste Monat, der Frühling ist eher zu trocken. Die Winter sind extrem schneereich, normal sind 2-3 Meter, an der Westküste oft noch mehr. Auch beim **Seenebel** ist Newfoundland Spitzenreiter: die warme feuchte Luft über dem Land stößt auf die kalte des Labrador-Stroms; besonders im Frühjahr und Frühsommer gib es oft Nebel auch an Land.

Typisch für die Buchten Neufundlands wie Labradors sind felsige Ufer, Seevögel und Nebelbänke

Eisberge

Eisberge gefährden bekanntlich die Schiffahrt, aber sie werden im Zuge der Klimaerwärmung weniger. Dennoch wird man in der ersten Hälfte des Jahres an Neufundlands Nordküste mit Sicherheit fündig und hat Chancen bis in den Juli. Viele der majestätischen Boten aus der Kälte treiben entlang der sogenannten ***Iceberg Alley*** mit dem Labrador-Strom bis zu den Grand Banks. Die Packeisgrenze liegt im Juni ungefähr im mittleren Labrador, mehr dazu im Internet unter www.ns.ec.gc.ca/climate/nfld.html.

Klima in Labrador

Das Klima **Labradors** ist unwirtlich, besonders im Norden, wo es arktische Züge trägt und nur noch eine spärliche Tundra-Vegetation zulässt. Die schroffen Torngat Mountains im Norden mit über 1.500 m und die Mealy Mountains im Süden mit 1.200 m Höhe begrenzen den ausgleichenden Einfluss des Atlantiks auf die küstennahen Zonen. Die Labrador-See ist acht Monate im Jahr voller Packeis und Eisberge, so dass die Wassertemperatur bestenfalls 4°C erreicht. Ostwinde vom Labrador-Strom sorgen im Sommer oft für Regen, im Winter für viel Schnee. Wenn sie einmal keine Niederschläge bringen, gibt es Nebel.

Die **großen jahreszeitlichen Kontraste** wurden von Satirikern auf die Feststellung reduziert: »In Labrador gibt es nur zwei Jahreszeiten: Winter – und *Blackflies*.« In der warmen Jahreszeit ist man in Labrador neben Bremsen und Moskitos unweigerlich mit dieser Spezies blutsaugender Insekten konfrontiert. In den anderen kanadischen Provinzen verschwinden die *Blackflies* in den ersten warmen Sommertagen. Was diese Quälgeister angeht ist hier der frühe Herbst nach den ersten Nachtfrösten die angenehmste Reisezeit. Im Landesinneren kann es im Sommer, wenn die Sonne nur für wenige Stunden untergeht, auch schon mal heiß werden; www.atl.ec.gc.ca/climate/lab.html.

5.1.4 An- und Weiterreise

Fähren nach Newfoundland

Wer mit oder ohne fahrbaren Untersatz die Fähre aus **North Sydney**, Nova Scotia nach Newfoundland benutzt, kommt entweder in **Channel-Port-aux-Basques** im Südwesten oder aber in **Argentia** auf der Avalon-Halbinsel an.

Die Fährüberfahrt dauert knapp 6 bzw. 14 Stunden; man kann – abhängig vom Schiff – Schlafsessel oder Kabinen reservieren:

www.marineatlantic.ca oder © 1-800-341-7981, Reservierungsgebühr bei Buchungen für mehr als 48 Stunden im voraus 25$.

Es gilt generell: Gegenrichtung gleiche Taktzeiten und Tarife

Strecke	Dauer	Taktzeiten	$-Tarife one-way (Hochsaison)	
North Sydney nach Port-aux-Basques	6 Std.	3-4 mal täglich	RV	ab 118
			PKW	78
			Passagier	28

Strecke	Dauer	Taktzeiten	$-Tarife one-way (Hochsaison)
North Sydney nach Argentia	14 Std.	3 mal wöchentlich	RV ab 242 PKW 160 Passagier 77

Fähre St. Barbe –Blanc Sablon

Fähren nach Labrador

Labrador ist am einfachsten mit der Fähre St. Barbe/Newfoundland nach **Blanc Sablon** in Québec zu erreichen, von dort liegt die Provinzgrenze Québec/Labrador nur drei Straßenkilometer entfernt. Die Fähre verkehrt je nach Eisgang meistens von Mai bis Januar. Reservierung unter www.gov.nl.ca/ferryservices/schedules/J-apollo.stm oder © 1-866-535-2567:

Strecke	Dauer	Taktzeiten	$-Tarife one-way (Hochsaison)
St. Barbe- nach Blanc Sablon	80 min	2-3 mal täglich	RV ab 49 PKW 23 Passagier 8

Nach der Fertigstellung der Straßenverbindung von Red Bay nach Cartwright wurde 2003 der Fährverkehr zwischen Lewisporte/ Newfoundland und Labrador eingestellt. Nach Protesten der Bevölkerung musste er jedoch im Jahr 2004 wieder aufgenommen werden.Man kann also nach wie vor von Lewisporte an der Nordküste im zentralen Newfoundland auch mit Auto direkt nach Cartwright oder weiter nach Goose Bay reisen.

Reservierung unter www.tw.gov.nl.ca/ferryservices/schedules/I-goosebay-cartwright.stm oder © 1-866-535-2567, 50$ Gebühr:

Strecke	Dauer	Taktzeiten	$-Tarife one-way (Hochsaison)
Lewisporte nach Cartwright	24 Std.	1 mal wöchentlich	RV ab 191 PKW 118 Passagier 73
Lewisporte-nach Goose Bay	44 Std.	1 mal wöchentlich	RV ab 312 PKW 194 Passagier 118

Landweg nach Labrador

Auch wer auf dem Landweg aus Québec nach Labrador City kommt und auf der Schotterstraße weiter bis Goose Bay fährt, kann von dort aus mit der Autofähre **Goose Bay–Cartwright** die Küste Labradors erreichen und dort wieder Straßenanschluss gewinnen, ➪ www.tw.gov.nl.ca/ferryservices/schedules.stm.

Neue Straße Cartwright-Goose Bay

Im Jahr 2009 soll eine neue, in Bau befindliche Straße von Cartwright nach Goose Bay eröffnet werden. Dann oder vielleicht auch 1 Jahr später wird eine Rundfahrt per Straße möglich sein.

Von April bis Januar gibt es außerdem ein **Küstenboot** von Blanc Sablon nach Sept Îles in Québec, wo man auf die Côte-Nord stößt, ➪ Seite 304. Die **Mitnahme eines Fahrzeugs erfordert die Reservierung** von mindestens 30, besser 90 Tagen im voraus. Je nach Ein-/Ausstiegsort dauert die Schiffsreise zwei bis vier Tage, weitere Details im Internet unter www.relaisnordik.com.

Coastal Boats zu Outports

Ein regelmäßiger Passagier- und Frachtverkehr (kein Autotransport!) verbindet die straßenlosen Outports, abgelegene Küstenorte im Süden Neufundlands bzw. an Labradors Küsten, mit dem Rest des Landes: www.tw.gov.nl.ca/ferryservices/schedules.stm.

Flüge nach Newfoundland

Von Europa aus wird **St. John's** ab London mit ***Air Canada*** und ***British Midland Airways*** (*BMI*) direkt angeflogen. ***Astraeus*** (www.flyastraeus.com) fliegt einmal wöchentlich von London Gatwick nach Deer Lake in Neufundlands Westen. Umsteigeverbindungen gibt es über Montréal oder Toronto. Linienflüge nach St. John's gibt's mit ***Air Canada Jazz*** und ***Air Canada Tango*** sowie bei ***SunWing*** und ***WestJet***.

Flüge innerhalb Newfoundland und Labrador

Innerhalb der Provinz fliegen ***Air Canada Jazz***, ***Provincial Airlines*** und ***Air Labrador***: Auf Newfoundland sind per Linienflug neben St. John's Stephenville, Deer Lake, St. Anthony und Gander zu erreichen, in Labrador Wabush, Churchill Falls und Happy Valley-Goose Bay. Darüber hinaus fliegen lokale Unternehmen nach kleineren Orten und abgelegenen Zielen.

Eisenbahn

Auf Neufundland wurde der Bahnverkehr eingestellt. **Labrador** kann man aber mit der Eisenbahn erreichen: Von **Sept-Îles** (Québec) fährt 2 x wöchtlich die ***North Shore & Labrador Railway*** nach **Emeril Junction** bei Labrador City (10 Stunden) und weiter bis **Schefferville** noch weiter nördlich. Information unter ✆ 709-944-8205 und ✆ 1-866-960-0988, www.billwood.com/trains/qnsl.

Busverkehr Newfoundland
Ein Linienbus verkehrt täglich zwischen **St. John's** und **Port-aux-Basques** ***via*** **Corner Brook**: (***DRL Coach Lines*** – www.drlgroup.com/schedulesearch.asp, ✆ 1-709-263-2171, ✆ 1-888-263-1854, Fahrtzeit: ca. 14 Stunden, Kosten ca. 107$). Zwischen Port-aux-Basques und Corner Brook gibt es eine täglichen Abfahrt des ***Gateway Bus Service***, (✆ 709-695-3332. Zwischen Corner Brook und St. Anthony verkehrt dreimal wöchentlich der ***Viking Express***, ✆ 709-634-4710.

Fahrrad
Wer Lust auf lange Trips hat, kann auf der ehemaligen **Eisenbahntrasse** (*T'Railway*) von Channel Port-aux-Basques bis St. John's radeln: www.trailway.ca.

Straßen Newfoundland
Der ***Trans-Canada Highway*** (TCH #1) beginnt/endet in St. John's. Bis **Channel-Port-aux-Basques** sind es 905 km. Zu allen interessanten Zielen und Regionen führen **gut ausgebaute Straßen**, zu vielen abgelegenen Dörfern und Fischerhäfen *Gravel Roads*; ⇨ Karte auf Seite 324.

Straßen Labrador
In Labrador ist nur der südliche Teil des ***Labrador Coastal Drive*** von Blanc Sablon bis Cartwright (#510) bis **Red Bay** asphaltiert; der Rest ist Piste. Der ***Trans Labrador Highway*** (#500) verbindet **Happy Valley-Goose Bay** mit **Labrador City** und **Wabush** (525 km) und ist ebenfalls nicht befestigt. Man muss dafür mindestens acht Stunden reine Fahrzeit veranschlagen. Bei ungünstigen Wetterverhältnissen ist diese *Gravel Road* wie auch die Strecke von Red Bay nach Cartwright abschnittsweise nur für Allradfahrzeuge passierbar.

Infos Straßenzustand
Auskunft über die Beschaffenheit der Strecke **Happy Valley bis Churchill Falls** gibt es unter ✆ 709-896-5840, über die Strecke **Churchill Falls bis Labrador City** unter ✆ 709-282-3406. Straßenzustände sind auch im Internet zu finden: www.roads.gov.nf.ca.

Straße #389
Von Labrador City zurück in die Zivilisation am großen Strom (nach Baie Comeau, ⇨ Seite 302) sind es 581 km. Auf der immerhin teilweise asphaltierten Straße benötigt man ca. 8 Stunden.

Schnurgerade Straße nach Norden, der Viking Trail

5.1.5 Regionen und Routen Newfoundland

Newfoundland Auch wer »nur« Neufundland gründlicher kennenlernen möchte, muss viel Zeit zur Verfügung haben, von Labrador nicht zu reden. Die Entfernung etwa von Port-aux-Basques nach L'Anse aux Meadows beträgt hin und zurück über 1.400 km, nach St. John's und zurück sind es ab Fährhafen über 1.800 km.

Die im Folgenden beschriebenen Routen orientieren sich an der Karte rechts. Zunächst geht es ab Port-aux-Basques in der ***Western Region*** hinauf bis zur ***Northern Peninsula***, danach durch ***Central*** und ***Eastern Region*** Richtung Osten. Die ***Avalon Region*** mit **St. John's** wird vom Fährhafen in Argentia aus behandelt.

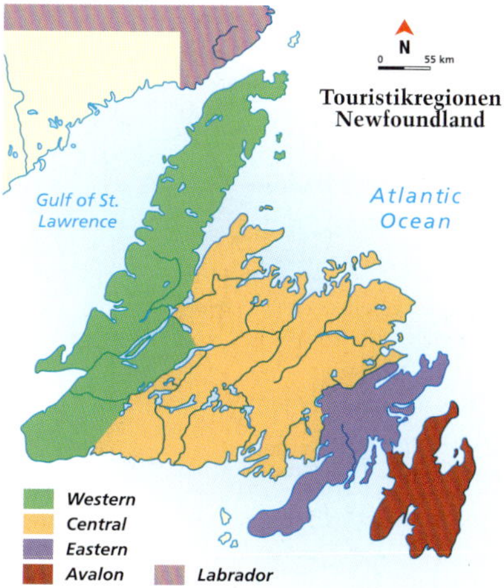

Labrador Durch Labrador führt das Kapitel anhand einer kombinierten Auto- und Schiffsreise ab der *Northern Peninsula* mit dem Fährhafen St. Barbe nach Blanc Sablon und via Cartwright per Boot bis Goose Bay. Von dort geht es nach Labrador City bis zur Provinzgrenze von Québec.

5.2 Westliches Newfoundland

5.2.1 Von Port-aux-Basques bis Deer Lake

Port-aux-Basques Channel-Port-aux-Basques ist Ankunftsort der Fähre von Nova Scotia und damit für viele Ausgangspunkt eines Trips durch Neufundland. Bereits um 1500 als Zuflucht für Fischer gegründet hat die Stadt heute 4.700 Einwohnern und ist mit ihrem eisfreien Hafen das wichtigste Eingangstor der Insel auf dem Land- und Seeweg.

Information Wer hier ankommt, sollte zunächst das ***Provincial Visitor Information Centre*** gleich ausgangs der Stadt aufsuchen (3 km vom Fährterminal am TCH #1, ✆ 1-709-695-2262, geöffnet Mitte Mai bis Mitte Oktober 6-23 Uhr). Dort bekommt man den aktuellen *Travel Guide*, eine kostenlose Straßenkarte der Provinz und jede Menge weiteres Material: www.gatewaytonewfoundland.com.

Sehenswertes in/bei Channel Port-aux-Basques

Das ***Gulf Museum*** gegenüber der *Town Hall* (118 Main Street), zeigt alte nautische Instrumente und Gegenstände aus Schiffswracks, u.a. zwei Astrolabien zur Sternerkundung aus dem 17. Jahrhundert, sowie Kunst der *Dorset*-Eskimos. Geöffnet Juni bis August täglich 9-19 Uhr, Eintritt $3,50; © 709-695-7560.

Im ***Port-aux-Basques Railway Heritage Centre*** (am TCH #1) erfährt man alles über die Geschichte der Bahnfahrt in Newfoundland; geführte Tour in einem restaurierten Eisenbahnzug. Geöffnet während der Sommersaison , © 709-695-7560, 3,50$.

Grand Bay Beach West westlich der *Grand Bay* am Ende der Kyle Lane, ist ein Strand mit Sanddünen und vielfältiger Vogelwelt.

Die Felsformationen aus Sedimentgesteinen enthalten metamorphosierten Glimmerschiefer.

Aktivitäten

Ein am Eisenbahnmuseum beginnender 24 km langer erster Abschnitt der erwähnten Eisenbahntrasse eignet sich gut zum Wandern, Radfahren sowie im Winter für Schneemobiltouren.

Wandern

Im ***J.T. Cheeseman Provincial Park*** kann man Strandspaziergänge unternehmen, eine **Wanderung** zur ***Cape Ray Fault*** (durch eine Felsverwerfung) oder entlang des ***Smoky Cape Trail*** (etwa 4 km retour) machen.

Der Ausgangspunkt für den ***Table Mountain Hiking Trail*** – 4 km hin und zurück – liegt an der #1, in der Nähe des Abzweigs der Straße #408 nach Cape Ray. Der Weg ist unmarkiert. Auf dem *Table Mountain* (518 m) befinden sich Reste einer Militärstation aus dem 2. Weltkrieg.

Internet

- ***Channel-Port-aux-Basques Public Library***, Grand Bay Road

Unterkunft

- ***Hotel Port-aux-Basques***, 2 Grand Bay Road, © 709-695-2171 und © 1-877-695-2171, ab 79$; www.hotelpab.com
- ***St. Christopher's Hotel***, 146 Caribou Road, © 1-709-695-3500 und © 1800-563-4779, 76-110$; www.stchrishotel.com
- ***Caribou B&B***, 42 Grand Bay Road, © 1-709-695-3408; 55-65$

Camping

- ***J.T. Cheeseman Provincial Park***, #408 in Cape Ray, 102 Plätze, Ende Mai-Mitte September, © 709-695-7222, 13$, Duschen, toller Strand; www.env.gov.nl.ca/parks/parks/p_jtc/index.html

Rose Blanche

Wer Zeit hat kann in Port-aux-Basques auf der Straße #470 einen Abstecher entlang der zerklüfteten Südküste nach **Rose Blanche** machen. Dort steht ein restaurierter Leuchtturm aus Granit.

In **Île aux Morts** (#470) beginnt ein schöne Küstenwanderung (ca. 7 km retour) vorbei an alten Schiffswracks mit Hinweistafeln.

Internet

- ***Kinsman Club***, Rose Blanche

Wreckhouse

Auf dem *Trans Canada Highway* passiert man etwa 20 km nördlich von Channel-Port-aux-Basques eine Höhe namens ***Wreckhouse***. Das Bergmassiv links zeigt eine tiefe Einbuchtung mit einem Doppelgipfel; ein Schild warnt »*Gust Wind Area*«. Die Form der Berge verursacht dort eine Beschleunigung der Südostwinde zu extremen Windgeschwindigkeiten bis zu 160 km/h. Vor Jahren hob der Wind dort sogar Eisenbahnzüge aus den Gleisen. Trucks und Campmobile sollten in diesem Bereich besonders vorsichtig fahren.

Codroy Valley

Etwa 35 Kilometer von Port-aux-Basques entfernt liegt linkerhand das **Codroy Valley**, eingerahmt von den Long Range Mountains, den Anguille Mountains und dem Atlantischen Ozean.

In etwa 15 Gemeinden leben dort Siedler schottischer, irischer und französischer Herkunft vor allem von Landwirtschaft und Kleingewerbe. Die Region ist mit ihrer zerklüfteten Küste, den Wasserläufen und teilweise bewaldeten Bergen nicht ohne Reiz.

Sehenswertes in Codroy Valley

- ***Grand Codroy Valley Wetlands Interpretation Centre & Trail*** in Upper Ferry (Stichstraße #406): Die Uferzone des *Grand Codroy River* lädt auf einem leichten, gut ausgeschilderten Spazierweg zur Beobachtung verschiedenster Wasservögel ein.
- ***Grand Codroy Wildlife Museum & Nature Park***: über 300 präparierte Tiere in naturnahen Arrangements, auch ein Zoo ist vorhanden; ✆ 709-955-2555; Eintritt 7$.

Wandern

Der ***Starlite Trail*** (16 km hin und zurück) startet am TCH, 30 km von Port-aux-Basques entfernt: Ausgeschilderte Wanderung auf den Kamm der Long Range Mountains mit guter Sicht auf Little Codroy River, Grand Codroy River und bis hinüber zum Gulf of St. Lawrence.

Internet

- ***Codroy Valley Public Library***, *Belanger Memorial School*,

Unterkunft

- ***MacLellan Inn***, Straße #406, Great Codroy, ✆ 1-866-955-2535, 79-99$, www.maclellaninn.com
- ***Thackerey Housekeeping Units***, Straße #406, in O'Regan's, ✆ 1-866-955-2535, 75$
- ***Codroy Valley Cottage Country***, Straße #406, in Great Codroy, ✆ 1-877-655-2720, 50-95$, www.cvccl.com
- ***Martins Cabins***, #406, in Upper Ferry; ✆ 709-955-2673, 42-60$

Camping

- ***Little Paradise Park***, am TCH #1 kurz vor Doyles, 78 Plätze; 1. Juni-30. September, ✆ 709-955-2682, Münzduschen, Spielplatz, Minigolf, 13-16$; www3.nf.sympatico.ca/diane.anderson
- ***Grand Codroy R.V./Tent Camping Park***, #406, in Doyles, 80 Plätze; Mitte Mai-September, ✆ 709-955-2520; *Dumping Station*, Elektroanschluss, Duschen, Feuerholz, Waschautomat, Internetzugang, Zeltplätze auf einer Wiese, 17-23$

Lachse und Mineralogie

Folgt man dem TCH #1 weiter nach Nordosten, erreicht man über die Straßen #404 und #405 einige gute Lachsflüsse (Crabbs River, Robinson River, Flat Bay Brook).

Abstecher an die Südküste

Die Straße #480 nach **Burgeo** nennt sich ***Caribou-Trail*** (auf ca. 150 km keine Tankstelle!), Karibus wird man von der Straße aus jedoch kaum zu Gesicht bekommen.

Burgeo besitzt einen schönen Sandstrand im Dünengebiet des ***Sandbanks Provincial Park***. Von dor aus geht es zu den straßenlosen Kommunen an der Südküste mit dem Küstenboot. Infos dazu unter www.tw.gov.nl.ca/ferryservices/schedules.stm.

Internet

- ***Burgeo Public Library***, in Burgeo Academy, 1 School Rd
- ***Ramea Public Library***, St. Boniface All Grade School

Unterkunft

- ***Gillett's Motel***, 1 Inspiration Road, Burgeo, ✆ 709-886-1284, 72$
- ***The Four Winds***, 1 D.O.T. Road, Ramea, ✆ 709-625-2002, 55$
- ***Ramea Retreat***, *Hostel* und *Cottages*, Ramea, Mitte Juni-Anf. September, gegenüber vom Fährterminal, ✆ 1-709-625-2552, ab 25$, mit Kajakverleih und -touren; www.easternoutdoors.com

Camping

- ***Sandbanks Provincial Park***, Burgeo, 25 Plätze, Ende Mai-Mitte September, *Dumping Station*, 13$

Francois

Francois an einer tief eingeschnittenen, fjordartigen Bucht an der Südküste ist ein von Burgeo aus per Boot (✆ 709-842-3339) oder Helikopter zu erreichender **Hafen der Südküste**. Dort wurde von 1893 bis 1911 eine Walverarbeitungsstation und eine Hummer-Konservenfabrik betrieben. Wer einmal weitab von jedem touristischen Trubel in unberührter Landschaft Herausforderungen wie Wildniswanderungen, Seekajak-Fahrten und Felsenklettern sucht, oder aber auch Winterfreuden wie Eisfischen, Schneemobil- oder Skilanglauf-Touren erleben will, findet in Francois private Tour- und Übernachtungsangebote; www.francoisnf.com.

Internet

- ***St. Simon & St. Jude Academy***, Francois, 40 Main Street
- ***All Saints All Grade School***, Grey River, 3 Hillbrook Lane

Stephenville

Das durch Papierindustrie geprägte Städtchen **Stephenville** liegt nur wenige Kilometer westlich des TCH (Straßen #490 und #460) und verfügt über einen Flughafen mit Linienflügen zum kanadischen Festland. Im Juli/August findet dort das ***Stephenville Theatre Festival*** statt, www.stf.nf.ca.

Abstecher zur Port-au-Port Peninsula

Weiter auf der #460 gelangt man auf die frankophone ***Port-au-Port Peninsula***, wo die Bewohner seit Jahrhunderten Französisch in einem speziellen Dialekt sprechen und traditionelle Feste (z. B. »*Une Longue Veillee*«) feiern. Die Küste bietet mit ihren steilen Klippen, Spalten, Höhlen und Faltungen dramatische Ausblicke. Das Gebiet ist reich an Singvögeln, Wildblumen und Fossilien, letztere vor allem bei Aguathuna. Am *Blanch Brook* kann man Baumversteinerungen bewundern.

Internet

- ***Stephenville Crossing Public Library***, 73 West St, *Town Hall*,
- ***Kindale Public Library Stephenville***, 45 Carolina Avenue
- ***Cape St. George Public Library*** in der *Lady of the Cape School*
- ***Port au Port Public Library***, *St. Thomas Aquinas School*

Unterkunft

- ***Holiday Inn***, Stephenville, Campbell Avenue, ✆ 709-643-6666, 92-140$; www.holiday-inn.com/stephenville
- ***Hotel Stephenville***, 19 Oregon Drive, ✆ 709-643-5176, 64-89$; www3.nf.sympatico.ca/hotel.stephenville

Camping

- ***Zenzville Campground & Recreation Park***, #460, Kippens, 75 Plätze, 1. Mai-30. Oktober, ✆ 709-648-9232, *Dumping Station*, Dusche, Waschraum, Serviceplätze, Pool, ab 16$

Unweit vom Abzweig der Straße nach Stephenville (#490) liegt östlich des TCH der ***Barachois Pond Provincial Park***, der speziell für mineralogisch Interessierte attraktiv ist (Anorthosit, Plagioklas-Kristalle, Magnetit) und zudem mit Barachois Brook und Barachois Pond Anglerherzen erfreut.

Camping

- ***Crabbs River Park***, #405, St. David's, 40 Plätze, Mai-September, ✆ 709-645-2788, *Dumping*, Duschen, Strom, 12-17$
- ***Barachois Pond Provincial Park***, TCH nahe Abzweig der #480, 150 Plätze, Mitte Mai-Mitte September, ✆ 709-635-4520, *Dumping*, Duschen, Kiosk, Waschautomat, Bootsverleih, 13$

Corner Brook

Corner Brook ist mit 30.000 Einwohnern für Neufundland-Verhältnisse eine Großstadt. Dort hat man für Hunderte von Kilometern das letzte Mal Gelegenheit für umfassende Einkäufe. Abgesehen von einem Denkmal für *Captain Cook* ist die Stadt weitgehend ohne nennenswerte Attraktionen.

Humber Valley

Ganz in der Nähe liegt das ***Humber Valley*** an einem berühmten Lachsfluss, der bereits 1767 von *Captain Cook* erforscht wurde. An einer steilen Granitwand direkt über der *Shellbird*-Insel kann man mit viel Phantasie das Profil eines menschlichen Kopfes erkennen. Der ***Man in the Mountain*** soll angeblich einen versteckten Piratenschatz bewachen.

Der ***Marble Mountain*** ist mit durchschnittlich 5 m Schneehöhe einer der besten Skiberge in Ostkanada. An seinem Fuß gibt es eine *Lodge* mit Unterkünften. Ein Pfad führt durch den Wald zu den ***Steady Brook Falls***, die in Kaskaden herabstürzen.

Camping

Am Ende der Straße #450 liegt auf einer kleinen Halbinsel der ***Blow Me Down Provincial Park*** mit Strand, Campingplatz und Skilanglaufpisten im Winter. Lark Harbour, 28 Plätze, Mitte Juni-Anfang September; *Dumping*, Waschräume, Duschen, 13$

Internet

- ***Public Library*** im Sir Richard Squires Building, Corner Brook, Mount Bernard Avenue
- ***Corner Brook YMCA***, 7 Renouf Crescent
- ***Lark Harbour***, Straße #450, St. James All-Grade School
- ***Deer Lake Public Library***, 4 Poplar Road

Unterkunft

- ***Comfort Inn***, 41 Maple Drive Road, Corner Brook, ✆ 709-639-1980, ab 133$; www.choicehotels.ca/CN245
- ***Glynmill Inn***, 1 Cobb Lane, Corner Brook, ✆ 709-634-5181, 91-197$, www.glynmillinn.ca
- ***Marblewood Village Resort***, 8 Thistle Drive, Steady Brook, ✆ 709-632-7900, 99-499$; www.marblemountain.com
- ***Marble Mountains Cottages***, Dogwood Drive, Steady Brook, ✆ 709-634-2237, 79-239$, www.marbleinn.com

- ***Lakeland Lodge and Motel***, 1st Avenue, Pasadena, © 709-686-2242, 65-75$, Cottages 55-75$

Camping

- ***Kinsmen Prince Edward Park***, #440, Corner Brook, 80 Plätze, 15. Juni-15. September, © 709-637-1580, Duschen, Waschmaschine, Spielplatz, ab 15$; www.princeedwardrvpark.com
- ***George's Mountain Village Trailer Park,*** am TCH in Steady Brook, 12 Plätze, Mitte Mai-Mitte Oktober; © 709-639-8168, nahe den Fällen, Laden, Restaurant, Waschautomat, 20$

Deer Lake

Hinter **Deer Lake** mit einem weiteren Flughafen für innerkanadische Linienflüge und sogar einer wöchentlichen Direktverbindung nach London Gatwick (➪ Seite 321) wendet sich der Trans Canada Highway nach Westen. Auf der **Straße #430**, dem ***Viking Trail,*** geht es nach Norden mit dem Gros Morne National Park als nächstem Ziel der hier verfolgten Route.

Camping

- ***Sir Richard Squires Memorial Provincial Park*** am Ende der Straße #422 (Schotter). Ende Mai-Anfang September, 159 Plätze ohne Service außer *Pit Toilets*, 10$.

Tektonischee Verwerfungen bei Cowhead, *➪ Seite 333*

5.2.2 Gros Morne National Park

Kennzeichnung

Der ganzjährig geöffnete 1800 km^2 große ***Gros Morne National Park*** ist ein Höhepunkte jeder Neufundlandreise. Er bietet im Sommer wie im Winter grandiose Naturerlebnisse.

Die Landschaft seines Gebiets mit tiefen Tälern, steilen Felsen, geschwungenen Sandstränden und tief in das Felsplateau eingeschnittenen Fjorden wurde hauptsächlich durch eiszeitliche Gletscher geformt. Tier- und Pflanzenwelt sind vielfältig: Lachsflüsse, üppig grüne Moore, dichter Baumwuchs und Gestrüpp aus windflüchtenden Tuckamore-Fichten, spärliche arktisch-alpine Vegetation auf den Bergkämmen. Rauhe Stürme brachten die niedrigen Bäume dazu, sich zu ducken und an die Hänge zu schmiegen. Elche, Karibus, Füchse, Schwarzbären, Schneehühner, Weißkopf- und Seeadler gehören zur Fauna dieser Region.

Die heftige Brandung arbeitet an einer Küste mit steinigen Vorsprüngen. Oft genug endet der Blick aufs Meer im Nebel. Im Südteil des Parks wirken die eigenartig flachen Berge der *Tablelands*, als hätte sie jemand gleichmäßig abgehobelt.

Die Straße #430 läuft in Süd-Nordrichtung durch dasReservat und erlaubt immer wieder wunderbare Ausblicke. Die 750 m tiefe Bonne Bay schneidet weit ins Land und trennt das südliche Areal des Parks mit den ***Tablelands***, den ***Green Gardens*** und dem Ort Woody Point fast ganz vom größeren Nordteil ab.

Information

Etwa 24 km sind es von Deer Lake bis **Wiltondale** an der Grenze des Nationalparks. Dort befindet sich ein erstes ***Visitor Centre***, ein größeres in **Rocky Harbour**, rund 40 km weiter nordwestlich. Der Eintritt, das ***Park Permit***, kostet **9$** inklusive Informationsbroschüre mit Übersichtskarten.

Ein neueres sog. ***Discovery Centre*** bei **Woody Point** (Straße #431) liefert exzellente Ausstellungen und Erläuterungen zu Geologie, Flora und Fauna wie zu ökologischen Problemen. Mai-Oktober, Juli/August 9-21 Uhr, sonst 9-17 Uhr, Eintritt mit *Park-Permit*.

Tablelands

Die Gruppe kahler, gelbbrauner Berge inmitten des Grüns im südlichen Teil des *Gros Morne National Parks* wirkt wie willkürlich hineingestellt. Sie entstand aus einer Art »Unfall« der Erdgeschichte: Durch tektonische Verwerfungen vor 460 Millionen Jahren wurde eine Gesteinsschicht aus mehr als 10 km Tiefe an die Oberfläche gehoben. Es ist ist ockergelb und sehr hart, an frischeren Bruchstellen weist es grünliche bis grauschwarze, durch Längs- und Querrisse entstandene Plättchen auf. Es handelt sich um Peridodit, dessen Zusammensetzung keinerlei Pflanzenwachstum ermöglicht: Die Umgebung gleicht daher einer Mondlandschaft. Die wenigen Pflanzen, die dieser unwirtlichen Umgebung getrotzt haben, befinden sich entweder am Rand von Übergangszonen oder in feuchten Senken in der Nähe von Wasserläufen, wo sich etwas Humus bilden konnte. Doch die Hochfläche und die sie überragenden Hügel und Geröllhaufen sind völlig kahl. Dies fällt um so mehr auf, weil andere Berge ganz in der Nähe dicht bewaldet oder wenigstens begrünt sind.

Zugang: Südlich der Straße #431 zwischen dem Abzweig nach **Woody Point** und **Trout River** im Süden des Parks, nicht zu übersehen. Eine kleine Wanderung ist möglich (4 km retour).

In den kargen Tablelands des Gros Morne Park

UNESCO Welterbe Gros Morne Park

Wegen seiner besonderen geologische Formationen und erdgeschichtlich interessante Stätten wurde der der Park zur *UNESCO World Heritage Site* ernannt. Nicht zuletzt die Beschaffenheit der *Gros Morne Region* diente zur Bestätigung der Theorie der Plattentektonik, die besagt, dass die Kontinente sich frei, aber äußerst langsam an der Erdoberfläche bewegen. Solche Phänomene wie Erdbeben, bestimmte vulkanische Aktivitäten, die Form der Kontinente und die weltweite Verbreitung bestimmter Mineralien wurden erst durch diese Theorie erklärbar.

Mit den sog. *Tablelands*, die beim Zusammentreffen von Kontinentalplatten aus dem Erdmantel an die Oberfläche gedrückt wurden, besitzt der Nationalpark ein »geologisches Schaufenster« zur Demonstration der Plattentektonik.

Anderenorts verweisen Sedimentgesteine und Fossilienfunde auf die ozeanische Vergangenheit von Gesteinen. Sie waren einst im Kambrium und Ordovizium, also vor 540-440 Millionen Jahren, Meeresböden. Die von Gletschern geschliffenen Bergrücken, die Hängetäler (*Hanging Valleys*) und die Fjorde zeigen unverkennbar Spuren der Eiszeit und verdeutlichen Erkenntnisse aus der Glaziologie und Geomorphologie. Es gilt: »Was *Galapagos* für die Biologie bedeutet, ist *Gros Morne* für die Geologie«.

Cow Head

Am Ende der ***Cow Head Peninsula*** besteht das Ufer aus fossilhaltigem Kalkstein – ehemals Meeresboden – mit dicht nebeneinander stehenden Schichtplatten. Diese erinnern an einen umgekippten Stapel riesiger Pfannkuchen mit unterschiedlichem Durchmesser. Die geschichteten Platten wurden beim Aufeinandertreffen der Kontinente derart nach oben gedrückt, dass sie fast senkrecht stehen. Das Gestein läuft in länglichen Streifen wellenartig durchs Wasser. Die Flut erneuert zweimal am Tag die Füllung von kleinen Tümpeln mit interessanter Fauna und Flora. Seesterne, Seeanemonen, Jungfische und Wasserpflanzen verschiedenster Art besiedeln diese Gezeitenpools, ⇨ Foto Seite 329.

Zugang: Am Ende der *Cow Head Peninsula* im Norden des Nationalparks von der Straße #430 nach Westen abbiegen, im Dorf **Cow Head** den Damm zur Insel benutzen. Vorbei am alten Friedhof gibt es rechts vom Leuchtturm einen Pfad, der durch Fichtenbestand an die Küste führt. Die Erkundung des Gesteins erfordert stabile, die Knöchel stützende Schuhe.

Western Brook Pond

Eine spannende Angelegenheit ist die Bootstour auf dem ***Western Brook Pond*** im Norden des Nationalparks (ca. 2 Stunden). Dieses Gewässer ist ein ehemaliger Fjord, der nach der Eiszeit durch die Anhebung des Landes vom Meer abgetrennt wurde. An der Westseite ist er von flachem Land umgeben; nach Osten hin steigen jedoch steile bis zu 600 m hohe Felswände aus Granit, Gneis und Schiefer auf, deren Anblick überwältigend ist. Schmale senkrechte Spalten durchziehen den Fels, deren Erforschung der Wissenschaft beim Datieren der Trennung der Kontinente half.

Zugang: Straße #430, Parkplatz/*Trailhead* 27 km nördlich von **Rocky Harbour**, von dort gut 3 km befestigter Weg durch flaches, teilweise sumpfiges Gelände. Touren müssen reserviert werden: ***Bontours*** im *Oceanview Motel* in Rocky Harbour, © 709-458-2016 oder © 1-888-458-2016, 39$; www.bontours.ca.

Western Brook Pond: Sauber – pur – ultraoligotroph!

Im *Western Brook Pond* fällt das klare Wasser auf – man kann ohne weiteres bis zu 10 m tief sehen. Der See ist sauberer als normalerweise überhaupt möglich. Er weist keinerlei Schlamm oder Schlick und auch keine toxische Verunreinigung auf. Grund ist nicht nur die fehlende menschliche Einwirkung – es gibt keine Landwirtschaft und keine Industrie in der Umgebung – sondern auch der Umstand, dass die den See speisenden Wasserläufe aus der Hochebene über Eruptivgestein ohne Humusschichten, Erdreich und Vegetation fließen und so kaum Kalk oder Pflanzennährstoffe mit sich tragen. Das Wasser ist zudem sauerstoffreich und eignet sich ungefiltert als Trinkwasser. Geographen und Ökologen bezeichnen einen solchen, heute äußerst seltenen Gewässerzustand als »ultraoligotroph«.

Green Gardens

Nicht weit von den *Tablelands* laden die ***Green Gardens*** zu einer anstrengenden Wanderung in Richtung Küste ein: Länge 18 km, mehrere steile Anstiege, Dauer 6-8 Stunden.

Eiszeitliche Gletscherbewegungen brachten große Felsen und Steinbrocken aus den *Tablelands* herunter, die heute wie Fremdkörper mitten im fruchtbaren Grün stehen und den Eindruck einer Parklandschaft vermitteln. An der Küste finden sich Reste vulkanischer Vergangenheit: Basaltfelsen und Kissenlava mit bei Ebbe zugänglichen Höhlen. Auf den grünen Wiesen überm steilen Ufer wachsen wilde Kräuter, Blumen und Disteln. Wer nicht den langen Rundwanderweg laufen will, kann abkürzen, indem er nur bis zur Küste und zurück läuft (9 km, ca. 3 Stunden).

Gros Morne Mountain Trail

Eine Wanderung auf den 806 m hohen Gros Morne Mountain beginnt 4 km südöstlich von Rocky Harbour. Seinen Beinamen ***James Callaghan Trail*** erhielt der Weg 1976 in Anerkennung der Naturschutzaktivitäten des damaligen britischen Außenministers James Callaghan. Der ziemlich anstrengende Aufstieg ist meist erst ab Ende Juni freigegeben. Achtung – hier gibt es auch Bären! Auch aus diesem Grund ist das Mitnehmen von Hunden nicht gestattet. Die Wanderung ist 16 km lang, man sollte nicht unter 5 Stunden einplanen.

Auf den ersten 4 km ist die Wanderung einfach, ein allmählicher Aufstieg mit schönen Blicken auf die *Bonne Bay* führt bis an den Fuß des Berges. Falls das Wetter sich verschlechtert, sollte man an diesem Punkt umkehren, denn der folgende Abschnitt ist schwieriger und bei Nässe nicht zu empfehlen.

Es geht weiter bergauf durch eine Felsschlucht, den sogenannten *Gully*. Bis zum Gipfel ist ein Höhenunterschied von 500 m zu überwinden. Man muß mit Temperaturstürzen und plötzlich auftretenden heftigen Winden rechnen. Die Veränderung des Pflanzenwuchses verdeutlicht die rauhen Klimabedingungen.

Der Berggipfel ist flach, und die wenigen Pflanzen schmiegen sich eng an den Boden. Ein mit Steinpyramiden markierter Pfad führt zum höchsten Punkt. Die Leistung des Aufstiegs wird mit einem wunderbaren Blick auf den *Ten Mile Pond* und über das gesamte Massiv, die Fjorde und die Küste belohnt.

Der Abstieg läuft über 6 km durch die Schlucht *Ferry Gulch* an der Nordostflanke des Berges, dann trifft man wieder auf den vom Hinweg bekannten ersten Abschnitt.

Extremwanderungen

Hartgesottene Wanderer können sich für eine reizvolle mehrtägige Tour durch unberührte Landschaft vom Boot auf der Ostseite des Western Brook Pond absetzen lassen. Voraussetzung ist Übung beim Umgang mit Karte und Kompass.

Die ***North Rim Traverse*** ist 27 km lang, die ***Long Range Traverse*** sogar 35 km. Für beide Touren ist eine Anmeldung im *Visitor Centre* notwendig, wo man alle nötigen Informationen erhält und ein *Backcountry Permit* erwerben muß (64$ bzw. 79$, zusammen 109$, Reservierung erforderlich: 19,80$).

Schlechtes Wetter

Fast an jedem Abend gibt es im ***Visitor Centre*** in Rocky Harbour ein Abendprogramm mit Vorträgen zur Flora und Fauna des Parks und zu geologischen Phänomenen, oft mit Dias und Musik.

In **Broom Point** befindet sich ein restauriertes **Fischercamp**, in dem die Küstenfischerei in den 1960er und '70er Jahren dokumentiert wird, Mitte Mai-Oktober, 10-17.30 Uhr.

Der ***Fisherman's Landing Family Fun Park*** am Rocky Harbour Pond hat Wasserrutschen, Tretboote, Sea-doos etc.

Bei Wiltondale liegt das ***Pioneer Village,*** ein restauriertes Holzfällerdorf mit Schule, Kirche, Laden, Wohnhaus und Teestube.

Das ***Dr. Henry N. Payne Community Museum*** in **Cow Head** zeigt Artefakte und Kuriositäten aus den letzten zwei Jahrhunderten.

Theaterfestival: Jedes Jahr gibt es in der Hochsaison regelmäßige Aufführungen im *Warehouse Theater* in Cow Head.

Internet

- ***Jakeman All Grade School***, Trout River
- ***Woody Point Public Library*** an der *Waterfront*
- ***Norris Point Public Library*** im Julia *Ann Walsh Centre*
- ***Rocky Harbour Public Library*** in der *Gros Morne Academy*e
- ***Cow Head Public Library*** in Main Head

Restaurant

- ***Seaside Restaurant***, Trout River, unmittelbar am Strand, besonders variantenreiche und gute *Seafood*-Gerichte
- ***Shallow Bay Motel*** in Cow Head

Unterkunft

- **Südlich der Bonne Bay**:
- ***Frontier Cottages***, Wiltondale, ✆ 709-453-7266 oder 1-800-668-2520, ab 89$, Hochsaison 119-149$; www.frontiercottages.com
- ***Victorian Manor*** (*B&B* und *Housekeeping Units*), Main Road und Water Street, Woody Point, ✆ 709-453-2485, ab 70$
- ***Woody Point Motel***, Main Street, Blick auf die *Bonne Bay*, ✆ 709-453-2515, ab 60$

- **Nördlich der Bonne Bay**:
- ***Oceanview Motel***, Rocky Harbour, Main Street, ✆ 1-800-563-9887, 90-175$; www.oceanviewmotel.com
- ***Gros Morne Cabins***, Rocky Harbour, Main Street, Meerblick, ✆ 709-458-2020, ab 99$; www.grosmornecabins.com

Darüber hinaus gibt es vor allem in Rocky Harbour und Cow Head noch viele weitere Quartiere, *B&B* und *Cottages*.

- ***Shallow Bay Motel & Cabins***, Cow Head, direkt am Meer, beheizter Pool, Sauna, Waschautomat, ✆ 709-243-2471 oder 1-800-563-1946, 75-125$; www.shallowbaymotel.com

Hostel

- ***Woody Point Hostel***, 26 High School Road, ✆ 709-453-2470, Gemeinschaftswaschräume, Küche, 18. Mai-30. September, ab 20$
- ***Gros Morne Hostel,*** Sally's Cove, 12 Hewlins Lane; 22-45$, www.grosmornehostel.com

Camping

Norden:

- ***Shallow Bay***, 62 Plätze, Cow Head, strandnah, Dusche, *Dumping Station*, 25$
- ***Green Point***, Abzweig von #430 8 km nördlich von Rocky Harbour, steiniger Strand, 31 einfache Plätze, 15$
- ***Berry Hill***, 152 Plätze, nördlich von Rocky Harbour, großzügige Plätze im Wald, Duschen, *Dumping Station*, 25$

Süden:

- ***Lomond***, 29 Plätze, am Ostarm der Bonne Bay, 14 km von Wiltondale (#431, nach 10 km Abzweig), Dusche, *Dumping*, 25$
- ***Trout River Pond***, 44 Plätze, südlich von Trout River auf einer Wiese am See, 25$

Wildnis-camping

Wanderer im *Gros Morne National Park* dürfen in der Wildnis zelten. Z.B. gibt es einen einfachen, für maximal 3 Zelte geeigneten Platz mit Picknicktischen am Wanderweg *Green Gardens* gleich oberhalb der Küste. Auf dem *Gros Morne Mountain* kann man an der *Ferry Gulch* ebenfalls zelten. Dafgür existiert keine Reservierungsmöglichkeit, es gilt *first come, first serve*; trotzdem muss auch fürs *Wilderness Camping* im voraus ein *Permit* erworben werden (10$).

Sonnenuntergang am Cow Head

Roadside Gardens

Links und rechts der Straße #430, inmitten scheinbarer Wildnis und völlig abseits der Dörfer, kann man immer wieder kleine Areale sehen, die mit Pfosten abgesteckt, manchmal mit Bändern oder Vogelscheuchen versehen sind: diese kleinen privat bewirtschafteten Gärten spielen eine nicht unbedeutende Rolle bei der Versorgung der Bevölkerung. Außer Kartoffeln findet man vor allem Kohl, Mohrrüben, Brokkoli, Salat, Zwiebeln und Rüben. Nach dem Bau der Straße in den 1960er-Jahren begannen die Familien der Fischerdörfer mit der Nutzung von nun leicht zugänglichen Kleinstflächen am Wege. Es gibt – und das ist hier besonders – kein Eigentum an den Gartengrundstücken, aber auch kaum Diebstahl. Größte Sorge der Kleingärtner ist es, die kurze Vegetationsperiode richtig zu nutzen. Gleich nach der Schneeschmelze im Mai beginnt die Arbeit, und geerntet werden muss spätestens vor den Herbstfrösten.

5.2.3 Der Viking Trail

Kennzeichnung

Die über 400 km lange Strecke zwischen *Gros Morne National Park* und der Wikinger-Siedlung in L'Anse aux Meadows mit gelegentlich schöner Aussicht auf den Gulf of St. Lawrence und durch Fischerdörfer ist eher eintönig. Aber unterwegs gibt es mehrere Anlässe für Zwischenstopps.

Arches

Wenige Kilometer nördlich des *Gros Morne Park* stehen dicht an der Küstenstraße die sog. ***Arches*** am Strand. Aus einer gewaltigen Felswand aus porösem Kalksteinkonglomerat, die einsam aus dem Strand ragt, hat das Meer an mehreren Stellen große Bögen herausgespült. Sie wirken wie riesige Tore zum Horizont.

Die Brandung arbeitet ständig und geräuschvoll weiter an der Unterhöhlung des Felsens. Am Strand finden sich unendlich viele verschiedenfarbige Steine aller Größen, die vom Wasser und gegenseitigem Abrieb rund geschliffen und poliert worden sind.

Internet

• ***Daniels Harbour Public Library*** im *Town Council Building*

Table Point

Nördlich von Bellburns führt ein alter Küstenweg an ein geschütztes Steilufer (*Ecological Reserve*). Eindrucksvolle Felsformationen aus fossilreichem Kalkstein zeigen deutliche Spuren der Erosion durch Wellen und Wind. Oben am Ufer gibt es nur spärlichen Bewuchs. Hier finden sich zwischen typischer Ödlandvegetation wie wilden Erdbeeren (ein Genuss!), Krähenbeeren, Silberwurz, Bärentraube und Krautweiden einige recht seltene Wildblumen, darunter eine grüne Orchideenart, ➪ Essay »Charakteristische, seltene und endemische Pflanzen« Seite 341.

Felsmonolith Arches

Port-au-Choix Ein Abstecher auf der #428 zu einer Landspitze in Richtung Westen führt nach **Port-au-Choix** auf der *Point-Riche-Peninsula.*

Ben's Studio Der ehemalige Fischer *Ben Ploughman* nutzte seine handwerklichen Fähigkeiten zur Schaffung von *Folk Art*-Objekten. In seinem Laden kann man die aus alten Holzlatten komponierten und bunt bemalten »Bildkunstwerke« erwerben. Anziehungspunkt von ***Ben's Studio – Museum of Whales & Things*** ist ein aus Bruchstücken zusammengesetztes lebensgroßes Walskelett. 24 Fisher Street, 1. Juni-30. September, 9-17 Uhr, www.bensstudio.ca.

Ausstellung in Ben's Studio

Port-au-Choix NHS Im Ort wurden 4.500 Jahre alte Grabstätten aus der Kultur der *Maritime Archaic Indians* sowie Zeugnisse der ebenfalls prähistorischen *Groswater-* und *Dorset*-Kulturen gefunden. Unverfehlbar im Zentrum befindet sich das ***Visitor Centre*** der ***Port-au-Choix National Historic Site***. Dort hat man eine Sammlung ausgegrabener Werkzeuge, Waffen, Kleidungsreste und Haushaltsgegenstände (Juni-Anfang Oktober, Eintritt 7,50$). Ein kurzer Pfad führt zur Grabungsstätte ***Phillip's Garden*** an der Küste.

Unterkunft & Restaurant

• ***Sea Echo Motel***, Port-au-Choix, direkt am Hafen, © 709-861-3777, 84-110$; www.seaechomotel.ca

Internet

• ***Ingonachoix Public Library***, Port Saunders, Main Street

Camping

• ***River of Ponds Provincial Park***, Mitte Mai bis Mitte September, großzügiger Platz an einem See, Angeln, Kiosk, Dusche, Waschautomat, ab 15$; www.ingornachoix.ca/roppark

Straßenverlauf #430 Die Weiterfahrt auf der #430 ist nicht sehr abwechslungsreich. Links liegt hinter Wiesen das Meer, rechts sind Wälder, Berge, Seen und Sümpfe zu sehen. Ab und zu passiert man ein Fischerdorf. Allmählich weichen die Berge nach Osten zurück, und die Landschaft wird ebener. Es treten hier oft heftige Windböen vom Meer her auf, die für die bizarre Verformung der Vegetation sorgten, z.B. der kaum 1-2 m hohe *Tuckamore*-Fichten.

Bird Cove

Ab **Plum Point** führt eine Stichstraße etwa 5 km südlich nach **Bird Cove**. Dort befindet sich in einem ehemaligen Schulhaus das ***Bird Cove Interpretation Centre*** mit einem Museum zur Archäologie und Geschichte der Region und einer »Zeitstrahl«-Ausstellung von der Eiszeit bis zur Gegenwart. Das Zentrum offeriert geführte Touren zu archäologischen Stätten und zu besonderen Naturhabitaten und geologischen Formationen. Juni-August, täglich 9-21 Uhr; www.bigdroke.com.

Straße #432

Ebenfalls in Plum Point zweigt die Straße **#432** nach Osten über **Main Brook** nach St. Anthony ab, eine Alternativroute zur #430. An dieser Straße sieht man häufig Elche.

St. Barbe

An der Straße #430 erreicht man nur wenige Kilometer weiter St. Barbe, den Hafen für die Fähre nach Blanc Sablon)/Labrador, ➪ Seiten 320 und 375.

Unterkunft

- ***Plum Point Motel***, Plum Point, ✆ 709-247-2533, 86-120$
- ***Dockside Motel***, St. Barbe am Fährterminal, ✆ 709-877-2444, 75-120$; www.docksidemotel.nf.ca

L'Anse aux Meadows

Über Flughafen und Stadt St. Anthony (bis dort #430) erreicht man auf der #436 den ***L'Anse aux Meadows Nat'l Historic Site***.

Die Siedlung der Wikinger liegt auf einer große Wiese am Meer. Die #436 führt unmittelbar vors ***Visitor Centre*** der historischen Stätte; geöffnet Juni-Mitte Oktober, 9-18 Uhr, Eintritt 10,50$.

Wikinger-Fundstätte

Im Besucherzentrum kann man die Funde der Grabungen besichtigen sowie mittels Dioramen und Videofilmen der Vergangenheit näherkommen. Eine Fotoausstellung zeigt den Verlauf der Ausgrabungen. Vor dem Gebäude findet man eine Bronzeskulptur zum Andenken an das norwegische Archäologenpaar *Ingstad*. Eine weitere Skulptur auf dem weitläufigen Gelände interpretiert das »*Meeting of the Two Worlds*«, die Begegnung der Europäer mit den ursprünglichen Bewohnern.

Die **Fundstätte** wurde behutsam erschlossen und hat weitgehend ihr altes Gesicht behalten. Auf einem Lehrpfad (auf Wunsch mit Führung) kommt man zu den überwachsenen Fundamenten der originalen Gebäude, die heute wieder wie sanfte Grashügel aussehen. Es gibt aber auch drei **Rekonstruktionen** der alten Grassoden-Häuser, die man besichtigen kann. Im Inneren brennt üblicherweise an zentraler Stelle ein Feuer, und an den Wänden sind historische oder historisch nachempfundene Einrichtungsgegenstände zu finden. Genauso eindrucksvoll wie der Ausflug in die Geschichte sind die wunderschönen Ausblicke über die mit seltenen Wildblumen bestandenen Wiesen und aufs Meer.

Wikinger erzählt, wie's damals wirklich war

Wikinger: Sagas und Archäologie

Bereits in Island führten die Wikinger ein Leben in unwirtlichen Gebieten. Sie ertrugen rauhes Klima mit dunklen, harten Wintern und kurzen, feuchten Sommern. Die Böden waren nicht sehr fruchtbar, und vulkanische Aktivitäten bedrohten und zerstörten die Siedlungen. Trotzdem wurde Island dauerhaft besiedelt. Von dort aus waren Nordmänner nach Grönland und weiter nach Westen gesegelt. Mit Familien und Vieh hatten sie in offenen Holzbooten das atlantische Nordmeer überquert und im Norden Neufundlands mindestens einen Winter lang gewohnt. Sogar ein Kind, *Snorri*, der erste »weiße« Amerikaner, wurde in der Siedlung geboren. So berichten es die altisländischen Sagas. Sie erzählen auch von ***Bjarni Herjolfson***, der wahrscheinlich im Jahre 986 beim Segeln nach Grönland vom Kurs abkam und von Ostwinden an die fremde Küste getrieben wurde. Seine Berichte über ***Markland*** ließen ***Leif Erikson*** der Route *Herjolfsons* folgen. Er landete als erster in ***Vinland***. Die Sagas der Wikinger beschreiben die Besiedlung Vinlands für mindestens drei verschiedene Expeditionen sowie Handel und Konflikte mit einem hiesigen Volk, das sie *Skraelinger* nannten.

Diese Überlieferungen aus der altisländischen Literatur sind inzwischen teilweise belegt. Die norwegischen Archäologen *Anne und Helge Ingstad* folgten den Hinweisen der Sagas und kamen dabei 1960 nach *L'Anse aux Meadows*. *George Decker*, ein Fischer aus der Gemeinde, führte sie zu einer Wiese mit kleinen flachen Erhebungen. Bei den nun folgenden Ausgrabungen, die später vom *Canadian Park Service* unterstützt wurden, fanden die Wissenschaftler Fundamente von Wohnhäusern und Ställen, Eisenschmelzöfen, Schmiedewerkstätten sowie Artefakte wie eine Garnspindel, eine Kleidernadel aus Metall, eine Steinlampe und geschmiedete Nägel. Der Nachweis für die Existenz einer Siedlung von Nordeuropäern etwa um das Jahr 1000 war damit erbracht. *L'Anse aux Meadows* wurde 1979 zum UNESCO-Weltkulturerbe erklärt.

Ob diese Siedlung wirklich das Vinland aus den nordischen Legenden ist, bleibt Spekulation. Manche vermuten, die Wikinger seien sogar noch weiter gekommen und hätten auch den *St. Lawrence River* und New Brunswick besucht – wissenschaftliche Beweise dafür gibt es bisher indessen nicht.

Grassodenhaus der Wikinger in Norstead mit Boot »Snorri«, *➪ Seite 340*

Norstead

Aus Anlass des tausendjährigen Jubiläums der Wikingerlandung in *L'Anse aux Meadows* wurde – 2 km entfernt von der originalen Siedlung – ***Norstead*** als lebendiger Rückblick in die Geschichte geschaffen. Das Hafendorf befindet sich auf einer von felsigen Hügeln eingerahmten großen Wiese und besteht aus Wikinger-Langhaus, Werkstatt, Bootschuppen und Kirche in der nordeuropäischen Bauart des 10. Jahrhunderts. Im Schuppen liegt die *Snorri*, eine maßstabsgetreue Replik eines Wikingerbootes, das seinerzeit zur Atlantiküberquerung genutzt worden sein musste. Ein Wettkampfplatz, eine Tribüne, eine zentrale Feuerstelle als Versammlungsplatz und eine kleine Schafhürde vervollständigen die Anlage. Das als Wikinger kostümierte Personal sorgt in diesem Living Museum für authentische Atmosphäre. Geöffnet ist *Norstead* Juni-September, Eintritt 8$; www.norstead.com.

St. Lunaire -Griquet

In diesem Dorf zwischen St. Anthony und *L'Anse aux Meadows* informiert das ***Wild Berry Economuseum*** der *Dark Tickle Co.* über die heimischen Wildbeeren (*Bakeapple, Squash-, Partridge-, Crow-* und *Blueberries*), ihre Verarbeitung und ihre Nutzung in der indianischen Medizin. Dort kann man auch die Wildbeerenprodukte wie Gelees, Konfitüren etc. kaufen. Ganzjährig 9-17 Uhr, Mitte Juni-September 9-18 Uhr; www.darktickle.com.

Cape Onion

Auf der Straße #437 gelangt man an ein exponiertes Kap, das sich in den Atlantischen Ozean reckt: ***Cape Onion***. Wer vorbei an duftendem Knieholz aus Balsamtannen und Weißfichten auf den Hügel vor der Küste steigt, hat inmitten von Wildblumen einen herrlichen Blick auf eine rauhe, felsige Küste mit Landzungen und vorgelagerte Inseln. Mit etwas Glück sind von dort aus mit bloßem Auge Wale zu sehen; zumindest ihren »Blas« erkennt man, wenn sie in einiger Entfernung auftauchen. Bis in den Juli hinein treiben in größerer Entfernung auch Eisberge vorbei. Besonders eindrucksvoll wirkt Cape Onion bei Sonnenuntergang.

Burnt Cape

Gut 10 km weiter südwestlich liegt bei **Raleigh** die Halbinsel ***Burnt Cape***. Dieses erst vor wenigen Jahren zur ***Ecological Reserve*** erklärte Kalksteinmassiv ist den Besuch unbedingt wert. Zum einen gibt es dort 30 Spezies von seltenen Pflanzen, die zur arktischen bzw. alpinen Flora zählen. Zum anderen gibt es an der Küste ungewöhnliche geologische Formationen. Am Strand findet man fossilreiches Gestein und unterhalb der Steilwände Höhlen und sogenannte *Canon Holes*.

Wikingerschiffe vor L'Anse aux Meadows

Charakteristische, seltene und endemische Pflanzen

Geologie und Klima auf der *Northern Peninsula* bewirken spezielle Umgebungen für Pflanzen: vegetationsarmes Ödland auf Kalk- oder Serpentingestein, ausgedehnte Sumpfebenen und boreale Wälder.

Charakteristisch für die windgebeutelten Küstengebiete ist ***Tuckamore***, das neufundländische Synonym für Krummholz. Auf einer Fahrt nach Norden fallen immer wieder diese niedrigen, asymmetrisch verkrüppelten Nadelbäume ins Auge.

Typisch für den Bewuchs von Straßenrändern in Waldgebieten sind Riesenbärenklau und weiter nördlich Engelwurz. Auf Sumpfwiesen, aber auch auf trockeneren Hochebenen ist die fleischfressende ***Pitcher Plant*** so markant, dass sie zum Emblem Neufundlands wurde.

Ebenfalls auf Hochplateaus, aber auch auf trockenen Uferwiesen findet man Zwergweiden, Krähenbeeren, Bärentrauben, Silberwurz und das Alpenhornkraut; häufig kommen das pinkfarbene arktische Weidenröschen, die hier unter dem Namen *Bakeapple* bekannte Moltebeere und die arktische Brombeere vor.

Selten sind dagegen die Enzianart *Island Gentian* oder die Orchidee *Lady's Tresses* (Drehwurz), die man aber bei Port-au-Choix findet. An der Nordspitze Neufundlands, am ***Cape Norman*** gibt es bei extremen Witterungsbedingungen gleich mehrere seltene Pflanzenarten wie die Grüne Sumpforchidee, Grüne Hohlzunge, Rundblättrige Orchidee, Wintergrün und der Purpurrote Alpenhelm. Sie alle gehören zu den winterharten Tundra-Orchideen.

Die größten Raritäten kommen am ***Burnt Cape*** vor. Dort wachsen für Neufundland endemische Pflanzen, die auf der Liste der gefährdeten Arten stehen. Dazu gehören *Barrens Willow* (*Salix jejuna*, eine alpine Weidenart), *Fernalds Milk-Vetch* (eine *Astralagus*-Art), *Dwarf Hawksbeard* (*Crepis nana* – Zwerg-Pippau), *Arctic Lesser Dandelion* (*Taraxacum phymatocarpum* – Warzenfrüchtiger Löwenzahn) und *Fernald's Braya* (*Braya Fernaldii* – Fernalds Breitschößchen). Eine weltweit einmalige Spezies des Fingerkraut ist das *Burnt Cape Cinquefoil*.

St. Anthony Die Stadt **St. Anthony** ist vor allem als Versorgungszentrum wichtig und mit touristischen Attraktionen nicht gesegnet. Die ***Grenfell Historic Properties*** würdigen den bereits oben erwähnten Arzt und Menschenfreund *Sir Wilfred Grenfell*, der sich um die vorletzte Jahrhundertwende um das Gesundheitswesen auf Newfoundland und die Beseitigung von Armut und Elend in den Siedlungen an Labradors Küste verdient machte. Mai-September, 9-20 Uhr; www.grenfell-properties.com.

Im außerhalb der Stadt gelegenen ***Fishing Point Park*** findet man Wanderwege und Aussichtsplattformen, von denen aus gelegentlich Wale zu sehen sind und bis Ende Juli mit ziemlicher Sicherheit auch noch der eine oder andere Eisberg.

Restaurant
- ***Lightkeepers Restaurant*** am Leuchtturm mit guter Küche

Eisberge/Wale Wer noch näher an Eisberge und Wale heran möchte, kann das mit ***Northland Discovery Boat Tours*** tun: Juni bis September, ✆ 709-454-3092 oder ✆ 1-877-632-3747, 48$

Internet
- ***St. Anthony Public Library***, West Street, *Town Council*
- ***Fishing Point Emporium & Interpretation Centre***, St. Anthony
- ***Bayview Regional Collegiate School Library,*** Griquet

Unterkunft
- ***Vinland Motel***, im Zentrum von St. Anthony, West Street; ✆ 709-454-8843 oder ✆ 1-800-563-7578, ab 86$
- ***Haven Inn***, Goose Cove Road, St. Anthony, ✆ 709-454-9100 oder ✆ 1-877-428-3646, ab 82$; www.haveninn.ca
- ***Viking Nest B&B***, #436, L'Anse aux Meadows (Hay Cove), ✆ 709-623-2238 oder ✆ 1-877-858-2238, ab 35$
- ***Valhalla Lodge***, #436, Gunner's Cove, ✆ 709-623-2018 oder ✆ 1-877-623-2018, ab 65$; www.valhalla-lodge.com
- ***Tickle Inn*** am *Cape Onion*, sehr schön restauriertes einzelnes Haus, 1. Juni-30. September, ✆ 709-452-4321, 55-75$. Als Gast erhält man auf Wunsch sowohl Frühstück als auch ein von den Gastgebern gekochtes Abendessen; www.tickleinn.net

Camping
- ***Pistolet Bay Provincial Park***, #437, Raleigh, 30 Plätze, Ende Mai-Mitte September, Duschen, Waschautomat, 13$
- ***Triple Falls RV Park***, #430, 7 km von St. Anthony an einem Lachsfluss, 105 Plätze, Ende Mai bis Mitte September, *Dumping Station*, Duschen,teilw. Stromanschluss, ab 17$

Snack
- ***Gaia Gallery & Café***, L'Anse aux Meadows
- ***Burnt Cape Café***, Raleigh, hausgemachter Kuchen

Canonholes – Aushöhlungen im Uferfels am Burnt Cape

5.3 Zentralregion

5.3.1 Dorset & Beothuk Trail

Der Abschnitt des TCH #1 durch die Zentralregion von Deer Lake nach Grand Falls-Windsor und Bishop Falls bietet keine besonderen Höhepunkte, aber Gelegenheiten zum Wandern und Angeln. Auch wer sich für Völkerkunde oder Geologie interessiert, findet Erfahrens- und Sehenswertes.

Dorset Trail

Die Straße #410, der ***Dorset Trail***, führt zur *Baie-Verte-Halbinsel*: In **Fleur-de-Lys** wurde schon vor über 1000 Jahren durch die ***Dorset*-Eskimos** Speckstein (*Soapstone*) gewonnen und zu Töpfen, Schüsseln und Lampen verarbeitet. Heute gibt es dort ein ***Interpretation Centre*** und die historische Stätte ***Dorset Soapstone Quarry Site***; geöffnet 1. Juni-15. September.

Das ***Miners Museum*** in **Baie Verte** (Juni-August, 10-19 Uhr) erinnert an den Abbau von Gold, Asbest, Kupfer und anderen Rohstoffen im 19. u. 20. Jahrhundert. Eine Broschüre erläutert individuelle Geotouren in die Umgebung (*self-guided tours*).

Von den Küstenorten der Halbinsel konnte man lange bis in den Frühsommer hinein Eisberge beobachten, die entlang der ***Iceberg Alley*** nach Süden trieben und sich hier quasi stauten. Infolge der allgemeinen Klimaerwärmung schmelzen die Eisberge vielfach schon viel weiter nördlich ab und gelangen ab Juni kaum noch bis vor die Küsten von Newfoundland.

Internet

- ***Baie Verte***: Public Library, Town Council Building, Main Street

Unterkunft

- ***Baie Vista Inn***, Baie Verte, © 709-532-8250, 85-175$; http://baievistainn.com

Camping

- ***Flatwater Pond Park***, kleiner Platz an der #410 in 35 km Entfernung vom TCH, Duschen, Ende Mai-Anf. September, 10-15$

Beothuk Trail

Die Straße #391, der ***Beothuk Trail***, führt nach **Kings Point** an der Green Bay. Die hügelige Region ist besonders gut zum Wandern geeignet. Ab King's Point läuft der 8 km lange *Alexander-Murray-Trail* auf einer Höhe von über 300 m über dem Meer mit spektakulären Ausblicken in die Green Bay.

Internet

- ***King's Point***, Tilley Memorial Public Library

Unterkunft

- ***Budgell's Motel***, King's Point, #391, © 709-268-3364, ab 52$
- ***Windamere Cabins***, Rattling Brook, #391, © 709-268-3863, 85$

Abstecher: Robert's Arm

In South Brook zweigt die Straße #380 nach **Triton** ab, unterwegs lässt sich in Pilley Island nahe der Hauptstraße eine alte Mine besichtigen, wo bis 1908 Pyrit abgebaut wurde.

Wandern

In **Robert's Arm** kann man um den Hazelnut Lake wandern (ca. 10 km). In Brighton lädt der 2 km lange *Coastal Drive* zum Wandern ein, in Triton der 5 km lange *Maple Ridge Trail*.

Internet

- ***Green Bay South Education Centre***, 131 Main Street in Triton
- ***Public Library*** in der Old Town Hall, Main Street Roberts Arm

Unterkunft • ***Robert's Arm Motel***, 10 Main Street, © 709-652-3478, 65$

Camping • ***Kona Beach Park***, South Brook, TCH, 86 Plätze, Mitte Mai-September, Dusche, Stromanschluss, *Dumping Station*, 12-18$

Buchans

Im weiteren Verlauf in zunächst südliche Richtung führt der TCH in das *Exploits Valley*. Einen Abstecher ab der Holzfällerstadt Badger könnte **Buchans** gelten, dem geographischen Mittelpunkt Neufundlands. Dort thematisiert das ***Miner's Museum*** die Geschichte des Bergbaus in der Region.

Am Ufer des Red Indian Lake liegt der ***Mary March Wilderness Park***, ein populäres Ziel für Lachs- und Forellenfischer. Ganz in der Nähe, nördlich der Stichstraße #370, gibt eine Stätte mit sog. Kissenlava (*Pillow Basalts Site*) den Geologen Rätsel auf.

Unterkunft • ***Lakeview Inn***, Millertown, © 709-852-6146, 50-75$

Camping • ***Mary March Wilderness Park***, #370 westlich Buchans Junction am See, Ende Mai-Mitte September, 35 Plätze, Wasser- und Stromanschluss, *Dumping Station*, ab 14$

Grand Falls-Windsor

1905 entstand die damals weltgrößte Papierfabrik in **Grand Falls-Windsor**. Die Doppelstadt an sich ist reizlos, doch kann man am Südwestufer des Exploits River im Sommer zusehen, wie die Lachse über die *Grand Falls* flussaufwärts springen. Im ***Salmonid Interpretation Centre*** sind die wandernden Lachse durch ein Fenster zu beobachten. Im Juli gibt es ein Lachs-Festival.

Im ***Mary-March-Museum*** in der *St. Catherine Street* (Anfang Mai bis Ende Oktober) erfährt man alles über Geologie, Flora und Fauna und die 5000 Jahre alte Geschichte der Region. Sie wurde einst durch die um 1820 ausgerotteten *Beothuk*-Indianer bestimmt. Die Namensgeberin des Museums, *Mary March Demasduit,* war eine der letzen *Beothuk*. Das Museum bewahrt Pfeilspitzen, Mokassins und andere Utensilien aus dem Indianerleben sowie einfache Zeichnungen von *Mary March* und von *Shanawdithit*, die 1829 als letzte ihres Stammes starb. Die *Beothuk* fischten im Sommer an der Küste, im Winter zogen sie ins Inland, schlugen dort ihr Winterlager auf und lebten von der Jagd. Wer sich intensiver für das Leben dieser Indianer interessiert, sollte das ***Beothuk Village*** hinter dem Museum besuchen, Mitte Juni-Anfang September, ➪ Essay» Seite 349.

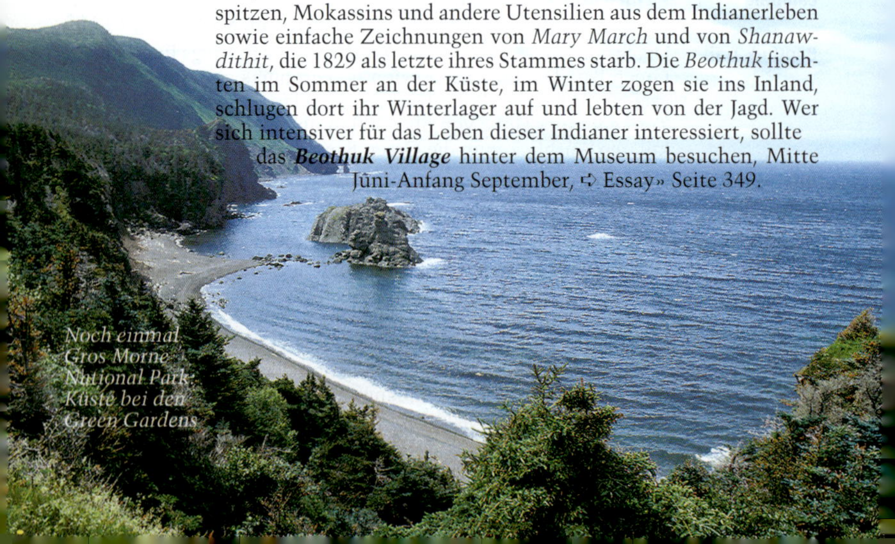

Noch einmal Gros Morne National Park: Küste bei den Green Gardens

Geotouristen finden im *Queensway Industrial Park* den ***QueenswayRock***, eine Felsformation aus vulkanischem Konglomerat.

Internet

- ***Harmsworth Public Library***, Gordon Pinsent Centre for the Arts, 1 Cromer Avenue in Grand Falls-Windsor
- ***Public Library*** in der Bishop's Falls Town Hall

Unterkunft

- ***Carriage House Inn (B&B)***, Grand Falls-Windsor, 181 Grenfell Heights, © 709-489-7185, 79-119$; www.carriagehouseinn.ca
- ***Mount Peyton Hotel***, Grand Falls-Windsor, 214 Lincoln Road, © 709-489-2251, 87-250$; www.mountpeyton.com

Abstecher Straße #350

In Bishop's Falls zweigt die Straße #350 nach Norden ab. Ca. 50 km sind es bis **Glovers Harbour** mit einer Attraktion, die den Weg ins ***Guiness Book of Records*** gefunden hat, und zwar mit einer lebensgroßen, anatomisch korrekten Betonskulptur eines **Riesenkraken**. Dessen natürliches Vorbild war 1887 dort gestrandet. Ein *Interpretation Centre* erläutert die Details.

In **Leading Tickles** lädt der ***Oceanside Nature Trail*** zu einer Rundwanderung ein (4 km) mit Ausblicken auf Meer und – mit Glück – Wale und Eisberge.

Internet

- ***Recreation Center***, 93 Main Street in Leading Tickles

Unterkunft

- ***Oceanside Countrylodge***, Point Leamington, direkt am Meer und in der Natur, © 709-483-2002 (auch Boots-, Wildnis- und Jagdtouren), ab 150$; www.oceansidecountrylodge.com

Camping

- ***Oceanview Park***, Leading Tickles, direkt am Meer, 16 Plätze, Mitte Mai-Anfang September, Duschen, Wasseranschluss, 15$

5.3.2 Über Conne River zur Coast of Bays

Straße #360

Ab Bishop's Falls führt die Stichstraße #360 an die Südküste zur sog. *Coast of Bays* mit abgelegenen Fischerdörfern an tief eingeschnittenen Fjorden. Auf den über 200 km einsamer Strecke bis Harbour Breton gibt es nicht viel zu sehen, aber die Chancen, dass einem Elche und Karibus über den Weg laufen, stehen gut.

Östlich der #360 liegt die ***Bay du Nord Wilderness Reserve***, ein riesiges Gebiet voll unberührter Schönheit, geeignet für Kanutouren und Wildbeobachtungen. Besucher müssen sich registrieren lassen. Die Genehmigung erhält man kostenfrei bei *Parks and Natural Areas Divison,* © 709-729-2431, Fax 709-729-1100; www.env.gov.nl.ca/parks.

Straße #361

Nach rund 130 km zweigt der Zubringer #361 nach St. Albans ab. Am Wege liegt **Head of Bay D'Espoir**, wo ein gewaltiges **Wasserkraftwerk** über die Hälfte des für Newfoundland benötigten Stroms produziert.

Conne River

Von der #361 führt die Stichstraße #365 nach **Conne River** zum **Reservat der *Miawpukek Band***. Die 700 hier lebenden *Mi'kmaq*-Indianer sind auf dem Weg zur »sich selbst tragenden« Kommune, zur Unabhängigkeit von staatlichen Wohlfahrtsprogrammen. Sie leben hier u.a. von selektivem Holzeinschlag, einer Weihnachtsbaum-Farm, Aquakultur und Tourismus (Jagdtouren, Angler-Lodge etc.), pflegen aber auch traditionelles Kunsthandwerk. Das alljährliche *Powwow* der *Mi'kmaq* Nation mit Tänzen, Musik und Ausstellung von kunsthandwerklichen Arbeiten findet in der ersten Juliwoche statt.

Die Indianer betreiben den ***Jipujij'kuei Kuespem (Little River Pond) Nature Park*** an der #360 mit Campingplatz, Wanderwegen und Kajak/Kanuverleih. Die Rekonstruktion eines traditionellen Indianerdorfes vermittelt einen Einblick in die frühere Lebensweise der *Mi'kmaq*, ✆ 709-882-2470; www.mfngov.ca.

Internet

- ***Bay d'Espoir Academy***, 78 Main Street Milltown
- ***Public Library***, Main Street in St. Albans, *Town Hall*

Unterkunft

- ***Motel Bay d'Espoir and Cabins***, Main Street, Head of Bay d'Espoir, ✆ 709-882-2427, 71-105$
- ***Vancor Motel***, Head of Bay d'Espoir, ✆ 709-882-2766, 71-81$

Camping

- ***Jipujij'kuel Kuespem Nature Park*** im Wald am Fluss, Mai-September, 32 Plätze, 9$

Touren

- ***Conne River Outfitters***, ✆ 709-882-2470, Fax 1-709-882-2292

Coast of Bays

Am Ende der #360 liegt Harbour Breton an der landschaftlich eindrucksvollen ***Coast of Bays*** mit zahlreichen Buchten, Granitklippen und Sandstränden. Von **Hermitage** (#364) aus kann man mit dem Küstenboot (nur Passagier- und Frachtverkehr, kein Fahrzeugtransport! www.tw.gov.nl.ca/ferryservices) westwärts die *Outports* Gaultois und McCallum erreichen, einmal wöchentlich besteht eine Verbindung nach Francois und von dort weiter nach Burgeo, ➪ Seite 321. Von **Pool's Cove** (nahe #362) geht es drei Mal wöchentlich mit dem in Ostrichtung nach Recontre East und Bay L'Argent (Burin Peninsula, ➪ Seite 356.

Die abgelegenen Dörfer der Südküste bieten auf den ersten Blick wenig Aufregendes, doch wird gerade dort ein reiches kulturelles, insbesondere musikalisches Erbe gepflegt. In den Sommermonaten finden einige Festivals statt.

Aktivitäten an der Coast of Bays

Aber in erster Linie geht es dort um Outdoor-Aktivitäten wie **Angeln** nach Forellen oder Lachsen, **Wandern** auf den *Ironskull* bei Belleoram, auf den *Gun Hill* in Harbour Breton, den *Devil's Knob* in Hermitage, **Spaziergänge** an einem der attraktiven Sandstrände, **Walbeobachtung** in der Hermitage Bay oder Sichtung von Weißkopfadlern, **Segeln** (Yachthafen in Harbour Breton), **Kanu- oder Kajakfahren**.

Von **Strand *Deadman's Cove*** bei Harbour Breton oder – noch besser – vom ***Gun Hill Lookout*** hat man einen Rundblick auf die gesamte Fortune Bay und kann an klaren Tagen sogar die französischen (!) Inseln St. Pierre und Miquelon sehen.

Internet

- ***Harbour Breton Public Library,*** *King Academy High School*

Unterkunft

- ***Southern Port Hotel***, Harbour Breton, ✆ 709-885-2283, 80-119$

5.3.3 Nach Lewisporte und Twillingate

Inselwelt Die Insel- und Buchtenwelt der **Notre Dame Bay** gehört zu den touristischen Höhepunkten Neufundlands. Die Straße #340 führt vom TCH hinauf bis zu den Twillingate Islands; man nennt sie auch ***Road to the Isles***, da sie mehrere Inseln über Dämme und Brücken mit dem Festland verbindet.

Lewisporte **Lewisporte** am Wege ist mit 3.700 Einwohnern vor allem Fischhandels- und Transportzentrum und bietet Eisenbahnfans einen ***Train Park*** mit alten Wagons. Wer weiter nach Labrador will: vom Hafen Lewisporte besteht eine Autofährverbindung nach Cartwright und Goose Bay, Details ➪ Seite 321.

Internet
- ***Memorial Public Library***, Town Hall, 152 Main Street

Unterkunft
- ***Brittany Inn***, Lewisporte, Main Street, © 907-535-2533, 72-95$

Camping
- ***Notre Dame Bay Provincial Park*** am TCH östlich der #340 am See, Mitte Mai-Mitte September, 100 Plätze, *Dumping*, 13$

Boyd's Cove Noch vor dem ersten Inselsprung der #340 hinüber nach Chapel Island liegt der Ort **Boyd's Cove** mit dem ***Beothuk Interpretation Centre***. Es thematisiert die Kultur und Geschichte der ausgerotteten *Beothuk*-Indianer, die über Jahrhunderte in dieser Region siedelten; Mitte Mai-September 10-17.30 Uhr, Eintritt 3$.

Twillingate Die Fahrt auf der Straße #340 über die Twillingate Islands vorbei an eindrucksvollen zerklüfteten Küstenfelsen, verwinkelten Buchten, Fischerdörfern und Stränden endet in Twillingate.

Eisberge Twillingate, die ***Iceberg Capital of the World***, ist in Zeiten des Klimawandels zwar nicht mehr das, was sie mal war (⇨ auch Seite 319 »*Iceberg Alley*«), aber auch im Sommer 2007 gelangten immer noch Eisberge vor die Nordküste Neufundlands, wenn auch in kleinerer Zahl und Größe. Im Spätsommer ist die Eisberg-Saison aber defintiv vorüber. Am ***Long Point*** im Norden der Stadt beim *Twillingate Lighthouse*, das auch eine Aussichtsplattform hat, bietet sich mit und ohne Eisberge ein grandioses Panorama.

Museum Das ***Twillingate Museum*** im ehemaligen Pfarrhaus (Ende Mai-Mitte Oktober, 9-20 Uhr, 1$) westlich der Straße zum *Long Point* zeigt Möbel und Gerät der Zeit um 1900. Eine Sonderausstellung widmet sich dem Leben der Operndiva Georgina *Ann Sterling* (1866-1935) alias Marie *Tolinquet* (französisch für *Twillingate*).

Bootstouren Im *Iceberg Shop* gibt es ein *Interpretation Centre*, wo man u.a. **Bootsausflüge** zur Eisberg- und Walbeobachtung buchen kann.

Durell Der Nachbarort **Durell** ist ein malerisches Fischerdorf mit über 100 Jahre alten Holzhäusern. Im ***Durell Museum*** (Juni-Ende September, 9-18 Uhr) auf dem Hügel *Old Maid* finden sich außer einer Sammlung von Militäruniformen und Waffen vor allem Artefakte zur Geschichte der Region und zum Fischfang.

An der Küste gibt es eiegenartige **Felsformationen** mit klangvollen Namen wie *Bears Head*, *Cobra Snake* und *Figure of Indian*.

Wandern Eine sehr schöne Kurzwanderung läuft vom Leuchtturm am *Long Point* auf hohen Klippen südwärts und parallel zum zerklüfteten Ufer in Richtung ***Sea Breeze Municipal Park***. Die Reste mächtiger Seilwinden am Ufer auf dem Parkgelände stammen von der aufgegebenen Kupfermine ***Sleepy Cove Mine***.

Internet
- ***Twillingate Public Library***, *J.M. Olds Collegiate*, Main Street

Unterkunft
- ***Causeway Motel*** in Boyds Cove, © 709-656-3211, 82-94$
- ***Anchor Inn Motel***, Main Street, © 709-844-2777, 73-84$
- ***Cabins By the Sea*** (*Housekeeping Units*), 11 Hugh Lane, © 709-884-2158, 70-90$; www.cabinsbythesea.com
- ***Harbour Lights Inn B&B***, 189 Main Street, © 709-884-2763, 79-149$; www.harbourlightsinn.com

Bis auf *Causeway Motel* alle in Twillingate.

Camping
- ***Peyton's Wood RV Park Campground***, Twillingate, 42 Plätze, 1. Mai-31. Oktober, auch für Zelte, WC, Stromanschluss, ab 10$

Strände Schöne Strände der Region sind *Back Harbour* am Campingplatz, *Crow Head* und *Sleepy Cove* an der Westseite, *Wild Cove* an der Ostseite der Insel, *French Beach* bei Durell.

Abstecher Die Inseln ***Change Island*** und ***Fogo Island*** im Hamilton Sound sind mit einer regulären Fähre von **Farewell** aus erreichbar (Straße #335, Überfahrten saisonabhängig 3-5 mal täglich; www.tw.gov.nl.ca/FerryServices/schedules/C-fogo.stm). Auf Fogo Island gibt es ein Netz von Wanderwegen. Ein Wohnhaus von 1816 in Fogo beherbergt das *Bleak House Museum* (Juli-Anfang September).

Das Ende eines Volkes

Im Juni 1829 kämpfte die Beothukfrau ***Shanawdithit*** in St. John's mit der Tuberkulose. Sie war aus der Notre Dame Bay zu *William Cormack* gebracht worden, der zwei Jahre zuvor eine Organisation zur Rettung der *Beothuk* gegründet hatte. Er zeichnete alles auf, was sie ihm noch mitteilen konnte. So entstanden Wortlisten der *Beothuk*-Sprache und Karten ihrer Siedlungsplätze.

Die ***Beothuk*** waren die **Ureinwohner Newfoundlands**. Sprachlich gehörten sie zu den *Algonquin*-Völkern aus dem Nordosten Canadas, wie den *Naskapi* und *Montagnais* in Québec und Labrador. Sie waren als Jäger und Fischer Meister im Umgang mit Speer und Harpune, die sie vor allem vom Kanu aus einsetzten. In kleinen, unabhängigen Gruppen, meist Großfamilien, lebten sie in *Wigwams*, die mit Birkenrinde bedeckt waren. Ihre Gebrauchsgegenstände wurden aus Stein, Knochen, Muscheln, Holz und Fell hergestellt.

Der später allgemein verbreitete Begriff »Rothaut« bezog sich zuerst auf die *Beothuk*, da sie ihre Körper als Schutz gegen Sonnenbrand und Insekten mit rotem Ocker, vermischt mit Tierfett, einrieben.

Bereits die Wikinger trieben mit ihnen Handel, es gab aber auch Auseinandersetzungen. Die nächsten Europäer – 500 Jahre später – verschleppten Dutzende *Beothuk* nach Europa. Als die europäischen Fischer an Neufundlands Küsten kamen, mieden die damals etwa 2.000 *Beothuk* den Kontakt mit ihnen und zogen sich ins Landesinnere zurück. Aber nachdem die Fischer im Winter zurück nach Europa gesegelt waren, holten sich die *Beothuk* aus den verlassenen Gebäuden der »Weißen« alles, was sie gebrauchen konnten.

Dieses Verhaltensmuster – Kontaktvermeidung und die von den Europäern als »Diebstahl« angesehene Selbstbedienung – sorgte für ein Klima aus Misstrauen und Hass. Blutige Kämpfe mit französischen Siedlern führten schließlich zu einer weiteren Verschlechterung der Beziehungen. Die Weißen nutzten außerdem die Rivalität zwischen *Beothuk* und *Mi'kmaq*. Die *Mi'kmaq* wurden mit Gewehren ausgerüstet und ermuntert, die *Beothuk* zu verfolgen, woraufhin sich die *Beothuk* noch tiefer ins Landesinnere zurückzogen. Über 150 Jahre lang gab es nur wenige Kontakte. Da aber der Zugang zur Küste und damit zu den wichtigsten Nahrungsmitteln abgeschnitten war, wurde der Hunger zum größten Feind der *Beothuk*. Um die Mitte des 18. Jahrhunderts zählten sie vermutlich nur noch 400 Personen.

Zu Beginn des 19. Jahrhunderts lebte nur noch eine kleine Gruppe von *Beothuk* an den Flussläufen des *Exploits Valley*. Obwohl 1810 die britische Regierung den Schutz der Indianer proklamierte und der Gouverneur von Newfoundland sich nun um friedliche Kontakte bemühte, erschoss man weiterhin nach alter Übung die *Beothuk*, wo immer sie sich zeigten. Eine 1827 durchgeführte Suche nach überlebenden *Beothuk* Indianern blieb so gut wie erfolglos. Die oben erwähnte Beothukfrau *Shanawdithit* und *Mary March Demasduit* (➪ Seite 344) waren die letzten ihres Stammes.

Unterkunft
- ***Quiet Cannon Hotel***, Man O'War Cove, Fogo Island (500 m vom Fährterminal entfernt), © 709-627-3477, ab 72$

nach Gander Über die Straßen #331/#330 geht es auf dem TCH nach Gander.

Gander nach dem 11. September 2001

Wieder einmal eine wichtige Rolle spielte Gander, als der Luftraum über den USA nach dem 11. September 2001 zeitweise gesperrt wurde und Hunderte von Flugzeugen auf kanadische Flughäfen ausweichen mußten. Eine der ersten Adressen für Flüge aus Europa war natürlich Gander. Rund 10.000 Passagiere (etwa soviel, wie die Stadt Einwohner hat!) »strandeten« auf dem *Gander Airport* und mussten tagelang versorgt werden. Alle Schulen, Veranstaltungs- und Versammlungsräume wurden als Massenunterkünfte zur Verfügung gestellt. Für die Tage des unfreiwilligen Aufenthaltes wurden Ausflüge in die Umgebung organisiert. In Würdigung dieser Anstrengungen taufte die Lufthansa eine ihrer Maschinen auf den Namen **Gander**.

5.3.4 Gander, Terra Nova Nat'l Park, Burnside und Salvage

Gander

Mit rund 10.000 Einwohnern ist **Gander** eine der großen Städte Neufundlands. Als der Luftverkehr über den Atlantik noch mit Propellermaschinen abgewickelt wurde, war Gander als europanächster Airport Nordamerikas für alle Flugzeuge der erste Zwischenstop zum Auftanken. Dass sich dort ein Flughafen nennenswerter Größe entwickelt hatte, war dem 2. Weltkrieg zu danken. Wegen seiner Lage wurde Gander mit dem Eintritt der USA in den Krieg zu einer riesigen Militärbasis ausgebaut. Davon blieb ein kleiner Stützpunkt der kanadischen Luftwaffe. Der Transatlantikzivilverkehr nutzt Gander nur noch in Notfällen.

Das ***North Atlantic Aviation Museum*** am TCH #1 erläutert Ganders spezielle strategische Funktion im früheren internationalen Luftverkehr und vor allem im 2. Weltkrieg. Eine Handvoll Oldtimer der Luftfahrt ist auch vorhanden. Das Museum ist nur im Sommerhalbjahr geöffnet. Zeiten 2008 unklar, Eintritt $4; © 709-256-2923; www.naam.ca.

Internet

- ***Gander Public Library***, 6 Bell Place

Unterkunft

- ***Albatross Motel***, 114 TCH #1, © 709-256-3956, 82-164$

Terra Nova National Park

Von Gander sind es noch ca. 75 km bis zum ***Terra Nova National Park***. Der TCH führt mitten durch das 400 km^2 große Gebiet.

Dieser Landschaftspark mit bewaldeten Bergrücken, Sümpfe, Binnenseen und einer langen Küstenlinie entlang der tief eingeschnittenen Buchten *Clode* und *Newman Sound* eignet sich wie auch der *Gros Morne NP* für vielerlei Aktivitäten. U.a. verfügt er über ein 50 langes Wegenetz für Wanderer.

Information

Die Besucherinformation befindet sich im ***Marine Interpretation Centre*** wenige Kilometer von der Nordgrenze des Parks entfernt am *Newman Sound*. Dort gibt es auch einen Kanu- und Kajakverleih, geführte Kajaktouren und Boottrips, Eintritt 5,50$.

Camping

- ***Newman Sound Campground***, etwa in Parkmitte nahe dem TCH, nachts Verkehrslärm, 387 großzügige Plätze, ganzjährig, Stromanschluss, Duschen, *Dumping Station*, ab 24$

- ***Malady Head Campground***, nahe der Straße #310, 99 Plätze, Juli-Anfang September, Duschen, ab 19$
- **Wildniscamping** auf gekennzeichneten Plätzen, 15$

Internet

- ***Gambo Public Library***, 6 Centennial Road, *Town Hall*
- ***Glovertown Public Library***, 10 Penney's Brook Road

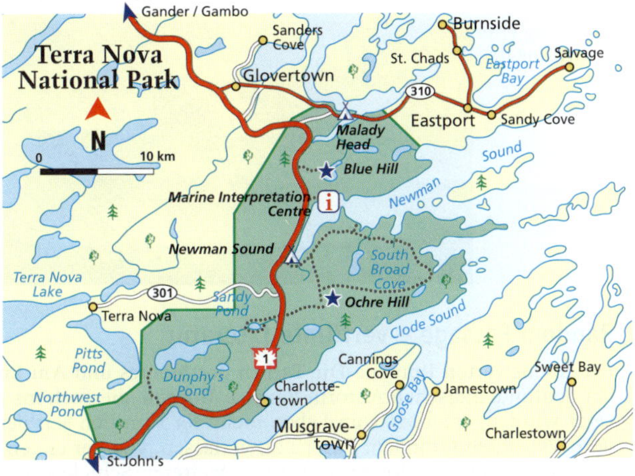

Eastpoint Peninsula

Sehr ergiebig ist der kurze Abstecher auf der Straße **#310** zur Eastport-Peninsula nach **Salvage** bzw. **Burnside.**

Sandy Cove am Wege hat einen herrlichen Sandstrand. Auch bei **Eastport** gibt es schöne Strände und reichlich Quartiere.

In **Burnside** befaßt sich das ***Interpretation Centre*** (www.burnsideheritage.ca, Mitte Juni bis Oktober) mit der archäologischen Erforschung der *Beothuk*-Siedlungen an den umliegenden Buchten und auf den Inseln.

Das Fischerdorf **Salvage** liegt pittoresk an einer von Hügeln umgebenen Bucht an der Spitze der Halbinsel. Das ***Salvage Fisherman's Museum*** enthält eine Sammlung von über 100 Jahre alten Gebrauchsgegenständen (Mitte Juni-Anf. Sept., 10-18 Uhr, 2$).

Wandern

In unmittelbarer Umgebung von Salvage gibt es mehrere Wanderwege mit Aussichtspunkten und Picknickplätzen.

The Old Trails ist ein Jahrhunderte alter Verbindungsweg zwischen Salvage und Sandy Cove, der seit dem Bau der Straße nicht mehr benutzt und gepflegt worden war. Dieser reizvolle Pfad durch Wald, über felsige Hügel und baumlose Hochflächen vorbei an Bächen, einem Wasserfall, Teichen und Marschwiesen wurde kürzlich als Wanderweg gekennzeichnet (9 km).

Unterkunft

- ***White Sails Inn & Cabins***, 38 Beach Road, Eastport, am Sandstrand an der Straße nach Salvage, © 709-677-3400, 45-100$

- ***Seaview Cottages***, 325 Beach Road, Eastport, am Meer, mit Indoor-Pool, © 709-677-2271, 60-75$, www.seaviewcottages.net
- ***Sandy Cove Beach Housekeeping Units***, Eastport-Peninsula, © 709-677-3158, 59-79$; www.sandybeachcove.ca

Camping

- ***Eastport Peninsula Sunshine Park***, 86 Plätze, Mitte Mai-Ende Oktober, Strom, Dusche, Waschautomat, 15$ bzw. 20$

Eisberg vor Twillingate

Random Passage – verfilmte Literatur

Die lesenswerten Romane **Die Farben des Meeres** und **Am Ende des Meeres** der neufundländischen Autorin ***Bernice Morgan***, die auch ins Deutsche übersetzt wurden, erzählen vom Leben mehrerer Familien seit dem 19. Jahrhundert. Von ihren Gründen, Europa zu verlassen, von der ersten Ansiedlung an der menschenleeren Küste; von ihrem weiteren Schicksal bis hinein ins 21. Jahrhundert. Die Bücher vermitteln einen lebendiges Bild der Geschichte und zeichnen die spröde und gleichzeitig wunderbare Natur und Landschaft eines imaginären Ortes in Newfoundland. Diese (in Canada) Bestseller wurden als TV-Mini-Serie verfilmt und preisgekrönt.

Der imaginäre Ort im Roman erhielt seine konkrete Gestalt in einer bis dahin unzugänglichen Bucht, die für die TV-Produktion erschlossen und präpariert wurde. Nach Abschluss der Dreharbeiten entwickelte eine *Non-Profit*-Organisation den Platz zu einer touristischen Attraktion. Zwischen zerklüfteten Felsen, steinigen Abhängen, sanften Wiesen, Nadelbäumen und Blaubeerbüschen entstand das Bild eines Neufundland im vorletzten Jahrhundert.

5.4 Neufundlands Osten

5.4.1 Die Bonavista Peninsula

Lage

Jenseits von Clode Sound und Goose Bay liegt die Bonavista Peninsula südlich des *Terra Nova Parks*. Sie reckt sich zwischen *Bonavista* und *Trinity Bay* mit vielen Buchten in den Atlantik.

TV-Filmset

Ein kurzer Abstecher auf Straße #239 führt nach **New Bonaventure**, wo man in einer wunderschönen Bucht den Filmset der TV-Serie ***Random Passage*** besichtigen kann, die nach den Romanen von *Bernice Morgan* entstand, Eintritt 6$, Mitte MaiMitte Oktober, 10-17 Uhr; www.randompassagesite.com.

Trinity

Das nur 500 Einwohner zählende Dorf **Trinity** zwischen grünen Hügeln an einer geschützten Bucht soll seinen Namen dem Seefahrer Cortereal verdanken, der bereits 1501 diese Küste erforscht haben und am Trinitatis-Sonntag hier gelandet sein soll. Der Ort gehört zu den ältesten Siedlungen Nordamerikas. Im 18. und 19. Jahrhundert war es eine prosperierende Fischer- und Handelsstadt, daher findet sich dort auch eine ganze Reihe ansehnlicher, alter Gebäude. Ein Großteil davon steht unter Denkmalschutz und wurde sorgfältig restauriert; einige sind samt ihrer historischen Inneneinrichtung zu besichtigen, so ***Lester-Garland Premises*** und ***House*** und das ***Hiscock House*** (Juni-September).

Ab Trinity gibt es auch *Whale Watching Trips.*

Im Sommer tritt das ***Rising Tide Theatre*** mit Freiluftaufführungen in den Orten der Region auf.

Internet

- ***Bishop White All Grade School***, Port Rexton

Unterkunft

- ***Bishop White Manor B&B***, Gallavan's Lane, © 709-464-3299 oder © 1-877-464-3698, 80-95$
- ***Eriksen Premises B&B***, West Street, © 709-464-3698 oder © 1-877-464-3698, 90-120$; www.trinityexperience.com

Unterkunft & Waltouren

- ***The Village Inn***, Taverner's Path, besonders für Walenthusiasten! © 709-464-3269, Internetzugang, ab 80$. Hier kann man auch wissenschaftlich begleitete Walbeobachtungstouren und geführte Wanderungen buchen; www.oceancontact.com

Camping

- ***Lockston Path Provincial Park***, Route 236, 56 Plätze, Mai-September, Duschen, *Dumping Station*, Waschautomat, 13-20$

Bonavista

Am östlichen Ende der Halbinsel liegt das Städtchen **Bonavista** (5000 Einwohner), das seinen Namen (»Gute Aussicht«) auf die Entdeckungsfahrt von *John Cabot* im Jahre 1497 zurückführt. Angeblich hat er hier erstmals die Berge Neufundlands gesichtet. Bonavista hat noch zahlreiche Gebäude aus dem 19. Jahrhundert; dazu gehört der ***Ryan Premises National Historic Site***, der die 500jährige Geschichte der Fischerei in der Region würdigt. 15. Mai 15. Oktober, 10-18 Uhr, Eintritt 3,50$.

Bonavista TV-Set

Cabots Schiff Unbedingt eine Besichtigung wert ist die Replik von *John Cabots* Schiff ***Matthew*** (am Hafen Roper Street/Blands Lane, ➪ Großfoto Seite 309). Auf einer Führung über und durch alle Decks erkennt man die ziemlich unromantische Realität an Bord solcher Schiffe. Mitte Juni-Sept., 10-18 Uhr, 6,50$, www.matthewlegacy.com.

Cape North Nördlich der Stadt liegt das windgebeutelte ***Cape North*** mit altem Leuchtturm (1843), heute ***Cape Bonavista Lighthouse Provincial Historic Site*** (Mitte Mai-September, 10-17.30 Uhr, 3$). In der Saison kann man vom Kap aus Papagaientaucher (*Puffins*) und Wale, manchmal auch Eisberge sehen. Unweit des Leuchtturms steht im *Landfall Park* eine **Bronzestatue** von ***John Cabot***.

Dungeon Nicht versäumen sollte man einen Besuch bei den spektakulären Felsformationen an der Steilküste östlich von Bonavista. Das stark zerklüftete 30-50 m hohe Ufer ***Dungeon Ridge*** mit senkrechten

John Cabot und die »Matthew«

Auf der Suche nach dem Seeweg nach Indien segelte bereits im Jahr 1497 – nur fünf Jahre nach der ersten Fahrt von Kolumbus – der Italiener ***Giovanni Caboto*** (*John Cabot*) von Bristol/England aus über den Atlantik.

Caboto wurde um das Jahr 1450 in Genua geboren, lebte später in Venedig und war im Gewürzhandel tätig. Kein Wunder also, dass er an Routen nach Asien interessiert war. Es ist ziemlich wahrscheinlich, dass *Caboto* nach der Rückkehr von *Columbus* aus Amerika 1493 mit ihm Kontakt hatte. *Columbus'* Entdeckungen motivierten ihn zumindest, selbst eine Seereise in Richtung Westen zu unternehmen. In Bristol fand er interessierte Kaufleute, die ihn mit dem englischen König (Heinrich VII.) zusammenbrachten. Der ließ sich von seinen Plänen beeindrucken und erteilte ihm das Patent für eine Schiffsreise und die Inbesitznahme neuer Ländereien für England. Jedoch sollte er eine möglichst nördliche Route einschlagen, um Konflikte mit spanischen Ansprüchen zu vermeiden.

Das Königshaus finanzierte auch das Schiff, das eigens für diese Reise gebaut wurde. Es sollte den Namen **Mattea** bekommen, nach der Frau von *Caboto*, woraus dann in England durch Verballhornung **Matthew** wurde. Form und Ausstattung der Caravelle waren für die seemännischen Standards des 15. Jahrhundert eine große technische Leistung, wenngleich sie sich – nach heutigen Maßstäben – nur schwer manövrieren ließ.

500 Jahre nach *Cabots* Fahrt in die neue Welt, die zunächst an Neufundlands Küste führte, wurde in Bonavista eine maßstabsgetreue Replik seines Schiffes gebaut. Der 3-Mast-Segler aus Eichenholz ist knapp 25 m lang und hat eine Wasserverdrängung von 90 Tonnen.

Abbrüchen, Spalten und fingerartig ins Meer ragenden dunklen Felsen voller scharfer Spitzen und Kanten bietet auch vom Meer aus einen dramatischen Anblick. Als Naturwunder gilt die *Dungeon*-Höhle. Dort hat das Meer die Steilküste derart unterhöhlt, dass die Decke eingestürzt ist. Mitten auf einer Wiese schaut man dort durch ein großes (zaungesichertes) Loch aufs unten anbrandende Wasser.

Steilküste Dungeon Ridge beim Cape North

Wandern

Auf dem ***Cape Shore Trails*** sind es von Bonavista bis zum Leuchtturm 3 km. Schön ist auch eine Wanderung über den Klippen der ***Dungeon Ridge***.

Auf der *Dungeon Road* geht es nach **Spillar's Cove**. Dabei passiert man den *Trailhead* des ***Puffin Island Trail***. Er läuft auf verschiedenen Pfaden u.a. über Wiesen mit Tundra-Vegetation bis ***Spillar's Head***.

Internet

- ***Bonavista Memorial Public Library***, 32 Church Street
- ***Joseph E. Clouter Memorial Library*** in Catalina, *Town Council Building*, Main Street

Unterkunft & Restaurant

- ***Hotel Bonavista/O'Happy Site***, Confederation Drive, Bonavista, © 709-468-1900, ab 79$
- ***Ocean Side Cabins***, Bonavista, Cape Shore Road, direkt am Meer, © 709-468-7771, 75-85$

Straße #235

Für den Rückweg zum TCH könnte man zur Abwechslung der Straße #235 über **King's Cove** folgen, wo sich vor allem irische Einwanderer ansiedelten. Daher gibt es dort eine der wenigen katholischen Kirchen auf Newfoundland.

Keels

In **Keels**, das seinen Namen davon haben soll, dass *Cabot* dort den Kiel seines Schiffes reinigen ließ, gibt es am Strand interessante Formationen aus fein laminiertem Schiefer, der auch an den Fundamenten, Treppen, Dächern und Wänden der Häuser im Ort Verwendung fand.

5.4.2 Die Burin Peninsula

Lage

Sozusagen »gegenüber« der Bonavista Halbinsel erstreckt sich die Burin Peninsula wie der Stiefel Italiens ins Mittelmeer weit nach Süden in den Atlantik. Die *Stichstraße #210* führt durch waldreiches Bergland hinunter in den südlichen Teil der Halbinsel mit baumlosen Hochflächen und Sümpfen.

Der Hauptort der Halbinsel ist **Marystown**, er dient vor allem als Versorgungszentrum.

Burin

Die Stichstraße #221 führt nach **Burin**, ein vom Meer aus versteckt hinter Inseln liegendes Dorf und früheres Piratennest. Später nutzte *Captain James Cook* bei seinen Kartierungen der neufundländischen Küste Burin zeitweilig als Basisquartier. Auf dem ***Captain Cook Lookout Trail*** gelangt man in 20 min auf einen Hügel, von dem aus schon *Cook* Ausschau gehalten haben soll. Das ***Burin Heritage Museum*** (Seaview Drive, April bis September) informiert über Fischerei und Alltagsleben; im Gebäude gegenüber gibt es eine Ausstellung über den Tsunami von 1929, als die Halbinsel nach einem Seebeben auf den *Grand Banks* von einer Flutwelle heimgesucht wurde.

Straße #220

Folgt man der Küstenstraße #220 rund um Fuß der Halbinsel im Uhrzeigersinn, gelangt man zunächst nach **St. Lawrence**. Dort wurde 1933-1978 Fluorspat abgebaut. Eine Fluorspat-Ader (rosa Granit) lässt sich an der Südseite der #220 nordöstlich von St. Lawrence bewundern.

Grand Bank

In Grand Bank stehen schöne alte Kapitänshäuser aus der Blütezeit der Kabeljau-Fischerei. Das ***Provincial Seamen's Museum*** ist im Gegensatz dazu in einem futuristischen Gebäude untergebracht, das ursprünglich ein Pavillon auf der Expo 1967 in Montréal war. Der asymmetrische Giebel, der an ein Segel erinnert, zeigt ein großflächiges Wandgemälde mit maritimer Szenerie. Die Ausstellungen erinnern an die Zeit der Hochseefischerei, als diese noch mit Schonern durchgeführt wurde und zeigt Modelle, Zeichnungen und Gemälde von Fischerbooten unter Segeln, 54 Marine Drive, Anfang Mai-Ende Oktober, 9-16.45 Uhr.

Fortune

Vom Nachbarort **Fortune** aus fährt eine Fähre nach Frankreich – d.h. zur Insel ***St. Pierre***, die genau wie die Nachbarinsel ***Miquelon*** nur ungefähr 40 km entfernt liegt, jedoch zu Frankreich gehört. Jeden Sommer kommen Tausende Besucher dieser Inseln durch Fortune, nicht wenige für eine Einkaufstour »nach Frankreich«, um Wein, Parfum oder französisches Gebäck zu kaufen, wiewohl noch nicht einmal zollfrei! Nichtkanadier benötigen für diesen Ausflug ihren Reisepass; www.st-pierre-et-miquelon.com.

Fähre nach St. Pierre

Passagierfähre: Fortune–St. Pierre Mitte Juli-Mitte September 1x täglich, Frühjahr und Herbst 2x wöchentlich, hin und zurück für 94$ zzgl. Steuern, Fahrzeit ca. 55 min; ✆ 709-832-2006; Verbindung St. Pierre–Miquelon 3x wöchentlich, hin und zurück 22$, Fahrtzeit 50 min; www.spmexpress.net.

Fossilien

In der ***Fortune Head Ecological Reserve*** (Hornhouse Road) offenbart das Gestein den Übergang zwischen den geologischen Zeitaltern Präkambrium und Kambrium vor ca. 540 Millionen Jahren in aufeinanderfolgenden Schichten, die jeweils Fossilien aus den verschiedenen Zeitabschnitten enthalten.

Sammler können im ***Pork Chop Pit*** sowie im flachen Wasser des ***Fortune Brook*** Fossilien suchen; http://fortune.0catch.com/pages3/fossilhunt.html.

Internet

- ***Public Library,*** *Pearce Junior High School*, Salt Pond Burin
- ***Fortune Memorial Library***, *Municipal Centre*, Temple Street
- ***Public Library,*** Main Street/Church Street in Grand Bank

Unterkunft

- ***Ocean View Motel***, St. Lawrence, Water Street, © 709-873-2830, 75-85$
- ***Granny's Motor Inn***, Grand Bank, 33 Grandview Boulevard, © 709-832-2180, 84-104$

Camping

- ***Frenchman's Cove Provincial Park***, Straße #213 an der Fortune Bay, 76 Plätze, Mitte Mai-Mitte September, einfach, 13$
- ***Horsebrook Trailer Park***, Fortune, Straße #220 nahe der Fähre nach St. Pierre, 80 Plätze, Ende Juni-Anfang September, auch für Zelte, Stromanschluss, Duschen, *Dumping Station*, 8-12$

Hängebrücke im La Manche Provincial Park, ➪ *Seite 361*

5.5 Die Avalon-Halbinsel

Geographie

Die H-förmige Halbinsel Avalon ganz im Osten Neufundlands ist nur über einen schmalen Landstreifen mit der Hauptinsel verbunden. Dort lebt über die Hälfte der Bevölkerung der Provinz. Sie konzentriert sich indessen auf die nordöstliche Ecke um die Hauptstadt St. John's herum. Im großen Südteil von Avalon gibt es nur wenige Siedlungen zumeist an der Küste und ausgedehnte unerschlossene Binnenbereiche. Mehr Ortschaften finden man auf den westlichen Landzungen.

5.5.1 Von Argentia zum Cape Race

Cape Shore Trail ab Argentia

Der südwestliche Finger von Avalon wird vom ***Cape Shore Trail*** umrundet, (Straße #100). Wer seine Neufundlandreise in **Argentia** startet (Fähre von North Sidney aus, ➪ Seite 320), findet dort unverfehlbar für Karten und Informationen ein ***Visitor Centre***. Auch wer vom TCH kommt, wählt die #100 in Richtung Süden.

Placentia

Wo heute **Placentia** liegt, landeten zuerst baskische Fischer. Im Jahr 1662 wurde die Kolonie *Plaisance* dort ausgerufen, und bis ins 18. Jahrhundert hinein war die Siedlung Hauptstadt des französischen Newfoundland. Der ***Castle Hill National Historic Site*** (Mitte Mai-Mitte Oktober, 10-18 Uhr, 4$) ist im Juni und Juli Aufführungsort für die Theaterproduktion »*Faces of Fort Royal*« zur Geschichte der französischen Phase.

Küstendörfer

Die Straße #100 läuft küstennah über karge Hügelketten vorbei an Küstendörfern, Lagunen und felsigen Landzungen. Einen schönen Blick übers Meer bietet **Gooseberry Cove** mit einem von malerischen Klippen eingerahmten Sandstrand, gegen den eine kräftige Brandung schlägt.

Unterkunft

• ***Harold Hotel***, Main Street, © 1-877-227-2107, 70-120$

Internet

• ***Placentia Public Library***, 14 Atlantic Avenue

Gannets

Durch moorige Wiesen führt ein 13 km langer Abstecher von der Straße #100 zur ***Cape St. Mary's Ecological Reserve***. Dort befindet sich eine der größten Brutkolonien von Basstölpeln (*Gannets*), die auf einem großen, einzeln stehenden **Felsen ganz nah vor der Küste** einen sicheren Platz gefunden haben. Man kommt dort fast auf Tuchfühlung an diese riesigen Vögel (Spannweite bis 1,8m) heran und kann sie in allen Flug-, Start- und Landesituationen beobachten. Außerdem nisten dort auch zahlreiche Lummen, Tordalke, Gryllteiste, Sturmtaucher und Dreizehenmöwen.

Für Fotografen ist der frühe Morgen die beste Zeit. Im ***Interpretation Centre*** hat man jede Menge Informationsmaterial, Anfang Mai-Mitte Oktober, 9-17 Uhr, Hochsaison 8-19 Uhr.

Internet
- ***Cape Shore Public Library***, Main Road in St. Bride's, *Community Council Building*

Unterkunft
- ***Bird Island Resort***, Motel und 20 *Cottages*, St. Bride's, Main Road, © 1-888-337-2450, 69-99$; www.birdislandresort.com
- ***Capeway Motel***, St. Bride's, Main Rd, © 1-866-337-2163, 59-75$

Point Lance

Die #100 führt weiter durch eine baumlose Hochebene. Nur selten gibt es niedrige Büsche und Beerensträucher. Ein Abstecher an die Südküste führt zum Fischerdorf **Point Lance**. Der Lance River hat dort eine tiefe Schlucht in das Hochland gegraben, in deren Windschutz normal große Bäume wachsen.

Straße #92

Als **#92** führt die Straße an der Ostküste der Halbinsel entlang wieder nordwärts. Bei **Branch** an den Klippen südlich des Orts (*Branch Head*) gibt es eine Fundstelle für **Fossilien** (Trilobiten). Im Küstenbereich erblickt man häufig schroffe Felsen, z.B. am ***Red Head***. Viele kleine für Angler attraktive Flüsse münden dort ins Meer. Bei **Colinet** gibt es bei den *Rocky River Falls* eine Lachstreppe. Schutzmaßnahmen sorgten für eine partielle Erholung des hier bereits gefährdeten Lachsbestandes.

Southern Shore

Über Straße **#90** gelangt man entlang der St. Mary's Bay in den spärlich besiedelten Süden von Avalons. Vorbei an **St. Mary's** und **St. Vincent's** (schöner Strand) geht es zum ***Holyrood Pond***. Dieser Salzwassersee ist eigentlich ein Fjord, den ein Damm vom Meer trennt. Danach folgt die Route der Straße #10 durch einsames Hochland, das eine große ***Karibu-Herde*** beherbergt. Die Tiere passieren gelegentlich – besonders auf ihren Frühjahrs- bzw. Herbstwanderungen – diese Straße. Die riesige ***Avalon Wilderness Reserve*** im Landesinneren ist das Rückzugsgebiet der Herde.

Zum Cape Race

Trepassey wurde von baskischen Fischern gegründet und ist heute der größte Ort der Südküste. Von **Portugals Cove South** läuft eine recht grobe Piste mit wunderbaren Ausblicken auf das Meer bis zum ***Cape Race***. Die Küste ist rauh und zerklüftet und hat viele kleine Buchten. Noch vor einem halben Jahrhundert gab es hier eine Reihe winziger Dörfer, die von Fischerfamilien bewohnt waren. Sie wurden aber nach und nach aufgegeben. Wer in St. John's keine Arbeit fand, siedelte nach Trepassey um, wo die Regierung in den 1950er- und 1960er-Jahren für Arbeitsplätze in der Fischverarbeitung sorgte.

Wandern am Kap

Der Küstenabschnitt ist heute menschenleer, doch weisen handgemalte Schilder mit Landschaftsbildern und Flurbezeichnungen auf die alten Wohnorte hin – *Drook, Long Cove, Mistaken Point, Long Beach, Shingle Cove* – ergänzt durch Zeitangaben für den Pfad. An den verlassenen Buchten findet man meist nicht einmal mehr die Fundamente der Häuser; angesichts der atemberaubenden Ausblicke und Felsformationen lohnen sich Wanderungen denoch. An der Landspitze von ***Mistaken Point*** (2,5 km Wanderung ab der Autopiste) gibt es eine Fundstätte mit seltenen **Fossilien** von mehrzelligen Weichtieren. Das Sammeln der Verstei- nerungen ist verboten, der Platz eine *Ecological Reserve.*

Am Kap steht ein Wald von Radarmasten. Nahe am rekonstruierten Leuchtturm auf einem großen Felsmassiv am Meer befindet sich das ***Myrick Wireless Interpretation Centre*** mit einem 2001 errichteten Nachbau der *Marconi*-Funkstation von 1904. *Cape Race* war damals eine wichtige Schaltstelle für Nachrichten aus aller Welt. 1912 wurden hier auch die Notrufsignale der *Titanic* empfangen.

Old Telegraph Path

Ein Stück nördlich davon liegt ein (noch nicht offiziell angeschlossenes) Stück des *East Coast Trail*: der ***Old Telegraph Path*** führt zu einer Bucht mit einem Schiffsfriedhof. An diesen Ufern sind in vergangenen Jahrhunderten viele Schiffe gestrandet.

Internet

• ***Trepassey Public Library***, gegenüber der Stella Maris Academy

Unterkunft

• ***Trepassey Motel & Restaurant***, 111-113 Coarse Hill, © 709-438-2934, 74-79$; www.trepasseymotel.com

5.5.2 Die Ostküste der Avalon Peninsula

Chance Cove Prov. Park

Weiter auf der Straße #10 geht es zunächst landeinwärts nach Nordosten. Ein Abzweig in Richtung Küste führt in den ***Chance Cove Provincial Park*** mit einfachem *Campground* (kostenlos) am Meer mit Blick in Richtung Europa. Eine Lagune in dessen Nähe ist bei Anglern beliebt.

Ferryland

Das Fischerdorf **Ferryland** (750 Einwohner) war einst als ***Colony of Avalon*** eine der ersten festen Niederlassungen britischer Siedler. Ein gleichnamiges ***Interpretation Centre*** zeigt von Archäologen gefundene, historische Gegenstände aus dem 17. Jahrhundert. Man kann auch die Ausgrabungsstätten besichtigen, Mitte Juni-Anfang September, 9-17 Uhr, 3$.

Die älteste gepflasterte Straße Nordamerikas lässt sich in Ferryland unter die Füße nehmen

Avalonia, die »Colony of Avalon«

Sir George Calvert, der erste *Lord Baltimore*, erhielt **1621** von der englischen Krone einen Freibrief für den Aufbau einer ***Plantation*** in Newfoundland. Er nannte die noch zu gründende Kolonie ***Avalonia***. In seinem Auftrag landete eine erste Gruppe von Kolonisten 1622 am Ort des heutigen Ferryland, und nach der geleisteten ersten Aufbauarbeit kam 1627 *Lord Baltimore* mit seiner Familie nach. Zur Kolonie gehörten ganze 40 weitere Siedler, Protestanten wie Katholiken, denn *Baltimore* proklamierte Religionsfreiheit und wollte in der Kolonie ein Muster an Toleranz schaffen. Aber die Siedler erlebten eine schlechte Ernte und 1628 einen harten Winter, viele erkrankten, einige starben. *Lord Baltimore* kehrte Avalonia desillusioniert den Rücken. Trotz allem existierte die Kolonie noch für weitere Jahrzehnte, bevor sie 1696 von Franzosen erobert und 1763 von Holländern zerstört wurde.

Archäologen haben die Zeugnisse der Vergangenheit wieder ausgegraben. Bei einer Führung durch die Stätte kann man freigelegte und zum Teil rekonstruierte Fundamente um den inneren Hafen herum sehen. Auch Verteidigungsgräben und -mauern, eine gepflasterte Straße, Back- und Brauhaus, Brunnen, eine Schmiede und die älteste WC-Spülung in Nordamerika wurden entdeckt. Letztere funktionierte zweimal am Tag, wenn die Flut den Unrat aus einer Sammelgrube herauswusch. Ausgerechnet darin sollen die interessantesten und aufschlussreichsten Artefakte gefunden worden sein.

Und es gibt auch Geschichte zum Anfassen: In der Replik einer Küche aus dem 17. Jahrhundert führt man vor, wie Brot am offenen Herd gebacken wurde.

Internet • ***Baltimore School***, #10 am nördlichen Ortsausgang

Unterkunft • ***The Downs Inn***, Irish Loop Drive, © 709-432-2659, 55-75$

Camping • ***La Manche Provincial Park***, 69 Plätze, Mitte Mai-Mitte September, einfach, 13$

Wandern Vom ***La Manche Provincial Park*** gibt es einen Weg an die Küste zum verlassenen und nur noch dank alter Fundamente zu identifiezierenden Dorf **La Manche**. Eine **Hängebrücke** führt dabei über die enge Schlucht des La Manche River, die sich zum Meer hin öffnet, ➪ Foto Seite 357. Der Weg läuft noch weiter bis ***Doctors Cove***, einer faszinierenden Felsbucht.

Avalon Wilderness Um in der ***Avalon Wilderness Reserve***, einen 868 km^2 großen Naturschutzgebiet im Zentrum der Halbinsel, zu wandern, zu angeln oder Kanu zu fahren, benötigt man ein ***Permit***. Es wird im Büro des *La Manche Provincial Park* ausgestellt.

Witless Bay Bei ***361 Bay*** liegen Einstiegspunkte – nicht leicht zu finden – zum *East Coast Trail*. Auf dem ***Beaches Path*** (ECT) in Richtung Mobile erreicht man unweit des Ortes schöne Strände zwischen den Felsen der zerklüfteten Küste (*12 O'Clock Beach* 0,8 km, *Camel Beach* 1,2 km, *Breaking Beach* 1,4 km).

Witless Bay Öko-Reservat Zur ***Witless Bay Ecological Reserve*** gehören vier Inseln und die sie umgebenden Gewässer zwischen der Bucht und Bauline. Eine außergewöhnlich große Zahl an Seevögeln der verschiedensten

Projekt East Coast Trail (ECT)

Die zerklüftete Ostküste Avalons wird in einem langfristig angelegten Projekt schrittweise für Wanderer erschlossen. Der *East Coast Trail* weist bereits 220 km Länge auf und soll auf insgesamt 540 zusammenhängende Kilometer wachsen. Durchgängig fertiggestellt ist der *ECT* zwischen Fort Amherst nahe St. John's und Cappahaydan im Süden von Avalon (Stand: 2007). Darüber hinaus existieren weitere fertige Teilstücke, so beim *Cape Race*, ➪ Seite 359, und auch im Norden bei Torbay und Pouch Cove.

Bereits auf den bislang 18 fertiggestellten Sektionen finden sich viele schöne Abschnitte für Kurz- und Tageswanderungen. Es lohnt sich fast immer, am *Trail* zu stoppen und eine Strecke zu laufen. Dabei gibt es 36 offizielle Einstiegspunkte (*Trailheads*), meist am Rand von Ortschaften. In manchen Gemeinden lassen sich die Hinweisschilder (**ECT**) nicht übersehen, in anderen ist die Suche danach ein wenig mühsam.

Informationen und Details zum Trail: www.eastcoasttrail.com.

Spezies hat hier ihre Brutplätze gefunden – Sturmvögel, Lummen, Papageientaucher, Tordalke, Schwarzrücken- und Dreizehenmöwen sowie Gryllteisten. Die Insel darf man nicht betreten, man kann jedoch auf **Bootstouren** vom Wasser aus zusehen, wie die Papageientaucher nach ihrem Tauchgang mit dem Schnabel voller Fische, meist Lodden (*Capelin*) zu ihren Nestern fliegen, die sich – geschützt vor Raubmöwen – in kleinen Höhlen am Steilufer befinden. Mit Glück sieht man auch Buckel- und Minkwale, die ebenfalls an den Lodden interessiert sind.

Bay Bulls

Bay Bulls, im Zweiten Weltkrieg ein strategisch wichtiger Hafen, ist heute u.a. Ausgangspunkt für Bootstouren, aber auch für Wanderungen auf dem *East Coast Trail*. Nördlich des Ortes gibt es am ECT den sogenannten ***Spout***, eine durch Meereswellen erzeugte geysir-ähnliche Erscheinung. Leider ist der Weg dorthin weit (ca. 6 Std. hin und zurück); Ausgangspunkt an der *North Shore Road*.

Bootstouren

In Bay Bulls gibt es mehrere Veranstalter für Trips zur Wal- und Seevögel-Beobachtung (Mai-Oktober).

In Witless Bay wird zwischen Mitte Juni und Ende September eine Tour speziell zur *Ecological Reserve* angeboten.

Internet • ***St. Bernard's Elementary School***, Witless Bay

Unterkunft • ***Brown Rabbit Resort Cabins***, Tors Cove, Beachy Cove Road, © 709-334-2208, 55-95$; www.brownrabbit.nl.ca

• ***Elaine's B&B by the Sea***, Witless Bay, Lower Loop Place, © 709-334-2722, 75-150$

nach St. John's Statt auf der #10 den kürzesten Weg nach **St. John's** zu wählen, kann man die Stadt mit einem kleinen Umweg auch über die #13 und den TCH anfahren. Diese Route führt durch eine grandiose Tundra-Landschaft, wie man sie so weit im Süden kaum vermutet. Zwischen Zeugen der Eiszeit – Felsbrocken und Findlingen, die weiträumig über einer Hochebene verstreut liegen – wächst eine Pflanzenwelt, die nördlicheren Gefilden entspricht.

5.5.3 St. John's und Umgebung

Lage und Geschichte

Zur Lage **St. John's** liegt an der Europa zugewandten Küste Neufundlands im Nordosten der vorgelagerten inselähnlichen Halbinsel Avalon. Zwei hohe Felsrücken schützen die enge Einfahrt (*The Narrows*) in die Hafenbucht. Angeblich entdeckte schon 1497 **John Cabot** die Eignung dieser Lage für die Errichtung einer Siedlung.

Erste Erwähnung Zunächst entstand hier aber einer der Stützpunkte für die zahlreichen europäischen Fischer, die seit etwa 1500 in den Gewässern vor Newfoundland erfolgreich nach Kabeljau fischten und an den Küsten Rast- und Verarbeitungsplätze sowie Sommersiedlungen errichteten. Erst kamen Basken und Portugiesen, später Franzosen und Engländer. In einem Brief des Engländers *John Rut* vom 3. August 1527 an König Heinrich VIII. wird der Hafen von St. John's erstmals schriftlich erwähnt – damals noch als Treffpunkt von Fischern aus mehreren Ländern. 1583 wurde der Ort offiziell von der englischen Krone in Besitz genommen.

Britischer Besitz Zwangsläufig war St. John's in den nächsten Jahren und Jahrhunderten auch Schauplatz von Kämpfen, zunächst um Fischereirechte und gegen Piraten, doch zunehmend auch um nationale europäische Interessen auf dem neuen Kontinent. Vor allem Basken, Holländer und Franzosen stritten – auch unter Einbeziehung indianischer Kämpfer – mit den Engländern um diese erste britische Überseekolonie.

18. Jahrhundert 1693 entstand das ***King Williams Fort*** zur Verteidigung des Hafens. Es wurde in den folgenden Auseinandersetzungen wiederholt von den Franzosen eingenommen und später von den Engländern zurückerobert. 1729 installierte die englische Krone eine Verwaltung mit einem Gouverneur, der Steuern eintrieb und für die allmähliche Durchsetzung von Recht und Gesetz sorgte. Die Stadt erhielt Gerichtsgebäude, Gefängnis und weitere Befestigungen samt einer ständigen Garnison. St. John's avancierte zum politischen Zentrum der Insel, und die Bevölkerung wuchs.

19. Jahrhundert 1834 wurde der Bau des *Government House* abgeschlossen. In dieser Zeit zählte St. John's bereits 11.000 Einwohner, die Stadt hatte sich von einem Fischereistützpunkt zum Handelshafen entwickelt. Auch der Schiffbau begann eine Rolle zu spielen.

20. Jahrhundert Gewissermaßen »aus der Asche« eines Großfeuers 1892 entstand ein neues St. John's in Hafennähe mit vornehmen Häusern und luxuriösen Villen. In allen Regenbogenfarben leuchten die meist zweistöckigen Holzhäuser in den oberhalb der Water Street gelegenen, steil ansteigenden Straßen.

St. John's heute St. John's ist zwar eine der ältesten Städte Nordamerikas, doch wirkt die Stadt heute recht jung. Ihr Profil wird zunehmend durch Offshore-Industrie, Schiffstechnik, Meeres-Biotechnologie und Tourismus bestimmt. Der *Memorial University of Newfoundland* ist ein international renommiertes Institut für Fischerei und Marine angeschlossen.

Der Hafen dominiert nicht mehr so wie früher. In viele Häuser an der ***Waterfront*** sind Läden und Büros eingezogen, und das Straßenbild wird weniger durch Hafenarbeiter als durch »Krawattenträger« bestimmt.

Information, Transport, Internet und mehr

Flugzeug Der **Flughafen** (*St. John's International Airport*) liegt nur 6 km nordwestlich der Stadt. Taxen in die City kosten ab 15$. Die bekannten großen Autovermieter sind dort vertreten.

Information ***City Hall***, New Gower Street, © 709-576-8106, ganzjährig geöffnet, oder im ***Gentara Building***, 348 Water Street, neben dem Postamt, oder im ***DDC***, 155 Water Street,; www.stjohns.ca.

Im in all diesen Stellen und am *Airport* ausliegenden ***St. John's Visitor's Guide*** steht alles aktuell Wissenswerte einschlielich Stadt- und Umgebungsplan.

Bus ***DRL Couch Lines*** – www.drlgroup.com/schedulesearch.asp – bedient einmal täglich die Strecke Port-aux-Basques über Deer Lake und Gander nach St. John's und umgekehrt. Ein-/Ausstieg entweder am Crossroads Motel (nahe THC, *Exit* 42A) oder an der *University*. Von dort geht es mit dem Metrobus ins Stadtzentrum.

Nahverkehr Metrobus, © 709-722-9400; www.metrobus.com

Mietwagen Am Flughafen sowie

- ***Budget***, 85 Kenmount Road, *Hickman Motors Building*, © 709-747-1234, www.budget.ca
- ***Discount***, 350 Kenmount Road, © 709-722-6699
- ***Rent-A-Wreck***, besonders preiswert, 909 Topsail Road, Mount Pearl, © 1-800-239-7990, www.rentawreck.ca

Parken Im Stadtzentrum gibt es eine Reihe öffentlicher Parkplätze. Oft kann man, meist gegen Gebühr, direkt in den Straßen parken.

Ein **Parkhaus** befindet sich bei der ***City Hall***.

Fahrradverleih ***Canary Cycles***, 294 Water Street, © 709-579-5972, ab 20$; www.canary-cycles.com

Zufahrt & Orientierung St. John's erreicht man mit dem Fahrzeug am schnellsten über den **TCH** und fährt dann via Kenmount und Freshwater Road (#60) hinab ins Zentrum. Kommt man von Süden über die Straße #10, gelangt man automatisch an den Hafen bzw. ins Stadtzentrum mit Water und Duckworth Streets als Hauptachsen.

Wer vom **Flughafen** kommt, gelangt via Portugal Cove Road (#40) südwärts ebenfalls direkt in die Altstadt. Östlich davon gibt der ***Signal Hill*** mit dem ***Cabot Tower*** Orientierungshilfe.

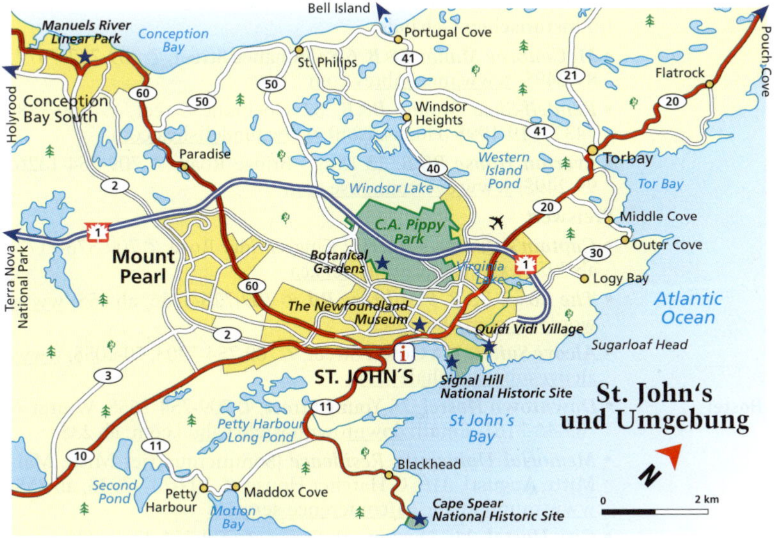

Camping-ausstattung • ***Outfitters' Adventure Gear & Apparel***, 220 Water Street, © 709-579-4453

Waschsalon • ***Merrymeeting Laundromat***, 154 Merrymeeting Road;

• ***Mighty White's***, 152 Duckworth Street

• ***Laundromat Twin Cities***, 918 Topsail Road, Mount Pearl

Internet • ***St. John's: A.C. Hunter Library***, 125 Allandale Road, Arts & Culture Centre der Memorial University

• ***St. John's Native Friendship Centre,*** 716 Water Street

• ***Michael Donavan Public Library,*** Topsail Road westlich der Burgeo Street in der Waterford Valley Mall

In der Umgebung:

• ***Mount Pearl Public & Resource Library***, 65 Olympic Drive

• ***Pouch Cove Public Library***, #20, *Town Council Building*

Unterkommen in St. John's

Unterkunft

- ***The Fairmont Newfoundland***, bestes Haus am Platz, 115 Cavendish Square, © 709-726-4980, 219-349$; www.fairmont.com

Zentral gelegen:

- ***Delta St. John's Hotel and Conference Centre***, 120 New Gower Street, © 709-739-6404, 99-650$; www.deltahotels.com
- ***Quality Hotel***, Harbourview, 2 Hill O'Chips, © 709-754-7788, 109-159$; www.choicehotels.ca/cn246
- ***Battery Hotel and Suites***, 100 Signal Hill Road, © 709-576-0040, 79-299$; www.batteryhotel.com

Im historischen Gebäude:

- ***McCoubrey Manor B&B***, 6-8 Ordnance Street, © 709-722-7577, 89-249$; www.mccoubrey.com
- ***Rendell-Shea Manor B&B***, 82 Cochrane Street, © 709-738-7432, 119-199$ (Hochsaison); www.rendellshea.com
- ***Everton House B&B***, 23 King's Bridge Road, © 709-754-1326, 99-249$; www.evertonhouse.com

Preiswert:

- ***Captain's Quarters Hotel***, 2 King's Bridge Road, © 709-576-7173, ab 79$; www.captainsquarters.ca
- ***The Roses B&B, 9 Military Rd***, © 709-726-3336, ab 85$; www.wordplay.com/the roses
- ***Alcove Suites***, 136 Gower Street, © 709-754-7703, 70-105$; www.alcovesuitesandchalet.com

Hostel

- ***Downtown Hostel***, 25 Young Street, © 709-754-7658, Winter © 709-46-7161, Email: downtownhostel@yahoo.com, ab 23$
- ***Memorial University Residence*** (Sommerquartier Mitte Mai-Mitte August), 316, C Hatcher House, © 709-737-7933, ab 25$; www.munhousing.ca/conference-services
- ***City Hostel***, 246 Duckworth Street, © 709-754-4789, 22$

Die Lage ist zwar attraktiv, aber eine schöne Stadt ist St. John's nicht gerade

Camping

- ***C.A. Pippy RV Park***, 184 Plätze, 1. Mai-30. September; St. John's, Nagle's Place, © 709-737-3669 oder © 1-877-477-3655, Kiosk, *Dumping*, Strom, Duschen, Waschautomat, Reservierung angezeigt, 20-29$; www.pippypark.com/trailer.shtml
- ***Crossroads Motel & Trailer Park***, 17 Plätze, ganzjährig, TCH #1, Ausfahrt 42A, Mount Pearl, © 709-368-3191, Stromanschluss, sauber und komfortabel, Tankstelle mit Laden, 23-26$, **Motel** ab 80$; www.crossroads.nf.net
- ***Marine Drive Park***, 30 Plätze, 1. Juli-9. September, Pouch Cove Line #21, © 709-747-4300 oder © 709-727-7275, Schwimmbad mit Wasserrutschen, Kanu- und Bootsverleih, Spielplatz, Wanderwege, ab 23$; www.marineparkpouchcove.com

Stadtbesichtigung

Hafen

Der **Hafen** lässt nicht mehr erahnen, dass er einst mit Schiffen aus aller Herren Länder überfüllt war. Der Betrieb ist heute eher übersichtlich. Am Pier 17 geben aber Marineservice- und -supportleistungen dem Hafen wieder ein Entwicklungspotential als wichtige Basis der Offshore-Förderanlagen für Öl und Gas.

Downtown

Zwischen Water, Duckworth, Gower Street und in den umliegenden Straßen pulsiert das Stadtleben. Zahlreiche Läden, Galerien Bistros und Restaurants warten auf Kundschaft. Abends findet man Pubs mit Live Music: *Irish, Country, Dance, Rock'n Roll, Jazz*. Die Straßen weiter landeinwärts steigen steil an; der Rest der Stadt liegt hoch über dem Wasser.

Kirchen

Da die Mehrzahl der alten Gebäude beim Großfeuer 1892 zerstört oder im 20. Jahrhundert abgerissen wurde, hat die Altstadt kaum historische Sehenswürdigkeiten. Eine Ausnahme ist die römisch-katholische ***Basilica of John the Baptist*** von 1855, die mit ihrer neugotischen Fassade und 43 m hohen Türmen vom Hügel nördlich des Hafens die Stadt überragt (Military Road; geführte Besichtigung; www.stjohnsarchdiocese.nf.ca/basilica_general.asp). Südlich davon, am *Church Hill*, liegt die ebenfalls neugotische ***Anglican Cathedral of St. John the Baptist***.

In der Military Road steht auch das neoklassizistische ***Colonial Building***, das von 1850 bis 1960 Regierungssitz war. Das ***Government House*** – seinerzeit aufwendig und teuer errichtet und seit 1831 bis zum Anschluss an Canada Sitz des Gouverneurs – beherbergt heute den britischen *Lieutenant Governor of Labrador & Newfoundland* und das Domizil der *Queen*. Der dazugehörige Garten ist öffentlich zugänglich, www.mun.ca/govhouse.

Museen

Seit 2005 gibt es einen modernen Museumskomplex: ***The Rooms***, erbaut auf dem Gelände des historischen ***Fort Townshend*** mit Blick über die *Narrows*, vereinigt das ***Provincial Museum***, Archive mit Ausstellungen zur Geschichte der Provinz und der *Beothuk*-Indianer, und die ***Art Gallery***, 9 Bonaventure Avenue, täglich 10-17, So ab 12 Uhr, Eintritt 5$; www.therooms.ca.

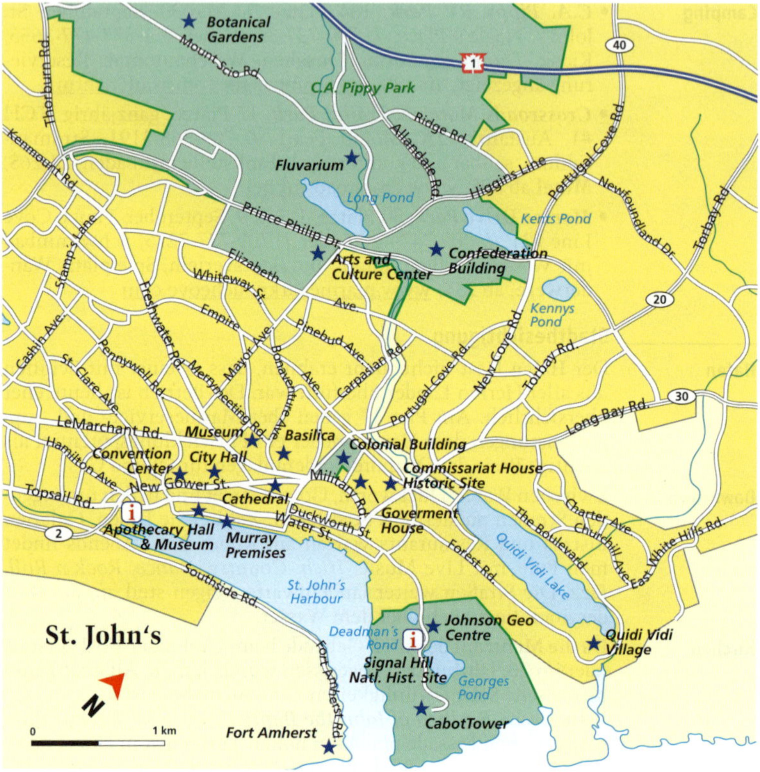

Die alten Lagerhauskomplexe ***Murray Premises*** an der Water Street/Becks Cove wurden um 1846 erbaut und beherbergen neben Hotel, Läden und Restaurants auch noch das ***Newfoundland Science Center*** mit wechselnde Ausstellungen und Veranstaltungen zu wissenschaftlichen Themen (10-17 Uhr, 6$; www.nl sciencecentre.com). Das ***James O'Mara Pharmacy Museum*** in der *Apothecary Hall*, 488 Water Street, ist der Nachbau eines *Drugstore* aus dem Jahr 1895 mit Zügen von *Art Nouveau* und *Art Deco*, © 709-753-5877; www.nlpb.ca/museum.html.

Signal Hill

Unbedingt sehenswert ist ***Signal Hill***. Um dorthin zu kommen, folgt man am besten der *Duckworth Street* zum nordöstlichen Ende, von wo die Signal Hill Road nach Osten hügelaufwärts führt. Im ***Signal Hill National Historical Park*** kann man den 1900 erbauten ***Cabot Tower*** besteigen und den spektakulären Blick übers Meer, die Stadt und die enge Hafeneinfahrt genießen. Dort empfing ***Marconi*** am 12. Dezember 1901 die erste transatlantische Funknachricht aus Cornwall in England und leitete damit das moderne Zeitalter der Telekommunikation ein. Ein kleines Museum hat alle Details dazu.

Ein kurzer Spaziergang führt auf den ***Ladies Lookout***, die höchste Erhebung im Park (175m). Auf halber Höhe des Hügels passiert man ein ***Visitor's Interpretation Center***, das die Geschichte Neufundlands erläutert und dabei besonderen Schwerpunkt auf Militärisches legt. Oberhalb davon befindet sich die ***Queens Battery*** mit einigen Kanonen und den Resten des britischen Waffenarsenals von Ende des 18. Jahrhunderts. Von Juli bis Mitte August finden hier an bestimmten Tagen britische Militärparaden – sogenannte ***Tattoos*** – statt, die mit dem Abfeuern der historischen Kanonen enden, ✆ 709-772-5367.

Geo Center

Schräg gegenüber steht das Gebäude des ***Johnson GEO Centre*** mit architektonisch auffälliger Glasfassade. Dort werden die Geschichte unseres Planeten und die bemerkenswerte Geologie von Newfoundland und Labrador multimedial aufbereitet. Der größte Teil der Ausstellungsfläche liegt unterirdisch zwischen natürlichen, 550 Millionen Jahre alten Felswänden, 175 Signal Hill Road, ganzjährig geöffnet, 11$; www.geocentre.ca.

Quidi Vidi

Nördlich des Signal Hill befindet sich das Fischerdorf **Quidi Vidi Village** mit dem vielleicht ältesten Haus Nordamerikas, dem ***Mallard Cottage*** von 1740, das jetzt als Souvenirshop dient (im Sommer täglich 10-22 Uhr).

Vom *Signal Hill* kann man hinunter zum Quidi Vidi See laufen. Von dessen Westende führt ein Fußgänger- und Radweg am Rennies River entlang zum ausgedehnten ***C.A. Pippy Park*** nordwestlich der Stadt mit Seen, angelegten Wanderwegen und Picknickplätzen. An dessen Südseite residiert die ***Memorial University of Newfoundland*** (www.mun.ca), westlich davon, am *Oxen Pond*, erstreckt sich der universitätseigene **Botanische Garten** (Mai-September täglich 10-17 Uhr, Oktober und November 10-16 Uhr; www.mun.ca/botgarden).

Cabot Tower mit Marconi Station

Nördlich des *Long Pond* liegt das einzige öffentliche **Fluvarium** Nordamerikas. Durch neun große Glasfenster kann man einen Querschnitt durch einen »lebenden« Fluss unterhalb seiner Oberfläche betrachten. Im Erdgeschoss gibt es Ausstellungen zu Besonderheiten dieses Ökosystems, zu Tieren, Pflanzen und Insekten. Nagle's Place, 9-17 Uhr, 5,50$; www.fluvarium.ca.

Cape Spear

Verlässt man St. John's in Richtung Süden (Straßen #10/#11) und biegt dann auf die Blackhead Road nach Osten, gelangt man nach ca. 15 Autominuten an die zerklüftete Küste von ***Cape Spear***, dem östlichsten Punkt des amerikanischen Kontinents. Europa ist von dort aus kaum weiter entfernt als Toronto.

Das Kap ist ein ***National Historic Site*** mit einem ***Interpretation Centre***. Ein Pfad führt zum »*most easterly point*« mit Bunkern und Verteidigungsanlagen aus dem 2. Weltkrieg und zum neuen und alten Leuchtturm. Das älteste *Lighthouse* Neufundlands dient jetzt als **Museum**, 15. Mai-15. Oktober, 10-18 Uhr, 4$. Man hat von dort einen phantastischen Blick über die raue Küste und den Atlantic. In günstigen Jahreszeiten sieht man von dort Wale.

Flatrock

Nördlich von St. John's führt die Straße #20 über **Torbay** an der Küste entlang nach **Flatrock**, das in einer von flachen Felsen umgebenen Bucht liegt. Sie wurden früher zum Trocknen von Kabeljau genutzt. In einer Höhle wird dort eine lokale »Heilige von Lourdes« verehrt, die bereits die Ehre eines Papstbesuchs hatte.

Cape St. Francis

Bei der alten Siedlung **Pouch Cove** (gegründet 1611) nur wenige Kilometer weiter findet man den nördlichsten Einstiegspunkt zum *East Coast Trail*. Eine holprige Piste windet sich über das Dorf hinaus über einen Hügel zum ***Cape St. Francis***, das bereits 1527 auf einer Karte der Neuen Welt verzeichnet wurde.

Cape Spear, östlichster Punkt Nordamerikas; Europa ist von dort näher als Toronto

5.5.4 Conception Bay mit Brigus/Cupids

Admiral's Coast

Die Straße #60 führt über **Paradise** (dort ist Beginn bzw. Ende der ***T'Railway*** auf der früheren Eisenbahntrasse, ➪ Seite 322) ans Südufer der Conception Bay, wo sich mehrere Orte zur Großgemeinde **Conception Bay South** (CBS – www.conceptionbaysouth.ca) zusammengeschlossen haben. Dazu gehört **Manuels** mit einer geologischen Fundstätte für Trilobiten im *Linear Park*. Das Sammeln von Fossilien ist dort zwar verboten, man kann aber in alten Brüchen bei **Kelligrews** Versteinerungen dieser seit Jahrmillionen ausgestorbenen Tiere finden: 7 m südlich der Kreuzung #2/#60 nach Osten auf die *Red Bridge Road*; www.manuelsriver.com.

Linear Park

An der Straße #60 liegt der ***Manuels River Linear Park***. Westlich der Brücke über den Fluss befindet sich ein ***Visitor Centre*** (Juni bis Mitte Oktober an Wochenenden, im Juli und August täglich). Geologische Lehrpfade (je 45 min) laufen stromaufwärts bzw. in Richtung Trilobiten-Fundstätte stromabwärts.

Holyrood

Weiter südlich an der Bucht liegt **Holyrood**. Es hat nicht nur sieben Buchstaben mit Hollywood gemeinsam: an einem Abhang steht ebenfalls in Riesenlettern »HOLYROOD«. Doch der Ort beherbergt keine Filmstudios, sondern in erster Linie einen Hafen mit Ölraffinerie. Wegen der angenehmen Lage an der Conception Bay haben sich aber auch zahlreiche Großstadtflüchtlinge repräsentative Villen in den Hügeln ringsum gebaut. Die geschützte Bucht ist überdies ein beliebtes Wassersport- und Segelrevier.

Internet

- ***Conception Bay South Public Library***, 110 Conception Bay South Highway, Manuels
- ***Holyrood Public Library***, Straße #62 nahe der *Town Hall*

Unterkunft

- ***Beach View Motel*** (*Housekeeping Units*), Holyrood, Godson's Road, © 709-229-4801, 75-110$
- ***Comerford's Oceanview Suites***, Comerford Crescent, 2 km nördlich der Kreuzung #60/#62, © 709-229-7224, 79-199$

Camping

- ***Cochrane Pond Family Campground,*** 100 Plätze, Juli-August, TCH Conception Bay South, © 709-747-5519, Duschen, *Dumping*, Waschautomat, Laden, Badestrand, 10-20$
- ***Butter Pot Provincial Park,*** 149 Plätze, 14. Mai-15. September, TCH, nordöstlich der Straße #13, © 709-685-1853, Duschen, *Dumping*, Waschautomat, Angeln, Wanderwege, 13$

Baccalieu Trail/Brigus

Weiter östlich stößt die Straße #60 auf den ***Baccalieu Trail***, der nach der Insel am Nordende der Halbinsel benannt wurde (*Baccalieu* ist das portugiesische Wort für »gesalzener Kabeljau«).

Brigus liegt mit gepflegten Häusern, hohen Bäumen, blühenden Gärten und Trockensteinmauern an einer malerischen Bucht. Das einstige Haus des Nordpolarforschers *Robert Bartlett* ist dort heute als ***Hawthorne Cottage National Historic Site*** ein Museum; Irishtown Road/South Street, Mitte Mai-Mitte Oktober, 10-18 Uhr, 4$; www.historicsites.ca/hawthorne.html.

Historische Grabsteine in Brigus, kein schlechter Platz für die letzte Ruhe

Per Tunnel zum Schiff

Mitten im Ort an der ***Bishop's Beach*** kann man eine Ingenieurleistung von 1860 besichtigen: ein **Tunnel** wurde damals als Zugang zu einem Tiefwasseranleger für Hochseeschiffe vor der Steilküste in eine Felswand gesprengt. Das Projekt leitete *Abram Bartlett*, der Vater des Polarforschers. In der Nähe des Tunnels steht ein Denkmal für *Captain Bob Bartlett*: drei stilisierte Segel, die sein Schiff symbolisieren.

Museum

Das ***Stone Barn Museum*** aus dem frühen 19. Jahrhundert zeigt Ausstellungen zur Geschichte des Ortes, 10.30-17.30 Uhr, 1,50$.

Kent Cottage

Am Nordrand von Brigus befindet sich auf dem Gelände einer ehemaligen Militärbatterie am Hang über der Bucht ein 1786 erbautes Haus, das 1915 vom amerikanischen Maler ***Rockwell Kent*** rekonstruiert und zum Studio umgebaut wurde. Weil er einsam lebte und beim Wandern deutsche Lieder sang, wurde Kent als vermeintlicher Spion verdächtigt und 1916 ausgewiesen. Inzwischen steht das mit Holzschindeln verkleidete graue Haus unter Denkmalschutz.

Cupids

Der Nachbarort **Cupids** wurde schon 1610 unter einem *John Guy* als offizielle *Plantation* – wie *Avalon*, ➪ Seite 361 – gegründet. Seit 1995 graben Archäologen dort. Im ***Cupids Museum and Archeological Lab*** erfährt man alle Details. Seaforest Drive, Mitte Juni-Ende September, 10-17 Uhr, 2$.

Wandern

Von Cupids aus führen Wanderwege zu verlassenen Dörfern in der Umgebung. Im Nachbarort **Makinson** beginnt der ***Crout's Way Walking Trail*** auf den Spuren der alten Siedler, die Handelskontakte zu den *Beothuk*-Indianern gesucht hatten. Der Weg läuft bis **Hopeall** an der Trinity Bay auf der anderen Seite der Halbinsel an der Trinity Bay (2 Tage).

Harbour Grace Eine Weiterfahrt an der Küste von Cupids weiter nach Norden hat ihren Reiz durch immer wieder andere pittoreske Fischerdörfer am Wege. In Harbour Grace, einer früheren Piratensiedlung, thematisieren das ***Harbour Grace Airfield*** und das ***Conception Bay Museum*** die Geschichte der Transatlantikflüge; Water Street, Juni-September, 10-17 Uhr.

Provinzparks Im ***Salmon Cove Sands Provincial Park*** gibt es lange Strände in einer von großen Felsen gesäumten Bucht. Mit Glück bekommt man auf dem ***Trail of the Eagles*** ein Exemplar der selten gewordenen Weißkopfseeadler zu Gesicht. Im ***Northern Bay Sands Provincial Park*** sorgt am Ende des Strandes die Flussmündung für wärmeres Wasser, so dass man dort im Sommer gut baden kann.

Kapitän Bartletts Polarexpeditionen

Robert Bartlett (1875-1946), der einen bedeutenden Beitrag zur Erforschung der Arktis leistete, stammt aus Brigus. Bereits als junger Mann hatte er bei der Robbenjagd vor Labrador Erfahrungen mit Schiffsführung und Navigation unter den schwierigen Bedingungen von Treib- und Packeis, Sturm und Nebel gesammelt und stieß daher 1909 zum Team des US-Polarforschers ***Robert E. Peary***, der eine Expedition zum Nordpol vorbereitete. Bartlett erwarb sich dabei maßgeblichen Ruhm als Navigator des Expeditionsschiffes durch Treibeisfelder und während der Schlittentour in Richtung Pol über Packeisbarrieren. Auf dem letzten Teilstück indessen war *Bartlett* nicht mit von der Partie. Wäre er als Navigator dabeigewesen, wüsste man, ob *Peary* den Pol wirklich erreicht hat, was man heute bezweifelt.

Bei der kanadischen Arktisexpedition von 1913 unter *Stefansson* nahm *Bartlett* als Kapitän der ***Karluk*** teil, die nördlich der Grenze Alaska/Canada ins Eis geriet und einfror. Sie driftete mit den Schollen westwärts bis Sibirien und wurde schließlich durch den Eisdruck zerquetscht. *Bartlett* führte die Besatzung und das Expeditionsteam bis Wrangel Island und brachte es fertig, per Hundeschlitten über das Eis via sibirisches Festland und Beringstraße Hilfe zu holen. Für diese Leistung bekam er einen Preis der *Royal Geographic Society*.

Von 1925 bis 1945 unternahm »***Captain Bob***«, wie Bartlett mittlerweile nur noch genannt wurde, mit einem eigenen Schiff jedes Jahr Reisen zur wissenschaftlichen Erforschung besonders entlegener arktischer Regionen. Damit stellte er nicht nur seinen Ruf als bester Eisnavigator des Jahrhunderts unter Beweis, sondern sammelte gemeinsam mit anderen auch wissenschaftliche Daten und Materialien für verschiedene Institute, Universitäten und Museen, fing Tiere für zoologische Gärten, fotografierte und filmte. Während des 2. Weltkriegs unterstützte er die alliierten Streitkräfte bei der Errichtung von Militärbasen im hohen Norden.

Vor allem in den Vereinigten Staaten wurde er durch seine Verbindung zu *Peary* und durch Vortragsreisen bekannt und gefeiert. Doch gemessen an seinem Beitrag zum besseren Verständnis der Arktis ist er bis heute in großen Teilen der Welt und selbst innerhalb Canadas relativ unbekannt. In dem Buch »*Bartlett – The Great Explorer*«, 1977 in Canada erschienen, stellt *Harold Horwood* diese historische Persönlichkeit vor.

Felsküste Das ***Mouse Hole*** bei Burnt Point ist eine vom Meer unterhöhlte Klippe und ***The Droke*** bei Job's Cove eine tief ins Land reichende Felsschlucht.

Vogelinsel Die ***Baccalieu Island Ecological Reserve*** auf der größten Vogelinsel Neufundlands liegt etwa 3 km vor der Küste und beherbergt die weltgrößte Kolonie an Wellenläufern, außerdem gibt es Papageientaucher, Dreizehenmöwen, Basstölpel und viele andere Arten. Informationen dazu in Bay de Verde im ***Heritage House***.

Straße #80 Auf einer Rückfahrt über die Straße #80 entlang der Trinity Bay passiert man bei Whiteway den ***Shag Rock***, ein dreiteiliges Felsmassiv, das in einiger Entfernung vor der Küste aus dem Wasser ragt. In **Hopeall** endet der unter Cupids erwähnte *Crout's Way Trail* (⇨ oben).

Bei **New Harbour** wurden am Strand von *Anderson's Cove* Siedlungsplätze der *Maritim Archaic Indians* entdeckt. Die Funde sind im ***Dildo and Area Interpretation Centre*** (Juni-September, 9-18 Uhr) sowie in **South Dildo** im ***Whaling and Sealing Museum*** ausgestellt. Dort findet man auch eine Sammlung von Artefakten vom nahen *Blaketown Beothuk Site*.

Internet

- ***War Memorial Library***, Harvey Street in Harbour Grace
- ***Carbonear Memorial Public Library***, 256 Water Street, im Obergeschoss des *Conception Bay Community Centre*
- ***Cabot Academy*** in Western Bay
- ***Public Library*** in Whitbourne

Unterkunft

- ***Brookdale Manor***, Brigus, Farm Road, ✆ 709-528-4544, 60-70$
- ***Guy View Manor***, Cupids, 1st Colony Drive, ✆ 709-528-4248, 60-70$
- ***Carbonear Motel*** (*Housekeeping Units*), 1 High Road South, ✆ 709-596-5662, 55-70$
- ***Fong's Motel***, Carbonear, Columbus Dr, 709-569-5114, 75-85$
- ***Inn by the Bay***, 78 Front Road, Dildo, #80, direkt am Meer, Internet, ✆ 709-582-3170, 89-199$; www.innbythebaydildo.com
- ***Moorland Motel***, Whitbourne, TCH #1/Straße #81, ✆ 709-759-2550, 62-72$

Camping

- ***Droghedea RV-Park,*** Makinsons, nahe Brigus und Cupids, Straße #71, 40 Plätze, Mai-Oktober, Strom, *Dumping*, 13 -20$
- ***Outside Pond Park***, 68 Plätze, Winterton, Straße #80, Mitte Mai-Anfang September, Duschen, ab 17$
- ***Backside Pond Campground***, Greens Harbour, Straße #80, 100 Plätze, Mai-September, *Dumping Station*, 12$
- ***Gushue's Pond Park,*** 167 Plätze, TCH bei Holyrood östlich der #70, Mitte Mai-Anfang September, teilw. Strom, Duschen, Waschautomat, *Dumping Station*, 15/19/25$
- Im ehemaligen ***Northern Bay Sands Provincial Park***, Northern Bay, einfach (unbewirtschaftet)

Die Flaggen Canadas und Labradors

5.6 Labrador

Zur Route

Die hier beschriebene Tour durch Labrador knüpft an die Fährverbindung von **St. Barbe** auf der Northern Peninsula von Neufundland nach **Blanc Sablon** in Québec nah bei Labradors südlichstem Zipfel an; mehr zur Fähre unten und auf Seite 320f. Wer ohne Neufundlandfahrt nach Labrador möchte, könnte auch **am Nordufer des St. Lorenz entlang** bis Natashquan fahren und dort das Küstenboot nach Blanc Sablon nehmen, ➪ Seite 302.

Andere Möglichkeiten sind die Fährverbindung von **Lewisporte** im zentralen Neufundland nach **Cartwright** bzw. **Happy Valley-Goose Bay** (➪ Seite 321) oder aber der Luftweg.

Man kann Labrador aber auch ganz auf dem Landweg mit Auto oder Eisenbahn ansteuern. Einen Überblick über alle Anreisemöglichkeiten gibt Abschnitt 5.1.4 ab Seite 319.

5.6.1 Labrador Coastal Drive

Überfahrt

Die Autofähre ***MS Apollo*** überquert die *Strait of Belle Isle* zwischen Neufundland und Labrador 2-3 mal täglich. Die Überfahrt dauert etwas 80 min. Mit etwas Glück sieht man dabei Wale. Der Hafen **Blanc Sablon** liegt noch in der Provinz Québec. Aber es sind nur 3 km bis zur Grenze mit Labrador. Este Siedlung in Labrador ist das Fischerdorf **L'Anse-au-Clair**.

Information

In einer umfunktionierten Kirche befindet sich das ***Information Centre***, wo man eine Labradorkarte und speziell alle Informationen zum ***Labrador Coastal Drive*** (Straße #510) von Blanc Sablon bis Cartwright erhält. Die Entfernung beträgt 420 km, davon sind 82 km bis Red Bay asphaltiert; der Rest ist eine bei Trockenheit gut befahrbare Schotterstraße (maximal 70 km/h).

Unterkunft

- ***Northern Light Inn***, L'Anse-au-Clair, 58 Main Street, © 709-931-2332, 85-150$; www.northernlightinn.com

L'Anse Amour Die zunächst aspaltierte Straße führt über Hügel und Niederungen mit Wiesen oder niedrigem Baumbestand und passiert bald **L'Anse Amour**, ein winziges Dorf mit drei Familien in fünf Häusern. Dort zweigt eine Stichstraße zum Leuchtturm ab. An ihr liegt der ***Burial Mound***, ein flacher mit runden Steinen belegter Erdhügel. Es handelt sich hier um die 7500 Jahre alte Grabstätte eines etwa 12-jährigen Jungen aus der *Maritime Archaic*-Kultur, tder ältesten Nordamerikas; sie wurde erst 1972 entdeckt. Die erhalten gebliebenen Grabbeigaben sind als Reproduktionen im ***Labrador Straits Museum*** zu besichtigen, #510, Mitte Juni- Mitte September, www.labradorstraitsmuseum.ca.

Am ***Point Amour*** steht der mit rund 33 m höchste **Leuchtturm** der Atlantikprovinzen; über 128 Stufen erreicht man seine obere Plattform. Ein kleines ***Interpretation Centre*** ist der Geschichte dieser Küste gewidmet, Ende Mai-September, 10-17.30 Uhr, 3$.

Fossilien aller Art Am Ufer der Meeresstraße stehen die Ruinen einer ***Marconi*-Station** aus der Zeit, als Telegraphie zwischen Kontinenten noch in den Kinderschuhen steckte, und die Betonfundamente eines **Diaphons**, einer akustischen Signalanlage für die Schiffahrt. Viele der Felsen am Strand enthalten über 500 Mio. Jahre alte **Fossilien**.

Schiffsfriedhof Auf einer Tafel am Leuchtturm kann man lesen, dass an dieser Küste oft an 9 von 10 Tagen Nebel herrscht, und am 10. Tag gibt es Sturm. Kein Wunder, dass sich am Ufer weiter westlich ein gewaltiger Schiffsfriedhof erstreckt. Der ***Raleigh Trail*** führt zu rostigen Eisenteilen, die auf Uferwiesen und über den Strand verstreut liegen oder aus dem Meerwasser ragen. Neben dem Wrack der ***HMS Lily*** liegt auch das ***HMS Raleigh***, ein Flaggschiff der *Royal Navy*, das hier 1922 strandete.

Internet

- ***Labrador Straits Development Corporation Building***, 32 Main Road gegenüber *ProHardware* in Forteau

Unterkunft

- ***Lighthouse Cove B&B***, 4 Main Street, drei Zimmer, © 709- 927-5690, 35-40$, www.lighthousecovebb.labradorstraits.net
- ***Seaview Restaurants and Cabins*** (8 *Housekeeping Units*), 33 Main Street, Forteau, © 1-866-931-2840, 89-95$

Schiffswrack vor der Nebelküste der Strait of Belle Isle

L'Anse-au-Loop Ein etwas größerer Ort – Versorgungszentrum mit Hafen – ist L'Anse-au-Loup an einer einer kleinen rotsandigen Buch. Man findet dort mehrere ausgeschilderte Kurzwanderwege:

Wandern

- ***The Battery*** führt durch *Tuckamore*-Forst zu den höchsten Klippen des *Coastal Drive,* und der
- ***Schooner Cove Trail*** verläuft über eine Hochfläche bis zu einer reizvollen kleinen Bucht, in der es Siedlungsspuren von baskischen Fischern, rostige Maschinenteile einer aufgegebenen Walfangbasis vom Anfang des 20. Jahrhunderts und eine bewohnte Einsiedlerhütte gibt.

Nach West St. Modeste Die Straße läuft auch nach L'Anse-au-Loop weiter küstennah über hügeliges Land mit immer wieder grandiosen Ausblicken aufs Meer. in das steinige Landzungen ragen. Nächster Ort ist **West St. Modeste**.

Internet

- ***Learning Centre*** in der *Johannes Jacob Town Hall*

Walfänger an Labradors Küsten

Im Europa des 16. Jahrhunderts war Tran (Walöl) eine kostbares und profitables Produkt. Millionen Liter Lampenöl wurden benötigt, darüber hinaus fanden die Barten der Wale z.B. für Korsetts Verwendung. Bereits um 1540 hatten baskische Fischer die Ergiebigkeit der ***Strait of Belle Isle*** entdeckt. Vor allem die nördlichen Glatt- und die Grönlandwale wurden dort gejagt und auch gleich in den Basen an Land verarbeitet.

In Spitzenzeiten kamen jährlich 2.500 Walfänger in 50 Schiffen für etwa 8 Monate nach Labrador und produzierten schätzungsweise 2,4 Millionen Liter Tran. Die Basken wählten die Red Bay wegen ihren großen Wassertiefe als Basis. Auf Saddle Island waren zeitweise bis zu 1000 Menschen mit der Verarbeitung der angelieferten Wale beschäftigt.

Erst seit den 1970er-Jahren wird an der Red Bay geforscht. Die Wissenschaftler fanden die Reste von drei gesunkenen Galeonen, Schmelzöfen, Walknochen, Fässer, Gebäudereste, Werkzeuge und einen baskischen Friedhof.

Unterkunft

- ***Oceanview Resort***, West Street, Modeste, © 709-927-5288, 90-125$, *Cabins* 95$; das Camping-Symbol auf der offiziellen Labradorkarte bezieht sich nur aufs RV-Parken auf dem Hotelhof

Pinware River Park

Im weiteren Verlauf der Tour wechseln Feuchtgebiete mit Erlengestrüpp in den Niederungen und hügelige Hochflächen mit spärlicher Vegetation und flachem Gebüsch ab, zwischen dem silbriggrüne Polster aus Rentierflechten leuchten.

Die Straße #9 landeinwärts überquert den Lachsfluss ***Pinware River***. Der Strom eine tiefe Schlucht in das rötliche Gestein gesägt und stürzt über Kaskaden zur Küste. Im Flusstal gibt es dichten Wald mit Fichten, Tannen und Birken, auf den Bergkuppen dominiert spärliche Hochlandvegetation. Von der Brücke aus sieht man oft Lachsangler unten am Fluss.

Camping

- ***Pinware River Provincial Park***, 15 Plätze, Ende Mai-Mitte September, einfach, aber großzügig; schöne Anlage in Strandnähe, Insektenschutz ist dort meist angezeigt, 10$

Red Bay

An einer von Hügeln eingerahmten Bucht liegt **Red Bay**, ein Ort von Bedeutung in der Geschichte des Walfangs vor den Küsten Labradors. Noch vor dem Ortseingang steht rechts ein Pavillon mit einem Diorama: Fischer rudern ein Boot auf dem bewegten Meer, darunter schwimmt ein riesengroßer Wal.

Im ***Visitor Centre*** des ***Red Bay National Historic Site*** gibt es eine Ausstellung zum Thema »Baskische Walfangbasis im 16. Jahrhundert« inkl. Walfangboot aus alter Zeit. Die Basis befand sich auf der dem Hafen gegenüberliegenden ***Saddle Island***. Nach einer kurzen Bootsfahrt kann man die originalen Stätten besichtigen.

Internet

- ***CAP Site*** im *Selma Barkham Town Centre* in Red Bay

Unterkunft/ Restaurant

- ***Basinview B&B***, Red Bay, #510, © 709-920-2002, 40-65$
- ***Whaling Station*** Cabins & Restaurant, © 709-920-2156, 75-85$

Straße östlich von Red Bay

Mit Erreichen von **Red Bay endet die Asphaltierung der #510**. Auf der Schotterstraße bis Cartwright beträgt die zulässige Höchstgeschwindigkeit 70 km/h. Aber nur bei günstigen Witterungsbedingungen kann tatsächlich so schnell gefahren werden.

Gleich hinter Red Bay passiert man einige Brandflächen, sehr dichte Waldgebiete werden gelegentlich durch offene Landschaften unterbrochen. Hin und wieder weisen hölzerne Transportschlitten am Straßenrand darauf hin, dass hier im Winter Brennholz geschlagen und transportiert wird. Und wie auch im Norden von Newfoundland gibt es manchmal mitten im Nirgendwo, viele Kilometer entfernt von jeglicher Siedlung, sog. *Roadside Gardens*, ➪ Kurzessay Seite 336.

Nach Mary's Harbour

Hinter **Lodge Bay** am St. Charles River wird der Wald wieder von Hochmooren und Ödlandflächen unterbrochen. Kurz vor **Mary's Harbour** gibt es schöne Ausblicke auf das Meer, bis Juni fast sicher auch auf Eisberge.

Battle Harbour

Bis 2002, vor dem Bau der Straße, war **Mary's Harbour** nur per Schiff oder per Flugzeug von St. John's, St. Anthony und Goose Bay aus erreichbar. Der Ort, der außer Hotel und Flugplatz keine touristische Infrastruktur besitzt, ist Ausgangspunkt für Bootstouren nach **Battle Harbour** (ca. 30 min), das auf einer Insel vor der Mündung des St. Charles River liegt. Dieser historische Ort war im 18. und 19. Jahrhundert bedeutendster Umschlagplatz für die Fischerei und ökonomisches Zentrum Labradors. 1893 wurde dort dank *Dr. Wilfred Grenfell* (➪ Seite 315) das erste Krankenhaus in Labrador errichtet. Darüber hinaus spielte Battle Harbour einst als *Gateway to the Arctic* eine Rolle für die Polarforschung.

National Historic District

Battle Harbour wird nur im Sommer bewohnt. Seine historischen Gebäude und Anlagen wurden restauriert und als ***National Historic District*** hergerichtet. Einige der Gebäude dienen als Touristenunterkünfte. Im ***Interpretation Centre*** werden die Verarbeitungstechniken für Fische und Robben erläutert. Im *Loft* über der Salzscheune – Salz war damals das Konservierungsmittel für Fisch – hielt *Peary* 1909 (➪ Essay Seite 373) eine Pressekonferenz über seine Nordpolexpedition ab. Auch hier gab es eine *Marconi*-Station, sie war damals der nördlichste Sender der Welt. Mitte Juni-Mitte September, 7$; www.battleharbour.com.

Schnurgerade gut befahrbare Gravel Road östlich von Red Bay

Mary's Harbour

Boot nach Battle Harbour In der Sommersaison fährt das ***MV Iceberg Hunter*** meist zweimal täglich zur Insel, 11 und 19 Uhr ab Mary's Harbour, 9 und 16 Uhr ab Battle Harbour, hin und zurück 50$; © 709-921-6325.

Unterkunft
- ***Riverlodge Hotel***, Mary's Harbour, © 709-921-6948, 85-95$

Battle Harbour:
- ***The Battle Harbour Inn***, ab 115$
- ***The Grenfell Cottage*** und ***The RCMP House***, ab 105$
- ***The Isaac Smith Cottage*** und ***The Spearing Cottage***, 170-225$

Hostel
- ***The Cookhouse – Bunkhouse***, Battle Harbour, 25$

Reservierung für alle Quartiere bei *Margaret Pye*, © 709-921-6216

Abstecher nach St. Lewis Rund 30 km nördlich von Mary's Harbour überquert die Straße den St. Lewis River. Von dort führt ein landschaftlich besonders reizvoller **Abstecher** auf die Straße #513 nach **St. Lewis**, »Heimat der Eisberge«, wie das Straßenschild behauptet. Die Landschaft wird offener, die Bäume treten weit auseinander, gelbliches Rentiermoos leuchtet in größeren Flächen auf sanften Hügeln zwischen kleinen Seen. Nach 32 km erreicht man an der Flussmündung St. Lewis, ein freundliches Fischerdorf mit einem schönen Picknickplatz am Meer mit Eisbergblick bis Juni, wenn man Glück hat. Nur einen kurzer Spaziergang entfernt liegt über dem Dorf ein Hügel mit Aussichtsplattform.

Port Hope Simpson Zwischen alten Brandflächen, in denen wieder junges Grün emporwächst, durch dichte Wälder und offenes Land läuft die Straße weiter nach **Port Hope Simpson** mit einer letzten nennenswerten Versorgungsinfrastruktur. Bis Cartwright gibt es keine Tankstelle mehr! Ein Küstenboot fährt von dort nach Charlottetown und zu den straßenlosen Kommunen Williams Harbour, Pinsent's Arm und Norman Bay. Am Lachsfluss ***Alexis River*** soll schon George W. Bush sen. sein Anglerglück versucht haben.

Unterkunft
- ***Alexis Hotel***, © 709-960-0228, 85-139$

Charlottetown Eine Stichstraße (#514) führt nach **Charlottetown**. Aus einer nur im Sommer betriebenen Fischstation entstand hier ab 1950 eine kleine Stadt mit einer Anlage zur Verarbeitung von Shrimps.

Strecke bis Paradise River Die #510 verläuft nördlich von Port Hope Simpson auf einer Strecke von über 150 km durch eine menschenleere Region; es dominiert dichter Wald. Hin und wieder erkennt man die *Mealy Mountains* im Nordwesten.

Der Zustand der Straße ist unterschiedlich, laufende Pflege hält sie in einem befahrbaren Zustand. Ein bei Sprengungen für den Straßenbau entstandener steile Felsabbruch trägt das Graffiti: »*2003 Meti Land*«. Ein Hinweis darauf, dass die #510 nur scheinbar durch »Niemandsland« führt. Denn das Gebiet hat Bewohner, die juristisch allerdings nicht als Eigentümer betrachtet werden. Neben den *Innu* und den *Inuit* sind das auch die ***Métis***, Nachkommen von europäischen Männern und *Inuit*-Frauen, die heute die Mehrheit der etwa 2.800 Menschen zählenden Bevölkerung in den Gemeinden Südostlabradors bilden.

Neue Straße nach Goose Bay Etwa 100 km westlich von Cartwright passiert man den Beginn der bereits in Bau befindlichen Landverbindung nach Goose Bay, die (angeblich) bis 2009 fertiggestellt werden soll. Der komplizierte Umweg über das Fährschiff entfiele dann und ermöglichte eine Rundfahrt durch Labrador ganz auf dem Landweg.

Paradise River Das schon 1775 erwähnte Fischerdorf **Paradise River** westlich der Straße besteht nur noch aus verfallenden Häusern und einigen Wochenendhütten. 2006 hatte es noch ganze 18 Einwohner.

Cartwright Die Straße endet in **Cartwright** an der Sandwich Bay, einer breiten Bucht, die von der Mündung des Lachsflusses **Eagle River** gebildet wird. Der Ort wurde 1775 von einem *Captain George Cartwright* gegründet, der gute Beziehungen zu den *Inuit* pflegte und hier einen Fisch- und Pelzhandel begann. 1837 übernahm die *Hudson's Bay Company* die Geschäfte und betreibt sie bis heute. Cartwright ist Versorgungszentrum für die gesamte Ostküste.

Fähre Über Autofähren ist Cartwright mit Westlabrador (Happy Valley/Goose Bay) und Neufundland (Lewisporte) verbunden, ➪ Seite 321, über Küstenboote mit den straßenlosen Siedlungen an der Nordostküste. Indessen nur im eisfreien Sommer bis Spätherbst; von Dezember bis Mai ist die Bucht zugefroren.

Strand Etwa 15 km nördlich der Stadt liegt am *Cape Porcupine* der über 35 km lange »**Wunderstrand**«, der schon in den Sagas der Wikinger erwähnt worden sein soll. Eine Theorie besagt, dass das ganze Gebiet um den Lake Melville das »Markland« der nordischen Legenden sei, ➪ auch Essay Seite 339. Man kann diesen Strand nur auf dem Wasserweg erreichen, z.B. per Seekajak, ➪ unten.

Gannet Islands Vor der Küste liegt in rund 30 km Entfernung eine Inselgruppe mit der ***Gannet Islands Seabird Ecological Reserve*** und der weltgrößten Tordalk-Kolonie. Auch Tausende Basstölpel (*Gannets*), Lummen, Papageientaucher und andere Seevögel nisten dort.

Wandern In der Umgebung von Cartwright finden sich reizvolle mehrfarbige Gesteinsformationen (Granitgneis mit Einschlüssen aus rosa Feldspat und dunklem Gabbro), die man bei Spaziergängen auf selbstgewählten Pfaden oder am Strand betrachten kann.

Kajaktouren

- ***Experience Labrador*** bietet 2-9tägige Touren mit dem Kajak für Selbstpaddler oder Ausflüge im offenen Boot an, mit Wildniscamping, u.a. zum Wunderstrand, ✆ 1-877-938-7444; www.experiencelabrador.com

Winter Auf gekennzeichneten Schneemobil-Routen kann man über lange Strecken landeinwärts und auf dem ***Trans-Labrador Snowmobil Trail*** sogar bis nach Happy Valley/Goose Bay fahren.

Internet

- ***Henry Gordon Academy***, Main Road

Unterkunft

- ***Harbourview B&B***, Main Road, ✆ 709-938-7325, 55-85$
- ***Cartwright Hotel***, 3 Airport Road, Ortsrand Nähe Flughafen, ✆ 709-938-7414, 82-130$; www.cartwrighthotel.ca

Pinware River,
➪ *Seite 378*

5.6.2 Ins Inland: von Cartwright nach Labrador City

Fähre

Die Fähre von **Cartwright** nach **Happy Valley/Goose Bay** fährt zunächst hinaus aufs offene Meer und dann durch das Hamilton Inlet – wenn man nicht die Autofähre nimmt, auch mit Halt in **Rigolet** – über enge Passagen in den Lake Melville. Auf der etwa 12-stündigen Fahrt sind zahlreiche Seevögel zu beobachten.

Happy Valley-Goose Bay und North West River

Happy Valley-Goose Bay/ Kennzeichnung

Happy Valley-Goose Bay auf 53° nördlicher Breite ist Luftwaffenstützpunkt und Verwaltungs- und Versorgungszentrum für ganz Labrador. Außerdem ist es ein »Verkehrsknotenpunkt«, denn hier treffen alle wesentlichen Land-, Luft- und Schiffsverbindungen Labradors zusammen. Mit einer Einwohnerzahl von gerade 8.000 bilden die beiden Nachbarorte mit dem Doppelnamen die größte Agglomeration in Labrador. Hinzu kommen noch Militärs der *Air Base*, deren Landebahn mit 3.367 Metern eine der längsten Nordamerikas ist und sich für die größten Transportmaschinen in voll beladenem Zustand für internationale Einsätze eignet. In Goose Bay trainieren auch deutsche Kampfjet-Piloten.

Information

Touristische Informationen gibt's im ***Visitor Information Centre*** an der 365 Hamilton River Road; www.happyvalley-goosebay.com

Museen

Das ***Northern Lights Building*** zeigt Dioramen mit den Tieren Labradors sowie eine Ausstellung mit Spielzeugeisenbahnen. Im gleichen Gebäude ist das ***Northern Lights Military Museum*** untergebracht, 170 Hamilton River Road, ganzjährig Dienstag-Samstag, Eintritt frei.

Im ***Labrador Institute of Northern Studies*** gibt es unterschiedlichste Sammlungen, alte Fotografien und Kunstausstellungen, *North Star Building*, 114 Hamilton River Road, ganzjährig, frei.

Internet

- ***Melville Public Library Internet-Café*** im *Elizabeth Goudie Building*, Hamilton River Road

Unterkunft

- ***Aurora Hotel***, 382 Hamilton River Rd, © 709-896-3398, 75-120$; www.aurorahotel.com
- ***Hotel North***, 25 Loring Drive, © 709-896-9301 oder © 1-877-996-9301, 99-159$; www.atyp.com/hotelnorth
- ***The Labrador Inn***, 380 Hamilton River Road, © 709-896-3351 oder © 1-800-563-2763, 84-120$, www.labradorinn.nf.ca
- ***Davis' B&B***, 14 Cabot Crescent, © 709-896-5077, 40-60$
- ***Bradley's B&B***, 13 MacKenzie Drive, © 709-896-8006, 50-70$

Camping/ Cottages

- ***Goose River Lodges***, *Cottages* und RV-Park mit Stromanschluss, #520 (North West River Road), © 709-896-2600,15-24$, *Cottages* 85$; www.gooseriverlodges.ca

Northwest River

Ein Abstecher könnte **Northwest River** gelten, weiter östlich am Nordufer des Lake Melville. Diese älteste Siedlung Zentrallabradors wurde bereits 1763 gegründet. Das kleine ***Labrador Heritage Society Museum*** berichtet darüber und über die Welt der Trapper

(Pelztierjäger), außerdem über die Expedition von *L. Hubbard* ins Innere Labradors. Eine Mineraliensammlung ergänzt die Präsentationen. Juni-Oktober 9-18 Uhr, 2$; www.labheritage.ca.

Innuit und Innu

Das ***Labrador Interpretation Centre*** (Portage Road) befasst sich intensiv mit den *Inuit*, den *Innu* und den Effekten der »weißen« Besiedelung Labradors. Außerdem zeigt man dort indianische Kunstgegenstände. Juni-September, Mo-Fr 10-16, Sa/So 13.30-16.30 Uhr oder nach Vereinbarung, © 709-497-8566).

Im ***Heritage Craft Shop*** (River Road) kann man Kunsthandwerk der *Innu* aus der nahen Gemeinde Sheshatshiu erwerben.

Internet

- ***College of the North Atlantic,*** North West River, Portage Rd

Churchill Falls und Labrador City

Straße #500

Die Straße #500 verbindet Goose Bay mit dem 526 km entfernten Labrador City. Sie ist nicht asphaltiert, sonder durchgehend geschottert (*Gravel*). Vor Ort wird sie *The Freedom Trail* genannt. Achtung, eine Tankstelle gibt es erst wieder in **Churchill Falls** auf etwa halbem Weg, daher besser nur mit vollem Tank losfahren.

Wasserfall

Knapp 40 km von Goose Bay entfernt führt eine Stichstraße zu den rund 15 m hoher ***Muskat Falls*** des Churchill River. Festes Schuhwerk und Insektenschutz sind ein Muss für den kurzen Trail zu den Fällen. Angeblich soll 1944 unterhalb der Fälle ein deutsches U-Boot gestrandet sein.

Karibus

Auf den 288 km nach Churchill Falls, für die man auf der rauhen Piste mindesten 4-5 Stunden einplanen sollte, sieht man nichts als Natur – Wälder, Seen, Flüsse, Tundra. Hier ist die Heimat der riesigen *George River*-Karibu-Herde, die auf etwa 700.000 Tiere geschätzt wird und zwischen der Hudson Bay und der Ostküste Labradors wandert.

Kraftwerk Churchill Falls

Erst 1893 entdeckte man die mächtigen bis zu 75 m hohen Wasserfälle des Churchill River, der hier auf 32 km Länge stufenweise und in Kaskaden rund 300 m tiefer stürzt. Als man in den 1960er-Jahren mit dem Bau des Kraftwerks begann, dessen Turbinen die kolossale Kraft dieser Fälle nutzen sollten, entstand auch der gleichnamige Ort. Dort wohnen fast nur Mitarbeiter der *Churchill Falls Labrador Corporation*.

Heute ist *Churchill Falls* eines der größten Wasserkraftwerke der Erde. Es kann kostenlos auf einer Führung besichtigt werden, Anmeldung unter © 1-709-925-3335.

Internet

- ***Public Library*** im *Donald Gordon Centre* im *Town Centre*

Unterkunft

- ***Churchill Falls Inn***, Ressigieu Drive, © 709-925-3211, 92-132$
- ***Black Spruce Chalets***, John Cabot St, © 709-925-3233, ab 69$

Weiter nach Labrador City

Auch die 240 km von Churchill Falls nach Labrador City führen durch ein völlig unbewohntes Wildnisgebiet mit unendlichen Fichten- und Birkenwäldern, sauberen Seen und Flüssen, Moorlandschaften, Moränen, Findlingen und Tundra. Die Straße ist normalerweise gut befahrbar und kann bei Trockenheit in minimal 3 Stunden bewältigt werden. Wiederum gilt: vorher volltanken, denn es gibt unterwegs keine Tankstelle!

Labrador West

Labrador City und **Wabush** – beide Orte werden auch gemeinsam als Labrador West bezeichnet – wurden wie Churchill Falls erst in den frühen 1960er-Jahren gegründet, nachdem man hier mitten in der Wildnis Eisenerz und Kohle entdeckt hatte, die obendrein im Tagebau abgetragen werden können. Für den Transport konstruierte man eigens eine Eisenbahntrasse zum Hafen Sept-Îles am St. Lawrence River, die mittlerweile auch für Passagierzüge genutzt wird. Wer sich für den Erzabbau interessiert, kann sich unter ✆ 1-709-944-7631 für Führungen anmelden.

Der Industriebereich Labrador West hat für sich keine touristischen Attraktionen, aber in unmittelbarer Umgebung unberührte Natur. In Anbetracht des Wildnischarakters des Umfelds sind die Möglichkeiten für individuelle Unternehmungen begrenzt, sieht man ab vom unten genannten Camping Park am See.

Information

Tourismusinformationen sowie Ausstellungen zur regionalen Geschichte gibt es im ***Gateway Labrador*** an der Straße #500 in Labrador City; www.labradorwest.com

Internet

- ***Labrador City Public Library***, 306 Hudson Drive
- ***Wabush Public Library***, *Town Hall*, 15 Whiteway Drive

Unterkunft

- ***Caroll Inn***, 215 Drake Avenue, Labrador City, ✆ 709-944-7736 oder ✆ 1-888-799-7736, 80$
- ***Tamarack B&B***, 852 Tamarack Dr., LC, ✆ 709-944-6002, 40-55$
- ***Twin Cities B&B***, 325 Viking Crescent, ✆ 709-944-2875, 40-50$
- ***Sir Wilfred Grenfell Hotel***, 9 Grenfell Drive, Wabush, 102-107$, mit **Chinarestaurant**; ✆ 709-282-3221; www.wabushhotel.com

Camping

- ***Duley Lake Family Park***, 10 km von Labrador City, 77 Plätze, Ende Mai-Ende September, Duschen, am Fluss bzw. am See mit Sandstrand, 10$

Zurück in die Zivilisation

Von Labrador City geht es bis Manic Cinq am Riviere Maniccougan zunächst weiter auf Schotter und von dort endlich wieder auf Asphalt **nach Baie Comeau** am St. Lawrence River, ➪ Seite 302.

Ökostromlieferant Churchill Falls

Labradors Küstengemeinden und die »Moravian Church«

Die Geschichte der Nordostküste Labradors ist eng verbunden mit der ***Moravian Church***, die im deutschsprachigen Raum als **Herrnhuter Brüdergemeinde** bekannt ist. Diese Glaubensgemeinschaft war bereits in Grönland tätig und hatte unter den dortigen *Inuit* das Christentum eingeführt. Die Missionare erlernten die Sprache der *Inuit*, das *Inuktitut*. Im 18 Jahrhundert gestattete die englische Krone der *Moravian Church* die Missionierung in Labrador. Und so sgelte 1771 ein Schiff mit 14 Missionaren von London nach Labrador. Sie gründeten zunächst die Siedlung **Nain**, 1776 folgte **Okak**, 1782 **Hopedale** und 1830 **Hebron**. Die Häuser wurden in Deutschland aus Holz vorgefertigt, mit dem Schiff über das Meer gebracht und vor Ort wieder zusammengebaut. 1896 entstand die Mission in **Makkovik**, und zu Beginn des 20. Jahrhunderts wurde nördlich der Nordspitze Labradors auf der Insel **Killinek** eine Station errichtet.

Die **Missionare** waren überwiegend Deutsche, die mit ihren Frauen in den Norden gingen und dort jahrelang Dienst taten. Nicht studierte Theologen, sondern einfache Leute, meistens Handwerker, versuchten, die *Inuit* zu bekehren. Um ihre Tätigkeit zu finanzieren, betrieben die Missionare einen schwunghaften Handel. Sie erwarben Pelze, Tran, Wild und Fisch von den Indianern und bezahlten damit die Geräte und Materialien, die ihnen im Sommer die Schiffe aus Europa brachten.

Die Missionierung führt in Kombination mit der Handelstätigkeit zu einer Beeinflussung der traditionellen Lebensweise der *Inuit*. Eine dank moderner Waffen unverhältnismäßige Zunahme von Jagd, Robben- und Walfang hatte den allmählichen Niedergang der Bestände und die wachsende Abhängigkeit der *Inuit* von Lebensmitteln und Produkten der Weißen zur Folge. 1919 kam mit einem der Schiffe die sog. Spanische Grippe nach Okak; 215 der 263 Bewohner starben, und die Überlebenden zogen nach Nain und Hopedale. Der Rückgang der Pelztierjagd und die gleichzeitige Handelskonkurrenz durch die *Hudson's Bay Company* hatten zur Folge, dass die *Moravian Mission* 1926 fast bankrott war. 1938 wurden die Bewohner von Ramah und Killinek nach Hebron umgesiedelt und der Pelzhandel ganz der *Hudson's Bay Company* überlassen. Doch auch diese schloss 1942 ihre Handelsposten. Weitere 44 Familien, die südlich von Hebron in der *Okak Bay* Region lebten, zogen in die südlicheren Siedlungen, auch Nutak wurde geschlossen. Zuletzt gab man 1959 das hoch im Norden gelegene und schwierig zu versorgende Hebron auf. Die Regierung sorgte dafür, dass die 60 dort lebenden *Inuit*-Familiennach Makkovik umgesiedelt wurden.

Die noch gut erhaltene Missionsstation in **Hebron** hat vielleicht Chancen, auf die *UNESCO World Heritage*-Liste zu kommen. Derzeit gibt es Bemühungen, die noch vorhandenen Gebäude zu sichern. Der Ort wird zunehmend von Touristen (Kreuzfahrtschiffe oder Privatcharter) besucht und würde sich auch als Tor für den *Torngat Mountains National Park* eignen, dessen Einrichtung erst 2005 beschlossen wurde. Die Realisierung ist zwischenzeitlich gut vorangekommen. Ein *National Park Bureau* mit Informationen befindet sich in Nain.

Hopedale Mission um 1900, ➪ *auch Text links und umseitig*

5.6.3 Der Norden: Von Cartwright nach Nain

Transport

Die Siedlungen im Norden Labradors sind nur per Flugzeug und/oder Schiff zu erreichen, wobei in der Luft ein Linienverkehr erst seit der Einrichtung des Nationalparks *Torngat Mountains* nach Nain existiert (täglich außer Sa mit *Air Labrador* und *Innu Mikun*); ansonsten wird nur bedarfsabhängig geflogen.

Das kombinierte **Passagier-/Frachtsschiff *Northern Ranger*** geht einmal in der Woche auf eine einwöchigen Tour von Bucht zu Bucht bzw. Siedlung zu Siedlung. Fahrpläne und Tarife im Internet unter www.tw.gov.nl.ca ferryservices/schedules/H-goose bay-nain.stm.

Reservierungen sind nicht im Internet möglich, sondern müssen telefonisch gemacht werden: © 1-866-535-2567. Man ist aber auf »*first come, first serve*«-Basis auch ohne Buchung nicht ganz ohne Chancen, wobei die Verfügbarkeit der verschiedenen Kabinenklassen ein Problem sein kann. Die meisten Passagiere sind Einheimische. Grundsätzlich gilt der Fahrplan nur unter Vorbehalt, denn Veränderungen aufgrund besonderer Wettersituationen sind jederzeit möglich; daher muss man sich die Abfahrtszeiten kurzfristig telefonisch bestätigen lassen. Die Aufenthalte in den Hafenorten dauern immer nur 1-3 Stunden. Wer länger bleiben möchte, muss die Fahrt für eine Woche unterbrechen.

Start

Die Reise beginnt wahlweise in Cartwright oder in Goose Bay. Das Schiff fährt zunächst von Cartwright über Rigolet nach Goose Bay, am nächsten Tag wieder zurück nach Rigolet und von dort weiter entlang der Nordostküste. Man kann auch einen Tag früher beginnen – oder anhängen – und dabei ein wenig im Zickzackkurs noch Black Tickle besuchen.

Rigolet

Rigolet ist ein *Inuit*-Dorf der Trapper und Fischer mit knapp 300 Einwohnern. Seit 1836 ist dort schon die *Hudson's Bay Company* aktiv. Einblicke in die Geschichte der HBC im Ort gibt das ***Net Loft Museum.*** Aus einer in der Region wachsenden Grasart und Leder werden kunsthandwerkliche Produkte gefertigt und im *Craft Center* verkauft.

Arktisches Labrador: Extremwandern in den Torngat Mountains

Auch wenn es sich im Norden Labradors noch um relativ »niedrige« Breitengrade handelt, stellen Trekkingtouren dort höchste Ansprüche an Kondition, Ausdauer und Willenskraft. Zudem ist erheblicher logistischer und finanzieller Aufwand nötig. Es gibt nur wenige Transportmöglichkeiten. Das Chartern eines Bootes oder eines Wasserflugzeugs bei einem lokalen Anbieter (www.airlabrador.com, *Makivik Corporation of Kuujjuaq*, Québec, www.firstair.ca, www.airinuit.com) ist derzeit vielleicht die beste Möglichkeit, aber nicht eben billig. Dank des erst vor kurzem eingerichteten ***Torngat Mountains National Park*** dürften sich aber die Anreisemöglichkeiten in Zukunft verbessern.

Für eine Wanderung in den *Torngats* kann man sich vom Wasserflugzeug entweder an einem der Fjorde, die weit ins Land hinein ragen, oder an einem See absetzen lassen. Für längere Touren empfiehlt es sich, entlang der geplanten Route per Wasserflugzeug zunächst Depots mit Lebensmitteln und Brennstoff anzulegen.

In der Regel ist man während einer solchen Wanderung sehr isoliert und sollte nicht damit rechnen, auf Menschen zu treffen. Hingegen ist es ziemlich wahrscheinlich, Bären zu sehen – oder aber von ihnen gesichtet zu werden. Aus Sicherheitsgründen sollte man eine Schusswaffe mit sich führen.

Die Witterungsbedingungen variieren natürlich je nach Jahreszeit, jedoch muss man auch im Sommer mit unangenehmen Wettersituationen rechnen und auf alles gefasst sein: Nebel, Regen, Sturm und sogar Hitze. Solange es keine Fröste gibt, sind auch blutsaugende Insekten Begleiter jeder Tour. Wanderungen auf Permafrost-Boden sind meist sehr anstrengend, weil es immer wieder sumpfiges Terrain gibt, wo das Wasser nicht abfließt. Entschädigung für all die Mühe und Last, die man bei einer solchen Tour auf sich nimmt, bietet die großartige Landschaft mit steilen Bergen, tief eingeschnittenen Fjorden, kristallklaren Seen und vielfältiger Flora und Fauna.

Makkovik Der nächste Halt des Schiffes ist in **Makkovik** (Weiterfahrt nach 1,5 Stunden), das Anfang des 19. Jahrhunderts als Stützpunkt eines norwegischen Pelzhändlers gegründet wurde und heute knapp 400 Einwohner und eine Fischmanufaktur hat. 1896 baute die *Moravian Church* dort einen Missionskomplex, der bis 1948 aktiv war. Im *Shop* hat man die Möglichkeit, traditionelle *Inuit*-Bekleidung vom Anorak bis zum Handschuh zu kaufen, ebenso kunstgewerbliche Arbeiten. Unter Denkmalschutz steht das ***White Elephant Museum***, ein ehemaliges Schulgebäude der *Moravian Mission* (im Sommer täglich geöffnet).

Internet • ***John Christian Erhardt Memorial School***

Unterkunft • ***Adlavik Inn***, 7 Willow Creek Lane, © 709-923-2389, 100$

Postville Der nächste Hafen, den die *Northern Ranger* anläuft, ist **Postville**, ein Pelzhandelsposten von 1843 mit 250 Einwohnern (Weiterfahrt nach 1,5 Stunden). In der Nähe gibt es Überreste alter Siedlungsplätze aus der *Dorset*-Kultur.

Internet • ***B.L. Morrison School***, Postville

Hopedale

Hopedale (Schiffsaufenthalt 2 Stunden), das auch mit dem Flugzeug von Goose Bay aus zu erreichen ist, war früher eine *Inuit*-Siedlung namens *Arvertok* (heute: *Agvituk*), avancierte 1782 zur Herrnhuter Missionsstation und ist heute eine Gemeinde mit rund 600 Einwohnern. Das dortige Missionshaus – das älteste Bauwerk aus Holz in Atlantic Canada – wurde, genau wie das entsprechende Gebäude in Hebron, in Deutschland im sächsischen Niesky in Elementen vorgefertigt und erst vor Ort zusammengesetzt. Es lohnt sich, den ***Hopedale Mission National Historic Site*** zu besichtigen: Möbel, Gerätschaften, medizinische Instrumente, Handwerkszeug, Bücher in deutscher Sprache und *Inuit*-Kleidung legen hier Zeugnis über Missionare und Missionierte ab. Die Kirche wird noch immer genutzt, Führungen täglich 8.30-20 Uhr, 5$, ✆ 709-933-3777.

Internet

- ***Amos Comenius Memorial School Hopedale***

Unterkunft

- ***Amaguk Inn***, ✆ 709-933-3750, 115-135$; www.labradoradventures.com

Natuashish und Nain

Der nächste Halt des Schiffes erfolgt bei einer *Innu*-Gemeinde namens **Natuashish** in der Sango Bay. Bereits nach einer Stunde geht es über die ***Voisey's Bay*** weiter nach **Nain** oder **Piulimatsivik**, der ältesten aller Missionsstationen. Nach einem Aufenthalt von drei Stunden fährt das Schiff wieder zurück nach Süden.

Nain, heute die nördlichste Gemeinde Labradors (56° 30′ nördliche Breite), hat knapp 1.200 Einwohner, von denen viele von der Fischverarbeitung leben. Der Ort ist auch ein Zentrum für *Inuit*-Kunsthandwerk; es werden dort vor allem Skulpturen aus Speckstein gefertigt, ➪ auch Essay »Die Kunst der Inuit«, Seite 148.

Unterkunft

- ***Atsanik Lodge***, Sand Banks Road, ✆ 709-922-2910, 115-135$; Tour-Service in die *Torngat Mountains*.

Hebron

Von Nain aus kann man mit einem gechartertem Boot oder Flugzeug auch **Hebron** erreichen. Diese aufgegebene Missionsstation liegt landschaftlich reizvoll vor felsigen Hügeln an einem Fjord inmitten des neuen *Torngat Mountains National Park*. Das 1829 errichtete und erst 1959 verlassene riesige **Missionsgebäude**, das Kirche und Wohnräume unter einem Dach vereint, ist noch in recht gutem baulichen Zustand.

Wandern

Die ***Torngat Mountains*** erstrecken sich bis zur Nordspitze Labradors. Mit ihrer kargen, bergigen und zerklüfteten Tundra-Landschaft sind sie eine Herausforderung für erfahrene Naturliebhaber und Langstreckenwanderer.

ANHANG:
Maritimes
Wissen

1 GESCHICHTE – BEVÖLKERUNG – WIRTSCHAFT

1.1 Zur Geschichte

Vor 1498

Die ersten Siedler – Paläo-Indianer bzw. -Eskimos – kamen vor ungefähr 10.000 Jahren in den Osten Canadas. Vor Ankunft der Europäer war das Gebiet also schon lange Zeit von Indianern und *Inuit* bewohnt. Nach heutigem Kenntnisstand kam es um das Jahr 1.000 zu einem ersten Kontakt dieser Bevölkerung mit Europäern. Damals entdeckten **Wikinger** die Küste Nordamerikas und gründeten an der nördlichsten Spitze Neufundlands bei L'Anse aux Meadows eine Siedlung, ➪ Seite 334. Diese bestand jedoch nur kurze Zeit, und für die nächsten 500 Jahre blieben die Ureinwohner von weiteren Immigranten verschont.

Erforschung

Als 1498 der italienische Seefahrer *Giovanni Caboto*, bekannter als ***John Cabot***, im Auftrag der englischen Krone die Kunde von riesigen Ländereien und fischreichen Gewässern nach Europa brachte, waren – so nimmt man heute an – baskischen Fischern die Gestade Neufundlands längst bekannt. Der Italiener ***Giovanni da Verrazano*** kam 1524 im Auftrag Frankreichs. Der nächste war 1534-42 ***Jaques*** **Cartier** auf einer offiziellen Forschungsreise zur Vermessung der nordamerikanischen Küste. Er stieß bis weit in den St. Lawrence River vor. Schließlich begann im Jahr 1604 mit ***Samuel de Champlain*** die französische Besiedelung des neuen Kontinents (➪ *Port Royal* und *Île St. Croix*, Seiten 171 und 240). Zur gleichen Zeit entstanden auf Neufundland erste ***Plantations*** englischer Kolonisten (➪ Seite 353).

Koloniale Entwicklung

Im Verlauf der folgenden Jahrhunderte etablierten sich Frankreich und England als bedeutendste Kolonialmächte in Nordamerika. Mit ihren überlegenen technischen und militärischen Möglichkeiten verdrängten sie die Ureinwohner oder vernichteten sie vollständig. Letzteres geschah mit den ***Beothuk*** auf Newfoundland (➪ Seite 342). Die Auseinandersetzungen der Kolonialmächte um die Vorherrschaft bestimmten die weitere Entwicklung. Nachdem Großbritannien auf ganzer Linie gesiegt hatte, wurde auch das letzte noch von Frankreich beanspruchte Gebiet *New France*, das heutige Québec, 1763 durch den Frieden von Paris zur britischen Kolonie. Im Verlauf des amerikanischen Unabhängigkeitskriegs (1776-1784) verlor Großbritannien bekanntlich seine südlichen Kolonien und zog sich ganz auf die Besitzungen im Norden und Westen des Kontinents zurück. Die so entstandene Grenze zu den jungen USA behielt im Nordosten zwischen Ontario und Atlantik bis heute Gültigkeit.

Acadia

Ab 1604 wurde das Gebiet von Nova Scotia und New Brunswick, zunächst als ***Acadia*** bezeichnet und durch französische Immigranten besiedelt: die ***Acadians***. 1713 geriet Acadia als ein Resultat des Friedens von Utrecht unter britische Herrschaft: Die Akadier wurden vertrieben, deportiert oder flüchteten, ➪ Essay.

Acadians

Frankreich nannte seine erste Kolonie auf dem neuen Kontinent *Acadie* oder latinisiert **Acadia**. Über die Herkunft dieses Namens gibt es verschiedene Vermutungen. 1524 soll der Seefahrer *Giovanni da Verrazano*, der für die französische Krone die Küsten Nordamerikas erkundete und ***Nova Franza*** taufte, von der Schönheit der Landschaften an das mythische **Arkadien** in Griechenland erinnert worden sein. Andere Erklärungen führen den Namen auf ein Wort aus der *Mi'kmaq*-Sprache – »*acadie*« oder »*cadie*« – zurück, das in etwa »fruchtbares Land« oder »guter Ort« bedeutet.

Das Territorium von Acadia erstreckte sich über das Gebiet der heutigen kanadischen Provinzen Nova Scotia, New Brunswick und Prince Edward Island. Es nahm eine eigenständige und von den Siedlungen am St. Lawrence River getrennte Entwicklung. Während sich England und Frankreich im 17. und beginnenden 18. Jahrhundert sowohl in Europa als auch auf dem neuen Kontinent um die Vorherrschaft bekriegten, bauten akadische Bauern, egal welcher ursprünglichen Nationalität, Deiche an der Bay of Fundy, kultivierten Marschland in Nova Scotia und auf Prince Edward Island und entwickelten enge Beziehungen zu den einheimischen Indianern (*Passamaquoddy* und *Mi'kmaq*).

Trotz der zunächst überwiegend französischen Besiedelung wechselte das Gebiet zwischen 1613 und dem Frieden von Utrecht 1713 elf Mal die Herrschaft. Wenn auf den Forts wieder einmal die Trikolore statt des *Union Jack* oder umgekehrt gehisst wurde, änderte das im Alltag der *Acadians* kaum etwas.

Im Frieden von Utrecht 1713 musste Frankreich Großbritannien erhebliche Zugeständnisse machen und seine Ansprüche auf Neufundland und Acadia weitgehend aufgeben. Ausnahmen bildeten die Westküste Neufundlands, Cape Breton Island und Prince Edward Island sowie Territorien in New Brunswick.

Es folgten 30 friedliche Jahre, während der Frankreich in Louisbourg auf Cape Breton Island ein enormes Fort errichtete (➪ Seite 174) und ein Handels- und Fischereizentrum aufbaute.

Im britisch kontrollierten Acadia ging es ebenfalls wirtschaftlich voran dank des nun ungehinderten Handels mit den Kolonien weiter südlich. Den französischstämmigen Akadiern wurden Treuebekenntnisse abverlangt und untersagt, ihre Höfe zu verkaufen. Die Briten wollten keinen Massenexodus in die verbliebenen französischen Zonen, um Frankreichs Position nicht zu stärken. Wer fort wollte, musste heimlich gehen und sein Hab und Gut zurücklassen. Trotzdem verließen 6.000 Siedler den britischen Teil Acadias, 10.000 blieben.

Man erklärte sie 1755 – nach neuen Kampfhandlungen zwischen Frankreich und England – trotz eingehaltener Verpflichtung zur Neutralität zu *Non-Citizens* und konfiszierte ihr Land und Vieh. 7.000 *Acadians*, die nicht fliehen konnten, wurden nach Frankreich, in die amerikanischen Kolonien oder nach England deportiert. Nach dem Fall von *Louisbourg* 1758 begannen die Briten mit der Vertreibung akadischer Siedler auch aus PEI und New Brunswick.

Viele der zunächst nach Frankreich verbrachten *Acadians* konnten in der »Heimat« nicht Fuß fassen und kehrten nach Nordamerika zurück, um sich in der damals noch französischen Kolonie Louisiana anzusiedeln.

Nachdem die Briten *Nouvelle France* vollständig erobert hatten, erlaubten sie den *Acadians* die Rückkehr. Etwa 3.000 von ihnen machten von diesem Angebot Gebrauch, mussten dort aber wieder bei Null anfangen. Das Thema der Vertreibung im 18. Jahrhundert (*Expulsion*) beherrscht bis heute die mittlerweile wieder stark aufgelebte eigenständige Kultur der *Acadians* und stiftet zugleich unter dieser Volksgruppe eine Identität. Seine literarische Würdigung fand das Leid der Akadier durch das Epos ***»Evangeline«*** des amerikanischen Schriftstellers *Henry W. Longfellow* (➪ Seite 174).

1881 versammelten sich 5.000 *Acadians* zum ersten **»Nationalkongress«** in New Brunswick, auf dem die Jungfrau Maria zur Schutzheiligen und Mariä Himmelfahrt (15. August) zum nationalen Feiertag bestimmt wurden. Die Trikolore in blau-weiß-rot mit einem goldenen Stern wurde zur akadischen Flagge. Bis heute pflegt man eine katholische Tradition und die französisch-akadische Sprache.

Als 1960 der erste *Acadian* zum Ministerpräsidenten New Brunswicks gewählt wurde, manifestierte sich das nationale Selbstverständnis auch politisch. Neben akadischen Schulen und Zeitungen entstand die rein französischsprachige Universität von Moncton. New Brunswick, die Provinz mit dem höchsten akadischen Bevölkerungsanteil, wurde offiziell zweisprachig.

Inzwischen gab es nicht nur National-, sondern **Weltkongresse der *Acadians***. Der dritte fand 2004 in Nova Scotia statt. Etwa 1,5 Millionen Menschen akadischer Herkunft, egal ob sie heute in den Neuengland-Staaten der USA, in Louisiana, in Frankreich, Belgien oder in Québec leben, beziehen sich auf Acadia als Ort ihrer gemeinsamen Geschichte und ihres kulturellen Erbes.

Akadier des 18. Jahrhunderts im Acadian Village (NB)

Dominion of Canada

Im Jahre **1867** schlossen sich die drei britischen Kolonien **New Brunswick, Nova Scotia** und **Canada** (das Gebiet der heutigen Provinzen Québec und Ontario) zum bereits vom Mutterland relativ unabhängigen ***»Dominion of Canada«*** zusammen. Jede Provinz erhielt eine Hauptstadt, **Ottawa** avancierte zur Kapitale des faktisch neuen Staates von zunächst noch britischen Gnaden. **Prince Edward Island** trat 1873 der Föderation bei. Erst 1949 wurde auch **Newfoundland** mit Labrador als letzte Provinz in den kanadischen Bundesstaat integriert.

Bund und Provinzen

Gemäß Canadas Verfassung übernehmen die einzelnen **Provinzen** die Verantwortung für Bildung, medizinische Versorgung, Straßen, kommunale Verwaltung, Grundstücksrechte und natürliche Ressourcen. Die **Zentralregierung** ist für Geld und Währung, Wirtschaft und Finanzen, Straf- und Eherecht, Landesverteidigung und Angelegenheiten der Ureinwohner verantwortlich. Dieser föderale Aufbau ähnelt dem der Bundesrepublik Deutschland. Ähnlich wie im Mutterland funktioniert das parlamentarische System mit Ober- und Unterhaus.

Status

Eine eigenständige, von der einstigen Kolonialmacht unabhängige **rein kanadische Verfassung** löste erst **1982** den *Constitution Act* von 1867 ab. Canada wurde damit zwar endgültig ein souveränes Land, blieb aber eingebunden in den britischen Commonwealth mit Königin Elisabeth II. von England als Staatsoberhaupt und ist damit faktisch eine konstitutionelle Monarchie.

Seit dem Ersten Weltkrieg ist Canada Mitglied des Völkerbundes, heute Mitglied der UNO und der NATO.

Beziehung Canada/USA

Mit den USA ist Canada wirtschaftlich eng verflochten, was politische Abhängigkeiten nach sich zieht. Doch gibt es auch spürbare Tendenzen zur Abgrenzung, z.B. außenpolitisch sichtbar an der Haltung Canadas zum Irak-Krieg oder an der Klimapolitik. Neuerdings kann die Trennung auch beim Wechselkurs beobachtet werden. Bewegten sich früher die Kurse des kanadischen und des US-Dollars in einem Gleichklang gegenüber anderen Währungen, hat sich der CAD 2007 endgültig von der Dominanz des Nachbarn gelöst. Die Abwertung des US$ ging fast spurlos am CAD vorüber, der daher heute in etwa zu pari gehandelt wird.

1.2 Bevölkerung

Ureinwohner

In Canada leben heute nur ca. 780.000 Indianer, 50.000 *Inuit* und 200.000 *Métis* (eine Mischbevölkerung, meist Frauen indianischer Herkunft und Männer europäischen Ursprungs). Diese drei Gruppen untergliedern sich wiederum in eigene Kultur- und Sprachgruppen. In den Atlantikprovinzen machen die Ureinwohner kaum mehr als ein Prozent der Bevölkerung aus.

Die ***Mi'kmaq*** leben vornehmlich in kleinen Reservaten, die ihnen nach der europäischen Besiedelung überlassen wurden. Am St. John River in New Brunswick gibt es Schutzgebiete der ***Maliseet***, und im Südwesten dieser Provinz leben über hundert ***Passamaquoddy***. Letztere haben kein Reservat in Canada, sondern nur im benachbarten Maine/USA. In Labrador leben die wenigen hundert ***Innu*** (oder *Montagnais/Naskapi*) ausschließlich am Lake Melville in Sheshatshiu und in Natuashishin an der Sango Bay. Die abgelegenen Siedlungen entlang der Küsten Südostlabradors bis nach Cartwright werden hauptsächlich von ***Métis*** bewohnt. Die weiter nördlich gelegenen Dörfer beherbergen die ***Inuit***, die von Europäern oft als »Eskimos« bezeichnet werden.

Konflikte

Das Verhältnis zwischen den Ureinwohnern und der übrigen kanadischen Gesellschaft ist nicht in allen Fragen geklärt. Land- und Kompensationsforderungen sowie die Wahrnehmung traditioneller Rechte führten bis in jüngste Zeit zu Konflikten mit wirtschaftlichen Interessengruppen, ➪ Essay folgende Seite.

Die Ureinwohner in den Atlantikprovinzen

Ureinwohner und Europäer

Vor Ankunft der Europäer war die Lebensweise der meisten Stämme vom Nahrungsreichtum der Küsten- und Binnengewässer und des Waldlandes bestimmt. Jagd und Fischfang spielten eine wichtige Rolle, ebenfalls das Sammeln von Meeres- und Waldfrüchten.

Die ***Beothuk*** auf Neufundland kamen als erste in Kontakt mit den Europäern. Die zunehmend durch Misstrauen, Furcht, Verdrängung und Kampf geprägten Beziehungen zwischen ihnen und den neuen Siedlern führten schließlich Anfang des 19. Jahrhunderts zur vollständigen Ausrottung dieses Volkes (➪ Essay, »Das Ende eines Volkes«, Seite 342).

Erheblich freundlicher gestalteten sich die Kontakte zwischen französischen Siedlern und ***Mi'kmaq***, ***Maliseet*** und ***Passamaquoddy***. Handel, Austausch von Überlebenstechniken, Bekehrung zum Katholizismus und nicht selten auch Verbrüderung und Eheschließungen kennzeichneten die Beziehungen. Doch damit veränderte sich die vorher unabhängige und auf Harmonie mit der Natur ausgerichtete Lebensweise dieser Völker.

Die Indianer der heutigen Atlantikprovinzen waren (bis auf die *Beothuk*) keinen Vernichtungsfeldzügen ausgesetzt wie weiter westlich siedelnde Stämme. Aber auch sie wurden aus ihrem ursprünglichen Lebensraum verdrängt, und nur kleine **Reservate** blieben ihnen zur Nutzung. Die Regierungsbehörden schlossen schließlich Landabtretungsverträge, die den Indianern jährliche Zahlungen für Wohnung, Bildung und Gesundheitsversorgung zusicherten.

Situation heute

Der Begriff Indianer gehört zur Umgangssprache, genauer spricht man zur Unterscheidung von den Nachkommen ehemaliger Europäer von den ***First Nations***, den ***Natives*** oder ***Aboriginal People***. Diese Bezeichnungen schließen auch die ***Inuit*** mit ein. Die einzelnen Stammesgruppen nennen sich ***Band***. Ein Ortseingangsschild mit dem Zusatz *First Nation* zum Ortsnamen kennzeichnet Indianerland, zumeist im Reservatsgebiet einer bestimmten *Band*. Einkaufswaren und Treibstoff sind dort etwas billiger, weil die *Natives* keine Umsatzsteuer abführen müssen.

In der zweiten Hälfte des 20. Jahrhunderts setzte die kanadische Regierung ein **Programm zur Zentralisierung** der Indianer um. Das hatte zwar Nachteile (zwangsweiser Umzug, konzentrierte Arbeitslosigkeit), brachte aber auch Vorteile (Bildung, Gesundheitsfürsorge, Wasser- und Abwasserversorgung funktionierte besser, die Kommunikation und Möglichkeiten zur politischen Formierung verbesserten sich).

Neben der manchmal offensichtlichen **Armut**, bisweilen verbunden mit Suchtproblemen, trifft man zunehmend auf ein **neues Selbstbewusstsein** und Eigeninitiative. Vielerorts haben die *Natives* sich aus der Vormundschaft der Behörden gelöst und ihre Belange in die eigenen Hände genommen. Immer mehr Kulturzentren entstehen, in denen auch Touristen Einblicke in Tradition und Lebensweise der heutigen Indianer erhalten können

(➪ z.B. Bear River, Seite 170, Wagmatcook, Seite 191, Lennox Island, Seite 282, Metepenagiag, Seite 256). Nicht wenige *Natives* leben auch außerhalb der Reservate. Nichtsdestoweniger gibt es den Auftritt mit vollem Federschmuck noch immer – z.B. bei politischen Festakten.

In **Labrador** verlief die Entwicklung etwas anders. Die früher unter den Namen ***Montagnais*** und ***Naskapi*** bekannten Stämme, die seit 1977 zum Schutz der Rechte, des Landes und der Lebensweise durch die ***Innu First Nation*** vertreten werden, pflegten schon seit dem 16. Jahrhundert regelmäßigen Handel mit den im Sommerhalbjahr an den Küsten siedelnden Fischern. Später wirkten unter ihnen die Pelzhändler der *Hudson's Bay Company* und vorwiegend französische katholische Missionare. Ihre wichtigste Lebensgrundlage waren die *Caribous*, die ihnen Nahrung und Kleidung lieferten. Die ***Inuit*** an der Ostküste Labradors sind vorwiegend evangelisch, bei ihnen missionierte die ***Moravian Church*** (➪ Kapitel 5.6.3, »Labradors Küstengemeinden und die *Moravian Church*«, Seite 386). Auch gegen diese beiden Völker gab es keine Kriege, aber sie wurden abhängig von den Gütern der Weißen und veränderten ihre traditionelle Lebensweise. Die Wildbestände, einst ihre Nahrungsgrundlage, nahmen im 20. Jahrhundert rapide ab und der Pelzhandel wurde unrentabel. Hunger grassierte, und viele starben an Infektionskrankheiten, die aus Europa eingeschleppt worden waren.

Unter dem Druck der Regierung wurden die ***Inuit*** seit etwa 1950 in festen Siedlungen sesshaft gemacht. Sie konnten dort nicht mehr jagen und fischen, fanden aber auch kaum Arbeitsmöglichkeiten. Daraus entstand Abhängigkeit vom weißen Mann in Form von Sozialhilfe (*Welfare*). Alkoholismus ist heute weit verbreitet, die Selbstmordraten unter den in ihrer Selbstachtung gestörten Indianern wie Inuit sind hoch.

Immerhin versuchen die Ureinwohner, sich von der Vormundschaft der Regierung zu lösen, führten die Selbstverwaltung auf lokaler Ebene ein und suchen über die Rückbesinnung auf alte Traditionen nach neuen Perspektiven.

Aktuelle Interessenskonflikte

Für einige Gebiete im landwirtschaftlich nicht nutzbaren Norden bestehen bisher keine **Landabtretungsverträge**. Nach heutigem juristischen Verständnis müssen dort für das Recht auf Ausbeutung von Bodenschätzen und die Nutzung von Wasserkraft zur Stromerzeugung neue Verträge mit den *Innu* bzw. *Inuit* abgeschlossen werden, in der Regel eine erhebliche ökonomische Chance für die *Natives*, aber oft auch eine ökologische und gesellschaftliche Gratwanderung. Denn die Ausnutzung eines wirtschaftlichen Vorteils führt nicht selten zur Vernichtung der letzten natürlichen Lebensgrundlage eines Stammes.

Interessenskonflikte zwischen Ureinwohnern und anderen Kanadiern entstehen manchmal auch aus der Wahrnehmung **traditioneller Jagdrechte** – nämlich dort, wo für »weiße« Kanadier aus Naturschutzgründen solche Rechte eingeschränkt werden. In den südlichen Atlantikprovinzen trifft man immer wieder auf Unzufriedenheit, Auseinandersetzungen und öffentliche Diskussionen über die »Begünstigung« und »Bevorzugung« der *Natives*, sei es bei der Robbenjagd oder der Lobsterfischerei.

Immigration

Canada ist ein klassisches Immigrationsland. Die Atlantikprovinzen erlebten die ersten Einwanderer aus Europa bereits im 16. Jahrhundert: aber Basken, Franzosen, Briten, Iren und Holländer, die vor den Küsten fischten, errichteten zumeist nur Sommercamps. Im 17. Jahrhundert legten – wie oben erläutert – vor allem französische Immigranten die ersten ständigen Siedlungen an. Hundert Jahre später strömten verstärkt englische Kolonisatoren, aber auch viele Deutsche ins Land. Eine weitere große Gruppe waren ab 1776 die sogenannten ***Loyalisten***, Getreue der britischen Krone, die sich von den nach Unabhängigkeit strebenden Kolonien auf dem Gebiet der späteren USA abwandten und ein Leben in Britisch-Nordamerika, dem heutigen Canada, vorzogen. Viele von ihnen siedelten in den maritimen Provinzen.

Eine weitere Einwanderungswelle 1820 bis 1840 brachte wiederum Immigranten aus Großbritannien und anderen europäischen Ländern, auch aus Deutschland. Wegen der Hungersnot in Irland kamen zahlreiche irischer Aussiedler, später folgten Einwanderer auch aus Zentral-, Ost- und Südeuropa.

Amerikanischer Unabhängigkeitskrieg und Loyalisten

Die Auflehnung der dreizehn amerikanischen Kolonien gegen das Mutterland, die zum **Unabhängigkeitskrieg** führte, fand in Canada keine Entsprechung. Als sich der Sieg der Truppen von *George Washington* über das britische Expeditionsheer zur Niederschlagung des Aufstands abzeichnete, setzte ein Exodus von »Amerikanern« ein, die loyal zur britischen Krone standen. Sie kamen zu Zehntausenden als **politische Flüchtlinge** nach Canada: Bauern und Aristokraten, kleine Händler und reiche Kaufleute, Weiße und Schwarze, mit und ohne Besitz. Allen, die König George III. von England Treue schworen, wurde **Land zur Verfügung** gestellt.

Der Einfluss dieser Siedlerwelle auf die Entwicklung Canadas ist nicht zu unterschätzen. Sie veränderte das Land, weil die Loyalisten eine **puritanische Arbeitsauffassung** und britisch-konservative Haltungen und Traditionen mitbrachten. Auch die politische Struktur veränderte sich: New Brunswick mit bis dato nicht einmal 3.000 Siedlern wurde Heimat für fast 15.000 Loyalisten und daher von Nova Scotia als eigenständige Kolonie abgetrennt.

Manche der neuen Einwanderer kamen bereits reich an, andere wurden schnell wohlhabend, weil sie Chancen im Holzhandel, Schiffbau oder anderswo erfolgreich nutzen konnten. Spuren dieses Wohlstands sind heute noch in der Architektur von Städten wie St. Andrew's und Fredericton in New Brunswick sichtbar.

Unter den Loyalisten befanden sich auch 3.000 Schwarze, entflohene Sklaven, denen die Briten die Freiheit zugesichert hatten. Sie wurden überwiegend nach Nova Scotia gebracht, wo sie indessen miserable Startbedingungen vorfanden (➪ Essay »Schwarze Loyalisten«, Seite 158).

Neuzeit

Nach dem Zweiten Weltkrieg wurde eine offene Einwanderungspolitik praktiziert. Viele Immigranten, u.a. aus Italien, Portugal und Griechenland, in den 1960er-Jahren auch aus der Karibik sowie aus südamerikanischen Ländern, zogen in erster Linie in die Großstädte. Seit den 1970er-Jahren kommt die Mehrzahl der Einwanderer aus Asien, die sich aber überwiegend in den großen Städten Zentral- oder Westkanadas, kaum in den Atlantikprovinzen niederlassen.

Ergebnis der Einwanderungsströme aus den unterschiedlichsten Teilen der Welt ist eine große ethnische Vielfalt in der kanadischen Gesellschaft.

2 Sprachen

Da die Entwicklung Canadas durch Einflüsse sowohl der anglo- wie auch der frankokanadischen Kultur entscheidend geprägt wurde, erklärte sich Canada 1969 zu einem zweisprachigen Land mit Englisch und Französisch als Amtssprachen.

Gleichzeitig wurde allen ethnischen Gruppierungen des Landes das Recht auf Bewahrung ihrer kulturellen Identität garantiert. Canada kommt damit der Realisierung einer **multikulturellen Gesellschaft** – im Gegensatz zum sog. Schmelztiegel USA – recht nahe. Der Begriff wurde sogar in die kanadische Verfassung von 1982 aufgenommen.

1.3 Zur Wirtschaft

Randregion Maritimes

Im riesigen Land Canada gab und gibt es hinsichtlich der wirtschaftlichen Verhältnisse gravierende und im Zeitablauf schwankende Unterschiede der Regionen. Einige der Atlantikprovinzen erlebten vor allem im 19. Jahrhundert in der Blütezeit des Schiffbaus punktuell ausgesprochen gute Zeiten. Ein neueres Beispiel ist der Abbau von Erzen und Kohle, deren Erfolg von Förderkosten und Weltmarktpreisen abhängt. So bildete etwa die Eisen- und Stahlindustrie dank zunächst ergiebiger Kohlenflöze auf Cape Breton Island bis etwa 1960 das wirtschaftliche Rückgrat der Provinz Nova Scotia. Danach geriet dieser Industriezweig in eine schwere Krise und mit ihm – auch noch aus anderen Gründen – die Wirtschaft in den Maritimes; im Gegensatz zu Canada insgesamt, das in der zweiten Hälfte des 20. Jahrhunderts ein starkes Wachstum verzeichnete.

Kabeljau

Als 1992 auch noch der Kabeljaufang eingestellt werden musste, wurde vielen Gemeinden, insbesondere auf Newfoundland, die Existenzgrundlage entzogen (➪ Essay Seite 310).

Have-nots

Die Krise der Fischereiwirtschaft konnte durch neuere Entwicklungen noch nicht ausgeglichen werden. Die Arbeitslosenzahlen sind in diesem Teil Canadas wesentlich höher als im Rest, die Durchschnittseinkommen niedriger. Daher gelten die Bewohner der Maritimes und Neufundlands als »*Have-nots*«, Habenichtse. Mit den Atlantikprovinzen wurden Begriffe wie »zurückgeblieben«, »strukturschwach«, »unterentwickelt« etc. verbunden.

Entwicklung heute Doch die Maritimes einschließlich Neufundland und Labrador haben mittlerweile aufgeholt. Natürliche Ressourcen, Energiereserven (Wasserkraft) und teilweise noch unerschlossene Bodenschätze wie Eisenerz und Nickel in Labrador, helfen dabei. Im Festlandsockel des Atlantik gibt es darüber hinaus Öllagerstätten, deren Ausbeutung begonnen hat, z.B. des Hibernia-Ölfeldes vor Neufundland und südöstlich von Nova Scotia. Ein Aufschwung der Landwirtschaft (u.a. Kartoffeln, Obst & Gemüse, Milch) im neuen Jahrtausend sichert obendrein ein stabiles Grundniveau.

Holzindustrie In allen Atlantikprovinzen spielt traditionell auch die Forstwirtschaft eine Rolle. Die Holzindustrie ist heute stark exportorientiert; wichtigste Produkte sind Zellulose und Papier.

Wissenschaft und Tourismus Aber auch an der Entwicklung von Zukunftstechnologien (*Life Sciences*, Bio-, Informations- und Umwelttechnologien) sind die Atlantikprovinzen beteiligt, insbesondere dort, wo im Umkreis der Universitäten Wissenschaft und Wirtschaft Synergieffekte schaffen. Nicht zuletzt fördert der zunehmende Tourismus strukturelle Entlastungen und die Schaffung von Arbeitsplätzen.

Infrastruktur Dank staatlicher Subventionierung von Transportkosten können viele Wirtschafts- und Dienstleistungsunternehmen landesweit operieren und Zweigstellen auch noch in relativ kleinen Orten betreiben (das betrifft z.B. Banken, Supermarkt- und Restaurantketten). Daher gibt es sogar in entlegenen Gebieten einen akzeptablen Versorgungsgrad für Waren und öffentliche Dienstleistungen. Das gilt heute auch für digitale Telekommunikation und Hi-Speed-Internetverbindungen.

Black Spruce *Red Pine* *Eastern White Pine* *Balsam Fir* *Red Spruce*

2 NATUR UND UMWELT

Ausgedehnte Gebiete sind in den Atlantikprovinzen immer noch unberührte Wildnis. Trotzdem ist das natürliche Gleichgewicht durch starke Ressourcennutzung, Besiedelung, Verkehr und generell durch ungünstige menschliche Eingriffe latent oder auch bereits aktuell bedroht, ➪ Abschnitt 2.2 ab Seite 419.

2.1 Kleiner Naturführer

2.1.1 Pflanzen

Tundra und borealer Nadelwald im Norden

Die Vegetation wird weitgehend durch das Klima bestimmt. **Im Norden Labradors** findet man arktische **Tundra** – baumlose Hochflächen, von zahlreichen Seen, Wasserläufen und Sümpfen durchbrochen, mit spärlichem Weidengebüsch und alpinen Gräsern und Kräutern bewachsen. Weiter südlich folgt eine Übergangszone mit zahlreichen Sträuchern und Baumgruppen, die in borealen Nadelwald übergeht, der von Schwarzfichten dominiert wird. Dieser ist teilweise vermischt mit Birken, Pappeln, Erlen, Tannen, Kiefern und Lärchen. Dazwischen gibt es immer wieder reichlich Sumpfland.

Akadischer Forst und Nutzflächen

Auch auf der Insel **Newfoundland** finden sich neben dem borealen Wald noch größere tundrenartige Ödlandflächen, an Steppe erinnerndes Grasland mit gelegentlichen Büschen – das ideale Wandergebiet für *Cariboos*. In den **südlichen Atlantikprovinzen** mit gemäßigtem Klima findet man den **akadischen Forst**, einen vielfältigen Mischwald aus Fichten, Tannen, Kiefern, Ahorn, Birken, Eichen und Buchen. Falls nicht gerodet und in Kulturland verwandelt, blieb er oft in seinem natürlichen Zustand erhalten. Daneben gibt es hier auch reichlich landwirtschaftliche Flächen sowie »Kulturwald«, der durch menschliches Einwirken entstand und wirtschaftlich genutzt wird.

Der folgende Überblick bezieht sich auf die am häufigsten vorkommenden und/oder besonders charakteristischen Arten.

Bäume

Nadelbäume

Im borealen Nadelwald (Labrador, Newfoundland, am St.-Lorenz-Strom sowie als Übergangsform auf der Gaspé-Halbinsel und im Nordteil von New Brunswick) dominiert die **Schwarzfichte** (*Black Spruce – Picea mariana*). Dazu kommen **Weißfichte** (*White Spruce – Picea glauca*) und **Amerikanische Lärche** (*Tamarack – Larix laricina*), weiter südlich auch die **Balsamtanne** (*Balsam Fir – Abies balsamea*), die **Hemlocktanne** (*Hemlock – Tsuga kanadiensis*) und die **Bankskiefer** (*Jack Pine – Pinus banksiana*). An Laubbäumen finden sich hier vor allem die **Zitterpappel** (*Quaken Aspen – Populus tremuloides*) und die **Papierbirke** (*Paper Birch – Betula papyrifera*).

White Ash (Esche) *American Beech (Buche)* *Sugar Maple (Zuckerahorn)*

Mischwald

Im akadischen Mischwald geht der Anteil der Schwarzfichten stark zurück, Balsamtanne, Hemlocktanne und Lärchen bleiben jedoch. Die dominierenden Nadelbäume sind hier Weiß- und **Rotfichte** (*Red Spruce – Picea rubens*), dazu kommen **Rotkiefer** (*Red Pine – Pinus resinosa*) und **Weymouthskiefer** (*Eastern White Pine – Pinus strobus*). In naturbelassenen Wäldern finden sich auch **Lebensbaum** oder **Thuja** (*White Cedar – Thuja occidentalis*) und **Wacholder** (*Common Juniper – Juniperus communis*).

Laubbäume

Die häufigsten **Laubbäume** sind **Birken** (*Yellow Birch – Betula alleghaniensis, Paper Birch – Betula papyrifera, Gray Birch – Betula populifolia*), **Ahorn** (*Red Maple – Acer rubrum, Sugar Maple – Acer saccharum, Mountain Maple – Acer spicatum*), **Roteiche** (*Northern Red Oak – Quercus rubra*), **Erle** (*Speckled Alder – Alnus rugosa*), **Buche** (*Beech – Fagus grandifolia*) und **Hopfenbuche** (*Eastern Hophornbeam/Ironwood – Ostrya virginiana*). Weiterhin **Eberesche** (*Mountain Ash – Sorbus*), **Esche** (*Black Ash – Fraxinus nigra*), **Felsenbirne** (*Shadbush, Juneberry – Amelanchier*), **Pappel** (*Bigtooth Aspen – Populus grandidentata, Quaken Aspen – Populus tremuloides*) und **Ulme** (*American Elm – Ulmus americana*).

Die intakte Umwelt des nördlichen Forstes zeigen die zahlreichen **Flechten** (*Lichen*) und **Moose** (*Moss*), die an den Bäumen zu finden sind, z.B. **Bartflechte** (*Old man's beard – Usnea barbata*) oder **Lungenflechte** (*Lung Wort – Lobaria pulmonaria*).

Bartflechten belegen eine intakte Umwelt

Sträucher und Bodenpflanzen

Häufige Strauchpflanzen in den Wäldern sind **Schneeball** (*Wild Raisin – Viburnum cassiniodes*), **Hartriegel** (*Dogwood – Cornus*), **Holunder** (*American Elder – Sambucus canadensis*) und **Weißdorn** (*Hawthorn – Crateagus*).

Oft bedecken dichte Gebüsche aus **Farnen** den Boden (*Bracken Fern – Pteridium aquilinum, Sweet Fern – Comptonia perigrina, Cinnamon Fern – Osmunda cinnamomea*), deren Sprossen – die sogenannten »***Fiddleheads***« – im Frühjahr eine Spezialität der lokalen Küche liefern.

An Waldrändern und -lichtungen, aber auch in Sumpfgebieten oder auf offenen Hochebenen findet sich oft ein flächendeckender Bewuchs aus gemischten Sträuchern. Häufig sind **Erlenbüsche**, dazwischen **Apfelbeere** (*Black Chokeberry – Aronia melanocarpa*), **Weide** (*Bebb Willow – Salix bebbiana, Balsam Willow – Salix pyrifolia*), **Zwergvogelbeere** (*Red Chokeberry – Pyrus arbutifolia*), **Winterbeere** (*Black Alder – Ilex verticillata*) und der weiß blühende **Spierstrauch** (*Meadowsweet – Spirea latifolia*). Sie bilden oft ein dichtes, undurchdringliches Gestrüpp. Im Frühling fallen die violett blühenden wilden **Azaleen** (*Rhodora – Rhododendron canadense*) auf, die besonders in feuchten, sumpfigen Gegenden zuhause sind. Häufig wachsen sie seitlich von Waldwegen im Straßengraben, oft neben den hochstämmigen Verwandten der **Heidelbeere** – Busch-Blaubeere (*Highbush Blueberry – Vaccinium corymbosum*) und der Amerikanischen Blaubeere (*Huckleberry – Gaylussacia baccata*). Weit verbreitet ist der nach Lorbeer duftende **Gagelstrauch** (*Bayberry, Sweetgale – Myrica virginia, Myrica gale*), der mit den vorgenannten dichte Gebüsche bildet, die kaum einen Meter Höhe erreichen.

Blühender Spierstrauch (Meadowsweet)

Extrem flach wachsende Sträucher und Bodendecker besonders **in feuchteren Gebieten**, aber auch auf **Tundrawiesen** sind z.B. weitere Heidelbeer- bzw. ***Cranberry***-Arten (*Wild Blueberry – Vaccinium myrtillus, Vaccinium macrocarpon, Vaccinium vitis-idaea*), **Krähenbeere** (*Broom Crowberry – Corema conradii, Black Crowberry – Empetrum nigrum*), **Torfgränke** (*Leatherleaf – Chamaedaphne calyculata*). Weiterhin der cremefarben blühende **Labradortee** (*Labrador Tea – Ledum groenlandicum*), die **Lorbeerrose** (*Sheep-Laurel – Kalmia angustifolia*), der kriechende **Wacholder** (*Juniper – Juniperus*) und das **Wintergrün** (*Teaberry – Gaultheria procumbens*).

Solche geschlossenen Strauchflächen bieten besonders im Herbst mit ihrer vielfältigen Laubfärbung reizvolle Anblicke. Einige dieser Pflanzen lockern auch alpine Wiesen auf, insbesondere in Newfoundland und Labrador nicht selten gemeinsam mit der **Moltebeere** (*Bakeapple – Rubus chamaemorus*). In Feuchtgebieten findet man dazwischen **Wollgras** (*Cottongrass – Eriophorum*) und **Sumpfmoose** (*Sphagnum Moss – Sphagnum*). Vor allem auf Newfoundland und in Labrador sieht man häufig verschiedene Arten von **Rentierflechten** (*Reindeer Moss – Cladonia*), die, silbergrau, weiß oder gelblich leuchtend, oft in Gemeinschaft mit einigen der letztgenannten flach wachsenden Sträucher regelrechte Teppichpolster bilden.

Wildblume Königsstern (Bunchberry)

Wildblumen

Am Waldboden fällt der oft große Flächen bedeckende **Königsstern** auf (*Bunchberry – Cornus canadensis*) mit weißen Blüten im Frühjahr, im Sommer dann mit roten Beeren.

Ebenfalls häufig sind **Nacktstengelige Aralie** (*Wild Sarsaparilla – Aralia nudicaulis*) und **Nördliche Sternblume** (*Starflower – Trientalis borealis*) Etwas seltener findet man die weiß bis gelb blühenden **Clintonia** (*Bluebead Lily – Clintonia borealis*), die

Blaue Sumpfiris

Trauerglocke (*Sessile Bellwort – Uvularia sessilifolia*) oder die rote **Waldlilie** (*Purple Trillium – Trillium erectum*). Eine ebenfalls im Wald wachsende wilde Orchidee ist der **Frauenschuh** (*Pink Ladyslippers – Cypripedium acaule*). Häufig ist die kanadische **Maiblume** (*Canada Mayflower – Maianthemum canadense*).

Auf Waldlichtungen, oft auf Kahlschlägen, leuchtet im kräftigen Rotviolett das **Weidenröschen** (*Fireweed – Chamerion*). Dort findet man auch verschiedene wilde Arten von **Astern**, meist weiß oder blassviolett blühend.

An Straßenrändern zeigen in der ersten Sommerhälfte Ansammlungen wilder **Lupinen** (*Wild Lupine – Lupinis perennis*) ihre Farbenpracht, und die weiß blühenden wilden **Margariten** (*Oxeye Daisy – Leucanthemum vulgaris*) bilden wahre Blütenmeere.

Die blaue **Sumpfiris** (*Blue Flag – Iris versicolor*), die berühmte fleischfressende **Schlauchpflanze** (*Pitcher Plant – Sarracenia purpurea*), der **Wiesenknopf** (*Canadian Burnet – Sanguisorba canadensis*) sowie die **Wiesenraute** (*Tall Meadow Rue – Thalictrum pubescens*) findet man **in Feuchtgebieten**; dort und im Feuchtwald wächst **Goldfaden** (*Goldthread – Coptis groenlandica*).

Das auch aus Europa vertraute **Habichtskraut** (*Hawkweed – Hieracium*) kommt in den Atlantikprovinzen in einer Variante in dunklem Orange vor. Das **Johanniskraut** (*Common St. John's Wort – Hypericum*) findet man **auf trockenen Wiesen**. Hier übersieht man leicht ein kleines Naturwunder, die **Binsenlilie** (*Blue-eyed Grass – Sisyrinchium angustifolium*), eine Schwertlilie im Miniaturformat. Ebenfalls **auf Wiesen**, oft nahe des Strandes zwischen Krähenbeeren und Gräsern, wächst die wilde **Erdbeere** (*Strawberry – Fragaria virginiana*) mit ihren köstlichen, stark aromatischen Früchten.

Im Bereich von **Dünen und Strandwällen** oder an steinigen Stränden sind **Strandrosen** (*Pasture Rose – Rosa virginiana, Rosa carolina*), **Gänse-Fingerkraut** (*Silverleaf – Potentilla anserina*) und **Strand-Platterbse** (*Beach Pea – Lathyrus japonicus*) zu Hause.

Fleischfressende Schlauchpflanze, die berühmte »Nationalblume« Neufundlands Pitcher Plant

Auf den zahlreichen **Seen** der Region findet man oft **Teich**- und **Wasserlilien** (*Yellow Pond Lily – Nuphar lutea, Waterlily – Nymphaea odorata*).

Warnen muss man vor dem Kontakt mit **Giftefeu** (*Poison Ivy – Toxicodendron radicans*) und **Giftsumach** (*Poison Sumach – Toxicodendron vernix*), die bei Berührung Entzündungen, Juckreiz und Blasen erzeugen können: »***Leaflets three, let it be!***« Zwar sind sie im Bereich der Atlantikprovinzen nicht sehr häufig, kommen aber vor: Giftefeu wächst als niedriger Busch an Wiesenrändern, in Dickichten, an Zäunen, Müllplätzen und im offenen Wald. Giftsumach ist ein größerer Strauch, der Sümpfe und Feuchtgebiete bevorzugt. Genaueres unter www.poison-ivy.org

In den Atlantikprovinzen gibt es auch **endemische Pflanzen**, sie wachsen also nirgendwo anders. Oft wurden an solchen Standorten besondere **Schutzgebiete** (*Ecological Reserves*) eingerichtet. Einige befinden sich innerhalb geschützter Regionen, z.B. in den *National Parks*. (➪ auch Teil II, Kapitel 2.2.3, Essay »Seltene und endemische Pflanzen«, Seite 336). Solche Standorte befinden sich beispielsweise auf Newfoundland bei Port-au-Choix und am *Burnt Cape*, in Nova Scotia auf Brier Island, in New Brunswick bei Bathurst und auf der Gaspé im *Parc National de la Gaspésie*.

Gänse-Fingerkraut am Steinstrand

2.1.2 Tierwelt

Auch wenn man nicht in ausgesprochenen Wildnisgebieten unterwegs ist, begegnet man in den Atlantikprovinzen in Walddurchfahrten und -nähe nicht selten Wildtieren.

Säugetiere – häufig oder gelegentlich zu sehen

So dem **Weißwedelhirsch** (*White-tailed Deer – Odocoileus virginianus*), der im Sommer zartes Gras und frische Kräuter bevorzugt, sich im Winter dagegen mit Blättern und Zweigen der Büsche begnügt. Das **Rothörnchen** (*Red Squirrel – Tamiasciurus hudsonicus*), etwas kleiner als unser heimisches Eichhörnchen und ohne die typischen Pinselohren, ist ebenfalls ein häufiger tagaktiver Waldbewohner. Das **Stachelschwein** (*Porcupine – Erethizon dorsatum*) sieht man leider am häufigsten erst dann, wenn dieses unglaublich langsame Tier, das nicht schnell genug auf Autos reagiert, überfahren am Straßenrand liegt. Gelegentlich versucht ein **Waschbär** (*Racoon – Procyon lotor*), im Schutz der Dunkelheit an Essenreste oder Müll heranzukommen. Auch nicht selten begegnet man an einsamen steinigen Stränden dem flinken **Nerz** (*American Mink – Mustela vison*), und öfters sieht man auch **Streifenhörnchen** (*Eastern Chipmunk – Tamias striatus*) oder **Wiesel** (*Short-tailed Weasel – Mustela erminea*) über die Straße huschen. Der dämmerungs- und nachtaktive **Rotfuchs** (*Red Fox – Vulpes vulpes*) ist nicht besonders scheu und zeigt sich auch in der Nähe menschlicher Siedlungen. Der **Schneehase** (*Snowshoe Hare – Lepus americanus*) kommt in allen Atlantikprovinzen häufig vor, ein weißes Fell trägt er nur im Winter.

Rothörnchen

Bei der einheimischen Bevölkerung merkwürdigerweise wenig geschätzt sind die zahlreichen **Fledermäuse** (*Little Brown Bat – Myotus lucifugus*), die sich eigentlich wegen ihrer bevorzugten Kost, den Moskitos, größter Beliebtheit erfreuen müssten.

Schneehase

Säugetiere – Seltenere Begegnungen

In Nationalparks, Schutz- und Wildnisgebieten oder in einsamen und unbewohnten Gegenden begegnet man hin und wieder einem **Murmeltier** (*Woodchuck – Marmota monax*). An Gewässern, in Feuchtgebieten und im Marschland sieht man gelegentlich die Gänge und Höhlen der **Bisamratte** (*Muskrat – Ondatra zibethica*); das Tier selbst zeigt sich jedoch kaum. Noch seltener ist der Anblick eines **Flussotters** (*River Otter – Lutra* oder *Lontra canadensis*), der sich manchmal auch im Salzwasser vor Flussmündungen oder in Meeresbuchten tummelt. Die Bestände des **Bibers** (*Beaver – Castor canadensis*), des größten Nagetiers in Nordamerika, die durch schonungslose Jagd reduziert worden waren, haben in den letzten Jahrzehnten wieder leicht zugenommen. Die Spuren seiner Tätigkeit – Biberdämme, angenagte oder gefällte Bäume – sind zwar häufiger zu entdecken, doch das Symboltier Canadas selbst bekommt man kaum zu Gesicht. Die besten Chancen hat man frühmorgens oder gegen Abend.

Von Bibern gefällter Baum

Wo es ausgedehnte, menschenleere Wälder oder auch offene Landschaften gibt, leben **Elche** (*Moose – Alces alces*). In Nova Scotia findet man sie nur noch auf Cape Breton Island; am häufigsten sind sie auf Newfoundland. Vor allem nachts sind sie ein ernsthaftes Risiko für Autofahrer. Mit zunehmender Verkehrsdichte auf Newfoundland hat auch die Zahl der Unfälle zugenommen. Die Warnschilder am Straßenrand sollte man daher ernst nehmen. In jüngster Zeit haben sich die ursprünglich im Westen und der Mitte Canadas heimischen scheuen **Kojoten** (*Eastern Coyote – Canis latrans*) weiter nach Osten bis hin nach Nova Scotia ausgebreitet.

Raritäten

Die kanadischen Verwandten des nordeuropäischen Rentiers, die **Karibus** (*Woodland Caribou – Rangifer tarandus*), sind zumeist in kleinen oder größeren Herden, jedoch nur auf Neufundland, im Inneren Labradors sowie mit Glück auf der Gaspé-Halbinsel zu beobachten. Man findet sie vor allem auf Ödland oder Hochebenen mit Tundravegetation.

Eine ausgesprochene Rarität ist das nachtaktive **Flughörnchen** (*Southern Flying Squirrel – Glaucomys volans*), das im *Kejimkujik National Park* (Nova Scotia) ein Refugium hat. Der einzelgängerische nachtaktive **Luchs** und der **Rotluchs** (*Lynx – Felis lynx, Bobcat – Felis rufus*) leben in abgeschiedenen Waldgebieten. Neuerdings wurden Exemplare des tag- und nachtaktiven, ebenfalls einzelgängerischen **Puma** oder Silberlöwen (*Eastern Cougar – Felis concolor*) in den Atlantikprovinzen beobachtet.

Bären

Die Chance, den **Schwarzbären** (*Black Bear – Ursus americanus*) oder das Stinktier (*Striped Skunk – Mephitis mephitis*) zu treffen, sind relativ gering – und das ist auch besser so, denn Begegnungen mit Bären sind nicht ungefährlich, solche mit Stinktieren haben möglicherweise unangenehme Folgen.

Stinktiere

Relativ harmlos sind diese sicherlich beim **Stinktier**. Zu seiner Verteidigung sondert das kleine, nachtaktive Tier eine intensiv übelriechende Substanz ab, deren spezifischen Geruch man nicht mehr vergessen wird. Wer »parfümiert« wurde, sollte die betreffenden Körperteile und Kleidungsstücke mit reichlich **Tomatensaft** – das einzige wirksame Mittel – wieder und wieder abwaschen, und irgendwann lässt der Gestank nach.

Die Begegnung mit einem (auch tagaktiven!) **Bären** dagegen ist keine harmlose Angelegenheit. Am Eingang der Nationalparks erläutert das Faltblatt »***You are in Black Bear Country***« die wichtigsten Verhaltensregeln bei Begegnungen mit Meister Petz

Schwarzbären – »*You are in Black Bear Country*«

Vorkommen

Von den Bären in Nordamerika ist er der häufigste: ***Ursus americanus***, der Amerikanische Schwarzbär, im Englischen ***Black Bear*** genannt. Sein Lebensraum ist Waldland aller Art, und die ursprüngliche Verbreitung reicht von Mittelmexiko und Nordkalifornien bis nach Alaska.

In **Québec** und den **Atlantikprovinzen** (außer auf PEI) leben Schwarzbären abseits dicht besiedelter Gebiete und überall dort, wo größere zusammenhängende Wald- oder Wildnisgebiete existieren. Sie halten sich aber nicht nur im Forst versteckt auf, sondern auch auf Feuchtwiesen, an Felshängen, auf Brandflächen, an Flussufern und am Strand. Den Winter verbringen die Tiere in einem Bau unter umgestürzten Bäumen oder Felsbrocken, in Höhlen oder Vertiefungen. Wenn sie am Ende des Winters den Bau verlassen, bevorzugen sie sonnige Südhänge, im Sommer dagegen schattige Nordhänge. **Schwarzbären klettern auch auf Bäume**.

Erscheinung

Ein weiblicher Bär wiegt 70 bis 120 kg, die männlichen Tiere sind deutlich schwerer. Die Körperlänge schwankt zwischen 130 und 180 cm, die Schulterhöhe zwischen 80 und 95 cm. Schwarzbären haben kleine Augen, runde Ohren, eine lange Schnauze, einen massigen Körper und einen kurzen Schwanz. Sie wirken zwar schwerfällig, bewegen sich aber sehr lebhaft.

Obwohl Bären auf zwei Beinen stehen können, laufen sie normalerweise auf allen Vieren. Ein kraftvoller Schlag ihrer Tatze kann einen Hirsch töten.

Ernährung

Die Nahrung der Schwarzbären ist jedoch großenteils pflanzlich. Sie bevorzugen Beerenfrüchte, Obst und Sämereien, Nüsse, Wurzeln, Gräser und Kräuter, fressen aber auch Aas, Fische und kleinere Säugetiere sowie Insekten wie Ameisen und Bienen. Dabei plündern sie gern Bienenstöcke, um an den Honig zu gelangen, oder zerstören Ameisenbaue, um die Larven zu fressen.

Fortpflanzung

Von Mai bis Juli dauert die Paarungszeit der Tiere. Die Tragzeit beträgt 32 Wochen, und im Januar oder Februar kommen ein bis drei Junge zur Welt. Diese bleiben bis Ende April oder Anfang Mai im Bau; später begleiten sie das Muttertier etwa eineinhalb bis zwei Jahre, bevor sie selbständig sind. Im Alter von drei Jahren werden die Bären geschlechtsreif.

Revier

Ein Weibchen, ob allein oder mit Nachwuchs, beansprucht ein Revier von ca. 5 km^2 bis zu 90 km^2. Die Territorien der Männchen können bis 250 km^2 groß sein und überschneiden sich mit denen der Weibchen.

Feinde

In freier Wildbahn könnten die Tiere 30 Jahre alt werden, doch wird dieses Alter nur selten erreicht. Natürliche Feinde sind andere Bären und gelegentlich **Kojoten**, die junge Bären töten können – **Hauptfeind ist jedoch der Mensch**. Zwar ist die Sportjagd Regeln und Quoten unterworfen und läuft daher relativ kontrolliert ab, aber Wilderer sorgen für eine Dezimierung der Bären in inzwischen bedenklicher Stückzahl. Es geht ihnen um die **Galle**, die auf asiatischen Märkten sehr gefragt ist; in China, Korea und Japan sagt man ihr starke medizinische Kräfte nach.

Bären und Menschen

»***You are in Black Bear Country!***« steht auf den Faltblättern, die man in den *National Parks* in Nova Scotia, Newfoundland und Québec verteilt. Auf ihnen sind Verhaltensmaßregeln für die mögliche Begegnung mit Meister Petz zusammengestellt. Die Wahrscheinlichkeit, auf Bären zu treffen, ist zwar für Touristen eher gering, aber nicht ausgeschlossen.

Bären meiden die Gebiete, in denen häufig Menschen anzutreffen sind. Wenn Wanderer in der Wildnis unterwegs sind, gehört es zum normalen Verhalten des Bären, dass er ihnen ausweicht und flüchtet. Ausnahmen bilden Situationen, in denen das Tier sich bedroht fühlt und auf Verteidigung einstellt. Das kommt insbesondere bei Bärenmüttern mit Jungen vor.

Wenn die Tiere sich an den Kontakt mit Menschen und der Zivilisation gewöhnt haben, wird das normale Fluchtverhalten eingeschränkt. Um eine derartige Gewöhnung zu vermeiden, sollte man Bären grundsätzlich nicht stören und einen Mindestabstand von etwa 100 m einhalten. Außerdem darf man sie nicht füttern und auch keine Nahrungsmittel in ihren Bereich bringen.

Beim Zelten in der Wildnis müssen Lebensmittel einschließlich aller Abfälle sorgfältig verstaut werden, so dass sie für Bären unzugänglich bleiben. Bereits ihr Geruch kann die Tiere anlocken. Auf den Campingplätzen im Hinterland gibt es meist Container, in denen man Lebensmittel wie Abfälle »bärensicher« verstauen kann. Keinesfalls sollte man Essbares im Zelt aufbewahren!

Begegnungen vermeiden

Um Begegnungen mit einem Bären möglichst zu vermeiden, ist es ratsam, sich in der Wildnis nicht allein oder lautlos zu bewegen. In der Nähe von rauschenden Gewässern oder bei Gegenwind ist Vorsicht geboten, da man dann vielleicht nicht rechtzeitig vom Bären gehört oder gerochen wird. Biker müssen besonders aufmerksam sein, da sie wegen ihrer Geschwindigkeit ebenfalls nicht rechtzeitig vom Tier bemerkt werden. Erhöhte Vorsicht ist immer dann geboten, wenn im Gelände Spuren von Bären zu sehen sind, ➪ Foto.

Bärenspuren am Strand

Wenn man Bären trifft

Es gibt für die Begegnung mit einem Bären keine allgemeingültige Strategie, doch sollte man einige Verhaltensmaßregeln unbedingt beachten. Das wichtigste ist, ruhig zu bleiben und nicht in Panik zu verfallen, um planvoll und angemessen auf das Verhalten des Bären reagieren zu können. Schnelles Weglaufen ist sinnlos, denn der Bär ist schneller. Ein langsamer Rückzug und sanfter Einsatz der Stimme ist die bessere Taktik, dabei muss direkter Blickkontakt vermieden werden. Wenn ein Rückzug nicht möglich erscheint, sollte man die Bewegungen des Bären abwarten und ihm Gelegenheit geben, sich aus dem Staub zu machen. Richtet der Bär sich auf zwei Beine auf oder kommt näher, muss das noch nicht heißen, dass er angriffslustig ist. Dies drückt zunächst nur seine Neugier aus.

Wenn der Bär hingegen seinen Kopf schwingt und drohende Geräusche von sich gibt, seine Zähne zeigt oder seine Klauen spreizt, die Schnauze öffnet und mit der Tatze auf den Boden schlägt, bedeutet dies, dass er sich in die Enge getrieben fühlt und zur Verteidigung übergeht.

Wer auf eine Bärenmutter mit Jungen trifft, muss unbedingt vermeiden, zwischen die Bärin und den Nachwuchs zu geraten.

Im Falle eines Angriffs

Auch für den – sehr seltenen – Fall eines Angriffs gibt es keine allgemeingültigen Regeln. Will ein überraschter Bär sich verteidigen und ist ein Rückzug nicht möglich, kann es sinnvoll sein, sich tot zu stellen, indem man sich auf den Bauch legt, die Beine ausstreckt, Kopf und Nacken mit den Armen schützt und ganz still ist. Wenn der Bär keine Bedrohung mehr verspürt, wird er den Ort wahrscheinlich verlassen.

Wird man hingegen von einem Bären verfolgt und angegriffen, hilft kein Totstellen. Die Flucht auf einen Baum ist keine Alternative, denn Schwarzbären erklettern – wie gesagt – Bäume behende. Man muss dann aggressiv reagieren, den Bären erschrecken, ihn z.B. mit Hilfe von Stöcken und Steinen bedrohen und dabei laut schreien – möglicherweise ist Hilfe in der Nähe.

Sich vor Bären auf einen Baum zu flüchten, hilft im Zweifel nicht viel

Bärenspray

Das in Canada verkaufte pfefferhaltige Bärenspray wirkt nur, wenn es aus kurzer Distanz zielsicher in die Augen bzw. den Atmungsbereich des Bären gesprüht wird. Dazu gehört schon eine ziemliche Portion Kaltblütigkeit.

Im Wasser lebende Säugetiere

Robben

In den Gewässern der Atlantikprovinzen gibt es **vier Robbenarten**. Die ersten beiden sind häufig von Land aus zu beobachten:

Die kleinste Art, die **Seehunde** (*Harbour Seal – Phoca vitulina*), kann man in Gruppen im Wasser schwimmend oder tauchend beobachten; mit Vorliebe sonnen sie sich auf kleinen Felseninseln. Sie sind neugierig und schauen gern auf neugierige Menschen. Ihre Jungen werden im Mai oder Juni geboren. Im Winter ziehen sie in wärmere Gewässer.

Die **Kegelrobben** (*Grey Seals – Halichoerus grypus*) leben vor und an den kühl temperierten subarktischen Küsten des Nordatlantiks; ihr bevorzugter Lebensraum sind das Meer und die vor der Küste liegenden felsigen Inseln. Meistens sind sie in kleinen Gruppen zu sehen. Die Tiere werden bis zu 3 m lang. Ihren Nachwuchs bringen sie im Januar oder Februar zur Welt.

Im St.-Lorenz-Strom und um Newfoundland und Labrador leben **Sattelrobben** (*Harp Seal – Phoca groenlandica*). Wegen der weißen Säuglingsfelle wurden sie jahrhundertelang erbarmungslos gejagt. Die Jungen kommen im Februar oder März zur Welt. Die »Robbenschlägerei« wurde zwar per Gesetz eingeschränkt, aber kürzlich wieder »aufgeweicht«. Die Bestände sind dabei noch lange nicht außer Gefahr.

Ringelrobben (*Ringed Seal – Phoca hispida*) leben als Einzelgänger im Nordpolarmeer und sind häufig auf treibenden Eisschollen zu sehen.

Wale

Vor den Küsten der Atlantikprovinzen zeigen sich besonders in den Sommermonaten viele **Buckelwale** (*Humpback – Megaptera novaeangliae*), **Finnwale** (*Fin Whale – Balaenoptera physalus*), **Zwergwale** (*Minke Whale – Balaenoptera acutorostrata*) und seltener auch die **Nördlichen Glattwale** (*Right Whale – Eubalaena glacialis*/Nordkaper). Ideales Beobachtungsgebiet ist die ***Bay of Fundy*** (➪ Seite 167). Nur vor Neufundland, und auch dort eher selten, sieht man ***Orcas*** (*Killer Whale – Orcinus orca*). Im St. Lawrence-Strom schwimmen viele **Belugas** (*White Whale – Delphinapterus leucas*), wiederum dort gibt es bisweilen **Blauwale** (*Blue Whale – Balaenoptera musculus*).

Delphine

Häufig dagegen sind **Delphine** (*Common Dolphin – Delphinus delphis*), **Weißseitendelphine** (*White-sided Dolphin – Lagenorhynchus acutus*), **Schweinswale** (*Harbour Porpoise – Phocoena phocoena*) und **Grindwale** (*Atlantic Pilot Whale – Globicephala melas*), etwas seltener **Seiwal** (*Sei Whale – Balaenoptera borealis*) und **Grönlandwal** (*Bowhead Whale – Balaena mysticetus*).

Vögel der Küstengebiete

Ein charakteristischer Bewohner der Küsten- und Binnengewässer in den Atlantikprovinzen ist der **Eistaucher** (***Common Loon*** – *Gavia immer*). Sein typischer klagender Gesang, der besonders bei nächtlicher Stille effektvoll über das Wasser klingt, hat schon viele Menschen bezaubert.

Auf Felseninseln vor der Küste sieht man häufig, wie die **Ohrenscharbe** (*Double-crested Cormorant – Phalacrocorax auritus*), eine Kormoranart, ihre Flügel zum Trocknen ausbreitet.

Gänse und Enten

Häufig kommt natürlich auch die **Canada Gans** (*Canada Goose – Branta canadensis*) vor, die im Frühjahr und Herbst die Atlantikprovinzen überfliegt. Ihre Nistgebiete liegen auf Newfoundland und in Nordlabrador, doch einige bleiben im Sommer auch in den Maritimes. Genau wie die häufige **Amerikanische Schwarzente** (*American Black Duck – Anus rubripes*) ist sie an den Küsten (Buchten, Marschen und Lagunen) wie auch in Binnengewässern anzutreffen. Die **Eiderente** (*Common Eider – Somateria mollissima*) ist vor allem in der Bay of Fundy und der Baie de Chaleur zahlreich, sie tritt aber in der Brutzeit von April bis Juli weniger in Erscheinung. Weitere verbreitete Arten sind **Samtente** (*White-winged Scoter – Melanitta deglandi*), **Gänsesäger** (*Common Merganser – Mergus merganser*), **Kragenente** (*Harlequin Duck – Histrionicus histrionicus*) und **Schellente** (*Common Goldeneye – Bucephala clangula*).

Stelz- und Watvögel, Strandläufer, Regenpfeifer

In ruhigen Ufergewässern, in Buchten und Lagunen steht oft der prächtige **Canadareiher** (*Great Blue Heron – Ardea herodias*) im Wasser. Bei Strandspaziergängen trifft man häufig auf die kleinen **Sandregenpfeifer** (*Semipalmated Plover – Charadrius semipalmatus*). An einigen Strände sind geschützte Gebiete als Brutareal des gefährdeten **Flötenregenpfeifers** (*Piping Plover – Charadrius melodus*) ausgewiesen. Verbreitet sind noch **Kiebitzregenpfeifer** (*Black-bellied Plover – Pluvialis squatarola*), **Sanderling** (*Sanderling – Calidris alba*), **Schlammtreter** (*Willet – Catoptrophorus semipalmatus*), **Großer Gelbschenkel** (*Greater Yellowlegs – Tringa melanoleuca*) sowie verschiedene **Strandläuferarten** (*Sandpiper – Calidris*), die man auch an Gezeitentümpeln (*tide pools*) und in Salzmarschen antrifft.

Piping Plover Schutzgebiet im Greenwich Areal des Prince Edward Island National Park

Vogelkolonien

An den felsigen Steilküsten, oft gemeinsam in **Kolonien** an sogenannten »Vogelfelsen«, nisten gern **Tordalke** (*Razorbill – Alca torda*), **Dreizehenmöwen** (*Kittiwake – Rissa tridactyla*), **Papageientaucher** (*Atlantic Puffin – Fratercula arctica*), **Lummen** (*Murre – Uria*), Gryllteiste (*Black Guillemot – Cephus grylle*) und **Basstölpel** (*Northern Gannet – Morus bassanus*).

Basstölpel kolonie

Manchmal zu Hunderten in der Luft, zur Nahrungsaufnahme im Wasser und seltener an Land sieht man die Möwen. In den Atlantikprovinzen sind die **Silbermöwe** (*Herring Gull – Larus argentatus*) und die **Mantelmöwe** (*Great Black Backed Gull – Larus marinus*) die häufigsten Arten. Sie bevölkern auch Gewässer im Binnenland und fallen oft zu Hunderten auf Farmland oder Mülldeponien ein. Genistet wird ebenfalls gern in Kolonien, meist auf Inseln vor der Küste.

Die eleganten **Flussseeschwalben** (*Common Tern – Sterna hirundo*) und **Küstenseeschwalben** (*Arctic Tern – Sterna paradisea*), die als Zugvögel von Mai bis Anfang September in den Atlantikprovinzen leben, bilden ebenfalls Brutkolonien, allerdings auf flachen sandigen Wiesen in wenig begangenen Regionen. Wer das Brutgebiet betritt, muss mit schmerzhaften Angriffen der Elternvögel rechnen. Nachhaltige Störungen führen indessen zur Aufgabe der Nachkommen.

Papageientaucher (Puffin)

»Off-shore« Kaum einmal an Land kommen die Sturmvögel wie der **Wellenläufer** (*Leach's Storm Petrel – Oceanodroma leucorhoa*), die **Buntfuß-Sturmschwalbe** (*Wilson's Storm Petrel – Oceanites oceanicus*), der **Eissturmvogel** (*Northern Fulmar – Fulmaris glacialis*) und der **Große Sturmtaucher** (*Shearwater – Puffinus gravis*).

Adler In großen Bäumen nahe der Küste, manchmal aber auch auf Strommasten nistet der **Fischadler** (*Osprey – Pandion haliaetus*), der sich ausschließlich von Fischen ernährt. Etwas größer ist der **Weißkopfadler** (*Bald Eagle – Haliaeetus leucocephalus*), der eine Flügelspanne bis 2,5 m erreichen kann. Leicht ist er durch den deutlich erkennbaren weißen Kopf zu unterscheiden. Er nistet besonders gern auf Kiefern, bevorzugt zwar Fisch, ernährt sich aber auch von anderen Kleinsäugetieren. Nachdem der Bestand seit den 1960er Jahren stark zurückgegangen war, hat seine Verbreitung in den Atlantikprovinzen in den letzten Jahren wieder deutlich zugenommen.

Andere Greifvogel Im Binnenland sieht man oft den **Rotschwanzbussard** (*Red-tailed Hawk – Buteo jamaicensis*), nicht so häufig ist der **Graubussard** (*Broad-winged Hawk – Buteo nitidus*). Selten geworden sind hingegen der **Peregrinfalke** (*Peregrine falcon – Falco peregrinus*), von dem es im *Fundy National Park* in New Brunswick Brutpaare gibt, und der **Merlin** (*Merlin – Falco columbarius*).

Rabenvögel Die **Krähe** (*American Crow – Corvus brachyrhynchos*) ist in dicht besiedelten Gebieten ein alltäglicher Vogel. Der ebenfalls nicht seltene **Rabe** (*Common Raven – Corvus corax*) ist eher in einsameren Gegenden anzutreffen.

Bodenvögel Bei Waldspaziergängen überrascht man manchmal das unscheinbar aussehende, aber auch sehr scheue **Waldhuhn** (*Ruffed Grouse – Bonasa umbellus*). Gebietsweise taucht manchmal ein **Fasan** auf (*Ring-necked Pheasant – Phasanius colchicus*).

Singvögel Auf dem nordamerikanischen Kontinent gibt es eine ganze Menge Singvögel, die keine Entsprechung in Europa haben. Ein paar auffällige seien erwähnt, die man in den Atlantikprovinzen häufiger zu Gesicht bekommen kann:

Blue Jays (Blauhäher) findet man in Nordamerika allerorten

Seltener einzeln, eher in Gruppen, und das meist recht geräuschvoll, präsentiert sich der hübsche **Blauhäher** (*Blue Jay – Cyanocitta cristata*). Eine in diesen nördlichen Gefilden kaum vermutete Besonderheit ist der **Rubinkehlkolibri** (*Ruby-throated Hummingbird – Archilochus colubris*), den man sogar noch in Neufundland antrifft. Der zarte Vogel überwintert im Golf von Mexiko. An ein überdimensioniertes europäisches Rotkehlchen erinnert die **Wanderdrossel** (*American Robin – Turdus migratorius*) mit ihrer orangeroten Brust. Der **Goldzeisig** (*American Goldfinch -- Carduelis tristis*) fällt durch seine leuchtendgelbe Farbe auf. Weit verbreitet in den Maritimes ist auch die **Schwarzkopfmeise** (*Black-capped Chickadee – Parus atricapillus*), die ein wenig der europäischen Weidenmeise ähnelt. Die **Singammer** (*Song Sparrow – Melospiza melodia*) sieht ein bisschen aus wie unser Spatz, singt aber ungleich schöner.

Rubinkehlkolibri (Hummingbird) am »Feeder«

Lurche und Kriechtiere

In nächtlichen Stunden kann man in den Maritimes ein vielstimmiges Konzert hören, bei dem man sich fragt, ob das wohl Singvögel oder Grillen sind – doch es sind **Frösche**! Sie quaken nicht, sie pfeifen, und daher kommt ihr Name: **Frühlingspfeifer** (*Northern Spring Peeper – Hyla crucifer*). Fast wie das Geschrei eines Esels kann hingegen der Ruf des **Ochsenfrosches** (*Bullfrog – Rana catesbeiana*) klingen. Die **Fleckensalamander** (*Yellow spotted Salamander – Ambystoma maculatum*) kommen zwar häufig vor, sind aber nur selten zu sehen, da sie sich im Waldboden unter Zweigen, Laub und Humus verbergen.

Kaum jemand weiß, dass in den Atlantikprovinzen auch Schildkröten leben, so etwa die **Schnappschildkröte** (*Common Snapping Turtle – Chelydra serpentina*) und die **Sumpfschildkröte** (*Blanding's Turtle – Emydoidea blandingi*). In den Küstengewässern gibt es auch Meeresschildkröten, z.B. die – allerdings im Bestand gefährdete – riesige **Lederschildkröte** (*Atlantic Leatherback – Dermochelys coriacea*).

Vor den in den Atlantikprovinzen anzutreffenden **Schlangen** (*Maritime Garter Snake – Thamnophis sirtalis, Redbelly Snake – Storeria occipitomaculata, Ringneck Snake – Diadophis punctatus, Northern Ribbon Snake – Thamnophis sauritus* und *Eastern Smooth Green Snake – Liochlorophis vernalis borealis*) braucht man sich nicht zu fürchten, sie sind allesamt ungiftig.

Meerespflanzen und »Strandgut«

Ein Strandspaziergang nach einem Sturm oder ein Blick in die Gezeitentümpel macht klar, dass es eine Vielzahl verschiedenster Meeresgewächse gibt, für die sich Sammelbegriffe wie Algen, Tang oder Kelp schnell erschöpfen. Einige davon werden kommerziell als Lebensmittel verwertet wie ***Dulse*** (*Palmaria palmata*) oder ***Irish Moss*** (*Chondrus crispus*). Andere nutzt man als Dünger, so etwa **Tang** bzw. ***Rockweed*** (*Fucus, Ascophyllum*).

Andere auffällige Gebilde, die den Strandspaziergang bereichern, sind der getrocknete **Sanddollar** (*Echinarachnuis parma*), oder das Gehäuse des **Seeigels** (*Sea Urchin – Strongylocentrotus*), der **Seestern** (*Sea Star – Asterias vulgaris*), der gelegentlich auch noch lebend in Gezeitentümpeln zu erblicken ist. Weiterhin Gehäuse von **Krabben** (*Rock Crab – Cancer irroratus*) und von verschiedenen dekorativen Muschelarten wie der in Mitteleuropa unbekannten **Scheidenmuschel** (*Razor Clam – Ensis directus*).

Fische – Muscheln – Krustentiere

Der Fischreichtum vor den Küsten der Atlantikprovinzen hat seit Jahrhunderten Fischer angezogen. Fangflotten aus allen Ländern tummelten sich dort, bis wegen Überfischung der Fang des **Kabeljau** (*Atlantic Cod – Gadus morhua*) gestoppt wurde (⇨ Seite 310). Auch für andere Arten, wie z.B. **Schwertfische** (*Swordfish – Xiphias gladius*), deuten sich bereits ernsthafte Bestandsprobleme an. Man fängt heute u.a. noch **Seewolf** (*Atlantic Catfish – Anarhichas lupus*), verschiedene Arten von **Flundern** und die **Seezunge** (*Sole – Solea*) sowie **Schellfisch** (*Haddock – Melanogrammus aeglefinus*), weiterhin **Seehecht** (*Hake – Merluccius bilinearis*), **Köhler** (*Pollock – Pollachius virens*), **Heilbutt** (*Atlantic Halibut – Hippoglossus hippoglossus*), **Lachs** (*Atlantic Salmon – Salmo salar,* der oft in Aquakulturen gezüchtet wird), **Thunfisch** (*Bluefin Tuna – Thunnus thynnus*), **Dornhai** (*Spiny Dogfisch – Squalus acanthias*) und **Makrele** (*Atlantic Mackerel – Scomber scombrus*).

Alle diese Arten findet man auch auf dem Fisch- und im Supermarkt oder auf den Speisekarten der Restaurants.

In der **Nahrungskette** der maritimen Fauna – sowohl für Seevögel als auch für Wale – hat darüber hinaus die **Lodde** (*Capelin – Mallotus villosus*) einen unverzichtbaren Platz.

Am wichtigsten für die kommerzielle Fischerei der Atlantikprovinzen sind heute **Hering** (*Atlantic Herring – Clupea harengus*) sowie die Krustentiere **Hummer** (*Lobster – Homarus americanus*), **Shrimps** und **Krabben**. Letztere drei spielen mit den **Jakobsmuscheln** (*Atlantic Sea Scallop – Placopecten magellanicus, Icelandic Scallop – Chlamys islandica*) und den **Austern** (*American Oyster – Crassostrea virginica*) vor allem für den internationalen Delikatessenmarkt eine Rolle. Auch die **Miesmuschel** (*Blue Mussel – Mytilus edulis*) ist ein beliebtes Lebensmittel.

Für Angler in den Binnengewässern sind neben den Wanderern **Lachs** (*Salmon*, Hauptwanderzeit Spätsommer/Herbst), **Stint** (*Smelt – Osmerus mordax*, Wanderzeit nach der Schneeschmelze) und dem **Amerikanischen Maifisch** (*American Shad – Alosa sapidissima*, Wanderzeit Mai und Juni), die **Forellen und Saiblinge** (*Brook Trout – Salvelinus fontinalis, Lake Trout – Salvelinus namaycush*, Arctic Char – *Salvelinus alpinus*) am interessantesten.

Insekten

Von den unzähligen Insektenarten sollen hier nur die erwähnt werden, die für Menschen unangenehm sein können. **Moskitos** gibt es in der warmen Jahreszeit zwischen den Frostperioden. ***Blackflies*** tauchen im Frühling auf und verschwinden bei Sommerhitze. Die ***Wood Ticks*** (eine Zeckenart) kommen ebenfalls im Frühling und Frühsommer (nur) in Waldgebieten vor, ⇨ Seite 111.

Vor allem in Labrador sind die **Bremsen** zeitweise eine Last.

Mit herkömmlichen **Insektenschutzmitteln** (Autan wie vor Ort in Canada erhältlichen Sprays und Cremes etc.) kann man sich weitgehend vor diesen Plagegeistern schützen, die Wirkung hält aber immer nur für wenige Stunden an.

2.2 Umweltaspekte

Man könnte meinen, ein so riesiges Land wie Canada mit seinen wenigen Einwohnern sollte kaum Umweltprobleme haben – doch ist das nicht der Fall. Viele ökologische Entgleisungen geschehen weit entfernt von den Ballungsgebieten und werden oft erst nach und nach bekannt. Umweltbewusstsein ist ein gefährdetes Pflänzchen.

Jagd auf Pelztiere

Vor Ankunft der Europäer nutzte die Urbevölkerung Flora und Fauna zur eigenen Existenzsicherung und befand sich damit weitgehend im Einklang mit der Natur. Dies änderte sich mit zunehmendem Pelzhandel im 17./18. Jahrhundert. Die Pelze fanden in Europa reißenden Absatz, und der Wildbestand nahm rasch ab.

Ein besonderes Problem ist und war die **Robbenjagd** (speziell, was die Jungen der Sattelrobbe betrifft, ⇨ oben, Seite 413). Drastische, wenn auch inzwischen wieder aufgeweichte Schutzmaßnahmen führten zwar zur Erholung der Populationen, jedoch gleichzeitig zu einer weiteren Gefährdung der Kabeljau-Bestände, ⇨ unten.

Fisch- und Walfang

Ähnliches geschah beim Fischfang, der bereits seit über 500 Jahren von Europa aus in den Küstengewässern Ostkanadas betrieben wurde. Bereits der intensive **Walfang** seit dem 16. Jahrhundert hatte zu einer drastischen Reduzierung der Bestände geführt. Möglicherweise ist die Abnahme der Walpopulationen zwischen dem 17. und 18. Jahrhundert ein Grund für den Untergang der Thule-Kultur im Lebensraum der *Inuit*.

Wegen der schonungslosen Überfischung des **Kabeljau** in den Gewässern vor Neufundland – vor allem auch durch europäische Fischfangflotten – kam es Anfang der 1990er-Jahre fast zur Ausrottung der Art. Um den Bestand zu retten, musste die Kabeljaufischerei an der Atlantikküste komplett eingestellt werden (➪ »*In Cod We Trust*«, Seite 310).

Wälder und Biotope

Trotz scheinbar unerschöpflich großer Wälder bereitet auch der **Holzeinschlag** Sorgen. Der größte Teil der rund 3,2 Mio. km² Waldfläche Canadas liegt weit entfernt von Ballungszentren und Verkehrswegen und lässt sich zu vertretbaren Kosten nicht nutzen. Daher erfolgen massive Kahlschläge vor allem in der Nähe erschlossener Zonen. Die Bestände und das ökologische Gleichgewicht werden dadurch gefährdet. Wo man wieder aufforstet kommt es zu Monokulturen sowie zum Einsatz von Herbiziden und Pestiziden.

Auch im arktischen **Norden des Landes** sind die sensiblen Ökosysteme durch wirtschaftliche Nutzung bedroht (Erdöl-, Erdgas-, Rohstoffförderung, Elektrizitätserzeugung durch Überflutung riesiger Flächen für Wasserkraftwerke).

Maßnahmen

Bereits im 19. Jahrhundert gab es erste Bedenken wegen der Verschmutzung der Flüsse durch Sägemühlen und Übernutzung der Wälder. Gesetze zum Schutz der Umwelt wurden erlassen und die ersten Naturparks gegründet, dabei aber auch Erholungs- und Freizeitareale für die Bevölkerung geschaffen.

Canada stellt sich seither zunehmend seinen Umweltproblemen und gehört zu den wenigen Ländern, die ein eigenes Umweltministerium unterhalten (*Environment Canada*). Heute muss jegliche Art der Nutzung natürlicher Ressourcen hohe offizielle Umweltauflagen erfüllen, die von Regierungsagenturen überwacht werden. Behörden wie *Natural Resources*, *Wildlife Conservation* etc. nehmen regulierend Einfluss.

Umweltorganisationen

Dank des seit den 1960er-Jahren wachsenden öffentlichen Interesses an der Notwendigkeit, die Natur vor Verschmutzung und Zerstörung zu bewahren, wurden zahlreiche Umweltgruppen gegründet. So entstand u.a. die heute international wirkende Organisation ***Greenpeace*** in Canada.

Im Kampf gegen das Töten von Seehunden, die Jagd auf Pelztiere und die Kahlschlagpraxis in den Wäldern sind auch internationale Umweltorganisationen aktiv. Von den lokalen Gruppierungen, deren Lebensgrundlagen oft von diesen Ressourcen abhängen, wird eine derartige externe Einmischung häufig abgelehnt. Durch den Boykott internationaler Märkte haben die Protestorganisationen von außen aber einen erheblichen Einfluss. Es ist schwierig, in jedem Falle Lösungen zu finden, die sowohl die Bedürfnisse der betroffenen Fischer, Jäger oder Holzfäller berücksichtigen als auch den Interessen zukünftiger Generationen und der ganzen Menschheit gerecht werden.

Kahlschläge und nachhaltige Forstwirtschaft

»*Give us back our Forests!*« – unter dieser Devise ist eine massive Protestbewegung verschiedener Gruppierungen in der Provinz New Brunswick aktiv. Dort sollen 3,3 Mio. Hektar *Crown Land* – die Hälfte des gesamten Waldgebietes der Provinz – transnationalen Konzernen der Papierindustrie zur Nutzung übertragen werden. Davon sind 72% zur Abholzung freigegeben, in weiteren 23% darf partiell Holz eingeschlagen werden, und nur 5% bleiben absolut geschützt. Bei dieser Planung dürfte der Wald innerhalb der nächsten 46 Jahre im wesentlichen verschwunden sein. Aufforstungsmaßnahmen sind nur für 20% der abgeholzten Flächen vorgesehen – und dies noch als Monokultur: Herbizide werden aufkommende Laubgehölze vernichten, damit nur das zur Papierherstellung nutzbare Nadelholz nachwächst.

Einige Unternehmen zeigen allerdings, dass es auch anders geht: Die ***Windhorse Farm*** nahe Lunenburg/Nova Scotia wendet z.B. eine behutsame selektive Baumfälltechnik an, die das Ökosystem Wald so wenig wie möglich beeinträchtigt. So werden weder die fragilen Pilzgeflechte noch der Lebensraum der Spechte gestört. Ähnliches praktiziert man auch im ***Analog Forest*** in New Brunswick (*Falls Brook Centre*, South Knowlesville). Die Regeneration älterer Bereiche wird dort sorgfältig überwacht und durch gemischte Anpflanzung von Sämlingen ergänzt.

Das gilt auch für den indianischen Waldwirtschaftsbetrieb der ***Pictou Landing First Nation*** in Nova Scotia. Die Indianer wenden ihre traditionellen Überzeugungen der Ein- und nicht etwa Überordnung des Menschen in die Schöpfung auch auf die Waldbewirtschaftung an. Nicht nur Nutzholz wird dort verwertet, man erntet auch Früchte, verarbeitet Birkenrinde und sammelt Heilpflanzen. Es wird deutlich, dass eine Maßnahme nicht notwendigerweise zu Lasten der anderen gehen muss.

Um den Einsatz schwerer Maschinen überflüssig zu machen, wurden Pferde angeschafft und viele Ideen zur Hege der Waldtiere werden umgesetzt. Zur Verbesserung der Methoden arbeiten die Indianer mit der ***St. Francis Xavier University*** in Antigonish zusammen, wo Stammesmitglieder mit Forstwirtschaftsstudenten zusammentreffen.

Auf Prince Edward Island wirkt das ***MacPhail Woods Ecological Forestry Project*** aufklärend und informierend für ähnliche Ziele. Auch auf Newfoundland gibt es bereits ökologische Forstwirtschaftler, die für den Schutz zumindest begrenzter privater Waldflächen aktiv sind – vorerst noch gegen den erklärten Willen der Regierung.

Hier und anderswo ist vielfach noch der Einsatz von Herbiziden üblich. Das wird als »Schutz der Ressourcen« bezeichnet, obwohl dadurch das Gleichgewicht im Ökosystem Wald extrem durcheinander gerät.

»So wenig wie möglich den Boden, die Pflanzen, die Wasserläufe und die Tiere im Wald stören und sich selbst als Teil des Ökosystems begreifen« – unter dieser Prämisse lässt sich erstaunlicherweise auch Geld verdienen. Die alternativen Forstwirtschaftsbetriebe verkaufen jedes Stück Holz, das sie produzieren: denn die Nachfrage umweltbewusster Kunden nach FSC-zertifizierten Produkten ist groß; www.fsc-deutschland.de/infocenter/instand.htm.

Die Reiseführer von Reise

Reisehandbücher
Urlaubshandbücher
Reisesachbücher
Edition RKH, Praxis

Afrika, Durch, 2 Bde.
Agadir, Marrakesch, Südmarokko
Ägypten individuell
Ägypten/Niltal
Alaska ⇗ Kanada
Algerische Sahara
Argentinien, Uruguay, Paraguay
Äthiopien
Australien – Auswandern
Australien, Osten und Zentrum
Australien, Westen und Zentrum

Baikal, See u. Region
Bali und Lombok
Bali, die Trauminsel
Bangkok
Botswana
Brasilien
Brasilien kompakt

Cabo Verde
Chicago
Chile, Osterinsel
China Manual
Chinas Osten
Costa Rica
Cuba

Djerba & Zarzis
Dominikanische Republik
Dubai, Emirat

Ecuador, Galápagos
Erste Hilfe unterwegs

Fahrrad-Weltführer
Florida
Fuerteventura

Guatemala

Havanna
Hawaii
Honduras
Hongkong, Macau, Kanton

Indien, der Norden
Indien, der Süden
Iran

Japan
Jemen
Jordanien

Kalifornien und USA Südwesten
Kalifornien, Süden und Zentrum
Kambodscha
Kamerun
Kanada, USA
Kanadas Maritime Provinzen
Kanadas Osten, USA Nordosten
Kanadas Westen, Alaska
Kapstadt – Garden Route (Südafrika)
Kapverdische Inseln
Kenia
Kenia kompakt
Kerala (Indien)
Krügerpark – Kapstadt (Südafrika)

Ladakh, Zanskar
Laos
Lateinamerika BikeBuch
Libyen

Malaysia, Singapur, Brunei
Marokko
Mauritius, La Réunion
Mexiko
Mexiko kompakt
Mongolei
Motorradreisen
Myanmar

Namibia
Namibia kompakt
Neuseeland BikeBuch
New Orleans
New York City
New York im Film

Oman
Outdoor-Praxis

Panama
Peru, Bolivien
Peru kompakt
Phuket (Thailand)

Qatar
Queensland (Australien)

Rajasthan (Indien)

San Francisco
Senegal, Gambia
Singapur
Sri Lanka
St. Lucia, St. Vincent, Grenada
Südafrika
Südafrika: Kapstadt – Garden Route
Südafrika: Krügerpark – Kapstadt
Sydney, Naturparks
Syrien

Taiwan
Tansania, Sansibar
Thailand
Thailand – Tauch- und Strandführer
Thailands Süden
Tokyo, Kyoto, Yokohama
Transsib
Trinidad und Tobago
Tunesien
Türkei, Hotelführer
Türkei: Mittelmeerküste

Uganda, Ruanda
USA, als Gastschüler
USA, Kanada
USA, Canada BikeBuch
USA Nordosten, Kanada Osten
USA, der große Süden
USA Südwesten, Kalif., Baja California
USA, Südwesten, Natur u. Wandern
USA, der ganze Westen

Venezuela
Vereinigte Arabische Emirate
Vietnam

Westafrika – Sahel
Westafrika – Küste
Wo es keinen Arzt gibt

Yucatán (Mexiko)

PANORAMA

Australien
Cuba
Rajasthans Palasthotels
Südafrika
Thailands Bergvölker und Seenomaden
Tibet
Vietnam

Know-How auf einen Blick

Edition RKH

Abenteuer Anden
Auf Heiligen Spuren
Durchgedreht – Sieben Jahre im Sattel
Inder, Leben und Riten
Mona und Lisa
Myanmar – Land der Pagoden
Please wait to be seated
Rad ab!
Salzkarawane
Südwärts durch Lateinamerika
Suerte – 8 Monate durch Südamerika
Taiga Tour
USA – Unlimited Mileage

Praxis

Aktiv Marokko
All inclusive?
Australien: Outback/Bush
Australien: Reisen/Jobben
Auto durch Südamerika
Ayurveda erleben
Buddhismus erleben
Canyoning
Clever buchen/fliegen
Daoismus erleben
Drogen in Reiseländern
Dschungelwandern
Expeditionsmobil
Fernreisen auf eigene Faust
Fernreisen, Fahrzeug
Fliegen ohne Angst
Frau allein unterwegs
Früchte Asiens
Fun u. Sport im Schnee
Geolog. Erscheinungen
GPS f. Auto, Motorrad
GPS Outdoor-Navigation
Handy global
Hinduismus erleben
Höhlen erkunden
Hund, Verreisen mit
Indien und Nepal, Wohnmobil
Internet für die Reise
Islam erleben
Japan: Reisen und Jobben
Kanu-Handbuch
Kartenlesen
Kommunikation unterw.
Konfuzianismus erleben
Kreuzfahrt-Handbuch
Küstensegeln
Langzeitreisen
Maya-Kultur erleben
Mountainbiking
Mushing/Hundeschlitten
Neuseeland: Reisen und Jobben
Orientierung mit Kompass und GPS
Panamericana
Paragliding-Handbuch
Pferdetrekking
Radreisen
Reisefotografie
Reisefotografie digital
Reisekochbuch
Reiserecht
Respektvoll reisen
Safari-Handbuch Afrika
Schutz vor Gewalt und Kriminalität
Schwanger reisen
Selbstdiagnose unterwegs
Shopping Guide USA
Sicherheit Bärengeb.
Sicherheit am Meer
Sonne, Wind, Reisewetter
Sprachen lernen
Südamerika, Auto
Survival-Handbuch Naturkatastrophen
Tango in Buenos Aires
Tauchen Kaltwasser
Tauchen Warmwasser
Transsib – Moskau-Peking
Trekking-Handbuch
Trekking/Amerika
Trekking/Asien Afrika, Neuseeland
Tropenreisen
Unterkunft/Mietwagen
USA Shopping Guide
Volunteering
Vulkane besteigen
Wann wohin reisen?
Was kriecht u. krabbelt in den Tropen?
Wildnis-Ausrüstung
Wildnis-Backpacking
Wildnis-Küche
Winterwandern
Wohnmobil-Ausrüstung
Wohnmobil-Reisen
Wohnwagen Handbuch
Wracktauchen
Wüstenfahren

KulturSchock

Afghanistan
Ägypten
Argentinien
Australien
Brasilien
China, Taiwan
Cuba
Ecuador
Familien im Ausland
Kl. Golfstaaten, Oman
Indien
Iran
Japan
Jemen
Kambodscha
Kaukasus
Laos
Leben in fremd. Kulturen
Marokko
Mexiko
Pakistan
Peru
Russland
Thailand
Thailands Bergvölker und Seenomaden
Türkei
USA
Vietnam
Vorderer Orient

Wo man unsere Reiseliteratur bekommt:
Jede Buchhandlung Deutschlands, der Schweiz, Österreichs und der Benelux-Staaten kann unsere Bücher beziehen. Wer sie dort nicht findet, kann alle Bücher über unsere **Internet-Shops** bestellen.
Auf den Homepages gibt es **Informationen** zu allen Titeln:

www.reise-know-how.de oder **www.reisebuch.de**

Abbildung Auflage 2007

Hans-R. Grundmann

Mallorca

Handbuch für den optimalen Urlaub

bestens beurteilt von der Stiftung Warentest

18. Auflage 7/2007

ISBN 978-3-89662-233-4 · € 19,90

488 + 48 + 60 Seiten mit 63 eigens für dieses Buch angefertigten Farbkarten, davon 8 Wanderkarten, und über 250 Fotos. Unterkunftsempfehlungen für 48 Ferienorte mit aktuellen Kostenbeispielen 2007.

Separate Straßenkarte mit Stadtplan Palma und kulinarischem Lexikon. Mit 2 Beilegern - 48+60 Seiten:

- **Wandern und Natur**
- **Optimal unterkommen auf Mallorca**
- **Jedes Jahr neu**

Marc Schichor, Kirsten Elsner

Wandern auf Mallorca

Tramuntana Gebirge – Gipfel, Schluchten und Täler

Neuauflage März 2008

- 50 Tourenvorschläge in der Tramuntana
- die meisten Wege auch in Gegenrichtung
- alle Routen in Kurzfassung und en Detail
- **Neu**: Mehrtageswanderung »Ruta de Piedra en Sec«
- Genaue Karten von alle Orten in der Wanderregion
- Kleines Pflanzenlexikon mit zahlreichen Fotos
- Unterkunftsverzeichnis von der Berghütte bis ****Hotel

Der Clou des Buches ist die von den Autoren **für speziell diese Routen angefertigte separate Karte** mit Höhenlinien und -schichten im **Maßstab 1:35.000**, die keine Zweifel mehr über den richtigen Weg aufkommen lassen360 Seiten vierfarbig mit zahlreichen exakten Karten, Skizzen und über 400 Fotos,

3. Auflage 1/2008 · ISBN 978-3-89662-239-6 · € 22,50

Hans-R. Grundmann, Hartmut Ihnenfeldt

Auf Mallorca leben und arbeiten

Ein Ratgeber für alle, die sich auf Mallorca zu Hause fühlen wollen

Wer spielte nicht gelegentlich mit dem Gedanken, auszusteigen, Routine und allzu Bekanntes hinter sich zu lassen? Um zum Beispiel auf Mallorca ein neues, anderes Leben zu beginnen?

Viele erfüllen sich diesen Traum, stellen aber fest, daß auch auf einer Ferieninsel der ganz normale Alltag gemeistert sein will. Dieses Buch liefert Know-How zur Bewältigung von Fragen und Problemen, mit denen Mallorca-Einsteiger unweigerlich konfrontiert werden. **288 Seiten, über 140 Abbildungen, 43 Themenkästen, zahlreiche Internetadressen.**

2. Auflage 2006 · ISBN 3-89662-193-9 · € 17,50

4. Auflage Januar 2008

Eyke Berghahn, Petrima Thomas, Hans-R. Grundmann

Teneriffa

Der richtige Begleiter für alle, die ihre Reise individuell gestalten und Teneriffa auf eigene Faust entdecken wollen:

- Ausführlichste Ortsbeschreibungen & Ausflugsrouten
- 80 Themenkästen und Essays zu allen Wissensbereichen
- Die schönsten Wanderungen, Picknick- und Zeltplätze
- Alles zu Vulkanismus und Vegetation mit Fachglossaren.
- Vokabular »Essen&Trinken« und »Kanarisches Spanisch«
- Die besten Unterkünfte für jeden Geldbeutel
- Zahlreiche Internetadressen

4. Auflage 1/2008; 620 Seiten 4-farbig, 320 Fotos, 47 Karten und Grafiken **+Inselkarte+Wanderführer (48 S.)**

ISBN 978-3-89662-237-2 · €23,50

Daniel Krasa, Hans-R. Grundmann

Ibiza

Der richtige Begleiter für alle, die ihre Reise individuell gestalten und Ibiza auf eigene Faust erleben wollen:

- High Life und Altstadtnostalgie in Ibiza-Stadt
- Lange Sandstrände und verschwiegene Buchten
- Wanderwege durch romantische Berglandschaft
- Geschichte und Kultur, Mandelblüte und Rotwein
- Alles zu Aktivurlaub und Sport, zu Nightlife und Ibiza Sound
- Die besten Quartiere, Restaurants, Kneipen und Discos
- Ausflugsrouten und viele echte »Geheimtipps«

1. Auflage 3/2007; ca. 336 Seiten 4-farbig, ca. 230 Fotos, 27 Karten und Ortsplän, davon 6 Wanderkarten.

ISBN 978-3-89662-185-6; €17,50

1. Auflage März 2007

Frank Ostermair, Sandra Roters

Menorca, die unentdeckte Baleareninsel

Mallorcas kleine Schwester Menorca führt als Reiseziel deutschsprachiger Urlauber ein erstaunliches Schattendasein. Dabei verfügt Menorca über viele wunderbare und selten volle Strände unterschiedlichster Charakteristik bei glasklarer Wasserqualität, über zwei veritable Hafenstädte, Fischerdörfer und Orte im Inselinneren mit eigenem mit Mallorca nicht vergleichbaren Gepräge, landschaftliche und kulturelle Kleinode. Menorcas touristische Infrastruktur ist ausgezeichnet, ebenso die kulinarische Qualität wie Ambiente vieler Restaurants.

1. Auflage 8/2006; 288 Seiten 4-farbig, ca. 180 Fotos, 31 Karten und Ortspläne.

ISBN 3-89662-206-4; €17,50

Hans-R. Grundmann

Florida Von Key West bis New Orleans

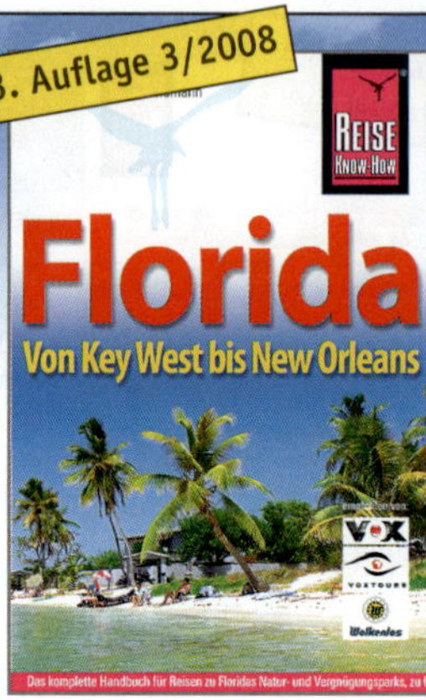

Florida auf neuestem Stand: Nicht nur Strände, High-Life, Disney- und Amusementparks, sondern auch Natur satt mit exotischer Flora und Fauna in Mangrovensümpfen, an glasklaren Quellflüssen und am sagenumwobenen Suwanee River. Dazu alte Historie, Multikulti, Architektur- und Musentempel. Als Kontrapunkt Weltraum- und Militärtechnik hautnah.

Landeskunde und ausführlicher Serviceteil mit jeder Menge Unterkunfts-, Camping- und Restauranttipps; dazu einige hundert Webadressen für weiterführende Informationen.

416 Seiten, 37 Karten, über 200 Farbfotos; mit separater Florida-Karte

3. Auflage 3/2008
ISBN 978-3-89662-238-9 € 19,90 (D)

Heike und Bernd Wagner, Hans-R. Grundmann

Kanada, der ganze Westen mit Alaska

Detaillierter und praxisnaher Reiseführer für Reisen im Campmobil oder Pkw (Übernachtung im Zelt oder Motel) durch den Westen Canadas und hohen Norden samt Alaska. Zusätzlich auf Trans Canada Highway durch Ontario, Manitoba, Saskatchewan und Alberta. Allgemeiner Teil mit allen Aspekten und Informationen zu Reisevorbereitung, -planung und -durchführung.

620 Seiten, 59 Karten, 230 Farbfotos
Mit Unterkunfts- und Campingführer für Alberta & BC (96 Seiten, rund 1000 Einträge) und eine **Straßenkarte** für Canadas Westprovinzen und Alaska.

Auflage 8/2007: ISBN 978-3-89662-234-1 €25,00

P. Thomas, E. Berghahn, H-R. Grundmann

Kanadas Osten/ USA Nordosten

Dieser grenzüberschreitende Reiseführer behandelt auf kanadischer Seite Ontario, Québec, New Brunswick, Nova Scotia und Newfoundland, in den USA die Neu-England-Staaten mit Boston und New York und State City sowie Michigan mit Chicago und Detroit. Ideal für Reisen auf eigene Faust per Pkw oder Campmobil.

720 Seiten, 56 Karten, vierfarbig. Mit sep. Karte der Gesamtregion und New York City Extra (48 Seiten).

6. Auflage 4/2006 ISBN 3-89662-224-2 €25,00

16. Auflage 1/2008

Hans-R. Grundmann

USA, der ganze Westen

Seit Erscheinen hat sich dieses Buch zu einem Standardwerk für alle entwickelt, die den US-Westen auf eigene Faust kennenlernen wollen. Die Kapitel zu Reiseplanung und -vorbereitung und zum »touristischen Alltag« unterwegs lassen keine Frage offen.

Der Reiseteil führt über ein dichtes Routennetz zu allen populären Zielen und unzähligen, auch weniger bekannten Kleinoden in allen elf Weststaaten.

Reise Know-How Bestseller

764 Seiten, 82 Karten, über 300 Farbfotos
Separate Straßenkarte Weststaaten der USA
mit 18 Detailkarten der wichtigsten Nationalparks
16. Aufl. 1/2008; ISBN 978-3-89662-232-1 €25,00

Hans.-R. Grundmann, M. Brinke/P. Kränzle

USA, der große Süden

US-Staaten zwischen Ostküste und Mississippi von Philadelphia/Washington DC bis nach Florida

Die schönsten Routen durch Virginia, die Carolinas, Tennessee, Georgia, Mississippi, Louisiana, Alabama – und darüberhinaus durch Florida. Zusätzlich großes City-Kapitel Washington DC mit populären Zielen in Maryland und Pennsylvania. Geschichte, Kultur, Landschaften.

In diesem Buch erfährt der Leser auch alles zu Planung und Vorbereitung einer Reise auf eigene Faust durch den ganzen US-Süden mit Mietwagen & Motel-/Hotelunterkunft, Mietauto & Zelt oder per Campmobil. Ausgewählte Übernachtungstipps und viele Campingempfehlungen.

696 Seiten, 70 Karten, über 300 Farbfotos, separate Karte USA-Südstaaten.

1. Auflage 2007 ISBN 978-3-89662-175-7 €23,50 (D)

© Reise Know-How-Verlag Dr. Hans-R. Grundmann GmbH,
Am Hamjebusch 29 26655 Westerstede; **www.reisebuch.de**

Alphabetisches Register - Index

Im Register finden sich alle Ortsnamen, Sehenswürdigkeiten und geographischen Bezeichnungen ebenso wie alle wichtigen Sachbegriffe. Egal, wonach man sucht, alles ist unterschiedslos alphabetisch eingeordnet:

KARTENVERZEICHNIS